Andreas Merk

**Optionsbewertung in Theorie und Praxis**

**GABLER RESEARCH**

Andreas Merk
# Optionsbewertung in Theorie und Praxis

Theoretische und empirische Überprüfung des Black/Scholes-Modells

Mit Geleitworten von
Prof. Dr. Ulrich Pape und Prof. Dr. Dr. Didier Marteau

**RESEARCH**

Bibliografische Information der Deutschen Nationalbibliothek
Die Deutsche Nationalbibliothek verzeichnet diese Publikation in der
Deutschen Nationalbibliografie; detaillierte bibliografische Daten sind im Internet über
<http://dnb.d-nb.de> abrufbar.

Dissertation der ESCP Europe, 2010

1. Auflage 2011

Alle Rechte vorbehalten
© Gabler Verlag | Springer Fachmedien Wiesbaden GmbH 2011

Lektorat: Stefanie Brich | Viktoria Steiner

Gabler Verlag ist eine Marke von Springer Fachmedien.
Springer Fachmedien ist Teil der Fachverlagsgruppe Springer Science+Business Media.
www.gabler.de

Das Werk einschließlich aller seiner Teile ist urheberrechtlich geschützt. Jede Verwertung außerhalb der engen Grenzen des Urheberrechtsgesetzes ist ohne Zustimmung des Verlags unzulässig und strafbar. Das gilt insbesondere für Vervielfältigungen, Übersetzungen, Mikroverfilmungen und die Einspeicherung und Verarbeitung in elektronischen Systemen.

Die Wiedergabe von Gebrauchsnamen, Handelsnamen, Warenbezeichnungen usw. in diesem Werk berechtigt auch ohne besondere Kennzeichnung nicht zu der Annahme, dass solche Namen im Sinne der Warenzeichen- und Markenschutz-Gesetzgebung als frei zu betrachten wären und daher von jedermann benutzt werden dürften.

Umschlaggestaltung: KünkelLopka Medienentwicklung, Heidelberg
Gedruckt auf säurefreiem und chlorfrei gebleichtem Papier
Printed in Germany

ISBN 978-3-8349-2543-5

# Geleitwort

Optionen auf Aktien und Aktienindizes zählen zu den wichtigsten derivativen Finanzierungsinstrumenten, die von Investoren für Absicherungs-, Spekulations- und Arbitragegeschäfte genutzt werden. Daher ist die Bewertung finanzwirtschaftlicher Optionen bereits seit langem auch ein zentraler Forschungszweig der Finanzierungstheorie. Optionsbewertungsmodelle werden zur Bewertung von Optionen, Anleihen und weiteren Finanzierungsinstrumenten verwendet. Darüber hinaus dienen diese Modelle im Rahmen internationaler Rechnungslegungsnormen (IFRS) zur Ermittlung bilanzieller Wertansätze und sie werden für optionsbasierte Vergütungsmodelle benötigt. Vor diesem Hintergrund ist die Frage nach dem „richtigen" Optionswert von hoher Bedeutung für die Finanzierungstheorie ebenso wie für die Kapitalmarkt- und Bewertungspraxis.

Mit dem Black/Scholes-Modell widmet sich die vorliegende Veröffentlichung von Andreas Merk dem weltweit dominierenden Modell zur Bewertung finanzwirtschaftlicher Optionen. Zielsetzung der Arbeit ist die theoretische und empirische Überprüfung des Black/Scholes-Modells. Hierzu erfolgt zunächst eine ausführliche Aufarbeitung der einschlägigen Literatur, bevor anschließend die Aussagefähigkeit des Modells aus theoretischer Perspektive diskutiert wird. Die empirische Untersuchung, die mit mehr als 383.000 Transaktionsdaten (knapp 20 Millionen Kontrakte) zu den größten Studien ihrer Art zählt, verwendet die Option auf den deutschen Aktienindex (DAX) als Untersuchungsobjekt. Neben dem beeindruckenden Volumen zeichnet sich die Untersuchung durch die sekundengenaue Synchronisierung der Optionspreise mit den entsprechenden Xetra-Notierungen am Kassamarkt aus. Auf Basis seiner detaillierten Untersuchungsergebnisse beurteilt der Verfasser die Aussagefähigkeit des Black/Scholes-Modells insgesamt eher kritisch.

Die Veröffentlichung von Andreas Merk zeichnet sich durch ein solides theoretisches Fundament sowie durch eine sorgfältige und sehr akribische empirische Untersuchung aus. Dadurch ermöglicht die vorliegende Arbeit dem Leser eine intensive und detaillierte Beschäftigung mit der Aussagegüte des Black/Scholes-Modells. Insofern ist die Veröffentlichung für Wissenschaftler ebenso interessant wie für Praktiker, die an Fragen der Optionsbewertung bzw. -bilanzierung interessiert sind. Vor diesem Hintergrund ist der Arbeit von Andreas Merk eine positive Aufnahme am Markt zu wünschen.

*Prof. Dr. Ulrich Pape*

# Préface

La crise financière de l'été 2007 tire ses origines de la défaillance de la régulation et de la multiplication des comportements d'aléa moral sur les marchés financiers. Ne pas accepter ce diagnostic nous conduirait à courir le risque d'occurrence d'une crise de même nature. Les déséquilibres macro-économiques, dont bien sûr l'ampleur du déficit de la balance des paiements courants entre les Etats-Unis et l'Asie, ont certes constitué un cadre favorable à son développement, mais les racines de la crise sont fondamentalement d'ordre micro-économique, principalement alimentées par une asymétrie d'information très forte entre, d'une part, les «émetteurs» de produits dérivés et structurés, d'autre part, les acheteurs, source incitative d'aléa moral.

Adam Smith, l'un des grands théoriciens du libéralisme à la fin du 18è siècle, considérait lui-même, dans son cours de Philosophie Morale, que l'aléa moral était l'un des plus grands dangers du capitalisme. Il définissait l'aléa moral comme la maximisation de l'utilité individuelle sans prise en compte des conséquences des décisions individuelles sur l'utilité des autres agents, c'est-à-dire l'utilité collective. Les opérations de titrisation mises en place à large échelle par les banques américaines depuis le début des années 2000, consistant à transférer une fraction importante (près de 80%!) de leur portefeuille de prêts sub-primes dans une structure dédiée (SPV, Special Purpose Vehicle) financée par émission d'obligations offertes à des investisseurs peu informés, ne sont-elles pas l'une des manifestations les plus éclairantes d'un comportement d'aléa moral? Les banques n'exploitent-elles pas dans ces opérations de titrisation une asymétrie d'informations naturelle, aidées par les agences de notation dont le rôle était de structurer l'émission obligataire en tranches de risque différentes et de les noter selon la probabilité de remboursement? Les agences de notation, structureurs et évaluateurs des tranches de titrisation, n'étaient-elles pas elles-mêmes exposées à un risque de conflit d'intérêt, comme le G20 de Pittsburgh du mois d'août 2009 l'a clairement affirmé en interdisant désormais le cumul de ces deux activités sur une même opération?

Il est impératif de réduire l'écart d'expertise et d'information entre les émetteurs et les acheteurs. C'est la raison pour laquelle l'ouvrage d'Andréas Merk arrivé à point nommé, doit être considéré comme un antidote, parmi d'autres évidemment, à l'occurrence d'une nouvelle crise. Toute contribution à la réduction de l'asymétrie d'information entre les acteurs du marché participe de la lutte contre l'aléa moral, gangrène des marchés financiers. La formation aux options, l'une des «briques» de nombreux produits structurés, doit être désormais inscrite dans le parcours de tout responsable financier, investisseur, banquier...et même gestionnaire de collectivité locale ou citoyen conduit dans sa vie à effectuer des opérations d'emprunt ou de placement dans lesquelles il rencontrera des options...cachées.

A cet égard, l'ouvrage d'Andréas Merk remplit une mission d'intérêt général. Mais ce livre est aussi un instrument précieux pour celui qui souhaite approfondir sa connaissance des options. Chaque chapitre est construit avec le souci d'emmener le lecteur vers la complexité à travers un parcours résolument pédagogique. Prenons l'exemple du chapitre 2 consacré aux fondements de l'évaluation des options. Il commence par quelques développements simples sur la décomposition du prix en valeur intrinsèque et valeur-temps, illustrés par quelques tableaux de cotation d'options. Puis le lecteur est pris par la main pour découvrir le modèle binomial en temps discret, puis le modèle de Black/Scholes en temps continu, avant de découvrir des modèles plus avancés reposant sur la «relaxation» de quelques hypothèses de Black/Scholes, dont la constance de tendance et de la volatilité. Le chapitre 4, consacré à la volatilité, obéit à la même logique. Il commence par une présentation claire du concept, puis met en perspective les différents modes de calcul de la volatilité historique, introduit alors la volatilité implicite, dont il montre clairement qu'elle est devenue la variable d'ajustement des imperfections du modèle de Black/Scholes, et non plus strictement l'estimation de la volatilité réelle future. Dans cette logique, il montre clairement, exemples à l'appui, que le paramètre d'entrée des modèles d'évaluation d'options n'est pas «la» volatilité, mais une «matrice» de volatilités, ou une «nappe» pour utiliser l'expression des opérateurs de marché: la volatilité entrée par les traders d'options dépend simultanément du prix d'exercice et de la maturité de l'option, affirmation curieuse pour celui qui découvre les options.

Se pose d'ailleurs ici une question de très grande importance en termes de régulation financière, qui est celle de l'évaluation des options dans les portefeuilles de trading des banques. Dès lors que les options détenues dans les portefeuilles bancaires ont

# Préface

des prix d'exercice qui s'éloignent des cours de marché, ce qui arrive de manière naturelle au cours du temps, elles ne sont plus traitées sur un marché liquide et leur «fair value» ne peut plus être le prix de marché. Les normes IFRS obligeant les banques à valoriser leur portefeuille de trading à la «juste valeur», elles autorisent dans ce cas une valorisation estimée sur la base d'un prix de modèle (mark to model), difficilement contrôlable et entourée d'un aléa important. Le book d'options d'une banque d'investissement contient assez facilement plusieurs centaines de maturités et plusieurs centaines de prix d'exercice: croisons les deux paramètres et nous trouvons un portefeuille d'options à valoriser de 10 000 lignes sous l'hypothèse jointe de 100 maturités et 100 prix d'exercice, essentiellement sur la base d'un mark to model. Procédure par nature largement discrétionnaire et incitative au développement de comportements d'aléa moral...

Je souhaiterais terminer cette préface en disant un mot d'un comportement qui semble se généraliser chez les utilisateurs finaux des options, et qui est l'appropriation de la méthode de duplication delta. Au fond, l'utilisateur final a le choix entre «traiter» avec sa banque ou «dupliquer» l'option en achetant ou vendant une quantité delta de sous-jacent, réévaluée de manière régulière en fonction de l'évolution du cours et du temps qui passe. L'avantage de la duplication delta est la flexibilité de la gestion de la couverture, l'utilisateur final pouvant à tout moment surcouvrir ou sous-couvrir sa position, selon ses anticipations sur l'évolution des cours, procéder à la mise en place de cliquets lui permettant de «figer» définitivement des évolutions favorables de marché, et de manière plus générale reproduire les mouvements du produit optionnel qu'il dessine lui-même, dont les caractéristiques spécifiques expliquent qu'il ne soit éventuellement pas traité sur le marché. En Europe, la filière agricole et agro-alimentaire, exposée depuis quelques années à une volatilité nouvelle du cours des matières premières agricoles, recourt de manière croissante à la méthode de duplication delta. Le livre d'Andréas Merk, très complet et d'une grande rigueur méthodologique, donne à tous les utilisateurs tentés par la duplication delta les moyens de plonger dans le bain...mais offre bien sûr à tous ceux qui souhaitent traiter sur le marché de gré à gré ou organisé les moyens d'un dialogue plus riche avec leur contrepartie.

*Prof. Dr. Dr. Didier Marteau*

# Préface

*Geleitwort von Prof. Dr. Dr. Didier Marteau (Übersetzung)*

Die Finanzkrise des Sommers 2007 geht in ihren Ursprüngen zurück auf das Versagen der Regulierung sowie die Multiplizierung von Moral Hazard-Verhaltensweisen auf den Finanzmärkten. Diese Diagnose abzulehnen würde bedeuten, erneut das Risiko einer Krise gleicher Art einzugehen. Die makroökonomischen Ungleichgewichte, darunter natürlich das Ausmaß des Defizits zwischen den Leistungsbilanzen der USA und Asien, haben sicherlich einen günstigen Rahmen für die Entwicklung der Finanzkrise dargestellt. Die Ursachen der Krise sind im Wesentlichen jedoch mikroökonomischer Natur, vorwiegend genährt durch eine sehr starke Informationsasymmetrie zwischen den „Emittenten" von derivativen und strukturierten Produkten einerseits und den Käufern andererseits. Diese Informationsasymmetrie stellt die Ursprungsquelle des Moral Hazard dar.

Adam Smith, einer der großen Theoretiker des Liberalismus am Ende des 18. Jahrhunderts, ging in seiner Moralphilosophie davon aus, dass Moral Hazard eine der größten Gefahren des Kapitalismus darstellen würde. Er definierte Moral Hazard als die Maximierung des individuellen Nutzens ohne Berücksichtigung der Konsequenzen dieser individuellen Entscheidungen auf den Nutzen der anderen Agenten, also des Gemeinnutzens. Sind nicht die von amerikanischen Banken seit dem Jahr 2000 in großem Stile vorgenommenen Verbriefungen, die im Transfer eines bedeutenden Anteils (fast 80%!) ihres Portfolios mit Subprime Darlehen in eine Zweckgesellschaft (Special Purpose Vehicle, SPV) bestehen, die durch die Emission von Obligationen, die wenig informierten Investoren angeboten worden sind, finanziert wurde, eine der augenscheinlichsten Offenbarungen eines Moral Hazard-Verhaltens? Nutzen die Banken in diesen Verbriefungsoperationen nicht eine natürliche Informationsasymmetrie aus, unterstützt von den Ratingagenturen, deren Rolle darin bestand, die Obligationsemission in Tranchen unterschiedlich hohen Risikos zu strukturieren und sie entsprechend ihrer Rückzahlungswahrscheinlichkeit zu benoten? Waren die Ratingagenturen, zugleich Strukturierer und Bewerter der Verbriefungstranchen, nicht selbst dem Risiko eines Interessenskonflikts ausgesetzt, wie dies der G-20-Gipfel in Pittsburgh im August 2009 klar entschieden hat und von da an die gleichzeitige Ausübung beider Tätigkeiten auf eine gleiche Operation untersagt hat?

Es ist unbedingt erforderlich, diesen Abstand der Expertise und der Information zwischen den Emittenten und den Käufern zu verringern. Dies ist der Grund, warum das Werk von Andreas Merk – genau zum richtigen Zeitpunkt erschienen – als ein Antidot, natürlich unter weiteren, zur Entstehung einer neuen Krise gesehen werden muss. Jeder Beitrag zur Reduzierung der Informationsasymmetrie zwischen den Marktteilnehmern nimmt teil am Kampf gegen Moral Hazard, die Gangrän der Finanzmärkte. Die Schulung mit Optionen, eine der „Bausteine" zahlreicher strukturierter Produkte, muss von nun an in die Ausbildung eines jeden Verantwortlichen für Finanzen, Investitionen, Banking und sogar von Verwaltern von Gebietskörperschaften sowie Bürgern aufgenommen werden, der in seinem Leben bei Operationen der Kreditaufnahme oder -emission auf Optionen stößt ... versteckt.

In dieser Hinsicht erfüllt das Werk von Andreas Merk eine Mission von allgemeinem Interesse. Aber dieses Buch ist auch ein wertvolles Instrument für denjenigen, der seine Optionskenntnisse vertiefen möchte. Jedes Kapitel ist darauf bedacht, den Leser zur Komplexität der Materie über einen strikt pädagogischen Pfad hinzuführen. Nehmen wir als Beispiel das 2. Kapitel, welches den Grundlagen der Optionsbewertung gewidmet ist. Es beginnt mit einigen einfachen Ausführungen zur Zerlegung des Optionspreises in den intrinsischen Wert und Zeitwert, die durch einige Abbildungen von Optionspreisen illustriert werden. Anschließend wird der Leser an die Hand genommen, um das Binomialmodell in diskreter Zeit und anschließend das Black/Scholes-Modell in kontinuierlicher Zeit zu entdecken, bevor auf weitergehende Modelle eingegangen wird, die auf der „Lockerung" von einigen der Hypothesen von Black und Scholes beruhen, darunter der konstanten Drift und der Volatilität. Das 4. Kapitel, welches der Volatilität gewidmet ist, gehorcht der gleichen Logik. Es beginnt mit einer klaren Präsentation des Konzepts, führt dann die verschiedenen Berechnungsweisen der historischen Volatilität an und leitet sodann zur impliziten Volatilität über. Der Autor zeigt klar auf, dass sie die Adjustierungsvariable für Unvollkommenheiten des Black/Scholes-Modells geworden ist – und nicht mehr strikt die Schätzung der künftigen reellen Volatilität. In dieser Logik zeigt der Autor klar und mit Beispielen unterlegt, dass der Parameter, der in die Optionsbewertungsmodelle eingeht, nicht „die" Volatilität ist, sondern eine Matrize von Volatilitäten, oder ein „Netz", um den Ausdruck der Marktteilnehmer zu verwenden: Die Volatilität, die von Optionshändlern eingegeben wird, hängt simultan vom Ausübungspreis und der Laufzeit der Option ab, eine sonderbare Behauptung für denjenigen, der sich mit Optionen erstmals auseinandersetzt. Hier stellt sich übrigens eine Frage von sehr großer Bedeutung im Rahmen der Finanzregulierung, nämlich die Bewertung von Optionen in den Tradingportfolios von Banken. Sobald die in Bankportfolien gehaltenen Optionen Ausübungspreise aufweisen, die sich vom Marktpreis entfernen – was auf natürliche Weise im Laufe der Zeit geschieht – werden sie nicht mehr auf einem liquiden Markt gehandelt, und ihr „Fair Value" kann nicht mehr dem Marktpreis entsprechen. Indem die IFRS die Banken verpflichten, ihr Tradingportfolio zum „Fair Value" anzusetzen, autorisieren sie in diesem Fall eine Bewertung, die auf Basis eines Optionsbewertungsmodells (mark to model) geschätzt wird, die schwer zu kontrollieren ist und von einer erheblichen Unsicherheit begleitet wird. Das Optionsbook einer Investmentbank enthält problemlos mehrere hundert Laufzeiten und Ausübungspreise: Kombinieren wir die jeweiligen Parameter miteinander, so erhalten wir unter der Hypothese von 100 Laufzeiten und 100 Ausübungspreisen ein Optionsportfolio, in dem es gilt, 10.000 Kombinationen im Wesentlichen auf der Basis eines mark to market zu bewerten. Naturgemäß unterliegt die Prozedur weitgehend dem Ermessen und Anreiz von Moral Hazard-Verhaltensweisen.

Ich möchte dieses Geleitwort mit einer Aussage zum Verhalten schließen, welches sich bei den Endverbrauchern von Optionen auszubreiten scheint und die Aneignung der Delta-Duplizierungsmethode ist. Im Grunde hat der Endverbraucher die Wahl, mit seiner Bank zu „handeln" oder die Option zu „duplizieren", indem er eine Quantität Delta des Basiswerts kauft oder verkauft, die in ständiger Weise in Abhängigkeit von der Entwicklung des Werts und der Zeit neu bewertet wird. Der Vorteil der Delta Duplizierung liegt in der Flexibilität des Deckungsmanagements: Der Endverbraucher kann zu jedem Zeitpunkt seine Position entsprechend den Erwartungen über die Kursentwicklung über- oder unterdecken, den Einbau von Sperrklinken vornehmen, um günstige Marktentwicklungen sicher festzuhalten und allgemeiner die Bewegungen des Optionsprodukts reproduzieren, das er selbst gestaltet, von dem die spezifischen Charakteristika erklären, dass es eventuell nicht auf dem Markt gehandelt wird. In Europa greift der Agrikultur- und Lebensmittelbereich, der sich seit einigen Jahren mit einer neuen Volatilität des

Preises von Agrar-Rohstoffen konfrontiert sieht, in zunehmenden Maße auf die Methode der Delta Duplizierung zurück. Das Buch von Andreas Merk, sehr vollständig und von einer großen methodologischen Genauigkeit, gibt allen Nutzern, die von der Delta Duplizierung versucht sind, die Mittel, in die Optionswelt einzutauchen, aber bietet selbstverständlich auch all denjenigen, die over-the-counter oder an einem organisierten Markt handeln möchten, die Mittel für einen ergiebigeren Dialog mit ihrer Gegenseite.

# Vorwort

Die vorliegende Arbeit wurde von der ESCP Europe als Dissertationsschrift angenommen. Mein Dank gilt meinem akademischen Lehrer, Prof. Dr. Ulrich Pape, der mich während der Erstellung meiner Arbeit stets mit wertvollen Hinweisen begleitet und die wissenschaftliche Tätigkeit gefördert hat.

Danken möchte ich auch meinem akademischen Lehrer in Paris, Professor an der Ecole Supérieure de Commerce de Paris und an der Panthéon-Sorbonne sowie Direktor von Aon Global Risk Consulting, Prof. Dr. Dr. Didier Marteau, der mich mit seiner Finanzakrobatik, seinem ungeheuerlichen Temperament und hohen Ansprüchen stets motiviert hat, mich eingehend mit den internationalen Kapitalmärkten, insbesondere Derivaten sowie Finanzmathematik, zu befassen.

Herrn Paul Ramundo von der Rechtsabteilung von Bloomberg L.P. danke ich für die Erlaubnis zum Abdruck der in dieser Arbeit verwendeten Börsen- und Handelsdaten aus dem Bloomberg Professional System.

*Andreas Merk*

# Inhaltsverzeichnis

Abkürzungsverzeichnis .................................................................... XXIII

Symbolverzeichnis ........................................................................ XXVII

Abbildungsverzeichnis ................................................................... XXXI

Tabellenverzeichnis ...................................................................... XXXV

1 Einführung ................................................................................. 1
   1.1 Entwicklung und Bedeutung der Optionsbewertung ................ 1
   1.2 Problemstellung ...................................................................... 4
   1.3 Zielsetzung ............................................................................. 5
   1.4 Vorgehensweise ..................................................................... 6

2 Grundlagen finanzwirtschaftlicher Optionen ........................... 11
   2.1 Kontraktspezifikationen von Optionen .................................. 11
   2.2 Zusammensetzung des Optionspreises .................................. 12
      2.2.1 Innerer Wert der Option ................................................ 12
      2.2.2 Zeitwert der Option ....................................................... 12
      2.2.3 Illustration des inneren Wertes anhand von Transaktionsdaten ................ 14
   2.3 Ausübung von Optionen ....................................................... 18
   2.4 Modelle zur Optionsbewertung ............................................. 20
      2.4.1 Überblick ...................................................................... 20
      2.4.2 CRR-Binomialmodell ................................................... 26
      2.4.3 Black/Scholes-Modell .................................................. 32
         2.4.3.1 Überblick ............................................................ 32
         2.4.3.2 Martingal ............................................................ 34
         2.4.3.3 Risikoneutrale Bewertung .................................. 36
         2.4.3.4 Itô-Formel .......................................................... 39
         2.4.3.5 Herleitung der Black/Scholes-Differentialgleichung ............... 40
            2.4.3.5.1 Hedging Portfolio Argument ................ 42
            2.4.3.5.2 Replizierendes Portfolio Argument ...... 44
            2.4.3.5.3 Martingalpreismaß ............................... 46

2.4.3.6 Herleitung der Black/Scholes-Formel ............................................. 49
2.4.3.7 Praktische Bedeutung des Black/Scholes-Modells ...................... 53
2.5 Analyse der Sensitivität eines Optionsportfolios ........................................... 57
   2.5.1 Sensitivität auf den Aktienkurs: Delta ................................................ 59
   2.5.2 Sensitivität auf die reelle Volatilität: Gamma ..................................... 65
   2.5.3 Sensitivität auf die implizite Volatilität: Vega .................................... 71
   2.5.4 Sensitivität auf die Restlaufzeit: Theta ............................................... 73
   2.5.5 Sensitivität auf den risikofreien Zinssatz: Rho ................................... 75
2.6 Zusammenfassung ......................................................................................... 76

## 3 Put-Call-Parität ............................................................................................... 81
3.1 Herleitung der Put-Call-Parität ..................................................................... 81
3.2 Illustration der Put-Call-Parität ..................................................................... 86
3.3 Bisherige empirische Untersuchungen zur Put-Call-Parität .......................... 87
3.4 Empirische Überprüfung der Put-Call-Parität ............................................... 91
   3.4.1 Datengrundlage .................................................................................... 91
   3.4.2 Methodik ............................................................................................. 94
      3.4.2.1 Überblick .................................................................................. 94
      3.4.2.2 Zeitsynchronität ....................................................................... 94
      3.4.2.3 Besonderheiten der DAX-Option .......................................... 101
      3.4.2.4 Modellunabhängige Wertuntergrenze ................................... 102
      3.4.2.5 Zinssatz .................................................................................. 103
      3.4.2.6 Frühzeitige Ausübung und Dividenden ................................. 103
      3.4.2.7 Transaktionskosten ................................................................ 104
   3.4.3 Anzahl von Verstößen gegen die Put-Call-Parität ............................. 106
   3.4.4 Transaktionskosten für Market Maker und Privatinvestoren ............ 107
   3.4.5 Konstruktion der Handelsposition und Rechenparameter ................. 109
   3.4.6 Berechnung des Arbitragegewinns .................................................... 110
      3.4.6.1 Überblick ................................................................................ 110
      3.4.6.2 Arbitragegewinn für Privatinvestoren ................................... 112
      3.4.6.3 Arbitragegewinn für Market Maker und Privatinvestoren ... 115
      3.4.6.4 Arbitragegewinn für Market Maker ....................................... 118
      3.4.6.5 Häufigkeitsverteilung von Transaktionsgrößen ..................... 121
3.5 Zusammenfassung ....................................................................................... 122

# 4 Volatilität ........................................................................................... 125
## 4.1 Historische Volatilität .................................................................. 125
### 4.1.1 Definition der historischen Volatilität ........................................ 125
### 4.1.2 Annualisierung der Volatilität .................................................... 127
## 4.2 Implizite Volatilität ..................................................................... 129
### 4.2.1 Stellenwert der impliziten Volatilität .......................................... 129
### 4.2.2 Ermittlung der impliziten Volatilität ........................................... 130
#### 4.2.2.1 Newton/Raphson-Verfahren ................................................ 131
#### 4.2.2.2 Verfahren der Deutschen Börse AG .................................... 132
### 4.2.3 Konvergenz und Grenzen der Verfahren .................................... 133
#### 4.2.3.1 Newton/Raphson-Verfahren ................................................ 133
#### 4.2.3.2 Bisection-Verfahren ............................................................. 137
#### 4.2.3.3 Verfahren der Deutschen Börse AG .................................... 138
#### 4.2.3.4 Vergleich der Verfahren zur Ermittlung der impliziten Volatilität .. 139
#### 4.2.3.5 Probleme bei der Ermittlung der impliziten Volatilität ....... 142
### 4.2.4 Optimale Optionsparameter zur Ermittlung der impliziten Volatilität ... 144
### 4.2.5 Zusammenfassung ..................................................................... 150
## 4.3 Empirie zur impliziten Volatilität und risikoneutralen Dichte ..... 151
## 4.4 Empirische Untersuchung der impliziten Volatilität .................... 156
### 4.4.1 Überblick ................................................................................... 156
### 4.4.2 Datenbasis ................................................................................. 156
### 4.4.3 Darstellung der impliziten Volatilität von Calls und Puts .......... 159
### 4.4.4 Überprüfung des mittleren Volatilitätsniveaus von Calls und Puts ........ 166
### 4.4.5 Überprüfung der impliziten Volatilitäten von Calls und Puts .... 172
## 4.5 Kritik an Interpretationen der impliziten Volatilität ..................... 176
### 4.5.1 Aussagekraft gebunden an einzelne Option .............................. 176
### 4.5.2 Mangelhafte Feststellung von Fehlbewertungen ....................... 177
### 4.5.3 Kein Marktkonsens zukünftiger Preisbewegungen ................... 178
### 4.5.4 Inkonsistenz der Berechnungsweise .......................................... 180
### 4.5.5 Kalibrierung des Optionsbewertungsmodells ............................ 181
### 4.5.6 Residualgröße ............................................................................ 183
### 4.5.7 Empirische Ergebnisse .............................................................. 185
## 4.6 Zusammenfassung ....................................................................... 186

5 Theoretische Überprüfung des Black/Scholes-Modells ... 189
   5.1 Überblick ... 189
   5.2 Friktionsloser Markt ... 189
      5.2.1 Liquidität ... 189
      5.2.2 Synchronisierung des Aktien- und Optionsmarktes ... 199
      5.2.3 Abwesenheit von Transaktionskosten ... 201
      5.2.4 Kontinuierlicher Handel ... 210
   5.3 Risikoloser Zinssatz ... 211
   5.4 Konstante Volatilität ... 212
   5.5 Geometrische Brownsche Bewegung ... 216
      5.5.1 Formale Herleitung ... 216
      5.5.2 Normalverteilung der Renditen ... 221
      5.5.3 Log-Normalverteilung des DAX ... 226
   5.6 Zusammenfassung ... 242

6 Empirische Überprüfung des Black/Scholes-Modells ... 245
   6.1 Überblick ... 245
   6.2. Literaturüberblick zur Bewertung von Indexderivaten ... 246
   6.3 Aufbau und Methodik der Studie ... 257
      6.3.1 Kapitalmarktdaten ... 257
         6.3.2.1 DAX auf Xetra ... 258
         6.3.2.2 DAX-Option ... 262
         6.3.2.3 Risikoloser Zinssatz ... 265
         6.3.2.4 Restlaufzeit der Optionen ... 269
         6.3.2.5 Dividenden ... 269
         6.3.2.6 Volatilität ... 270
      6.3.2 Deskriptive Statistiken ... 277
      6.3.3 Datensynchronisation und Fehlerbereinigung ... 293
         6.3.3.1 Synchronisierung von Optionspreis und DAX-Tickdaten ... 294
         6.3.3.2 Datenbereinigung in der Optionspreisliteratur ... 295
         6.3.3.3 Definition und Kennzeichnung annullierter Handelsgeschäfte ... 297
         6.3.3.4 Methodik der Datenbereinigung ... 299
         6.3.3.5 Umfang und ökonomische Signifikanz annullierter Handelsgeschäfte ... 300
         6.3.3.6 Verstöße gegen die Put-Call-Parität ... 306

6.3.3.7 Verstöße gegen verteilungsfreie Wertgrenzen .......................... 308
6.3.3.8 Optionen am Verfalltag ................................................ 310
6.3.3.9 Mindestpreiskriterium ................................................. 313
6.3.3.10 Übersicht über das Bereinigungsverfahren ....................... 317
6.4 Berechnung der Fehlbewertungen ................................................... 317
    6.4.1 Deskriptive Statistiken für Optionen unterschiedlicher Kategorien ........ 318
        6.4.1.1 Out-of-the-money Calls ............................................... 319
        6.4.1.2 At-the-money Calls .................................................... 320
        6.4.1.3 In-the-money Calls .................................................... 321
        6.4.1.4 Out-of-the-money Puts ................................................ 323
        6.4.1.5 At-the-money Puts ..................................................... 324
        6.4.1.6 In-the-money Puts ..................................................... 326
        6.4.1.7 Zusammenfassung ..................................................... 327
    6.4.2 Optionspreise in Abhängigkeit von der Moneyness ............................. 328
    6.4.3 Abweichungen zwischen Modell- und Marktpreisen ............................ 329
        6.4.3.1 Out-of-the-money Calls ............................................... 330
        6.4.3.2 At-the-money Calls .................................................... 332
        6.4.3.3 In-the-money Calls .................................................... 334
        6.4.3.4 Out-of-the-money Puts ................................................ 336
        6.4.3.5 At-the-money Puts ..................................................... 338
        6.4.3.6 In-the-money Puts ..................................................... 340
        6.4.3.7 Zusammenfassung ..................................................... 341
    6.4.4 Statistische Signifikanz der Fehlerabweichungen ................................ 347
        6.4.4.1 Überprüfung der Optionspreise auf Normalverteilung ............... 348
        6.4.4.2 Überprüfung der Gleichheit von BS- und Marktpreisen ............ 348
        6.4.4.3 Zusammenfassung des Vergleichs von BS- und Marktpreisen ... 350
    6.4.5 Bedeutung des Volatilitätsparameters für die Optionspreisschätzung .... 351
        6.4.5.1 Diebold/Mariano-Teststatistik ....................................... 351
        6.4.5.2 Ergebnisse für den gesamten Untersuchungszeitraum .............. 352
        6.4.5.3 Ergebnisse bei monatsweiser Betrachtung ......................... 353
        6.4.5.4 Zusammenfassung ..................................................... 354
    6.4.6 Eignung des Black/Scholes-Modells zur Optionsbewertung ................. 355
6.5 Zusammenfassung .................................................................... 362

7 Schlussbetrachtung ........................................................................ 365

Anhang ............................................................................................................ 373

1. Historische Zusammensetzung des DAX ........................................................ 373
2. Market Maker für die DAX-Option ................................................................ 374
3. Verfall- und Ausübungstage an der Eurex ..................................................... 376
4. Erwartungswert und Varianz .......................................................................... 377
5. Datenextrahierung und Datenbearbeitung ...................................................... 378
   5.1 Variable DAX-Kurse ................................................................................ 378
   5.2 Täglicher Zinssatz .................................................................................... 378
   5.3 Variable Optionspreise ............................................................................. 385
   5.4 Annullierte Transaktionen ........................................................................ 389
6. Dateninput ....................................................................................................... 391
7. Berechnungen für den Wilcoxon-Rangtest ..................................................... 393
   7.1 Mediane der Volatilität ............................................................................ 393
   7.2 Mittelwerte der Volatilität ....................................................................... 396
8. Zusätzliche Auswertungen .............................................................................. 399
   8.1 Arbitragegewinne in den einzelnen Monaten ........................................... 399
      8.1.1 Arbitragegewinne im Januar 2004 .................................................... 399
      8.1.2 Arbitragegewinne im Februar 2004 .................................................. 400
      8.1.3 Arbitragegewinne im März 2004 ...................................................... 400
      8.1.4 Arbitragegewinne im April 2004 ...................................................... 400
      8.1.5 Arbitragegewinne im Mai 2004 ........................................................ 401
      8.1.6 Arbitragegewinne im Juni 2004 ........................................................ 401
   8.2 Bereinigte Arbitragehöhe für normale Handelsteilnehmer ...................... 401
   8.3 Bereinigte Arbitragehöhe für Market Maker ........................................... 402
   8.4 Überprüfung des Niveaus der impliziten Volatilität ................................ 403

Literaturverzeichnis .............................................................................................. 411

Stichwortverzeichnis ............................................................................................ 443

# Abkürzungsverzeichnis

| | |
|---|---|
| AMEX | American Stock Exchange |
| Anm. | Anmerkung |
| ANNA | Association of National Numbering Agency |
| ARCH | Autoregressive Conditional Heteroskedasticity |
| ASX | Australian Stock Exchange |
| ATM | at-the-money |
| BaFin | Bundesanstalt für Finanzdienstleistungsaufsicht |
| BS | Black/Scholes |
| CAPM | Capital Asset Pricing Model |
| CBOE | Chicago Board Options Exchange |
| CEV | Constant Elasticity of Variance |
| COMEX | New York Commodities Exchange |
| CRR | Cox/Ross/Rubinstein |
| $C_m$ | Marktpreis der Option |
| D | Dividende |
| DAX | Deutscher Aktienindex |
| DTB | Deutsche Terminbörse |
| DM | Diebold/Mariano |
| DVF | Deterministische Volatilitätsfunktion |
| d. | des |
| d.h. | das heißt |
| EBF | European Banking Federation |
| EMH | Efficient Market Hypothesis |
| EMU | European Market Union |
| ETF | Exchange Traded Fund |
| EURIBOR | Euro Interbank Offered Rate |
| EWMA | Exponentially Weighted Moving Average |
| f. | folgende (Seite) |
| ff. | folgende (Seiten) |
| GARCH | Generalized Autoregressive Conditional Heteroskedasticity |
| ITM | in-the-money |
| HJ | Halbjahr |
| HP | Historical Prices |
| IASB | International Accounting Standards Board |

| | |
|---|---|
| ID | Identifizierungsnummer |
| IFRS | International Financial Reporting Standards |
| IQR | Interquartile Range |
| ISIN | International Securities Identification Number |
| ITM | in-the-money |
| i.A. | im Allgemeinen |
| i.d.R. | in der Regel |
| i.S. | im Sinne |
| i.V.m. | in Verbindung mit |
| JB | Jarque/Bera |
| KonTraG | Gesetz zur Kontrolle und Transparenz im Unternehmensbereich |
| KStG | Körperschaftsteuergesetz |
| L | Löschung (Deletion, Cancellation) eines Handelsgeschäfts |
| LH | Long Hedge |
| LTCM | Long Term Capital Management |
| M | Moneyness |
| M80 | Moneyness bis 80% |
| M85 | Moneyness zwischen 80 und 85% |
| M120 | Moneyness zwischen 115 und 120% |
| M120+ | Moneyness über 120% |
| Mill. | Millionen |
| MIT | Massachusetts Institute of Technology |
| MM | Market Maker |
| Mrd. | Mrd. |
| m.E. | mit Einschränkung |
| NaN | not a number (der Wert existiert nicht) |
| NHT | normaler Handelsteilnehmer |
| NYSE | New York Stock Exchange |
| O | OTC Block Trade |
| ODAX | Option auf den Deutschen Aktienindex DAX |
| OTC | over-the-counter |
| OTM | out-of-the-money |
| o.J. | ohne Jahrgangsangabe |
| o.S. | ohne Seitenangabe |
| PDE | Partial Differential Equation (Partielle Differentialgleichung) |

| | |
|---|---|
| P-f.s. | Wahrscheinlichkeit fast sicher |
| S. | Seite |
| S.A. | Société sur Actions |
| SH | Short Hedge |
| SOFFEX | Swiss Options and Financial Futures Exchange |
| SWX | Swiss Exchange |
| S&P | Standard & Poor's |
| sog. | so genannt |
| TLD | Truncated Lévy Distribution |
| USA | Vereinigte Staaten von Amerika |
| VaR | Value at Risk |
| Verf. | Verfasser(s) |
| vgl. | vergleiche |
| Vol. | Volume (Ausgabenummer) |
| WKN | Wertpapierkennnummer |
| WM | Wertpapier-Mitteilungen |
| WPI | Wertpapier Informationssystem |
| X | reguläres Handelsgeschäft |
| XLM | Xetra Liquidity Measure (Xetra Liquiditätsmaß) |
| z.B. | zum Beispiel |

# Symbolverzeichnis

| | |
|---|---|
| $\rightarrow$ | geht gegen |
| $(a, b]$ | linksoffenes Intervall: enthält nicht $a$, aber $b$ |
| $[a, b)$ | rechtsoffenes Intervall: enthält $a$, aber nicht $b$ |
| $[a, b]$ | abgeschlossenes Intervall: enthält sowohl $a$ als auch $b$ |
| $\alpha$ | Geld-/Spieleinsatz |
| $b$ | Cost of Carry |
| $B_i$ | Bin |
| $B(n,p)$ | Binomialverteilung mit Parametern $n$ (Anzahl) und $p$ (Eintrittswahrscheinlichkeit) |
| $C$ | Preis eines Calls |
| $C_t^*(K,T)$ | Marktpreis eines Calls |
| $C_{BS}(S,K,T,\sigma_{impl}(K,T))$ | theoretischer Preis eines Calls |
| $Cs$ | Centisekunde |
| $c$ | relativer Preis eines Calls (Preis/Kontraktwert) |
| $D_n$ | größter absoluter vertikaler Abstand zwischen $F_0(x)$ und $F_n(x)$ |
| $d$ | Faktor für Abwärtsbewegung im Binomialmodell („down"); Dividende |
| $d_{n,1-\alpha}$ | Quantil der Ordnung $1-\alpha$ der Verteilung von $D_n$ |
| $dt$ | Veränderung der Zeit |
| $\delta$ | Dividende |
| $\in$ | Euro |
| $E$ | Basis des natürlichen Logarithmus (2,71828182845905...) |
| $E(\cdot)$ | Erwartungswert |
| $\widetilde{E}(\cdot)$ | Erwartungswert unter dem risikoneutralen Wahrscheinlichkeitsmaß |
| $\exists$ | existiert |
| $\Im$ | σ-Algebra |
| $F_0(x)$ | hypothetisierte (theoretische) Verteilung |
| $F_n(x)$ | empirische Verteilung mit Stichprobenumfang $n$ |
| $h$ | Binwidth, Intervalllänge (Länge des Intervalls bei Kerndichteschätzungen) |
| $H_0$ | Nullhypothese |

| | |
|---|---|
| $H_1$ | Alternativhypothese |
| $H1$ | Stundenwechsel, Put wurde vor dem Call gehandelt |
| $H2$ | Stundenwechsel, Call wurde vor dem Put gehandelt |
| $I$ | geordnete Indexmenge |
| I | Indikatorfunktion |
| $K$ | Ausübungspreis |
| $K(u)$ | Kernfunktion (wenn nicht anders spezifiziert: Epanechinikov) |
| $LN$ | Log-Normalverteilung |
| $ln$ | natürlicher Logarithmus mit Basis 2,71828182845905 |
| $log$ | Logarithmus (Basis $e$) |
| $M$ | Gewinn aus einem Long Hedge |
| $M1$ | Minutenwechsel, Call wurde vor dem Put gehandelt |
| $M2$ | Minutenwechsel, Put wurde vor dem Call gehandelt |
| $m_i$ | i-tes zentrales Moment einer Verteilung |
| med | Median |
| $\mu$ | Drift; Mittelwert einer Verteilung |
| $\xi^i$ | Anzahl von Wertpapieren des i-ten Wertpapiers |
| $\bar{\xi}$ | Vektor der Anzahl verschiedener Wertpapiere |
| $N$ | Gewinn aus einem Short Hedge |
| $N(\cdot)$ | Normalverteilung |
| $P^*$ | physisches Maß |
| $P$ | Wahrscheinlichkeit; Aktienkurs im Zeitpunkt $t = T$; Preis eines Puts |
| $P(S_t, t)$ | Wert eines Portfolios zum Zeitpunkt $t$ |
| $\tilde{P}$ | risikoneutrales Wahrscheinlichkeitsmaß |
| $p$ | Wahrscheinlichkeit für Aufwärtsbewegung im CRR-Modell; Aktienkurs im Zeitpunkt $t = 0$; relativer Put-Preis (Preis/Kontraktwert) |
| $p$-Wert | Überschreitungswahrscheinlichkeit auf dem vorgegebenen Signifikanzniveau |
| $Q^*$ | äquivalentes risikoneutrales Martingalmaß (zu $P^*$ äquivalentes Wahrscheinlichkeitsmaß) |
| $Q$ | Wahrscheinlichkeit für Abwärtsbewegung im CRR-Modell |
| $\sigma$ | Standardabweichung; zukünftige (konstante) Volatilität |
| $r$ | Zinssatz |

# Symbolverzeichnis

| | |
|---|---|
| $r_f$ | risikoloser Zinssatz |
| $R_n^+$ | Summe der Ränge mit positiver Differenz |
| $R_n^-$ | Summe der Ränge mit negativer Differenz |
| $r_i$ | Ränge des Wilcoxon-Rangtests |
| $S$ | Put und Call wurden in der gleichen Minute gehandelt |
| $S_0$ | Preis eines Wertpapiers zum Zeitpunkt $t = 0$ |
| $\bar{S}$ | Vektor von Preisen eines Wertpapiers |
| $\sigma(X)$ | Standardabweichung der Stichprobe |
| $T$ | Restlaufzeit |
| $t_0$ | identischer Handelszeitpunkt bei der Put-Call-Parität |
| $\theta$ | unbekannter Parameter (z.B. $\mu$) |
| $u$ | Faktor für Aufwärtsbewegung im Binomialmodell („up") |
| $U$ | Score (partiell nach $\theta$ differenzierte Log-Likelihood-Funktion) |
| $Var(\cdot)$ | Varianz |
| $\phi$ | Wahrscheinlichkeitsdichtefunktion der Standardnormalverteilung $\phi = \Phi'$ (Ableitung der Verteilungsfunktion) |
| $\Phi$ | kumulative Verteilungsfunktion der Standardnormalverteilung ($\Phi = P(X \leq x)$) |
| $W_t$ | Wiener Prozess |
| $<X>$ | Quadratische Variation des Itô-Prozesses $X$ |
| $x$ | Aktienkurs |
| $\bar{x}$ | Mittelwert |
| $X, Y$ | Zufallsvariablen |
| $x, y$ | Skalare (Realisationen von $X, Y$) |
| $y$ | Rendite |
| $Z$ | Contingent Claim (Call oder Put) |
| $\infty$ | unendlich |
| $\{\Omega\}$ | Ereignismenge |
| $\{\Omega, P\}$ | Ereignisraum |
| $\int \bullet \, dx$ | Integral |

# Abbildungsverzeichnis

Abbildung 1: Zerlegung des Optionspreises in inneren Wert und Zeitwert............13
Abbildung 2: Optionspreis und Ausübungspreis für 25.119 Calls........................15
Abbildung 3: Optionspreis und Ausübungspreis für 26.357 Puts..........................16
Abbildung 4: Parametrische Optionsbewertungsmodelle........................................22
Abbildung 5: Nichtparametrische Optionsbewertungsmodelle...............................24
Abbildung 6: Black/Scholes-Optionsbewertung in Bloomberg..............................56
Abbildung 7: Sensitivitätsanalyse des Optionspreises in Bloomberg.....................57
Abbildung 8: Delta von ITM-Calls im Zeitablauf....................................................62
Abbildung 9: Delta von OTM-Calls im Zeitablauf..................................................64
Abbildung 10: Verlust eines Gamma-negativen Portfolios......................................66
Abbildung 11: Gamma von ITM-Calls im Zeitablauf..............................................67
Abbildung 12: Gamma von OTM-Calls im Zeitablauf............................................68
Abbildung 13: Gamma von ATM-Calls im Zeitablauf............................................69
Abbildung 14: Einflussfaktoren auf das Gamma......................................................71
Abbildung 15: Vega in Abhängigkeit vom Aktienkurs............................................73
Abbildung 16: Rho und Optionspreis in Abhängigkeit der Parameter....................76
Abbildung 17: Sensitivität von Calls auf Moneyness und Volatilität......................78
Abbildung 18: Arbitragemechanismus der Put-Call-Parität.....................................87
Abbildung 19: Histogramm für die Handelsgröße von Transaktionen...................92
Abbildung 20: Box Plots für die Handelsgröße von Transaktionen.......................93
Abbildung 21: Histogramm für die Transaktionsgröße der Put-Call-Paare..........112
Abbildung 22: Auswirkung von Transaktionskosten auf den Arbitragegewinn......115
Abbildung 23: Arbitragemöglichkeiten sowie unbereinigte Arbitragehöhe..........116
Abbildung 24: Arbitragemöglichkeiten sowie bereinigte Arbitragehöhe..............117
Abbildung 25: Bereinigte Arbitragehöhe für NHT und MM.................................120
Abbildung 26: Manaster/Koehler-Startwert für die implizite Volatilität..............133
Abbildung 27: Konvergenz des Newton/Raphson-Verfahrens mit 9 Iterationen....135
Abbildung 28: Standardnormalverteilung für Abszissenwerte $z \in (-3,3; 3,3)$........145
Abbildung 29: Kumulierte Standardnormalverteilung............................................146
Abbildung 30: Relation von K/S für beste Aussagekraft der impliziten Volatilität 148
Abbildung 31: Vega in Abhängigkeit von der Relation von K/S..........................149
Abbildung 32: Implizite Volatilität von Calls und Puts..........................................165
Abbildung 33: Implizite Volatilität von Calls und Puts (Mittelwerte)..................168
Abbildung 34: Implizite Volatilität von Calls und Puts (Mediane).......................169
Abbildung 35: Volatilitätsstruktur für Calls im Untersuchungszeitraum..............173

Abbildung 36: Liquidität von Aktienindex-Optionen ............................................. 192
Abbildung 37: Open Interest und Handelsvolumen von Aktienindex-Optionen ..... 193
Abbildung 38: Anzahl gehandelter Kontrakte aller Eurex-Produkte ...................... 194
Abbildung 39: Einzelkomponenten der Transaktionskosten ................................... 202
Abbildung 40: Verlauf von DAX und Volatilität im Vergleich ............................... 215
Abbildung 41: Häufigkeitsverteilung des DAX (1997 bis 2004) ............................. 222
Abbildung 42: Log-Normalverteilung ..................................................................... 228
Abbildung 43: Kumulative Log-Normalverteilung ................................................. 228
Abbildung 44: Geometrische Brownsche Bewegung und Log-Normalverteilung .. 230
Abbildung 45: Kerndichte des DAX mit doppelter optimaler Bandweite h ........... 233
Abbildung 46: Kerndichteschätzung des DAX ....................................................... 234
Abbildung 47: DAX mit Epanechinikov-Kerndichteschätzung .............................. 235
Abbildung 48: Empirische und hypothetisierte Verteilung des DAX ..................... 238
Abbildung 49: Hypothetisierte und tatsächliche Dichte des DAX .......................... 239
Abbildung 50: Verlauf des DAX auf Xetra im 1. Halbjahr 2004 (Tickdaten) ......... 262
Abbildung 51: Euribor ............................................................................................. 267
Abbildung 52: Euribor – geringe Schwankungen im ersten Halbjahr 2004 ........... 268
Abbildung 53: Historische Volatilität (unterschiedliche Volatilitätsschätzer) ........ 275
Abbildung 54: Überbewertung annullierter DAX-Calls im ersten Halbjahr 2004 ... 303
Abbildung 55: Überbewertung annullierter DAX-Puts im ersten Halbjahr 2004 .... 304
Abbildung 56: Call-Preis versus $S$-$K$ für Optionen mit $T = 0$ .............................. 312
Abbildung 57: Put-Preis versus $K$-$S$ für Optionen mit $T = 0$ ................................ 312
Abbildung 58: Sämtliche Optionspreise nach Moneyness und Restlaufzeit ........... 328
Abbildung 59: Modell- und Marktpreise von 154.891 Calls nach Moneyness ....... 342
Abbildung 60: Modell- und Marktpreise von 172.998 Puts nach Moneyness ........ 342
Abbildung 61: Fehlbewertung von Optionen nach Restlaufzeit und Moneyness ... 343
Abbildung 62: Relative Abweichung der Modellpreise von den Marktpreisen ...... 344
Abbildung 63: Relative Fehlbewertung nach Moneyness ....................................... 345
Abbildung 64: Absolute Abweichung der Modellpreise von den Marktpreisen ..... 346
Abbildung 65: Absolute Fehlbewertung .................................................................. 347
Abbildung 66: Relative betragsmäßige Fehlbewertung von Calls .......................... 357
Abbildung 67: Relative betragsmäßige Fehlbewertung von Puts ........................... 358
Abbildung 68: Kumulative Verteilungsfunktionen für die Fehlbewertung ............. 361
Abbildung 69: Fehlbewertung durch das Black/Scholes-Modell (Calls) ................ 363
Abbildung 70: Fehlbewertung durch das Black/Scholes-Modell (Puts) ................. 364
Abbildung 71: Bereinigte Arbitragehöhe für normale Handelsteilnehmer ............. 402
Abbildung 72: Bereinigte Arbitragehöhe für Market Maker ................................... 403
Abbildung 73: Volatilitätsstruktur für Calls und Puts im Januar 2004 .................... 404
Abbildung 74: Volatilitätsstruktur für Calls und Puts im Februar 2004 .................. 405
Abbildung 75: Volatilitätsstruktur für Calls und Puts im März 2004 ...................... 406

Abbildung 76: Volatilitätsstruktur für Calls und Puts im April 2004 ...................... 407
Abbildung 77: Volatilitätsstruktur für Calls und Puts im Mai 2004 ....................... 408
Abbildung 78: Volatilitätsstruktur für Calls und Puts im Juni 2004 ....................... 409

# Tabellenverzeichnis

Tabelle 1: Potenzielle Ausreißer – Optionen mit ungewöhnlichen Optionspreisen .. 17
Tabelle 2: Konvergenz der Binomialpreise gegen Black/Scholes-Preise ............... 31
Tabelle 3: Box Algebra ........................................................................................... 41
Tabelle 4: Optionspreisberechnung in Bloomberg ................................................. 56
Tabelle 5: Einflussfaktoren auf den Optionspreis ................................................... 78
Tabelle 6: Put-Call-Parität für europäische Optionen ohne Dividende ................... 85
Tabelle 7: Datengrundlage für die Überprüfung der Put-Call-Parität ..................... 91
Tabelle 8: Beispiel für die quasi synchrone ($\leq 59$ Sekunden) Beobachtung ............. 97
Tabelle 9: Anteil von Put-Call-Paaren am Dateninput ............................................ 99
Tabelle 10: Aufteilung von Put-Call-Paaren nach Handelszeit ............................. 100
Tabelle 11: Aufteilung profitabler Long und Short Hedges vor
 Transaktionskosten ............................................................................. 106
Tabelle 12: Börsengebühren für Market Maker (mit Margin) ............................... 108
Tabelle 13: Börsengebühren für normale Handelsteilnehmer (mit Margin) .......... 108
Tabelle 14: Transaktionskosten für Market Maker (ohne Margin) ........................ 109
Tabelle 15: Transaktionskosten für normale Handelsteilnehmer (ohne Margin) .... 110
Tabelle 16: Monetärer Effekt nichtsynchroner DAX-Aufzeichnung zwischen
 Calls und Puts ..................................................................................... 111
Tabelle 17: Statistik des Effekts nichtsynchroner DAX-Aufzeichnung zwischen
 Calls und Puts in Euro je Transaktion ................................................ 111
Tabelle 18: Arbitragegewinn für normale Handelsteilnehmer vor und nach
 Transaktionskosten ............................................................................. 113
Tabelle 19: Arbitragegewinn für Market Maker vor und nach Transaktionskosten 118
Tabelle 20: Häufigkeitsverteilung von Transaktionsgrößen .................................. 121
Tabelle 21: Statistische Kennzahlen zur Konvergenz des Newton/Raphson-
 Verfahrens .......................................................................................... 135
Tabelle 22: Optionen ohne implizite Volatilität (Newton/Raphson-Verfahren) ...... 136
Tabelle 23: Nicht berechenbare implizite Volatilitäten (Calls) ............................. 140
Tabelle 24: Nicht berechenbare implizite Volatilitäten (Puts) .............................. 140
Tabelle 25: Beispiele für Optionen mit negativem Zeitwert ................................. 141
Tabelle 26: Calls mit illusorischen impliziten Volatilitäten .................................. 143
Tabelle 27: Eliminierung von Transaktionen aufgrund von Mistrades ................. 157
Tabelle 28: Datenbasis zur Untersuchung des Niveaus der impliziten Volatilität ... 158
Tabelle 29: Statistik der impliziten Volatilitäten von Calls und Puts .................... 166

Tabelle 30: Lilliefors-Test zur Überprüfung der impliziten Volatilität auf Normalverteilung ..... 167
Tabelle 31: Explizite Transaktionskosten für die DAX-Option ..... 209
Tabelle 32: Maximal zulässige Spreads für Market Maker ..... 209
Tabelle 33: Handelszeiten für die DAX-Option und den DAX-Future ..... 211
Tabelle 34: Statistische Kennzahlen für den DAX und den log DAX (Tickdaten) ... 232
Tabelle 35: JB-Test zur Überprüfung des DAX auf Log-Normalverteilung ..... 237
Tabelle 36: Lilliefors-Test zur Überprüfung des DAX auf Log-Normalverteilung ... 240
Tabelle 37: Angebot von Optionsserien – Fokussierung auf kurze Restlaufzeiten ... 264
Tabelle 38: Aufteilung der Optionstransaktionen nach Calls, Puts und Monaten ... 265
Tabelle 39: Verfalltage an der Eurex ..... 269
Tabelle 40: Annualisierung der Volatilität mittels Handels- oder Kalendertagen ... 272
Tabelle 41: Aufteilung von Calls und Puts nach Spanne der impliziten Volatilität. 278
Tabelle 42: Deskriptive Statistik für den Optionspreis ..... 282
Tabelle 43: Deskriptive Statistik für den standardisierten Optionspreis (O/K) ..... 283
Tabelle 44: Deskriptive Statistik für den mit Optionen synchronisierten DAX ..... 284
Tabelle 45: Deskriptive Statistik für die Moneyness ..... 285
Tabelle 46: Deskriptive Statistik für den Ausübungspreis ..... 286
Tabelle 47: Deskriptive Statistik für die Restlaufzeit ..... 287
Tabelle 48: Deskriptive Statistik für den restlaufzeitkongruenten Zinssatz ..... 288
Tabelle 49: Deskriptive Statistik für die implizite Volatilität ..... 289
Tabelle 50: Deskriptive Statistik für die Handelsgröße von Optionen ..... 290
Tabelle 51: Gelöschte Handelsgeschäfte durch die Eurex ..... 300
Tabelle 52: Differenz zwischen Mistrade- und Black/Scholes-Preisen für Calls ... 302
Tabelle 53: Differenz zwischen Mistrade- und Black/Scholes-Preisen für Puts ..... 302
Tabelle 54: Eliminierung von Transaktionen aufgrund von Mistrades ..... 306
Tabelle 55: Datenbasis nach Eliminierung annullierter Handelsgeschäfte ..... 306
Tabelle 56: Eliminierung von Verstößen gegen die Put-Call-Parität ..... 307
Tabelle 57: Eliminierung von Verstößen gegen verteilungsfreie Wertgrenzen ..... 309
Tabelle 58: Szenarien des Datenbasisverlusts durch Eliminierung von Optionen ... 311
Tabelle 59: Eliminierung von Optionen mit unter 1 Kalendertag Restlaufzeit ..... 314
Tabelle 60: Trade-off zwischen Erhalt der Datenbasis und modellunabhängiger Fehlbewertung ..... 315
Tabelle 61: Eliminierung von Optionen mit einem Preis von unter 1 Punkt ..... 316
Tabelle 62: Übersicht über das Bereinigungsverfahren der Datenbasis ..... 317
Tabelle 63: Deskriptive Statistik von out-of-the-money Calls ..... 319
Tabelle 64: Deskriptive Statistik von at-the-money Calls ..... 320
Tabelle 65: Deskriptive Statistik von in-the-money Calls ..... 321
Tabelle 66: Deskriptive Statistik von out-of-the-money Puts ..... 323
Tabelle 67: Deskriptive Statistik von at-the-money Puts ..... 324

Tabelle 68: Deskriptive Statistik von in-the-money Puts ............................................. 326
Tabelle 69: Zusammenfassung der Fehlbewertung des B/S-Modells ...................... 327
Tabelle 70: Absolute und relative Fehlbewertung von out-of-the-money Calls ...... 330
Tabelle 71: Absolute und relative Fehlbewertung von at-the-money Calls .............. 332
Tabelle 72: Absolute und relative Fehlbewertung von in-the-money Calls ............. 334
Tabelle 73: Absolute und relative Fehlbewertung von out-of-the-money Puts ....... 336
Tabelle 74: Absolute und relative Fehlbewertung von at-the-money Puts .............. 338
Tabelle 75: Absolute und relative Fehlbewertung von in-the-money Puts .............. 340
Tabelle 76: Ablehnung der Nullhypothese der Normalverteilung von
 Optionspreisen ............................................................................................. 348
Tabelle 77: Ablehnung der Nullhypothese der Gleichheit von BS-Preisen und
 Marktpreisen ............................................................................................... 349
Tabelle 78: Überprüfung der Nullhypothese der Gleichheit von BS- und
 Marktpreisen von Calls auf Basis von 86 Handelstagen ........................ 349
Tabelle 79: Überprüfung der Nullhypothese der Gleichheit von BS- und
 Marktpreisen von Calls auf Basis von 60 Handelstagen. ....................... 349
Tabelle 80: Überprüfung der Nullhypothese der Gleichheit von BS- und
 Marktpreisen von Puts auf Basis von 86 Handelstagen ......................... 350
Tabelle 81: Überprüfung der Nullhypothese der Gleichheit von BS- und
 Marktpreisen von Puts auf Basis von 60 Handelstagen ......................... 350
Tabelle 82: Überprüfung der Gleichheit der Black/Scholes-Preise mit
 unterschiedlichen Volatilitätsparametern (Gesamtdatenbasis) .............. 352
Tabelle 83: Überprüfung der Gleichheit der Black/Scholes-Call-Preise mit
 unterschiedlichen Volatilitätsparametern ............................................... 353
Tabelle 84: Überprüfung der Gleichheit der Black/Scholes-Put-Preise mit
 unterschiedlichen Volatilitätsparametern ............................................... 354
Tabelle 85: Relative betragsmäßige Fehlbewertung von Calls ................................ 356
Tabelle 86: Relative betragsmäßige Fehlbewertung von Puts ................................. 357
Tabelle 87: Prozentualer Anteil von Puts mit Fehlbewertungen bis zu 5, 10, 20
 und 50% ...................................................................................................... 360
Tabelle 88: Prozentualer Anteil von Calls mit Fehlbewertungen bis zu 5, 10, 20
 und 50% ...................................................................................................... 360
Tabelle 89: Veränderungen des DAX zwischen 1990 und 2004 ............................. 373
Tabelle 90: Market Maker für die DAX-Option ....................................................... 375
Tabelle 91: Ausübungs- und Verfalltage an der Eurex ............................................ 376
Tabelle 92: Euribor für 15 verschiedene Laufzeiten im Untersuchungszeitraum .... 379
Tabelle 93: Anteil relevanter Optionsdaten in den Eurex Dateien ........................... 386
Tabelle 94: Eurex-Datei vor der Filterung nach DAX-Optionen ............................. 387
Tabelle 95: Aufteilung der Optionen nach Calls und Puts ....................................... 388
Tabelle 96: Annullierte Calls im Untersuchungszeitraum ....................................... 389

Tabelle 97: Annullierte Puts im Untersuchungszeitraum ..................................... 390

Tabelle 98: Durchschnittliche implizite Volatilitäten für alle Calls ....................... 391

Tabelle 99: Durchschnittliche implizite Volatilitäten für alle Puts ........................ 392

Tabelle 100: Berechnung der Teststatistik für den Wilcoxon-Rangtest –
Mediane Volatilität .................................................................................. 393

Tabelle 101: Berechnung der Teststatistik für den Wilcoxon-Rangtest –
Mittelwerte Volatilität ............................................................................. 396

Tabelle 102: Anzahl und Höhe von Arbitragegewinnen im Januar 2004 ............... 399

Tabelle 103: Anzahl und Höhe von Arbitragegewinnen im Februar 2004 ............. 400

Tabelle 104: Anzahl und Höhe von Arbitragegewinnen im März 2004 ................. 400

Tabelle 105: Anzahl und Höhe von Arbitragegewinnen im April 2004 ................. 400

Tabelle 106: Anzahl und Höhe von Arbitragegewinnen im Mai 2004 ................... 401

Tabelle 107: Anzahl und Höhe von Arbitragegewinnen im Juni 2004 ................... 401

# 1 Einführung

## 1.1 Entwicklung und Bedeutung der Optionsbewertung

Sowohl das ansteigende Handelsvolumen derivativer Finanzinstrumente als auch die im Juni 2007 begonnene Finanzkrise verdeutlichen die große Bedeutung der Bewertung von Derivaten sowie ihrer Risikokontrolle. Das Black/Scholes-Modell zur Bewertung von Optionen hat einen herausragenden Einfluss sowohl auf die Bewertungstheorie als auch auf die Kapitalmärkte ausgeübt.[1] Die Kenntnis von Abweichungen zwischen Modellannahmen und realem Marktgeschehen einerseits sowie Modellpreisen und realen Optionspreisen andererseits ist für einen sinnvollen Einsatz dieser Derivate unerlässlich. Die Bewertung von Optionen stellte bereits im Jahr 1900 den Untersuchungsgegenstand der Dissertation von Bachelier dar.[2] Die von ihm hergeleitete Formel basierte auf der Erkenntnis, dass der Wert einer Aktienoption von der zukünftigen Entwicklung des Aktienkurses abhängen müsse und wies bereits Ähnlichkeiten zur späteren Black/Scholes-Formel auf. Bacheliers Formel basierte aber auf unrealistischen Annahmen wie etwa einem Zinssatz von 0% sowie der arithmetischen Brownschen Bewegung, die negative Aktienkurse zulässt.[3]

Sprenkle (1961), Samuelson (1965), Baumol/Malkiel/Quandt (1966) und Samuelson/Merton (1969) lockerten realitätsferne Annahmen in Bacheliers Formel. Zugunsten strikt positiver Aktienkurse nahmen sie eine Log-Normalverteilung der Aktienkurse an. Zudem fand die Nutzenfunktion risikoaverser Investoren in Form einer Risikoprämie Berücksichtigung. Während die Nutzenfunktion in der Theorie klar definiert werden kann, ist sie in der Realität nicht beobachtbar.[4] Stoll (1969) wies in seiner Arbeit zur Put-Call-Parität darauf hin, dass aufgrund der Vielzahl an Faktoren und unvorhersehbarer Ereignisse, die Aktienkurse beeinflussen, der Optionspreis offensichtlich von der „probability distribution of stock price changes expected during the option period"[5] abhängen müsse.

---

[1] Vgl. Bollerslev/Russell/Watson (2010), S. 323.
[2] Den ersten Versuch zur Optionsbewertung mit einem stochastischen Prozess unternahm Bachelier. Vgl. Bachelier (1900), S. 21-86.
[3] Vgl. Sullivan/Weithers (1991), S. 169.
[4] Vgl. Nicholson (1998), S. 86.
[5] Stoll (1969), S. 801.

Zur Optionsbewertung wurden analytische Modelle[6], numerische Modelle[7], Differentialmodelle[8] und Binomialmodelle[9] vorgeschlagen. Black und Scholes entwickelten mit Hilfe von Merton eine Methode zur Bewertung von Optionen, indem sie die Zahlungsströme der Option mittels Aktien und Staatsanleihen duplizierten. Durch diese Duplizierung umgehen Black und Scholes die bis dahin für die Bewertung von Optionen als notwendig erachtete Risikoprämie: Da die Black/Scholes-Formel von den empirisch nicht ermittelbaren Risikopräferenzen der Investoren unabhängig ist, geht in die Formel – anders als beim CAPM – nicht die erwartete Rendite ein. Die Black/Scholes-Formel beruht somit auf der risikoneutralen Bewertung.

Das Black/Scholes-Modell hat sich sowohl in Wissenschaft als auch in der Praxis als Standardverfahren zur Optionsbewertung durchgesetzt und das rasante Wachstum der Terminmärkte begünstigt.[10] Fast zeitgleich mit der Veröffentlichung der Black/Scholes-Formel erfolgte die Gründung der Terminbörse International Monetary Market (IMM) in Chicago im Jahr 1972. An der Chicago Board Options Exchange (CBOE) wurden von April 1973 bis Juni 1977 nur Calls auf Aktien, aber keine Puts gehandelt.[11] Es folgten im Jahr 1982 die International Financial Futures Exchange (LIFFE) in London und im Jahr 1986 der Marché à Terme d'Instruments Financiers de Paris (MATIF) in Paris. Der Handel von Index-Optionen wurde an der CBOE im Jahr 1983 eingeführt.[12]

Der Handel von Aktienoptionen wurde in Deutschland mit Gründung der Deutschen Terminbörse (DTB) am 26.01.1990 ermöglicht. Der Handel von Optionen auf den Deutschen Aktienindex (DAX) wurde erst im August 1991 eingeführt.[13] Mit dem DAX führt die Deutsche Börse AG seit dem 01.07.1988 den Index der Börsen-Zeitung fort, dessen historische Zeitreihe bis 1959 zurückreicht.[14] Mit dem rasanten Wachstum der Finanzderivate ging ein großer Anstieg der wissenschaftlichen Literatur zur Optionsbewertung einher.

---

[6] Vgl. Bachelier (1900), S. 21-86 sowie Black/Scholes (1973), S. 637-659.
[7] Vgl. Boyle (1977), S. 323-338.
[8] Vgl. Schwartz (1977), S. 79-93 und Courtadon (1982), S. 697-703.
[9] Vgl. Cox/Ross/Rubinstein (1979), S. 229-263 sowie Ho/Lee (1986), S. 1011-1029.
[10] Vgl. Gultekin/Rogalski/Tinic (1982), S. 58, Rubinstein (1985), S. 455, Schönbucher (1999), S. 2072 sowie Hafner/Wallmeier (2000), S. 1 f.
[11] Vgl. Klemkosky/Resnick (1979), S. 1141.
[12] Vgl. Mittnik/Rieken (2000), S. 259.
[13] Vgl. Mittnik/Rieken (2000), S. 260.
[14] Vgl. Deutsche Bundesbank (2007), S. 27 sowie Deutsche Börse (2010), S. 7.

## 1.1 Entwicklung und Bedeutung der Optionsbewertung

Zur weiten Verbreitung des Black/Scholes-Modells hat beigetragen, dass alle fünf zur Modellspezifizierung notwendigen Parameter, außer der Standardabweichung der Aktienkurse, direkt am Markt beobachtbar sind.[15] Diese Parameter sind: der Basiswert, der Ausübungspreis, die Laufzeit der Option, der risikofreie Zinssatz und die Volatilität des Basiswerts während der Restlaufzeit der Option.[16] Die weite Verbreitung von Optionen zeigt sich darin, dass heute weltweit auf ca. 10% der über 265.000 kapitalmarktorientierten Unternehmen Optionen existieren.[17] Zwischen 1988 und 2010 ist der Optionshandel an allen wichtigen Derivatebörsen um das 20-fache angestiegen.[18]

Für ihre neue Methode zur Preisbestimmung von Derivaten erhielten die amerikanischen Professoren Myron Scholes und Robert Merton im Jahr 1997 – Fischer Black erlag zwei Jahre zuvor einem Krebsleiden – den Bank of Sweden Prize in Economic Sciences.[19] Begünstigt durch diese Ehrung wurde das Modell, obgleich bereits 30 Jahre alt, von weiten Kreisen der Finanzgemeinde zur Kenntnis genommen.[20]

Der Popularität des Black/Scholes-Modells kommt weiterhin sein weites Anwendungsspektrum zugute: Das Black/Scholes-Modell findet nicht nur zur Bewertung europäischer Plain Vanilla Optionen Anwendung, sondern auch zur Bewertung von Caps, Floors, Collars sowie exotischen Optionen.[21] Außerdem wird es von Unternehmen und Investoren zur Bewertung von aktienbasierten Vergütungen, Optionsscheinen und Anleihen verwendet.[22] Rubinstein (1994) bezeichnet das Black/Scholes-Modell als eines der am erfolgreichsten Modelle in den Sozialwissenschaften mit der vielleicht am weitesten verbreiteten Formel.[23] Andres (1998) spricht davon, dass „das Black/Scholes-Modell (…) auch noch heute (…) das am meisten verwendete Modell"[24] ist. Rendleman (2003) attestiert dem

---

[15] Vgl. Black/Scholes (1973), S. 644 sowie Black (1992), S. 21.
[16] Merton (1973) erweiterte die Formel um Dividenden.
[17] Vgl. Bloomberg (2004b).
[18] Vgl. Buraschi/Jiltsov (2003), S. 1 sowie eigene Recherchen für die Zeit nach 2003.
[19] Vgl. Duffie (1998), S. 411.
[20] Vgl. Hull (2009), S. 277.
[21] Vgl. Duffie (1998), S. 418, Zhu (2000), S. 1, Hafner/Wallmeier (2000), S. 2, Wallmeier (2003), S. 213.
[22] Vgl. Duffie (1998), S. 418.
[23] Vgl. Rubinstein (1994), S. 772.
[24] Andres (1998), S. 145.

Black/Scholes-Modell, dass es „widely in option trading"[25] eingesetzt wird und auch Berkowitz (2004) nennt das Black/Scholes-Modell „one of the most widely used option valuation procedures".[26] Bollerslev/Russell/Watson (2010) unterstreichen die Aktualität des Black/Scholes-Modells: „It is safe to say that virtually all serious participants in the options markets are aware of the Black-Scholes (BS) option pricing model and most use it extensively".[27]

Dieses weite Anwendungsspektrum hat die Implementierung des Black/Scholes-Modells in viele professionelle Softwareumgebungen wie beispielsweise Bloomberg Professional Terminal System und MATLAB[28] begünstigt. Auch die Deutsche Börse AG sowie die Eurex setzen „die gängigen Optionspreismodelle wie das Black/Scholes- bzw. Binomialmodell"[29] zur Erkennung von Mistrades ein und vermarkten seit 2004 den Aktienoptionsrechner „Eurex-OptionAlligator", der Black/Scholes-Preise sowie implizite Volatilitäten und das Hedging-Delta auf Basis des Black/Scholes-Modells berechnet.[30] Zertifizierte Eurex-Anlageberater erhalten diesen Black/Scholes-Rechner im Rahmen ihrer Ausbildung. Die Bekanntheit und weite Verbreitung des Modells, aber auch die zunehmend leistungsstarke und benutzerfreundliche Computersoftware animieren zur unkritischen Anwendung des Modells.

**1.2 Problemstellung**

Die korrekte Bewertung von Optionen ist für die modernen Marktwirtschaften von hoher Bedeutung. Finanzmärkte schaffen die Voraussetzung dafür, dass Haushalte und Unternehmen ihre Transaktionsrisiken auf ein angemessenes Maß begrenzen können, indem sich Marktteilnehmer finden, die bereit sind, bestimmte Risiken zu übernehmen. Ein effizientes Management von Risiken setzt aber auch voraus, dass solche Finanzinstrumente richtig bewertet sind.

---

[25] Rendleman (2003), S. 102.
[26] Berkowitz (2004), S. 1.
[27] Bollerslev/Russell/Watson (2010), S. 323.
[28] MATLAB steht für MATrix LABoratory. Es handelt sich um ein modular aufgebautes Softwarepaket für numerische Berechnungen mit Vektoren und Matrizen.
[29] Eurex (2004m), S. 1.
[30] Vgl. Eurex (2004d), S. 53.

Seine große Bedeutung macht das Black/Scholes-Modell zu einem interessanten Gegenstand wissenschaftlicher Untersuchungen. Aufgrund seiner weiten Verbreitung sowie hohen Bedeutung sowohl in der Mikroökonomie (Risikomanagement)[31] als auch in der Makroökonomie (Bilanzierung von Optionen) stellt sich die Frage, inwieweit das Black/Scholes-Modell moderne Marktphänomene abbilden kann. Sowohl die Finanzkrise 1997-1998 als auch die Finanzkrise zehn Jahre später sind Zeugen einer unzureichenden Risikoabbildung ökonomischer Bewertungsmodelle wie beispielsweise des Value at Risk (VaR).[32] Zweifel an der Eignung des Black/Scholes-Modells zur Optionsbewertung schüren die zugrunde liegenden restriktiven Annahmen. Diese Zweifel haben sowohl die empirische Überprüfung des Modells als auch die Suche nach alternativen Optionspreismodellen begünstigt. Da die Option auf den Deutschen Aktienindex (DAX) eine der am meisten gehandelten Index-Optionen ist (vgl. S. 189 ff.), bietet es sich an, das Black/Scholes-Modell anhand der DAX-Option zu überprüfen.[33]

## 1.3 Zielsetzung

Die deutsche Finanzliteratur nimmt in Anlehnung an empirische Untersuchungen in den USA Inkonsistenzen der Modellannahmen mit der empirisch dokumentierten Optionspreisbildung an. Diese Inkonsistenzen wurden zumeist zurückgeführt auf die falsche Annahme einer konstanten Volatilität (z.B. Andres (1998)) oder auf die Annahme einer unzutreffenden Verteilungsannahme des Basiswerts (z.B. Wilkens (2003)).

Da die Überprüfung des Black/Scholes-Modells logische Ausgangsbasis für alle auf der impliziten Volatilität aufbauenden Modelle ist, kommt der empirischen Untersuchung der Black/Scholes-Preise eine hohe Bedeutung zu. Während bereits eine Vielzahl von Veröffentlichungen vorliegt, die für jeweils eine einzelne Variable Verbesserungen vorschlägt, liegen bislang nur wenige Beiträge vor, die das Black/Scholes-Modell konsequent im Hinblick auf die Eignung zur Optionsbewertung analysieren. Vor dem Hintergrund der Bedeutung des Black/Scholes-

---

[31] Vgl. Hafner/Wallmeier (2000), S. 2.
[32] Vgl. Schtukin (1999) im Zusammenhang mit der Finanzkrise 1997/1998, S. 2 sowie Pape/Schlecker (2009), S. 38-45 zu einem Überblick und einer Analyse der Auswirkungen der Finanzkrise 1997/1998 sowie 2007-2009.
[33] Vgl. auch Wallmeier (2002), S. 3.

Modells und des empirischen Defizits liegen die Schwerpunkte der vorliegenden Arbeit in der Überprüfung des für das Black/Scholes-Modell wichtigen Parameters der impliziten Volatilität, der Modellannahmen sowie der Untersuchung systematischer Abweichungen zwischen Black/Scholes- und Marktpreisen für die DAX-Option.

Die vorliegende Arbeit soll sowohl auf theoretischer als auch empirischer Basis untersuchen, ob die dem Black/Scholes-Modell zugrunde liegenden Annahmen sowie die Modellpreise zu weit von der Realität entfernt sind, um das Modell sinnvoll anzuwenden. Abweichungen zwischen den mit dem Black/Scholes-Modell ermittelten Preisen und den tatsächlich an der Eurex zustande gekommenen Optionspreisen sollen ausgewertet und systematisiert werden. Mittels dieser Systematisierung soll eine Aussage getroffen werden, unter welchen Umständen das Black/Scholes-Modell sinnvoll angewendet werden kann. Kommt es zu Abweichungen zwischen theoretischen und tatsächlichen Optionspreisen, so kann entweder das Modell die Preisbildung nicht zutreffend erklären oder die Marktpreise sind irrational.[34] Marktteilnehmer verhielten sich dann ineffizient und könnten ihre Wohlfahrt erhöhen, wenn sie überbewertete Optionen verkauften und unterbewertete Optionen kauften. Daher besteht das Ziel der vorliegenden Arbeit darin, eine quantitative Aussage zur Güte des Black/Scholes-Optionsbewertungsmodells anhand einer der am meisten gehandelten Index-Optionen der Welt, der DAX-Option, zu ermöglichen.

## 1.4 Vorgehensweise

Die Überprüfung der Praxistauglichkeit des Modells erfolgt auf zwei Wegen: Erstens wird eine direkte Methode genutzt, welche die Validität der Annahmen, auf denen das Modell basiert, überprüft. Zweitens wird eine indirekte Methode genutzt, welche überprüft, ob das simplifizierende Black/Scholes-Modell die Optionen richtig bewerten kann. Simon betont die herausragende Bedeutung der Verwendung „realistischer" Annahmen für ein Modell.[35] Die vorliegende Studie nimmt sowohl im Sinne von Friedman und Wilmott eine Konfrontation des Black/Scholes-Modells mit

---

[34] Vgl. Kolb/Overdahl (2007), S. 465.
[35] Vgl. Simon (1979), S. 493 ff.

## 1.4 Vorgehensweise

„real world" Daten als auch eine akribische Überprüfung der Modellannahmen mit den Gegebenheiten in der Realität im Sinne von Simon vor.[36]

Da sich der Optionspreis durch Angebot und Nachfrage an der Börse bildet, führt das Black/Scholes-Modell zu keinen Preisabweichungen, wenn alle Marktteilnehmer dieses als valide ansehen und es konsequent anwenden – selbst dann, wenn es aus theoretischer Sicht nicht geeignet ist. Daher werden die Modellannahmen anhand der empirischen Daten überprüft. Das Black/Scholes-Modell kann getestet werden, indem die tatsächliche Volatilität des DAX als Schätzung für die zukünftige Volatilität des DAX verwendet und das Ergebnis des theoretischen Optionspreises mit dem tatsächlichen Optionspreis verglichen wird.[37] Durch den Vergleich von beobachteten Transaktionspreisen mit den durch das theoretische Modell implizierten Preisen wird ein gemeinsamer Test mehrerer Hypothesen vorgenommen: (a) Effizienz des Optionsmarktes, (b) Richtigkeit des Bewertungsmodells, (c) korrekte Spezifizierung der Modellparameter, (d) Synchronisierung von Märkten und Daten.[38]

Die Effizienz des Optionsmarktes kann sowohl mittels der Überprüfung der Put-Call-Parität vorgenommen werden als auch durch eine Überprüfung des Black/Scholes-Modells. Die vorliegende Arbeit wendet beide komplementäre Methoden an, wobei die Überprüfung der Put-Call-Parität als erstes erfolgt, weil die Put-Call-Parität kein bestimmtes Bewertungsmodell hypothetisiert.

Die Put-Call-Parität beruht auf der Annahme eines miteinander synchronisierten Aktien- und Optionsmarktes. Daher wird die Put-Call-Parität überprüft, indem Handelsstrategien ausgewertet werden, bei denen alle notwendigen Kontrakte binnen 59 Sekunden gehandelt wurden. Durch schrittweisen Einbezug direkter Transaktionskosten wie Börsen- und Brokeragebühren und indirekter Transaktionskosten wie Timing Kosten, Bid-Ask-Spread und adverse Preiseffekte lässt sich eine Aussage treffen, ob Verstöße gegen die Put-Call-Parität für verschiedene Marktteilnehmer mit unterschiedlichen Transaktionskosten ökonomisch signifikant

---

[36] Vgl. Friedman (1953), S. 3 sowie Wilmott (1998), S. 1.
[37] Vgl. Black/Scholes (1972), S. 399-417.
[38] Vgl. Mittnik/Rieken (2000), S. 260.

sind.[39] Die Put-Call-Parität überprüft nicht die absoluten, sondern die relativen Preise. Kommt die Überprüfung der Put-Call-Parität zu dem Ergebnis der Effizienz des Optionsmarktes, so sind Abweichungen zwischen theoretischen und tatsächlichen Optionspreisen auf ein unrealistisches Bewertungsmodell bzw. auf die inkorrekte Spezifizierung von Modellparametern zurückzuführen. Daher ist die Überprüfung der Put-Call-Parität komplementär zur Überprüfung des Black/Scholes-Modells, das die absoluten Preise vergleicht. Die im Rahmen der Put-Call-Parität festgestellten Fehlbewertungen stellen keine Unzulänglichkeiten des Black/Scholes-Modells dar und müssen daher bei der Überprüfung des Black/Scholes-Modells eliminiert werden.

Die Ergebnisse von empirischen Studien zur Überprüfung des Black/Scholes-Modells widersprechen sich unter anderem, weil der Dateninput unpräzise ist.[40] Als Besonderheit wird diese Untersuchung auf der Grundlage umfangreicher und akribisch aufgearbeiteter und synchronisierter sekundengenauen Daten (sog. Tickdaten) angestellt, denen laufzeitkongruent der EURIBOR zugeordnet wird. Als eine von wenigen Studien zur DAX-Option werden nicht nur Calls, sondern auch Puts untersucht. Sowohl die Größe und sorgfältige Aufbereitung des Dateninputs als auch die Untersuchungsmethodik sind einzigartig: Das Black/Scholes-Modell wird anhand sämtlicher 19.981.400 DAX-Kontrakte bzw. 383.080 Transaktionen im ersten Halbjahr 2004 überprüft.[41] Die Optionen werden mit dem DAX sowie dem laufzeitkongruenten tagesaktuellen Zinssatz synchronisiert. Diese Datenbasis wird um fehlerhafte Einträge (sog. Mistrades) sowie Optionen, die gegen arbitragefreie Wertgrenzen verstoßen, bereinigt, weil derartige Verstöße nicht auf das Black/Scholes-Modell zurückzuführen sind. Gemeinsam mit der Studie von Mittnik/Rieken (2000) stellt die vorliegende Arbeit die einzige Studie zur DAX-Option dar, bei der diese Mistrades vor der Analyse eliminiert werden.

---

[39] Zum Bid-Ask-Spread kommt es beim Preisfeststellungsverfahren im geschlossenen Orderbuch in drei Phasen. Durch den so genannten Kursaufruf wird das Orderbuch gesperrt (Phase 1). Aus den Aufträgen ermittelt der Makler nach dem Meistausführungsprinzip eine Kurstaxe (unverbindlich), bestehend aus Geld- und Briefseite. Beide Seiten werden ohne Volumenangabe genannt (Phase 2). Entweder der Profihandel gibt taxenverändernde Aufträge oder der Makler nennt nunmehr mit der Taxe identische verbindliche Kauf- und Verkaufangebote (verbindliche Spanne), auf welche der Profihandel reagieren kann (Phase 3). Der Skontroführer stellt den Kurs fest, ggf. unter Kurszusatz „Geld" oder „Brief" im Falle eines nicht ausgeführten Volumens. Vgl. Mathis (2004), S. 19.
[40] Vgl. Macbeth/Merville (1979), S. 1173-1186, Beckers (1980), S. 661-673 sowie Rubinstein (1985), S. 455-480.
[41] Jede der 383.080 Transaktionen besteht im Schnitt (Januar bis Juni 2004) aus 52,16 Optionen, vgl. Eurex (2004j), S. 1.

## 1.4 Vorgehensweise

Die vorliegende Arbeit nimmt sich somit der Forschungslücke einer umfangreichen sowohl theoretischen als auch empirischen Überprüfung des Black/Scholes-Modells auf der Basis jeweils identischer Daten an.

Die vorliegende Arbeit besteht aus einem theoretischen und empirischen Teil. Im zweiten Kapitel wird ein Überblick über Kontraktspezifikationen, die Ausübung von Optionen und die Grundlagen der verteilungsfreien Optionsbewertung gegeben. Auf die verteilungsfreie Optionsbewertung greift der empirische Teil der Arbeit bei der Datenanalyse und -bereinigung zurück. Während die verteilungsfreien Wertgrenzen Intervalle angeben, innerhalb derer sich der theoretische Optionspreis bewegen kann, ist zur genauen Preisbestimmung einer Option ein Bewertungsmodell nötig. Daher schließt sich an die verteilungsfreie Optionsbewertung die Darstellung des Cox/Ross/Rubinstein (CRR)-Modells sowie des Black/Scholes-Modells an. Die Black/Scholes-Differentialgleichung wird auf drei unterschiedliche Weisen hergeleitet. Die Sensitivitätsanalyse auch anhand empirischer Daten zeigt, wie der theoretische Optionspreis auf die Änderung der Parameter des Black/Scholes-Modells reagiert.

Das dritte Kapitel nimmt eine empirische Überprüfung der Put-Call-Parität vor. Die Put-Call-Parität stellt eine relative Preisbeziehung zwischen Calls und Puts her, die unabhängig von Angebot und Nachfrage sowie Verteilungsannahmen ist. Verstöße gegen die Put-Call-Parität weisen auf Arbitragemöglichkeiten und somit auf Ineffizienzen des Optionsmarktes hin. Strategien, die den Kauf und Verkauf von Calls, Puts und den DAX-Future innerhalb eines Zeitintervalls von 59 Sekunden beinhalten, werden auf ihr Arbitragepotenzial hin untersucht. Nach Transaktionskosten ist es möglich, dass vorhandene Verstöße gegen die Put-Call-Parität sich nicht ausnutzen lassen, also ökonomisch nicht signifikant sind. Daher wird der Arbitragegewinn vor und nach Transaktionskosten berechnet, wobei nach den spezifischen Transaktionskosten für Market Maker und Privatinvestoren unterschieden wird. Auf die Ergebnisse der Put-Call-Parität greift die weitere empirische Überprüfung des Black/Scholes-Modells im sechsten Kapitel zurück.

Das vierte Kapitel widmet sich dem am kontroversesten diskutierten Parameter des Black/Scholes-Modells: der impliziten Volatilität. Die implizite Volatilität der Optionen wird theoretisch und empirisch überprüft. Dabei wird auf die unterschiedlich hohe Bedeutung des Preiseinflusses dieses Parameters je nach Art der Option eingegangen. Die Untersuchung der impliziten Volatilität ist aufgrund ihrer unterschiedlich großen Bedeutung für den Optionspreis nicht gleichbedeutend mit einem Vergleich von Modell- und Marktpreisen.

Im fünften Kapitel wird das Black/Scholes-Modell einer theoretischen Überprüfung unterzogen, indem die dem Modell zugrunde liegenden Annahmen auf ihre Entsprechung in der Wirklichkeit hin überprüft werden. Treffen die Annahmen nicht auf die Realität zu, so kann dies eine Ursache für Abweichungen zwischen Modell- und Marktpreisen sein.

Im sechsten Kapitel erfolgt die empirische Überprüfung des Black/Scholes-Modells. Einem Literaturüberblick zur Bewertung von Indexderivaten folgt die Darstellung von Aufbau und Methodik der Studie mit ausführlicher Erklärung der verwendeten Datengrundlage und der notwendigen Datenaufbereitung. Deskriptive Statistiken ermöglichen bereits eine erste Einschätzung über Bewertungstendenzen des Black/Scholes-Modells. Die empirischen Ergebnisse der Auswertung von 18.015.924 Optionen werden in Abhängigkeit von Moneyness und Restlaufzeit der Optionen dargestellt. Die Fehlbewertungen von DAX-Optionen durch das Black/Scholes-Modell werden quantifiziert. Überprüft wird, ob ein anderer Volatilitätsparameter die empirischen Ergebnisse signifikant ändert.

Den Abschluss der Arbeit bildet eine Zusammenfassung der wesentlichen Resultate der Arbeit in Kapitel 7 mit kritischer Würdigung des Black/Scholes-Modells sowie der daraus abgeleiteten impliziten Volatilität.

# 2 Grundlagen finanzwirtschaftlicher Optionen

## 2.1 Kontraktspezifikationen von Optionen

Eine Aktienoption ist das Recht, ein Wertpapier zu einem zuvor bestimmten Preis (Ausübungspreis) innerhalb der Optionslaufzeit oder zum Verfalltag (Exercise Date) zu kaufen (Call) oder zu verkaufen (Put).[42] Die an der Eurex gehandelte DAX-Option hat als Basiswert den DAX als Performance-Index auf Xetra und wird an der Eurex gehandelt.[43]

Eine europäische Option kann nur zum Verfalltermin ausgeübt werden.[44] Die DAX-Option ist eine Option europäischen Typs, kann also nur am letzten Handelstag (dritter Freitag des Monats bzw. im Falle eines Feiertags der Handelstag zuvor[45]) der Optionsserie bis zum Ende der Post-Trading Periode um 21 Uhr ausgeübt werden.[46] Kann die Option vor dem Verfalltermin ausgeübt werden, so handelt es sich um eine amerikanische Option. Die von Shepp/Shiryaev (1993) vorgestellte russische Option ist ein Put, wobei der höchste jemals erreichte Optionspreis diskontiert ausgezahlt wird.[47] Unter einer Optionsserie versteht man Optionen mit verschiedenen Ausübungskursen und unterschiedlichen Verfallmonaten.[48] Die Erfüllung (Settlement) erfolgt in Cash am ersten Handelstag nach dem Verfalltag.

Der Preis der DAX-Option notiert nicht in Euro, sondern in Punkten und muss einen Handelstag nach Erwerb bezahlt werden. Jeder Indexpunkt wird mit 5 € gewichtet, der Kontraktwert ergibt sich aus der Multiplikation von Indexstand und 5 €. Die kleinste rechnerische Einheit beträgt 0,1 Punkte (1 Dezimalstelle bzw. 1 Tick) bzw. 0,50 €.[49] Die DAX-Option gibt es mit einer Restlaufzeit von einem Monat bis zu 60 Monaten und mit bis zu 9 unterschiedlichen Ausübungspreisen je Optionsserie.

---

[42] Vgl. Becker (1994), S. 471.
[43] Vgl. Eurex (2004a), S. 46.
[44] Vgl. Becker (1994), S. 20, S. 226 sowie Shreve (2004), S. 89. Zur Bewertung von russischen Optionen vgl. Duffie/Harrison (1993), S. 641-651.
[45] Vgl. Eurex (2004a), S. 47.
[46] Vgl. Becker (1994), S. 20, S. 226, Shreve (2004), S. 89 sowie Eurex (2003a).
[47] Vgl. Shepp/Shiryaev (1993), S. 631-640 sowie Duffie/Harrison (1993), S. 641-651.
[48] Vgl. Uszczapowski (1999), S. 158.
[49] Vgl. Eurex (2004a), S. 46-48.

## 2.2 Zusammensetzung des Optionspreises

Der Optionspreis besteht aus der Differenz zwischen Aktienkurs und Ausübungspreis (innerer Wert oder intrinsischer Wert) und dem Wert entsprechend der Wahrscheinlichkeit eines positiven Verlaufs dieser Differenz während der Laufzeit (Zeitwert).[50]

### 2.2.1 Innerer Wert der Option

Der innere Wert eines Calls ist die Differenz zwischen dem Preis des Basiswerts (Underlyings) und dem Ausübungspreis (Strike Price, Exercise Price), falls die Differenz positiv ist, und andernfalls Null, also max $(S - K \cdot e^{-rT}, O)$.[51]

### 2.2.2 Zeitwert der Option

Der Zeitwert der Option ergibt sich aus der Differenz zwischen Optionspreis und intrinsischem Wert.[52] Liegt der Verfalltermin, bis zu dem die Option ausgeübt oder verkauft werden kann in der Zukunft, so besteht die Möglichkeit, dass der Aktienkurs noch weiter steigt. Daher muss die Option um diesen sog. Zeitwert mehr wert sein.[53] Je kürzer der Verfalltag bevorsteht, desto geringer ist ceteris paribus der Zeitwert.

Am unsichersten ist die Ausübung einer am Geld notierenden (at-the-money) Option, denn bei Annahme einer Gauß-Verteilung der Preisbewegungen ergibt sich eine 50%-ige Wahrscheinlichkeit für die Ausübung und eine 50%-ige Wahrscheinlichkeit dafür, dass der Basiswert am Spotmarkt günstiger gekauft werden kann. Daher muss der Zeitwert einer at-the-money Option am höchsten sein. Da der Inhaber einer Option das Recht besitzt, die Option wertlos verfallen zu lassen, wird er die Option nicht ausüben, wenn der Basiswert am Spotmarkt günstiger erhältlich ist.

Abbildung 1 soll verdeutlichen, dass der Zeitwert einer at-the-money Option am höchsten ist.

---

[50] Vgl. Clasing/Lombard/Marteau (1992), S. 31 sowie Müller-Möhl (1999), S. 100.
[51] In der Literatur ist die Endbetrachtung relativ weit verbreitet, so dass der hier berücksichtigte Abzinsungsfaktor weggelassen wird, vgl. Föllmer (2002), S. 13 für eine Schreibweise ohne Berücksichtigung des Zeitwerts.
[52] Vgl. Clasing/Lombard/Marteau (1992), S. 31.
[53] Vgl. Baumunk/Roß (2003), S. 31.

## 2.2 Zusammensetzung des Optionspreises

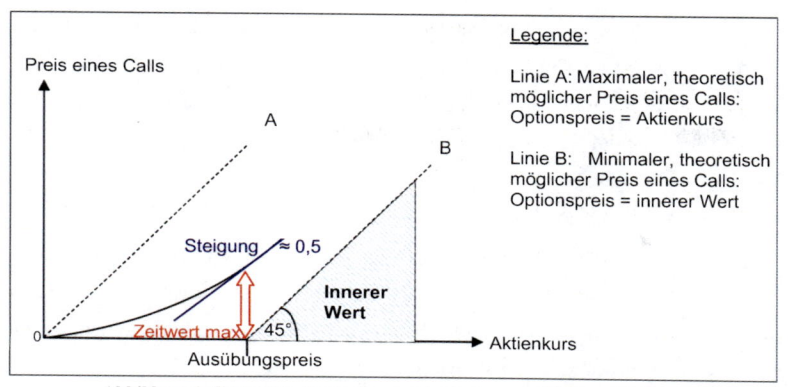

**Abbildung 1: Zerlegung des Optionspreises in inneren Wert und Zeitwert**
Quelle: Eigene Darstellung.

Die Option ist ein konvexes Derivat, d.h. trägt man den Optionspreis wie in Abbildung 1 in einem Koordinatensystem mit Aktienkurs als Abszisse und Optionspreis als Ordinate ab, so erhält man eine konvexe Kurve.

Abbildung 1 zeigt, dass der Optionspreis eines Calls im Korridor zwischen den Geraden A und B liegen muss, denn die Option kann nicht mehr wert sein als die Aktie (also nicht über A liegen) und nicht weniger wert sein als der innere Wert (also nicht unter B liegen).[54] Wie man sieht, ist der Zeitwert einer at-the-money Option am höchsten: Je mehr der Aktienkurs sich vom Ausübungspreis entfernt, desto wahrscheinlicher wird die Ausübung (tief im Geld) bzw. der ausübungslose Verfall (tief aus dem Geld).

Das bedeutet, dass eine Option mit zunehmender Entfernung des Aktienkurses vom Ausübungskurs ihren Charakter als Option (Recht) sukzessive verliert und immer mehr einem Forward-Kontrakt (Pflicht) ähnelt. Ein Forward besitzt keinen Zeitwert. Eine Option mit einem Ausübungspreis von 0 € kann aus Arbitragegründen daher auch über keinen Zeitwert verfügen.

Föllmer (2002) erbringt mittels Jensens Ungleichung den Beweis dafür, dass der Zeitwert für Calls immer nicht-negativ ist, während der Beweis für Puts nicht

---

[54] Vgl. Black/Scholes (1973), S. 638.

möglich ist.[55] Dagegen verweist Natenberg (1994) darauf, dass in einigen Fällen der Wert der Option mit sinkender Restlaufzeit steigen kann und der Zeitwert auch negativ sein kann: „While an option's intrinsic value can never be less than zero, it is possible for an option, if it is European, to have a negative time value."[56]

Der Zeitwert einer Option kann bspw. im Fall einer weitaus höheren Nachfrage nach Optionen mit kürzerer Laufzeit (Analogie zur Backwardation) negativ sein.[57] Unter Backwardation versteht man eine höhere Notierung für einen Basiswert mit früherem Lieferzeitpunkt. In diesem Fall ist der Markt allerdings nicht mehr arbitragefrei, wie es für den Beweis des nicht-negativen Zeitwerts von Calls erforderlich ist.

### 2.2.3 Illustration des inneren Wertes anhand von Transaktionsdaten

Der innere Wert von Optionen soll anhand empirischer Optionspreise veranschaulicht werden, die zum größten Teil nur noch wenige Tage Restlaufzeit aufweisen und bei denen der Zeitwert somit fast Null ist.

Abbildung 2 zeigt den Zusammenhang zwischen innerem Wert und Optionspreis für 25.119 DAX-Calls im Dezember 2003. Die von links nach rechts absteigende Linie illustriert, dass der Optionspreis umso höher liegt, je niedriger der Ausübungspreis ist.

Liegt der Ausübungspreis deutlich über dem aktuellen Kurs, so ist für Optionen mit kurzer Restlaufzeit die Wahrscheinlichkeit einer Ausübung gering. Daher bildet sich in der Abbildung 2 die horizontale Linie ab Ausübungspreisen von etwa 4.000 Punkten nahe einem Optionswert von 0 Punkten aus.

---

[55] Vgl. Föllmer (2002), S. 21 f. sowie Ederington/Guan (2010), S. 305.
[56] Natenberg (1994), S. 7.
[57] Vgl. Natenberg (1994), S. 96 sowie S. 129.

## 2.2 Zusammensetzung des Optionspreises 15

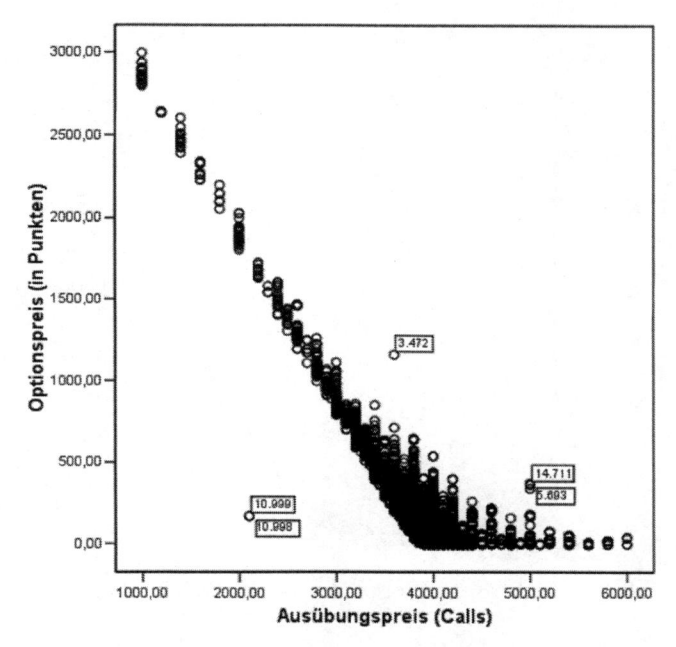

**Abbildung 2: Optionspreis und Ausübungspreis für 25.119 Calls**
Quelle: Eigene Darstellung.

Abbildung 3 trägt den Optionspreis von 26.357 DAX-Puts im Dezember 2003 in Abhängigkeit vom Ausübungspreis ab. Die von links nach rechts aufsteigende Linie illustriert, dass der Preis von Puts umso höher liegt, je höher der Ausübungspreis ist.

Für Optionen mit kurzer Restlaufzeit und mit sehr hohen Ausübungspreisen etwa von 8.000 Punkten ist die Wahrscheinlichkeit einer Ausübung so hoch, dass sich der Wert der Option am inneren Wert orientiert. Hieraus ergibt sich die Steigung von etwa 0,5 der nach rechts aufsteigenden Gerade. Die Wahrscheinlichkeit, dass Optionen mit Ausübungspreisen von etwa 1.000 noch vor ihrem wertlosen Verfall im Geld notieren, ist hingegen gering, wie sich an der Notierung von etwa 0 Punkten ablesen lässt.

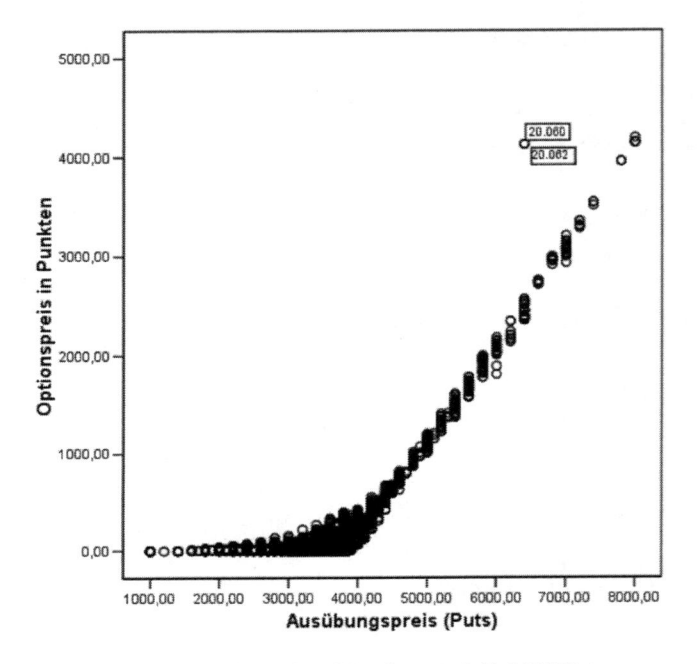

**Abbildung 3: Optionspreis und Ausübungspreis für 26.357 Puts**
Quelle: Eigene Darstellung.

Geringfügige Abweichungen der insgesamt 51.476 Optionspreise von der theoretischen Ideallinie des Optionspreises ergeben sich in Abbildung 2 und Abbildung 3 unter anderem dadurch, dass der DAX im beobachteten Monat in einer Handelsspanne zwischen 3.764,82 und 3.996,28 mit einer Standardabweichung von 41,19 Punkten notierte.

Acht Optionen weichen von der linear verlaufenden Linie ab. Dabei handelt es sich um die in Tabelle 1 aufgeführten Optionen.

## 2.2 Zusammensetzung des Optionspreises

| ID | Option | Datum | DAX | K | T | Implizite Volatilität[58] | Preis (Punkte) |
|---|---|---|---|---|---|---|---|
| 3472 | Call | 03.12.2003 | 3639 | 3600 | 4,03 | 31,07% | 1160 |
| 5693 | Call | 04.12.2003 | 3882,24 | 5000 | 3,03 | 24,00% | 376 |
| 10998 | Call | 11.12.2003 | 3854,40 | 2100 | 0,02 | 0,00% | 170 |
| 10999 | Call | 11.12.2003 | 3852,33 | 2100 | 0,02 | 0,00% | 170 |
| 14711 | Call | 15.12.2003 | 3893,55 | 5000 | 3,00 | 23,63% | 367 |
| 16545 | Call | 16.12.2003 | 3850,85 | 5000 | 3,00 | 23,41% | 344,50 |
| 45179 | Put | 18.12.2003 | 3856,55 | 6400 | 0,00 | ∃ nicht | 4130,00 |
| 45181 | Put | 18.12.2003 | 3856,96 | 6400 | 0,00 | ∃ nicht | 4130,00 |

Tabelle 1: Potenzielle Ausreißer – Optionen mit ungewöhnlichen Optionspreisen
Quelle: Deutsche Börse AG; eigene Berechnungen.

Die beiden Puts ID 45179 und ID 45181 fallen sowohl grafisch auf, da sie von allen Optionsdaten am weitesten entfernt von der durch Puts und Calls dargestellten Linie liegen, als auch analytisch, da keine implizite Volatilität existiert, die zu dem von der Deutschen Börse AG festgestellten Preis führt.[59]

Die Abweichung wird offenkundig, wenn die Fehlbewertung in Relation zu allen anderen tief im Geld liegenden Puts mit kurzer Laufzeit gesetzt wird: Während 50% aller Puts eine Fehlbewertung im Intervall von [– 0,06%; 0,92%] aufweisen, sind die beiden Puts um etwa – 40% falsch bewertet. Der Nichtausreißer-Bereich sämtlicher Puts im Dezember 2003 liegt bei [– 1,24%; 2,32%] und entspricht in der Box-Plot-Betrachtung dem 1,5-fachen Quartilsabstand (IQR) von der Box-Begrenzung ($x_{0,75}$ + 1,5 IQR bzw. $x_{0,25}$ – 1,5 IQR).[60] Die beiden betrachteten Puts liegen damit nicht nur im Nichtausreißer-Bereich (Lower Fence), sondern erheblich im Extremwertebereich ($x_{0,25}$ – 3 IQR), der bei einer Fehlbewertung von – 3,03% beginnt. Letztlich ist zu bezweifeln, dass diese Optionspreise korrekt aufgezeichnet wurden. Da die beiden Optionen nur einen Handelstag vor dem Verfalltag notieren, dürfte praktisch kein Zeitwert vorhanden sein. Folglich müsste der Optionspreis beider Puts fast exakt dem inneren Wert entsprechen. Der innere Wert ist max $(K – S, O)$ und somit 6.400 – 3.856,96 = 2.543,04. Dieser Preis entspricht mit geringer Abweichung dem Black/Scholes-Preis. Der von der Deutschen Börse AG notierte Preis liegt um 62,4% über dem inneren Wert. Aufgrund des Missverhältnisses zwischen Optionspreis und

---

[58] Die implizite Volatilität wurde über die Standardversion des Black/Scholes-Modells (1973) berechnet.
[59] Entsprechend dem 379.383. respektive 379.385. Datenpunkt in der Datei der Deutsche Börse AG. Das Black/Scholes-Modell bewertet die Option mit 2.543,08 Punkten um 38% niedriger im Vergleich zum Marktpreis.
[60] Vgl. Rönz (2001a), S. 23

innerem Wert bei gegen Null konvergierendem Zeitwert ist davon auszugehen, dass die Optionen mit den IDs 45179 und 45181 von der Deutschen Börse AG inkorrekt aufgezeichnet wurden. Der mutmaßlichen Fehlaufzeichnung entspricht ein Gegenwert (Differenz zwischen Optionspreis und innerem Wert) von immerhin 7.935 €.[61]

## 2.3 Ausübung von Optionen

In der Praxis ist der Unterschied zwischen amerikanischem und europäischem Call meist unerheblich: Die Ausübung eines amerikanischen Calls während der Laufzeit lohnt sich gegenüber dem Verkauf des Calls nicht, es sei denn, durch die Ausübung kann eine Dividende erlangt werden, deren Wert den Zeitwert der Option übersteigt (sog. Satz von Merton).[62] Grundsätzlich wird der Käufer einer Option sein Recht nur dann ausüben, wenn die Ausübung zu einem Gewinn führt.[63] Zahlt der Basiswert keine Dividende, so ist die vorzeitige Ausübung eines amerikanischen Calls niemals optimal, weil der diskontierte innere Wert des amerikanischen Calls ein Submartingal ist.[64] Das bedeutet, es gilt: $E(X_t|F_s) \geq X_s$. Der Inhaber des amerikanischen Calls würde durch die frühzeitige Ausübung des Calls eine vorteilhafte Chance aufgeben, denn der Erwartungswert zum späteren Zeitpunkt $t$ hat einen höheren Wert als zum Zeitpunkt $s$. Das Submartingal hat daher eine „tendency to rise".[65] Die frühzeitige Ausübung eines amerikanischen Calls steht gewinnmaximierenden Interessen auch deshalb entgegen, weil dadurch der Betrag $K$, der für den Erhalt des Basiswerts fällig wird, früher bezahlt werden muss (negativer Zinseffekt). Da eine amerikanische Option die gleichen Rechte einräumt wie eine europäische Option, zusätzlich allerdings die frühzeitige Ausübung möglich ist, muss gelten:[66] $C_A \geq C_E$.

Wie die Zusammensetzung des Optionspreises gezeigt hat (vgl. S. 12), gilt:

$$C_E \geq S_0 - K \cdot e^{-rT}.$$

---

[61] 5 € je Punkt multipliziert mit der Differenz zwischen Optionspreis (4.130) und innerem Wert (2.543,04).
[62] Vgl. Smith (1976), S. 11 sowie Sandmann (2001), S. 43. Dagegen betonen Chesney/Scott den positiven Wert der frühen Ausübung für Währungsoptionen, vgl. Chesney/Scott (1989), S. 267.
[63] Vgl. Clasing/Lombard/Marteau (1992), S. 1.
[64] Vgl. Shreve (2004), S. 89, S. 111-113.
[65] Shreve (2004), S. 113.
[66] Vgl. Elliott/Kopp (2001), S. 22.

## 2.3 Ausübung von Optionen

Aufgrund des Diskontfaktors $e^{-rT} \leq 1$ folgt:[67]

$$C_A \geq C_E \geq S_0 - K \cdot e^{-rT} \geq S_0 - K.$$

Bei frühzeitiger Ausübung des amerikanischen Calls würde der Inhaber lediglich den Wert $S_0 - K$ erhalten – also weniger oder höchstens genauso viel wie durch den Verkauf des Calls. In Abwesenheit von Dividenden wird der Inhaber eines amerikanischen Calls diesen eher verkaufen als ausüben, so dass die zusätzliche Flexibilität gegenüber dem europäischen Call wertlos ist. Der arbitragefreie Preis des amerikanischen Calls ist daher mit dem Preis des europäischen Calls identisch:[68]

$$C_A = C_E.$$

Im Falle amerikanischer Puts kann eine frühzeitige Ausübung gerade bei sehr niedrig notierenden Aktienkursen einen erheblichen Wert darstellen. Einerseits wird durch die Ausübung der Betrag $(K - S)^+$ vereinnahmt (bei $S \approx 0$ kann auch bei längerem Warten kein Nutzen mehr erwartet werden), andererseits kann dieser Betrag zinsbringend angelegt werden (positiver Zinseffekt).[69] Der Zeitwert eines europäischen Puts wird also zu einem bestimmten Zeitpunkt $t$ negativ, so dass die Flexibilität einer frühzeitigen Ausübung im Gegensatz zum Call einen Wert besitzt (sog. Early Exercise Premium).[70] Da der Preis eines amerikanischen am Geld notierenden Puts mit dem inneren Wert übereinstimmt, folgt daraus, dass der europäische Put in diesen Fällen unterhalb des inneren Wertes notieren kann, also einen negativen Zeitwert aufweisen kann.[71] Die Methodik mancher empirischer Studien, welche Put-Preise aus Gründen der Einfachheit in Call-Preise transformieren, ist vor diesem Hintergrund als problematisch anzusehen. Da der Inhaber eines amerikanischen Calls den optimalen Zeitpunkt für die Ausübung verpassen kann, ist der diskontierte Preisprozess eines amerikanischen Calls sowie eines amerikanischen Puts ein Supermartingal unter dem risikoneutralen Maß. Die

---

[67] Vgl. Elliott/Kopp (2001), S. 22.
[68] Vgl. Föllmer (2002), S. 269 sowie Elliott/Kopp (2001), S. 22.
[69] Vgl. Shreve (2004), S. 113, Föllmer (2002), S. 270 f. sowie Hull (2009), S. 211 f.
[70] Vgl. Föllmer (2002), S. 270 sowie Hull (2009), S. 212 f.
[71] Vgl. Hull (2009), S. 212 f.

Existenz eines risikoneutralen Maßes (Martingalmaß) impliziert die Abwesenheit von Arbitrage.[72] Der diskontierte Preisprozess der europäischen Option ist unter diesem Maß ein Martingal.[73] Harrison/Kreps (1979) und Harrison/Pliska (1981) zeigen unter den Annahmen eines fairen Marktes und der Abwesenheit von Arbitragemöglichkeiten, dass die Preise aller Wertpapiere, die mit dem risikolosen Zinssatz diskontiert werden, einem Martingal folgen und die Bedingungen der Arbitragefreiheit und eines Martingalprozesses identisch sind.[74]

Da der mit dem risikolosen Zinssatz diskontierte Preis eines Wertpapiers das Martingal ist, ist es nicht nötig, Wahrscheinlichkeiten für zukünftige Ereignisse abzuschätzen, sondern es genügt, Wahrscheinlichkeiten so zu wählen, dass der mit dem risikolosen Zinssatz diskontierte erwartete zukünftige Wert dem momentanen Preis des Wertpapiers entspricht.[75] Aus Arbitragegründen ist der Optionspreis genau das Kapital, welches benötigt wird, um gegen eine (optimale) Ausübung der Option gehedgt zu sein.[76]

## 2.4 Modelle zur Optionsbewertung

### 2.4.1 Überblick

Bacheliers (1900) Normalverteilungsannahme hat die Optionspreistheorie bis in die 1960er Jahre dominiert.[77] Modelle, denen die Normalverteilung zugrunde liegt, nehmen an, dass die unvorhergesehenen Preisänderungen des Underlyings, die sich über die Laufzeit der Option ergeben, die Summe unabhängiger, identisch verteilter zufälliger Schocks sind, die in jeder Handelssekunde auf die Preisbildung einwirken.[78] Diese Schocks sind das kumulierte Ergebnis der Transaktion von einer Vielzahl von Handelsteilnehmern.[79] Daher nimmt die Optionsbewertung eine unendliche Anzahl möglicher Preise für das Underlying an und gewichtet die Preise mit den respektiven Wahrscheinlichkeiten. Mit der Verteilungs- bzw. Dichtefunktion

---

[72] Vgl. Föllmer (2002), S. 7.
[73] Vgl. Shreve (2004), S. 89, S. 94.
[74] Vgl. Harrison/Kreps (1979), S. 381 ff. sowie Harrison/Pliska (1981), S. 261-271.
[75] Vgl. Chance (1999), S. 35.
[76] Vgl. Shreve (2004), S. 90.
[77] Vgl. Sulliver/Weithers (1991), S. 169-170.
[78] Vgl. Sulliver/Weithers (1991), S. 167 f.
[79] Vgl. Atkinson/Tsibiridi (2004), S. 51.

## 2.4 Modelle zur Optionsbewertung

ist die Zufallsvariable des Aktienkurses vollständig charakterisiert.[80] Auf der Form dieser hypothetisierten Verteilung des Future Preises basiert in aller Regel der theoretische Wert einer Option.[81] Während Bachelier über den Zentralen Grenzwertsatz die Normalverteilung für Aktienkursbewegungen ableitet, ersetzen Black/Scholes die Verteilungsannahme durch die Log-Normalverteilung.[82]

Solche verteilungsabhängigen Modelle werden als Gleichgewichtsmodelle bezeichnet, wobei man zwischen partiellen Gleichgewichtsmodellen (präferenzabhängig) und vollständigen Gleichgewichtsmodellen (präferenzfrei) unterscheiden kann.[83] Sowohl partielle als auch vollständige Gleichgewichtsmodelle können stetig oder diskret sein mit konstanter oder sich ändernder Volatilität. Mertons Modell (1973a) zeigt, wie die Interaktion der teilweise als „3 p's of total risk management" bezeichneten Preise, Präferenzen und Wahrscheinlichkeiten (Probabilities) ein Gleichgewicht in einer unsicheren Welt determiniert, in dem Angebot und Nachfrage sich gerade entsprechen und Wirtschaftssubjekte rational zum eigenen Nutzen handeln.[84]

Parametrische Modelle zur Optionsbewertung existieren in einer Vielzahl von Variationen: mit konstantem oder aber auch mit stochastischem Zinssatz (vgl. Merton (1973a)), ohne oder mit Dividenden (vgl. Merton (1973a; 1976)), mit einer konstanten Volatilität (vgl. Binomialmodell, Black/Scholes-Modell), mit einer vom Aktienkurs abhängigen Volatilität (vgl. CEV-Modell von Cox/Ross (1976); Compound-Option-Modell von Geske (1979); Displaced-Diffusion-Modell von Rubinstein (1983)) oder aber auch mit einer stochastischen Volatilität (vgl. Sprung-Diffusionsmodell von Merton (1976); Hull/White (1987)).[85] Heston (1993) bezieht eine stochastische Volatilität der Aktienkurse in die Optionsbewertung nach Black/Scholes in geschlossener Form ein.[86]

---

[80] Vgl. Atkinson/Tsibiridi (2004), S. 54.
[81] Vgl. Atkinson/Tsibiridi (2004), S. 51.
[82] Vgl. Sulliver/Weithers (1991), S. 167.
[83] Vgl. Andres (1998), S. 126.
[84] Vgl. Lo (1999), S. 630.
[85] Vgl. u.a. Andres (1997), S. 136-173.
[86] Vgl. Heston (1993), S. 327 ff.

```
                    ┌─────────────────────┐
                    │   Parametrische     │
                    │  Optionsbewertung   │
                    └──────────┬──────────┘
              ┌────────────────┴────────────────┐
    ┌─────────┴──────────┐           ┌──────────┴──────────┐
    │     Partielle      │           │     Vollständige    │
    │ Gleichgewichtsmodelle│         │ Gleichgewichtsmodelle│
    │ (präferenzabhängig) │           │ (präferenzunabhängig)│
    └─────────┬──────────┘           └──────────┬──────────┘
         ┌────┴────┐                     ┌──────┴──────┐
    ┌────┴───┐ ┌───┴────┐         ┌──────┴──┐  ┌───────┴────┐
    │ diskret│ │ stetig │         │ diskret │  │   stetig   │
    │        │ │        │         │(Binomial│  │(Black/Scholes│
    │        │ │        │         │ modell) │  │  -Modell)  │
    └────────┘ └────────┘         └─────────┘  └────────────┘
```

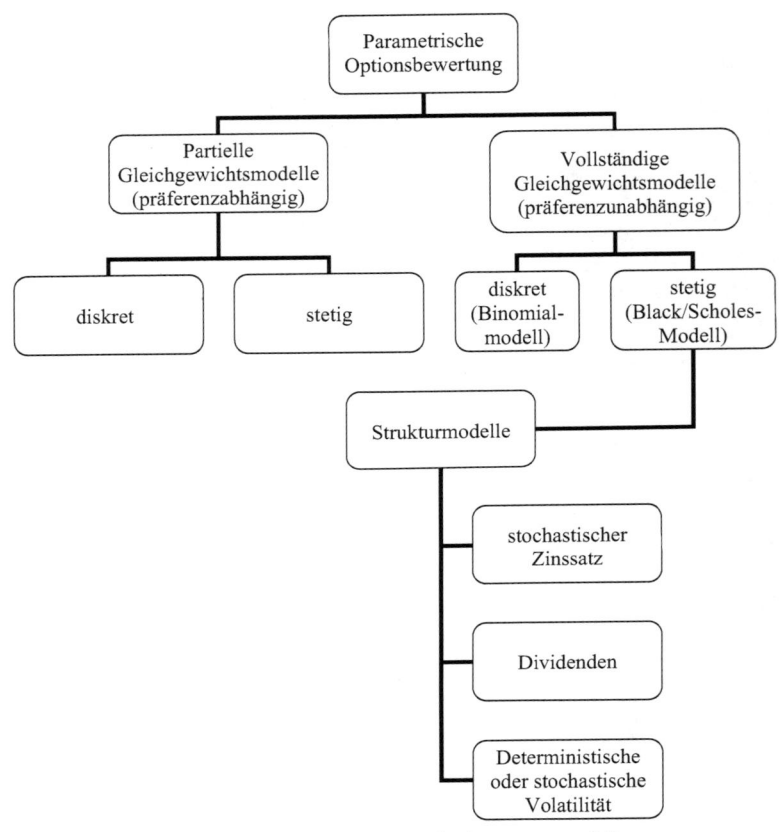

Abbildung 4: **Parametrische Optionsbewertungsmodelle**
Quelle: Anlehnung an und Erweiterung von Andres (1996), S. 126.

Modelle, die sich von den restriktiven Annahmen des Black/Scholes-Modells lösen, werden als Strukturmodelle bezeichnet.[87] Cox/Ross (1976) sowie Geske (1979) gehen von einer negativen Korrelation zwischen Volatilität und Aktienkurs aus, weil mit einem sinkenden Aktienkurs der Marktwert des Eigenkapitals sinkt, während der Marktwert des Fremdkapitals steigt, so dass daraus eine ungünstigere Relation von Eigenkapital zu Fremdkapital resultiert (höheres Risiko). Dagegen geht Rubinstein (1983) von einer positiven Korrelation aus.[88] Die Annahme einer positiven Korrelation zwischen Aktienkurs und Volatilität ist ungewöhnlich, haben doch

---

[87] Vgl. Wilkens (2003), S. 104.
[88] Vgl. Rubinstein (1983), S. 213.

## 2.4 Modelle zur Optionsbewertung

Schmalensee/Trippi (1978) sowie MacBeth/Merville (1980) die negative Korrelation zwischen Volatilität und Aktienkurs empirisch nachgewiesen und Cox/Ross (1976) aus diesem Grund das CEV-Modell vorgeschlagen.[89] Die dem Black/Scholes-Modell zugrunde liegende Annahme der Log-Normalverteilung wandeln reine Sprung-Modelle (Merton, 1976) ab zu sprunghaften, diskreten Preisänderungen. Die Sprung-Modelle gehören wie auch CEV-Modelle zu den vollständigen Gleichgewichts-modellen.[90] Für den Spezialfall einer unendlichen Anzahl an Sprüngen entspricht das Sprung-Modell dem Black/Scholes-Modell.[91]

Black (1975, 1976), Hull/White (1987), Heston (1993), Rubinstein (1994) und Dumas/Fleming/Whaley (1998) sehen die Ursache für Fehlbewertungen des Black/Scholes-Modells in der Annahme der konstanten Volatilität. Hull/White und Heston verwenden eine stochastische Volatilität, Rubinstein schlägt ein DVF-Modell vor. Der Nachteil der Methoden von Hull/White und Heston liegt darin, dass zusätzliche Annahmen über die Risikopräferenzen getroffen werden müssen.[92] Constantinides/Zariphopoulou (2001) lösen die Annahme des kontinuierlichen Hedgings durch die Berücksichtigung von Transaktionskosten und Chen/Merton (1976) und Cox/Ross (1976) modifizieren die Log-Normalverteilung, um Sprünge zu erlauben. Palom/Wald (2003) sehen die Log-Normalverteilung sowie das kontinuierliche Hedging als Ursache für den Bias des Black/Scholes-Modells.

Die nichtparametrische Optionsbewertung trifft keine expliziten Annahmen über den stochastischen Prozess der Aktienkurse, sondern leitet aus den Marktpreisen Rückschlüsse auf die funktionale Form der Bewertungszusammenhänge ab.[93] Dabei handelt es sich um empirisch-ökonometrische Modelle und verteilungsfreie Abschätzungen.[94] Diese nichtparametrischen Bewertungsansätze werden entweder als modellfreie Ansätze bezeichnet, da ihnen keine ökonomischen Annahmen zugrunde liegen oder als implizite Bewertungsansätze, da das Bewertungsverfahren sowie die Modellkalibrierung auf Marktdaten zurückgreift.[95]

---

[89] Vgl. Schmalensee/Trippi (1978), S. 145, MacBeth/Merville (1980), S. 299.
[90] Vgl. Thiel (2001), S. 48, S. 50.
[91] Vgl. Andres (1998), S. 165.
[92] Vgl. Dumas/Fleming/Whaley (1998), S. 2065.
[93] Vgl. Herrmann (1999), S. 54 f. sowie Wilkens, S. 104 f.
[94] Vgl. Andres (1996), S. 126.
[95] Vgl. Herrmann (1999), S. 54 f. sowie Wilkens (2003), S. 105.

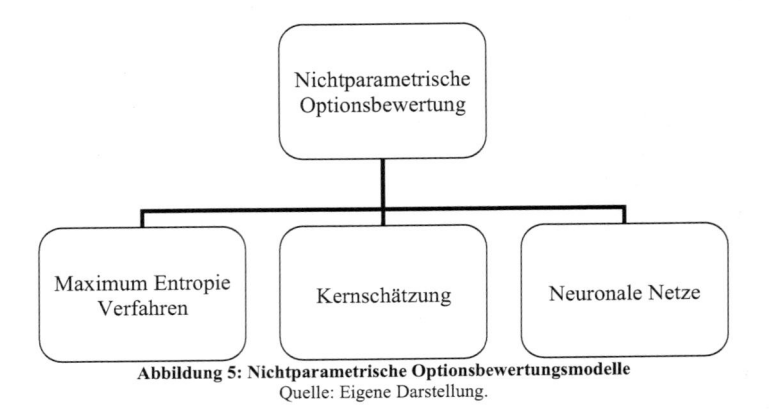

```
┌─────────────────────────┐
│    Nichtparametrische   │
│    Optionsbewertung     │
└─────────────────────────┘
              │
      ┌───────┼───────┐
┌───────────┐ ┌───────────┐ ┌───────────┐
│ Maximum   │ │           │ │           │
│ Entropie  │ │Kernschätzung│ │Neuronale Netze│
│ Verfahren │ │           │ │           │
└───────────┘ └───────────┘ └───────────┘
```

**Abbildung 5: Nichtparametrische Optionsbewertungsmodelle**
Quelle: Eigene Darstellung.

Zu den nichtparametrischen Bewertungsmodellen zählen Optionsbewertungsmodelle basierend auf Entropie, Kernschätzern sowie Neuronalen Netzen. Die Entropie gibt den Zuwachs an Information an, den ein Versuch im Mittel liefert, der anzeigt, welches Ereignis aus einer endlichen Anzahl disjunkter Ereignisse wirklich eingetreten ist und kann somit als Maß für den Informationsgehalt einer Verteilung interpretiert werden.[96] Kernschätzer schätzen wie auch das Histogramm die Dichte, haben jedoch je nach Wahl der Bandweite einen Glättungseffekt auf die Erscheinung der Dichtefunktion (vgl. S. 226 ff.). Das Histogramm besitzt neben der fehlenden Glättung den Nachteil, dass es auf lokale Eigenschaften der Dichtefunktion $f(x)$ nicht sensibel reagiert. Kernfunktionen dagegen schätzen die Ableitung an jedem Beobachtungspunkt (Optionspreis, implizite Volatilität).[97] An Stellen, die mit wenigen Beobachtungspunkten besetzt sind, wie zum Beispiel bei der Schätzung der impliziten Volatilität illiquider Optionen (stark im oder aus dem Geld), kommt es je nach Wahl der Bandweite zu wenig sinnvollen Auffüllungen (sog. Problem des Overfitting).[98] Neuronale Netze dienen als Verfahren zur Datenanalyse und verzichten ebenfalls auf Annahmen zum stochastischen Verhalten des Basiswerts.[99] Neuronale Netze benötigen jedoch einen hohen Rechenzeitaufwand und können wie auch Kernschätzer in Randbereichen Anpassungsprobleme aufweisen.[100]

---

[96] Vgl. Bronstein/Semendjajew/Musiol/Mühlig (2001), S. 842 sowie Herrmann (1999), S. 58.
[97] Vgl. Simonoff (1996), S. 40.
[98] Vgl. Wilkens (2003), S. 133.
[99] Vgl. Herrmann (1999), S. 66 sowie Wilkens (2003), S. 133 f.
[100] Vgl. Herrmann (1999), S. 66 sowie Wilkens (2003), S. 133 f.

## 2.4 Modelle zur Optionsbewertung

Die Vorteile nichtparametrischer Bewertungsmodelle sind:[101]

- keine *expliziten* Annahmen über die Stochastik der bewertungsrelevanten Variablen: „Of course, nonparametric techniques do require certain assumptions on the data-generating process itself, but these are typically weaker than those of parametric models and are less likely to be violated in practice."[102]
- implizite Berücksichtigung von Marktunvollständigkeiten durch Marktdaten.

Die Nachteile nichtparametrischer Bewertungsmodelle sind:[103]

- die nichtparametrische Optionsbewertung führt zu einem Zirkelschluss, wenn Marktpreise auf einem falsch spezifizierten Modell beruhen, weil die in Marktdaten vorhandenen Bewertungsfehler in die Zukunft übertragen werden.
- i.A. unverzerrte Schätzer, die eine hohe Varianz aufweisen, dadurch große Datenmengen zur Kompensation notwendig.
- Bewertung illiquider Optionen ist aufgrund fehlender Daten problematisch.

Im Fall eines vollkommenen und vollständigen Kapitalmarktes gilt aufgrund der Duplikationsmöglichkeit einer Option, dass Risikoneutralität von Investoren unterstellt werden kann.[104] In unvollständigen Märkten dagegen muss Arbitragefreiheit gegeben sein, damit eine (nicht eindeutige) risikoneutrale Verteilung existiert. Daher geht Wilkens (2003) davon aus, dass „in unvollständigen Märkten (...) die (...) Martingalbedingung (...) sinnvollerweise als Nebenbedingung" verwendet wird.[105] Longstaff (1995) hingegen löst sich genau von der Martingalrestriktion, und invertiert die Black/Scholes-Formel simultan nach der impliziten Volatilität sowie dem Basispreis, um festzustellen, dass Marktunvollständigkeiten in den Optionspreisen eingepreist sind.[106]

---

[101] Vgl. Aït-Sahalia (1998), S. 499-547, vgl. Herrmann (1999), S. 54 f.
[102] Aït-Sahalia (1998), S. 502, vgl. Herrmann (1999), S. 54 f.
[103] Vgl. Herrmann (1999), S. 56.
[104] Vgl. Chance (1999), S. 35 ff.
[105] Wilkens (2003), S. 121.
[106] Vgl. Longstaff (1995), S. 1100 ff.

## 2.4.2 CRR-Binomialmodell

In Marktmodellen mit diskreter Zeit, insbesondere in Mehrperioden-Modellen stellt das Binomialmodell von Cox/Ross/Rubinstein (CRR-Binomialmodell) die gebräuchlichste Methode zur Optionsbewertung dar.[107] Das CRR-Binomialmodell stellt eine Methode dar, um Optionspreise numerisch – im Gegensatz zur analytischen Lösung von Black/Scholes – zu berechnen und erlaubt damit auch die Bewertung von Optionen amerikanischen Typs sowie von exotischen Optionen.[108] Das Binomialmodell nimmt an, dass die Wahrscheinlichkeit eines jeden möglichen Aktienkurses im Zeitablauf einer Binomialverteilung folgt. Das bedeutet, dass sich Preise über jede kurze Zeitperiode nur zu zwei Werten bewegen können: nach oben oder nach unten.[109] Die grafische Verknüpfung von jeweils zwei unterschiedlichen Preisbewegungen in jedem Zeitpunkt wird Binomialbaum genannt.

Das ursprünglich von Sharpe konzipierte, und von Cox/Ross/Rubinstein (1979) sowie Rendleman/Bartter (1979) publizierte Binomialmodell ist erst mehrere Jahre nach der Veröffentlichung des Black/Scholes-Modells entwickelt worden, obwohl es nur eine Approximation an das kontinuierliche Marktmodell liefert.[110] Im Limit konvergiert ein Binomialbaum im Falle europäischer Optionen mit einer großen Anzahl von Zeitschritten zu der Black/Scholes-Formel.[111] Das Binomialmodell kann auch Optionen bewerten, für die keine Lösung in geschlossener Form existiert. Zur Bewertung amerikanischer Aktien-, Futures- und Währungsoptionen ist das Binomialmodell die am weitesten verbreitete Methode.

An dieser Stelle soll das Binomialmodell als Ein-Periodenmodell mit einem Wertpapier dargestellt werden. Dieses Wertpapier hat den Preis $S_0$ zum Zeitpunkt $t = 0$ und den Preis $S_T$ zum Zeitpunkt $t = T$. Mit der Wahrscheinlichkeit $q$ sinkt der Preis um den Faktor $d$ (down): $S_T^d = d \cdot S_0$ oder er steigt mit der Wahrscheinlichkeit $(1 - q)$ um den Faktor $u$ (up): $S_T^u = u \cdot S_0$.

---

[107] Vgl. Korn/Korn (2001), S. 8 sowie Jackwerth (1997), S. 9.
[108] Vgl. Jackwerth (1997), S. 9.
[109] Vgl. Matveev (2008), S. 35.
[110] Vgl. Duffie (1998), S. 413.
[111] Vgl. Chance (1999), S. 38 f.

## 2.4 Modelle zur Optionsbewertung

Für den Mittelwert ($E$) und die Varianz ($Var$) erhält man am Ende der ersten Periode, d.h. für $T = 1$:[112]

$$E(S_1) = q \cdot u \cdot S_0 + (1-q) \cdot d \cdot S_0 \quad \text{und} \tag{2.1}$$

$$Var(S_1) = E(S_1^2) - (E(S_1))^2 = \left(q \cdot u^2 + (1-q)d^2\right)S_0^2 - (q \cdot u + (1-q) \cdot d)^2 \cdot S_0^2. \tag{2.2}$$

Nach $n$ Perioden (Zeitschritten) hat das Wertpapier den Preis:

$$S_n = S_0 \cdot u^i \cdot d^{n-i} \qquad \text{für } i = 0, ..., n, \tag{2.3}$$

wobei $i$ die Anzahl der Aufwärtsbewegungen in den $n$-Perioden bezeichnet und $i$ binomialverteilt ist mit $B(n,q)$. Für den Erwartungswert und die Varianz gilt dann:

$$E(S_n) = S_0(q \cdot u + (1-q)d)^n \quad \text{und}$$

$$Var(S_n) = S_0^2 \left((q \cdot u^2 + (1-q)d^2)^n - (q \cdot u + (1-q)d)^{2n}\right).$$

Die Bewertung europäischer Calls und Puts zum Zeitpunkt 0 erfolgt mittels:

$$C(S_0, 0) = (1+r)^{-n} \sum_{i=0}^{n} \binom{n}{i} q^i (1-q)^{n-i} \left(S_0 u^i d^{n-i} - K\right)^+ =$$

$$(1+r)^{-n} \sum_{i=a}^{n} \frac{n!}{i!(n-1)!} q^i (1-q)^{n-1} \left(S_0 u^i d^{n-i} - K\right) \quad \text{und} \tag{2.4}$$

$$P(S_o, 0) = (1+r)^{-n} \sum_{i=0}^{n} \binom{n}{i} q^i (1-q)^{n-i} \left(K - S_0 u^i d^{n-i}\right)^+ =$$

$$(1+r)^{-n} \sum_{i=0}^{a-1} \frac{n!}{i!(n-1)!} q^i (1-q)^{n-1} \left(K - S_0 u^i d^{n-i}\right), \tag{2.5}$$

wobei:

$a$ = kleinste nichtnegative ganze Zahl größer als $\dfrac{\log(K/Sd^n)}{\log(u/d)}$.

---

[112] Vgl. Korn/Korn (2001), S. 8.

In der Formel zur Bewertung von Calls wird erst ab *a* aufsummiert, weil für $i < a$ der Call nicht ausgeübt wird und die Summanden bis *a* somit 0 sind. Das CRR-Modell ist nur dann arbitragefrei, wenn gilt:

$$S_T^d \leq (1+r)S_0 \leq S_T^u$$
$$\Leftrightarrow dS_0 \leq (1+r)S_0 \leq uS_0$$
$$d-1 \leq r \leq u-1.$$

In diesem Fall ist das Binomialmodell vollständig und es gibt ein eindeutiges risikoneutrales Martingalmaß.[113] Für die Bewegung nach oben ist es gegeben durch:

$$q^* := \frac{r-(d-1)}{(u-1)-(d-1)} = \frac{1+r-d}{u-d}. \tag{2.6}$$

Föllmer (2002) konstatiert im Zusammenhang mit dem Binomialmodell: „the computation of prices of contingent claims in terms of some martingale measure may become rather elaborate".[114] Wenn in das Cox/Ross/Rubinstein-Modell ein Cost of Carry Term *b* eingeführt wird, kann das Binomialverfahren verwendet werden, um Aktienoptionen ($b = r$), Aktien- und Aktienindex-Optionen mit kontinuierlichen Dividenden *d* ($b = r - d$), Futures ($b = 0$) und Währungsoptionen mit ausländischem Zinssatz $r_f$ ($b = r - r_f$) zu bewerten. Der Aktienkurs zu jedem Knotenpunkt *i* zum Zeitpunkt *n* ist gegeben durch:

$$S_0 u^i d^{n-i} \text{ für } i = 0, 1, \ldots n,$$

wobei:

$u = e^{\sigma\sqrt{\Delta t}}$ sowie $d = e^{-\sigma\sqrt{\Delta t}}$ und $\Delta t = T/n$ (äquidistante Zeitintervalle)

*i* = Anzahl der Aufwärtsbewegungen und

*n* = Gesamtanzahl der Perioden.

---

[113] Vgl. Föllmer (2002), S. 236. Während Arbitragefreiheit zur Existenz einer Dichte *q* führt, so dass alle Optionspreise Erwartungswerte ihres Payoffs bezüglich *q* sind, so ist dieses Maß nicht immer eindeutig. Eindeutig bestimmt ist *q* in den speziellen Fällen des Black/Scholes-Modells und des Binomialmodells durch die Arbitragebedingungen. Vgl. Cont (1998), S. 7.

[114] Föllmer (2002), S. 236 ff.

## 2.4 Modelle zur Optionsbewertung

Die Wahrscheinlichkeit dafür, dass der Aktienkurs zum nächsten Zeitpunkt steigt, ist gegeben durch:

$$q = \frac{e^{b\Delta t} - d}{u - d} = \frac{e^{b\Delta t} - e^{-\sigma\sqrt{\Delta t}}}{e^{\sigma\sqrt{\Delta t}} - e^{-\sigma\sqrt{\Delta t}}} \qquad (2.7)$$

bzw. äquivalent hierzu der diskrete Fall mit $b = r$ nach Föllmer: $q = \frac{1 + r - d}{u - d}$.

Die Wahrscheinlichkeit für einen sinkenden Aktienkurs ergibt sich als:

$$1 - q = \frac{u - e^{b\Delta t}}{u - d} = \frac{e^{\sigma\sqrt{\Delta t}} - e^{b\Delta t}}{e^{\sigma\sqrt{\Delta t}} - e^{-\sigma\sqrt{\Delta t}}}. \qquad (2.8)$$

Legt man drei Zeitschritte zugrunde sowie als Parameter einen DAX-Stand (gleichzeitig Ausübungspreis) von 3.948,56 Punkten, einen Zinssatz von 2,118%, 90 Tage Restlaufzeit (0,25 Jahre) und eine Volatilität von 19,763%, so ergibt sich für eine am 23.06.2004 um 9:10 Uhr gehandelte Option auf den DAX:

$$\Delta t = 0{,}25 / 3 = 0{,}08\overline{3}$$

$$u = e^{0{,}19763 \cdot \sqrt{0{,}08\overline{3}}} = 1{,}0587097$$

$$d = e^{-0{,}19763 \cdot \sqrt{0{,}08\overline{3}}} = 0{,}944546 \text{ sowie}$$

$$q = \frac{e^{0{,}02118 \cdot 0{,}08\overline{3}} - 0{,}944546}{1{,}0587097 - 0{,}944546} = 0{,}501215.$$

Der DAX-Stand ergibt sich zu jedem Zeitpunkt $n$ in jedem Knotenpunkt $i$ einfach als $S_0 u^i d^{n-i}$, $i = 0, 1, \ldots, n$. Für den Binomialbaum folgt damit:

| $n = 0$ | $n = 1$ | $n = 2$ | $n = 3$ | |
|---|---|---|---|---|
| | | | 4.685,65 | $i = 3$ |
| | | 4.425,81  $i = 2$ | | |
| | 4.180,38  $i = 1$ | | 4.180,38 | $i = 2$ |
| 3.948,56  $i = 0$ | | 3.948,56  $i = 1$ | | |
| | 3.729,60  $i = 0$ | | 3.729,60 | $i = 1$ |
| | | 3.522,78  $i = 0$ | | |
| | | | 3.327,42 | $i = 0$ |

Die drei Zeitschritte bei einer Restlaufzeit von 90 Tagen entsprechen einer Aktienkursbewegung je Monat. Der DAX-Stand von 4.180,38 ergibt sich aus:

$$S_0 u^2 d^{3-2} = 3.948,56 \cdot u^2 \cdot d.$$

Der Optionspreis zum Zeitpunkt $T$ ergibt sich als der innere Wert der Option ($\max(S_T - K, 0)$). Optionspreise zu einem früheren Zeitpunkt werden berechnet als der Gegenwartswert des erwarteten Optionspreises im nächsten Zeitpunkt.[115] Aus rückwärtiger Induktion ergibt sich für den Preis des Calls $C_{n,i}$ sowie für den Preis des Puts $P_{n,i}$, dass sich diese zum Zeitpunkt $n$ im Knotenpunkt $i$ als diskontierte Erwartung des Optionspreises zum Zeitpunkt $n+1$ darstellen:

$$C_{n,i} = \max\{S_0 u^i d^{n-i} - K, 0\} = e^{-r\Delta t}[qC_{n+1,i+1} + (1-q)C_{n+1,i}] \text{ sowie}$$

$$P_{n,i} = \max\{K - S_0 u^i d^{n-i}, 0\} = e^{-r\Delta t}[qP_{n+1,i+1} + (1-q)P_{n+1,i}].$$

Der Preis des Calls ergibt sich zu den Perioden $n$ und in den Knotenpunkten $i$ als:

| $n = 0$ | $n = 1$ | $n = 2$ | $n = 3$ | |
|---|---|---|---|---|
| | | | 737,08 | $i = 3$ |
| | | 484,21  $i = 2$ | | |
| | 300,02  $i = 1$ | | 231,82 | $i = 2$ |
| 179,00  $i = 0$ | | 115,99  $i = 1$ | | |
| | 58,03  $i = 0$ | | 0,00 | $i = 1$ |
| | | 0,00  $i = 0$ | | |
| | | | 0,00 | $i = 0$ |

484,21 ergibt sich in diesem Beispiel aus:

$$e^{-0,02118 \cdot 0,08\bar{3}} \cdot [0,501215 \cdot 737,08 + 0,498785 \cdot 231,82] = 0,9982365 \cdot [369,44 + 115,63].$$

Das hier aufgeführte Beispiel berücksichtigt lediglich drei Handelsperioden. In Wirklichkeit ereignen sich eine Vielzahl von Handelsperioden zwischen dem aktuellen Zeitpunkt $t = 0$ und dem Laufzeitende $T$. Es stellt sich die Frage, ob mit zunehmender Anzahl an Handelsperioden $n = 1,...,N$ ($N \uparrow \infty$) die Präzision der

---

[115] Vgl. Hull (2009), S. 407 ff.

## 2.4 Modelle zur Optionsbewertung

Bewertung erhöht werden kann. Anhand einer schrittweisen Erhöhung der Anzahl der Handelsperioden im Binomialmodell (für das gleiche Beispiel) und eines Vergleichs mit dem Wert des Black/Scholes-Modells soll die Konvergenz des CRR-Binomialmodells gegen das Black/Scholes-Modell gezeigt werden.

| Optionspreis des Binomialmodells nach N Schritten | | | | | | | | BS-Preis |
|---|---|---|---|---|---|---|---|---|
| N=1 | N=3 | N=5 | N=10 | N=20 | N=50 | N=100 | N=200 | |
| 204,8 | 179,0 | 173,7 | 162,0 | 163,9 | 165,06 | 165,44 | 165,64 | 164,96 |

**Tabelle 2: Konvergenz der Binomialpreise gegen Black/Scholes-Preise**
Quelle: Eigene Berechnung.

Tabelle 2 stellt dem theoretischen Optionspreis des Black/Scholes-Modells die theoretischen Optionspreise des Binomialmodells bei schrittweiser Erhöhung der Handelsperioden von 1 auf 200 gegenüber. Tabelle 2 zeigt die tendenzielle Konvergenz der diskreten Preise des Binomialmodells gegen die kontinuierlichen Black/Scholes-Preise für $N \uparrow \infty$. Ab 10 Handelsperioden beträgt der Abweichungsfehler nur noch 1,8%. Dennoch wird bezogen auf die Restlaufzeit lediglich ein Handel alle 9 Tage zugelassen. Jede Erhöhung der Anzahl an Handelsperioden erhöht die Rechenintensität für die Konstruktion des Aktienkursbaumes und des daraus rückwärtig induktiv abgeleiteten Optionspreisbaumes. Trotz des rechnerischen Aufwands entsprechen die 200 Zeitschritte erst einer durchschnittlichen Transaktionsfrequenz von $2,\overline{2}$ pro Kalendertag. Eine höhere Effizienz erhält man mit Trinomialbäumen, die schneller gegen die Black/Scholes-Preise konvergieren.

Voraussetzungen für die Konvergenz der Binomialpreise gegen die Black/Scholes-Preise für $N \uparrow \infty$ sind, dass die Renditen $R_t$ mit $t = 1, ..., T$ unabhängig sind unter dem äquivalenten Martingalmaß $Q*$ und die Varianz der Rendite nichtnegativ und endlich ist, d.h. $\sigma^2 \in (0,\infty)$. Genauer ausgedrückt konvergieren die Verteilungen der Preise unter $Q*$ gegen die Verteilung $S_0 e^{\sigma \cdot \sqrt{T} W + (r - 1/2\sigma^2)T}$, wobei $W$ standardnormalverteilt ist.[116] Dieses Ergebnis, bekannt als multiplikative Version des Zentralen Grenzwertsatzes, wird für die Herleitung der Black/Scholes-Formel verwendet.

---

[116] Vgl. Föllmer (2002), S. 245 f.

## 2.4.3 Black/Scholes-Modell

### 2.4.3.1 Überblick

Das Black/Scholes-Modell ist ein neoklassischer Ansatz, der ebenso wie die Modigliani/Miller-Theorie[117] auf einem Marktgleichgewicht in der schwächsten möglichen Form basiert: Arbitragefreiheit.[118] Unter Arbitrage versteht man eine Investitionsstrategie $\overline{\xi}$, die mit positiver Wahrscheinlichkeit ($P > 0$) einen Gewinn ($\overline{\xi} \cdot \overline{S} > 0$) generiert, ohne dass ein Risiko eingegangen wird, d.h.:

$$P[\overline{\xi} \cdot \overline{S} < 0] = 0,$$ wobei $\overline{S}$ der Vektor der Wertpapiererträge ist.

Formal liegt Arbitrage vor, wenn die folgenden drei Bedingungen erfüllt sind:[119]

1. $\overline{\xi} \cdot \overline{\pi} \leq 0$, wobei $\overline{\xi}$ ein Vektor ist, der die Anzahl von verschiedenen Wertpapieren darstellt und $\overline{\pi}$ der Preisvektor zum Zeitpunkt 0 ist.

2. $\overline{\xi} \cdot \overline{S} \geq 0$ $P$-f.s., d.h. zum Endzeitpunkt $T$ wird ein positiver Ertrag generiert.

3. $P[\overline{\xi} \cdot \overline{S} > 0] > 0$, d.h. mit positiver Wahrscheinlichkeit ist der Ertrag strikt positiv.

Üblicherweise wird in Abhängigkeit vom Grad der Effizienz zwischen drei Formen der Markteffizienz unterschieden: Märkte sind entweder in der schwachen Form, in der semistarken Form oder in der starken Form effizient. Der Unterschied zwischen diesen Formen der Markteffizienz besteht darin, welche Informationen in Preisen beinhaltet sind.

Im Extremfall ist der Markt in der starken Form effizient und Aktienkurse beinhalten stets sämtliche Informationen, d.h. es gibt bspw. keine Insiderinformationen.[120] Die semistarke Form der Markteffizienz geht davon aus, dass alle offensichtlich öffentlich erhältlichen Informationen wie etwa Aktiensplits und Gewinn-

---

[117] Darunter wird die Irrelevanz der Kapitalstruktur sowie der Dividendenpolitik für den Unternehmenswert verstanden, vgl. Modigliane/Miller (1958), S. 261-297.
[118] Duffie (1998), S. 412. Das CAPM basiert dagegen auf der Annahme des Marktgleichgewichts unter strengen Annahmen und erfordert die Spezifizierung des erwarteten Ertrags.
[119] Vgl. Föllmer (2002), S. 5.
[120] Vgl. Fama (1970), S. 383.

## 2.4 Modelle zur Optionsbewertung

ankündigungen in Aktienkursen beinhaltet sind.[121] Die semistarke Form der Markteffizienz wird kontrovers diskutiert, weil sie impliziert, dass Wertpapieranalysten, die über Bilanz- und Ertragswertanalysen günstige Aktien ausfindig machen wollen, ihre Zeit verschwenden: Der Preis der Wertpapiere beinhaltet bereits diese Informationen.[122] Die schwache Form der Markteffizienz geht davon aus, dass zumindest der aktuelle Wertpapierpreis seine eigenen früheren Preise widerspiegelt.[123] Unter der schwachen Form der Markteffizienz sind daher Kursprognosen nicht möglich.[124] Damit widerspricht diese Theorie den vielfältigen Methoden der technischen Analyse. Die technische Analyse postuliert, dass durch die Analyse vergangener Preise Rückschlüsse auf zukünftige Preise abgeleitet werden können.

Das Black/Scholes-Modell ist ein vollständiges Modell in dem Sinne, dass die Auszahlungsstruktur von Contingent Claims durch eine selbstfinanzierende Strategie dupliziert werden kann. Der faire Preis der Option ermittelt sich daher als die Kosten der Ausgangsinvestition für die Duplizierungsstrategie. Tisserand (2004) stellt angesichts des perfekten Substituts von Optionen durch Delta Aktien und ein risikoloses Wertpapier die Frage nach dem starken Wachstum der Derivatebörsen: «Alors pourquoi le marché des produits dérivés connaît-il une telle croissance si un portefeuille de réplication existe?»[125]. Pan/Poteshman (2003) beantworten die rhetorische Frage damit, dass eben dieses Wachstum der schlagende Beweis dafür sei, dass Derivate nicht komplett redundant sind.[126]

Schtukin (1999) stellt fest, dass das Hedging mittels Optionen günstiger ist als mittels Futures. Daher seien Optionen anderen Wertpapieren gegenüber überlegen:[127] Optionen können als Instrument zur Diversifikation, im Risikomanagement, aber auch zur reinen Spekulation eingesetzt werden. Stoll (1969) führt das Wachstum der Derivate nicht alleine auf deren Superiorität zurück. Auch das Wachstum der Aktienbörsen und ausgeklügelte Techniken von Investoren hätten ein größeres

---

[121] Vgl. Fama (1970), S. 383 sowie Fama (1976), S. 133.
[122] Vgl. Ross/Westerfield/Jordan (1999), S. 279-280.
[123] Vgl. Fama (1970), S. 383.
[124] Vgl. Ross/Westerfield/Jordan (1999), S. 279-280.
[125] Tisserand (2004), S. 6. Übersetzung: „Warum erfährt der Derivatemarkt ein derartiges Wachstum, wenn ein Replikationsportfolio existiert?"
[126] Vgl. Pan/Poteshman (2003), S. 2.
[127] Vgl. Schtukin (1999), S. 105 sowie ähnlicher Ansicht Black (1975), S. 61, Manaster/Rendleman (1982), S. 1044, Stephan/Whaley (1990), S. 191 sowie Mayhew/Sarin/Shastri (1999), S. 2.

Interesse und somit Aktivität in die mit den Aktien zusammenhängenden Optionsmärkte bedingt.[128] Zahlreiche Studien wie etwa Amin/Lee (1997), Manaster/Rendleman (1982), Stephan/Whaley (1990) sowie Kleidon/Whaley (1992) untersuchen aus diesem Grund die Beziehungen zwischen Aktien- und Optionsmarkt. Diese Studien nennen auch Gründe für eine Superiorität von Optionen gegenüber Aktien, welche dieses Wachstum begründen: niedrigere Transaktionskosten, finanzielles Leverage und höhere Flexibilität.[129]

Die Annahme, dass keine Kursprognose möglich wäre, bedeutet indes nicht, dass keine Annahmen über zukünftige Werte getroffen werden müssten. Vielmehr ist aber die Höhe der Preisveränderung (Volatilität) und nicht die Richtung ausschlaggebend. Die erwartete Rendite des Underlyings hat also im Gegensatz zum CAPM keinen Einfluss auf den Optionspreis.[130] Jede erwartete Rendite, inklusive des risikolosen Zinssatzes, würde also zu dem gleichen Optionspreis führen.

**2.4.3.2 Martingal**

Der Begriff des Martingals wird bereits 1762 im Wörterbuch der Französischen Akademie erwähnt.[131] In der Spieltheorie, einem häufigen Anwendungsbereich für Martingale, bezeichnet das Martingal ein faires Gewinnspiel (z.B. fairer Münzwurf), bei dem der Spieler seinen ursprünglichen Einsatz $\alpha$ solange verdoppelt, bis der Gewinn im Zeitpunkt $n$ ($n$ Element der natürlichen Zahlen) in Höhe von $\alpha = 2^n \alpha - [\alpha + 2\alpha + ... + 2^{n-1}\alpha]$ eintritt.[132] Beschreibt $X_n$ den Wohlstand eines Spielers nach seinem $n$-ten Einsatz in einem fairen Spiel, dann sollte es die Martingalbedingung $E(X_{n+1}|\Im_n) = X_n$ mit $P$-f.s. erfüllen. In diesem Fall ist der Spieler nach dem Spiel im Mittel so reich wie zuvor.[133] $\Im_n$ stellt dabei eine Filtration von $\sigma$-Algebras dar, die den Informationszuwachs beschreibt. Der Ausdruck

---

[128] Vgl. Stoll (1969), S. 801.
[129] Zunächst wurden diese Argumente zugunsten von Optionen vorgebracht durch Black (1975), S. 61, später dann ähnlich von Manaster/Rendleman (1982), S. 1044, Stephan/Whaley (1990), S. 191 sowie Mayhew/Sarin/Shastri (1999), S. 2.
[130] Duffie (1998), S. 416.
[131] Vgl. Shafer/Glenn/Vovk (2001), S. 51.
[132] Vgl. Korn/Korn (2001), S. 18.
[133] Vgl. Korn/Korn (2001), S. 18.

## 2.4 Modelle zur Optionsbewertung

$E(X_{n+1}|\Im_n)$ beschreibt dann die bedingte Erwartung basierend auf Informationen zum Zeitpunkt $n$.

Der real-wertige Prozess $\{(X_t, \Im_t)\}_{t \in I}$ mit $E|X_t| < \infty$ für alle $t \in I$, wobei $I$ eine geordnete Indexmenge ist, heißt:

a) Supermartingal, wenn für alle $s, t \in I$ mit $s \leq t$ mit P-f.s. gilt: $E(X_t|F_s) \leq X_s$.

b) Martingal, wenn für alle $s, t \in I$ mit $s \leq t$ mit P-f.s. gilt: $E(X_t|F_s) = X_s$.

c) Submartingal, wenn für alle $s, t \in I$ mit $s \leq t$ mit P-f.s. gilt: $E(X_t|F_s) \geq X_s$.

In diesem Sinne bezeichnet ein Supermartingal ein für den Spieler nachteiliges Spiel, denn er erwartet nach dem Spiel zum Zeitpunkt $t$ einen niedrigeren Wohlstand $(X_t \leq X_s)$ als zum Zeitpunkt $s$. Ein Submartingal bezeichnet entsprechend ein für den Spieler vorteilhaftes Spiel.

Ein Beispiel für ein Martingal ist die eindimensionale Brownsche Bewegung $W_t$. Der Beweis hierfür ist einfach:[134]

$$E(W_t|\Im_s) = E[(W_t - W_s) + W_s|\Im_s] =$$
$$= E[W_t - W_s|\Im_s] + E[W_s|\Im_s] =$$
$$= E[W_t - W_s|\Im_s] + W_s =$$
$$= E[W_t - W_s] + W_s = W_s.$$

Der zweite Schritt der obigen Umformung benutzt die Linearitätseigenschaft der bedingten Erwartung. Der dritte Schritt obiger Umformung verwendet das Ergebnis, dass $W_s$ nur Informationen bis zum Zeitpunkt $s$ enthält (d.h. $\Im_s$ messbar) und die vierte Gleichung folgt aus der Unabhängigkeit des Inkrements $W_t - W_s$ von $\Im_s$. Daraus folgt: $E(W_t|\Im_s) = W_s$ mit $P$-f.s., d.h. der Spieler erwartet im Mittel nach dem Spiel zum Zeitpunkt $t$ den gleichen Wohlstand, den er vor dem Spiel im Zeitpunkt $s$ hatte.

---

[134] Vgl. Korn/Korn (2001), S. 19.

Die Brownsche Bewegung $X_t := \mu t + \sigma W_t$ ist ein Martingal, wenn $\mu = 0$. Sie ist ein Supermartingal, wenn $\mu \leq 0$ und ein Submartingal, wenn $\mu \geq 0$.

Das Black/Scholes-Modell in der von Merton vorgeschlagenen Form ist der Ursprung der risikoneutralen Bewertung, wie sie auch von Merton (1973) und Cox/Ross (1976) verwendet wird.[135] Diese Modelle basieren auf der Martingalrestriktion. Longstaff (1995) sieht in der Martingalrestriktion des Black/Scholes-Modells den Grund für Fehlbewertungen, weil die martingalbasierte Bewertung die Berücksichtigung von Transaktionskosten ausschließt.[136] Longstaff zeigt, dass der durch die Optionspreise implizierte Preis für den S&P 100-Index signifikant höher ist als der Marktwert und diese Fehlbewertung in direkter Verbindung zu Transaktionskosten und Liquidität steht: Je höher der Bid-Ask-Spread ist, desto höher sind die implizierten Kosten des S&P 100-Index.[137] In der Absenz von Friktionen müssten dagegen der implizierte Index-Stand und der Marktwert des Index übereinstimmen. Longstaff fordert aus diesem Grund, die Martingalrestriktion aufzuheben.[138]

### 2.4.3.3 Risikoneutrale Bewertung

Das Black/Scholes-Modell ist ebenso wie die Modelle von Merton (1973) und Cox/Ross (1976) ein risikoneutrales Bewertungsmodell.[139] Die risikoneutrale Bewertung benutzt die Black/Scholes-Differentialgleichung, die für Calls folgende Form hat:[140]

$$r_f C = \frac{\partial C}{\partial t} dt + \frac{1}{2} \frac{\partial^2 C}{\partial S^2} S^2 \sigma^2 dt + \frac{\partial C}{\partial S} r_f S \ .$$

In dieser Differentialgleichung sind keine Variablen enthalten, welche die Risikopräferenz betreffen. Lediglich der aktuelle Aktienkurs $S$, die Volatilität $\sigma$, der

---

[135] Vgl. Merton (1973a), S. 141 ff. sowie Duffie (1998), S. 417.
[136] Vgl. Longstaff (1995), S. 1091.
[137] Vgl. Longstaff (1995), S. 1091 f.
[138] Vgl. Longstaff (1995), S. 1091.
[139] Vgl. Longstaff (1995), S. 1094 sowie Matveev (2008), S. 34.
[140] Vgl. Hull (2009), S. 288.

## 2.4 Modelle zur Optionsbewertung

Zinssatz $r$ und die Zeit $t$ gehen in die Differentialgleichung ein.[141] Die verbliebenen Variablen messen keine Risikoaversion.

Die Annahme, dass Investoren risikoneutral sind, ist zwar wirklichkeitsfremd: Investoren verlangen eine Risikoprämie, wenn sie anstatt in (vermeintlich) sichere Staatsanleihen in Aktien und Optionen investieren sollen. Allerdings steht der höheren Risikoprämie auch ein höherer Abzinsungsfaktor gegenüber. Diese beiden Effekte heben sich gegenseitig exakt auf.[142] Somit ist die Black/Scholes-Formel auch in einer risikoaversen Welt anwendbar.

Die vereinfachende Annahme, dass alle Investoren risikoneutral sind, ergibt sich ohne Beschränkung der Allgemeinheit aus der Duplizierungsmöglichkeit der Option mittels einer selbstfinanzierenden Anlage in einen Bond und den Basiswert.[143] Für die risikoneutrale Bewertung von Optionen spielen individuelle Nutzenfunktionen bzw. Risikopräferenzen von Handelsteilnehmern keine Rolle.[144] Wenger führt aus, dass die Bewertung von Optionen auf Basis von Arbitrageüberlegungen eigentlich bedeuten müsse, dass diese redundant wären.[145] Deren ökonomische Bedeutung ließe aber Zweifel an der Redundanz von Optionen zu. Zugleich betont Wenger die Rolle von Optionen zur Vervollständigung des Marktes, zur Erhöhung der Informationseffizienz und zur Verbesserung der Risikoallokation. Die Redundanz von Optionen wird auch aufgrund hoher Transaktionskosten bei stetigen Portfolioanpassungen angezweifelt.[146]

Gilt das Duplizierungsargument nicht mehr, so folgt daraus, dass die Annahme der Risikoneutralität nicht mehr ohne Einschränkung der Allgemeinheit gemacht werden kann. In einer Welt, in der alle Investoren risikoneutral sind, entspricht der erwartete Ertrag aller Wertpapiere dem risikolosen Zinssatz. Bei Wertpapieren, deren Preis vom Erwartungswert der zufälligen diskontierten zukünftigen Erträge abweicht,

---

[141] Vgl. Hull (2009), S. 287 f.
[142] Vgl. Hull (2009), S. 289 f. Zum Begriff der risikoneutralen Bewertung siehe auch Chance (1999), S. 38 ff.
[143] Vgl. Hull (2009), S. 289 f.
[144] Vgl. Föllmer (2002), S. 6.
[145] Vgl. Kaserer (1993), Vorwort sowie Pan/Poteshman (2003), S. 2 und Tisserand (2004). S. 6.
[146] Vgl. hierzu u.a. Stoll (1969), S. 801, Black (1975), S. 61, Manaster/Rendleman (1982), S. 1044, Stephan/Whaley (1990), S. 191, Mayhew/Sarin/Shastri (1999), S. 2, Pan/Poteshman (2003), S. 2, sowie Tisserand (2004), S. 6.

können solche Differenzen zumeist mit dem erwarteten Nutzen, insbesondere mit Risikoaversion erklärt werden.[147]

Alle Modelle zur Optionsbewertung, die sich das Argument der Arbitragefreiheit zunutze machen, haben die Martingalrestriktion.[148] Diese besagt, dass der Preis des Basiswerts, der durch den Optionsmarkt impliziert wird, mit dem Marktwert des Basiswerts identisch sein muss.[149] Die Martingalrestriktion kann somit als empirische Implikation der risikoneutralen Bewertung angesehen werden.[150]

In einem vollkommenen (Preis ist ein Datum, rationale Marktteilnehmer, kostenlose Informationen, sofortiges Handeln der Marktteilnehmer, keine Transaktionskosten und Steuern) und vollständigen Kapitalmarkt (Güter sind beliebig teilbar und Leerverkäufe zuässig) muss die Martingalbedingung genau erfüllt sein. Andernfalls wäre Arbitrage möglich.[151] Die Existenz eines risikoneutralen Maßes impliziert die Abwesenheit von Arbitragemöglichkeiten.[152] In einem unvollkommenen Kapitalmarkt dagegen reicht das Argument der Arbitragefreiheit zur Optionsbewertung nicht aus und die Martingalrestriktion muss nicht erfüllt sein.[153] Für den Fall eines unvollkommenen Kapitalmarktes zeigen Perrakis/Ryan (1984), Levy (1985), und Ritchken (1985), dass Arbitragefreiheit lediglich zu einem Intervall arbitragefreier Preise führt, nicht aber zu einem eindeutigen Preis.[154]

Ein Wahrscheinlichkeitsmaß $Q^*$ heißt risikoneutrales Maß oder Martingalmaß, wenn der Preis eines Wertpapiers der Erwartungswert der diskontierten Erträge unter dem Maß $Q^*$ ist.[155] Das Maß $Q^*$ heißt risikoneutral, weil der erwartete Nutzen oder Risikopräferenzen keine Rolle spielen. Die Berechnung von Optionspreisen über ein Martingalmaß wird in der Praxis mit einer großen Anzahl von Handelsperioden (dynamisches Marktmodell) schwer.[156] Unter dem risikoneutralen Martingalmaß

---

[147] Vgl. Föllmer (2002), S. 60.
[148] Vgl. Longstaff (1995), S. 1093.
[149] Vgl. Longstaff (1995), S. 1096.
[150] Vgl. Longstaff (1995), S. 1093 f.
[151] Vgl. Longstaff (1995), S. 1094.
[152] Vgl. Föllmer (2002), S. 6.
[153] Vgl. Longstaff (1995), S. 1096.
[154] Vgl. in einem anderen Zusammenhang auch Wilkens (2003), S. 120 f.
[155] Vgl. Perrakis/Ryan (1984), S. 524 f., Levy (1985), S. 1217, Ritchken (1985), S. 1233 sowie Föllmer (2002), S. 6.
[156] Vgl. Föllmer (2002), S. 245.

## 2.4 Modelle zur Optionsbewertung

lässt sich der Preis eines europäischen Calls mit Restlaufzeit $T - t$ zum Zeitpunkt $t$ wie folgt berechnen:

$$C(S_t, t) = E^Q \left[ e^{-r(T-t)} (S_T - K)^+ | \mathfrak{I}_t \right], \ 0 \leq t \leq T.$$

### 2.4.3.4 Itô-Formel

Sei $(\Omega, \mathfrak{I}, P)$ ein vollständiger Wahrscheinlichkeitsraum mit Filtration $\{\mathfrak{I}_t\}_t$. Auf diesem Wahrscheinlichkeitsraum sei eine Brownsche Bewegung $\{(W_t, \mathfrak{I}_t)\}_{t \in [0, \infty)}$ in Bezug auf diese Filtration definiert.[157] $W_t$ sei eine eindimensionale Brownsche Bewegung und $X = (X_t)_{0 \leq t \leq T}$ ein real-wertiger Itô-Prozess mit:[158]

$$dX_t = \mu(t, X_t) dt + \sigma(t, X_t) dW_t.$$

Die Drift $\mu(t, X_t)$ und die Diffusion $\sigma(t, X_t)$ sind Funktionen von $t$ und $X_t$, $dt$ bezeichnet einen infinitesimal kleinen Zeitabstand und $dW_t$ ein infinitesimales Inkrement der Brownschen Bewegung.[159]

Für eine Funktion $G$, welche von $t$ und $X_t$ abhängt $(G = f(t, X_t))$, gilt dann nach Itôs Lemma für $0 \leq t \leq T$ in Differentialschreibweise:

$$\begin{aligned} dG &= \frac{\partial G}{\partial X} + \frac{\partial G}{\partial t} dt + \frac{1}{2} \frac{\partial^2 G}{\partial X^2} d[X]_t \\ &= \frac{\partial G}{\partial X} (\mu dt + \sigma dW_t) + \frac{\partial G}{\partial t} dt + \frac{1}{2} \frac{\partial^2 G}{\partial X^2} \sigma^2 dt = \\ &= \underbrace{\left( \frac{\partial G}{\partial X} \mu + \frac{\partial G}{\partial t} + \frac{1}{2} \frac{\partial^2 G}{\partial X^2} \sigma^2 \right)}_{\text{Drift}} dt + \underbrace{\frac{\partial G}{\partial X} \sigma dW_t}_{\text{Standardabweichung}}, \end{aligned} \quad (2.9)$$

wobei:

$d[X]_t = \sigma^2 dt$ (quadratische Variation von $X$).

---

[157] Vgl. Korn/Korn (2001), S. 42.

[158] In Integralschreibweise $X = \int_0^{\bullet} \mu(\bullet, s) ds + \int_0^{\bullet} \sigma(\bullet, s) dW_s$.

[159] Vgl. Hull (2009), S. 269 f.

Es gilt:

$$f(t,X_t) = f(0,X_0) + \int_0^t f_t(s,X_s)ds + \int_0^t f_x(s,X_s)dX_s + \frac{1}{2}\int_0^t f_{xx}(s,X_s)d<X>_s, \quad (2.10)$$

wobei:

$f_t(s,X_s), f_x(s,X_s)$ und $f_{xx}(s,X_s)$ die erste partielle Ableitung nach der Zeit, respektive dem Zustand $X$ respektive die zweite partielle Ableitung nach $x$ bezeichnen und

$d<X>_s = dX_s \cdot dX_s = \sigma^2(\bullet,s)ds$ die quadratische Variation bezeichnet, die mit Hilfe des Box-Calculus einfach berechnet werden kann (vgl. Tabelle 3).

### 2.4.3.5 Herleitung der Black/Scholes-Differentialgleichung

Ursprünglich erfolgte die mathematische Herleitung der partiellen Differentialgleichung durch Black im Jahr 1969, der das Capital Asset Pricing Model (CAPM) in jedem Zeitpunkt eines infinitesimal kleinen Intervalls auf den Aktienkurs anwandte.[160] Auf diese Weise erhielt er die partielle Differentialgleichung mit der bekannten Randbedingung. Erst die Diskussionen mit Robert Merton führten zu der Erkenntnis, dass mittels eines kontinuierlichen Handels mit der Aktie und der Option eine gehedgte Position konstruiert werden kann, welche den risikolosen Zinssatz erwirtschaftet.[161] Black zollt daher Merton Anerkennung mit den Worten „A key part of the option paper that I wrote with Myron Scholes was the arbitrage argument for deriving the formula. Bob gave us that argument. It should probably be called the Black-Merton-Scholes paper".[162]

Das Black/Scholes-Modell nimmt an, dass der Preisprozess einer Aktie $S_t$ einer geometrischen Brownschen Bewegung folgt, d.h. einem Itô-Prozess mit der Drift $\mu(t,S_t) = \mu S_t$ und der Diffusion $\sigma(t,S_t) = \sigma S_t$:

---

[160] Vgl. Black/Scholes (1973), S. 645 f. Sowie Duffie (1998), S. 416 f.
[161] Vgl. Duffie (1998), S. 417.
[162] Hull (2009), S. 277, S. 287, S. 307 berücksichtigt Blacks Vorschlag in den Überschriften für das „Black-Scholes-Merton model", die Herleitung der „Black-Scholes-Merton differential equation" sowie der „Black-Scholes-Merton formula".

## 2.4 Modelle zur Optionsbewertung

$$dS_t = \mu S_t dt + \sigma S_t dW_t \ . \tag{2.11}$$

Außerdem ist der Bondpreisprozess gegeben durch:

$$dB_t = r_f B_t dt \tag{2.12}$$

mit:

$B_t$: Bondpreis und

$r_f$ : risikoloser Zinssatz.

Die Itô-Formel besagt, dass für die Veränderung der Funktion $f(t, S_t) = \log S_t$ gilt:

$$d\log S_t = \underbrace{0}_{f'_t} dt + \underbrace{\frac{1}{S_t}}_{f'_{S_t}} dS_t + \frac{1}{2}\underbrace{\frac{1}{S_t^2}}_{f''_{S_t}} d<S>_t,$$

wobei sich die quadratische Variation aus der Dynamik von $S_t$ und dem Box-Calculus als $d<S>_t = \sigma^2 S_t^2 dt$ ergibt.

Steele (2003) hat Funktionen mehrerer unabhängiger Brownscher Bewegungen untersucht und aus seinen Erkenntnissen die in Tabelle 3 zusammengefassten Ergebnisse für Multiplikationen entwickelt:[163]

| · | $d_t$ | $dW_t$ | $dW_t^2$ |
|---|---|---|---|
| $d_t$ | 0 | 0 | 0 |
| $dW_t$ | 0 | dt | 0 |
| $dW_t^2$ | 0 | 0 | dt |

**Tabelle 3: Box Algebra**
Quelle: Steele (2003), S. 127.

Es ergibt sich:

$$d\log S_t = \frac{1}{S_t}(\mu S_t dt + \sigma S_t dW_t) + \frac{1}{2} \cdot \frac{1}{S_t^2} \cdot \sigma^2 S_t^2 dt$$

---

[163] Vgl. Steele (2003), S. 127.

$$= \mu dt + \sigma dW_t + \frac{1}{2} \cdot \sigma^2 dt$$

$$= \left(\mu + \frac{1}{2}\sigma^2\right) dt + \sigma dW_t. \tag{2.13}$$

Die Black/Scholes-Differentialgleichung kann über drei alternative Vorgehensweisen hergeleitet werden:

1. Hedging Portfolio Argument (Black/Scholes, 1973),
2. Replizierendes Portfolio Argument (Merton, 1977) sowie
3. Martingalpreismaß Argument (Cox/Ross, 1976).

### 2.4.3.5.1 Hedging Portfolio Argument

Die Idee eines risikolosen Portfolios bestehend aus einer Aktienoption $C(t)$ sowie $h$ Aktien geht ursprünglich auf Merton zurück. Da das Portfolio risikolos ist, muss es den risikolosen Zinssatz $r_f$ erwirtschaften. Der Wert dieses Portfolios zum Zeitpunkt $t$ ist gegeben durch:

$$P(S_t, t) = C(t) + h(t) \cdot S(t). \tag{2.14}$$

Unter der Annahme, dass keine Dividenden gezahlt werden, ergibt sich die Veränderung des Portfoliowertes als:

$$dP(S_t, t) = dC(t) + h(t) \cdot dS(t) \text{ sowie durch (2.11):}$$

$$= dC(t) + h(t)\mu S_t dt + h(t)\sigma S_t dW_t. \tag{2.15}$$

Unter der Annahme, dass $C(t) = f(S_t, t)$ eine zweimal nach $S$ und einmal nach $t$ differenzierbare Funktion ist, folgt aus der Anwendung der Itô-Formel (2.13):

$$dC(t) = f_t' dt + f_s' dS_t + \frac{1}{2} f_{ss}'' d<S>_t$$

$$= f_t' dt + f_s' (\mu S_t dt + \sigma S_t dW_t) + \frac{1}{2} f_{ss}'' \sigma^2 S_t^2 dt$$

## 2.4 Modelle zur Optionsbewertung

$$= \left( f_t' + f_s'\mu S_t + \frac{1}{2} f_{ss}''\sigma^2 S_t^2 \right) dt + f_s'\sigma S_t dW_t. \tag{2.16}$$

Wird (2.15) umgestellt zu: $dC(t) = dP(S_t, t) - h(t)\mu S_t dt - h(t)\sigma S_t dW_t$ und mit $dC(t) = \left( f_t' + f_s'\mu S_t + \frac{1}{2} f_{ss}''\sigma^2 S_t^2 \right) dt + f_s'\sigma S_t dW_t$ verglichen, so erhält man Risikofreiheit, wenn die stochastischen Terme gleichgesetzt werden:

$$-h(t)\sigma S_t dW_t = f_s'\sigma S_t dW_t.$$
$$\Leftrightarrow h(t) = -f_s'(S_t, t). \tag{2.17}$$

Die Anzahl von Aktien zum Erhalt eines risikolosen Portfolios beträgt also:

$$-f_s'(S_t, t).$$

In einem arbitragefreien und risikolosen Markt entspricht die erwartete Rendite dem risikofreien Zinssatz $r_f$. Um die partielle Differentialgleichung zu erhalten, werden die deterministischen Terme in (2.15) nach Einsetzen von $dC(t)$ aus (2.16) betrachtet. Nach dieser Umformung erhält man für die relative Veränderung des Portfoliowertes:

$$\frac{dP(S_t, t)}{P(S_t, t)} = \frac{\left( f_t' + f_s'\mu S_t + \frac{1}{2} f_{ss}''\sigma^2 S_t^2 \right) + h(t)\mu S_t}{f(S_t, t) + h(t) S_t} = r_f.$$

Durch Einsetzen von (2.17) ergibt sich:

$$\Leftrightarrow \left( f_t' + f_s'\mu S_t + \frac{1}{2} f_{ss}''\sigma^2 S_t^2 \right) - f_s'\mu S_t = r_f \cdot (f - f_s' S_t)$$

$$f_t' + \frac{1}{2} f_{ss}''\sigma^2 S_t^2 = r_f f - f_s' S_t r_f$$

$$f_t' + f_s' S_t r_f + \frac{1}{2} f_{ss}''\sigma^2 S_t^2 = r_f f \tag{2.18}$$

mit der Randbedingung $f(S_T, T) = [S_T - K]^+$.

Die Gleichung (2.18) stellt die Black/Scholes-Differentialgleichung dar, deren Lösung mit Hilfe der Feynman/Kac-Formel hergeleitet werden kann.[164] Unter Berücksichtigung der Randbedingung $f(S_T,T)=[S_T-K]^+$ ist der Optionspreis $C(S_t)$ zum Zeitpunkt $t < T$ gegeben durch:

$$C(t)=f(S_t,t)=e^{-\int_t^T r(s)ds} E^{Q^*}\left[(S_T-K)^+|\mathfrak{I}\right],$$

wobei angenommen wird, dass der Erwartungswert unter dem risikoneutralen Maß $Q^*$ berechnet wird.

### 2.4.3.5.2 Replizierendes Portfolio Argument

Mertons replizierendes Portfolio Argument besteht darin, ein Portfolio aus $n(t)$ Aktien und $b(t)$ Bonds zu konstruieren, das die Auszahlung einer Option repliziert. Wie oben (vgl. S. 42 f.) soll angenommen werden, dass das Portfolio selbstfinanzierend ist. Der Portfoliowert $V(t)$ zum Zeitpunkt $t$ ist gegeben durch:

$$V(t)=n(tS_t)+b(t)B_t. \tag{2.19}$$

Der Gewinnprozess, also der Gewinnzuwachs in einem kleinen Zeitintervall $dt$, ist gegeben durch:

$$dG(t)=n(t)dS_t+b(t)dB_t. \tag{2.20}$$

Nimmt man an, dass das Portfolio eine Funktion des Aktienkurses und der Zeit ist: $n(t)=n(S_t,t)$, $b(t)=b(S_t,t)$, dann ist der Portfoliowert nach Anwendung der Itô-Formel gegeben durch:

$$dV(S_t,t)=d(n(S_t,t)S_t+b(S_t,t)B_t) \tag{2.21}$$
$$=n(S_t,t)dS_t+S_t dn(S_t,t)+dn(S_t,t)dS_t+b(S_t,t)dB_t+B_t db(S_t,t)+db(S_t,t)dB_t$$

---

[164] Shreve (2008), S. 158 f.

## 2.4 Modelle zur Optionsbewertung

Vergleicht man (2.20) und (2.21), so erhält man:

$$dV(S_t,t) = dG(S_t,t) + S_t dn(S_t,t) + dn(S_t,t)dS_t + B_t db(S_t,t) + db(S_t,t)dB_t.$$

Die Differenz $dV - dG$ bezeichnet den Cashflow aus dem Kauf bzw. Verkauf von Wertpapieren. Um ein selbstfinanzierendes Portfolio zu erhalten, muss gelten, dass:

$$dV - dG \stackrel{!}{=} 0. \qquad (2.22)$$

Daraus folgt, dass:

$$S_t dn(S_t,t) + dn(S_t,t)dS_t + B_t db(S_t,t) + db(S_t,t)dB_t = 0. \qquad (2.23)$$

Die Strategie, welche diese Bedingung erfüllt, heißt selbstfinanzierende Strategie. Aus der Bedingung $dG(S_t,t) = dV(S_t,t)$ folgt, dass die Diffusionsterme gleich sein sollen. Nach Anwendung der Itô-Formel auf $dV(S_t,t)$ erhält man:

$$dV(S_t,t) - dG(S_t,t) = dV(S_t,t) - (n(S_t,t)dS_t + b(S_t,t)dB_t)$$

$$= V_s' dS_t + V_t' dt + \frac{1}{2}V_{ss}''\sigma^2 S^2 dt - (ndS_t + bdB_t) = 0. \qquad (2.24)$$

Nach Einsetzen von $dS_t = \mu S_t dt + \sigma S_t dW_t$ und Gleichsetzen der deterministischen Teile erhält man: $V_s' \sigma S_t dW_t = n\sigma S_t dW_t$, d.h.:

$$n(S_t,t) = V_s'(S_t,t).$$

Benutzt man nun $V(S_t,t) = n(S_t,t)S_t + b(S_t,t)B_t$, so impliziert die letzte Bedingung:

$$b(S_t,t) = \frac{V(S_t,t) - n(S_t,t)\cdot S_t}{B_t} = \frac{V(S_t,t) - V_s'(S_t,t)\cdot S_t}{B_t}. \qquad (2.25)$$

Aus dem deterministischen Teil von (2.24) ergibt sich nach Einsetzen von

$n(S_t,t) = V_s'(S_t,t)$ und $b(S_t,t) = \dfrac{V(S_t,t) - V_s'(S_t,t) \cdot S_t}{B_t}$ :

$$V_t' + V_s'\mu S_t + \frac{1}{2}V_{ss}''\sigma^2 S_t^2 = V_s'\mu S_t + \frac{V - V_s'S_t}{B_t}r_f B_t$$

$$\Leftrightarrow V_s'r_f S_t + \frac{1}{2}V_{ss}''\sigma^2 S_t^2 + V_t' = r_f \cdot V. \qquad (2.26)$$

Unter der Randbedingung $f(S_T,T) = [S_T - K]^+$ kann diese Black/Scholes-Differentialgleichung mittels der Feynman/Kac-Formel gelöst werden.

### 2.4.3.5.3 Martingalpreismaß

Harrison/Kreps (1979) haben gezeigt, dass aus der Arbitragefreiheit die Existenz eines Martingalpreismaßes folgt.[165] Es soll angenommen werden, dass dieses Martingalpreismaß gleich dem Produkt des subjektiven Wahrscheinlichkeitsmaßes und dem adaptierten (messbaren), positiven stochastischen Prozess $\xi(t)$ ist, der auch „state price density" genannt wird und die folgende stochastische Differentialgleichung erfüllt:

$$d\xi(t) = -\alpha(t)\xi(t)dt - \lambda(t)\xi(t)dW_t. \qquad (2.27)$$

$\xi(0) = 1$,

wobei:

$\lambda(t)$ den Marktpreis des Risikos bezeichnet.

Auf einem vollständigen Finanzmarkt sind der stochastische Prozess (2.27) sowie das Martingalpreismaß eindeutig. Das Martingalpreismaß angewandt auf Bond, Aktie und Option ergibt:

$$E[d(\xi(t) \cdot B(t))] = 0.$$

---

[165] Vgl. Harrison/Kreps (1979), S. 381 ff.

## 2.4 Modelle zur Optionsbewertung

$$E[d(\xi(t) \cdot S(t))] = 0.$$  (2.28)
$$E[d(\xi(t) \cdot C(t))] = 0.$$

In der stochastischen Differentialgleichung (2.27) sind $\alpha(t)$ und $\lambda(t)$ nicht bekannt und müssen daher ermittelt werden. Aus $dB_t = B_t r_f dt$, $d\xi = -\alpha \xi dt - \lambda \xi dW_t$ und der Anwendung der Itô-Formel auf das Produkt $B\xi$ erhält man:

$$d(B\xi) = Bd\xi + \xi dB + dBd\xi$$
$$= B[-\alpha \xi dt - \lambda \xi dW_t] + \xi[Brdt] + 0.$$  (2.29)

Der Erwartungswert des Itô-Prozesses ist:

$$E[d(B\xi)] = -\alpha B\xi dt + \xi Brdt = 0,$$  (2.30)

d.h. $\alpha = r_f$.

Somit entspricht die Drift in (2.27) dem risikofreien Zinssatz.

Nun wendet man Itô auf $\xi S_t$ an:

$$d(S\xi) = Sd\xi + \xi dS + dSd\xi$$
$$= S[-\alpha \xi dt - \lambda \xi dW_t] + \xi \cdot [\mu S_t dt + \sigma S_t dW_t] - \sigma \lambda S \xi dt \quad .$$  (2.31)

Nimmt man von (2.31) den Erwartungswert, so fallen die stochastischen Terme weg. Daher erhält man:

$$E(d(S\xi)) = -\alpha \xi Sdt + \xi \mu Sdt - \sigma \lambda S \xi dt \overset{!}{=} 0, \text{ d.h.}$$
$$-\alpha + \mu - \sigma \lambda = 0.$$

$$\lambda = \frac{\mu - \alpha}{\sigma} = \frac{\mu - r_f}{\sigma} \text{ (Marktpreis des Risikos).}$$  (2.32)

Setzt man nun $\alpha$ und $\lambda$ in (2.27), so erhält man:

$$d\xi(t) = -r(t)\xi(t)dt - \frac{\mu(t)-r(t)}{\sigma(t)}\xi(t)dW_t.$$

Nach Anwendung der Itô-Formel auf log $\xi(t)$ :

$$\Leftrightarrow d\log\xi(t) = -\left(r(t) + \frac{1}{2}\left(\frac{\mu(t)-r(t)}{\sigma(t)}\right)^2\right)dt - \frac{\mu(t)-r(t)}{\sigma(t)}dW_t.$$

Da $\xi(0)=1$:

$$\Leftrightarrow \xi(t) = \exp\left\{-\int_0^T\left(r(s) + \frac{1}{2}\left(\frac{\mu(s)-r(s)}{\sigma(s)}\right)^2\right)ds - \int_0^T\frac{\mu(s)-r(s)}{\sigma(s)}dW_s\right\}. \quad (2.33)$$

Nun wendet man das Martingalpreismaß auf einen Call an:

$$0 = E[d(\xi_T \cdot C_T)].$$

Dann gilt:

$$C(S_t,t)\xi_t = E[\xi_T \cdot C(S_T,T)|S_t = S]$$

$$\Leftrightarrow C(S_t,t)\cdot\exp\left\{-\int_0^t\left(r(s) + \frac{1}{2}\left(\frac{\mu(s)-r(s)}{\sigma(s)}\right)^2\right)ds - \int_0^t\frac{\mu(s)-r(s)}{\sigma(s)}dW_s\right\} =$$

$$= E\left[\exp\left\{-\int_0^T\left(r(s) + \frac{1}{2}\left(\frac{\mu(s)-r(s)}{\sigma(s)}\right)^2\right)ds - \int_0^T\frac{\mu(s)-r(s)}{\sigma(s)}dW_s\right\}\cdot[S_T - K]^+\bigg|S_t = S\right]. \quad (2.34)$$

Dann ist der Call-Preis gegeben durch:

$$C(S_t,t) = E\left[\exp\left\{-\int_t^T\left(r(s) + \frac{1}{2}\left(\frac{\mu(s)-r(s)}{\sigma(s)}\right)^2\right)ds - \int_t^T\frac{\mu(s)-r(s)}{\sigma(s)}dW_s\right\}\cdot[S_T - K]^+\bigg|S_t = S\right]. \quad (2.35)$$

Die Martingalpreismethode gibt den Optionspreis direkt aus, trifft jedoch keine Aussage über die replizierende Strategie.

## 2.4.3.6 Herleitung der Black/Scholes-Formel

Der Eigentümer eines Calls $C$ hat das Recht, aber nicht die Pflicht, die Aktie $S$ (Zufallsvariable auf einem Wahrscheinlichkeitsraum $(\Omega, \Im, Q^*)$ mit $Q^*$ als risikoneutralem Maß) zum zukünftigen Zeitpunkt $T$ zu einem festgelegten Preis $K$ (Ausübungspreis) zu kaufen.[166] Das Auszahlungsprofil eines Calls ist somit:[167]

$$C(S_T, T) = (S_T - K)^+ = \max(S_T - K, 0) = \begin{cases} S_T - K & \text{falls } S_T > K \\ 0 & \text{sonst} \end{cases} \quad (2.36)$$

Der Preis $C$ eines Calls zum Zeitpunkt $t$ hängt ab vom aktuellen Aktienkurs $S_t$ sowie von der Restlaufzeit $T - t$:[168]

$$\begin{aligned}
C(S_t, t) &= e^{-r(T-t)} E^{Q^*}\left[(S_T - K)^+\right] \\
&= e^{-rT(T-t)} E^{Q^*}\left[S_T \cdot I_{\{S_T \geq K\}}\right] - e^{-r(T-t)} \cdot E^{Q^*}\left[K \cdot I_{\{S_T \geq K\}}\right] \\
&= e^{-rT(T-t)} E^{Q^*}\left[S_T \cdot I_{\{S_T \geq K\}}\right] - e^{-r(T-t)} \cdot K \cdot Q^*[S_T \geq K].
\end{aligned} \quad (2.37)$$

I bezeichnet eine Indikatorfunktion, die den Wert 1 annimmt, wenn $S_T \geq K$. Andernfalls nimmt sie den Wert 0 an.

Die multiplikative Version des Zentralen Grenzwertsatzes besagt, dass die Verteilung der Aktienkurse $S_T$ unter $Q^*$ gegen die folgende Log-Normalverteilung konvergiert:[169]

$$S_t \cdot e^{\sigma\sqrt{T-t}w + \left(r - \frac{1}{2}\sigma^2\right)(T-t)},$$

wobei:

$w$ die Realisierung der standardnormalverteilten Zufallsgröße $W$ bezeichnet.

---

[166] Vgl. Föllmer (2002), S. 245 f.
[167] Vgl. Föllmer (2002), S. 13.
[168] Für eine knappere Darstellung ohne die hier gezeigten Zwischenschritte siehe Föllmer (2002), S. 6, S. 245-249.
[169] Vgl. Föllmer (2002), S. 246.

Somit kann der Ausdruck $S_T \geq K$ äquivalent geschrieben werden als:

$$S_t \cdot e^{\sigma\sqrt{T-t}w + \left(r - \frac{1}{2}\sigma^2\right)(T-t)} \geq K. \tag{2.38}$$

$$\sigma\sqrt{T-t}w + \left(r - \frac{1}{2}\sigma^2\right)(T-t) \geq \log\frac{K}{S_t}. \tag{2.39}$$

Durch Umformung der Ungleichung nach $W$ erhält man:

$$W \geq \frac{\log\frac{K}{S_t} - \left(r - \frac{1}{2}\sigma^2\right)(T-t)}{\sigma\sqrt{T-t}} := -d_2. \tag{2.40}$$

Somit ist:

$$d_2 = \frac{\log\frac{S_t}{K} + \left(r - \frac{1}{2}\sigma^2\right)(T-t)}{\sigma\sqrt{T-t}}. \tag{2.41}$$

Weiterhin wird definiert:

$$d_1 := \frac{\log\frac{S_t}{K} + \left(r + \frac{1}{2}\sigma^2\right)(T-t)}{\sigma\sqrt{T-t}} = d_2 + \sigma\sqrt{T}. \tag{2.42}$$

Setzt man nun das Ergebnis aus der multiplikativen Version des Zentralen Grenzwertsatzes ein in die Gleichung, so erhält man den Preis des europäischen Calls:

$$\begin{aligned}C(S_t, t) &= e^{-r(T-t)} E^{Q^*}\left[S_T \cdot \mathrm{I}_{\{S_T \geq K\}}\right] - e^{-r(T-t)} \cdot Q^*[S_T \geq K] \\ &= e^{-r(T-t)} E^{Q^*}\left[S_T \cdot e^{\sigma\sqrt{T-t}W + \left(r - \frac{1}{2}\sigma^2\right)(T-t)} \cdot \mathrm{I}_{\{S_T \geq K\}}\right] - e^{-r(T-t)} \cdot Q^*[S_T \geq K].\end{aligned} \tag{2.43}$$

## 2.4 Modelle zur Optionsbewertung

Aus der Definition des Erwartungswertes im stetigen Fall $E(X) = \int_{-\infty}^{+\infty} X dP$ folgt:[170]

$$C(S_t, t) = e^{-r(T-t)} \int_{-d_2}^{\infty} S_t e^{\sigma\sqrt{T-t}w + \left(r - \frac{1}{2}\sigma^2\right)(T-t)} dQ^*$$

$$= e^{-r(T-t)} \cdot K \cdot Q^*[S_T \geq K]. \tag{2.44}$$

Die untere Integrationsgrenze hat sich infolge der Bedingung $S_T \geq K$ nach $-d_2$ verschoben. Diese Bedingung ist äquivalent zu $W \geq -d_2$ (vgl. oben).

Nun wendet man den Transformationssatz ($\int f \circ X \, dP = \int f dP_x$) an.[171] Weiter berücksichtigt man, dass die Zufallsvariable W standardnormalverteilt ist und $Q^*[S_T \geq K] = 1 - Q^*[S_T \leq K] = 1 - Q^*[W \leq -d_2] = 1 - \Phi(-d_2) = \Phi(d_2)$. Mit $\Phi(z) = Q^*[W \leq z]$ wird die Standardnormalverteilungsfunktion bezeichnet.

$$C(S_t, t) = e^{-r(T-t)} \int_{-d_2}^{\infty} S_t \cdot e^{\sigma\sqrt{T-t}w + \left(r - \frac{1}{2}\sigma^2\right)(T-t)} \cdot \frac{1}{\sqrt{2\pi}} e^{-\frac{1}{2}w^2} dw - e^{-r(T-t)} K \cdot \Phi(d_2).$$

$$\tag{2.45}$$

Wie man leicht sieht, heben sich $e^{-r(T-t)}$ und $e^{r(T-t)}$ gegenseitig auf (ihr Produkt ergibt 1) und die Konstanten $S_t$ und $\frac{1}{\sqrt{2\pi}}$ werden vor das Integral gezogen:

$$C(S_t, t) = \frac{1}{\sqrt{2\pi}} \cdot S_t \int_{-d_2}^{\infty} e^{\sigma\sqrt{T-t}w - \frac{1}{2}\sigma^2(T-t)} \cdot e^{-\frac{1}{2}w^2} dw - e^{-r(T-t)} K \cdot \Phi(d_2). \tag{2.46}$$

Da die untere Integrationsgrenze $-d_2$ ist, allerdings über $dw$ integriert wird, gilt offensichtlich $w \geq -d_2$.

---

[170] Vgl. Bronstein/Semendjajew/Musiol/Mühlig (2001), S. 774.
[171] Vgl. Bauer (1992), 125 f.

Um die Potenz des Exponenten innerhalb des Integrals, also $\sigma\sqrt{(T-t)}w - \frac{1}{2}\sigma^2(T-t) - \frac{1}{2}w^2$, einfacher schreiben zu können, wird substituiert:

$$z := w - \sigma\sqrt{(T-t)} \geq -d_2 - \sigma\sqrt{(T-t)} = -\left(d_2 + \sigma\sqrt{(T-t)}\right) = -d_1.$$

Da $z^2 = \left(w - \sigma\sqrt{(T-t)}\right)^2 = w^2 - 2w\sigma\sqrt{(T-t)} + \sigma^2(T-t)$, wird mit

$-\frac{z^2}{2} = -\frac{1}{2}w^2 + w\sigma\sqrt{(T-t)} - \frac{1}{2}\sigma^2(T-t)$ die Potenz des Exponenten innerhalb des Integrals substituiert. Aus der Substitution folgt: $dz = dy$.

Wird über $dz$ integriert, so verändert sich die untere Integrationsgrenze zu $-d_1$.

$$C(S_t,t) = \frac{1}{\sqrt{2\pi}} \cdot S_t \int_{-d_1}^{\infty} e^{-\frac{z^2}{2}} dz - e^{-r(T-t)} K \cdot \Phi(d_2)$$

$$= S_t \cdot Q^*(W \leq d_1) - e^{-r(T-t)} K \cdot \Phi(d_2). \tag{2.47}$$

Somit erhält man für den eindeutigen Preis der europäischen Call die bekannte Black/Scholes-Formel:

$$C(S_t,t) = S_t \Phi(d_1) - e^{-r(T-t)} K \cdot \Phi(d_2). \tag{2.48}$$

Nach Einsetzen von $d_1$ und $d_2$ lässt sich diese Formel äquivalent schreiben als:[172]

$$C(S_t,t) = S_t \cdot \Phi\left(\frac{\log\left(\frac{S_t}{K}\right) + \left(r + \frac{\sigma^2}{2}\right)(T-t)}{\sigma\sqrt{T-t}}\right) - K \cdot e^{-r(T-t)} \cdot \Phi\left(\frac{\log\left(\frac{S_t}{K}\right) + \left(r - \frac{\sigma^2}{2}\right)(T-t)}{\sigma\sqrt{T-t}}\right).$$

Das Problem des replizierenden Portfolios liegt darin, dass es nur über einen sehr kurzen Zeitraum risikofrei ist.

---

[172] Den Beweis für die eindeutige Lösung findet man beispielsweise in Kallianpur/ Karandikar (2000), S. 195-199.

## 2.4 Modelle zur Optionsbewertung

### 2.4.3.7 Praktische Bedeutung des Black/Scholes-Modells

Im Zuge der Verabschiedung des KonTraG im Jahr 1998 zur Änderung des Aktiengesetzes von 1965, der im Jahr 2000 beginnenden dreijährigen Baisse an den Aktienmärkten und nicht zuletzt infolge der Turbulenzen der im Juni 2007 begonnenen Finanzkrise mit nachfolgender Rezession und Schuldenproblematik wichtiger Wirtschaftsnationen hat die Bedeutung eines effektiven Risikomanagements mit präventivem Charakter zugenommen. Ein effektives Risikomanagement kann in einer labilen Kapitalmarktsituation auf den Unternehmenswert stabilisierend wirken. Das von Black, Merton und Scholes entwickelte Bewertungsmodell findet auch im Risikomanagement Einsatz, wo häufig Handelsstrategien gesucht werden, die bestimmte Auszahlungsprofile duplizieren.[173] In vielen Fällen werden zum Hedging Optionen eingesetzt.[174] Falls das Black/Scholes-Modell aber nicht die Marktpreise widerspiegelt, werden unter Anwendung des Modells Hedgingfehler begangen.

Föllmer/Leukert (1999) konstruieren sowohl im vollständigen als auch im unvollständigen Finanzmarktmodell eine Hedgingstrategie, welche die Wahrscheinlichkeit eines erfolgreichen Hedges unter Kostenrestriktionen maximiert. Dieser Ansatz ist weitaus realitätsnäher als die teure und daher rein theoretische Superhedging-Strategie, welche jeglichen potenziellen Verlust ausgleicht. Der Ansatz des Quantil-Hedgings wird auf das Black/Scholes-Modell übertragen.[175] Somit hängt auch die Qualität eines auf dem Quantil-Hedging basierenden Risikomanagements von der Güte des Black/Scholes-Modells ab.

Weitere Bedeutung kommt dem Black/Scholes-Modell im Rahmen des VaR sowie in der internationalen Rechnungslegung zu.[176] Der zunächst im Februar 2004 verabschiedete Rechnungslegungsstandard für an Mitarbeiter, Manager oder andere Personen ausgegebene Aktienoptionen wurde für die etwa 7.000 europäischen kapitalmarktorientierten Unternehmen für Jahresabschlüsse ab dem 1.1.2005 verpflichtend.[177] Nach mehreren Änderungen trat IFRS 2 zur anteilsbasierten

---

[173] Vgl. Duffie (1998), S. 419.
[174] Vgl. Schtukin (1999), S. 105, der Optionen als die gegenüber Futures günstigere Absicherungsmethode ansieht.
[175] Vgl. Föllmer/Leukert (1999), S. 260-262.
[176] Vgl. Merk/Pape (2003), S. 1, S. 20 f.
[177] Vgl. Wadewitz (2002), S. 8, Baumunk/Roß (2003), S. 29-38, Thuy/Zeimes (2003), S. 39-44 sowie PricewaterhouseCoopers (2004), S. 5.

Vergütung für Geschäftsabschlüsse nach dem 31.12.2009 in Kraft.[178] Aufgrund der in aller Regel sehr langen Laufzeiten dieser Optionen und der Nichtexistenz von Marktpreisen sieht der neue Rechnungslegungsstandard die Bewertung der gewährten Aktienoptionen mittels eines anerkannten Bewertungsmodells vor. Als geeignete Parameter zur Bewertung der Aktienoptionen nennt das IASB explizit die im Black/Scholes-Modell verwendeten fünf Parameter.[179] Das Black/Scholes-Modell wird somit als geeignetes Modell zur Bewertung von Aktienoptionen qualifiziert.[180] Im Sinne eines verlässlichen, marktnahen Bildes über die Erfolgs-, Vermögens- und Finanzlage für den Adressaten eines Jahresabschlusses ist daher die Güte des Black/Scholes-Modells zur Bewertung von Optionen von großer Bedeutung.[181] Diese kann mittels eines Vergleichs mit den Marktpreisen geprüft werden.

Computerprogramme, insbesondere mit Methoden zur Optionsbewertung, kommen seit den vergangenen zehn Jahren regelmäßig im Risikomanagement zum Einsatz.[182] Das Informations- und Handelssystem von Bloomberg zählt weltweit 287.500 Abonnenten des Bloomberg Professional Services, täglich über 350.000 Transaktionen über die elektronische Handelsplattformen, 150.000 Aktien in 130 verschiedenen Ländern sowie 295.000 Indizes und Wirtschaftsstatistiken. Die Bloomberg Plattform Fixed Income Trading (FIT) ist die größte und am meisten verwendete Fixed Income Handelsplattform.[183]

Als eine von fünf möglichen Optionsbewertungsmodellen ist unter dem weit verbreiteten Bloomberg Professional Terminal System neben dem Trinomialbaum (amerikanische Option, kontinuierliche oder diskrete Dividende), dem modifizierten Modell nach Roll (Roll/Geske-Modell für Calls auf Aktien mit mehreren Dividenden), dem Quadratwurzel CEV-Modell (ausschließlich europäische Optionen), dem Enhanced Discrete Dividends Model (Trinomialbaum mit diskreten Dividenden mit stochastischem Aktienkurs) auch das Black/Scholes-Modell (europäische Option, kontinuierliche Dividende) vertreten.[184] Die sechste „Default"-Einstellung stimmt mit dem Black/Scholes-Modell im Fall europäischer Optionen

---

[178] Vgl. Europäische Union (2010), S. 1 sowie S. 4.
[179] Vgl. Merk (2003), S. 8.
[180] Vgl. Kienzle (2009), S. 46-48.
[181] Vgl. Merk (2003), S. 8.
[182] Vgl. Matveev (2008), S. 3.
[183] Vgl. Bloomberg (2010), o. S.
[184] Vgl. Bloomberg (2004b), o. S.

## 2.4 Modelle zur Optionsbewertung 55

überein, im Fall amerikanischer Optionen ergibt sich in der „Default"-Einstellung das Trinomialmodell. Beim Roll/Geske-Modell handelt es sich um die Erweiterung der Black/Scholes-Formel, um Dividenden einzubeziehen. In dem Modell wird ein um Dividenden adjustierter Basiswert verwendet. Da die unsichere Entwicklung des Basiswerts lediglich der Teil ist, der nicht bekannt ist – also der Teil ohne Dividende – ist der adjustierte Basiswert definiert als der gegenwärtige Wert abzüglich aller Dividenden bis zum Laufzeitende.[185] Je höher der Ausübungspreis eines Calls ist, desto größer ist die prozentuale Unterbewertung des Roll/Geske-Modells relativ zum Black/Scholes-Modell. Das Roll/Geske-Modell wird nicht weithin eingesetzt, da Marktteilnehmer sowohl den gesamten Basiswert (nicht abzüglich von Dividenden) als auch die Volatilität auf den nicht-adjustierten Basiswert betrachten.[186] Der Grund hierfür liegt darin, dass im Markt der gesamte Preis betrachtet wird und auch die Volatilität sich auf den gesamten Preis bezieht und für die Berechnung der Volatilität keine Dividenden abgezogen werden. In der Folge weisen die Aktienkurse zu den Dividendentagen Sprünge auf. Im Fall des DAX ist dies jedoch irrelevant, da dieser ein Performance-Index ist und Dividenden reinvestiert werden (vgl. S. 101 sowie S. 125).

Zur Optionsbewertung verwendet Bloomberg einen Zinssatz, dessen Laufzeit mit der Restlaufzeit der Option übereinstimmt und der über die gesamte Laufzeit konstant gehalten wird.[187] Die Standardeinstellung ist eine am aktuellen Kurs notierende Option mit einer Restlaufzeit von 3 Monaten (90 Kalendertage). Die Volatilität wird auf Basis täglich logarithmierter Renditen annualisiert. Verwendet wird die historische Volatilität des spezifizierten Underlyings.[188]

Abbildung 6 zeigt die Optionsbewertung nach dem Black/Scholes-Modell für den DAX-Stand von 3.948,56 Punkten am 23.06.2004 um 9:10 Uhr im Bloomberg Professional Terminal System (vgl. S. 26 ff.).

---

[185] Vgl. Berger/Klein (1998), S. 116.
[186] Vgl. Berger/Klein (1998), S. 117-119.
[187] Vgl. Bloomberg (2004b), S. 10, S. 12.
[188] Vgl. Bloomberg (2004b), S. 16 f.

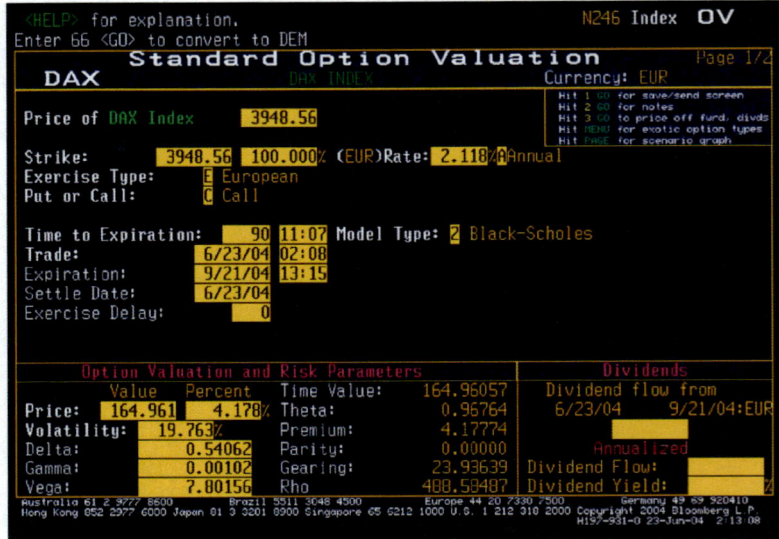

**Abbildung 6: Black/Scholes-Optionsbewertung in Bloomberg**
Quelle: Bloomberg Professional Terminal System.

Die Überprüfung des in Bloomberg eingestellten Black/Scholes-Modells ergibt, dass es sich um das Standard-Black/Scholes-Modell (1973) handelt, welche als Standardeinstellung Kalendertage sowie als Zinssatz den laufzeitkonformen Swapsatz verwendet.[189] Der Swapsatz unterscheidet sich nur unwesentlich vom Euribor. Die Volatilität muss vom Anwender spezifiziert werden.

Die Abweichungen der verschiedenen Optionsbewertungsmodelle für Optionen verschiedener Ausübungspreise sind dabei zum Teil äußerst gering wie Tabelle 4 für das obige Beispiel zeigt:

| K | Optionsbewertungsmodelle | | | |
|---|---|---|---|---|
| | Default | Black/Scholes | Trinomial | CEV |
| 3948,56 | 164,961 | 164,961 | 165,145 | 164,979 |
| 3000 | 964,323 | 964,323 | 964,314 | 964,54 |
| 5000 | 1,389 | 1,389 | 1,363 | 0,847 |

**Tabelle 4: Optionspreisberechnung in Bloomberg**
Quelle: Bloomberg Professional Terminal System.

---

[189] Es besteht die Möglichkeit, in Bloomberg den Zinssatz je nach Equity individuell festzulegen (Funktion RDFL), ähnlich können Annahmen zu Dividenden spezifiziert werden (Funktion OPDF).

## 2.5 Analyse der Sensitivität eines Optionsportfolios

In der Mehrzahl der Optionsbewertungsmodelle hängt der Optionspreis von fünf Faktoren ab: dem Preis des Basiswerts, dem Ausübungspreis, den Cost of Carry (risikoloser Zinssatz und ggf. Dividenden), der Laufzeit der Option und der Volatilität des Basiswerts.[190]

Die nachfolgende Sensitivitätsanalyse der Abbildung 7 bezieht sich ebenfalls auf den DAX-Stand von 3.948,56 am 23.6.2003 um 9:10 Uhr. Abbildung 7 zeigt, wie sich der Optionspreis aufgrund einer Änderung des DAX ändert. Die violette Linie kennzeichnet den Wert der Option zum Laufzeitende. Ein positiver Wert wird nur erreicht, wenn die Option oberhalb des Ausübungspreises notiert. Am höchsten ist der Wert der Option zum Betrachtungszeitpunkt am 23.6.2004 (grüne Linie). Der Optionspreis liegt hier bei 165.

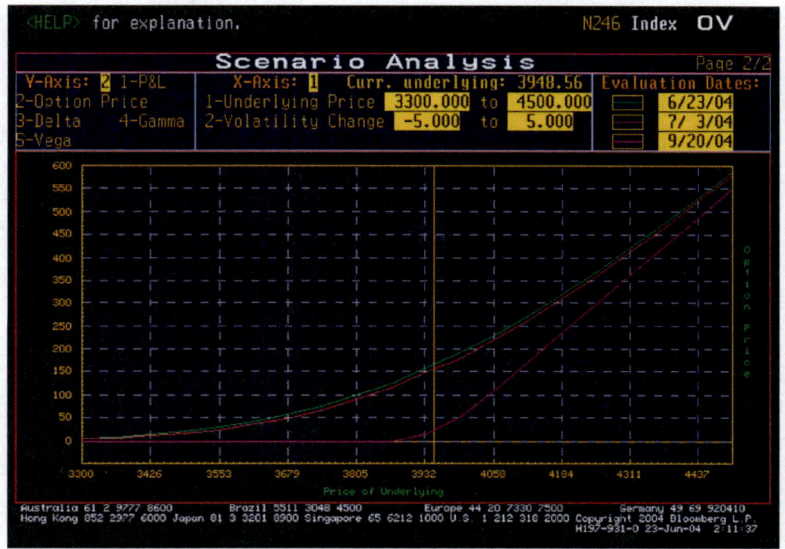

Abbildung 7: Sensitivitätsanalyse des Optionspreises in Bloomberg
Quelle: Bloomberg Professional Terminal System.

---

[190] Im von Merton durch Dividenden erweiterten Black/Scholes-Modell verringern sich die Cost of Carry durch Dividenden.

Der Optionspreis reagiert somit auf Veränderungen dieser Faktoren. Der Wert einer Option hängt damit nicht nur vom Basiswert ab, sondern zugleich von der impliziten Volatilität, den Cost of Carry und der Zeit. Wird das Black/Scholes-Modell aufgrund hoher Fehlbewertungen als nicht sinnvolles Bewertungsmodell verworfen, so fällt damit auch das Risikomanagement, das sich zur Risikomessung dem Black/Scholes-Modell bedient. Zudem ist die Sensitivitätsanalyse hilfreich, um Abweichungen zwischen Modell- und Marktpreisen zu verstehen und die Gewichtung der einzelnen Parameter einschätzen zu können. Aus diesen Gründen sollen im Folgenden die Sensitivitätsmaße hergeleitet und anhand der tatsächlichen Transaktionsdaten – und nicht nur rein theoretisch – abgebildet werden.

Im Risikomanagement beruht die Messung des Risikos einer Option beziehungsweise eines Optionsportfolios auf der Bestimmung der Sensitivität der Position auf jeden der zuvor beschriebenen Parameter. Lässt der Optionspreis sich in einer analytischen Form darstellen, so ergibt sich die Sensitivität aus der partiellen Ableitung des Optionspreises nach jedem einzelnen Parameter: Delta bezeichnet die partielle Ableitung des Optionspreises nach dem Basiswert, Vega ist die partielle Ableitung des Optionspreises nach der Volatilität und Theta bezeichnet die partielle Ableitung nach der Zeit. Diese Indikatoren sind für das Risikomanagement eines Portfolios von Optionen nützlich. Aufgrund des additiven Charakters von Ableitungen ist die Sensitivität eines Portfolios in Bezug auf einen Parameter die Summe der Sensitivitäten der einzelnen Optionen, so dass das Risiko in einfacher, aggregierter Form ausgewiesen werden kann.

Bei den aufgrund der griechischen Abkürzungen teilweise als Greeks bezeichneten Sensitivitätskennziffern handelt es sich um ceteris paribus Betrachtungen, d.h. alle anderen Parameter werden konstant gehalten.

Nach der Itô-Formel lässt sich die Preisveränderung des Calls wie folgt schreiben:[191]

$$dC = \frac{\partial C}{\partial S}dS + \frac{\partial C}{\partial t}dt + \frac{1}{2}\frac{\partial^2 C}{\partial S^2}S^2\sigma^2 dt,$$

---

[191] Hull (2009), S. 287 ff.

## 2.5 Analyse der Sensitivität eines Optionsportfolios

wobei $\frac{\partial C}{\partial S}$ als Delta bezeichnet wird. Ein Portfolio bestehend aus einer Long (Kauf-) Position eines Calls und einer Short (Verkaufs-) Position von Delta Basiswerten verhält sich somit in der folgenden Weise:

$$dC - \frac{\partial C}{\partial S} dS = \frac{\partial C}{\partial t} dt + \frac{1}{2} \frac{\partial^2 C}{\partial S^2} S^2 \sigma^2 dt.$$

Diesem Portfolio haftet kein Risiko an. Daher erwirtschaftet es entsprechend der Black/Scholes-Differentialgleichung den risikofreien Zinssatz, also:[192]

$$r_f C = \frac{\partial C}{\partial t} dt + \frac{1}{2} \frac{\partial^2 C}{\partial S^2} S^2 \sigma^2 dt + \frac{\partial C}{\partial S} r_f S dt \text{ bzw.}$$

$$r_f dt \left( C - \underbrace{\frac{\partial C}{\partial S}}_{\text{Delta}} S \right) = \underbrace{\frac{\partial C}{\partial t}}_{\text{Theta}} dt + \frac{1}{2} \underbrace{\frac{\partial^2 C}{\partial S^2}}_{\text{Gamma}} S^2 \sigma^2 dt.$$

### 2.5.1 Sensitivität auf den Aktienkurs: Delta

Der Optionspreis hängt vom zukünftigen Verlauf des Basiswerts ab.[193] Aus diesem Grund steht die Modellierung des Preisprozesses des Basiswerts stets im Zentrum der Optionsbewertungsmodelle. Im Black/Scholes-Modell wird die Annahme getroffen, dass die Aktienkurse sich entsprechend einer geometrischen Brownschen Bewegung entwickeln. Die partielle Ableitung des Optionspreises $C$ nach dem Basiswert $S$, also $\frac{\partial C}{\partial S}$, ermöglicht die Messung der Reaktion des Optionspreises auf eine Änderung des Basispreises. Diese partielle Ableitung heißt Delta und liegt zwischen – 1 und + 1, weil die Option nie mehr gewinnen oder verlieren kann als der Basiswert.[194] Ein Delta von + 1 bedeutet, dass der Optionspreis den gleichen absoluten Preiszuwachs verzeichnet wie der Basiswert. Ein in-the-money Call vollzieht somit die Be-

---

[192] Vgl. Hull (2009), S. 288.
[193] Vgl. Clasing/Lombard/Marteau (1992), S. 32 ff. sowie Hull (2009), S. 201 ff.
[194] Für Calls liegt das Delta zwischen [0, 1] und für Puts zwischen [-1, 0], vgl. Natenberg (1994), S. 99. Somit kann sich der Call-Preis theoretisch nur in die gleiche Richtung bewegen wie der Basiswert und der Put-Preis in genau die entgegengesetzte Richtung.

wegungen des Basiswerts nach. Ein out-of-the-money Call reagiert dagegen nur gering auf die Bewegungen des Basiswerts.

Nachfolgend soll das Delta aus der Black/Scholes-Formel abgeleitet werden. Ohne Beschränkung der Allgemeinheit wird der Fall $t = 0$ betrachtet. Der Preis des Calls ist gegeben durch:

$$C = S_0 \cdot N(d_1) - K \cdot e^{-rT} N(d_2), \text{ wobei:}$$

$$d_1 = \frac{\log\left(\frac{S_0}{K}\right) + \left(r + \frac{\sigma^2}{2}\right)T}{\sigma\sqrt{T}} \quad \text{und}$$

$$d_2 = \frac{\log\left(\frac{S_0}{K}\right) + \left(r + \frac{\sigma^2}{2}\right)T}{\sigma\sqrt{T}} = d_1 - \sigma\sqrt{T}.$$

Für Delta ergibt sich:

$$\frac{\partial C}{\partial S_0} = N(d_1) + S_0 N'(d_1)\frac{\partial d_1}{\partial S_0} - K \cdot e^{-rT} N'(d_2)\frac{\partial d_2}{\partial S_0}$$

und aufgrund von:

$$\frac{\partial d_1}{\partial S_0} = \frac{K}{S_0 \sigma\sqrt{T}} \quad \text{sowie} \quad \frac{\partial d_2}{\partial S_0} = \frac{K}{S_0 \sigma\sqrt{T}}$$

erhält man:

$$\frac{\partial C}{\partial S_0} = N(d_1) + S_0 \frac{1}{\sqrt{2\pi}} e^{-\frac{d_1^2}{2}} \frac{K}{S_0 \sigma\sqrt{T}} - K \cdot e^{-rT} \frac{1}{\sqrt{2\pi}} e^{-\frac{d_2^2}{2}} \frac{K}{S_0 \sigma\sqrt{T}}.$$

Da gilt:

$$e^{-\frac{d_2^2}{2}} = e^{-\frac{(d_1 - \sigma\sqrt{T})^2}{2}} = e^{-\frac{d_1^2}{2}} \cdot e^{d_1 \sigma\sqrt{T}} \cdot e^{-\frac{\sigma^2 T}{2}}, \text{ ergibt sich:}$$

## 2.5 Analyse der Sensitivität eines Optionsportfolios

$$\frac{\partial C}{\partial S_0} = N(d_1) + \frac{K}{\sqrt{2\pi}\sigma\sqrt{T}} e^{-\frac{d_1^2}{2}} \cdot \left[ 1 - \frac{K \cdot e^{-rT}}{S_0} \cdot e^{-\frac{\sigma^2 T}{2}} e^{\ln\frac{S_0}{K} + \left(r + \frac{\sigma^2}{2}\right)T} \right]$$

$$= N(d_1) + \frac{K}{\sqrt{2\pi}\sigma\sqrt{T}} e^{-\frac{d_1^2}{2}} \left[ 1 - \frac{K}{S_0} \cdot \frac{S_0}{K} \right]$$

$$= N(d_1).$$

Im Modell von Black/Scholes ist das Delta $\frac{\partial C}{\partial S} = N(d_1)$, wobei $N(d_1)$ die Verteilungsfunktion der Standardnormalverteilung ist. Notiert ein Call tief im Geld, so ist $\frac{S}{K \cdot e^{-rT}}$ groß, damit ist $d_1$ groß und $N(d_1)$ geht gegen + 1. Notiert ein Call tief aus dem Geld, so ist $\frac{S}{K \cdot e^{-rT}}$ klein, $d_1$ geht gegen $-\infty$ und $N(d_1)$ geht gegen 0. Notiert ein Call am Geld, so ist $\frac{S}{K \cdot e^{-rT}} \approx 1$ und $d_1 \approx \frac{1}{2}\sigma\sqrt{T}$. Für Optionen mit einer Restlaufzeit von bis zu etwa ½ Jahr ist $\sqrt{T}$ von der Ordnung $10^{-1}$. Da $\sigma$ ebenfalls von der Ordnung $10^{-1}$ ist, liegt $d_1$ nahe bei 0 und $N(d_1)$ liegt approximativ bei 0,5.

Im Risikomanagement kommt dem Delta eine hohe Bedeutung als Hedge-Ratio zu, weil es das Verhältnis des Basiswerts zur Option angibt, das notwendig ist, um einen Hedge zu erreichen, also um eine zum Basiswert äquivalente Position aufzubauen. Da der Basiswert ein Delta von 1 hat, erfordert ein Call mit Delta = 0,75 beispielsweise den Verkauf von einem Basiswert je (100/75=) 1,3 Optionen. Da sich das Delta im Zeitablauf verändert, erfordert die deltaneutrale Position eine kontinuierliche Readjustierung.

Nachfolgend soll gezeigt werden, wie sich das Delta tatsächlich verändert, wobei zunächst Optionen dargestellt werden, die im Geld notieren (Abbildung 8) und anschließend Optionen, die aus dem Geld notieren (Abbildung 9). Eine getrennte Darstellung des Deltas für in-the-money und out-of-the-money Optionen ist deshalb aufschlussreich, weil daraus hervorgeht, dass das Delta auch als Wahrscheinlichkeit für die Ausübung der Option interpretiert werden kann. Abbildung 8 zeigt das nach dem Black/Scholes-Modell berechnete Delta im Zeitablauf für an der Eurex am 02.01.2004 gehandelte DAX-Optionen, die mit ca. 10% im Geld ($K$ = 3600) notieren. Diese werden getrennt entsprechend kurzen bis mittleren Laufzeiten mit Verfall im Juni 2004 (Restlaufzeit im Januar: 0,5 Jahre) sowie mittleren bis langen Laufzeiten mit Verfall im Dezember 2004 (Restlaufzeit im Januar: 1 Jahr) dargestellt.

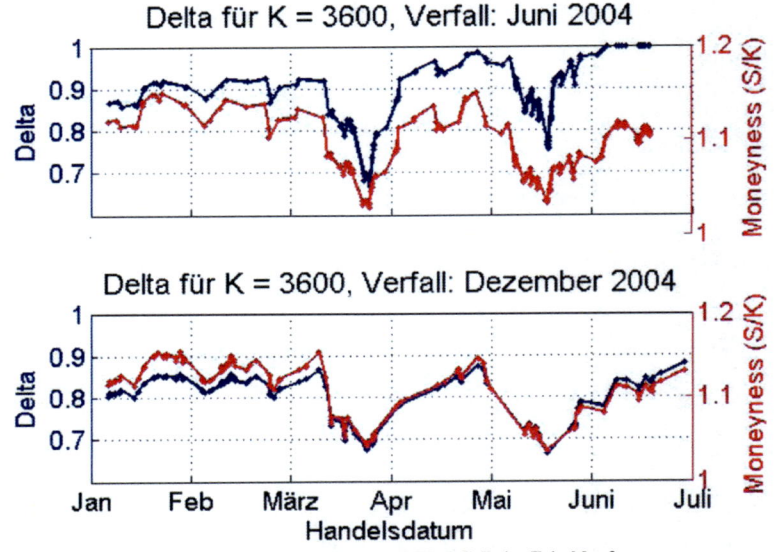

**Abbildung 8: Delta von ITM-Calls im Zeitablauf**
Sämtliche 256 Calls mit $K = 3600$ und Verfall im Juni 2004 (anfängliche Restlaufzeit von einem halben Jahr) sowie 199 Calls mit $K = 3600$ und Verfall im Dezember 2004 (anfängliche Restlaufzeit von einem Jahr) , $\sigma = 17{,}539\%$.
Quelle: Eigene Darstellung.

Im oberen Fenster der Abbildung 8 nähert sich das Delta einen Monat vor Verfall dem Wert von 1 an, weil die Optionen tief im Geld liegen und so kurz vor dem Verfall die Wahrscheinlichkeit dafür, dass sie zum Zeitpunkt der Ausübung einen positiven Wert besitzen, fast bei 1 liegt.[195] Im unteren Fenster der Abbildung 8 liegt die Moneyness im Juni zwar noch höher, dennoch erreicht das Delta nur einen Wert von annähernd 0,9, weil bis zum Verfall in einem halben Jahr nicht sicher ist, ob die Optionen bis dahin noch einen inneren Wert besitzen.

---

[195] Da zur Illustration des Deltas Transaktionsdaten verwendet wurden, muss das theoretische Postulat eines positiven inneren Wertes für die dargestellten Optionen nicht unbedingt gelten. Bhattacharya (1983) stellt beispielsweise für 1,3% der Optionen einen negativen inneren Wert fest, vgl. Bhattacharya (1983), S. 170 ff.

## 2.5 Analyse der Sensitivität eines Optionsportfolios

Die zur Berechnung des Deltas notwendige Volatilität $\sigma$ wurde aus historischen Daten von 127 Handelstagen von Januar bis Juni 2004 empirisch geschätzt und in Konsistenz zum Black/Scholes-Modell konstant gehalten. Die Schätzung der Standardabweichung des täglichen Ertrags erfolgt mittels:[196]

$$s = \sqrt{\frac{1}{n-1}\sum_{i=1}^{n} u_i^2 - \frac{1}{n(n-1)}\left(\sum_{i=1}^{n} u_i\right)^2}, \text{ wobei:}$$

$u_i = \log\left(\frac{S_i}{S_{i-1}}\right)$ mit $i = 1, 2, ..., n$ Anzahl der Handelstage und $S$ dem täglichen Schlusskurs.

Wird die Volatilität auf Basis von Handelstagen berechnet, so beträgt das Zeitintervall $\tau = 1/252$. Die Schätzung der annualisierten Volatilität des DAX ergibt sich als:

$$\sigma = \frac{s}{\sqrt{\tau}} \text{ mit einem Standardfehler von } \frac{\sigma}{\sqrt{2n}}.[197]$$

Auf der Basis von Tagesschlusskursen ergibt sich eine geschätzte annualisierte Volatilität von 17,54% und auf Basis von 15-sekündlichen Intradaydaten eine Volatilität von 22,88% bei einem Standardfehler von $3,16 \cdot 10^{-4}$.

Für die nachfolgende Darstellung der Deltas in Abbildung 9 wurde der Verfall im Juni gewählt, weil damit im Zeitablauf Optionen mit einer Restlaufzeit von 0 bis 127 Handelstagen dargestellt werden. Der Verfall im Dezember wurde gewählt, weil damit die Ende Juni gehandelten Optionen noch eine Restlaufzeit von 6 Monaten haben. Beide Grafiken zusammen decken somit dynamisch eine Restlaufzeit von 0 Tagen bis zu einem Jahr nahtlos und ohne Überschneidung ab.

---

[196] Vgl. Hull (2009), S. 282 ff.
[197] Vgl. Hull (2009), S. 282 ff.

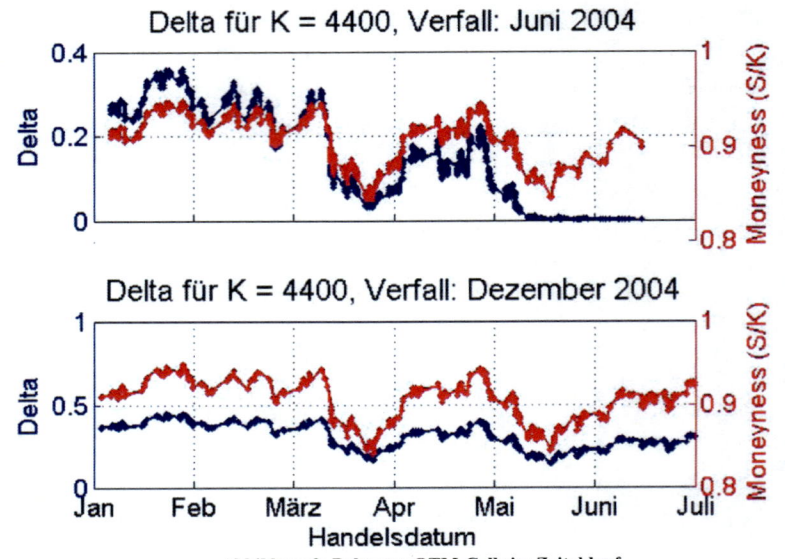

**Abbildung 9: Delta von OTM-Calls im Zeitablauf**
Quelle: Sämtliche 2.194 Calls mit $K = 4400$ und Verfall im Juni 2004 (anfängliche Restlaufzeit von einem halben Jahr) und 1.079 Calls mit $K = 4400$ und Verfall im Dezember 2004 (anfängliche Restlaufzeit von einem Jahr), $\sigma = 17{,}539\%$.
Quelle: Eigene Darstellung.

Für Optionen, die aus dem Geld notieren, geht Delta zum Laufzeitende auf 0 zurück. Ein Delta nahe von 0 bedeutet, dass die Option kaum auf Änderungen des Basiswerts reagiert. Das Delta kann somit ebenfalls als Wahrscheinlichkeit für die Ausübung der Option interpretiert werden.[198]

Unter Nichtberücksichtigung von Dividenden und Zinsen hat eine at-the-money Option (Delta ca. 0,5) approximativ eine Wahrscheinlichkeit von 50%, zum Laufzeitende einen inneren Wert zu besitzen. Unter Annahme eines Zinssatzes von 2% und einer Laufzeit von einem Jahr entspricht das Delta eines Calls von 0,5 einem Ausübungspreis von $1{,}02 \cdot$ Basispreis, da der Forwardpreis (mit gleichem Verfall wie die Option) zum Hedging verwendet werden muss.[199] Taleb (1997) zufolge verwenden Handelsteilnehmer insbesondere für einen kurzfristigen Hedge jedoch die Cash Position, weil sich der Spotmarkt durch eine höhere Liquidität auszeichne.[200]

---

[198] Vgl. Marteau (1997), S. 68 sowie Natenberg (1994), S. 102.
[199] Vgl. Natenberg (1994), S. 60 sowie Taleb (1997), S. 22.
[200] Taleb (1997), S. 22.

## 2.5.2 Sensitivität auf die reelle Volatilität: Gamma

Das Gamma misst die Rate, um die sich das Optionsdelta infolge von Preisänderungen des Basiswerts verändert. Aus der Tatsache, dass das Delta für Calls im Intervall [0; 1] liegt, lässt sich schließen, dass sich das Gamma selbst auch ändern kann, da andernfalls Deltawerte außerhalb dieses Intervalls möglich wären. Daraus folgt, dass das Gamma für at-the-money Optionen am höchsten ist und sowohl für out-of-the-money als auch für in-the-money Optionen abfällt. Das Gamma ist die zweite partielle Ableitung des Optionspreises nach dem Basispreis, also:

$$\frac{\partial^2 C}{\partial S^2} \text{ bzw. } \frac{\partial C}{\partial N(d_1)}.$$

Ein Basiswert mit einem Delta von 1 hat ein Gamma von 0. Das Gamma gibt – ähnlich wie die Konvexität für den Fall von Zinsprodukten – an, wie sehr sich das Delta verändert, wenn sich der Basiswert verändert.

Sowohl Calls als auch Puts haben ein positives Gamma, d.h. jede Long-Position in Optionen (Calls und Puts) führt zu einem positiven Gamma und jede Short-Position in Optionen führt zu einem negativen Gamma. Ein deltaneutrales Hedging ändert nichts an einer Gamma-negativen Position, weil das Gamma des Basiswerts Null ist. Verkäufer von Optionen (Calls und Puts) leiden somit unter der reellen Volatilität, d.h. von starken Bewegungen des Basiswerts, die sie daran hindern, ihr Delta progressiv anzupassen.

Abbildung 10 verdeutlicht, dass der Verkäufer von Optionen mit deltaneutraler Deckung sich einer Abwertung seiner Position gegenüber sieht, egal ob der Basispreis steigt oder fällt.

**Gamma-negative Position**

**Abbildung 10: Verlust eines Gamma-negativen Portfolios**
Quelle: $K = 100$, $r = 0{,}03$, $T = 0{,}5$, $\sigma = 17{,}539\%$; eigene Darstellung.

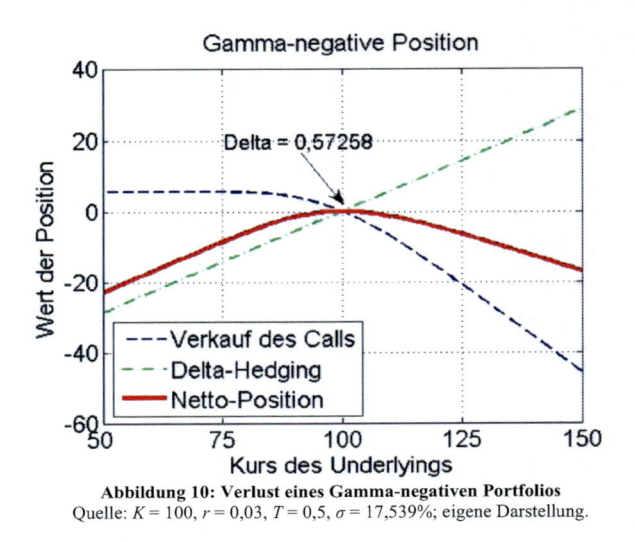

Abbildung 10 zeigt den Verlust (Netto-Position) für eine Short Position, also im Falle eines Gamma-negativen Portfolios, in Abhängigkeit vom Kursverlauf:

Fällt der Preis des Basiswerts bei einer Short Position ohne Möglichkeit der Anpassung des Hedgings, so führt das Gamma-negative Portfolio dazu, dass der Verlust aus dem deltaneutralen Hedging den Gewinn aus der Optionsposition übersteigt. Steigt hingegen der Preis des Basiswerts bei einem Gamma-negativen Portfolio ohne Möglichkeit der Anpassung des Hedgings, so reicht der Gewinn aus dem Hedging nicht aus, um den Verlust aus der Optionsposition zu kompensieren.

Weist der Call zudem nur eine kurze Restlaufzeit auf, so geht sein Delta im Fall eines starken Anstiegs des Basiswerts rapide gegen 1 (vgl. S. 59 ff.), so dass der Verkäufer des Calls in Höhe des Basiswerts short ist, allerdings nur in Höhe des ursprünglichen Deltas gehedgt ist. Im Falle des Verkaufs von in-the-money Optionen beträgt das Delta etwa 0,5, kann allerdings zum Ende der Laufzeit und geringem Anstieg des Basiswerts rasant 1 erreichen, so dass in diesem Fall nur die Hälfte der Position gehedgt und damit eine Position aus Basiswert und Option negativ wäre.

Plötzliche Marktveränderungen stellen daher die Quelle für die höchsten Verluste von Gamma-negativen Positionen dar. Aufgrund des rasanten Anstiegs des Gammas

## 2.5 Analyse der Sensitivität eines Optionsportfolios

stellen Verkäufer von Optionen ihre Position am häufigsten glatt, wenn sich diese dem Verfall nähert, und insbesondere, wenn die Optionen im Geld notieren. Eine hohe Gamma-negative Position führte im Frühjahr 1985 beispielsweise zu einer Krise der COMEX, da mehrere Händler eine große Anzahl out-of-the-money Gold Optionen verkauften, der Goldpreis aber stark anstieg, so dass die Optionen rapide im Geld notierten und Händler auf beträchtlichen Short-Delta Positionen saßen.

Abbildung 11 zeigt den tatsächlichen Verlauf des Gammas für tief im Geld notierende Optionen in Abhängigkeit von der Moneyness. Das Gamma entwickelt sich gegensätzlich zur Moneyness, das bedeutet, dass das Gamma sich verringert, wenn der Kurs des Basiswerts steigt.

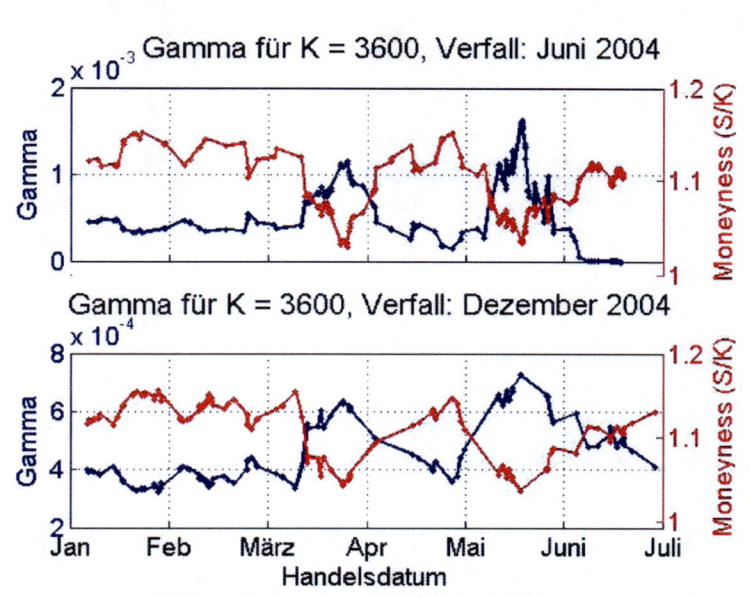

**Abbildung 11: Gamma von ITM-Calls im Zeitablauf**
Sämtliche 256 Calls mit $K = 3600$ und Verfall im Juni 2004 (anfängliche Restlaufzeit von einem halben Jahr, oben) sowie 199 Calls mit $K = 3600$ und Verfall im Dezember 2004 (anfängliche Restlaufzeit von einem Jahr, unten), $\sigma = 17{,}539\%$.
Quelle: Eigene Darstellung.

Abbildung 12 zeigt den tatsächlichen Verlauf des Gammas von OTM-Calls in Abhängigkeit von der Moneyness im Zeitablauf für Optionen mit einer anfänglichen Restlaufzeit von einem halben Jahr (oben) sowie einer anfänglichen Restlaufzeit von einem Jahr (unten).

**Abbildung 12: Gamma von OTM-Calls im Zeitablauf**
Sämtliche 2.194 Calls mit $K = 4400$ und Verfall im Juni 2004 (anfängliche Restlaufzeit von einem halben Jahr) und 1.079 Calls mit $K = 4400$ und Verfall im Dezember 2004 (anfängliche Restlaufzeit von einem Jahr), $\sigma = 17,539\%$.
Quelle: Eigene Darstellung.

Für tief im oder aus dem Geld notierende Optionen ist das Gamma niedrig. Die niedrigen Werte von Gamma täuschen allerdings, weil sie sich auf den DAX beziehen mit einem Stand von 4000. Liegt das Gamma also bei 0,001 wie dies bei den in- und out-of-the-money Optionen der Fall ist, so erhöht eine einprozentige Änderung des DAX (40 Punkte) das Delta um $0{,}001 \cdot 40 = 0{,}04$.

Abbildung 13 zeigt das Gamma in Abhängigkeit von der Moneyness für Calls, die am Geld notieren. Oben sind Calls dargestellt mit einer anfänglichen Restlaufzeit von einem halben Jahr, unten Calls mit einer anfänglichen Restlaufzeit von einem Jahr.

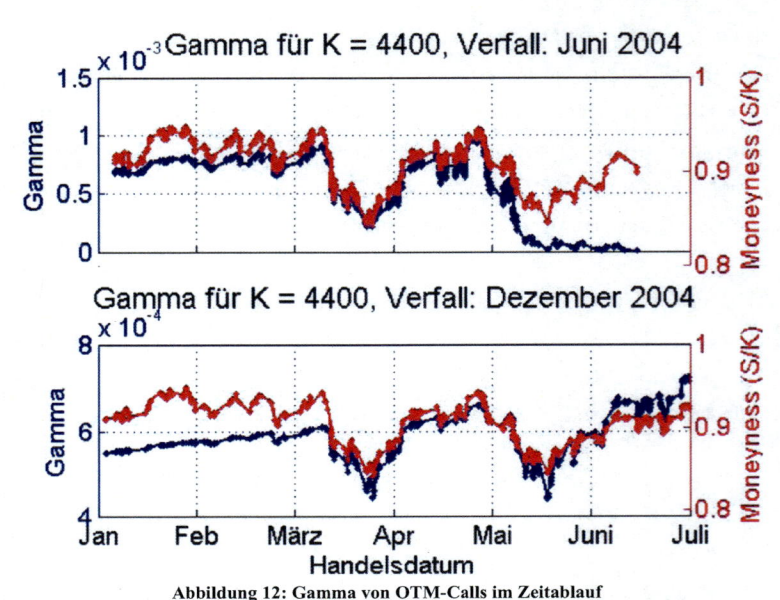

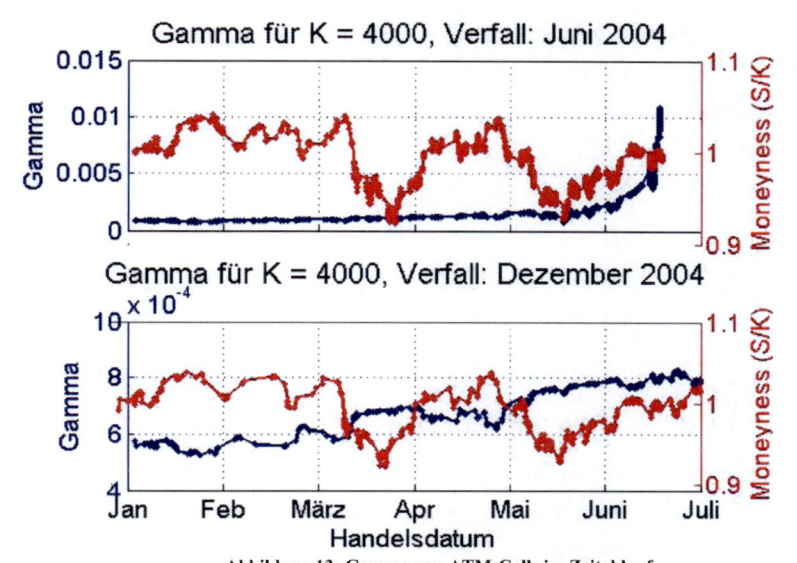

## 2.5 Analyse der Sensitivität eines Optionsportfolios

**Abbildung 13: Gamma von ATM-Calls im Zeitablauf**
Sämtliche 7.328 Calls mit $K = 4000$ und Verfall im Juni 2004 (anfängliche Restlaufzeit von einem halben Jahr, oben) und 812 Calls mit $K = 4000$ und Verfall im Dezember 2004 (anfängliche Restlaufzeit von einem Jahr, unten), $\sigma = 17,539\%$.
Quelle: Eigene Darstellung.

Wie die Abbildungen 11 bis 13 für Optionen mit Verfall im Juni 2004 zeigen, kann das Gamma zum Laufzeitende hin eine bemerkenswerte Veränderung vollziehen. Am sensibelsten reagieren am Geld notierende Optionen zum Ende der Restlaufzeit auf Änderungen des Basiswerts. In den letzten Tagen vor dem Verfall steigt das Gamma von at-the-money Optionen ($K = 4000$) von 0,005 auf über 0,01 an. Dieser Anstieg bedeutet, dass eine Änderung des Underlyings um 1 zu einem Anstieg des Deltas um 0,01 führt und damit zur Aufrechterhaltung eines deltaneutralen Portfolios der Basiswert stärker nachgekauft werden muss als dies kurz davor der Fall gewesen wäre. Steigt der DAX um 50 Punkte, so steigt das Delta somit um 0,5 an. Betrug das Delta bereits 0,5, so reagiert der Optionspreis 1:1 auf Preisveränderungen des Basiswerts.

Das Gamma einer Option (Put oder Call) wird geschrieben als: $\frac{\partial^2 C}{\partial S^2} = \frac{N'(d_1)}{S\sigma\sqrt{T}}$. Aus dieser Gleichung des Gammas folgt, dass Gamma umso höher ist:

- je größer $N'(d_1)$ ist. $N'(d_1)$ erreicht sein Maximum, wenn $d_1 = 0$. $d_1$ geht gegen Null, wenn der Ausübungspreis nahe dem Forwardpreis ($F$) ist. Es gilt nämlich:

$$d_1 = \frac{\log \frac{S_0}{K \cdot e^{-rT}} + \frac{1}{2}\sigma^2 T}{\sigma \sqrt{T}}.$$

$$d_1 = 0 \Leftrightarrow \log \frac{S_0}{K \cdot e^{-rT}} = -\frac{1}{2}\sigma^2 T$$

$$\Leftrightarrow K = S_0 \cdot e^{rT - \frac{1}{2}\sigma^2 T} = F \cdot e^{-\frac{1}{2}\sigma^2 T}.$$

Im Falle von Optionen mit kurzer Restlaufzeit ($T \leq 1$)[201] und einer Volatilität in der Größenordnung von $10^{-1}$ geht $e^{-\frac{1}{2}\sigma^2 T}$ gegen 1. Das Gamma ist somit für at-the-money Optionen maximal und nimmt ab, je mehr die Option im oder aus dem Geld notiert.

- je mehr die Option sich dem Verfalltag annähert ($\sqrt{T}$ geht gegen 0). Optionen mit kurzer Restlaufzeit haben ein höheres Gamma als Optionen mit langer Restlaufzeit.

Abbildung 14 zeigt das Gamma in Abhängigkeit vom Kurs des Basiswerts (links) sowie der Restlaufzeit (rechts). Die Abbildung verdeutlicht, dass das Gamma auf Änderungen des Basiswerts am sensitivsten reagiert, wenn der Kurs des Basiswerts dem Ausübungspreis entspricht (Notierung am Geld). Das Gamma von at-the-money Optionen steigt am Ende der Restlaufzeit extrem an und erschwert damit die Aufrechterhaltung eines deltaneutralen Portfolios (blaue Kurve).

---

[201] 98,98% aller 176.960 Calls im ersten Halbjahr 2004 weisen eine Restlaufzeit von weniger als oder gleich einem Jahr auf.

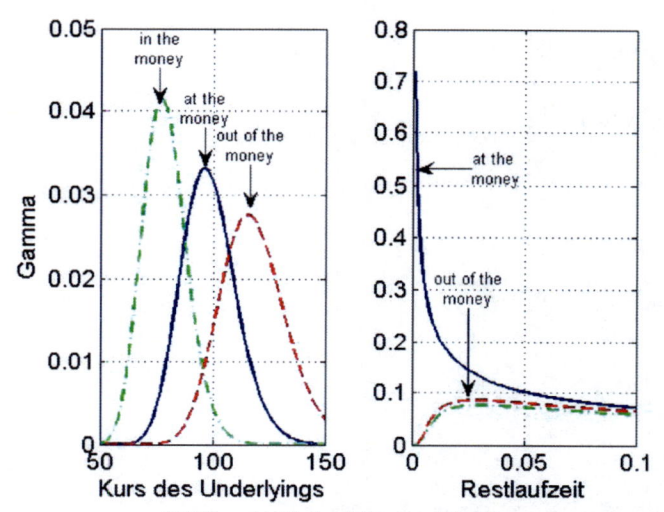

## 2.5 Analyse der Sensitivität eines Optionsportfolios

**Abbildung 14: Einflussfaktoren auf das Gamma**
$S = 100$, $K = 80/100/120$ (links), $K = 97/100/103$ (rechts), $r = 3\%$, $T = 0{,}5$, $\sigma = 17{,}539\%$.
Quelle: Eigene Darstellung.

### 2.5.3 Sensitivität auf die implizite Volatilität: Vega

Der Optionspreis ist eine steigende Funktion der Volatilität, die in das Black/Scholes-Modell Eingang findet. Das Vega misst den Effekt einer Änderung der impliziten Volatilität auf den theoretischen Optionspreis und lässt sich für Calls wie folgt herleiten:[202]

$$\frac{\partial C}{\partial \sigma} = S_0 \cdot N'(d_1) \cdot \frac{\partial d_1}{\partial \sigma} - K \cdot e^{-rT} N'(d_2) \cdot \frac{\partial d_2}{\partial \sigma}$$

$$= S_0 \cdot N'(d_1) \cdot \frac{\partial d_1}{\partial \sigma} - K \cdot e^{-rT} N'(d_1) e^{d_1 \sigma \sqrt{T}} e^{-\frac{\sigma^2 T}{2}} \cdot \left( \frac{\partial d_1}{\partial \sigma} - \sqrt{T} \right)$$

$$= S_0 \cdot N'(d_1) \cdot \frac{\partial d_1}{\partial \sigma} - K \cdot e^{-rT} N'(d_1) e^{\log \frac{S_0}{K} + \left(r + \frac{1}{2}\sigma^2\right)T} e^{-\frac{\sigma^2 T}{2}} \cdot \left( \frac{\partial d_1}{\partial \sigma} - \sqrt{T} \right)$$

$$= S_0 \cdot N'(d_1) \cdot \frac{\partial d_1}{\partial \sigma} - K \cdot N'(d_1) e^{\log \frac{S_0}{K}} \cdot \left( \frac{\partial d_1}{\partial \sigma} - \sqrt{T} \right)$$

---

[202] Da das Vega kein griechischer Buchstabe ist, wird die implizite Volatilität teilweise synonym als Kappa abgekürzt. Vgl. Hull (2009), S. 291, S. 367 ff., S. 373 ff. sowie Chriss (1997), S. 166.

$$= S_0 \cdot N'(d_1) \cdot \frac{\partial d_1}{\partial \sigma} - N'(d_1) \cdot S_0 \left( \frac{\partial d_1}{\partial \sigma} - \sqrt{T} \right)$$

$$= S_0 \cdot N'(d_1) \cdot \sqrt{T} \, ,$$

wobei:

$$N'(d_1) = \frac{1}{\sqrt{2\pi}} \cdot e^{-\frac{d_1^2}{2}} \quad \text{und}$$

$$d_1 = \frac{\log\left(\frac{S}{K}\right) + \left(r + \frac{\sigma^2}{2}\right)T}{\sigma\sqrt{T}} \, .$$

Analog dazu lässt sich das Vega für Puts wie folgt ermitteln:

$$\frac{\partial P}{\partial \sigma} = S_0 \cdot N'(-d_1) \cdot \sqrt{T} \, .$$

Es besteht ein positiver Zusammenhang zwischen der Volatilität des Basiswertes und einer Option. Am höchsten ist Vega für eine am Geld notierende Option. Das Vega verringert sich sowohl mit Annäherung an den Verfalltag, da die Wahrscheinlichkeit für eine Änderung des inneren Wertes umso geringer ist, je kürzer die Restlaufzeit ist, als auch je weiter die Option aus oder im Geld notiert. Diese Tatsache hängt damit zusammen, dass $N'(d_1)$ sein Maximum erreicht, wenn $d_1 = 0$, d.h. wenn die Option am Geld notiert. $d_1$ ist groß, wenn $\frac{S_0}{K \cdot e^{-rT}}$ groß ist, d.h. wenn der Forwardpreis ($S_0 \cdot e^{rT}$) deutlich über dem Ausübungspreis notiert, also wenn der Call im Geld notiert. $d_1$ ist klein, wenn $\frac{S_0}{K \cdot e^{-rT}}$ klein ist, d.h. wenn der Forwardpreis ($S_0 \cdot e^{rT}$) unterhalb des Ausübungspreises notiert, also wenn der Call aus dem Geld notiert.

Ein Vega von 0,15 bedeutet, dass die Option für jeden Prozentpunkt Erhöhung (Verminderung) der Volatilität um 0,15 € an Wert steigt (fällt). Eine Option, welche bei 3,25 € notiert und eine Volatilität von 20% aufweist, hat einen theoretischen Wert von 3,40 €, sobald die Volatilität auf 21% steigt.

## 2.5 Analyse der Sensitivität eines Optionsportfolios

Abbildung 15 zeigt Vega in Abhängigkeit vom Aktienkurs für einen Ausübungspreis von 64,95 €, einem Zinssatz von 3%, einer Restlaufzeit von einem Jahr und einer Volatilität von 30%.

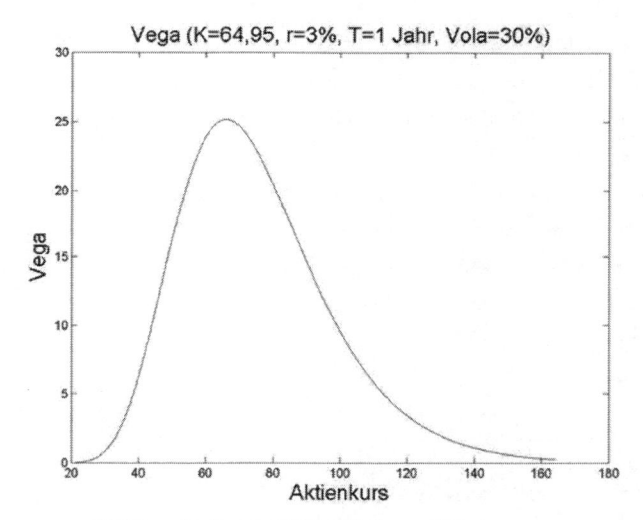

**Abbildung 15: Vega in Abhängigkeit vom Aktienkurs**
Eigene Darstellung.

Die Berechnung von Vega aus dem Black/Scholes-Modell ist nicht konsequent, weil das Black/Scholes-Modell gerade auf der Annahme einer konstanten Volatilität beruht.[203]

### 2.5.4 Sensitivität auf die Restlaufzeit: Theta

Theta misst die Sensitivität des Optionspreises auf die Veränderung der Restlaufzeit, ist also die erste Ableitung des Optionspreises nach der Zeit. Im Falle eines Calls ist Theta somit: $\frac{\partial C}{\partial t}$. Theta ist die Rate, um welche die Option täglich an Zeitwert verliert. Eine Option mit einem Theta von 0,05 verliert jeden Tag 0,05 € an Wert. Eine Option mit einem Preis von 2,70 € wird am nächsten Tag unter der ceteris paribus Annahme einen Wert von 2,65 € aufweisen. Mathematisch ist das Theta zwar positiv. Wegen der Interpretation als Wertverlust wird per Konvention (für Long-

---

[203] Vgl. Hull (2009), S. 373 ff.

Positionen) ein negatives Theta geschrieben.[204] Nach dieser Konvention ist das Vorzeichen des Thetas genau umgekehrt zum Gamma. Das Theta muss zur Erfüllung der Gleichung $r_f dt \left( C - \frac{\partial C}{\partial S} S \right) = \frac{\partial C}{\partial t} dt + \frac{1}{2} \frac{\partial^2 C}{\partial S^2} S^2 \sigma^2 dt$ einen umso höheren Wert haben, je höher der Wert des anderen Sensitivitätsmaßes ist.[205] Das Theta (Gamma) einer Long Position ist negativ (positiv), das Theta (Gamma) einer Short Position ist positiv (negativ). Eine Position mit hohem positiven Theta hat notwendigerweise einen hohen Gamma-negativen Wert wie dies beispielsweise bei Verkäufern von „kurzen" at-the-money Optionen der Fall ist.[206] Analog weist eine Long Position von Optionen mit langer Restlaufzeit – die auf die Restlaufzeit anfänglich kaum reagieren, andererseits aber auch nur geringe Gewinne beim Anstieg der reellen Volatilität generieren – ein niedriges negatives Theta und ein niedriges positives Gamma auf.

Aus der Gleichung $r_f dt \left( C - \frac{\partial C}{\partial S} S \right) = \frac{\partial C}{\partial t} dt + \frac{1}{2} \frac{\partial^2 C}{\partial S^2} S^2 \sigma^2 dt$ lässt sich intuitiv ableiten, dass die beiden Terme auf der rechten Seite der Gleichung einen absolut gesehen ähnlich hohen Wert besitzen. Allerdings beziehen Gamma und Theta sich auf unterschiedliche Variablen: Gamma bezieht sich auf $dS^2$, während sich Theta auf $dt$ bezieht. Aus diesem Grund sind die Ableitungen nicht direkt miteinander vergleichbar. Unter der Hypothese, dass $S$ einer geometrischen Brownschen Bewegung folgt, kann allerdings $dS^2$ durch $S^2\sigma^2 dt$ ersetzt werden. Als Beispiel soll eine Option mit $S = 100$, $K = 100$, $r = 3\%$, $T = 1$ und $\sigma = 17{,}539\%$ verwendet werden.

Damit ergibt sich für $\frac{1}{2} \frac{\partial^2 C}{\partial S^2} S^2 \sigma^2 dt = \frac{1}{2} 0{,}022 \cdot 100^2 \cdot 0{,}17539^2 dt = 3{,}38 dt$. Der Term $\frac{\partial C}{\partial t} dt$ ergibt $-4{,}94 dt$. Das Portfolio bestehend aus einem Short Call und dem Kauf von Delta Basiswerten (gehedgtes Portfolio) ist $\frac{\partial C}{\partial S} \cdot S - C$ wert, in diesem Beispiel $0{,}6021 \cdot 100 - 8{,}46 = 51{,}75$. Dieses Portfolio muss den risikolosen Zinssatz

---

[204] Vgl. Natenberg (1994), S. 111.
[205] Vgl. Marteau (1997), S. 81.
[206] So zumindest die Lehrbuch-Meinung. In der Empirie können auch positive Theta festgestellt werden, vgl. Kapitel 2.2.2 sowie Natenberg (1994), S. 111.

## 2.5 Analyse der Sensitivität eines Optionsportfolios

erwirtschaften, also $0{,}03 \cdot 51{,}75 = 1{,}55$, was genau die Differenz zwischen dem Gamma- und dem Theta-Term ist, hier also $4{,}94 - 3{,}38 = 1{,}56$. Ähnlich wie ein hohes Gamma ein hohes Risiko in Bezug auf Preisänderungen darstellt, bedeutet ein hohes negatives Theta ein hohes Risiko in Bezug auf das Verstreichen von Zeit.

### 2.5.5 Sensitivität auf den risikofreien Zinssatz: Rho

Rho ist definiert als $\dfrac{\partial C}{\partial r}$ und misst die Sensitivität des theoretischen Optionspreises auf eine Veränderung des Zinssatzes. Für einen Call gilt: $\rho = K \cdot T \cdot e^{-rT} N(d_2)$ und für einen Put: $\rho = -K \cdot T \cdot e^{-rT} N(-d_2)$, wobei:

$$d_2 = \frac{\log\left(\dfrac{S_0}{K}\right) + \left(r - \dfrac{\sigma^2}{2}\right)T}{\sigma\sqrt{T}}.$$

Ein Call mit $S = 100$, $K = 100$, $r = 3\%$, $T = 1$ und $\sigma = 17{,}539\%$ weist ein Rho von 51,75 auf. Steigt der Zinssatz von 3% um einen Prozentpunkt auf 4%, so steigt der theoretische Optionspreis um $0{,}01 \cdot 51{,}7455 = 0{,}52$.

Steigende Zinsen erhöhen den theoretischen Preis eines Calls und verringern den theoretischen Preis eines Puts aufgrund der Opportunitätskosten:[207] Der Kapitaleinsatz für Calls ist im Vergleich zum Engagement in Aktien niedriger und macht die Calls damit umso attraktiver, je höher der Zinssatz ist. Damit nimmt der Einfluss von Rho auf den Optionspreis zu, je mehr die Option im Geld notiert, weil die Wahrscheinlichkeit für die Ausübung in diesem Fall groß ist.

Abbildung 16 illustriert die Sensitivität des Optionspreises auf eine Veränderung der Parameter.

---

[207] Bei Fremdwährungsoptionen spielen allerdings sowohl der heimische als auch der ausländische Zinssatz eine Rolle.

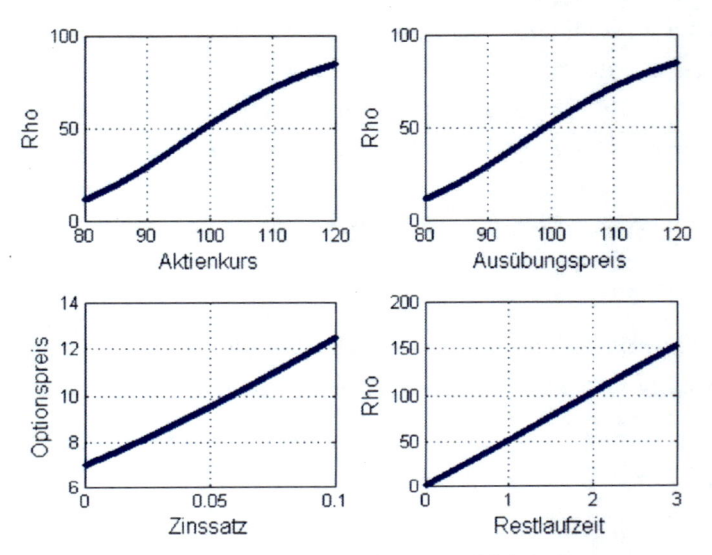

**Abbildung 16: Rho und Optionspreis in Abhängigkeit der Parameter**
$S = 100$, $K = 100$, $r = 3\%$, $T = 1$, $\sigma = 0{,}17539$.
Quelle: Eigene Darstellung.

Der Zinssatz hat in der Regel von allen Parametern den geringsten Einfluss auf den Optionspreis.[208] Ein nennenswerter Effekt des Zinssatzes ergibt sich für tief im Geld notierende Optionen mit langer Restlaufzeit, da sie einerseits die größte Cash Position erfordern und andererseits der Zinseffekt über einen längeren Zeitraum wirkt. Im Risikomanagement wird dem Rho von den meisten Handelsteilnehmern keine Beachtung geschenkt.[209]

## 2.6 Zusammenfassung

Es ist offensichtlich, dass der Preis eines Calls umso höher liegen muss, je niedriger der Ausübungspreis ist.[210] Eine höhere Volatilität erhöht sowohl die Wahrscheinlichkeit für eine Ausübung der Option als auch den wertlosen Verfall. Da das Verlustpotenzial einer Long-Position von Optionen begrenzt ist, das Gewinnpotenzial aber unbegrenzt ist, führt eine hohe Volatilität zu einem höheren Options-

---

[208] Vgl. Natenberg (1994), S. 117.
[209] Vgl. Natenberg (1994), S. 117 f.
[210] Vgl. Müller-Möhl (1999), S. 96.

## 2.6 Zusammenfassung

preis.[211] Für amerikanische Optionen gilt, dass eine längere Restlaufzeit auch den Optionspreis erhöht. Bei europäischen Optionen, die nur zum Laufzeitende und damit nicht jederzeit ausgeübt werden können, kann der Optionspreis ausnahmsweise mit längerer Restlaufzeit sinken.[212] Hull (2009) nennt als Beispiel die Erwartung einer hohen Dividendenzahlung, die eine Option mit Restlaufzeit kurz vor der Dividendenzahlung attraktiver machen kann als eine Option mit Restlaufzeit kurz nach der Dividendenzahlung, wenn die Aktie ex-Dividende notiert und daher an Wert eingebüßt hat.[213] Grundsätzlich wird der Optionspreis mit steigender Restlaufzeit jedoch aus analogem Grund zu einer höheren Volatilität steigen: Da für kleine Zeitintervalle gilt, dass $\sigma\sqrt{\Delta t}$ die Standardabweichung des Ertrags ist, steigt die Wahrscheinlichkeit für Kursausschläge mit der Quadratwurzel der Zeit und führt aufgrund der Asymmetrie von Gewinn- und Verlustpotenzial zu einem höheren Optionspreis.[214] Die Standardabweichung eines Aktienkurses ist also für kleine Zeitintervalle approximativ doppelt so hoch, wenn der Beobachtungszeitraum vervierfacht wird.[215]

Höhere Zinsen würden den Inhaber der Aktie gegenüber dem Optionskäufer wegen der höheren Kapitalbindung (Opportunitätskosten) benachteiligen, daher verteuert sich die Option mit steigenden Zinsen.[216]

Die Sensitivitätsanalyse zeigt, dass Optionen mit einer Restlaufzeit von etwa 3 Monaten, die mindestens 10% aus dem Geld notieren, ein Delta von nur 0,2 aufweisen, was einer entsprechend geringen Wahrscheinlichkeit der Ausübung entspricht. Wird die Laufzeit dieser Optionen auf über 12 Monate ausgeweitet, so steigt das Delta auf nicht mehr als 0,5 an.

Tabelle 5 fasst die Auswirkungen der verschiedenen Parameter auf den Optionspreis zusammen.[217]

---

[211] Vgl. Hull (2009), S. 201 ff., Anders Müller-Möhl (1999), S. 97 f., der von der höheren Volatilität nur auf eine höhere Wahrscheinlichkeit für die vom Käufer der Option bevorzugte Kursrichtung ableitet, ohne jedoch auch die – in der Höhe allerdings begrenzte – höhere Wahrscheinlichkeit für die adverse Kursrichtung zu betrachten.
[212] Müller-Möhl (1999), S. 98 berücksichtigt nicht den Ausnahmefall, dass der Optionspreis trotz längerer Restlaufzeit sinken kann.
[213] Vgl. Hull (2009), S. 201 ff.
[214] Vgl. Hull (2009), S. 266 ff.
[215] Vgl. Hull (2009), S. 282 ff.
[216] Vgl. Müller-Möhl (1999), S. 99.

| Preisfaktoren | Richtung der Änderung | Änderung des Call-Preises |
|---|---|---|
| Aktienkurs | ↑ ↓ | ↑ ↓ |
| Ausübungspreis | ↑ ↓ | ↓ ↑ |
| Volatilität des Basiswerts | ↑ ↓ | ↑ ↓ |
| Laufzeit | ↑ ↓ | tendenziell ↑ tendenziell ↓ |
| Risikofreier Zinssatz | ↑ ↓ | ↑ ↓ |
| Dividenden | ↑ ↓ | ↓ ↑ |

**Tabelle 5: Einflussfaktoren auf den Optionspreis**
Quellen: Müller-Möhl (1999), S. 101 sowie Hull (2009), S. 201 ff.

Das Zusammenspiel von Moneyness und zugleich Volatilität auf den Optionspreis fasst Abbildung 17 zusammen. Abgetragen sind die Optionspreise nach dem Black/Scholes-Modell für Calls bei einem Basispreis von 4000, einem Zinssatz von 3% und einer Restlaufzeit von einem halben Jahr. Dabei werden Ausübungspreise von 3200 bis 4800 mit Volatilitäten von 1% bis 100% kombiniert. Insgesamt simuliert die Grafik 1.601 Optionspreise.

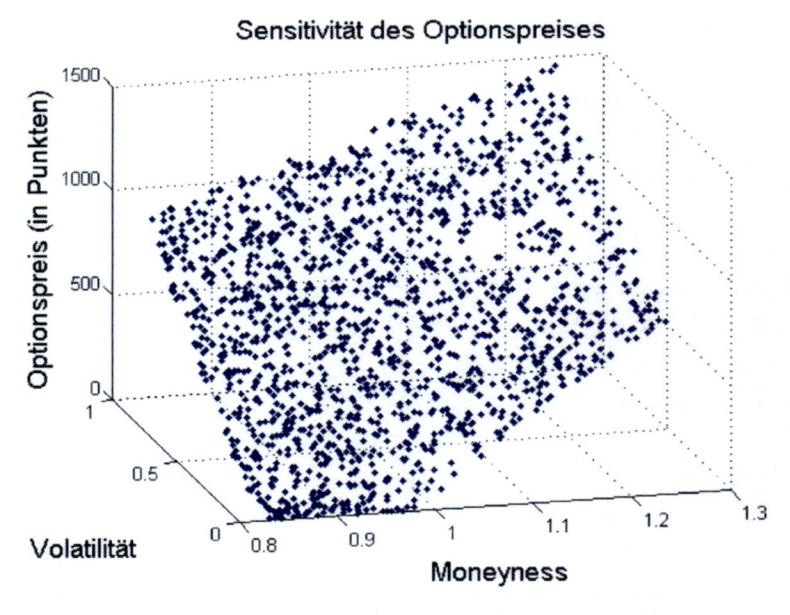

**Abbildung 17: Sensitivität von Calls auf Moneyness und Volatilität**
Simulation von 1.601 Calls mit $S = 4000$, $K = 3200, \ldots, 4800$, $r = 3\%$, $T = 0{,}5$, $\sigma = 1\%, \ldots, 100\%$.
Quelle: Eigene Darstellung.

---

[217] Vgl. Müller-Möhl (1999), S. 101.

## 2.6 Zusammenfassung

Abbildung 17 veranschaulicht, dass out-of-the-money Optionen sehr sensitiv auf eine Änderung der Volatilität reagieren. Zwar notieren in-the-money Optionen bei gleicher Volatilität mindestens so hoch wie out-of-the-money Optionen. Die relativen Preisänderungen von out-of-the-money Optionen aufgrund einer Änderung der Volatilität sind jedoch um ein Vielfaches höher als bei in-the-money Optionen, bei denen der Preis auch bei geringer Volatilität sowohl absolut als auch relativ zu out-of-the-money Optionen bereits hoch liegt. Die relativen Preisänderungen fallen bei gleich hohem absoluten Zuwachs bei out-of-the-money Optionen daher deutlich höher aus.

Ungeachtet der zahlreichen Modifikationen zur Berücksichtigung stochastischer Größen oder modifizierter Verteilungsannahmen sowie Strukturmodelle (vgl. S. 20 ff.) zählt das Black/Scholes-Modell auch heute noch zu einen der am häufigsten verwendeten Modelle zur Optionsbewertung.[218] Die anhaltende Relevanz des Black/Scholes-Modells in der Praxis zeigt sich sowohl in dessen Verwendung im Rahmen des VaR oder im Quantil-Hedging als auch in dem für Geschäftsabschlüsse nach dem 31.12.2009 verpflichtend gewordenen Rechnungslegungsstandard IFRS 2 zu Aktienoptionen, der gerade die im Black/Scholes-Modell verwendeten fünf Parameter zur Bewertung von Optionen vorschreibt.[219]

Die Differentialgleichung des Black/Scholes-Modells wurde auf drei unterschiedliche Varianten hergeleitet (vgl. S. 40 ff.). Bei der Herleitung der partiellen Differentialgleichung ist der erwartete Ertrag der Aktie weggefallen, so dass die Black/Scholes-Formel, obwohl sie ein risikoneutrales Bewertungsmodell ist, auch in einer risikoaversen Welt anwendbar ist, sofern das Duplizierungsargument zutrifft. Das Duplizierungsargument trifft in einem vollkommenen, friktionslosen Kapitalmarkt zu. Das Black/Scholes-Modell beruht auf der Martingalrestriktion, so dass zur Vermeidung von Arbitrage der durch den Optionspreis implizierte Preis des Basiswerts in einem vollkommenen, friktionslosen Kapitalmarkt mit dem Marktpreis des Basiswerts übereinstimmen muss.[220] Ob die Annahme eines vollkommenen, friktionslosen Kapitalmarkts in der Realität zutrifft, wird in Kapitel 5 untersucht.

---

[218] Vgl. Rubinstein (1994), S. 772, Andres (1998), S. 145 sowie Berkowitz (2004), S. 1.
[219] Vgl. Föllmer/Leukert (1999), S. 251-273 sowie Merk (2003), S. 8.
[220] Vgl. Longstaff (1995), S. 1093 f., S. 1096, Föllmer (2002), S. 6 sowie Wilkens (2003), S. 120 f.

# 3 Put-Call-Parität

## 3.1 Herleitung der Put-Call-Parität

Die Put-Call-Parität stellt einen Test der Markteffizienz dar, weil eine deterministische Preisbeziehung zwischen Puts und Calls mit den gleichen Parametern existiert, die bei Markteffizienz eintreten sollte. Auf einem vollkommenen Kapitalmarkt sollten daher keine systematischen Abweichungen von der Put-Call-Parität auftreten.[221] Da die Put-Call-Parität auf keinem bestimmten Bewertungsmodell beruht, gehen Paritätsverstöße nicht auf das Black/Scholes-Modell zurück. Daher muss die Überprüfung der Put-Call-Parität vor der Überprüfung des Black/Scholes-Modells erfolgen.[222]

Die Put-Call-Parität geht auf Kruizenga (1964) und Stoll (1969) zurück. Da sowohl Puts als auch Calls auf den DAX börsengehandelt sind und diese jeweils mit gleichem Ausübungspreis und Verfalltag existieren, ist es möglich, ein vollkommen gehedgtes Portfolio zu erhalten: „The advent of put trading on registered exchanges is important because a deterministic relationship should exist between put and call prices, irrespective of investors' demands if both options are written on the same underlying security and have the same exercise (striking) price and expiration date."[223] Stoll (1969) nimmt an, dass eine deterministische Preisrelation zwischen Calls und Puts existiert, bei deren Verletzung Arbitrage möglich ist.

Ein Contingent Claim (Call oder Put) $Z = \{C, P\}$ ist definiert als eine nichtnegative Zufallsvariable auf dem Wahrscheinlichkeitsraum $(\Omega, \Im, P)$, so dass $0 \leq Z \leq \infty$ P-f.s. gilt.[224] Bereits in Kapitel 2.2 wurde gezeigt, dass der Preis von Calls niemals über dem Aktienkurs liegen kann (vgl. S. 12 ff.).[225] Andernfalls würde der Verkauf der überteuerten Calls in Verbindung mit dem Kauf von Aktien sowie einer Kreditaufnahme zu einem risikolosen Arbitragegewinn führen. Die durch den Verkauf von Calls eingegangene Verpflichtung könnte jederzeit mittels der

---
[221] Vgl. Herrmann (1999), S. 209.
[222] Vgl. Wilkens (2003), S. 258-259.
[223] Klemkosky/Resnick (1979), S. 1141.
[224] Vgl. Föllmer (2002), S. 15.
[225] Vgl. Elliott/Kopp (2001), S. 22.

gekauften Aktien erfüllt werden. Aus diesem Grund gelten die sehr allgemeinen modellunabhängigen Arbitragegrenzen:[226]

$0 \leq C < S_0$   und   (3.0)

$0 \leq P < K \cdot e^{-rT}$.   (3.1)

Stoll (1969) zeigt nach den bereits von Kruizenga dargestellten Duplizierungsstrategien, dass unabhängig von Angebot und Nachfrage ein Arbitragemechanismus existiert, der die Preise von Puts und Calls miteinander verknüpft. So zeigt er, dass die Position einer Aktie äquivalent ist zu einer Long Position im Call und einer Short Position im Put:[227]

Long Call + Short Put = Long Aktie.

Diese Äquivalenzbeziehung garantiert allerdings noch keine Arbitrage im Sinne einer risikolosen Investmentstrategie, die mit positiver Wahrscheinlichkeit einen Gewinn generiert, weil zur Durchführung dieser Strategie ein Anfangskapital benötigt wird.[228] Wäre beispielsweise der Call zu hoch bewertet, so müsste ein Investor neben dem Verkauf des Calls, der ihm einen positiven Cashflow zuführt und dem Kauf eines Puts, der einen Liquiditätsabfluss bedeutet, auch die Aktie kaufen. Mit dieser Position erreicht der Investor einen perfekten Hedge, weil sinkende Aktienkurse vom Put ausgeglichen werden und das Erfordernis einer Margin für den verkauften Call mit der Long Position der Aktie aufgerechnet werden kann. Um die Aktie kaufen zu können, fällt ein kalkulatorischer Zinsaufwand an. Der Gegenwartswert dieses Zinsaufwands ist:

$$\frac{S_0 \cdot (1 - e^{rT})}{e^{rT}},$$   (3.2)

wobei als Zinssatz der risikolose Zinssatz verwendet wird, weil die Position gehedgt ist. Der aus dieser Position resultierende Cashflow ist:

---

[226] Vgl. Sandmann (2001), S. 37-45.
[227] Vgl. Stoll (1969), S. 804.
[228] Vgl. Föllmer (2002), S. 213.

## 3.1 Herleitung der Put-Call-Parität

$$Arbitragegewinn = C - \frac{S_0 \cdot \left(1 - e^{rT}\right)}{e^{rT}} - P. \qquad (3.3)$$

Aus Gleichung (3.3) ergibt sich in Abwesenheit von Arbitrage:

$$C - P = \frac{S_0 \cdot \left(1 - e^{rT}\right)}{e^{rT}}. \qquad (3.4)$$

Werden nun die Optionspreise ins Verhältnis zum Kontraktwert gesetzt und bezeichnet man diese relativen Optionspreise mit $c$ und $p$, so folgt hieraus:

$$c - p = \frac{\left(1 - e^{rT}\right)}{e^{rT}} \approx \frac{r_f}{1 + r_f} \approx r_f, \qquad (3.5)$$

d.h. die relativen Put- und Call-Preise weichen approximativ in der Höhe des Zinssatzes voneinander ab. Im Falle relativer Fehlbewertungen zwischen Puts und Calls würde in effizienten Märkten sofort ein Arbitragemechanismus einsetzen, der die relativen Preise wieder zu einem (nicht eindeutigen) Gleichgewicht zusammenführen würde.

Unter der Bedingung der Arbitragefreiheit postuliert die Put-Call-Parität die folgende Gleichung für europäische Optionen:[229]

$$C - P = S_0 - K \cdot e^{-rT}. \qquad (3.6)$$

Für Calls gilt entsprechend:

$$C = P + S_0 - K \cdot e^{-rT}. \qquad (3.7)$$

---

[229] Vgl. Elliott/Kopp (2001), S.22. Dort wird lediglich eine andere Notation ($\beta = (1 + r)^{-1}$) verwendet und der diskrete Fall aufgeführt. Vgl. Föllmer (2002), S. 14 (ebenfalls für den diskreten Fall) mit der Notation $\pi(C^{call})$ für den Preis der Call und $\pi^i$ für den Preis der Aktie sowie Sandmann (2001), S. 40 f. (ebenfalls für den diskreten Fall).

Der Call kann also dupliziert werden durch einen synthetischen Call bestehend aus einem Put, dem Basiswert und der Kreditaufnahme.

Liegt zum Laufzeitende $S_T > K$, so besitzt der Call einen Wert in Höhe von $S_T - K$, während der Put wertlos verfällt, der Verkauf des Basiswerts zu einem Cashflow in Höhe von $S_T$ führt und der Kredit aufgezinst zurückgezahlt werden muss. Somit führt Gleichung (3.4) zum Laufzeitende zu einem positiven Cashflow in Höhe von: $S_T - K = 0 + S_T - K$. Da beide Seiten der Gleichung in $t = T$ einen identischen Cashflow haben, müssen sie auf vollkommenen Märkten auch in $t = 0$ den gleichen Wert aufweisen.

Liegt zum Laufzeitende $S < K$, so besitzt der Put den Wert $K - S$, während der Call wertlos verfällt. Der Verkauf des Basiswerts führt wiederum zu einem positiven Cashflow in Höhe von $S_T$ und der Kredit muss mit Zinsen zurückgezahlt werden. Somit resultiert aus $S < K$ in $T$ ein Cashflow in Höhe von: $0 = K - S_T + S_T - K$.

Gleichung (3.6) umgestellt für Puts führt zu:

$$P = C - S_0 + K \cdot e^{-rT}. \tag{3.8}$$

Der Verkauf eines Calls zusammen mit dem Kauf eines Puts sowie der Aktie erfordert den Verkauf einer Anleihe in der Höhe von $K \cdot e^{-yT}$. Dieses Portfolio hat zum Laufzeitende einen Wert von Null, ist also risikolos, da sich die Positionen gegenseitig gerade aufheben.

Entsprechend der Definition eines Contingent Claims $Z$ sind die Preise sowohl von Puts als auch von Calls nichtnegativ, es gilt also: $P \geq 0$ sowie $C \geq 0$. Damit folgen aus der Put-Call-Parität die folgenden Ungleichungen:[230]

$$C \geq S_0 - K \cdot e^{-rT} \text{ und} \tag{3.9}$$

$$P \geq K \cdot e^{-rT} - S_0. \tag{3.10}$$

---

[230] Vgl. Elliott/Kopp (2001), S. 22 oder Sandmann (2001), S. 42 für Calls und S. 45 für Puts.

## 3.1 Herleitung der Put-Call-Parität

Somit können die obigen sehr allgemein formulierten arbitragefreien Wertgrenzen für europäische Optionen zum Zeitpunkt $t = 0$ eingeengt werden:[231]

$$C = \left[\max\left(0, S_0 - K \cdot e^{-rT}\right), S_0\right] \qquad (3.11)$$

und für den europäischen Put gilt entsprechend:[232]

$$P = \left[\max\left(0, K \cdot e^{-rT} - S_0\right), K \cdot e^{-rT}\right]. \qquad (3.12)$$

Tabelle 6 stellt die Beziehungen der Put-Call-Parität bei europäischen Optionen wie beispielsweise der DAX-Option ohne Dividende dar:

| Strategie | Cashflow in $t_0$ | Cashflow in T, falls | |
|---|---|---|---|
| | | $S \leq K$ | $S > K$ |
| **A Kauf Call** | $-C$ | 0 | $S - K$ |
| **B Kauf Aktie** | $-S$ | $S$ | $S$ |
| **Kauf Put** | $-P$ | $K-S$ | 0 |
| **Leihe** | $K \cdot e^{-rT}$ | $-K$ | $-K$ |
| **Total** | $-P - S + K \cdot e^{-rT}$ | 0 | $S - K$ |
| **C Kauf Put** | $-P$ | $K - S$ | 0 |
| **D Verkauf Aktie** | $S$ | $-S$ | $-S$ |
| **Kauf Call** | $-C$ | 0 | $S - K$ |
| **Geldanlage** | $-K \cdot e^{-rT}$ | $K$ | $K$ |
| **Total** | $S - C - K \cdot e^{-rT}$ | $K - S$ | 0 |

Tabelle 6: Put-Call-Parität für europäische Optionen ohne Dividende
Quelle: Klemkosky/Resnick (1979), S. 1143.

Aus Tabelle 6 geht hervor, dass Strategie A und B sowie Strategie C und D identisch sind, da sie zum Verfall $T$ den gleichen Cashflow haben. Calls können ohne ein Risiko in Puts konvertiert werden und umgekehrt.

Ist der Preis eines Calls relativ höher als der eines sonst identischen Puts, so kann ein Arbitrageur unter Ausnutzung von Strategie B den Arbitragegewinn $M$ erzielen. Der Verkauf des Calls bei gleichzeitigem Kauf eines synthetischen Calls ($P + S - K \cdot e^{-rT}$)

---

[231] Hier befindet sich bei Elliott/Kopp (2001), S. 22 ein Fehler. Sie nehmen versehentlich das Minimum statt des Maximums. Dann aber wäre der Preis des Calls nichtpositiv und die Definition des Contingent Claims als nichtnegative Zufallsvararaible verletzt. Vgl. hierzu Föllmer (2002), S. 15 sowie Hull (2009), S. 205 ff.
[232] Vgl. Elliott/Kopp (2001), S. 22, Hull (2009), S. 205 ff.

wird als Long Hedge oder Conversion bezeichnet. Der Gegenwartswert des Arbitragegewinns $M$ durch den Long Hedge beträgt:

$$M = C - P - S + K \cdot e^{-rT} > 0. \tag{3.13}$$

Sind die Preise von Puts relativ höher als die von Calls, so kann ein Arbitrageur einen Short Hedge (sog. Reverse Conversion oder Reversal) unter Ausnutzung von Strategie D konstruieren. Der Gegenwartswert des Gewinns $M$ durch den Short Hedge beträgt:

$$M = P + S - C - K \cdot e^{-rT} > 0. \tag{3.14}$$

Sowohl in Deutschland als auch in den USA ist der Leerverkauf von Aktien reguliert. Auf Grundlage von § 4 Abs. 1 WpHG untersagte die BaFin zunächst 2008 in mehreren Allgemeinverfügungen den Leerverkauf von Aktien der führenden deutschen Finanzinstitute sowie 2010 zusätzlich von Staatsanleihen der Eurozone und ungedeckten CDS bis vorläufig 31.03.2011. Im Falle eines generellen Verbots von Leerverkäufen ist der Reversal nicht möglich. Im Falle des Verbots nur ungedeckter Leerverkäufe führt die Wertpapierleihe zu zusätzlichen Kosten.[233]

### 3.2 Illustration der Put-Call-Parität

Stoll bezeichnet die Vorstellung, dass die Preise von Calls höher als die von Puts wären als ein verbreitetes Missverständnis: „It is (…) a popular misconception that call prices are higher than put prices simply because the demand for calls is greater."[234]

Abbildung 18 zeigt ausgehend von einer relativen Überbewertung von Calls (analog: Unterbewertung von Puts) im Ausgangspunkt A drei von vielen möglichen Anpassungsprozessen an die Put-Call-Parität:

---

[233] Vgl. Mittnik/Rieken (2000), S. 262 sowie BaFin (2008a, 2008b, 2008c, 2009a, 2009b, 2010a, 2010b, 2010c). Der zur BNP Paribas gehörende Onlinebroker Cortal Consors bietet Privatanlegern mit Termingeschäftsfähigkeit den Leerverkauf innerhalb eines Tages an.
[234] Stoll (1969), S. 802. Mittlerweile zeigen empirische Auswertungen der DAX-Option, dass die impliziten Volatilitäten von Puts höher sind als die von Calls, d.h. dass Puts höher bewertet werden als Calls. Vgl. Herrmann (1999), S. 212 sowie Wilkens (2003), S. 265.

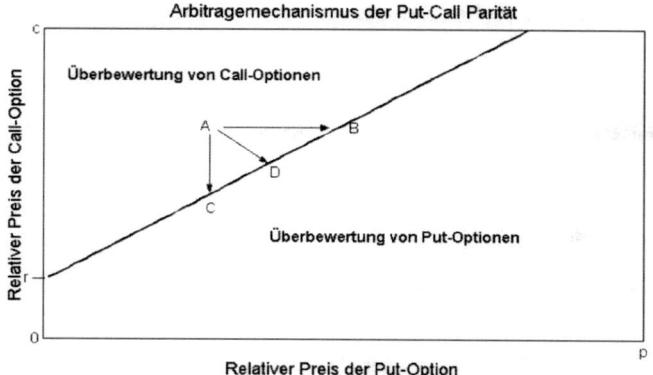

## 3.3 Bisherige empirische Untersuchungen zur Put-Call-Parität

**Arbitragemechanismus der Put-Call Parität**

[Diagramm: Relativer Preis der Call-Option (c) vs. Relativer Preis der Put-Option (p); 45°-Linie mit Punkten A, B, C, D; Überbewertung von Call-Optionen oberhalb, Überbewertung von Put-Optionen unterhalb der Linie]

**Abbildung 18: Arbitragemechanismus der Put-Call-Parität**
Quelle: Stoll (1969), S. 807.

(1) Erfolgt die Arbitrage über den Kauf von Puts, so resultiert die Anpassung hin zum Punkt B. (2) Werden dagegen Calls verkauft, so erfolgt die Anpassung zum Punkt C. (3) Erfolgt die Arbitrage über den gleichzeitigen Kauf von Puts und Verkauf von Calls, so sinkt der Preis der Calls und der Preis der Puts steigt, so dass Punkt D resultiert. Aus der Abbildung möglicher Arbitragemechanismen wird deutlich, dass durch die Put-Call-Parität weder ein absolutes noch ein relatives Preisniveau festgelegt wird.[235] Das relative Preisniveau kann durch die Put-Call-Parität nicht spezifiziert werden, weil das relative Preisniveau (abhängig vom ursprünglichen Ungleichgewichtspunkt) auf der gesamten 45°-Linie variieren kann, und dennoch Parität besteht. Stoll meint allerdings, das Preisniveau sollte im Zeitablauf in etwa konstant bleiben, wenn die erwartete Aktienkursverteilung sich nicht verändert.[236] Die Put-Call-Parität ist also unabhängig vom Bewertungsmodell, und somit auch unabhängig von der Aktienkursverteilung.[237]

### 3.3 Bisherige empirische Untersuchungen zur Put-Call-Parität

Aufgrund der Bedeutung der Put-Call-Parität für die vorliegende Untersuchung soll ein Überblick über die empirischen Untersuchungen gegeben werden. Die erste zur Put-Call-Parität durchgeführte Studie stammt von Stoll (1969) und wurde auf Basis

---

[235] Vgl. Stoll (1969), S. 807.
[236] Vgl. Stoll (1969), S. 808.
[237] Vgl. Sandmann (2001), S. 37 f.

von Schlusskursen in den Jahren 1966-1967 erstellt. Sie kommt zu dem Ergebnis, dass die Put-Call-Parität in der Realität hält.[238]

Wenngleich die Herleitung der Put-Call-Parität sowie Stolls Untersuchung zu der Schlussfolgerung verleitet, die Put-Call-Parität gälte in allen vorstellbaren Zuständen, so täuscht dies. Mit der Put-Call-Parität sind mehrere praktische Probleme verbunden, die empirisch untersucht wurden. Da die Put-Call-Parität eine modellunabhängige Äquivalenzbeziehung aufstellt, müssen Verstöße gegen die Put-Call-Parität vor der empirischen Überprüfung des Black/Scholes-Modells berücksichtigt werden. Andernfalls würden vom Black/Scholes-Modell nicht zu verantwortende Fehlbewertungen das Untersuchungsergebnis verzerren.

Für amerikanische Optionen mit der Möglichkeit der frühzeitigen Ausübung beweist Merton (1973b), dass die Put-Call-Parität einerseits bereits aus dem von Stoll (1969) genannten Grund, andererseits aber auch aufgrund des höheren Optionspreises des amerikanischen Puts für das Recht der frühzeitigen Ausübung (die im Falle der beabsichtigten Arbitrage praktisch wertlos ist) nicht hält.[239] Im Falle von Puts amerikanischer Art kann die frühzeitige Ausübung bei genügend niedrigem Aktienkurs bzw. hohem Zinssatz sinnvoll sein.[240] Amerikanische Optionen ändern die Put-Call-Parität allerdings nicht wesentlich: „The deviation of the put-call parity relationship for 'American' options from that for 'european' options will not be great".[241]

Klemkosky/Resnick (1979) untersuchen die Put-Call-Parität auf Basis von 15 an der CBOE im Zeitraum Juli 1977 bis Juni 1978 gehandelten Aktienoptionen. Sie stellen Put-Call-Paare zusammen, die in der gleichen Minute wie die Aktie gehandelt wurden und konstruieren im einjährigen Untersuchungszeitraum 606 Long und Short Hedges. Vor Transaktionskosten sind 40% der Long Hedges und rund die Hälfte der Short Hedges profitabel, wobei die Gewinne bei Short Hedges höher sind. Dieses

---

[238] Vgl. Stoll (1969), S. 815 ff. Aufgrund des frühen Erstellungszeitpunkts der Studie war Stoll die zeitgenaue Zuordnung von Aktien- und Optionspreisen allerdings noch nicht möglich, was den Aussagegehalt erheblich einschränkt.
[239] Vgl. Merton (1973b), S. 183 f.
[240] Vgl. Merton (1973b), S. 183 für einen Beweis dafür, dass die frühzeitige Ausübung von Calls amerikanischen Typs nie sinnvoll ist, während die frühzeitige Ausübung bei Puts amerikanischer Art lohnend sein kann.
[241] Stoll (1973), S. 185-186.

## 3.3 Bisherige empirische Untersuchungen zur Put-Call-Parität

Ergebnis ist damit vereinbar, dass der Arbitrageur beim Aufbau eines Short Hedges ein Risiko eingeht, sofern der amerikanische Put vorzeitig ausgeübt wird.[242] Klemkosky/Resnick bescheinigen auf Basis ihrer Auswertung dem Optionsmarkt einen geringen Grad an Ineffizienz. Diese Ineffizienz führen sie auf überbewertete Calls zurück.[243]

Vor dem Hintergrund, dass die Put-Call-Parität keine Transaktionskosten berücksichtigt und einen effizienten, liquiden Markt voraussetzt, untersucht Bhattacharya (1983) auf Basis von Handelsabschlüssen an der CBOE, ob die theoretischen unteren Preisschranken für Calls in der Realität eingehalten werden. Hierfür verwendet er Transaktionspreise von August 1976 bis Juni 1977 von 58 Aktien. Immerhin 1,3% der 86.000 untersuchten Optionspreise liegen niedriger als der innere Wert, d.h. das Postulat, dass der Optionspreis größer als der innere Wert ist, also $C > (S_0 - X)^+$, wird verletzt. In 29% der Fälle verschwindet diese Verletzung allerdings bereits mit dem nächsten Handel, so dass es in der Realität aufgrund der Notwendigkeit unverzüglichen Handelns schwer ist, tatsächlich Arbitragegewinne zu realisieren. Bhattacharya zeigt die große Relevanz von Transaktionskosten für die Put-Call-Parität, denn unter Berücksichtigung von Transaktionskosten verschwinden diese theoretischen Arbitragemöglichkeiten. Bhattacharya untersucht darüber hinaus, ob die modellunabhängige Wertuntergrenze $C > S_0 - K \cdot e^{rT} - D$ eingehalten wird. 7,6% der Optionspreise liegen unterhalb dieser fundamentalen Wertuntergrenze. Unter Berücksichtigung von Transaktionskosten verschwinden jedoch auch diese Arbitrageopportunitäten. Transaktionskosten bestehen nicht nur aus den direkt realisierten Gebühren des Handels, sondern auch aus dem Bid-Ask-Spread sowie aus nicht sofortigen Ausführungen von Aufträgen.

Taylor (1990) untersucht die Put-Call-Parität auf dem australischen Optionsmarkt für die beiden Aktien BHP (Dividendenzahlung) und Woodside (keine Dividendenzahlung). Er stellt fest, dass etwa 20% der Transaktionen gegen die Put-Call-Parität verstoßen. Dazu untersucht er 576 von ursprünglich 1.234 Optionstransaktionen auf zwei Aktien des australischen Aktienmarkts innerhalb eines rund 3-jährigen Untersuchungszeitraums. Die übrigen 658 Optionen eliminiert

---
[242] Vgl. Klemkosky/Resnick (1979), S. 1151, S. 1155.
[243] Klemkosky/Resnick (1979), S. 1155.

er, weil deren Schlusskurse außerhalb des Bid-Ask-Spreads liegen.[244] Diese Verstöße gegen die Put-Call-Parität führt Taylor auf die relative Überbewertung von Puts zurück. In allen Fällen verstoßen die Puts gegen die obere arbitragefreie Wertgrenze, d.h. $P > C - S + K + D$. Taylor führt diese Verstöße auf Short-Selling und die Unsicherheit von Dividenden zurück, da diese im Gegensatz zu Transaktionskosten nur die obere Wertgrenze betreffen. Die meisten Verletzungen der Put-Call-Parität treten kurz vor dem Verfall der Optionen auf.[245] Die Transaktionskosten übersteigen allerdings den Arbitragegewinn aus der Verletzung der Put-Call-Parität.

Mittnik/Rieken (2000) überprüfen ähnlich wie Klemkosky/Resnick (1979) und Kamara/Miller (1995), inwieweit die ex-post beobachteten Put-Call-Paritätsverletzungen ex-ante profitable Handelsstrategien ermöglichen.[246] Mittnik/Rieken (2000) verwenden alle Transaktionen der DAX-Option an der Deutschen Terminbörse (DTB) zwischen Februar 1992 und September 1995, wobei sie Mistrades eliminieren.[247] In diesen Zeitraum fallen 632.870 Transaktionen, von denen 64.868 Put-Call-Paare darstellen. Mittnik/Rieken (2000) stellen in ihrer Studie ebenso wie Klemkosky/Resnick fest, dass Handelsstrategien, die auf dem Short-Selling des Basiswerts basieren, eklatanter gegen die Put-Call-Parität verstoßen als Long Hedges.[248] Mittnik/Rieken führen zur Überprüfung der Put-Call-Parität sowohl eine Regressionsanalyse als auch – ähnlich wie bereits Rubinstein (1985) – einen Sign-Test durch. Den Resultaten von Mittnik/Rieken zufolge sind generell (unabhängig von der Moneyness) Puts relativ zu Calls überbewertet und insbesondere at-the-money Calls in der Regel gegenüber at-the-money Puts unterbewertet.[249] Entsprechend führt die Reversal Strategie, welche die Überbewertung von Puts ausnutzt, im Großteil des Untersuchungszeitraums auch nach Berücksichtigung von Transaktionskosten zu Gewinnen.[250]

---

[244] Taylor (1990), S. 208 f.
[245] Taylor (1990), S. 213.
[246] Vgl. Mittnik/Rieken (2000), S. 261.
[247] Die Deutsche Terminbörse verglich damals jeden Handelspreis mit dem theoretisch fairen Wert der Option, den sie mittels des Black/Scholes-Modells (1973) berechnete. Von einem Mistrade ging die DTB aus, wenn einer der folgenden Fälle eintrat: (1) eine absolute Preisdifferenz von 15 DM, (2) eine absolute Preisdifferenz von über 150% des maximalen Spreads und mindestens 30% des fairen Wertes der Option.
[248] Vgl. Mittnik/Rieken (2000), S. 259.
[249] Mittnik/Rieken (2000), S. 266-268.
[250] Mittnik/Rieken (2000), S. 278.

3.4 Empirische Überprüfung der Put-Call-Parität

Kamara/Miller (1995) überprüfen die Put-Call-Parität anhand von Standard & Poor's 500-Optionen, die europäischen Typs sind. Sie finden sowohl in der Höhe als auch der Anzahl nach geringere Verstöße und mutmaßen, dass die in früheren Studien berichteten gravierenden Verstöße auf die vorzeitige Ausübung von Puts zurückgehen.

## 3.4 Empirische Überprüfung der Put-Call-Parität

Der Test der Put-Call-Parität basiert auf der Annahme der Effizienz des Optionsmarktes und der Synchronisierung von Märkten und Daten.[251]

### 3.4.1 Datengrundlage

Ausgangspunkt für die Analyse sind sämtliche Optionen nach Eliminierung von Mistrades, also 19.971.332 Optionen bzw. 382.896 Transaktionen, die sich entsprechend der Tabelle 7 über den Untersuchungszeitraum verteilen.

| 2004 | | Dateninput | |
|---|---|---|---|
| | | Calls | Puts |
| Januar | Transaktionen | 24.979 | 29.916 |
| | Optionen | 1.323.526 | 1.728.121 |
| Februar | Transaktionen | 24.871 | 28.811 |
| | Optionen | 1.180.277 | 1.578.357 |
| März | Transaktionen | 38.603 | 46.778 |
| | Optionen | 1.683.675 | 2.350.831 |
| April | Transaktionen | 31.225 | 35.380 |
| | Optionen | 1.427.546 | 1.856.893 |
| Mai | Transaktionen | 29.971 | 34.380 |
| | Optionen | 1.615.835 | 1.893.113 |
| Juni | Transaktionen | 27.203 | 30.779 |
| | Optionen | 1.549.146 | 1.784.012 |
| Januar bis Juni | Transaktionen | 176.852 | 206.044 |
| | Optionen | 8.780.005 | 11.191.327 |

Tabelle 7: Datengrundlage für die Überprüfung der Put-Call-Parität
Quelle: Eigene Auswertung.

Die Handelsgröße je Transaktion beläuft sich auf durchschnittlich 52 Kontrakte.

---

[251] Vgl. Mittnik/Rieken (2000), S. 260.

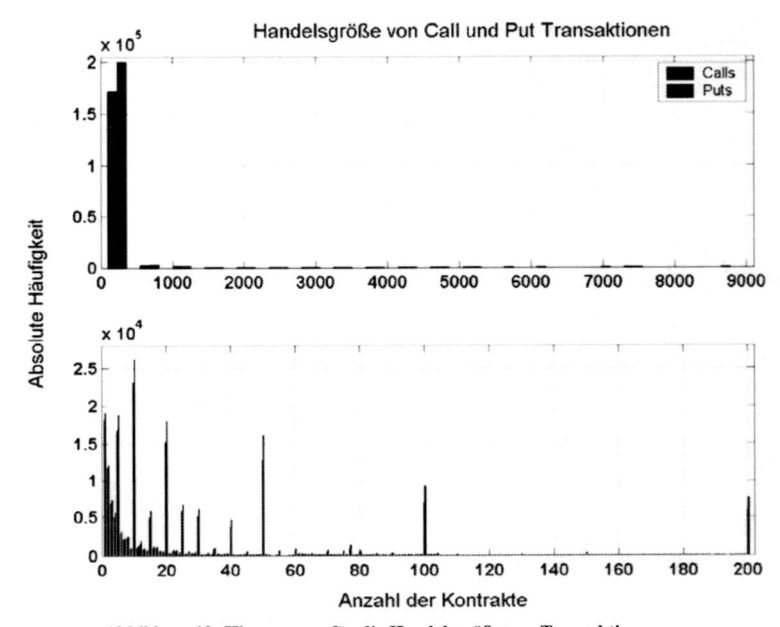

**Abbildung 19: Histogramm für die Handelsgröße von Transaktionen**
Im oberen Teil der Abbildung ist die gesamte Bandweite vorgekommener Handelsgrößen im ersten Halbjahr 2004 (bis 9.000 Kontrakte) dargestellt, darunter ein Detailausschnitt des oberen Bildteils mit Handelsgrößen bis 200 Kontrakten.
Quelle: Eigene Darstellung.

Abbildung 19 zeigt ein Histogramm für die Handelsgröße von Calls und Puts. Die beiden Histogramme tragen die absoluten Häufigkeiten für gehandelte Kontraktgrößen ab. Die maximale Handelsgröße beträgt bei Calls 9.000 und bei Puts 7.500 Kontrakte. Die geringste gehandelte Anzahl beträgt jeweils 1 Kontrakt. Der untere Teil von Abbildung 19 stellt einen Ausschnitt dar für Kontraktgrößen von 0 bis 200. Im arithmetischen Mittel wurden pro Transaktion 49,65 Kontrakte auf Calls und 54,32 Kontrakte auf Puts gehandelt.

Um einen noch besseren Eindruck von der Häufigkeitsverteilung der Kontraktgrößen zu erhalten, wurden Box Plots abgetragen. Ein Box Plot markiert mit den unteren sowie oberen Linien des Rechtecks das untere (25%) respektive das obere (75%) Quantil. Das bedeutet, dass 50% aller Handelsgrößen innerhalb des Rechtecks und jeweils 25% aller Handelsgrößen außerhalb des Rechtecks liegen. Der Median ist als durchgezogene rote Linie innerhalb des Rechtecks eingezeichnet. Er liegt bei einer Kontraktgröße von 10 bei Calls und bei 14 für Puts. Bei den Calls liegen 50% aller

## 3.4 Empirische Überprüfung der Put-Call-Parität

Transaktionen zwischen einer Kontraktgröße von 5 und 35, bei den Puts beträgt diese Spanne 5 bis 40 Kontrakte. Die sog. Whiskers (siehe Abbildung 20) stellen den 1,5-fachen Interquartilsbereich (Interquartile Range, IQR) dar. Der Interquartilsbereich ist die Differenz zwischen oberem und unterem Quartil.

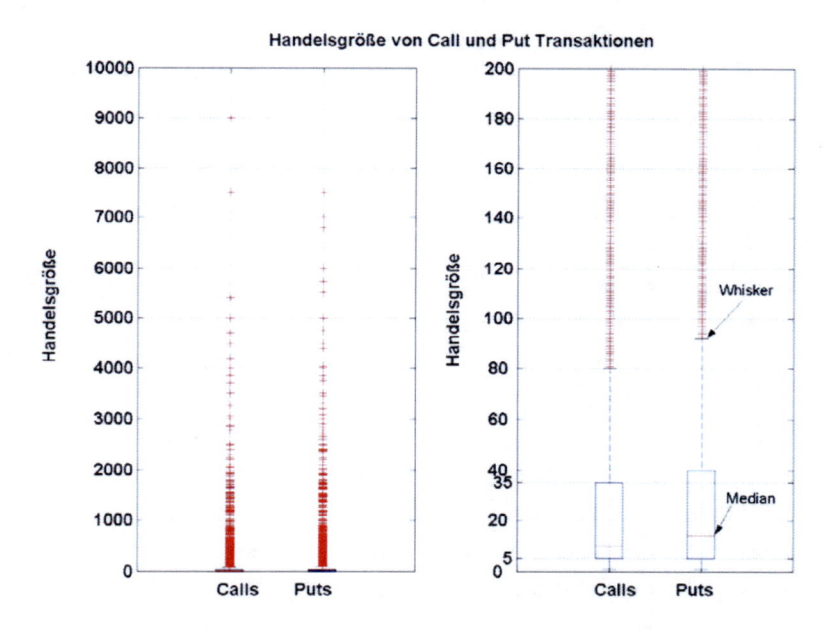

**Abbildung 20: Box Plots für die Handelsgröße von Transaktionen**
Quelle: Eigene Darstellung.

Abbildung 20 zeigt Box Plots für die Handelsgröße von Call- und Put-Transaktionen auf den DAX im ersten Halbjahr 2004. Die rechte Abbildung zeigt für eine genauere Einschätzungsmöglichkeit einen Ausschnitt aus dem linken Teil der Abbildung für Handelsgrößen von 0 bis 200 Kontrakten.

Die große Anzahl von Handelsgrößen außerhalb der Whiskers und insbesondere einige wenige extrem hohe Handelsgrößen mit bis zu 9.000 Kontrakten bei den Calls bzw. 7.500 Kontrakten bei den Puts sind dafür verantwortlich, dass die Mittelwerte der Transaktionsgröße bei Calls mit 49,65 bzw. bei Puts mit 54,32 wesentlich über dem Median liegen.

## 3.4.2 Methodik

### 3.4.2.1 Überblick

Die Überprüfung der Put-Call-Parität beruht im Unterschied zum Vergleich zwischen theoretischen und beobachteten Optionspreisen auf relativen Preisen zwischen Calls und Puts. Untersucht werden soll, ob die Put-Call-Parität für europäische Optionen $C - P = S_0 - K \cdot e^{-rT}$ bzw. für Calls die Beziehung $C = P + S_0 - K \cdot e^{-rT}$ und für Puts die Beziehung $P = C - S_0 + K \cdot e^{-rT}$ in der Realität eingehalten wird.[252] Aus der nichtnegativen Definition eines Contingent-Claims zusammen mit der Put-Call-Parität folgt, dass $C \geq S_0 - K \cdot e^{-rT} \leq S_0$ und $P \geq K \cdot e^{-rT} - S_0 \leq K \cdot e^{-rT}$.[253] Ähnlich wie die Studie von Bhattacharya (1983) soll somit auch untersucht werden, ob die theoretischen unteren Preisschranken für Optionen in der Realität halten oder ob der innere Wert der Option entgegen der Theorie – wie von Bhattacharya für 1,3% der Optionen dokumentiert – negativ sein kann. Zudem wird untersucht, ob auch nach Transaktionskosten noch Arbitragegewinne möglich sind. Transaktionskosten können zwar nicht die Verletzung der Put-Call-Parität an sich erklären, können aber einen Grund darstellen, weshalb existierende Verletzungen nicht ausgenutzt werden.[254] Die Überprüfung der Put-Call-Parität erfolgt auf Basis des gesamten Datensatzes des ersten Halbjahres 2004 nach Eliminierung der Mistrades (vgl. Tabelle 7), wobei Paare von Calls und Puts auf den DAX mit nahezu identischem Handelszeitpunkt und identischen Ausübungspreis und Restlaufzeit gebildet werden.

### 3.4.2.2 Zeitsynchronität

Die Put-Call-Parität beruht auf rein statischen Arbitragemöglichkeiten.[255] Um jedoch zu überprüfen, ob Verstöße gegen die Put-Call-Parität auch in der Realität ausgenutzt werden können, sind ein identischer Ausübungspreis ($K$), identischer Verfall ($T$) und die simultane Beobachtung von Puts, Calls und DAX erforderlich.[256] Die simultane

---
[252] Vgl. Elliott/Kopp (2001), S.22. Dort wird lediglich eine andere Notation ($\beta = (1+r)^{-1}$) verwendet und der diskrete Fall aufgeführt. Vgl. Föllmer (2002), S. 14 (ebenfalls für den diskreten Fall) mit der Notation $\pi(C^{call})$ für den Preis der Call und $\pi^1$ für den Preis der Aktie sowie Sandmann (2001), S. 40 f.
[253] Vgl. Elliott/Kopp (2001), S. 22 oder Sandmann (2001), S. 42 für Calls und S. 45 für Puts.
[254] Vgl. Taylor (1990), S. 203.
[255] Vgl. Herrmann (1999), S. 209.
[256] Vgl. Taylor (1990), S. 207.

## 3.4 Empirische Überprüfung der Put-Call-Parität

Beobachtung von Puts, Calls und DAX kann in zwei Forderungen aufgespalten werden: (1) der Forderung des identischen Handelszeitpunkts ($t_0$) und (2) eines identischen DAX-Stands ($S_0$). Diese beiden Forderungen erschweren jedoch die Durchführung der empirischen Überprüfung. Der Optionshandel ist zu dünn, als dass diese Forderungen exakt erfüllt werden könnten. Der DAX wurde während des Untersuchungszeitraums alle 15 Sekunden neu und bis zur zweiten Dezimalstelle exakt berechnet. Somit stellt der DAX eine quasi stetige Variable dar.[257] Die Wahrscheinlichkeit, dass der DAX zu zwei unterschiedlichen Zeitpunkten den exakt gleichen Wert aufweist, ist folglich fast Null, so dass Forderung (2) nur annähernd erfüllt werden kann.

Die Forderung der strengen Identität des DAX (Forderung 1) zum Zeitpunkt einer Call- und Put-Transaktion würde dazu führen, dass abgesehen von seltenen Einzelfällen keine Puts und Calls miteinander verglichen werden könnten, denn die Zeit ist stetig. Der Handelszeitpunkt von Optionen wird auf 1/100 Sekunden genau erfasst. Da der Handel von Puts und Calls voneinander unabhängig ist, gibt es sowohl bei Puts als auch bei Calls je Sekunde 100 Möglichkeiten, wann sich die Transaktion ereignet. Somit liegt die Wahrscheinlichkeit einer zufälligen exakten zeitlichen Übereinstimmung eines Puts und Calls bei 1/100 wenn man bereits wüsste, dass ein Put und ein Call mit gleichem Ausübungspreis und Verfall in der gleichen Sekunde gehandelt werden.[258]

Bezogen auf die 127 Handelstage des Untersuchungszeitraums entsprechen die 176.852 Transaktionen bei Calls gerade 1.392 und die 206.044 Transaktionen bei Puts 1.622 Transaktionen pro Tag. Pro Minute werden also im Durchschnitt nur etwa 3 Transaktionen bei Puts und Calls abgeschlossen. Da Calls und Puts nur etwa alle 20 Sekunden gehandelt werden, liegt die Wahrscheinlichkeit für eine exakte zeitliche

---

[257] Ähnlich bezeichnet Finucane (1991) den ebenfalls alle 15 Sekunden neu berechneten S&P 100-Index als „near continuous", S. 448.
[258] Der Multiplikationssatz für unabhängige Ereignisse, demzufolge die Wahrscheinlichkeit 1/10.000 betragen würde, ist nicht anzuwenden, weil es für die erste Option egal ist, in welcher Cs sie gehandelt wird. Erst die zweite Option muss genau in dieser durch die erste Option festgelegten Cs gehandelt werden. Hierfür gibt es 100 Möglichkeiten je Sekunde.

Übereinstimmung bei nur 1/20.000.[259] Die Wahrscheinlichkeit der zufälligen zeitlichen Übereinstimmung von Calls, Puts und DAX liegt somit nahe Null.[260]

Zur Lösung des „thin trading"[261]-Problems sowie des daraus resultierenden Mangels der Simultanität von Calls und Puts verwenden Klemkosky/Resnick (1979) aus dem einjährigen Untersuchungszeitraum von Juli 1977 bis Juni 1978 aus jedem Monat einen Handelstag, wobei die Handelszeit der Optionspreise auf eine Minute gerundet wird.[262] Als Simultanitätskriterium verlangen Klemkosky/Resnick, dass sowohl Calls, Puts als auch die Aktie in der gleichen Minute gehandelt worden sind.[263] Taylor (1990) schlägt vor, die Überprüfung auf diejenigen Transaktionen zu beschränken, bei denen der Schlusspreis nicht außerhalb des Bid-Ask-Spreads fällt.[264] Damit approximiert Taylor jedoch lediglich die Forderung eines identischen Kurses $S_0$, während die Identität des Handelszeitpunkts $t_0$ mit der Betrachtung von Schlusskursen bei weitem nicht erfüllt wird.

Die Studie von Finucane (1991) nimmt eine zeitliche Verzögerung von bis zu 5 Minuten in Kauf.[265] Mittnik/Rieken (2000) verweisen darauf, dass bei der Mehrheit der Studien die Überprüfung der Put-Call-Parität auf Schlusskursbasis erfolgt und die Strategie am Folgetag ausgeführt wird. Sie erachten eine eintägige Verzögerung zumindest für Market Maker als eine nicht akzeptable Zeitverzögerung.[266] In Konsequenz ihrer Kritik an der Mehrzahl der Studien zur Put-Call-Parität verlangen Mittnik/Rieken in ihrer ex-post Analyse als Simultanitätskriterium, dass Puts und Calls in der gleichen Minute gehandelt werden.

Die Forderung, dass Optionen in der gleichen Minute gehandelt worden sind, ist allerdings letztlich nicht konsequent, weil damit einerseits eine maximale Zeitdifferenz von 59 Sekunden zwischen zwei Optionen erlaubt wird. Andererseits kann die Zeitdifferenz bei Optionen, die in aufeinander folgenden Minuten (und im

---

[259] Dabei wird noch unterstellt, dass es sich um Optionen mit gleichem Verfall und Ausübungspreis handelt.
[260] Im Falle einer stetigen Zufallsvariablen ist die Wahrscheinlichkeit für ein bestimmtes Ereignis Null, vgl. Voß (2004), S. 311.
[261] Taylor (1990), S. 207.
[262] Vgl. Klemkosky/Resnick (1979), S. 1150.
[263] Vgl. Klemkosky/Resnick (1979), S. 1150.
[264] Vgl. Taylor (1990), S. 207 f.
[265] Vgl. Finucane (1991), S. 448.
[266] Vgl. Mittnik/Rieken (2000), S. 264.

## 3.4 Empirische Überprüfung der Put-Call-Parität

Spezialfall in aufeinander folgenden Stunden) gehandelt werden, nur eine Sekunde betragen, und trotzdem würden diese Optionen unberücksichtigt bleiben. In dieser Untersuchung werden folglich alle Optionen zur Überprüfung der Put-Call-Parität herangezogen, die mit einer maximalen Zeitdifferenz von 59 Sekunden gehandelt werden, unabhängig davon, ob dazwischen ein Minuten- oder Stundenwechsel liegt. Die Beobachtungen von Puts, Calls und DAX erfolgen daher nahezu synchron mit maximal 59 Sekunden Zeitdifferenz, so dass die zur Überprüfung der Put-Call-Parität notwendigen Bedingungen des identischen Handelszeitpunkts und des identischen Kurses des Basiswerts als nahezu erfüllt angesehen werden können.

Der gesamte Datensatz des ersten Halbjahres 2004 nach Eliminierung der Mistrades (vgl. Tabelle 7) wird für jede einzelne Option darauf hin untersucht, ob innerhalb der vorhergehenden oder nachfolgenden 59 Sekunden eine in Ausübungspreis und Restlaufzeit gleiche Option existiert, mit der sich der Call durch Kauf des Index, des Puts und Kreditaufnahme (Strategie B) bzw. der Put sich durch den Verkauf des Index, Kauf des Calls und Geldanlage (Strategie D) duplizieren lässt. Ausgangspunkt der Überprüfung der Put-Call-Parität sind damit 19.971.332 Optionen bzw. 382.896 Transaktionen.

In zwei Sonderfällen ist es möglich, dass es trotz einer Abweichung von maximal 59 Sekunden zu einem Stundenwechsel kommt, nämlich dann, wenn Optionen entweder in der 59. oder in der 0. Minute gehandelt werden, wie das folgende Beispiel zeigt:

| Call | Put |
|---|---|
| 11:59:57 Uhr | 12:00:03 Uhr |
| 12:00:03 Uhr | 11:59:57 Uhr |

**Tabelle 8: Beispiel für die quasi synchrone (≤ 59 Sekunden) Beobachtung**
Quelle: Fiktives Beispiel.

Im Fall eines um 12:00:03 Uhr gehandelten Puts würden sämtliche Call-Transaktionen darauf hin untersucht, ob Calls mit gleichem Ausübungspreis und gleicher Restlaufzeit existieren, die mit einer maximalen Zeitdifferenz von 59 Sekunden gehandelt worden sind. Somit kommen Call-Transaktionen in Frage, die zwischen 11:59:04 Uhr (Stundenwechsel und Minutendifferenz von 59) und 12:01:02 Uhr (Minutenwechsel) gehandelt wurden.

Taylor (1990) sowie Mittnik/Rieken (2000) betrachten dagegen nur Optionspaare, die in der gleichen Minute gehandelt werden. Damit übersehen sie bei Gleichverteilung der Optionen über die Zeit damit die Hälfte aller eventuellen Arbitragemöglichkeiten, denn die Wahrscheinlichkeit dafür, dass ein Minutenwechsel binnen maximal 59 Sekunden stattfindet ist genauso hoch wie die Wahrscheinlichkeit dafür, dass die Optionen zufällig in der gleichen Minute gehandelt werden.

Ausgegangen wird immer von einem Put, zu dem ein Call gefunden werden soll. Der Grund liegt darin, dass mit 206.044 Transaktionen deutlich mehr Puts gehandelt wurden als Calls (176.852). Würde man hingegen von den Calls ausgehen und nach Puts suchen, so würde sich die theoretisch auffindbare Anzahl passender Paare auf 176.852 beschränken. Sobald eine zur Put-Transaktion passende Call-Transaktion gefunden wurde, wird das gefundene Put-Call-Paar auf Verletzungen der Put-Call-Parität hin untersucht.[267] Diese Prozedur wird für jede weitere Put-Transaktion wiederholt. Damit ist es theoretisch möglich, dass Call-Transaktionen mehrfach für Paritätsverletzungen verwendet werden.[268] Zur Vermeidung von Mehrfachzählungen wird zum nächsten Put übergegangen, sobald ein passender Call gefunden wurde. In Einzelfällen wäre es somit theoretisch möglich, dass sich auch ein anderer Call zu dem Put hätte finden lassen, der ein anderes Ergebnis erbracht hätte.

Tabelle 9 zeigt, dass ohne Doppelzählungen (Verwendung einer Option für mehr als eine Arbitragestrategie) 14,6% aller Transaktionen für die Put-Call-Parität geeignet sind. Das bedeutet, dass Calls und Puts einen identischen Ausübungspreis und die gleiche Restlaufzeit aufweisen und mit einer Differenz von maximal 59 Sekunden gehandelt wurden. Dies entspricht 27.948 Put-Call-Paaren, denen 1.879.931 Optionen zugrunde liegen.

---

[267] Es wird also nicht etwa weiter gesucht, ob noch eine weitere zur Put-Transaktion passende Call-Transaktion existiert. Aufgrund der geringen Datendichte innerhalb des Zeitintervalls von 118 Sekunden ist es nicht sehr wahrscheinlich, dass noch eine weitere Call-Transaktion gefunden wird. Durchschnittlich finden in 118 Sekunden nämlich nur etwa 6 Call-Transaktionen statt. Diese Transaktionen müssen aber hinsichtlich Restlaufzeit und Ausübungspreis mit der Call-Transaktion identisch sein, damit eine Zuordnung als Put-Call-Paar erfolgt. Dass sogar zwei passende Call-Transaktionen gefunden werden, ist daher nicht sehr wahrscheinlich.

[268] Der erwartete Unterschied in der Anzahl gefundener Paritätsverletzungen aufgrund der festgelegten Reihenfolge wird als gering eingeschätzt, weil die Wahrscheinlichkeit dafür, dass zwei passende Call-Transaktionen zu einer Put-Transaktion gefunden werden können, aufgrund der geringen Datendichte innerhalb des Zeitintervalls von 118 Sekunden sehr niedrig ist.

## 3.4 Empirische Überprüfung der Put-Call-Parität

| 2004 | | Put-Call-Paare | | in % des Dateninputs |
|---|---|---|---|---|
| | | Calls | Puts | Put-Call-Paare |
| Januar | Transaktionen | 3.589 | 3.589 | 13,08% von 54.895 |
| | Optionen | 162.816 | 150.180 | 10,26% von 3.051.647 |
| Februar | Transaktionen | 3.473 | 3.473 | 12,94% von 53.682 |
| | Optionen | 102.368 | 137.036 | 8,68% von 2.758.634 |
| März | Transaktionen | 7.049 | 7.049 | 16,51% von 85.381 |
| | Optionen | 167.946 | 212.059 | 9,42% von 4.034.506 |
| April | Transaktionen | 5.051 | 5.051 | 7,58% von 66.605 |
| | Optionen | 141.423 | 193.794 | 10,21% von 3.284.439 |
| Mai | Transaktionen | 4.531 | 4.531 | 14,08% von 64.351 |
| | Optionen | 165.724 | 180.384 | 9,86% von 3.508.948 |
| Juni | Transaktionen | 4.255 | 4.255 | 14,68% von 57.982 |
| | Optionen | 125.794 | 140.407 | 7,99% von 3.333.158 |
| Januar | Transaktionen | 27.948 | 27.948 | 14,60% von 382.896 |
| bis Juni | Optionen | 866.071 | 1.013.860 | 9,41% von 19.971.332 |

**Tabelle 9: Anteil von Put-Call-Paaren am Dateninput**
Quelle: Eigene Auswertung.

Die Studie zur Put-Call-Parität von Finucane (1991), die sich über den dreijährigen Zeitraum von 1985 bis 1988 mit einer Stichprobe aus über 23 Millionen Einträgen erstreckt, führt zu 18.186 Put-Call-Paaren.[269] Mittnik/Rieken verwenden in ihrer Studie zur Put-Call-Parität einen 44-monatigen Zeitraum von 1992 bis 1995 und werten 632.870 Transaktionen aus.[270] Obwohl im von Mittnik/Rieken verwendeten Untersuchungszeitraum 1992 bis 1995 mit durchschnittlich monatlich 14.383 Optionen der Optionshandel um 77,5% geringer war als im Untersuchungszeitraum des ersten Halbjahres 2004 (monatlich durchschnittlich 63.816 Optionen), konnten sie mit 64.868 passenden Optionspaaren 20% aller 632.870 Optionen des Untersuchungszeitraums zuordnen.

Der höhere Anteil der Put-Call-Paare gemessen am Dateninput bei Mittnik/Rieken lässt sich darauf zurückführen, dass in der vorliegenden Arbeit im Gegensatz zu vorhergehenden Untersuchungen Mehrfachbeobachtungen bewusst ausgeschlossen werden.[271] Gemessen an der Anzahl der Optionen, also gemessen an der Anzahl von

---

[269] Vgl. Finucane (1991), S. 448. Finucane verwendet allerdings nicht alle über 23 Millionen Einträge, sondern verwendet „due to the large number of observations present" nur eine Stichprobe hieraus.
[270] Mittnik/Rieken eliminieren Optionen mit einer Restlaufzeit von über 6 Monaten. Dies begründen sie damit, dass sie für längere Laufzeiten keinen Zinssatz zur Verfügung haben, vgl. Mittnik/Rieken (2000), S. 263.
[271] Mehrfachbeobachtungen können sich ergeben, wenn zu einer Put-Transaktion mindestens zwei Call-Transaktionen gleiche Parameter aufweisen und innerhalb von 59 Sekunden gehandelt werden. In diesem Fall werden nicht mehrere Put-Call-Paare gebildet, sondern nur ein Put-Call-Paar, weil eine mögliche Arbitrage in der Praxis auch nur einmal möglich ist.

Transaktionen unter Berücksichtigung der Handelsgröße, beläuft sich der Anteil der Put-Call-Paare der vorliegenden Arbeit auf 9,41%, während sich 14,6% der Transaktionen zuordnen lassen. Die Differenz zwischen dem prozentualen Anteil von Put-Call-Paaren bzw. Transaktionen ergibt sich daraus, dass sich die durchschnittliche Handelsgröße der für die Put-Call-Parität geeigneten Kontrakte auf durchschnittlich nur 36 beläuft, während im Untersuchungszeitraum die durchschnittliche Handelsgröße 52 Optionen beträgt (vgl. S. 91 f.).

Tabelle 10 fasst zusammen, wie viele Transaktionen bei einer maximalen Differenz in der Handelszeit zwischen Puts und Calls von 59 Sekunden aufgrund der Berücksichtigung von Minuten- und Stundenwechsel zusätzlich gefunden werden.

| 2004 | H1 | H2 | M1 | M2 | S | $\sum$ |
|---|---|---|---|---|---|---|
| Januar | 11 | 21 | 1.304 | 0 | 2.253 | 3.589 |
| Februar | 11 | 32 | 1.244 | 0 | 2.186 | 3.473 |
| März | 33 | 40 | 2.757 | 0 | 4.219 | 7.049 |
| April | 21 | 21 | 1.912 | 0 | 3.097 | 5.051 |
| Mai | 10 | 20 | 1.806 | 0 | 2.695 | 4.531 |
| Juni | 10 | 32 | 1.611 | 0 | 2.602 | 4.255 |
| Januar-Juni | 96 | 166 | 10.634 | 0 | 17.052 | 27.948 |

Tabelle 10: Aufteilung von Put-Call-Paaren nach Handelszeit
H1: Stundenwechsel, Put wurde vor dem Call gehandelt.
H2: Stundenwechsel, Call wurde vor dem Put gehandelt.
M1: Minutenwechsel, Call wurde vor dem Put gehandelt.
M2: Minutenwechsel, Put wurde vor dem Call gehandelt.
S: Put und Call wurden in der gleichen Minute gehandelt.
Quelle: Eigene Datenauswertung.

Würden nur Optionen berücksichtigt, die in der gleichen Minute gehandelt werden, so ergäben sich anstelle der 27.948 Put-Call-Paare nur 17.052 Put-Call-Paare. Durch zusätzliche Berücksichtigung von Minuten- und Stundenwechsel können also über 61% Optionspaare zusätzlich gefunden werden.[272]

---

[272] Die Tatsache, dass M2 = 0 ist, hängt mit der Sortierung der Daten zusammen sowie damit, dass jeweils von der Put ausgegangen wurde und hierzu ein passender Call gesucht wurde.

## 3.4.2.3 Besonderheiten der DAX-Option

Finucane (1991) und Brunetti/Torricelli (2003) weisen auf die erhöhte Komplexität sowohl für die Überprüfung der Put-Call-Parität als auch bei der Arbitrageausführung hin, die sich durch Index-Optionen ergibt.[273] Die Unterschiede zu Aktienoptionen bestehen darin, dass (1) der DAX nicht direkt gehandelt wird, sondern nur als Future oder Exchange Traded Fund handelbar ist, (2) bei DAX-Optionen immer eine Erfüllung in bar vorgenommen wird, wobei jeder Punkt mit 5 € gewichtet wird, (3) der Ausübungspreis sich auf den Schlusskurs bezieht und (4) die Dividendenzahlung des DAX komplizierter ist als bei einzelnen Aktien. Mittnik/Rieken (2000) gehen davon aus, der Problematik der Dividendenschätzung zu entgehen, weil der DAX ein Performance-Index ist und Dividenden somit reinvestiert werden.[274] Wallmeier (2003) weist allerdings daraufhin, dass der von der Deutschen Börse AG unterstellte Steuersatz nicht dem tatsächlichen Steuersatz der Handelsteilnehmer entsprechen muss.[275]

Die Studien zur Put-Call-Parität von Finucane (1991), Mittnik/Rieken (2000) sowie von Brunetti/Torricelli (2003), welche Index-Optionen für die Put-Call-Parität heranziehen, verwenden zur Überprüfung den mit den Optionspreisen zeitsynchronisierten Indexstand. Brunetti/Torricelli begründen die Wahl des in der Praxis nicht direkt handelbaren Index damit, dass der entsprechende Futures-Kontrakt zwar handelbar ist, jedoch ein sog. Basis Risk mit sich bringt. Unter Basis Risk versteht man, dass der Basiswert nicht genau dem zu hedgenden Wert entspricht und/oder der Verfall des Futures nicht mit dem beabsichtigten Liefer-/Kaufdatum zusammenfällt.[276]

Zwar stimmen beim DAX der Future mit dem Basiswert überein, der Verfalltermin der Optionen fällt aber nur in den Monaten März, Juni, September und Dezember mit dem DAX-Future überein. In Fällen, in denen für die gewünschte Laufzeit keine Daten zur Verfügung stehen, nehmen sowohl Hafner/Wallmeier (2000), Mittnik/Rieken (2000) als auch die Deutsche Börse AG lineare Interpolationen

---

[273] Vgl. Finucane (1991), S. 446 sowie Brunetti/Torricelli (2003), S. 4.
[274] Vgl. Mittnik/Rieken (2000), S. 261.
[275] Vgl. Wallmeier (2003), S. 166, S. 242.
[276] Vgl. Hull (2009), S. 45 ff.

vor.[277] Eine lineare Interpolation ist jedoch problematisch. Mit der Interpolation werden künstliche Daten geschaffen, die von der Realität erheblich abweichen können. Als Extrembeispiel könnte der Kursverlauf des S&P 500 am 19. Oktober 1987 herangezogen werden. Der S&P 500 fiel an diesem Tag um 20%, während der 2-Monats S&P 500-Futures um 29% sank.[278] Darüber hinaus ist der DAX-Future nicht beliebig teilbar. Jeder Punkt entspricht beim Future 25 €, während bei der DAX-Option jeder Punkt mit 5 € bewertet wird. Für eine geringere Anzahl an Optionskontrakten könnte zwar theoretisch auf Exchange Traded Funds (ETFs) auf den DAX ausgewichen werden. Exchange Traded Funds sind börsengehandelte Fondsanteile, die täglich neu den DAX abbilden. Um die Preisbewegung von 5 € je Option abzubilden, müssten aber je Option etwa 500 ETFs (entsprechend 25.000 €) gekauft werden, was bei einer Managing Fee von 0,15% ohne Berücksichtigung der Brokerage Fee bereits 37,50 € an Transaktionskosten verursacht. Zu Zwecken der Arbitrage kommt daher in der Praxis nur der Future auf den DAX in Betracht, bei dem die Börsengebühr 0,50 € je Kontrakt beträgt.

### 3.4.2.4 Modellunabhängige Wertuntergrenze

Der von Angebot und Nachfrage unabhängig einsetzende Arbitragemechanismus unter Berücksichtigung von Fremdkapitalaufnahme ist (vgl. S. 94):

$$C - P = \frac{S_0 \cdot (1 - e^{rT})}{e^{rT}}, \qquad (3.15)$$

wobei aus der Optionspreisfunktion für Calls und Puts folgt:[279]

- identischer Ausübungspreis ($K$)
- identische Restlaufzeit bzw. Verfall ($T$)
- identischer Handelszeitpunkt ($t_0$) und
- identischer Kurs des DAX ($S_0$).

Diese eindeutige Preisbeziehung zwischen Calls und Puts gilt nur unter den idealen Annahmen eines effizienten Marktes, der Absenz von Transaktionskosten, Steuern, Margin und Restriktionen beim Leerverkauf, eines gleich hohen Zinssatzes für

---

[277] Vgl. Hafner/Wallmeier (2000), S. 7 f., Mittnik/Rieken (2000), S. 263 sowie Deutsche Börse AG (2004b), S. 13 sowie Deutsche Börse AG (2004a), S. 3.
[278] Vgl. Rubinstein (1996), S. 1611.
[279] Vgl. Sandmann (2001), S. 39.

## 3.4 Empirische Überprüfung der Put-Call-Parität

Geldanlage und Fremdkapitalaufnahme und unter der Annahme, dass Optionen mit ex-ante Sicherheit bis zum Laufzeitende gehalten werden.[280] Im Falle der vorzeitigen Ausübung gilt die Beziehung $C - P = \dfrac{S_0 \cdot (1 - e^{rT})}{e^{rT}}$ nicht mehr. Erstens reduziert sich durch die kürzere Haltezeit der Arbitrageposition der Zinsaufwand. Zweitens verfügt ein Put im Fall der frühzeitigen Ausübung des Calls gegen den Arbitrageur immer noch über einen realisierbaren Wert, der nicht in obiger Gleichung beinhaltet ist (vgl. S. 12 ff.). $C, P$ und $e^{r \cdot dt}$ werden in diesem Fall überschätzt.[281]

### 3.4.2.5 Zinssatz

Gemäß Gleichung (3.5) könnte der risikofreie Zinssatz unter der Annahme quasi vollkommener Märkte (keine Transaktionskosten, sofortige Erkennung von Arbitragemöglichkeiten, sofortige Ausführung von Aufträgen) berechnet werden. Diese Methode zur Bestimmung des risikofreien Zinssatzes verwendet Neumann (1998) für seine Untersuchung eines Optionsbewertungsmodells mit einem Mix von Log-Normalverteilungen. Die Extrahierung des risikofreien Zinssatzes aus der Put-Call-Parität ist allerdings problematisch. In der Studie von Stoll (1969), die allerdings „repräsentative" Schlusskurse verwendet und damit nicht dem elementaren Erfordernis der zeitlichen Synchronisation von Options- und Aktienkurs entspricht, ist der aus der Put-Call-Parität implizierte Zinssatz in der Hälfte aller Fälle negativ.[282] Als Zinssatz wird der zur Restlaufzeit der Option konforme Euribor verwendet (vgl. S. 267). Da die Put-Call-Paare jeweils am gleichen Tag gehandelt werden, ist der Zinssatz für Calls und Puts identisch.

### 3.4.2.6 Frühzeitige Ausübung und Dividenden

In den Studien von Klemkosky/Resnick (1979), Taylor (1990) und Finucane (1991) ergeben sich methodische sowie kalkulatorische Probleme, die aus der Möglichkeit der frühzeitigen Ausübung von Optionen sowie der Unsicherheit von Dividenden resultieren. Bei der Verwendung des DAX treten diese Probleme kaum auf, einerseits

---

[280] Vgl. Stoll (1969), S. 808-812 sowie Merton (1973b), S. 183. Für eine umfassende Darstellung und Klassifikation finanzieller Risiken vgl. Kalinkovskij (2007), S. 37 f. Für durch Optionen generierte Risiken vgl. Matveev (2008), S. 83-84.
[281] Vgl. Stoll (1969), S. 808.
[282] Vgl. Hull (2009), S. 208 ff. sowie Stoll (1969), S. 817.

weil die DAX-Option europäischen Typs ist, andererseits weil der DAX ein Performance-Index ist, bei dem Dividenden reinvestiert werden. Allerdings geht die Deutsche Börse AG zur Berechnung des Reinvestitionsbetrags der Dividenden von einem fiktiven Steuersatz aus, der die Realität nur approximativ widerspiegelt.[283]

### 3.4.2.7 Transaktionskosten

Jensen (1978) und Galai (1983) zufolge wird ein Markt als effizient angesehen, wenn Handelsteilnehmer keine risikoadjustierten Erträge nach Steuern und Transaktionskosten erzielen können, die über dem risikolosen Zinssatz liegen. Überträgt man die Efficient Market Hypothesis (EMH) auf die Put-Call-Parität, so ergibt sich daraus, dass Calls und Puts zu jedem Zeitpunkt in einem bestimmten Verhältnis zueinander bewertet sein müssen. Für den Gewinn aus einem Long Hedge folgt aus diesem relativen Preisverhältnis (vgl. S. 81 f.):[284]

$$M = C - P - S + K \cdot e^{-rT} - Transaktionskosten \leq 0 \qquad (3.16)$$

und für den Gewinn aus einem Short Hedge:

$$N = P - C + S - K \cdot e^{-rT} - Transaktionskosten \leq 0. \qquad (3.17)$$

Der Long Hedge (Conversion) wird bei einer relativen Überbewertung des Calls ausgeführt. Der Short Hedge (Reversal) wird im Falle der Überbewertung von Puts konstruiert. Die meisten empirischen Studien stellen eine relative Überbewertung von Puts fest.

Mittnik/Rieken (2000) weisen zurecht darauf hin, dass bei der Vornahme von ex-post Tests das Kursänderungsrisiko während der Ausführung der Strategie (sog. Immediacy Risk[285]) unberücksichtigt bleibt. Somit würden die relativen Fehlbewertungen stets einen positiven Ertrag generieren. Die vorliegende Arbeit vermeidet dieses Problem dadurch, dass alle Optionen, die zur Konstruktion einer Put-Call-Parität grundsätzlich geeignet sind, auf einen Verstoß gegen die Put-Call-

---

[283] Vgl. Mittnik/Rieken (2000), S. 259.
[284] Vgl. Mittnik/Rieken (2000), S. 264.
[285] Kamara/Miller (1995), S. 519-539.

## 3.4 Empirische Überprüfung der Put-Call-Parität

Parität hin untersucht werden, und damit eben nicht gezielt profitable Paare herausgesucht werden. Das Risiko, dass die Kurse sich mittlerweile geändert haben, wird in der Statistik ausgewiesen. Es wird berechnet, ob nach dem Immediacy Risk immer noch ein Gewinn möglich ist.

Die Transaktionskosten variieren je nach Art des Handelsteilnehmers. Market Maker erhalten Vergünstigungen und zahlen je Kontrakt 0,20 €. Bei der DAX-Option entspricht ein Kontrakt genau einer Option. Bei Erreichen bestimmter Performance-Vorgaben betragen die Transaktionskosten der Market Maker sogar nur 0,10 €, während übrige Handelsteilnehmer 0,75 € zahlen. Ebenso wie die Studie von Mittnik/Rieken (2000) werden die niedrigsten Transaktionskosten angesetzt, weil sich die Arbitrage nach den Handelsteilnehmern mit den geringsten Transaktionskosten, also den Market Makern, richtet. Zu den direkten Transaktionskosten kommen grundsätzlich die indirekten Transaktionskosten. Indirekte Transaktionskosten bestehen aus Timing Kosten, dem Bid-Ask-Spread sowie der adversen Preisbewegung (Preisänderung infolge der Order, welche die Gegenseite des Orderbuches übersteigt).

Unter Timing Kosten (Immediacy Risk) versteht man eine negative Preisentwicklung bis zur Ausführung der Order. Bhattacharya (1983) weist darauf hin, dass Vermögenswerte typischerweise zum Ask-Preis gekauft und zum Bid-Preis verkauft werden. Auch Schtukin (1999) verweist darauf, dass auf realen Märkten zwei Preise existieren und die Liquidität die Differenz und damit das mit Kauf und Verkauf verbundene Risiko beeinflusst.[286] Mittnik/Rieken (2000) verweisen jedoch darauf, dass in der Praxis Handelsabschlüsse auch innerhalb des Spreads zustande kommen und der Bid-Ask-Spread schwer zu schätzen ist.[287] Aus diesen Gründen wird dieser Bid-Ask-Spread ebenso wie in der Studie von Mittnik/Rieken (2000) vernachlässigt. Unter Vernachlässigung adverser Preisbewegungen, die ohne Kenntnis des Orderbuches nicht abgeschätzt werden können, bleiben somit Timing Kosten, die sich beziffern lassen und in dieser Untersuchung berücksichtigt werden. Die Überprüfung der Put-Call-Parität wird mit und ohne Transaktionskosten durchgeführt.

---

[286] Vgl. Schtukin (1999), S. 106.
[287] Vgl. Mittnik/Rieken (2000), S. 264. Auch Schtukin stimmt zu, dass Transaktionspreise zwischen Bid- und Askpreisen eintreten. Vgl. Schtukin (1999), S. 107 ff.

### 3.4.3 Anzahl von Verstößen gegen die Put-Call-Parität

Mit insgesamt 15.835 Transaktionen sind 57% der Long Hedges im Vergleich zu 12.113 Short Hedges profitabel (vgl. Tabelle 11). Diese Verteilung ist konträr zur empirischen Auswertung bei Klemkosky/Resnick (1979), die bei 606 Strategien 40% der Long Hedges für profitabel befindet und eine Überbewertung von Calls konstatiert.

Da der Long Hedge den Verkauf überbewerteter Calls und den Kauf unterbewerteter Puts involviert, lässt sich ohne Berücksichtigung von Transaktionskosten darauf schließen, dass Calls anzahlmäßig häufiger überbewertet werden als Puts.

| 2004 | Anzahl Transaktionen (Hedges) | | | Anzahl Optionen | | |
|---|---|---|---|---|---|---|
| | Long | Short | $\sum$ | Calls | Puts | $\sum$ |
| Januar | 1.922 | 1.667 | 3.589 | 162.816 | 150.180 | 312.996 |
| Februar | 2.141 | 1.332 | 3.473 | 102.368 | 137.036 | 239.404 |
| März | 3.853 | 3.196 | 7.049 | 167.946 | 212.059 | 380.005 |
| April | 3.412 | 1.639 | 5.051 | 141.423 | 193.794 | 335.217 |
| Mai | 2.179 | 2.352 | 4.531 | 165.724 | 180.384 | 346.108 |
| Juni | 2.674 | 1.581 | 4.255 | 125.794 | 140.407 | 266.201 |
| Januar-Juni | 16.181 | 11.767 | 27.948 | 866.071 | 1.013.860 | 1.879.931 |

Tabelle 11: Aufteilung profitabler Long und Short Hedges vor Transaktionskosten
Quelle: Eigene Datenauswertung.

Tabelle 11 weist die Anzahl profitabler Long und Short Hedges aus sowie die Anzahl der dadurch betroffenen Optionen aufgeteilt nach einzelnen Monaten. Aus der Relation von Long Hedges zu Short Hedges lässt sich allerdings noch keine Aussage über die Höhe der relativen Fehlbewertung ableiten und sie berücksichtigt insbesondere keine Transaktionskosten. Ob daher die häufigere Überbewertung von Calls tatsächlich auch ökonomisch signifikant ist, bleibt damit vorerst offen.

Im Anschluss soll daher die Höhe der Arbitragegewinne aus Short und Long Hedges in den einzelnen Monaten mit und ohne Berücksichtigung der Handelsgröße, vor und nach Transaktionskosten sowie vor und nach Berücksichtigung adverser Preisbewegungen während der Ausführung des Hedges ausgewertet werden.

## 3.4 Empirische Überprüfung der Put-Call-Parität

### 3.4.4 Transaktionskosten für Market Maker und Privatinvestoren

Unter Arbitrage versteht man eine Investmentstrategie, die risikolos und mit positiver Wahrscheinlichkeit einen Gewinn generiert.[288] Sowohl der Gewinn durch den Long Hedge in Höhe von $M = C - P - S + K \cdot e^{-rT}$ als auch der Gewinn durch einen Short Hedge in Höhe von $N = P + S - C - K \cdot e^{-rT}$ soll vor und nach Transaktionskosten für unterschiedliche Handelsteilnehmer berechnet werden (vgl. S. 81 ff.). Liegt der Gewinn auch nach Transaktionskosten über 0, so widerspricht dies der Efficient Market Hypothesis. Als Transaktionskosten werden einerseits die geringsten Kosten angesetzt, die einem Market Maker entstehen können, andererseits aber auch die Kosten eines normalen Handelsteilnehmers (Privatinvestors). Dem Market Maker entstehen sowohl für die Transaktion als auch für die Ausübung je 0,20 € und einem normalen Handelsteilnehmer 0,75 € je Kontrakt an Gebühren.[289] Für den DAX-Future (Kontraktgröße 25.000 €) ist eine Eurex Margin von 7.700 €[290] zu hinterlegen.

Die Börsengebühr beträgt 0,50 €, ein Punkt entspricht 25 €, ein Tick entspricht 0,5 Indexpunkten. Die Transaktionskosten für den DAX-Future werden ebenfalls berücksichtigt. Dabei wird unterstellt, dass der Future auch in Bruchteilen ge- und verkauft werden kann, falls dies für das Hedging der Optionsposition notwendig ist. Als Transaktionskosten fallen zusätzlich Opportunitätskosten in Form entgangener Zinsen bezogen auf die Transaktionskosten beim ursprünglichen Aufbau der Position an. Die indirekten Transaktionskosten in Form von Bid-Ask-Spreads werden hingegen nicht berücksichtigt, weil ohnehin mögliche Arbitragegewinne durch tatsächlich stattgefundene Transaktionen untersucht werden sollen. Hingegen wird das Immediacy Risk berücksichtigt, also Kosten, die dadurch anfallen, dass der DAX zum Zeitpunkt der Put- und der Call unterschiedliche Kursstände aufweist.

Die Transaktionskosten sind für einen Short Hedge und einen Long Hedge identisch und setzen sich zusammen aus den Gebühren zum Aufbau der Position in $t = 0$ für je einen Call, einen Put (jeweils 0,20 € für Market Maker und 0,75 € für normale Handelsteilnehmer) und den DAX (0,50 € je Future) sowie die Auflösung der

---
[288] Vgl. Föllmer (2002), S. 213.
[289] Vgl. Eurex (2004e) und Eurex (2004f). Bei Erfüllung bestimmter Performance-Kriterien erstattet die Eurex sogar Beträge, so dass dem Market Maker effektiv nur 0,10 € je Kontrakt berechnet werden. Die genauen Anforderungen ergeben sich aus den Eurex-Rundschreiben an die ca. 500 Eurex-Members. Diese Rundschreiben werden nicht veröffentlicht.
[290] Die von den Brokern verlangte Margin liegt höher, bei Fimatex S.A. beispielsweise 9.240 €.

Position in $t = T$ für diese Positionen.[291] Alle in $t = 0$ anfallenden Transaktionskosten verursachen Opportunitätskosten in Form entgangener Zinsen. Tabelle 12 zeigt für Market Maker die Transaktionskosten, die bei Durchführung eines Long bzw. Short Hedges bei einem Zinssatz von 2,0% entstehen.

| Börsengebühren für Market Maker (mit Margin) | | | | | | |
|---|---|---|---|---|---|---|
| | Restlaufzeit | | | | | |
| Kontrakte | 0,08 | 0,17 | 0,25 | 0,33 | 0,50 | 1,00 |
| 5 | 17,85 € | 30,72 € | 43,61 € | 56,52 € | 82,41 € | 160,60 € |
| 10 | 35,70 € | 61,44 € | 87,22 € | 113,04 € | 164,82 € | 321,20 € |
| 15 | 53,54 € | 92,15 € | 130,83 € | 169,56 € | 247,23 € | 481,80 € |
| 20 | 71,39 € | 122,87 € | 174,44 € | 226,09 € | 329,65 € | 642,40 € |
| 25 | 89,24 € | 153,59 € | 218,04 € | 282,61 € | 412,06 € | 803,00 € |
| 30 | 107,09 € | 184,31 € | 261,65 € | 339,13 € | 494,47 € | 963,60 € |
| 35 | 124,94 € | 215,02 € | 305,26 € | 395,65 € | 576,88 € | 1.124,21 € |
| 40 | 142,79 € | 245,74 € | 348,87 € | 452,17 € | 659,29 € | 1.284,81 € |
| 45 | 160,63 € | 276,46 € | 392,48 € | 508,69 € | 741,70 € | 1.445,41 € |
| 50 | 178,48 € | 307,18 € | 436,09 € | 565,22 € | 824,11 € | 1.606,01 € |

Tabelle 12: Börsengebühren für Market Maker (mit Margin)
Quelle: Eigene Berechnungen.

Tabelle 13 zeigt Transaktionskosten, die bei Durchführung eines Long bzw. Short Hedges bei einem Zinssatz von 2,0% normalen Handelsteilnehmern entstehen.

| Börsengebühren für normale Handelsteilnehmer (mit Margin) | | | | | | |
|---|---|---|---|---|---|---|
| | Restlaufzeit | | | | | |
| Kontrakte | 0,08 | 0,17 | 0,25 | 0,33 | 0,50 | 1,00 |
| 5 | 28,86 € | 41,74 € | 54,64 € | 67,56 € | 93,47 € | 171,71 € |
| 10 | 57,71 € | 83,47 € | 109,27 € | 135,12 € | 186,93 € | 343,42 € |
| 15 | 86,57 € | 125,21 € | 163,91 € | 202,68 € | 280,40 € | 515,14 € |
| 20 | 115,43 € | 166,94 € | 218,55 € | 270,23 € | 373,87 € | 686,85 € |
| 25 | 144,29 € | 208,68 € | 273,18 € | 337,79 € | 467,33 € | 858,56 € |
| 30 | 173,14 € | 250,42 € | 327,82 € | 405,35 € | 560,80 € | 1.030,27 € |
| 35 | 202,00 € | 292,15 € | 382,46 € | 472,91 € | 654,27 € | 1.201,98 € |
| 40 | 230,86 € | 333,89 € | 437,09 € | 540,47 € | 747,73 € | 1.373,70 € |
| 45 | 259,72 € | 375,63 € | 491,73 € | 608,03 € | 841,20 € | 1.545,41 € |
| 50 | 288,57 € | 417,36 € | 546,37 € | 675,58 € | 934,67 € | 1.717,12 € |

Tabelle 13: Börsengebühren für normale Handelsteilnehmer (mit Margin)
Quelle: Eigene Berechnungen.

Der Vergleich von Börsengebühren zwischen Market Makern und normalen Handelsteilnehmern offenbart keine besonders großen Differenzen. Opportunitätskosten in Form des entgangenen Zinsgewinns durch das Erfordernis der Margin in Höhe von mindestens 7.700 € sind dagegen bedeutsam. Eine Margin fällt jedoch dann

---

[291] Vgl. Eurex (2005a), S. 4-5.

## 3.4 Empirische Überprüfung der Put-Call-Parität

nicht an, wenn die Positionen des Kontos an der Eurex sich gegenseitig aufhebende Risiken haben.[292] Conversions und Reversals stellen aus Sicht der Eurex ein ausgeglichenes Konto dar. Die im empirischen Teil durchgeführten Handelsstrategien sind i.d.R. nicht marginpflichtig, da die Gesamtposition des Portfolios bewertet wird. Das Portfolio bestehend aus Conversions und Reversals ist gehedgt und dies wird bei der Berechnung der Margin berücksichtigt.[293] Aus diesem Grund werden in der empirischen Auswertung Opportunitätskosten, die der Margin geschuldet wären, nicht vom Arbitragegewinn abgezogen.

### 3.4.5 Konstruktion der Handelsposition und Rechenparameter

Zur Absicherung wird je angefangene 5 Optionen beim Long Hedge ein Future ge- und beim Short Hedge ein Future verkauft. Entspricht die Kontraktgröße nicht einem Vielfachen von 5, so lässt sich mit dem Future keine perfekte Absicherung erzielen. Eine perfekte Absicherung ist schon deshalb nicht möglich, weil die kleinstmögliche Preisänderung (1 Tick) beim Future 0,5 Indexpunkten und somit 12,50 € entspricht, während bei der Option 1 Tick 0,1 Indexpunkten und somit 0,50 € entspricht. In der Praxis kann in Fällen, in denen kein Vielfaches von 5 DAX-Kontrakten vorliegt, die Absicherung bei Erhöhung der Transaktionskosten mit ETFs statt mit Futures vorgenommen werden.

| Transaktionskosten für Market Maker (ohne Margin) | | | | | | |
|---|---|---|---|---|---|---|
| | Restlaufzeit | | | | | |
| Kontrakte | 0,08 | 0,17 | 0,25 | 0,33 | 0,50 | 1,00 |
| 5 | 5,00 € | 5,01 € | 5,01 € | 5,02 € | 5,03 € | 5,05 € |
| 10 | 10,01 € | 10,02 € | 10,03 € | 10,03 € | 10,05 € | 10,10 € |
| 15 | 15,01 € | 15,03 € | 15,04 € | 15,05 € | 15,08 € | 15,15 € |
| 20 | 20,02 € | 20,03 € | 20,05 € | 20,07 € | 20,10 € | 20,20 € |
| 25 | 25,02 € | 25,04 € | 25,06 € | 25,08 € | 25,13 € | 25,25 € |
| 30 | 30,03 € | 30,05 € | 30,08 € | 30,10 € | 30,15 € | 30,30 € |
| 35 | 35,03 € | 35,06 € | 35,09 € | 35,12 € | 35,18 € | 35,35 € |
| 40 | 40,03 € | 40,07 € | 40,10 € | 40,13 € | 40,20 € | 40,40 € |
| 45 | 45,04 € | 45,08 € | 45,11 € | 45,15 € | 45,23 € | 45,45 € |
| 50 | 50,04 € | 50,08 € | 50,13 € | 50,17 € | 50,25 € | 50,51 € |

Tabelle 14: Transaktionskosten für Market Maker (ohne Margin)
Quelle: Eigene Berechnungen.

---

[292] Gemäß Eurex (2005c), S. 16 ist ein Netting für Positionen, die sich gegenseitig aufheben, möglich.
[293] Fimatex S.A. (2005), S. 1.

Tabelle 14 weist die Transaktionskosten ohne Margin für Market Maker für Conversions sowie Reversals aus.

Tabelle 15 weist die Transaktionskosten ohne Margin für normale Handelsteilnehmer (Privatinvestoren) für Conversions sowie Reversals aus. Die Tabelle ist unterteilt in Anzahl von Kontrakten und Restlaufzeit der Optionen.

| Transaktionskosten für normale Handelsteilnehmer (ohne Margin) | | | | | | |
|---|---|---|---|---|---|---|
| | Restlaufzeit | | | | | |
| Kontrakte | 0,08 | 0,17 | 0,25 | 0,33 | 0,50 | 1,00 |
| 5 | 16,01 € | 16,03 € | 16,04 € | 16,05 € | 16,08 € | 16,16 € |
| 10 | 32,03 € | 32,05 € | 32,08 € | 32,11 € | 32,16 € | 32,32 € |
| 15 | 48,04 € | 48,08 € | 48,12 € | 48,16 € | 48,24 € | 48,48 € |
| 20 | 64,05 € | 64,11 € | 64,16 € | 64,21 € | 64,32 € | 64,65 € |
| 25 | 80,07 € | 80,13 € | 80,20 € | 80,27 € | 80,40 € | 80,81 € |
| 30 | 96,08 € | 96,16 € | 96,24 € | 96,32 € | 96,48 € | 96,97 € |
| 35 | 112,09 € | 112,19 € | 112,28 € | 112,37 € | 112,56 € | 113,13 € |
| 40 | 128,11 € | 128,21 € | 128,32 € | 128,43 € | 128,64 € | 129,29 € |
| 45 | 144,12 € | 144,24 € | 144,36 € | 144,48 € | 144,72 € | 145,45 € |
| 50 | 160,13 € | 160,27 € | 160,40 € | 160,54 € | 160,80 € | 161,62 € |

Tabelle 15: Transaktionskosten für normale Handelsteilnehmer (ohne Margin)
Quelle: Eigene Berechnungen.

Aus den Tabellen 14 und 15 geht hervor, dass normalen Handelsteilnehmern etwa dreimal höhere Börsengebühren entstehen als Market Makern (vgl. S. 107 f.).

### 3.4.6 Berechnung des Arbitragegewinns

#### 3.4.6.1 Überblick

Der Preis des Basiswerts kann innerhalb des maximal zulässigen Zeitintervalls von 59 Sekunden zwischen Put und Call abweichen, weil der DAX im Untersuchungszeitraum alle 15 Sekunden neu berechnet wird. Zur Berechnung der Arbitrage wird jeweils der DAX-Stand zugrunde gelegt, der die geringere Arbitrage zulässt. Damit wird vermieden, dass fälschlicherweise Arbitragemöglichkeiten aufgezeigt werden, die der nicht gänzlich synchronen Zuordnung von Put und Call geschuldet sind.

## 3.4 Empirische Überprüfung der Put-Call-Parität

Tabelle 16 weist die Differenz in Punkten sowie entsprechend in Euro je Option aus, die sich durch Abweichungen des Handelszeitpunkts zwischen Calls und Puts und Berechnung des DAX ergeben.

| 2004 | Differenz in Punkten des DAX | | | Differenz in Euro je Option | | |
|---|---|---|---|---|---|---|
| | μ | Median | σ | μ | Median | σ |
| Januar | 0,8831 | 0,47 | 1,2251 | 4,4155 | 2,35 | 6,1256 |
| Februar | 0,8613 | 0,38 | 1,2999 | 4,3063 | 1,9 | 6,4995 |
| März | 1,2620 | 0,66 | 1,7041 | 6,3098 | 3,3 | 8,5207 |
| April | 1,0035 | 0,47 | 1,7659 | 5,0177 | 2,35 | 8,8296 |
| Mai | 1,0140 | 0,52 | 1,7014 | 5,0699 | 2,6 | 8,5072 |
| Juni | 0,7379 | 0,34 | 1,1983 | 3,6893 | 1,7 | 5,9915 |

Tabelle 16: Monetärer Effekt nichtsynchroner DAX-Aufzeichnung zwischen Calls und Puts
Quelle: Eigene Berechnungen.

Infolge der Zeitabweichung der Notierung des DAX für Calls und Puts kann es zu einer negativen Preisbewegung während der Ausführung des Hedges (Timing Kosten) und in der Folge zu einer beträchtlichen Diskrepanz zwischen Median und Mittelwert beim monetären Effekt je Transaktion kommen. Im Januar beträgt dieser monetäre Effekt im arithmetischen Mittel 54,02 € (vgl. Tabelle 17). Legt man den gegen Extremwerte robusten Median zugrunde, so beträgt diese Differenz nur 7,95 €.

| Differenz in Euro je Transaktion | | |
|---|---|---|
| μ | Median | σ |
| 54,024 | 7,95 | 338,3708 |
| 46,6293 | 7,20 | 194,6540 |
| 53,3883 | 11,0 | 211,8869 |
| 46,6398 | 8,4500 | 178,0098 |
| 52,7549 | 8,6 | 454,6861 |
| 33,5733 | 5,7 | 122,3166 |

Tabelle 17: Statistik des Effekts nichtsynchroner DAX-Aufzeichnung zwischen Calls und Puts in Euro je Transaktion
Quelle: Eigene Berechnungen.

Der Unterschied zwischen Median und arithmetischen Mittel ist darauf zurückzuführen, dass für die Transaktionsgröße zur Berechnung des möglichen Arbitragegewinns das Minimum der Kontraktgröße beider Transaktionen verwendet wird, weil sich auch in der Praxis der mögliche Arbitragegewinn nach der kleineren Handelsgröße richtet. Dadurch bezieht sich die Transaktionsgröße in einer Vielzahl von Fällen auf nur wenige Optionen. Diese hohe Anzahl von Optionen mit geringer Transaktionsgröße beeinflusst die Ermittlung des Medians aufgrund ihrer Häufigkeit (vgl. Abbildung 21). Abbildung 21 zeigt die Verteilung der Transaktionsgröße von Put-Call-Paaren im ersten Halbjahr 2004, wobei jeweils die geringere Transaktionsgröße von Put- oder Call-Transaktion ausschlaggebend ist.

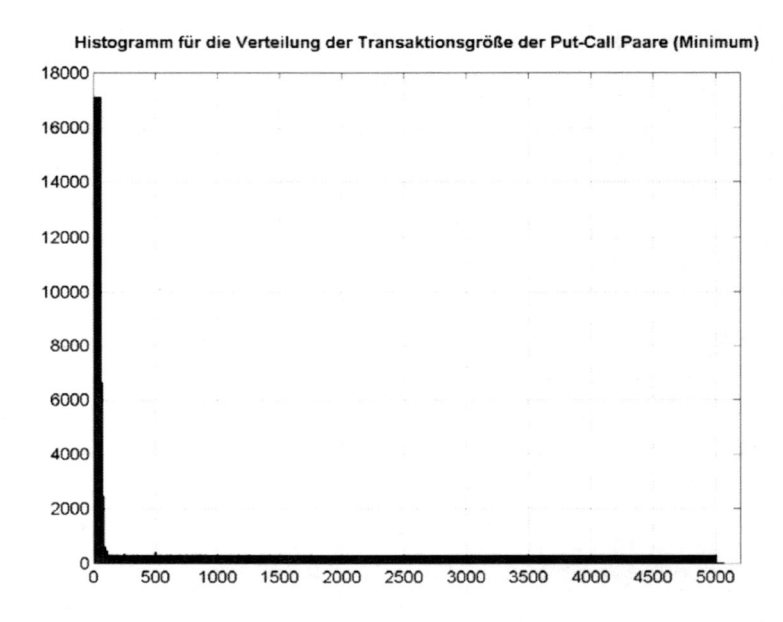

**Abbildung 21: Histogramm für die Transaktionsgröße der Put-Call-Paare**
Quelle: Eigene Darstellung.

In einigen Fällen werden Transaktionsgrößen von 500 bis zu 5.000 erreicht. Wird das Minimum beider Transaktionsgrößen zugrunde gelegt, so liegt das arithmetische Mittel bei 14,8 Kontrakten. Das arithmetische Mittel der Calls liegt bei den Optionen der Put-Call-Parität bei 31,0 und das der Puts bei 36,3 Kontrakten.

### 3.4.6.2 Arbitragegewinn für Privatinvestoren

Tabelle 18 zeigt für einen normalen Handelsteilnehmer (Privatinvestor), die Anzahl der Arbitragemöglichkeiten sowie die Höhe der Arbitragegewinne je Transaktion unter schrittweisem Einbezug direkter und indirekter Transaktionskosten. Der Tabelle 18 ist zu entnehmen, in welchem Maße die Anzahl der Arbitragemöglichkeiten sich im Untersuchungszeitraum vermindert, wenn zunächst keine Transaktionskosten angenommen werden (A2), danach allerdings Börsengebühren

## 3.4 Empirische Überprüfung der Put-Call-Parität

(A3), Brokeragebühren (A5) und zuletzt mögliche Timing Kosten (A7) berücksichtigt werden. Alle Spalten beziehen sich auf Transaktionen unter Berücksichtigung der tatsächlichen Handelsgröße. Dabei wurde wie bereits erwähnt jeweils das Minimum der Put- und Call-Transaktion zugrunde gelegt. Die Anzahl der Arbitragemöglichkeiten wird der jeweils ersten Zeile eines jeden Abschnitts entnommen. Die darunter liegenden Zeilen geben Auskunft über die wichtigsten statistischen Kennzahlen der Arbitragehöhe für normale Handelsteilnehmer je Transaktion.

**Arbitragegewinn für normale Handelsteilnehmer (Januar bis Juni 2004)**

| Hedge | Größe | A2 | A3 | A5 | A7 |
|---|---|---|---|---|---|
| Long (16.181) | Anzahl | 16.181 | 11.609 | 950 | 586 |
| | Min | 0 | 0,0018 | 0,0317 | 0,0411 |
| | μ | 351,7166 | 438,6038 | 3.696,9 | 5.837,4 |
| | Median | 25,5264 | 21,0511 | 38,2063 | 49,9204 |
| | Max | 600.610 | 599.900 | 596.120 | 596.120 |
| | σ | 7.057,8 | 8.210,5 | 26.470 | 33.428 |
| Short (11.767) | Anzahl | 11.767 | 7.712 | 634 | 400 |
| | Min | 0,0104 | 0 | 0 | 0,1640 |
| | μ | 452,4755 | 616,2846 | 4.889,9 | 7.452,9 |
| | Median | 22,2464 | 20,3376 | 41,2938 | 78,1618 |
| | Max | 503.860 | 500.320 | 481.340 | 481.020 |
| | σ | 6.811,6 | 8.192,2 | 24.736 | 30.539 |

Tabelle 18: Arbitragegewinn für normale Handelsteilnehmer vor und nach Transaktionskosten
A2: Arbitragegewinn vor Transaktionskosten je Transaktion.
A3: Arbitragegewinn nach Börsengebühren je Transaktion (ohne Margin).
A5: Arbitragegewinn nach Transaktionskosten je Transaktion vor Timing Kosten.
A7: Arbitragegewinn nach Transaktionskosten je Transaktion nach Timing Kosten.
Quelle: Eigene Berechnungen.

Auf den ersten Blick erscheint der Übergang von A2 auf A3 in Tabelle 18 nicht logisch. Nach Berücksichtigung von Börsengebühren für normale Handelsteilnehmer nimmt im arithmetischen Mittel die Arbitragehöhe nicht ab, sondern sie steigt. Bei den Long (Short) Hedges steigt die mittlere Arbitragehöhe im Untersuchungszeitraum von 351,72 (452,48) € vor Börsengebühren (A2) auf 438,60 (616,28) € nach Börsengebühren (A3).

Der Anstieg der mittleren Arbitragehöhe verwundert zunächst, weil *ein und die selbe Transaktion* nach Börsengebühren (A3) *immer* zu einem niedrigeren Arbitragegewinn führen muss als vor Transaktionskosten (A2). Die höhere mittlere Arbitragehöhe in A3 im Vergleich zu A2 erklärt sich dadurch, dass nach

Berücksichtigung von Börsengebühren nur noch Transaktionen mit größeren Verstößen gegen arbitragefreie Wertgrenzen oder Transaktionen mit hoher Kontraktanzahl lohnenswert sind. Dadurch fallen einige der in A2 gerade noch profitablen Arbitragemöglichkeiten in A3 weg.

Bei den Long Hedges fallen von den 16.181 in A2 profitablen Arbitragemöglichkeiten 4.572 weg und bei den Short Hedges fallen 4.055 von 11.767 Arbitragemöglichkeiten nach Einbezug der Börsengebühren weg. Diese Arbitragemöglichkeiten waren der Höhe nach aber gering, nämlich niedriger als die Börsengebühren, so dass sie das arithmetische Mittel, das gegen Extremwerte nicht robust ist, in A3 verringern. Da in A3 wertmäßig geringe Arbitragemöglichkeiten eliminiert wurden, ist der Anstieg des arithmetischen Mittels von A2 auf A3 sogar wahrscheinlich, obwohl die *gleiche Transaktion* in A3 *immer* zu einem niedrigeren Gewinn führt als in A2. Eine getrennte Auswertung der Arbitragegewinne für normale Handelsteilnehmer in den einzelnen Monaten findet sich im Anhang (vgl. S. 399 ff.).

Abbildung 22 soll die soeben erklärten Effekte von Transaktionskosten auf die Arbitragehöhe illustrieren: Ist der Arbitragegewinn geringer als die Börsengebühren, so ist keine Arbitrage nach Börsengebühren möglich. Da es sich hierbei um relativ geringe Arbitrage handelt, führt deren Wegfall zu einem Anstieg des Arbitragegewinns A3 und A4. Ähnliches gilt für den durchschnittlichen Arbitragegewinn, wenn dieser nach Börsengebühren geringer ist als die gesamten Transaktionskosten: A5 steigt in diesem Fall aufgrund des Wegfalls nur geringfügig profitabler Arbitragemöglichkeiten. Erst wenn der Arbitragegewinn nach Börsengebühren über den Transaktionskosten liegt, ist sowohl ein Anstieg als auch ein Rückgang des durchschnittlichen Arbitragegewinns A5 möglich.

## 3.4 Empirische Überprüfung der Put-Call-Parität 115

```
                    ┌──────────────────────┐
                    │ Arbitragegewinn vor  │
                    │    Börsengebühren    │
                    └──────────┬───────────┘
           ┌───────────────────┴───────────────────┐
┌──────────────────────┐                ┌──────────────────────┐
│ Arbitragegewinn vor  │                │ Arbitragegewinn vor  │
│  Börsengebühren  <   │                │  Börsengebühren  >   │
│    Börsengebühren    │                │    Börsengebühren    │
└──────────┬───────────┘                └──────────┬───────────┘
           │         Nach Börsengebühren            │
┌──────────────────────┐  ┌──────────────────────┐  ┌──────────────────────┐
│   Arbitragegewinn    │  │ Arbitragegewinn nach │  │ Arbitragegewinn nach │
│     verschwindet     │  │  Börsengebühren  <   │  │  Börsengebühren  >   │
│                      │  │   Transaktionskosten │  │   Transaktionskosten │
└──────────┬───────────┘  └──────────┬───────────┘  └──────────┬───────────┘
┌──────────────────────┐  ┌──────────────────────┐  ┌──────────────────────┐
│   A3 und A4 steigen  │  │    Durchschnittlicher│  │ Arbitragegewinn in A5│
│     (unbereinigt)    │  │ Arbitragegewinn in A5│  │ kann sowohl steigen als│
│                      │  │   steigt (unbereinigt)│ │ auch sinken (unbereinigt)│
└──────────────────────┘  └──────────────────────┘  └──────────────────────┘
```

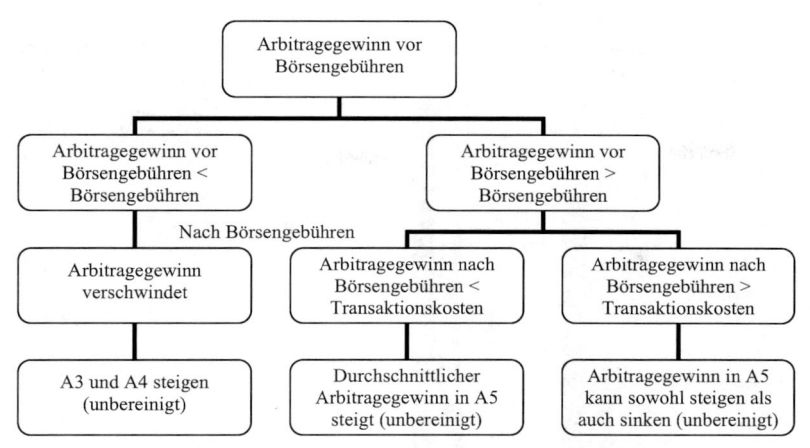

**Abbildung 22: Auswirkung von Transaktionskosten auf den Arbitragegewinn**
Quelle: Eigene Darstellung.

### 3.4.6.3 Arbitragegewinn für Market Maker und Privatinvestoren

Bei normalen Handelsteilnehmern müssen drei Arten von Transaktionskosten berücksichtigt werden: Börsengebühren, Brokeragegebühren, und Timing Kosten. Bei Market Makern kommen nur zwei Arten von Transaktionskosten zum Tragen: Börsengebühren und Timing Kosten.

Abbildung 23 stellt sowohl die Anzahl von Arbitragemöglichkeiten für Market Maker als auch die durchschnittliche Höhe der Arbitragegewinne im -Untersuchungszeitraum von Privatinvestoren (normalen Handelsteilnehmern) und Market Makern als Bar Charts dar. Der erste Bar Chart jeder Gruppe stellt den Arbitragegewinn je Transaktion vor Transaktionskosten dar und ist daher bei Market Makern und normalen Handelsteilnehmern identisch (dunkelblauer Balken). Für die Market Maker ist die Anzahl der Long Hedges durch eine dunkelblaue Linie mit Quadrat dargestellt. Short Hedges sind durch eine hellblaue Linie mit Diamant dargestellt. Für normale Handelsteilnehmer sind Long Hedges als rote Linie mit Kreis und Short Hedges als grüne Linie mit Kreuz dargestellt.

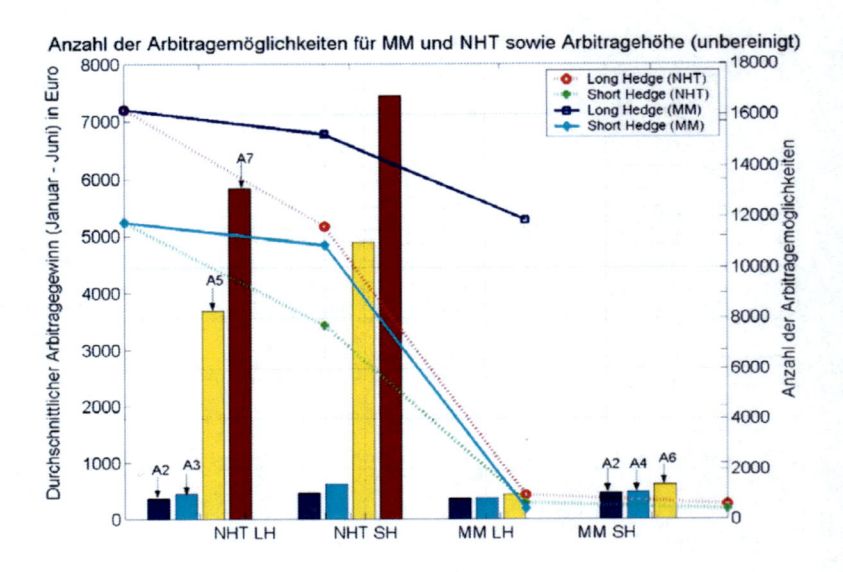

**Abbildung 23: Arbitragemöglichkeiten sowie unbereinigte Arbitragehöhe**
Die Arbitragehöhe im arithmetischen Mittel (in Euro) für normale Handelsteilnehmer (A2, A3, A5, A7) und Market Maker (A2, A4, A6). Die Arbitragehöhe ist nicht um die abnehmende Anzahl von Arbitragemöglichkeiten bereinigt.
Quelle: Eigene Berechnungen.

Abbildung 23 zeigt die Anzahl der Arbitragemöglichkeiten sowie die um die abnehmende Anzahl von Arbitragemöglichkeiten unbereinigte Arbitragehöhe für Market Maker (MM) und normale Handelsteilnehmer (NHT) aufgeteilt nach Short und Long Hedges sowie vor und nach den einzelnen Komponenten der Transaktionskosten. Da nach Einbezug von Transaktionskosten nur geringfügig profitable Arbitragemöglichkeiten wegfallen, steigt die Arbitragehöhe von A2 bis A7 für normale Handelsteilnehmer sowie von A2 bis A6 für Market Maker. Der jeweils letzte Balken der Gruppe entspricht der Arbitragehöhe nach Timing Kosten. Nur bei den normalen Handelsteilnehmern müssen für die Arbitragegewinne noch Brokeragegebühren berücksichtigt werden (gelbe Balken). Der Median, der gegenüber Extremwerten robust ist, liegt in A3 bei den Long (Short) Hedges in vier (fünf) der sechs Monate niedriger als in A2 und unterstützt damit die Aussage, dass ungewöhnlich niedrige Arbitragegewinne im arithmetischen Mittel A2 gering ausweisen.

## 3.4 Empirische Überprüfung der Put-Call-Parität

Abbildung 24 trägt der Tatsache der abnehmenden Anzahl von Arbitragemöglichkeiten Rechnung und nimmt eine Bereinigung vor. Hierzu wurde der durchschnittliche Arbitragegewinn nach Transaktionskosten durch die Anzahl der Arbitragemöglichkeiten vor Transaktionskosten (also 27.948) dividiert und mit der Anzahl der Arbitragemöglichkeiten nach der jeweiligen Komponente von Transaktionskosten multipliziert.

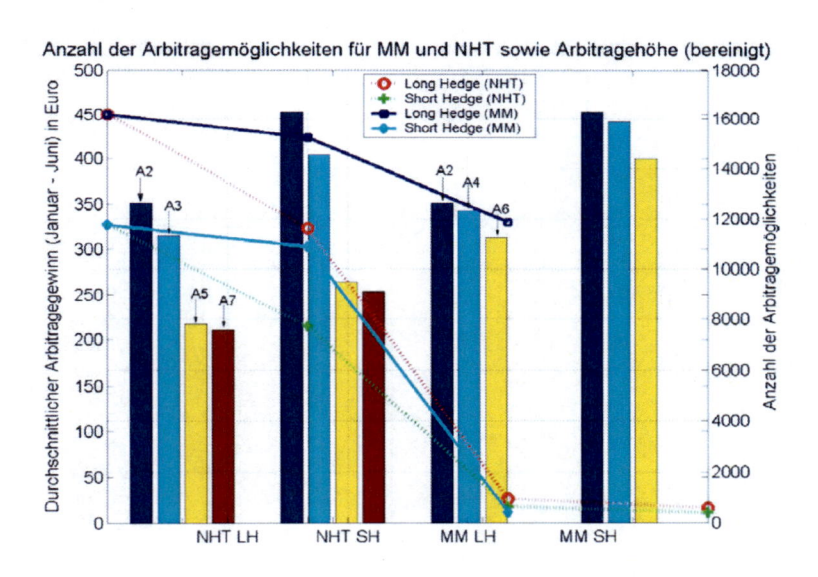

**Abbildung 24: Arbitragemöglichkeiten sowie bereinigte Arbitragehöhe**
Quelle: Eigene Berechnungen.

Abbildung 24 zeigt die Anzahl der Arbitragemöglichkeiten sowie die um die abnehmende Anzahl von Arbitragemöglichkeiten bereinigte Arbitragehöhe für Market Maker (MM) und normale Handelsteilnehmer (NHT) aufgeteilt nach Short und Long Hedges sowie vor und nach den einzelnen Komponenten von Transaktionskosten. Durch die um die abnehmende Anzahl von Arbitragemöglichkeiten bereinigte Darstellung des Arbitragegewinns je Transaktion wird der Effekt der Transaktionskosten ausgewiesen, der die Arbitragehöhe verringert. Der stärkste Rückgang des bereinigten Arbitragegewinns für einen normalen Handelsteilnehmer wird durch Brokeragebühren verursacht, während Timing Kosten nur einen begrenzten Einfluss auf den mittleren Arbitragegewinn ausüben (vgl. Abbildung 71).

### 3.4.6.4 Arbitragegewinn für Market Maker

Tabelle 19 zeigt, wie sich die Anzahl der Arbitragemöglichkeiten für Market Maker vermindert und gleichzeitig die Höhe des um die abnehmende Anzahl von Arbitragemöglichkeiten unbereinigte Arbitragegewinn je Transaktion steigt, wenn zunächst keine Transaktionskosten angenommen werden (A2), danach Börsengebühren (A4) und zuletzt mögliche Timing Kosten berücksichtigt werden. Die Anzahl der Arbitragemöglichkeiten steht jeweils in der ersten Zeile der Art des Hedges (Long oder Short Hedge). Die darunter liegenden Zeilen geben Auskunft über die wichtigsten statistischen Kennzahlen der Arbitragehöhe für Market Maker je Transaktion.

| Arbitragegewinn für Market Maker (Januar bis Juni 2004) | | | | |
|---|---|---|---|---|
| Hedge | Größe | A2 | A4 | A6 |
| Long (16.181) | Anzahl | 16.181 | 15.206 | 11.863 |
| | Min | 0 | 0 | 0 |
| | μ | 351,72 | 365,2340 | 426,8189 |
| | Median | 25,526 | 24,8454 | 16,1282 |
| | Max | 600.610 | 600.450 | 600.450 |
| | σ | 7.057,8 | 7.257,5 | 8.184,6 |
| Short (11.767) | Anzahl | 11.767 | 10.872 | 7.713 |
| | Min | 0,010419 | 0 | 0 |
| | μ | 452,48 | 477,6745 | 609,9125 |
| | Median | 22,246 | 21,3212 | 15,1874 |
| | Max | 503.860 | 503.100 | 502.780 |
| | σ | 6.811,6 | 7.045,9 | 8.247,1 |

Tabelle 19: Arbitragegewinn für Market Maker vor und nach Transaktionskosten
A2: Arbitragegewinn vor Transaktionskosten je Transaktion.
A4: Arbitragegewinn nach Börsengebühren für Market Maker je Transaktion (ohne Margin).
A6: Arbitragegewinn nach Transaktionskosten für Market Maker je Transaktion nach Timing Kosten.
Quelle: Eigene Berechnungen.

Der durchschnittliche Arbitragegewinn für Market Maker aus einem Long Hedge (Short Hedge) vor Transaktionskosten beträgt 351,72 (452,48) €, steigt nach Börsengebühren auf 365,23 (477,67) € und nach Timing Kosten auf 426,82 (609,91) €. Der geringfügige Anstieg des durchschnittlichen Arbitragegewinns von Market Makern nach Timing Kosten (Übergang von A4 zu A6) ist darauf zurückzuführen, dass einige Arbitragemöglichkeiten einen Arbitragegewinn ergeben, der niedriger ist als die Timing Kosten. Durch den Wegfall dieser niedrigen Arbitragegewinne verbleiben nach Timing Kosten im Durchschnitt höhere Arbitragegewinne.

## 3.4 Empirische Überprüfung der Put-Call-Parität

Da nach der negativen Preisbewegung der Arbitragegewinn für die gleiche Transaktion höchstens genauso hoch sein kann wie zuvor, sinkt der maximale Arbitragegewinn von A4 zu A6 ebenso wie der um die verminderte Anzahl von Arbitragemöglichkeiten bereinigte Arbitragegewinn.

Der minimale Arbitragegewinn muss dagegen in A6 dann nicht niedriger ausfallen als in A4, wenn es sich um eine andere Transaktion handelt. Um eine andere Transaktion handelt es sich dann, wenn die Timing Kosten einer in A4 noch profitablen Arbitragemöglichkeit höher sind als der Arbitragegewinn in A4. Nach dem für den Market Maker ungünstigen Verlauf des DAX bis zum Abschluss der Arbitragestrategie wird die in A4 profitable Handelsmöglichkeit negativ und in A6 daher nicht berücksichtigt. Erlauben dagegen auch eventuell existierende Timing Kosten noch eine Arbitrage, so wird der Arbitragegewinn niedriger ausfallen. Eine getrennte Auswertung der Arbitragegewinne für normale Handelsteilnehmer in den einzelnen Monaten findet sich im Anhang (vgl. S. 399 ff.).

Timing Kosten scheinen bei normalen Handelsteilnehmern – im Gegensatz zu Market Makern – im Vergleich zu den Börsengebühren eine vernachlässigbare Größe zu sein (vgl. Abbildungen 71 und 72). Entsprechend ergibt der Vergleich der Anzahl profitabler Transaktionen von A3 mit A4, dass die fast um das Vierfache höheren Börsengebühren die normalen Handelsteilnehmer gegenüber Market Makern benachteiligen. Dem Market Maker erschließen sich 30% ((15.206 – 11.609)/11.609) mehr profitable Long Hedges und 41% ((10.872 – 7.712)/7.712) mehr Short Hedges als dem normalen Handelsteilnehmer.

Abbildung 25 zeigt für normale Handelsteilnehmer (NHT) und Market Maker (MM) die Arbitragehöhe bereinigt um die Abnahme der Anzahl von Arbitragemöglichkeiten sowohl für Long Hedges (LH) als auch für Short Hedges (SH).

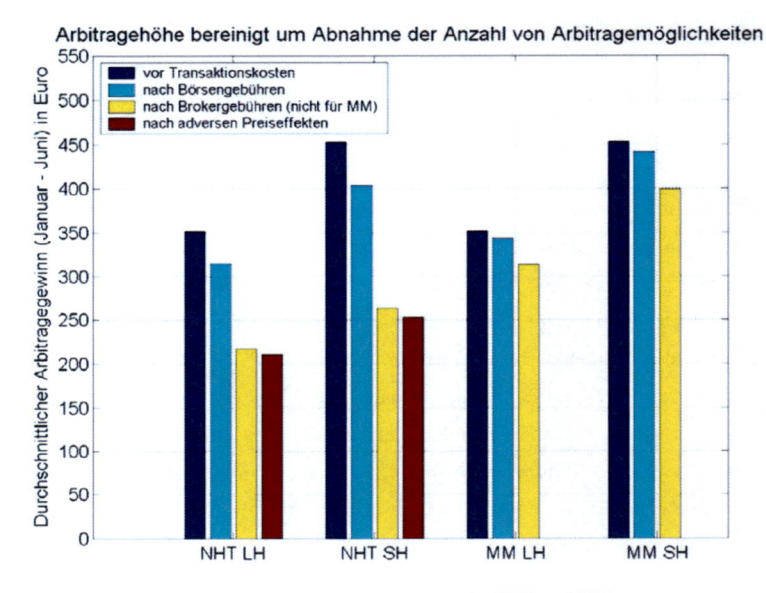

**Abbildung 25: Bereinigte Arbitragehöhe für NHT und MM**
Quelle: Eigene Berechnungen.

Vor dem Hintergrund der Börsengebühren stellt sich die Frage, ob sich normalen Handelsteilnehmern nach Berücksichtigung sämtlicher Transaktionskosten ebenfalls noch gleichwertige Arbitragemöglichkeiten eröffnen wie Market Makern. Dazu werden die Brokeragegebühren des Wertpapierhauses Fimatex S.A. berücksichtigt.[294] Fimatex S.A. gehört zu den für normale Handelsteilnehmer günstigsten Brokern in Deutschland. Für den Future liegt die Gebühr bei 12,50 € je Kontrakt und für die DAX-Option bei 5 € je Kontrakt bei einer Mindestgebühr von 12,50 € je Auftrag. Damit übersteigen die Brokeragegebühren die Börsengebühren um das 25- respektive das fast 7-fache.

Wie bei anderen Banken auch sind bei Fimatex S.A. – auf Anfrage – für den Handel an der Eurex individuelle Konditionsvereinbarungen möglich. Auf Anfrage hin hat Fimatex S.A. angeboten, die Gebühr für den Handel des ODAX auf 2,50 € je Kontrakt zu reduzieren, wenn im Gegenzug eine Mindestgebühr von 50 € je Auftrag

---

[294] Seit dem 15.05.2008 firmiert das zur Boursorama S.A. gehörende Wertpapierhaus Fimatex unter OnVista Bank GmbH. Seit dem 01.07.2009 führt die OnVista Bank GmbH die Geschäfte der Boursorama S.A. Zweigniederlassung Frankfurt/Main, vgl. OnVista Bank (2009), S. 1.

## 3.4 Empirische Überprüfung der Put-Call-Parität

vereinbart wird. Unter Zugrundelegung der Sonderkonditionen wäre zu erwarten, dass Arbitragegeschäfte mit geringem Arbitragepotenzial wegen der hohen Mindestgebühr von 50 € wegfallen und die verbliebenen Arbitragestrategien lukrativer sind und sich auf eine größere Anzahl von Kontrakten beziehen. Der durchschnittliche um die verminderte Anzahl von Arbitragemöglichkeiten unbereinigte Arbitragegewinn würde daher vermutlich ansteigen, während sich beim bereinigten Arbitragegewinn kaum Veränderungen ergeben dürften.

Bei einem Auftrag unter 10 Kontrakten sind die Sonderkonditionen teurer. Erst bei einem Auftrag über 10 Kontrakten ergeben sich Einsparungen. Bei einem Auftrag von 20 Kontrakten oder mehr entsprechen die Sonderkonditionen einer Halbierung der Brokeragegebühr. Die relevante praktische Frage ist, ob sich mit diesen Sonderkonditionen Ersparnisse für einen normalen Handelsteilnehmer verbinden.

### 3.4.6.5 Häufigkeitsverteilung von Transaktionsgrößen

Tabelle 20 fasst die Häufigkeitsverteilung von Transaktionsgrößen zusammen.

| Kumulierte Häufigkeit | Calls | Puts |
|---|---|---|
| 10% | 1 | 2 |
| 20% | 3 | 4 |
| 30% | 5 | 5 |
| 40% | 10 | 10 |
| 50% | 10 | 14 |
| 60% | 20 | 20 |
| 70% | 25 | 30 |
| 80% | 50 | 50 |
| 90% | 80 | 92 |
| 100% | 9.000 | 7.500 |

Tabelle 20: Häufigkeitsverteilung von Transaktionsgrößen
Quelle: Eigene Berechnungen.

Tabelle 20 zeigt, dass exakt die Hälfte aller Handelsabschlüsse bei der Eurex für Calls unter 10 Kontrakten liegt. 40% aller Put-Transaktionen weisen eine Kontraktgröße von 10 oder weniger auf.

Auf Basis der Häufigkeitsverteilung lässt sich für einen normalen Handelsteilnehmer aus diesen Sonderkonditionen – trotz der durchschnittlichen Handelsgröße von 52 – keine substanzielle Ersparnis erwarten, weil in 50% aller Fälle die Kontraktgröße bei über 10 Calls bzw. 14 Puts liegt. Bei den Calls führen diese Sonderkonditionen kumuliert für alle Handelsgeschäfte zu etwa der gleichen Summe an Brokeragegebühren wie die üblichen Handelsgebühren. Nur bei den Puts sind die Sonderkonditionen mit einer geringen Ersparnis verbunden. Aus diesem Grund werden für die Berechnung des Arbitragegewinns eines normalen Handelsteilnehmers nach Transaktionskosten die üblichen Gebühren zugrunde gelegt.

### 3.5 Zusammenfassung

Dieses Kapitel untersuchte auf Basis von 19.971.332 Optionen bzw. 382.896 Transaktionen, inwieweit Verletzungen der Put-Call-Parität in der Wirklichkeit und unter Berücksichtigung von Transaktionskosten sowohl für normale Handelsteilnehmer als auch für Market Maker möglich sind. Hierzu wurde aus Puts und Calls auf den DAX mit jeweils identischem Ausübungspreis und Verfalltag, die in einem Zeitraum von maximal 59 Sekunden gehandelt werden, ein vollkommen gehedgtes Portfolio konstruiert.

Der durchschnittliche Arbitragegewinn eines Market Makers nach Berücksichtigung aller Transaktionskosten beläuft sich im Untersuchungszeitraum aufgrund einiger Extremwerte auf 426,82 €, während der Median bei 16,13 € liegt. Der Arbitragegewinn aus einem Short Hedge liegt für einen Market Maker mit durchschnittlich 609,91 € über dem Arbitragegewinn aus einem Long Hedge. Beim Short Hedge muss das DAX-Portfolio leerverkauft werden, was wiederum mit Leihkosten verbunden ist.[295]

Beim Vergleich des mittleren Arbitragegewinns zwischen einem normalen Handelsteilnehmer und einem Market Maker ergibt sich ein scheinbares Paradox: Der normale Handelsteilnehmer erzielt unter Berücksichtigung von Börsengebühren (A3) im Durchschnitt des Untersuchungszeitraums einen höheren Arbitragegewinn als der Market Maker (A4), dessen Börsengebühren bei der Option nur 0,20 € statt 0,75 € betragen. Bei den Long (Short) Hedges liegt der mittlere Arbitragegewinn für normale Handelsteilnehmer (A3) nach Berücksichtigung von Börsengebühren mit 5.837,40 (7.452,90) € deutlich über dem Wert des Market Makers (A4) von 426,82

---

[295] Vgl. Herrmann (1999), S. 212.

## 3.5 Zusammenfassung

(609,91) € (vgl. Tabellen 18 und 19). Der Grund liegt darin, dass sich dem Market Maker einige weitere Arbitragemöglichkeiten erschließen, die für den normalen Handelsteilnehmer wegen der höheren Börsengebühr negativ sind. Dem Market Maker eröffnen sich im Untersuchungszeitraum bei den Long (Short) Hedges 11.863 (7.713) Arbitragemöglichkeiten, während es beim normalen Handelsteilnehmer lediglich 586 (400) sind. Diese zusätzlichen Arbitragemöglichkeiten des Market Makers sind allerdings so gering, dass sie das arithmetische Mittel beim Market Maker verringern. Diese Argumentation wird zudem durch den gegenüber Extremwerten robusten Median gestützt, da dieser bei den Market Makern sowohl für Long Hedges als auch für Short Hedges in vier von sechs Monaten höher liegt als der Median bei normalen Handelsteilnehmern.

Die Arbitragemöglichkeiten dürfen nicht über das Risiko der volatilen Preisentwicklung der Optionen, die nur kurz vor dem Verfalltermin einigermaßen liquide gehandelt werden, hinwegtäuschen: An Tagen, die eine extreme Arbitrage mittels der Put-Call-Parität erlauben, lässt die Preisentwicklung von Optionen keine Systematik mit der Preisentwicklung des Underlyings erkennen. Die Optionspreise können sehr volatil reagieren, wenn der Verfall in wenigen Tagen bevorsteht, die Option am Geld notiert und der DAX stark schwankt. Zudem stellen Timing Kosten einen Unsicherheitsfaktor dar: negative Preisbewegungen aufgrund von Kursänderungen während der 59 Sekunden der Zusammenstellung des Hedges können den Arbitragegewinn sowie die Möglichkeit einer Arbitrage erheblich beeinflussen (vgl. S. 111). Die Verstöße gegen die Put-Call-Parität sind umso gravierender, je länger die Restlaufzeit ist und je mehr die Puts im Geld notieren, weil dann auch das Delta der Puts absolut gesehen hoch ist.

Auch die Arbeit von Herrmann (1999) stellt systematische positive Abweichungen in allen Optionsklassen fest, die umso erstaunlicher sind, als auf einem vollkommenen Kapitalmarkt keine Verstöße gegen die Put-Call-Parität auftreten sollten.[296] Aus der Put-Call-Parität folgt, dass die implizite Volatilität für Puts und Calls identisch ist.[297] Der nachfolgende Abschnitt widmet sich daher der Überprüfung, ob die implizite Volatilität für Puts und Calls in der Praxis tatsächlich identisch ist.

---

[296] Vgl. Herrmann (1999), S. 209.
[297] Vgl. Hafner/Wallmeier (2000), S. 2.

# 4 Volatilität

## 4.1. Historische Volatilität

### 4.1.1 Definition der historischen Volatilität

Die Volatilität ist als einziger Parameter des Black/Scholes-Modells nicht am Markt beobachtbar, da sie sich auf zukünftige Preisbewegungen bezieht. Die Bedeutung der Volatilität für Investitionsentscheidungen und die Tatsache, dass sie nicht am Markt beobachtbar ist, hat ihre wissenschaftliche Untersuchung begünstigt.[298] Während frühe Studien die Volatilität aus den historischen Preisen des Basiswerts schätzten, fokussierten sich spätere Studien darauf, nur eine einzige Annahme – i.d.R. die konstante Volatilität – als alleinige Ursache für Fehlbewertungen des Black/Scholes-Modells zu untersuchen.[299] An den Finanzmärkten wird die Volatilität als die annualisierte Standardabweichung der relativen Kursveränderungen gemessen.[300] Abgesehen von Zeiten großer Unsicherheit kann an den Aktienmärkten in der Regel eine Volatilität von etwa 20% beobachtet werden. Unter der Normalverteilungshypothese der Renditen bedeutet eine Volatilität von 20% approximativ, dass in zwei von drei Fällen die Aktien innerhalb eines Jahres zwischen − 20% und + 20% schwanken werden – entsprechend einer Standardabweichung in der Normalverteilung – bzw. zwischen − 40% und + 40% mit einer Wahrscheinlichkeit von 95% (rund 2 Standardabweichungen).[301] Die Volatilität an den Rohstoffmärkten liegt bei ca. 40% beim Öl und kann bei der Elektrizität temporär bis zu 3000% erreichen.

Unterschieden wird zwischen historischer Volatilität auf Basis von Preisabweichungen und impliziter Volatilität, die aus Optionspreisen mittels des Black/Scholes-Modells ermittelt wird. Da die Standardabweichung der Renditen die Volatilität der täglichen Veränderungen ist, soll im Rahmen der historischen Volatilität überprüft werden, ob die Renditen – wie im Black/Scholes-Modell angenommen – normalverteilt sind. Dies soll mittels der Verteilung sowie des Jarque/Bera- und Lilliefors-Tests ermittelt werden. Die historische Volatilität ist

---

[298] Vgl. Canina/Figlewski (1993), S. 661, S. 659 Dumas/Fleming/Whaley (1998), S. 2059, Andersen/Bollerslev (1998), S. 885 sowie Figlewski (2004), S. 4.
[299] Vgl. Hafner/Wallmeier (2000), S. 4.
[300] Vgl. Marteau/Carle/Fourneaux/Holz/Moreno (2005), S. 14.
[301] Vgl. Marteau/Carle/Fourneaux/Holz/Moreno (2005), S. 14.

definiert als annualisierte Standardabweichung der logarithmierten Preisveränderungen $u_i = \log\left(\frac{S_i}{S_{i-1}}\right)$, welche zu regelmäßigen Zeitpunkten gemessen werden.[302] Die annualisierte Volatilität erhält man, indem die Standardabweichung mit der Quadratwurzel des Zeitintervalls zwischen den Preisbeobachtungen multipliziert wird. Bei Verwendung wöchentlicher Daten und auf Basis von Kalendertagen ist dieser Multiplikator $\sqrt{\frac{365}{7}}$, auf Basis von 260 Handelstagen ergibt sich der Multiplikator als $\sqrt{\frac{260}{7}}$. Bei Verwendung täglicher Daten ist der Multiplikator $\sqrt{365}$ und bei Verwendung von Handelstagen $\sqrt{260}$. Im Umkehrschluss lässt sich aus einer Volatilität von 20% bei 256 Handelstagen errechnen, dass mit 68,3% Wahrscheinlichkeit (entsprechend einer Standardabweichung) täglich eine 1,25%-ige Preisveränderung eintritt. Eine Preisveränderung von über 3,75% tritt nur mit einer Wahrscheinlichkeit von 0,3% ein.

Für die korrekte Berechnung der Volatilität müsste eigentlich der Forward-Preis verwendet werden, weil es sich bei der Volatilität um eine Zukunftgröße handelt.[303] Im Sinne eines theoretisch arbitragefreien Marktes müssten die Cost of Carry des Basiswerts, also der risikolose Zinssatz, einbezogen werden. Somit würde sich für die logarithmierten Preisveränderungen auf Basis täglicher Aufzeichnung von Kursveränderungen die folgende Formel ergeben:

$$u_i = \log\left(\frac{S_i}{\left(1+\frac{r}{360}\right)S_{i-1}}\right).$$

Da die Verwendung des Forward-Preises über kurze Zeiträume sowie bei einem niedrigen Zinssatz eine nur geringe Auswirkung auf die Berechnung der historischen Volatilität hat, werden Zinsen üblicherweise vernachlässigt.[304] Unter Berücksichtigung von Dividenden ergibt sich für die logarithmierten Kursveränderungen auf Basis von Kalendertagen:

---

[302] Vgl. Hull (2009), S. 282 ff. sowie Natenberg (1994), S. 443.
[303] Vgl. Natenberg (1994), S. 444.
[304] Vgl. Natenberg (1994), S. 445.

## 4.1. Historische Volatilität

$$u_i = \log\left(\frac{D+S_i}{\left(1+\frac{r}{360}\right)S_{i-1}}\right).$$

Da beim DAX als Performance-Index die Dividenden reinvestiert werden, dürfen sie zur Berechnung der Volatilität nicht berücksichtigt werden. Zur Berechnung der historischen Volatilität werden üblicherweise Schlusskurse zugrunde gelegt, weil sich im Vergleich zur Berechnung aus Tick-by-Tick Daten im Ergebnis kaum nennenswerte Unterschiede ergäben.[305] In der Praxis wird die historische Volatilität häufig als Schätzung für die zukünftige Volatilität verwendet.

### 4.1.2 Annualisierung der Volatilität

Finanzmarktakteure drücken die Volatilität nicht als Standardabweichung täglicher Variationen aus, sondern annualisieren dieses Schwankungsmaß.[306] Die Methodik ist identisch mit der auf Zinssätze angewandten Methodik: Sowohl der Tageszinssatz als auch der 3-Monatszinssatz werden als jährliche Zinssätze ausgedrückt. Unter Gültigkeit der geometrischen Brownschen Bewegung der Aktienkurse wächst die Volatilität mit der Wurzel der Zeit, und nicht mit der Zeit an sich.[307] Folglich ist die Standardabweichung der Verteilung jährlicher Variationen gleich der täglichen Standardabweichung multipliziert mit der Wurzel der Handelstage (252). Im Fall des halbjährigen Untersuchungszeitraums erhält man die Volatilität als $1{,}0\% \cdot \sqrt{252} = 15{,}87\%$. Für den Zeitraum 1997-2004 ergibt sich die Volatilität als $1{,}75\% \cdot \sqrt{252} = 27{,}78\%$. Die maßgebliche Volatilität zur Optionsbewertung ist die künftige Volatilität des Underlyings während der Laufzeit der Option.[308] Die Volatilität ist jedoch gerade unbekannt. Im Rahmen der Portfolioallokation, für die Bewertung von Optionen und im Risikomanagement (bspw. Hedging) ist es wichtig,

---

[305] Vgl. Bloomberg (2004a), o. S. sowie Natenberg (1994), S. 70 sowie S. 443. Natenberg stellt überrascht fest, dass das Zeitintervall keine allzu große Rolle spielt. Auch die meisten Datenanbieter berechnen die historische Volatilität auf täglichen Schlusskursen, so beispielsweise Bloomberg sowie die Deutsche Börse AG.
[306] Vgl. Marteau/Carle/Fourneaux/Holz/Moreno (2005), S. 14.
[307] Vgl. Marteau/Carle/Fourneaux/Holz/Moreno (2005), S. 15-17.
[308] Vgl. Natenberg (1994), S. 273.

diesen Parameter akkurat zu schätzen.[309] Die US-Notenbank bezieht zur Festlegung ihrer Geldpolitik ausdrücklich die Volatilität der Aktien-, Bond-, Währungs- und Rohstoffmärkte ein.[310]

Soll der Tatsache Rechnung getragen werden, dass die Volatilität im Zeitablauf nicht konstant ist, so kommen hierfür Modelle wie EWMA, ARCH oder GARCH in Frage. Finanzforscher greifen bei diesen Modellen jedoch auf historische Preisbewegungen zurück, um daraus Erwartungen über die zukünftige Volatilität abzuleiten. Darüber hinaus wird häufig berichtet, dass GARCH-Modelle die Volatilität permanent überschätzen.[311]

Eine alternative Möglichkeit, die Ende der 70er Jahre Einzug hielt, besteht darin, die Volatilität aus den Marktpreisen von Optionen zu extrahieren.[312] Das Ergebnis bei der Extrahierung der Volatilität aus Optionspreisen hängt vom zugrunde gelegten Modell und damit von dessen Annahmen ab. Das Black/Scholes-Modell nimmt beispielsweise eine geometrische Brownsche Bewegung mit konstanter Volatilität an. Folglich sollten alle Optionen unabhängig von Laufzeit und Moneyness die gleiche implizite Volatilität aufweisen. Hull/White (1987) stellen bezüglich des Ausübungspreises einen Bias der Volatilität fest.[313] Rubinstein (1994) bestätigt anhand von S&P 500-Optionen vor dem Crash im Oktober 1987 eine Smile-Struktur. Das bedeutet, dass die Volatilität für in-the-money und out-of-the-money Optionen relativ hoch ist und für at-the-money Optionen abfällt. Nach dem Marktcrash beobachtet er hingegen eine Sneer-Struktur. Dabei fällt die implizite Volatilität monoton mit dem Ausübungspreis ab und dies umso stärker, je kürzer die Laufzeit der Option ist. Aufgrund der zunehmenden Asymmetrie des Smiles mit höheren impliziten Volatilitäten für out-of-the-money Optionen, wird häufig auch von einem „Skew" gesprochen.[314]

---

[309] Vgl. Harvey/Whaley (1991), S. 1551, Canina/Figlewski (1993), S. 661 sowie S. 659, Dumas/ Fleming/Whaley (1998), S. 2059, Andersen/Bollerslev (1998), S. 885 sowie Poon/Granger (2003), S. 478.
[310] Vgl. Poon/Granger (2003), S. 479.
[311] Vgl. Ederington/Guan (2010), S. 305.
[312] Vgl. Breeden/Litzenberger (1978), S. 621 ff.
[313] Vgl. Hull/White (1987), S. 281-300 sowie Finucane (1994), S. 529.
[314] Vgl. Bollerslev/Russell/Watson (2010), S. 323-324.

## 4.2 Implizite Volatilität

### 4.2.1 Stellenwert der impliziten Volatilität

Einen beliebten Untersuchungsgegenstand in der Forschung stellt die implizite Volatilität dar, gehen einige Wissenschaftler doch davon aus, dass Divergenzen der impliziten Volatilitäten über verschiedene Ausübungspreise Informationen über den zukünftigen Preisprozess des Basiswerts beinhalten.[315] Dem Black/Scholes-Modell zufolge ist der Optionspreis eine Funktion des aktuellen Aktienkurses, der Varianz des Aktienertrags (Volatilität), der Restlaufzeit der Option, dem risikolosen Zinssatz und dem Ausübungspreis.[316] Das Black/Scholes-Modell basiert auf den Annahmen eines vollkommenen Kapitalmarktes sowie auf der Annahme, dass der Basiswert einer geometrischen Brownschen Bewegung mit konstanter Volatilität folgt.[317] Wären die Annahmen des Black/Scholes-Modells erfüllt, müssten alle Optionen auf den gleichen Basiswert die gleiche implizite Volatilität aufweisen. Während das Phänomen unterschiedlich hoher impliziter Volatilitäten für unterschiedliche Ausübungspreise und Laufzeiten seit langer Zeit vermutet wurde[318] und seit der Untersuchung von Rubinstein (1994) als bekannt gelten darf, bleibt umstritten, ob die aus den Optionspreisen extrahierte Volatilitätsoberfläche eine sinnvolle Schätzung der künftigen Volatilität darstellt.[319] Weicht die implizite Volatilität je nach Ausübungspreis und Laufzeit ab und ist diese für Optionen mit niedrigem Ausübungspreis besonders hoch, so spricht man von Skews.[320] Verändert sich die implizite Volatilität je nach Moneyness, so spricht man im Falle einer symmetrischen Abweichung von einem Smile und andernfalls von einem Smirk.

Die Schätzung sowie die Struktur der durch Optionspreismodelle implizierten Volatilität stellen einen wichtigen Bereich in der gegenwärtigen Forschung zur Optionsbewertung dar.[321] Brenner/Subrahmanyam (1988) bezeichnen die Schätzung der impliziten Volatilität als „one of the most widely used applications of the

---

[315] Vgl. Dupire (1992, 1994), Derman/Kani (1994), Rubinstein (1994). Vgl. für eine Anwendung zur Schätzung der künftigen Aktienkursverteilung auch Blaskowitz/Merk (2004), S. 19.
[316] Vgl. Black/Scholes (1973), S. 644.
[317] Vgl. Black/Scholes (1973), S. 640, Cont (1998), S. 4.
[318] Vgl. Latané/Rendleman (1976), S. 369-381.
[319] Hafner/Wallmeier (2000), S. 2 f. bezweifeln beispielsweise den Sinn impliziter Bi- und Trinomialbäume.
[320] Vgl. Bollerslev/Russell/Watson (2010), S. 323.
[321] Vgl. Harvey/Whaley (1991), S. 1551.

Black/Scholes (BS) option-pricing model".[322] Cont (1998) präzisiert diese Aussage: „Actually this is how the Black/Scholes formula is used by options traders: not so much as a pricing tool but as a means for switching back and forth between market prices of options and their associated implied volatilities".[323]

### 4.2.2 Ermittlung der impliziten Volatilität

Unter Kenntnis des beobachteten Optionspreises sowie der übrigen Input Parameter, kann die Volatilität bestimmt werden, die den beobachteten Marktpreis ergibt.[324] Diese Volatilität einer Option heißt implizite Volatilität $\sigma_{impl}$ und ist definiert als der Wert des Volatilitätsparameters, der den Marktpreis $C_t^*(K,T)$ mittels der Black/Scholes-Formel löst:[325]

$$\exists! \ \sigma_{impl}(K,T) > 0 \quad C_{BS}(S,K,T,\sigma_{impl}(K,T)) = C_t^*(K,T).$$

An dieser Stelle wird bereits ein Konflikt deutlich: Die Volatilität als eine stochastische Größe wird aus einem Modell berechnet, dessen Annahme gerade eine konstante Volatilität ist. Trotz dieses Konflikts wird die implizite Volatilität weithin als der historischen Volatilität überlegen angesehen: „Even today, it is common practice for option traders to make trading and hedging decisions by picking a point forecast for volatility – perhaps the implied volatility, an estimate computed from historical prices, or some subjectively determined combination of the two – and inserting this point estimate into the Black/Scholes or binomial model."[326] Eine Punktschätzung der Volatilität, häufig basierend auf der impliziten Volatilität, wird verwendet, um wiederum andere Optionen zu bewerten.

Eine direkte Auflösung der obigen Gleichung nach der impliziten Volatilität ist nicht möglich.[327] Da die Gleichung nichtlinear ist, muss sie iterativ bei Vorgabe von Startwerten für $\sigma_{impl}$ gelöst werden, d.h. es kommen iterationsbasierte numerische

---

[322] Brenner/Subrahmanyam (1988), S. 80.
[323] Cont (1998), S. 9.
[324] siehe u.a. Brennan/Schwartz (1977), S. 445-462, Latané/Rendleman (1976), S. 369-381 sowie Schmalensee/Trippi (1978), S. 129-147.
[325] Vgl. Cont/Fonseca/Durrleman (2002), S. 363.
[326] Canina/Figlewski (1993), S. 661, S. 659.
[327] siehe Latané/Rendleman (1976), S. 370, vgl. Deutsche Börse AG (2002a), S. 14.

## 4.2 Implizite Volatilität

Verfahren wie etwa das Newton/Raphson-Verfahren oder das Gauß/Newton-Verfahren zur Anwendung.[328]

### 4.2.2.1 Newton/Raphson-Verfahren

Dieses Iterationsverfahren gibt zunächst eine Anfangslösung $\sigma_1$ vor, beginnt also mit einer ersten Schätzung der impliziten Volatilität.[329] Danach wird das Vega verwendet, um eine progressive Annäherung an die tatsächliche implizite Volatilität zu erreichen: [330]

$$\sigma_{i+1} = \sigma_i - \frac{C(\sigma_i) - C_m}{\partial C / \partial \sigma_i},$$

wobei:

$\sigma_{i+1}$ = implizite Volatilität

$C_m$ = Marktpreis der Option

$\partial C / \partial \sigma_i = S \cdot \phi(d_1)\sqrt{T}$ [331] = Vega der Option an der Stelle $\sigma_i$

$\phi$ = Wahrscheinlichkeitsdichtefunktion und

$$d_1 = \frac{\log\left(\frac{S}{K}\right) + \left(r + \frac{\sigma^2}{2}\right)T}{\sigma\sqrt{T}}.$$

Der Wert von $d_1$ ist für europäische Calls und Puts gleich. [332]

Der Iterationsprozess bricht ab, wenn eine vorgegebene Konvergenzschranke erreicht ist, d.h., wenn die Differenz zwischen $\sigma_{i+1}$ und $\sigma_i$ ausreichend klein ist.[333] Da das Vega einer Option fast linear verläuft, konvergiert diese Methode bereits nach

---

[328] Vgl. Rönz (2001c), S. 65 sowie Bronstein (2001), S. 920 f. Nach Natenberg (1994), S. 446 ergibt sich der Iterationsprozess für die implizite Volatilität als:
$$\frac{\text{Theoretischer Wert der Option bei } \sigma_{\text{geschätzt}} \text{Optionspreis}}{\text{Vega der Option bei } \sigma_{\text{geschätzt}}}.$$

[329] Vgl. Rönz (2001c), S. 35, dort allerdings zur Lösung der nach dem unbekannten Parameter θ partiell differenzierten log-Likelihood-Funktion (sog. Score U).

[330] Für eine allgemeine Herleitung vgl. Stoer (1993) S. 242-244.

[331] Vgl. Harvey/Whaley (1991), S. 1553.

[332] Vgl. Harvey/Whaley (1991), S. 1553.

[333] Vgl. Rönz (2001c), S. 37.

wenigen Iterationen präzise zur tatsächlichen impliziten Volatilität.[334] Das Iterationsverfahren nach Newton/Raphson konvergiert in einigen Spezialfällen wie etwa zur Berechnung der unbekannten Parameter (Schätzwerte) im Logit- sowie im Probit-Modell unabhängig vom gewählten Startwert gegen den die Log-Likelihoodfunktion maximierenden Wert, sofern dieser existiert. Im Falle der impliziten Volatilität aus dem Black/Scholes-Modell ist diese Konvergenz unabhängig vom gewählten Startwert hingegen nicht gegeben.[335]

Um eine monotone und quadratische Konvergenz des Newton/Raphson-Verfahrens zu erreichen, die zu einer eindeutigen impliziten Volatilität führt, haben Manaster/Koehler (1982) eine Formel für einen Startwert hergeleitet. Dieser Startwert ist:[336]

$$\sigma_1 = \left[ \left| \log \frac{S}{K} + rT \right| \frac{2}{T} \right]^{\frac{1}{2}}.$$

**4.2.2.2 Verfahren der Deutschen Börse AG**

Die Deutsche Börse AG wendet zur Berechnung ihres Volatilitätsindex zwar das Newton/Raphson-Verfahren an, verwendet zur Ermittlung der impliziten Volatilität allerdings im Unterschied zum flexiblen Manaster/Koehler-Verfahren für alle Optionen einen pauschalen Startwert von 15%.[337] Numerisch gesehen ist die pauschale Verwendung eines willkürlich festgelegten Wertes problematisch, weil damit die Konvergenz zur richtigen impliziten Volatilität nicht gewährleistet ist: „If one applies the Newton/Raphson procedure without the correct starting value, solutions that do exist can be overlooked."[338] Manaster/Koehler leiten die notwendigen und hinreichenden Bedingungen für die Existenz einer impliziten Volatilität her.[339]

---

[334] Vgl. Manaster/Koehler (1982), S. 227-230.
[335] Die vom Startwert unabängige Konvergenz folgt aus der globalen Konkavität der Log-Likelihoodfunktion im Logit- sowie im Probit-Modell, vgl. Voß u.a. (2004), S. 620 sowie Rönz (2001), S. 35 f.
[336] Bei Manaster/Koehler (1982), S. 229 finden sich die notwendigen und hinreichenden Bedingungen für die Existenz einer (impliziten) Volatilität mit Beweis, dass nicht immer die Berechnung einer impliziten Volatilität möglich ist.
[337] Vgl. Deutsche Börse AG (2004b), S. 14.
[338] Vgl. Manaster/Koehler (1982), S. 227.
[339] Vgl. Rubinstein (1985), S. 466 sowie Manaster/Koehler (1982), S. 227-229.

## 4.2.3 Konvergenz und Grenzen der Verfahren

### 4.2.3.1 Newton/Raphson-Verfahren

Unter Zugrundelegung des Startwerts nach Manaster/Koehler sollen nachfolgend Funktionsweise und Güte der Konvergenz des Newton/Raphson-Verfahrens grafisch illustriert werden. Dazu werden die Abweichungen zwischen den Marktpreisen und den theoretischen Optionspreisen für alle Calls im Januar 2004 mit $T > 0$ abgetragen.[340] Die Abweichung wird definiert als:

$$Abweichung = \frac{C_m - C(\sigma_{i+1})}{C_m}.$$

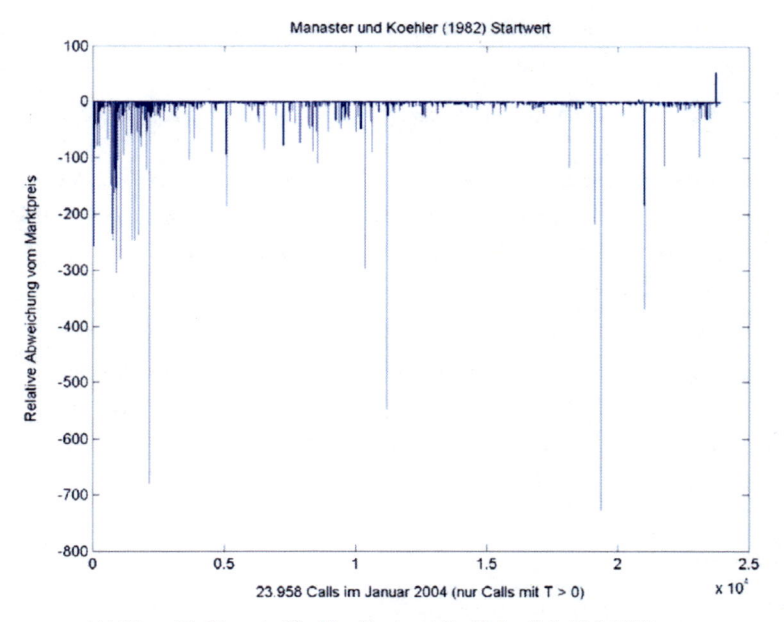

**Abbildung 26: Manaster/Koehler-Startwert für die implizite Volatilität**
Quelle: Eigene Auswertung.

Zwischen den mit dem Manaster/Koehler-Startwert berechneten Black/Scholes-Preisen und den Marktpreisen können im ersten Schritt noch erhebliche Differenzen von zum Teil deutlich über 100% auftreten. Diese Abweichungen zwischen Startwert

---
[340] Die Folge einer Restlaufzeit von 0 Tagen wäre eine Nulldivision.

und eindeutiger impliziter Volatilität verringern sich allerdings bereits nach bereits zwei bis drei Iterationen auf marginale Abweichungen in der Nachkommastelle.

Aufgrund der anfänglich noch hohen Abweichungen zwischen Marktpreisen und theoretischen Preisen auf Basis der mittels des Newton/Raphson-Verfahrens ermittelten Volatilität führt man so viele Iterationen durch, bis $|C_m - C(\sigma_{i+1})| \leq \varepsilon$, wobei ε der Präzisionsgrad ist. Die Deutsche Börse AG bestimmt als Abbruchkriterium $\varepsilon \leq 3 \cdot 10^{-6}$.[341] Das zur Berechnung der in dieser Studie verwendeten impliziten Volatilitäten entwickelte Programm basiert standardmäßig auf 50 Iterationen und wurde in Einzelfällen für über 1.000 Iterationen getestet, wobei sich hierbei keine Unterschiede in der Präzision des Resultats mehr ergeben.

Abbildung 27 zeigt die Konvergenz des Newton/Raphson-Verfahrens gegen die wahre implizite Volatilität nach 9 Iterationen. Die abgetragenen Abweichungen $\frac{C_m - C(\sigma_{i+1})}{C_m}$ sind relative Abweichungen des theoretischen Optionspreises von den Marktpreisen unter Annahme der mittels des Newton/Raphson-Verfahrens ermittelten Volatilität. Nach neun Iterationen ergibt sich praktisch eine vollständige Konvergenz zur Volatilität, die den Marktpreis ergibt. Nur in einzelnen Fällen bestehen noch Abweichungen zwischen der Volatilität, die den Marktpreis ergibt, und der durch die Newton/Raphson-Methode approximativ ermittelten impliziten Volatilität. Diese gehen jedoch auf tief im Geld notierende Optionen mit extrem kurzer Restlaufzeit zurück. Bei diesen Optionen stimmt der innere Wert der Option – unabhängig von der impliziten Volatilität – mit dem Optionspreis praktisch exakt überein.

---

[341] Deutsche Börse AG (2004b), S. 14.

## 4.2 Implizite Volatilität

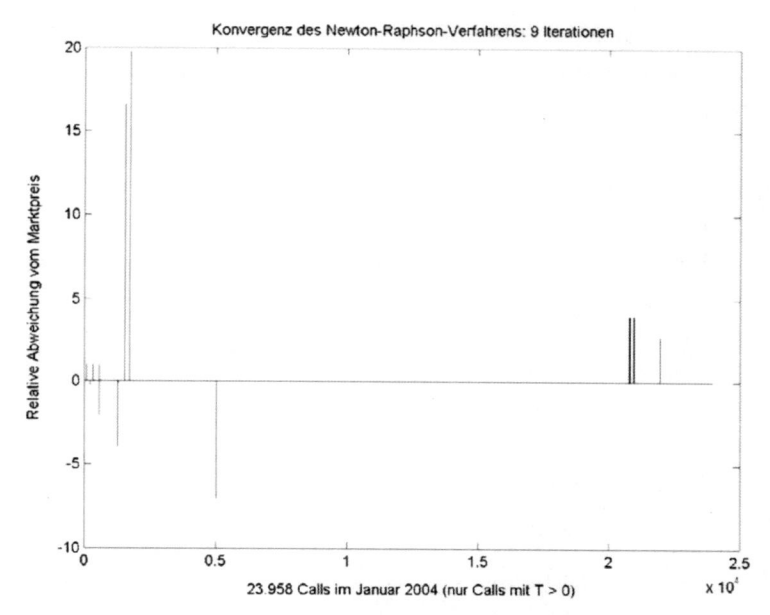

**Abbildung 27: Konvergenz des Newton/Raphson-Verfahrens mit 9 Iterationen**
Quelle: Eigene Auswertung.

Tabelle 21 weist für sämtliche Calls im Januar 2004 aus, dass die Newton/Raphson-Methode bereits nach neun Iterationen effizient und präzise gegen die tatsächliche implizite Volatilität konvergiert.[342] Die tatsächliche implizite Volatilität wird mit 50 Iterationsschritten bestimmt.

| Extremwerte | | Quantile | |
|---|---|---|---|
| Minimum | -7,0686 | 1. Quantil | -0,0000000000000010348 |
| Maximum | 19,778 | Median | 0,000000 |
| Momente | | 3. Quantil | -0,00000000000000087362 |
| Mittelwert | 0,006205822 | 95%-Konfidenzintervall (KI) | |
| Standardabweichung | 0,256496 | Unteres KI | 0,002947945 |
| Schiefe | 52,93776 | Oberes KI | 0,009463698 |
| Kurtosis | 3787,344 | | |

Tabelle 21: Statistische Kennzahlen zur Konvergenz des Newton/Raphson-Verfahrens
Quelle: Eigene Berechnungen.

Das 95%-Konfidenzintervall für relative Abweichungen liegt bei (0,00294; 0,00946) und umschließt somit nur einen kleinen Abweichungsbereich in der dritten

---

[342] 144 Optionen der 23.958 Optionen wurden in dieser Auswertung nicht berücksichtigt, da für sie keine Volatilität existiert, die den Marktpreis ergeben hätte.

Nachkommastelle. Somit lässt sich feststellen, dass das Newton/Raphson-Verfahren mit dem Startwert nach Manaster/Koehler effizient zur tatsächlichen impliziten Volatilität konvergiert.

Dem Newton/Raphson-Verfahren mit dem Startwert nach Manaster/Koehler zur Ermittlung der impliziten Volatilität sind auch Grenzen gesetzt, die an einigen Beispielen verdeutlicht werden sollen. Bei den beiden in der Tabelle 22 aufgeführten sowie in Abbildung 27 ersichtlichen Extremwerten mit einer relativen Abweichung von 19,778 handelt es sich um Calls, die am 14.1.2004 kurz vor Handelsschluss gehandelt wurden. Diese Optionen notieren tief im Geld und haben eine Restlaufzeit von lediglich knapp 2 Tagen (vgl. Tabelle 22).

| ID | Handelszeit | DAX | K | Restlaufzeit | Marktpreis |
|---|---|---|---|---|---|
| 312042 | 14.1.04 um 17:22:14 | 4054,61 | 3.850 | 0,00547945 | 205 |
| 312272 | 14.1.04 um 17:25:25 | 4054,61 | 3.850 | 0,00547945 | 205 |
| 201055 | 8.1.04 um 11:16:23 | 4050,42 | 3.550 | 0,02191781 | 502 |

Tabelle 22: Optionen ohne implizite Volatilität (Newton/Raphson-Verfahren)
Quelle: Eigene Datenauswertung.

Der Grund für die große Abweichung zwischen tatsächlicher impliziter Volatilität und der mittels des Newton/Raphson-Verfahrens mit 9 Iterationen ermittelten impliziten Volatilität geht auf die Nichtexistenz der impliziten Volatilität für diese Optionen zurück.

Das Newton/Raphson-Verfahren springt bei den in Tabelle 22 ausgewiesenen Optionen bei jeder Iteration zwischen hohen negativen und positiven impliziten Volatilitäten hin und her. Nach 7 Iterationen ergibt sich für die Option mit der ID 312042 beispielsweise ein Vorzeichenwechsel auf eine negative implizite Volatilität von $-6.518,4\%$, nach 8 Iterationen ergibt sich eine sehr hohe implizite Volatilität von $56.313\%$, und nach 9 Iterationen liegt diese bei $-7,03 \cdot 10^{97}\%$. Die in Tabelle 22 aufgeführten Optionen haben gemein, dass sie tief im Geld liegen und nur noch eine geringe Restlaufzeit aufweisen, d.h. die Ausübung dieser Optionen ist fast sicher. Rubinstein stellt für tief im Geld liegende Optionen mit kurzer Restlaufzeit fest, dass

## 4.2 Implizite Volatilität

eine implizite Volatilität nicht immer existiert.[343] Für diese Optionen ist die Spezifizierung der exakten impliziten Volatilität ohne Bedeutung:[344]

Alle impliziten Volatilitäten im Intervall von $(0\%;30\%]$ ergeben für alle in Tabelle 22 aufgeführten Optionen annähernd den Marktpreis, ohne diesen jemals erreichen zu können. Hieran ist auch ein grundlegendes Problem der impliziten Volatilität zu erkennen: Die Interpretierfähigkeit des Niveaus der impliziten Volatilität hängt stark von Moneyness und Restlaufzeit ab. Für im Geld notierende Optionen mit kurzer Restlaufzeit ist keine Interpretation des Niveaus der impliziten Volatilität möglich: Die implizite Volatilität übt auf diese Optionen allenfalls bei illusorisch hohen (dreistelligen) Werten einen spürbaren Einfluss auf den Optionspreis aus.

Zusammenfassend lässt sich festhalten, dass das Iterationsverfahren mit dem Manaster/Koehler-Startwert bereits nach wenigen Schritten exakt ist. Abweichungen ergeben sich nur in Einzelfällen bei tief im Geld liegenden Optionen mit kurzer Restlaufzeit.

### 4.2.3.2 Bisection-Verfahren

Zur Ermittlung der impliziten Volatilität mittels der Newton/Raphson-Methode ist es notwendig, die partielle Ableitung des Optionspreises nach der Volatilität zu kennen. Wenn das Vega analytisch nicht bekannt ist – wie beispielsweise bei amerikanischen oder exotischen Optionen – kann das Bisection-Verfahren angewandt werden. Das Bisection-Verfahren ermittelt die implizite Volatilität als lineare Interpolation zwischen einer zu hohen Volatilität ($\sigma_H$) und einer zu niedrigen Volatilität ($\sigma_L$):

$$\sigma_{i+1} = \sigma_L + (C_m - C_L)\frac{\sigma_H - \sigma_L}{C_H - C_L}.$$

$\sigma_L$ wird durch $\sigma_{i+1}$ ersetzt, wenn $C(\sigma_{i+1}) < C_m$, andernfalls wird $\sigma_H$ durch $\sigma_{i+1}$ ersetzt bis der gewünschte Präzisionsgrad erreicht ist, also bis gilt:

---

[343] Vgl. Rubinstein (1985), S. 466 sowie Manaster/Koehler (1982), S. 227-229.
[344] Vgl. Latané/Rendleman (1976), S. 371.

$|C_m - C(\sigma_{i+1})| \leq \varepsilon$.

Als einfache Daumenregel haben Brenner und Subrahmanyam (1988) eine Formel vorgeschlagen, die keine Iteration beinhaltet. Demnach lässt sich die implizite Volatilität approximativ berechnen als:[345]

$$\sigma \approx \frac{C_m \sqrt{2\pi}}{Se^{(b-r)T} \sqrt{T}},$$

wobei:
$b$ = Cost of Carry (Zinsen als Opportunitätskosten).

Die Approximation von Brenner und Subrahmanyam (1988) ist für at-the-money Calls sehr zuverlässig. Für Optionen mit vom aktuellen Kurs entfernten Ausübungspreisen wird die Formel von Brenner und Subrahmanyam jedoch zusehends ungeeigneter.

### 4.2.3.3 Verfahren der Deutschen Börse AG

Mittels der von der Deutschen Börse AG verwendeten „Plug-in" Methode kann in einigen Fällen die implizite Volatilität nicht berechnet werden, obwohl sie existiert. Neben dem „Übersehen" existenter Lösungen, auf das Manaster/Koehler hinweisen, führt ein falscher Startwert andererseits auch dazu, dass implizite Volatilitäten dann berechnet werden, wenn in Wirklichkeit keine implizite Volatilität existiert, welche die Black/Scholes-Formel nach dem Parameter $\sigma$ auflöst.[346] Rubinstein beobachtet beispielsweise, dass für Optionen, die unter Parität notieren, eine implizite Volatilität häufig nicht berechnet werden kann. Zu beiden Fällen soll zunächst ein Beispiel aus der Realität angeführt werden, bevor eine empirische Auswertung auf den gesamten Datenbestand vorgenommen wird:[347]

---

[345] Vgl. Brenner/Subrahmanyam (1988), S. 80-83.
[346] Auch der Startwert nach Manaster/Koehler kann jedoch in Ausnahmefällen zum Ausweis einer nicht existenten impliziten Volatilität in Form einer negativen Volatilität führen.
[347] Bei diesem Beispiel handelt es sich um einen Call, der am 3.1.2005 um 11:24:08 Uhr gehandelt wurde. Intern wurde an diese Option die ID 370148 vergeben, d.h. der Call befindet sich an 370.148. Stelle im Datensatz indexts20050131 der Deutschen Börse AG. Das Beispiel ist jedoch auf viele weitere Fälle übertragbar, zum Beispiel ergibt sich ähnliches für die Optionen mit den Parametern $S$ = 4300,61, $K$ = 3500, $r$ = 0,0207, $T$ = 0,04657534, $C$ = 805,3 (gehandelt am

## 4.2 Implizite Volatilität

Für die Option mit den Parametern $S = 4295,93$, $K = 3800$, $r = 2,08\%$, $T = 0,04931507$, $C = 502$ kann nach der Methode der Deutschen Börse AG mit dem Startwert von 15% die implizite Volatilität mittels des Newton/Raphson-Verfahrens nicht ermittelt werden. Dagegen konvergiert das Newton/Raphson-Verfahren mit dem Startwert nach Manaster/Koehler (1982) von 2,2397. Nach der ersten Iteration ergibt sich eine implizite Volatilität von 55,54%, nach der zweiten Iteration 37,46%, nach der dritten Iteration 30,73%, nach der vierten Iteration 28,37% und nach der 5. Iteration 27,97%. Nach der 50. Iteration ergibt sich die implizite Volatilität als 27,961%. Setzt man diesen Wert in die Black/Scholes-Formel ein, so ergibt sich für den Optionspreis $C = 502$, also exakt der Marktpreis. Die unter Vorgabe des Startwerts nach Manaster/Koehler im Newton/Raphson-Verfahren ermittelte implizite Volatilität löst somit die Formel erfolgreich nach der Volatilität auf. Die Methode der Deutschen Börse AG übersieht dagegen in diesem Fall die Lösung. Im Januar 2005 scheitert die „Plug-in"-Methode der Deutschen Börse AG zur Berechnung der impliziten Volatilität für 215 von insgesamt 31.222 Calls, obwohl für diese Optionen eine eindeutige implizite Volatilität existiert.

Umgekehrt ermittelt sich nach der pauschalen „Plug-in"-Methode der Deutschen Börse AG für eine Option mit den Parametern $S = 4294,17$, $K = 4000$, $r = 0,0207$, $T = 0,04383562$, $C = 266$ eine negative implizite Volatilität, während tatsächlich keine implizite Volatilität existiert, welche in der Lage wäre, die Black/Scholes-Formel nach dem unbekannten Parameter $\sigma$ aufzulösen.[348] Im Januar 2004 führt das Verfahren der Deutschen Börse AG bei 8 Optionen zu negativen impliziten Volatilitäten, obwohl mathematisch keine implizite Volatilität ermittelt werden kann.

### 4.2.3.4 Vergleich der Verfahren zur Ermittlung der impliziten Volatilität

Tabelle 23 und Tabelle 24 weisen für die im Untersuchungszeitraum gehandelten Calls respektive Puts aus, für wie viele Optionen keine implizite Volatilitäten mittels der Verfahren von Manaster/Koehler sowie der Deutschen Börse AG berechnet werden können. Negative implizite Volatilitäten wie sie sich sowohl bei der „Plug-

---

4.1.2005 um 12:41:31 Uhr) sowie $S = 4263,41$, $K = 3800$, $r = 0,0207$, $T = 0,04657534$, $C = 500$ (gehandelt am 4.1.2005 um 14:32:32 Uhr).

[348] Es handelt sich um einen am 5.1.2005 um 16:37:23 Uhr gehandelten Call.

in" Methode der Deutschen Börse AG als auch mit dem Startwert von Manaster/Koehler ergeben können, sind ebenfalls aufgeführt.

| Jahr 2004 | Calls | | | |
|---|---|---|---|---|
| | Manaster/Koehler | | Deutsche Börse AG | |
| | $\sigma_{impl}$ negativ | $\sigma_{impl}\ \exists$ nicht | $\sigma_{impl}$ negativ | $\sigma_{impl}\ \exists$ nicht |
| Januar | 3 | 1.291 | 0 | 1.891 |
| Februar | 18 | 1.359 | 2 | 1.442 |
| März | 261 | 4.695 | 105 | 4.910 |
| April | 22 | 3.042 | 23 | 3.114 |
| Mai | 42 | 1.795 | 29 | 1.851 |
| Juni | 49 | 4.505 | 39 | 4.609 |
| $\sum$ | 395 | 16.687 | 198 | 17.817 |

Tabelle 23: Nicht berechenbare implizite Volatilitäten (Calls)
Quelle: Eigene Berechnungen.

Das Verfahren der Deutschen Börse AG kann für insgesamt 17.817 Calls im Untersuchungszeitraum keine implizite Volatilität berechnen. Für 198 Calls im Untersuchungszeitraum weist das Verfahren der Deutschen Börse AG eine negative implizite Volatilität aus. Da unter Verwendung eines falschen Startwerts teilweise Lösungen für die implizite Volatilität trotz ihrer Nichtexistenz ausgegeben werden, wird die Anzahl der nicht berechneten impliziten Volatilitäten im Verfahren der Deutschen Börse AG unterschätzt. Das Newton/Raphson-Verfahren mit dem Startwert nach Manaster/Koehler kann für 16.678 Calls keine implizite Volatilität berechnen und weist für 395 Calls eine negative implizite Volatilität aus.

| Jahr 2004 | Puts | | | |
|---|---|---|---|---|
| | Manaster/Koehler | | Deutsche Börse AG | |
| | $\sigma_{impl}$ negativ | $\sigma_{impl}\ \exists$ nicht | $\sigma_{impl}$ negativ | $\sigma_{impl}\ \exists$ nicht |
| Januar | 136 | 2.272 | 35 | 5.804 |
| Februar | 0 | 5 | 0 | 845 |
| März | 0 | 0 | 0 | 924 |
| April | 0 | 0 | 0 | 446 |
| Mai | 0 | 0 | 0 | 453 |
| Juni | 0 | 0 | 0 | 274 |
| $\sum$ | 136 | 2.277 | 35 | 8.746 |

Tabelle 24: Nicht berechenbare implizite Volatilitäten (Puts)
Quelle: Eigene Berechnungen.

Während das Verfahren der Deutschen Börse AG für 8.746 Puts im Untersuchungszeitraum keine implizite Volatilität ausweisen kann, sind es beim Newton/Raphson-Verfahren mit dem Startwert nach Manaster/Koehler nur 2.277. Das Verfahren der

## 4.2 Implizite Volatilität

Deutschen Börse AG weist für 35 Puts negative implizite Volatilitäten aus, während es nach dem Newton/Raphson-Verfahren mit dem Startwert nach Manaster/Koehler 136 sind. Zu den als negativ ausgewiesenen impliziten Volatilitäten soll ein Beispiel angeführt werden.

Für den Call mit den Parametern $S$ = 3982,16, $K$ = 3900, $r$ = 0,02214, $T$ = 0,42465753, $C$ = 89,5 wird bei Verwendung des Startwerts von Manaster/Koehler eine negative implizite Volatilität ausgegeben, obwohl tatsächlich keine Volatilität existiert.[349] Beim Startwert von Manaster/Koehler (1982) ergibt sich bei 50 Iterationen eine implizite Volatilität von -0,033241 und beim Startwert der Deutschen Börse AG 0,020431. Auf der Basis des Startwerts von 15% ergibt sich eine implizite Volatilität von 0,0198 (statt 0,0204) bzw. -0,0312 (statt -0,0332). Auch bei Erhöhung der Anzahl der Iterationen auf 1.250 Schritte ergibt sich keinerlei Veränderung.

Tabelle 25 illustriert am Beispiel der zwei auffälligsten Fälle die Problematik der impliziten Volatilität: Einige Optionen führen erst dann zum Marktpreis, wenn eine negative implizite Volatilität eingesetzt wird.

| ID | Handelszeit | DAX | K | Restlaufzeit | Marktpreis |
|---|---|---|---|---|---|
| 201055 | 8.1.04, 11:16:23 | 4050,42 | 3550 | 0,02191781 | 502 |
| 301603 | 14.1.04, 13:12:13 | 4019,18 | 3200 | 0,00547945 | 819,5 |

Tabelle 25: Beispiele für Optionen mit negativem Zeitwert
Quelle: Eigene Datenauswertung.

Der mit der Restlaufzeit konforme Zinssatz beträgt hier 2,066% respektive 2,039%. Beiden Optionen sind die tiefe Moneyness sowie eine sehr kurze Restlaufzeit gemein. Die Marktpreise orientieren sich mit 502 respektive 819,5 sehr nahe am inneren Wert der Option von 500,42 respektive 819,18, der Zeitwert ist in diesen Fällen konform mit dem Postulat des positiven Zeitwerts: $C_m \geq (S - K \cdot e^{-rT})^+$.[350] Wie bereits für die in Tabelle 22 aufgeführten Optionen ergeben auch für die in Tabelle 25 aufgeführten Optionen alle implizite Volatilitäten im Intervall von (0%; 30%) annähernd den Marktpreis. Damit verbunden ist ein geringer Aussagegehalt der impliziten Volatilität für tief im Geld liegende Optionen mit kurzer

---
[349] Es handelt sich um einen am 15.6.2004 um 16:29:37 Uhr gehandelten Call.
[350] Vgl. Manaster/Rendleman (1982), S. 1046.

Restlaufzeit. Die häufig gezeigten Volatilitäts-Smiles oder generell Volatilitätsoberflächen sind somit grundsätzlich nicht geeignet, Defizite der Black/Scholes-Formel aufzuzeigen: Mit zunehmender Entfernung von einer at-the-money Notierung nimmt der Aussagegehalt der impliziten Volatilität ab.

Auch in dieser Hinsicht ist der Startwert nach Manaster/Koehler trotz Schwächen der pauschalen „Plug-in"-Methode überlegen: Während die nicht existente Volatilität beim Manaster/Koehler-Startwert anhand der negativen Volatilität erkennbar ist, suggeriert der leicht positive Wert auf Basis des von der Deutschen Börse AG eingesetzten Startwerts von 15% zu Unrecht die Existenz einer impliziten Volatilität.

Die Anzahl der in Tabelle 23 (Calls) und Tabelle 24 (Puts) ausgewiesenen nicht existenten Volatilitäten auf Basis des von der Deutschen Börse AG verwendeten Startwerts wird somit unterschätzt. Das Urteil zugunsten des Startwerts von Manaster/Koehler fällt für Puts besonders deutlich aus: Von März bis Juni 2004 können alle impliziten Volatilitäten berechnet werden.

**4.2.3.5 Probleme bei der Ermittlung der impliziten Volatilität**

In vielen Fällen ist es numerisch mittels des Newton/Raphson-Verfahrens nicht möglich, eine implizite Volatilität zu berechnen oder die implizite Volatilität weist dreistellige Werte auf.[351] Da die zukünftige Volatilität des Basiswerts der einzige nicht direkt am Markt beobachtbare Parameter im Black/Scholes-Modell ist, lässt eine illusorisch hohe implizite Volatilität grundsätzlich drei Schlüsse zu: Entweder ist das Black/Scholes-Modell nicht zur Berechnung der Optionspreise geeignet, die Daten der Deutschen Börse AG sind fehlerhaft oder die implizite Volatilität ist für die betroffene Option ohne Aussagekraft.

Tabelle 26 listet einige Calls mit illusorischen oder nicht existenten impliziten Volatilitäten auf.

---

[351] In den meisten Fällen, in denen kein Wert für die Volatilität im Black/Scholes-Modell den exakten Marktpreis ergibt, ist die Spezifizierung einer exakten Volatilität für den Optionspreis unbedeutend. Die Optionen sind so tief im Geld, dass es i.d.R. keinen Unterschied macht, ob die implizite Volatilität mit 0% oder mit 500% angesetzt wird.

## 4.2 Implizite Volatilität 143

| ID | Datum | Uhrzeit | T | K | DAX | Optionspreis | Implizite σ |
|----|-------|---------|---|---|-----|--------------|-------------|
| 29049 | 01.12.2003 | 16:30:16 | 0,05 | 3700 | 3820,6 | 122 | ∃ nicht |
| 29665 | 01.12.2003 | 09:11:43 | 0,05 | 3000 | 3816,8 | 820 | ∃ nicht |
| 29666 | 01.12.2003 | 09:11:44 | 0,05 | 3000 | 3816,8 | 820 | ∃ nicht |
| 29670 | 01.12.2003 | 15:30:40 | 0,05 | 3200 | 3817,7 | 600 | ∃ nicht |
| 30573 | 02.12.2003 | 13:16:19 | 0,05 | 1000 | 3831,7 | 2830 | ∃ nicht |
| 30788 | 02.12.2003 | 10:02:54 | 0,05 | 2900 | 3836,1 | 938,7 | ∃ nicht |
| 30789 | 02.12.2003 | 10:03:09 | 0,05 | 2900 | 3836,6 | 938,7 | ∃ nicht |
| 59427 | 03.12.2003 | 09:55:53 | 0,04 | 2200 | 3836,7 | 1637,2 | ∃ nicht |
| 59428 | 03.12.2003 | 14:10:56 | 0,04 | 2400 | 3850,8 | 1455 | 96,34% |
| 59429 | 03.12.2003 | 10:29:48 | 0,04 | 2800 | 3825,3 | 1026,2 | ∃ nicht |
| 59430 | 03.12.2003 | 14:08:38 | 0,04 | 2800 | 3852,4 | 1055 | 56%* |
| 59689 | 03.12.2003 | 14:28:50 | 0,04 | 1000 | 3853,5 | 2850,1 | ∃ nicht |
| 59690 | 03.12.2003 | 14:28:55 | 0,04 | 1000 | 3853,5 | 2850 | ∃ nicht |
| 59691 | 03.12.2003 | 15:05:55 | 0,04 | 1000 | 3858,3 | 2862,5 | 282,60% |
| 59692 | 03.12.2003 | 16:45:36 | 0,04 | 1000 | 3856,3 | 2857,4 | 222% |
| 59693 | 03.12.2003 | 09:42:22 | 0,04 | 1400 | 3831 | 2422 | ∃ nicht |
| 59883 | 03.12.2003 | 14:06:44 | 0,04 | 2900 | 3853,6 | 957 | 58% |
| 59884 | 03.12.2003 | 14:06:44 | 0,04 | 2900 | 3853,6 | 957 | 58% |
| 59918 | 03.12.2003 | 15:19:00 | 0,04 | 3300 | 3859,5 | 562 | ∃ nicht |
| 92807 | 04.12.2003 | 11:20:23 | 0,04 | 3000 | 3882,8 | 885 | ∃ nicht |
| 92808 | 04.12.2003 | 13:40:47 | 0,04 | 3000 | 3888,7 | 890 | ∃ nicht |
| 92809 | 04.12.2003 | 14:23:15 | 0,04 | 3000 | 3886,7 | 888,5 | ∃ nicht |
| 93523 | 04.12.2003 | 11:20:46 | 0,04 | 2800 | 3883,6 | 1085,6 | ∃ nicht |
| 93524 | 04.12.2003 | 11:21:03 | 0,04 | 2800 | 3883,1 | 1084 | ∃ nicht |
| 93723 | 04.12.2003 | 09:12:55 | 0,04 | 1000 | 3860 | 2857,5 | ∃ nicht |
| 93724 | 04.12.2003 | 09:55:29 | 0,04 | 1000 | 3863,6 | 2864 | ∃ nicht |

Tabelle 26: Calls mit illusorischen impliziten Volatilitäten
Quelle: Eigene Berechnungen.

Insgesamt kann für 3,7% der Optionstransaktionen (1.906 von 51.476 Optionstransaktionen) im Dezember 2003 keine implizite Volatilität berechnet werden. Die in Tabelle 26 aufgelisteten Optionen verletzen weder Arbitragebeziehungen noch kommt das Black/Scholes-Modell zu nennenswerten Fehlbewertungen. Gerade für zahlreiche Optionen in den Tagen vor Weihnachten 2003 kann mittels des Newton/Raphson-Verfahrens unabhängig von der Wahl des Startwerts (0; ∞) kein Wert für die implizite Volatilität berechnet werden, der eingesetzt in die Black/Scholes-Formel den Marktpreis ergäbe. Die höchste implizite Volatilität im Dezember 2003 beträgt 542,18%. Die sehr hohen Werte für die implizite Volatilität verdeutlichen, dass die implizite Volatilität zur Preisbestimmung von Optionen mit kurzer Restlaufzeit (in der Empirie häufig nur 1 bis 2 Tage) praktisch keine Rolle mehr spielt.

Die Probleme bei der Berechnung von impliziten Volatilitäten von Optionen, die stark im oder aus dem Geld notieren, erkennen auch Harvey/Whaley (1991). Bei diesen Optionen stimmt der Optionspreis mit dem intrinsischen Wert annähernd vollständig überein, da über die Ausübung respektive wertlose Nichtausübung dieser Optionen kaum mehr Zweifel bestehen. Diese Optionen weisen also kaum einen Zeitwert auf. Harvey/Whaley (1991) empfehlen die Verwendung von at-the-money Optionen zur Schätzung der impliziten Volatilität „because they contain the most information about volatility; that is, they are the most sensitive to changes in the volatility rate."[352] Eine damit verbundene Ansicht ist, dass Vega den höchsten Wert erreicht, wenn der Aktienkurs dem Ausübungspreis entspricht.[353] Diese Lehrbuchmeinung ist allerdings nur in bestimmten Fällen korrekt. Im Nachfolgenden soll das optimale Verhältnis von $S$ zu $K$ hergeleitet werden, welches sicherstellt, dass die Sensitivität des Optionspreises bezüglich der Volatilität am höchsten ist.

### 4.2.4 Optimale Optionsparameter zur Ermittlung der impliziten Volatilität

Der vorhergehende Abschnitt stellte die Problematik bei der Ermittlung impliziter Volatilitäten dar. Daher widmet sich dieser Abschnitt der Ermittlung optimaler Optionsparameter zur Bestimmung einer möglichst aussagekräftigen impliziten Volatilität in dem Sinne, dass eine Änderung der impliziten Volatilität sich auch unmittelbar in einer Änderung des Optionspreises niederschlägt. Am sensitivsten reagiert eine Option dann auf Änderungen der Volatilität, wenn die partielle Ableitung des Optionspreises nach der Volatilität maximal ist, also wenn gilt:

$$\partial C / \partial \sigma \to \max.$$

Da $\partial C / \partial \sigma = S \cdot \phi(d_1)\sqrt{T}$ und $S$ und $T$ nur positive Werte annehmen können, erreicht $\partial C / \partial \sigma$ das Maximum, wenn $\phi(d_1) \to \max$. Die Wahrscheinlichkeitsdichtefunktion ist allgemein definiert als:[354]

---

[352] Harvey/Whaley (1991), S. 1553.
[353] Vgl. Müller-Möhl (1999), S. 117 sowie Hull (2009), S. 373 ff.
[354] Vgl. Bronstein/Semendjajew/Musiol/Mühlig (2001), S. 778 f. sowie Rönz (2001c), S. 28, der die Dichtefunktion in die Exponentialschreibweise umformt: $(2\pi\sigma^2)^{-\frac{1}{2}} = \exp\left(-\frac{1}{2} \cdot \log(2\pi\sigma^2)\right)$, folgt für die Dichte: $f(x \mid \mu, \sigma) = \exp\left[-\frac{x^2}{2\sigma^2} + \frac{x \cdot \mu}{\sigma^2} - \frac{\mu^2}{2\sigma^2} - \frac{1}{2} \cdot \log(2\pi\sigma^2)\right]$. Ungenau sind hier Harvey/Whaley (1991), S. 1553, welche von einer Maximierung des Vegas sprechen, wo "probability value from the normal distributions" maximiert wird. Anders als bei diskreten

## 4.2 Implizite Volatilität

$$y = f(x|\mu,\sigma) = \frac{1}{\sigma\sqrt{2\pi}} e^{-\frac{(x-\mu)^2}{2\sigma^2}}$$

mit:

$\mu = 0$ und

$\sigma = 1$.

Die Wahrscheinlichkeitsdichte der Standardnormalverteilung ist an der Stelle 0 maximal, da sie an dieser Stelle den maximal möglichen Wert von 39,89% annimmt (vgl. Abbildung 28). Die Wahrscheinlichkeitsdichtefunktion ermöglicht sowohl die Berechnung statistischer Charakteristika wie Mittelwert, Standardabweichung sowie höhere Momente (Schiefe, Kurtosis), als auch die Wahrscheinlichkeit, dass eine Variable Werte innerhalb eines bestimmten Intervalls annimmt.[355] Somit zeigt die Dichtefunktion die Verteilung der stetigen Variablen.[356]

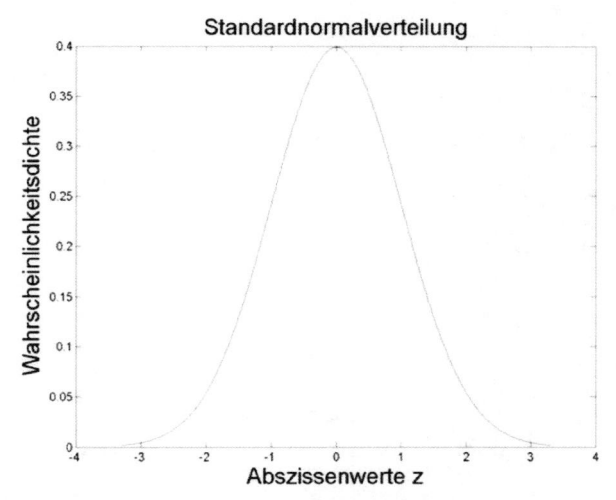

**Abbildung 28: Standardnormalverteilung für Abszissenwerte z ∈ (-3,3; 3,3)**
Quelle: Eigene Darstellung.

---

Zufallsvariablen, bei denen man jedem möglichen Ereignis eine bestimmte Eintrittswahrscheinlichkeit (probability value) zuordnen kann, gibt es für stetige Zufallsvariablen unendlich viele mögliche Ausprägungen. Die Standardnormalverteilung ist eine stetige Verteilung. Die Wahrscheinlichkeit dafür, dass genau ein bestimmtes Ereignis eintritt, ist daher gleich 0. Das bedeutet jedoch nicht, dass das Ereignis unmöglich wäre. Anstelle des „probability value" verwendet man bei stetigen Zufallsvariablen Dichten, vgl. Voß (2004), S. 310-312.

[355] Vgl. Müller/Sperlich/Werwatz/Härdle (2004), S. 1.
[356] Vgl. Rönz (2001c), S. 8

Die Verteilungsfunktion (vgl. Abbildung 29) gibt die Wahrscheinlichkeit dafür an, dass eine Zufallsvariable $X$ einen bestimmten Wert $x$ nicht überschreitet, also $P(X \leq x)$.[357]

Abbildung 29 stellt die kumulierte Standardnormalverteilung für Abszissenwerte $z \in$ (-3,3; 3,3) dar. Im diskreten Fall ergibt sich die Verteilungsfunktion $\Phi_x(x)$ durch die Addition aller Wahrscheinlichkeiten für $x_i \leq x$, d.h. $\Phi_x(x) = \sum_{x_i \leq x} \Phi x(x_i)$. Im stetigen Fall wird anstelle der Summation die Integration verwendet:

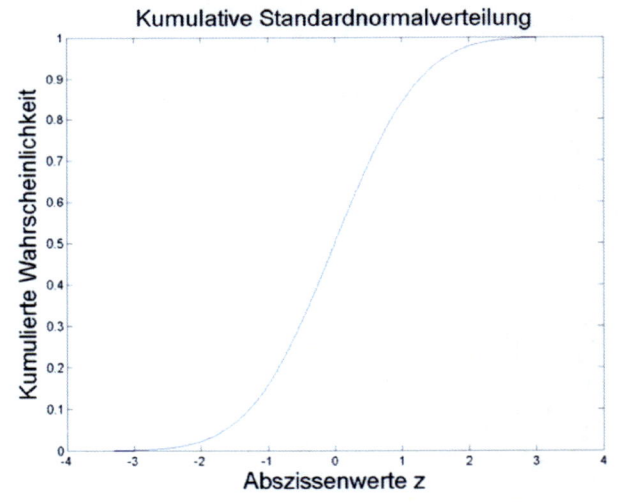

$$\Phi_x(x) = \int_{-\infty}^{x} \Phi_x(t)\,dt.$$

**Abbildung 29: Kumulierte Standardnormalverteilung**
Quelle: Eigene Darstellung.

Wesentliche Eigenschaften der kumulierten Standardnormalverteilung sind:

$\lim_{x \to -\infty} \Phi_X(x) = 0$ sowie

$\lim_{x \to \infty} \Phi_X(x) = 1$, d.h. die Fläche unter $f(x)$ integriert zu 1.

---

[357] Vgl. Voß (2004), S. 313.

## 4.2 Implizite Volatilität

Nun soll $\partial C/\partial \sigma$ maximiert werden.

$\Leftrightarrow S_0 \cdot \Phi(d_1)\sqrt{T} \to \max_{S}$

$\Leftrightarrow S_0 \sqrt{T} \cdot \dfrac{1}{\sqrt{2\pi}} e^{-\frac{d_1^2}{2}} \to \max_{S}$. Da $\Leftrightarrow \sqrt{T} \cdot \dfrac{1}{\sqrt{2\pi}}$ konstant ist, folgt daraus:

$\Leftrightarrow S_0 \cdot e^{-\frac{d_1^2}{2}} \to \max_{S}$. Maximiert wird der Term, wenn die 1. Ableitung 0 ist:

$\Leftrightarrow S_S' \cdot e^{-\frac{d_1^2}{2}} + S \cdot \left(e^{-\frac{d_1^2}{2}}\right)'_S \stackrel{!}{=} 0$

$e^{-\frac{d_1^2}{2}} + S_0 \cdot e^{-\frac{d_1^2}{2}} \cdot (-d_1) \cdot \dfrac{1}{\sigma\sqrt{T}} \cdot \dfrac{1}{S/K} \cdot \dfrac{1}{K} \stackrel{!}{=} 0$

$e^{-\frac{d_1^2}{2}} + e^{-\frac{d_1^2}{2}} \cdot (-d_1) \cdot \dfrac{1}{\sigma\sqrt{T}} \stackrel{!}{=} 0$

$e^{-\frac{d_1^2}{2}} \left(1 - \dfrac{1}{\sigma\sqrt{T}} d_1 \right) \stackrel{!}{=} 0$.

$\Rightarrow 1 - \dfrac{1}{\sigma\sqrt{T}} d_1 = 0$.

$\Leftrightarrow d_1 = \sigma\sqrt{T}$.

$\Leftrightarrow \dfrac{\log \dfrac{S_0}{K} + \left(r + \dfrac{\sigma^2}{2}\right)T}{\sigma\sqrt{T}} = \sigma\sqrt{T}$

$\Leftrightarrow \log \dfrac{S_0}{K} + \left(r + \dfrac{\sigma^2}{2}\right)T = \sigma^2 T$

$\Leftrightarrow \log \dfrac{S_0}{K} = \dfrac{\sigma^2}{2} T - rT$

$\Leftrightarrow \log \dfrac{S_0}{K} = \left(\dfrac{\sigma^2}{2} - r\right)T$

$\Leftrightarrow \dfrac{S_0}{K} = e^{\left(\frac{\sigma^2}{2} - r\right)T}$

$\Leftrightarrow S_0 = K \cdot e^{-\left(r - \frac{\sigma^2}{2}\right)T}$.

Für den typischen Fall, dass die Volatilität einen Wert von ca. 30% aufweist, die Restlaufzeit $T$ unter einem Jahr liegt und der Zinssatz etwa 5% beträgt, so ist $\left(r - \dfrac{\sigma^2}{2}\right)T = 0{,}005$ und somit der Exponent $\approx 0$. Dies entspricht dem Fall $S \approx K$. Aus diesen Herleitungen folgt, dass diejenigen Optionen am sensibelsten auf Änderungen der Volatilität reagieren, die bei geringer verbleibender Restlaufzeit, niedriger Volatilität und niedrigem Zinssatz leicht out-of-the-money notieren.[358] Da die exakte Spezifizierung der Volatilität für den Preis dieser Optionen von großer Bedeutung ist, sollte die Information über die implizite Volatilität bei diesen Optionen von hoher Qualität sein.[359] Die „optimale" Moneyness für eine aussagekräftige implizite Volatilität gibt es also nicht, sie hängt von drei Parametern ab.

Abbildung 30 zeigt, dass bei Wahl realistischer Parameter (Volatilität 30%, Restlaufzeit ½ Jahr, risikofreier Zinssatz 3%) das höchste Vega erreicht wird, wenn der Call leicht aus dem Geld notiert.[360] Dies führt zu einer rechtsschiefen Verteilung des Vegas.

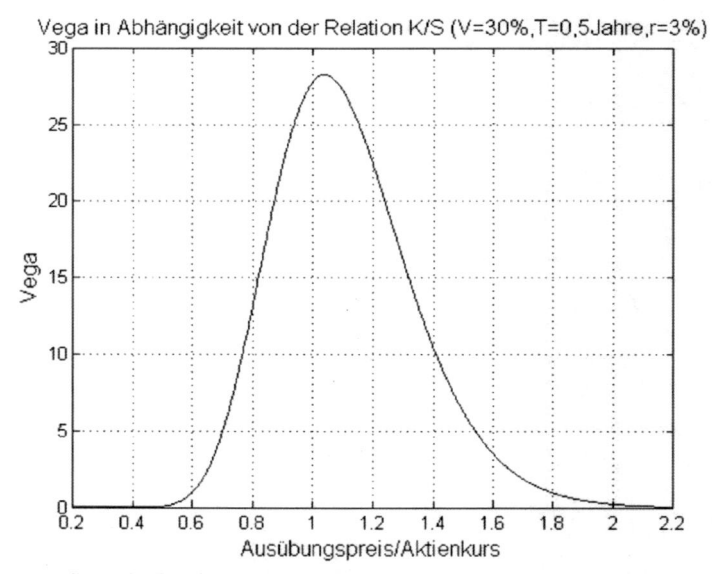

**Abbildung 30: Relation von K/S für beste Aussagekraft der impliziten Volatilität**
Quelle: Eigene Darstellung.

---

[358] Dies ist bei der überwiegenden Anzahl von Optionen der Fall.
[359] Diese Darstellung präzisiert die nur approximativ korrekte Lösung von Harvey/Whaley (1991), S. 1553.
[360] Beckers stellt fest, dass die implizite Volatilität dann die höchste Aussagekraft für die zukünftige Volatilität hat, wenn sie aus Optionen mit dem höchsten Vega geschätzt wird, vgl. Beckers (1981), S. 363 ff.

## 4.2 Implizite Volatilität

Je niedriger die Werte der einzelnen Parameter (Zinssatz, Volatilität und Restlaufzeit) sind, desto näher liegt die optimale Moneyness (i.S. eines maximalen Vegas) bei 1.

Abbildung 31 zeigt einen seltenen, aber möglichen Fall, der veranschaulicht, dass bei hohen Werten der drei Parameter zur Maximierung des Vegas der Ausübungspreis um ein Vielfaches höher sein muss als der Aktienkurs. Abgebildet ist das Vega für eine Option mit 5 Jahren Restlaufzeit, einer Volatilität von 100% und einem Zinssatz von 10%.[361]

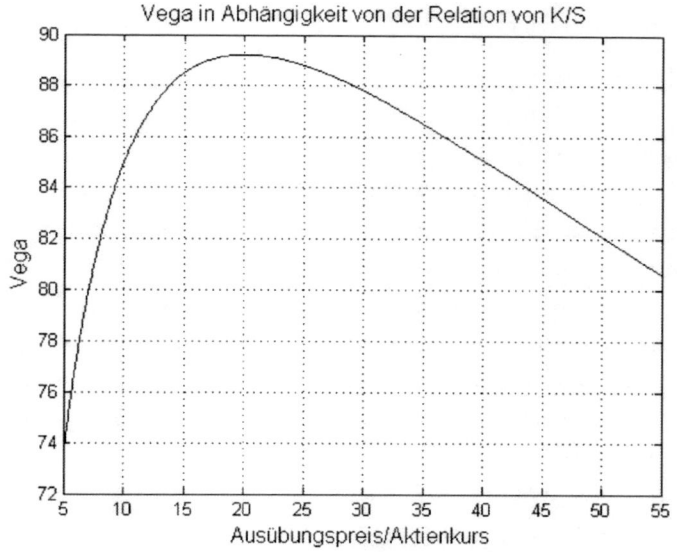

**Abbildung 31: Vega in Abhängigkeit von der Relation von K/S**
Quelle: Eigene Darstellung.

Die weit verbreitete Ansicht, dass at-the-money Optionen am sensitivsten auf die genaue Spezifizierung der Volatilität reagieren und das Vega den höchsten Wert annimmt, wenn $S \approx K$ bzw. $\log \frac{S}{K} \approx 0$, ist in dieser Allgemeinheit somit nicht korrekt. Die Aussagekraft der impliziten Volatilität ist bereits per Definition mit der jeweiligen Option und deren Parameter verbunden.

---

[361] Optionen an der Eurex existieren mit einer Restlaufzeit von bis zu 60 Monaten. Vgl. Eurex (2008a), S. 2.

Das Handelssystem Bloomberg gibt dennoch eine implizite Volatilität an, die aus einer Vielzahl von Optionen unterschiedlicher Ausübungspreise und Laufzeiten als gewichteter Durchschnittswert berechnet wird.[362] Das Verhältnis von Aktienpreis zum Ausübungskurs muss aber zur Maximierung des Vegas umso niedriger sein, je höher die drei Parameter Volatilität, Zinssatz und Restlaufzeit sind. Abbildung 31 widerlegt somit, dass Vega grundsätzlich den höchsten Wert für at-the-money Optionen annimmt. Aus diesen Herleitungen folgt, dass die Sensitivität des Optionspreises auf die Volatilität entscheidend vom Niveau der Volatilität, dem Zinssatz und der Restlaufzeit abhängt.

### 4.2.5 Zusammenfassung

Sowohl aus theoretischer Sicht als auch aufgrund der empirischen Resultate kann die von der Deutschen Börse AG verwendete Methode eines pauschalen Startwerts zur numerischen Ermittlung der impliziten Volatilität nicht als optimal angesehen werden. Die Methode der Deutschen Börse AG kann sowohl eindeutige Lösungen übersehen als auch tatsächlich nicht existierende implizite Volatilitäten ausweisen. Abweichungen zwischen impliziter und tatsächlicher Volatilität führen zu Hedgingfehlern, so dass Absicherungsstrategien nicht risikolos sind.[363] Zudem verändert die implizite Volatilität sich auch im Zeitablauf (dynamische Volatilitätsstruktur).[364] Sowohl die empirischen Daten als auch die mathematische Herleitung der optimalen Optionsparameter für eine aussagekräftige Volatilität zeigen, dass die Aussagekraft der impliziten Volatilität – sofern sie bestimmt werden kann – neben der Moneyness stark von den Parametern Zinssatz, Restlaufzeit und Volatilität der Option abhängt. Der Idealfall zur Bestimmung der impliziten Volatilität sind Optionen, bei denen die folgende Gleichung erfüllt ist:

$$S = K \cdot e^{-\left(r - \frac{\sigma^2}{2}\right)T}.$$

---

[362] Vgl. Bloomberg (2004b), o. S. sowie Natenberg (1994), S. 74 zur typischen Berechnung der impliziten Volatilität seitens der Datenanbieter.
[363] Vgl. Branger/Mahayni (2004), S. 1-44.
[364] Vgl. Cont/Fonseca/Durrleman (2002), S. 362.

Die implizite Volatilität von Optionen, die eine kurze Restlaufzeit aufweisen und im Geld notieren, hat eine geringe Aussagekraft, weil der Wert dieser Optionen weitgehend unabhängig vom Volatilitätsniveau durch den inneren Wert festgelegt ist.[365]

## 4.3 Empirie zur impliziten Volatilität und risikoneutralen Dichte

Eine Vielzahl von Studien approximiert das Black/Scholes-Modell an die beobachteten Optionspreise durch Lösung von der Annahme einer konstanten Volatilität und Einführung einer zum Teil gewichteten (impliziten) Volatilität für unterschiedliche Restlaufzeiten und Moneynessbereiche.[366] Latané/Rendleman (1976) berechnen die implizite Volatilität aus Optionen auf der Annahme, dass diese mit dem Black/Scholes-Modell bewertet wurden.[367] Den gewichteten Durchschnitt dieser impliziten Volatilitäten untersuchen Latané/Rendleman in ihrer Eignung zur Risikominimierung eines Portfolios und vergleichen ihn mit der Standardabweichung der logarithmierten Preisabweichungen, die sich ex-post ergeben. Im Allgemeinen ist die implizite Volatilität nach den Ergebnissen von Latané/Rendleman der historischen Volatilität überlegen.[368] Zu ähnlichen Ergebnissen gelangen auch Schmalensee/Trippi (1978), Chiras/Manaster (1978) sowie Beckers (1981). Allerdings ist die Verwendung von Schlusskursen als problematisch anzusehen.

Claessen/Mittnik (2002) untersuchen basierend auf Daten der DAX-Option unter anderem die Vorhersagegüte des GARCH Modells für die Prognose der Volatilität zukünftiger Renditen. Claessen/Mittnik (2002) kommen zu dem Schluss, dass die historische Volatilität keine nützliche Information über die bereits in Optionspreisen inhärenten Volatilitätserwartungen bietet. Sie folgern, dass ihr Ergebnis die Hypothese der Effizienz für den DAX-Optionsmarkt unterstütze.[369] Die Studie von Szakmary/Ors/Kim/Davidson (2003) untersucht für 35 Futures Optionsmärkte, wie gut die implizite Volatilität die später realisierte Volatilität der Futures prognostizieren kann. Auch Szakmary/Ors/Kim/Davidson (2003) kommen zu dem

---

[365] Viele Studien schätzen die implizite Volatilität daher zumindest aus at-the-money Optionen, vgl. Day/Lewis (1988), S. 103 ff. sowie Schwert (1990), S. 96.
[366] Vgl. Finucane, (1989), S. 528-529.
[367] Vgl. Latané/Rendleman (1976), S. 369.
[368] Vgl. Latané/Rendleman (1976), S. 381.
[369] Vgl. Claessen/Mittnik (2002), S. 302.

Schluss, dass die implizite Volatilität die später realisierte Volatilität besser prognostiziere als die historische Volatilität des Futures. Die historische Volatilität beinhalte keine über die implizite Volatilität hinausgehende ökonomisch signifikante Informationen.[370] Mayhew/Stivers (2003) überprüfen die Prognosegüte der impliziten Volatilität mit dem GARCH-Modell für 50 Aktien an der CBE im Zeitraum von 1988 bis 1995. Ihren Ergebnissen zufolge korreliert die Prognosegüte der impliziten Volatilität mit dem Handelsvolumen und ist dem GARCH-Modell überlegen.[371] Die Studie von Bakanova (2010), die sich allerdings auf Öl-Futures an der NYMEX bezieht und ein modellfreies Verfahren zur Schätzung der impliziten Volatilität verwendet, sieht die implizite Volatilität ebenfalls der historischen Volatilität gegenüber als überlegen an.[372]

In der Finanzforschung wurden verschiedene Methoden entwickelt, um aus Optionspreisen die risikoneutrale Dichte zu extrahieren.[373] So identifizieren Breeden/Litzenberger (1978) eine eindeutige risikoneutrale Verteilung zukünftiger Wertpapierpreise aus den Preisen von Calls.[374] Dupire (1992, 1994), Derman/Kani (1994) und Rubinstein (1994) argumentieren, dass die systematischen Preisabweichungen durch Änderungen der Volatilität der Rendite des Basiswerts hervorgerufen werden. Derman/Kani (1994) sowie Dupire (1994) tragen die empirisch ermittelten impliziten Volatilitäten, die nach Restlaufzeit und Moneyness variieren, grafisch ab und erhalten auf diese Weise eine Kurve mit einer U-förmigen Gestalt, welche als Smile bezeichnet wird. Diese Autoren stellen fest, dass die implizite Volatilität i.d.R. umso niedriger ist, je kürzer die Laufzeit ist. Nach Rubinstein (1994) ist die Volatilität von Wertpapierrenditen eine deterministische Funktion des Wertpapiers und der Zeit. Er entwickelt eine deterministische Volatilitätsfunktion (DVF), mit welcher alle Optionspreise exakt bewertet werden sollen. Diese Studien basieren auf der Annahme einer aus den Optionspreisen ableitbaren zukünftigen deterministischen impliziten Volatilitätsfunktion. Diese Volatilitätsfunktion hängt ab vom Preis des Basiswerts sowie der Zeit.

---

[370] Vgl. Szakmary/Ors/Kim/Davidson (2003), S. 2151.
[371] Vgl. Mayhew/Stivers (2003), S. 615.
[372] Vgl. Bakanova (2010), S. 1.
[373] Vgl. Braun/Toft (1999), S. 1.
[374] Vgl. Breeden/Litzenberger (1978), S. 621.

## 4.3 Empirie zur impliziten Volatilität und risikoneutralen Dichte 153

Dagegen zeigt die empirische Überprüfung von Dumas/Fleming/Whaley (1998) für den Zeitraum 1988 bis 1993, dass die impliziten Volatilitäten verschiedener Ausübungspreise keine wertvollen Informationen beinhalten. Die Forschung zur impliziten Volatilität hat häufig die Volatilitätsstruktur (Smile, Skew, Smirk) als Untersuchungsgegenstand, während nur wenige Arbeiten erklären, warum die beobachtete Volatilitätsstruktur existiert.[375]

Dumas/Fleming/Whaley untersuchen die Prognosequalität der deterministischen Volatilitätsfunktion, wie sie Rubinstein (1994), Derman/Kani (1994) und Dupire (1994) vorschlagen, auf Basis von S&P 500-Optionspreisen. Dazu untersuchen sie, ob die mittels des DVF Modells geschätzte Volatilitätsfunktion eines Tages identisch ist mit der geschätzten Volatilitätsfunktion von Optionspreisen eine Woche später und ob das Modell das Hedging gegenüber dem normalen Black/Scholes-Modell verbessert.[376] Zur Überprüfung verwenden Dumas/Fleming/Whaley (1998) die Call-Preise am 1. April 1992, welche im 30-minütigen Intervall zwischen 14:45 und 15:15 Uhr zustande kommen.[377] Die Hypothese, dass die in den Optionspreisen beinhalteten Volatilitätserwartungen eine Vorhersagekraft haben, lehnen sie ab. Vielmehr kann die Volatilität der folgenden Woche nicht zuverlässig vorhergesagt werden und die mittels des DVF Modells geschätzte Volatilitätsfunktion führt zu keinen besseren Ergebnissen als eine Prozedur, bei der die impliziten Volatilitäten aus dem Black/Scholes-Modell einfach geglättet werden.[378] Die mangelnde Prognosefähigkeit führen Dumas/Fleming/Whaley darauf zurück, dass mit dem impliziten Baum nicht die wahre Volatilitätsfunktion oder der wahre stochastische Prozess für das Underlying gefunden werden könne.[379]

Jackwerth/Rubinstein (1996) nennen als mögliche Gründe für die empirisch beobachtete Volatilitätsstruktur Transaktionskosten sowie Abweichungen von der hypothetisierten Log-Normalverteilung.[380] Beinert/Trautmann (1995) verwenden Daten im 8-jährigen Zeitraum von 1983-1991 des Frankfurter Optionsmarktes (und späteren deutschen Terminbörse) und billigen der impliziten Volatilität keine hohe

---
[375] Vgl. Chance (2004), S. 1.
[376] Vgl. Dumas/Fleming/Whaley (1998), S. 2080-2092.
[377] Vgl. Dumas/Fleming/Whaley (1998), S. 2062.
[378] Vgl. Dumas/Fleming/Whaley (1998), S. 2079.
[379] Vgl. Dumas/Fleming/Whaley (1998), S. 2066.
[380] Vgl. Jackwerth/Rubinstein (1996), S. 1611 f. sowie S. 1631.

Prognosegüte zu.[381] Canina/Figlewski (1993) sowie Hafner/Wallmeier (2000) werden noch deutlicher und sehen in der impliziten Volatilität nicht mehr als eine Residualgröße des Black/Scholes-Modells.[382]

Eine große Anzahl an Modellen wurde vorgeschlagen, um die implizite Volatilitätsstruktur zu modellieren:[383] lokale Volatilitätsmodelle, Sprungdiffusionsmodelle und stochastische Volatilitätsmodelle mit und ohne Sprünge.[384] Die empirischen Studien zum Verhalten börsennotierter Optionen beruhen auf dem S&P 500, dem FTSE und dem DAX. Diese Studien fokussieren sich auf drei verschiedene Aspekte: die Abhängigkeit der impliziten Volatilität von den Ausübungspreisen (Smile, Skew, Smirk), die Restlaufzeit und die Zeitstruktur (Dynamik).[385] Cont/Fonseca/Durrleman (2002) weisen darauf hin, dass lokale und stochastische Volatilitätsmodelle nicht geeignet sind, um die zukünftige Bewegung der impliziten Volatilitätsoberfläche zu schätzen.[386] Den Ergebnissen dieser Studie zufolge hat die implizite Volatilität folgende Eigenschaften:[387]

- Veränderung der impliziten Volatilitätsoberfläche zu einem bestimmten Zeitpunkt (i.d.R. ein Handelstag) je nach Restlaufzeit und Moneyness
- keine Konstanz der Volatilitätsoberfläche im Zeitablauf
- hohe positive Autokorrelation und Mean Reversion
- keine perfekte Korrelation der impliziten Volatilität mit den Bewegungen des Underlyings
- negative Korrelation der impliziten Volatilität mit den Erträgen des Underlyings sowie
- kaum Korrelation zwischen den relativen Bewegungen der impliziten Volatilität und dem Underlying.

---

[381] Beinert/Trautmann (1995), S. 1 ff.
[382] Vgl. Andres (1998), S. 159, Hafner/Wallmeier (2000), S. 2, Canina/Figlewski (1993), S. 659-661, S. 667.
[383] Vgl. Chance (2004), S. 1 sowie Cont/Fonseca/Durrleman (2002), S. 364 verwenden sogar metaphorisch den Begriff der Plethora.
[384] Für eine Zusammenfassung dieser Modelle vgl. Avellaneda/Cont (2002)
[385] Vgl. Alexander (2001), S. 27 ff., Avellaneda/Zhu (1997), S. 153 ff., Das/Sundaram (1999), S. 211 ff., Heynen/Kemna/Forst (1994), S. 31 ff., Skiadopoulos/Hodgew/Clelow (2000), S. 263 ff. sowie Hafner/Wallmeier (2000), S. 1 ff.
[386] Vgl. Cont/Fonseca/Durrleman (2002), S. 375.
[387] Vgl. Cont/Fonseca/Durrleman (2002), S. 365.

## 4.3 Empirie zur impliziten Volatilität und risikoneutralen Dichte

Die Struktur der Volatilitäten aus der Konstruktion von Binomialbäumen ist normalerweise konsistent mit der empirisch beobachteten Volatilität. Genauer gesagt besteht eine inverse Relation zwischen dem Indexstand und der Volatilität: Fällt der Index, dann steigt die Volatilität.[388] Zudem ist das Verhältnis von Volatilität zu Index asymmetrisch: die Erhöhung der Volatilität bei sinkenden Kursen scheint größer zu sein als die Verringerung der Volatilität für höhere Indizes.[389] Latané/Rendleman (1976) vergleichen die implizite Volatilität mit der tatsächlichen Volatilität, um Rückschlüsse über die Validität des Black/Scholes-Modells zu ziehen. Cifarelli (2004) stellt für Londoner Zinsfutures fest, dass die implizite Volatilität weder ein robuster noch effizienter Schätzer der zukünftigen realisierten Volatilität ist.[390]

Der Studie von Dumas/Fleming/Whaley (1998) zufolge waren vor dem Marktcrash im Oktober 1987 die impliziten Volatilitäten für Optionen im at-the-money Bereich symmetrisch, während in-the-money und out-of-the-money Optionen höhere implizite Volatilitäten aufwiesen. Nach dem Crash nahm die implizite Volatilität monoton für zunehmend out-of-the-money notierende Calls beziehungsweise für zunehmend in-the-money Puts ab.[391] McMillan (1996) argumentiert, dass der Börsencrash im Oktober 1987 zu einer Verknappung des Angebots an Puts führte, während auf der anderen Seite Fondsmanager insbesondere out-of-the-money Puts stärker nachfragten.[392] Dieser Nachfrageüberhang könnte die Schiefe (Skew) der impliziten Volatilität teilweise erklären.[393]

Latané und Rendleman (1976) sehen in der unterschiedlichen Bedeutung der Volatilität für verschiedene Ausübungspreise auch den Grund für Abweichungen zwischen Marktpreisen und theoretischen Preisen. Sie betonen, dass die genaue Spezifizierung der Volatilität für at-the-money Optionen am wichtigsten sei, während sie für in- und out-of-the-money Optionen kaum eine Bedeutung habe, da die Ausübung für in-the-money Optionen ohnehin sicher und für out-of-the-money Optionen sicher nicht stattfinde.[394]

---

[388] Vgl. Dumas/Fleming/Whaley (1998), S. 2060.
[389] Vgl. Schwert (1989), S. 1115-1154, Schwert (1990), S. 77-102.
[390] Vgl. Cifarelli (2004), S. 30.
[391] Vgl. Dumas/Fleming/Whaley (1998), S. 2062 f.
[392] Vgl. McMillan (2004), S. 238.
[393] Vgl. Hafner/Wallmeier (2000), S. 6.
[394] Vgl. Latané (1976), S. 371.

## 4.4 Empirische Untersuchung der impliziten Volatilität

### 4.4.1 Überblick

Bei Validität des Black/Scholes-Modells müsste die implizite Volatilität unabhängig von Ausübungspreis und Restlaufzeit für den gleichen Basiswert identisch sein.[395] Unterschiedlich hohe implizite Volatilitäten von Optionen auf den gleichen Basiswert in Abhängigkeit von Ausübungspreis und Restlaufzeit werden in der Literatur auf verschiedene Gründe zurückgeführt wie etwa auf einen unvollkommenen Markt oder eine nicht zutreffende Verteilungsannahme.[396] Die empirische Untersuchung der impliziten Volatilität wird zum Teil fälschlicherweise gleichgesetzt mit der Überprüfung des Black/Scholes-Modells anhand der Preise. Die Untersuchung der impliziten Volatilität wäre nur dann identisch mit einer Überprüfung des Black/Scholes-Modells, wenn die impliziten Volatilitäten in jeweils gleicher Weise und unmittelbar zu Preisveränderungen der Optionen führen würden. Wie bereits im Abschnitt 4.2.3 gezeigt wurde, trifft diese Annahme nicht zu. Der Abschnitt 4.4 widmet sich daher der Höhe der impliziten Volatilität im Untersuchungszeitraum und der Frage, ob das Niveau der Volatilität sich zwischen Calls und Puts unterscheidet.

### 4.4.2 Datenbasis

Da die implizite Volatilität sich grundsätzlich nur berechnen lässt, wenn die Optionen nicht gegen arbitragefreie Wertgrenzen verstoßen, wird zunächst ein von der empirischen Untersuchung der Optionspreise (vgl. S. 295 ff.) abweichendes Bereinigungsverfahren angewandt. In diesem Bereinigungsverfahren werden zunächst die von der Eurex annullierten Handelsgeschäfte (Mistrades; Erroneous Entries) eliminiert. Bislang werden diese Fehleinträge trotz ihrer signifikanten ökonomischen Bedeutung nur sehr selten in empirischen Untersuchungen berücksichtigt.[397]

---

[395] Vgl. Constantinides/Jackwerth/Perrakis (2004), S. 1. Anderer Meinung: Hentschel (2003), S. 779-780, demzufolge ein Smile auch bei Richtigkeit der Annahmen des Black/Scholes-Modells im Fall von Unzulänglichkeiten in der Datenbasis auftreten kann.

[396] Vgl. Black (1975), S. 177-181, Black (1976), S. 177, MacBeth/Merville (1979), S. 1172-1186, Rubinstein (1985), S. 455-480, Mayhew (1995), S. 14, Jackwerth/Rubinstein (1996), S. 1611 ff., Dumas/Fleming/Whaley (1998), S. 2060, Tompkins (1999), S. 1, Das/Sundaram (1999), S. 211, Tompkins (2001), S. 198 sowie für unterschiedlich hohe implizite Volatilität in Abhängigkeit (nur) von der Restlaufzeit vgl. Heynen/Kemna/Vorst (1994), S. 31 sowie S. 34.

[397] Hinzu kommt, dass die Meldung eines Mistrades von der Eurex mit 150 € „sanktioniert" wird. Daher melden Handelsteilnehmer einen Mistrade nur dann, wenn der aus der Fehlbewertung resultierende Verlust diesen Betrag überschreitet. 150 € übersteigen in jedem Fall die Transaktionskosten (vgl. S. 107 ff.) und sind daher eine ökonomisch signifikante Größe.

## 4.4 Empirische Untersuchung der impliziten Volatilität

Mittnik/Rieken (2000) etwa sind sich in ihrer mit 632.870 Handelsabschlüssen umfangreichen Studie ebenfalls dieser Mistrades der früheren Deutschen Terminbörse bewusst.[398] Sie bemängeln das auch bei der Eurex weiterhin bestehende Problem, dass Mistrades und deren Gegentransaktion nicht gekennzeichnet werden: „Unfortunately, the DTB data do not indicate such mistrades and their off-setting counter trades"[399].

Ob das Niveau der impliziten Volatilität von Calls und Puts tatsächlich identisch ist, soll durch die Auswertung von 19.679.216 Optionen bzw. 373.507 Transaktionen untersucht werden. Tabelle 27 zeigt die Anzahl annullierter Optionen und deren Aufteilung in der Untersuchungsperiode auf Puts und Calls.

| 2004 | Vor Annullierung | | Annullierungen | | Nach Annullierung | |
|---|---|---|---|---|---|---|
|  | Calls | Puts | Calls | Puts | Calls | Puts |
| Januar | 25.017 | 29.924 | 38 | 8 | 24.979 | 29.916 |
|  | 1.323.526 | 1.728.121 | 571 | 153 | 1.323.526 | 1.728.121 |
| Februar | 24.875 | 28.815 | 4 | 4 | 24.871 | 28.811 |
|  | 1.180.277 | 1.578.357 | 70 | 2 | 1.180.277 | 1.578.357 |
| März | 38.621 | 46.812 | 18 | 34 | 38.603 | 46.778 |
|  | 1.683.675 | 2.350.831 | 177 | 518 | 1.683.675 | 2.350.831 |
| April | 31.239 | 35.392 | 14 | 12 | 31.225 | 35.380 |
|  | 1.427.546 | 1.856.893 | 1.595 | 1.818 | 1.427.546 | 1.856.893 |
| Mai | 29.987 | 34.384 | 16 | 4 | 29.971 | 34.380 |
|  | 1.615.835 | 1.893.113 | 646 | 501 | 1.615.835 | 1.893.113 |
| Juni | 27.221 | 30.793 | 18 | 14 | 27.203 | 30.779 |
|  | 1.549.146 | 1.784.012 | 103 | 2.136 | 1.549.146 | 1.784.012 |
| Januar bis Juni | 176.960 | 206.120 | 108 | 76 | 176.852 | 206.044 |
|  | 8.780.005 | 11.191.327 | 3.162 | 5.128 | 8.780.005 | 11.191.327 |

**Tabelle 27: Eliminierung von Transaktionen aufgrund von Mistrades**
Quelle: Eigene Datenauswertung.

Von den 383.080 Optionstransaktionen (19.971.332 Optionen) wurden 184 Transaktionen (8.290 Optionen) im ersten Halbjahr 2004 von der Eurex annulliert, davon 3.162 Calls und 5.128 Puts. Nach der Eliminierung annullierter Transaktionen verbleiben somit 374.790 Optionstransaktionen oder 19.971.332 Optionen. Die Anzahl der Optionen verändert sich trotz der Eliminierung annullierter Handelsgeschäfte nicht, weil die Eurex annullierte Handelsgeschäfte mit einem negativen Vorzeichen versieht und sich die Anzahl der zunächst gehandelten und anschließend

---
[398] Vgl. Mittnik/Rieken (2000), S. 263 f.
[399] Mittnik/Rieken (2000), S. 264.

annullierten Optionen somit gegenseitig aufhebt (vgl. Spalte „Vor Annullierung" der Tabelle 27).

Im Untersuchungszeitraum der Studie verstößt eine große Anzahl von Optionen gegen die untere arbitragefreie Wertgrenze $C \geq S_0 - K \cdot e^{rT}$ bzw. $P \geq K \cdot e^r - S_0$, die dem inneren Wert der Option entspricht.[400] Tabelle 28 zeigt, in welchem Umfang die 374.790 Optionstransaktionen bzw. 19.971.332 Optionen gegen arbitragefreie Wertgrenzen verstoßen und welche Datenbasis zur Untersuchung des Niveaus der impliziten Volatilität von Calls und Puts verwendet wird. Die obere Zeile innerhalb des Monats gibt die Anzahl der Transaktionen wieder, die zweite Zeile die Anzahl der Optionen unter Berücksichtigung der jeweiligen Kontraktgröße.

| 2004 | Nach Annullierung | | Arbitrageverletzung | | Nach Eliminierung | |
|---|---|---|---|---|---|---|
| | Calls | Puts | Calls | Puts | Calls | Puts |
| Januar | 24.979 | 29.916 | 657 | 122 | 24.322 | 29.794 |
| | 1.323.526 | 1.728.121 | 22.543 | 2.423 | 1.300.983 | 1.725.698 |
| Februar | 24.871 | 28.811 | 143 | 139 | 24.728 | 28.672 |
| | 1.180.277 | 1.578.357 | 6.620 | 4.215 | 1.173.657 | 1.574.142 |
| März | 38.603 | 46.778 | 105 | 467 | 38.498 | 46.311 |
| | 1.683.675 | 2.350.831 | 3.459 | 9.195 | 1.680.216 | 2.341.636 |
| April | 31.225 | 35.380 | 372 | 196 | 30.853 | 35.184 |
| | 1.427.546 | 1.856.893 | 22.535 | 15.102 | 1.405.011 | 1.841.791 |
| Mai | 29.971 | 34.380 | 261 | 223 | 29.710 | 34.157 |
| | 1.615.835 | 1.893.113 | 14.073 | 5.753 | 1.601.762 | 1.887.360 |
| Juni | 27.203 | 30.779 | 162 | 481 | 27.041 | 30.298 |
| | 1.549.146 | 1.784.012 | 12.587 | 7.944 | 1.536.559 | 1.776.068 |
| Januar bis Juni | 176.852 | 206.044 | 1.700 | 1.628 | 175.152 | 204.416 |
| | 8.780.005 | 11.191.327 | 81.817 | 44.632 | 8.698.188 | 11.146.695 |

Tabelle 28: Datenbasis zur Untersuchung des Niveaus der impliziten Volatilität
Quelle: Eigene Berechnungen.

Nach der Eliminierung von 3.328 Transaktionen oder 126.449 Optionen, die gegen arbitragefreie Wertgrenzen verstoßen, verbleiben 379.568 Transaktionen bzw. 19.844.883 Optionen.

---

[400] Für Details der Kontraktspezifikationen der DAX-Option vgl. Eurex (2004d), S. 46-48.

4.4 Empirische Untersuchung der impliziten Volatilität  159

## 4.4.3 Darstellung der impliziten Volatilität von Calls und Puts

In diesem Abschnitt soll die im Untersuchungszeitraum der vorliegenden Studie empirisch ermittelte implizite Volatilität sowohl im Zeitablauf als auch getrennt nach Calls und Puts dargestellt werden. Die nachfolgenden Abbildungen 32a bis l basieren auf Grundlage des in den Tabellen 27 und 28 dargestellten Bereinigungsverfahrens und zeigen für sämtliche im Untersuchungszeitraum gehandelten Optionen aufgeteilt nach Handelsmonat sowie Optionstyp (Call oder Put) die implizite Volatilität jeder einzelnen Option (blaue Punkte). Der Median der impliziten Volatilität wird als roter Diamant und der Mittelwert der impliziten Volatilität als grünes Quadrat dargestellt. Die Abszisse ist mit Kalendertagen des jeweiligen Monats beschriftet.

160 4 Volatilität

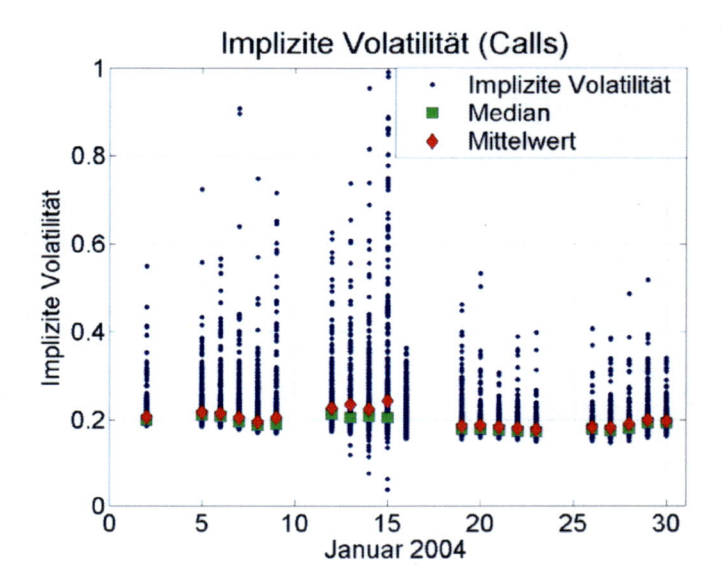

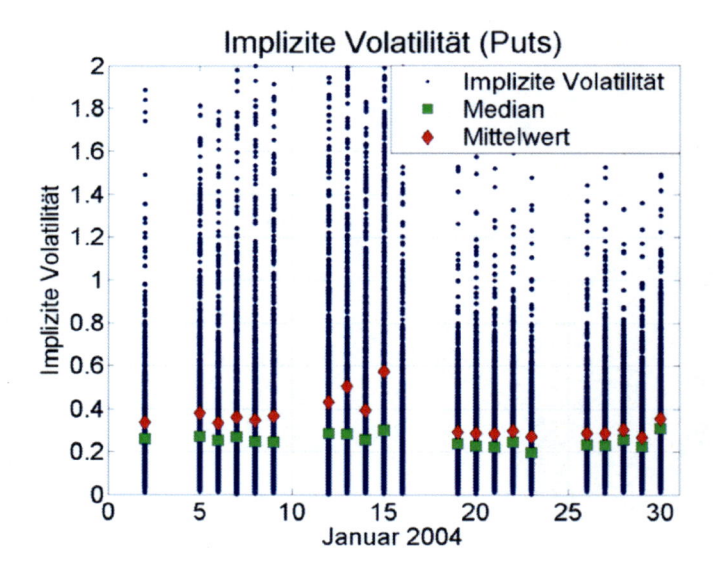

**Implizite Volatilität (Calls)**

(a)

**Implizite Volatilität (Puts)**

(b)

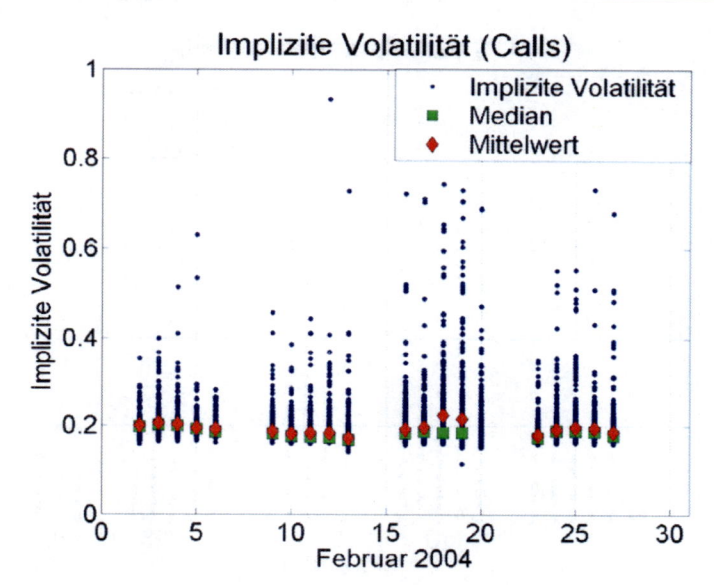

4.4 Empirische Untersuchung der impliziten Volatilität        161

(c)

(d)

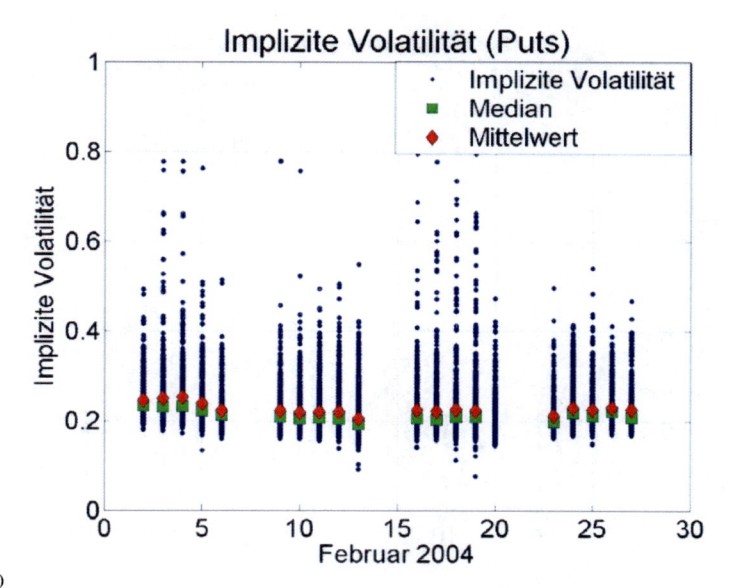

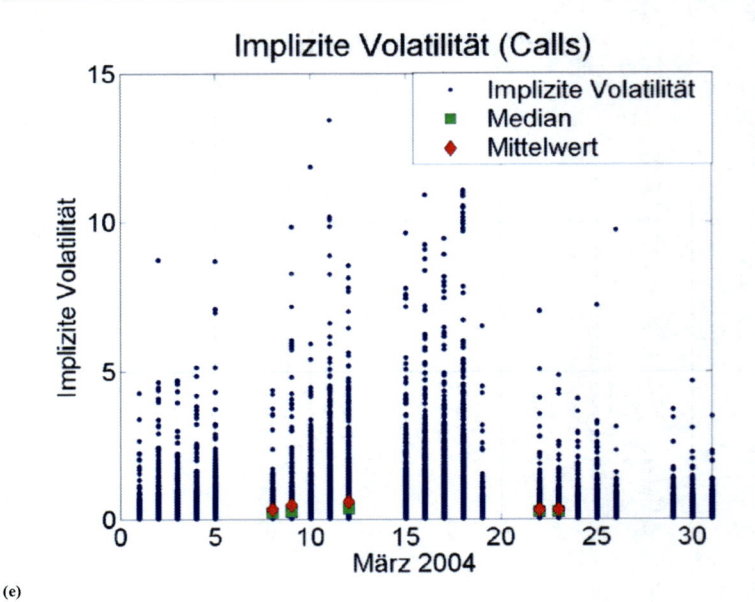

**Implizite Volatilität (Calls)**

(e)

**Implizite Volatilität (Puts)**

(f)

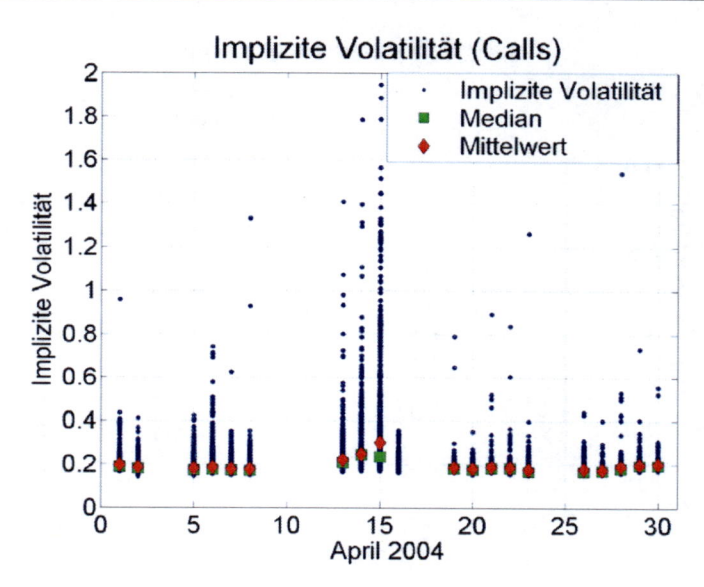

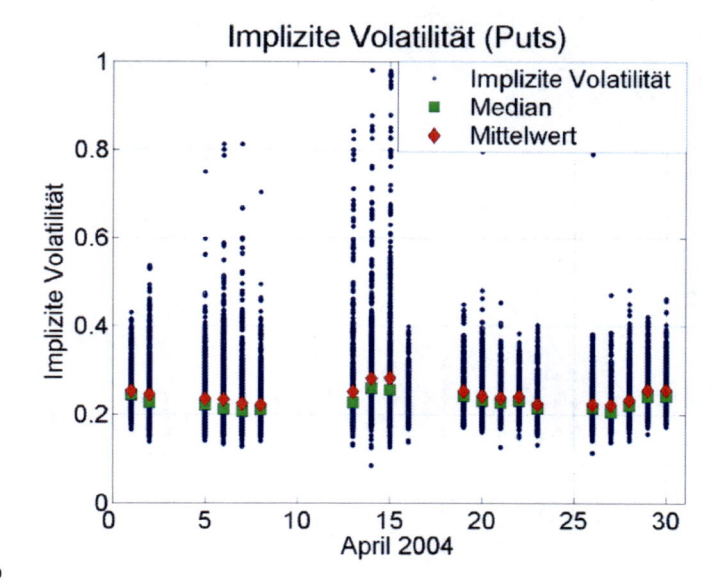

## 4.4 Empirische Untersuchung der impliziten Volatilität

(g)

(h)

## Implizite Volatilität (Calls)

(i)

## Implizite Volatilität (Puts)

(j)

## 4.4 Empirische Untersuchung der impliziten Volatilität

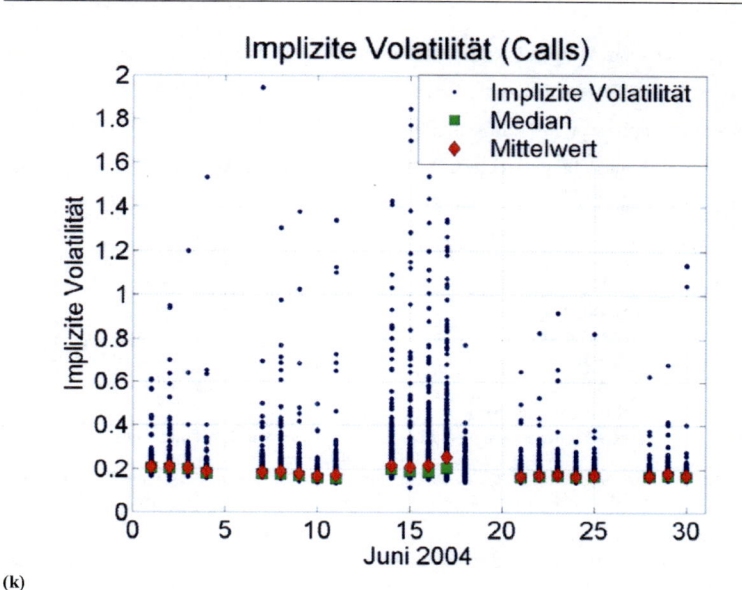

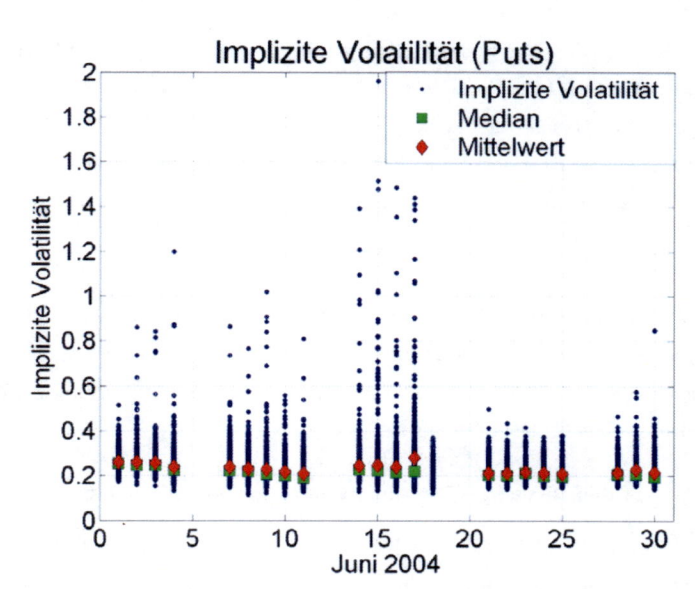

(k)

(l)

**Abbildung 32: Implizite Volatilität von Calls und Puts**
Quelle: Eigene Darstellung.
Datenbasis: Alle Optionen nach Eliminierung annullierter Handelsgeschäfte sowie nach
Eliminierung von Optionen, die gegen arbitragefreie Wertgrenzen verstoßen. Weisen
Optionen selbst nach diesem Bereinigungsverfahren keine existenten impliziten
Volatilitäten auf, werden Median und Mittelwert nicht berechnet.

Das arithmetische Mittel aller gemittelten impliziten Volatilitäten beträgt bei den Calls 21,12% mit einer Standardabweichung von 5,69% (vgl. Tabelle 29). Der Median der impliziten Volatilität beträgt bei den Calls im Durchschnitt 19,52% mit einer Standardabweichung von 2,82%. Interessanterweise weisen die Puts mit einer durchschnittlichen impliziten Volatilität von 26,47% (Mittelwert) respektive 23,70% (Median) ein deutlich höheres Niveau auf.

| 1. Halbjahr 2004 | Calls | Puts |
| --- | --- | --- |
| Mittelwert | 21,12% | 26,47% |
| Standardabweichung | 5,69% | 5,67% |
| Median | 19,52% | 23,70% |
| Standardabweichung | 2,82% | 3,14% |

Tabelle 29: Statistik der impliziten Volatilitäten von Calls und Puts
Quelle: Eigene Berechnungen.
Datenbasis: Über die in Abbildung 32 berechneten Mittelwerte und Mediane der impliziten Volatilität für jeden einzelnen Handelstag wurde das arithmetische Mittel gebildet.

Ob sich das höhere Niveau der impliziten Volatilität bei den Puts auch in einer höheren Bewertung von Puts im Vergleich zu Calls niederschlägt, hängt maßgeblich davon ab, welche Puts im Einzelnen eine vergleichsweise hohe implizite Volatilität aufweisen. Geht das hohe Niveau der impliziten Volatilität beispielsweise auf tief im Geld notierende Optionen mit kurzer Restlaufzeit zurück, so wird die hohe implizite Volatilität nicht zu einer höheren Bewertung der Puts führen, weil deren Optionsreis kaum bis überhaupt nicht auf Änderungen der impliziten Volatilität reagiert (vgl. S. 142 ff.).

Soweit sich das höhere Niveau der impliziten Volatilität bei den Puts aber gleichmäßig über alle Optionen erstreckt, oder sogar am Geld notierende Optionen überdurchschnittlich häufig eine hohe implizite Volatilität aufweisen, würden Puts vergleichsweise höher bewertet sein als Calls.

### 4.4.4 Überprüfung des mittleren Volatilitätsniveaus von Calls und Puts

Die im Abschnitt 4.4.3 festgestellten höheren Werte von Mittelwert und Median der impliziten Volatilität von Puts im Untersuchungszeitraum können ein Indiz sein für eine systematische Höherbewertung von Verkaufsoptionen. Aus diesem Grund soll überprüft werden, ob die implizite Volatilität von Puts statistisch signifikant höher liegt als die implizite Volatilität von Calls. Da die Art des gewählten Hypothesentests (parametrisch oder nichtparametrisch) davon abhängt, ob die Daten als normal-

## 4.4 Empirische Untersuchung der impliziten Volatilität

verteilt angesehen werden können, wird zunächst überprüft, ob die Normalverteilung eine vernünftige Approximation für die Verteilung der impliziten Volatilität darstellt. Die Nullhypothese lautet: Die Daten sind approximativ normalverteilt.

Tabelle 30 fasst die Ergebnisse des Lilliefors-Tests zur Überprüfung auf Normalverteilung der impliziten Volatilität zusammen.

|  | Hypothese | p-Wert | Lilliefors-Wert | Kritischer Wert | n |
|---|---|---|---|---|---|
| **Mittelwerte Calls** | Ablehnung | - | 0,2370 | 0,0869 | 104 |
| **Mediane Calls** | Ablehnung | - | 0,1338 | 0,0869 | 104 |
| **Mittelwerte Puts** | Ablehnung | - | 0,1432 | 0,0805 | 121 |
| **Mediane Puts** | Ablehnung | 0,0414 | 0,0848 | 0,0805 | 121 |

Tabelle 30: Lilliefors-Test zur Überprüfung der impliziten Volatilität auf Normalverteilung
Quelle: Eigene Berechnungen.
$n$ bezeichnet die Anzahl der Beobachtungswerte (Handelstage) im Untersuchungszeitraum, für die Mittelwerte und Mediane für die implizite Volatilität berechnet werden konnten.

Die Nullhypothese der Normalverteilung wird auf Basis des Lilliefors-Tests verworfen.[401] Auch auf Basis des asymptotischen, und daher nur für große Stichproben geeigneten Jarque/Bera-Tests ergibt sich kein anderes Ergebnis:[402] Der p-Wert beträgt 0,0185 für die Mediane bei den Puts und in allen anderen Fällen 0.

Da die Normalverteilung somit keine sinnvolle Approximation für die Verteilung der impliziten Volatilität darstellt, muss die Überprüfung, ob die Puts ein signifikant höheres Niveau der impliziten Volatilität aufweisen als Calls, mittels verteilungsungebundener Testverfahren vorgenommen werden.

Abbildung 33 zeigt die empirische kumulative Verteilungsfunktion der täglichen Mittelwerte für Calls (grüne Linie) und Puts (blaue Linie).

---

[401] Vgl. Lilliefors (1967), S. 399 ff.
[402] Vgl. Bera/Jarque (1980), S. 255 ff.

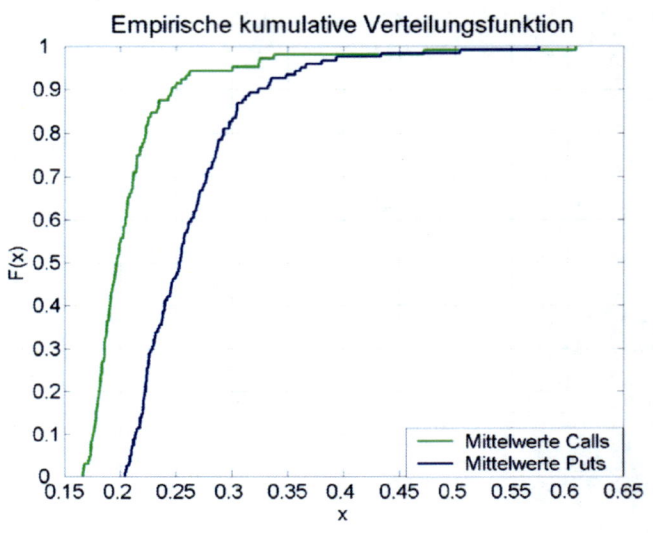

**Abbildung 33: Implizite Volatilität von Calls und Puts (Mittelwerte)**
Quelle: Eigene Darstellung.

Aus Abbildung 33 geht hervor, dass auf Basis von Mittelwerten die implizite Volatilität von Puts um über 5 Prozentpunkte höher ist als die von Calls.

Abbildung 34 trägt entsprechend die Mediane der täglichen impliziten Volatilitäten ab. Auf Basis von Medianen weisen Puts (blaue Linie) eine um über 4 Prozentpunkte höhere implizite Volatilität auf als Calls (grüne Linie).

Die Abbildungen 34 und 35 vergleichen das Niveau der impliziten Volatilität von Calls und Puts und zeigen anhand der empirischen kumulativen Verteilungsfunktion, dass der steilste Anstieg der Häufigkeit bei Volatilitäten um 20% erreicht wird. Da die Verteilungsfunktion der Puts (blaue Linie) über einen weiten Bereich bis hin zu Volatilitäten von 30% um etwa 4 Prozentpunkte rechts der Verteilungsfunktion der Puts verläuft, geht hervor, dass Puts im Allgemeinen eine höhere implizite Volatilität aufweisen als Calls.

## 4.4 Empirische Untersuchung der impliziten Volatilität

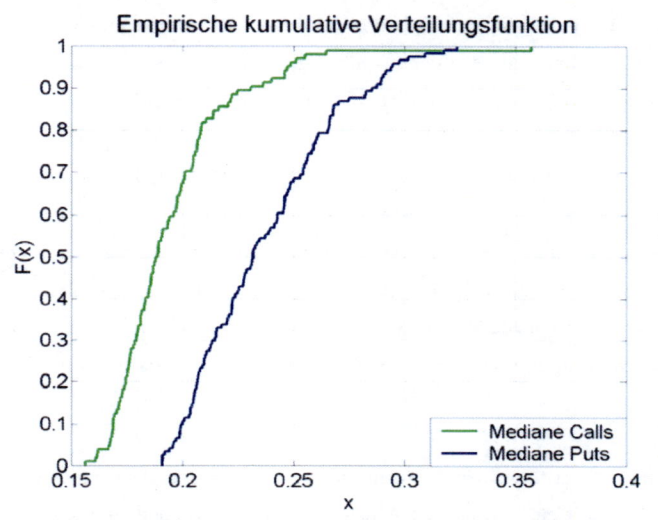

**Abbildung 34: Implizite Volatilität von Calls und Puts (Mediane)**
Quelle: Eigene Darstellung.

Der Kolmogorov/Smirnov-Homogenitätstest lehnt folglich die Nullhypothese, dass die empirische kumulative Verteilungsfunktion von Calls und Puts identisch wäre sowohl für die Mediane als auch für die Mittelwerte auf einem Signifikanzniveau von 5% ab.[403]

Damit ist allerdings noch nicht der statistische Nachweis für ein signifikant höheres Niveau der impliziten Volatilität bei Puts erbracht. Angesichts der Ablehnung der Normalverteilung stehen der nichtparametrische Wilcoxon-Rangtest für zwei verbundene Stichproben sowie der Vorzeichentest zur Verfügung, um zu prüfen, ob die Verteilungen von Calls und Puts identisch sind, also $H_0$: $F(x_1) = F(x_2)$.[404] Im Unterschied zum Vorzeichentest, der für die Teststatistik nur die Anzahl der positiven bzw. negativen Differenzen verwendet und somit mit einem Informationsverlust verbunden ist, werden beim Wilcoxon-Rangtest die Differenzen zwischen den Datenreihen herangezogen. Überprüft wird somit, ob sich das Niveau der impliziten Volatilität (als Median) unterscheidet.[405] Die Voraussetzungen für die Anwendung des Wilcoxon-Rangtests sind metrisch messbare Untersuchungs-

---
[403] Vgl. Massey (1951), S. 68 ff.
[404] Vgl. Schweitzer (1999b), S. 24.
[405] Vgl. Voß (2004), S. 479.

merkmale und das Vorliegen einer stetigen Verteilung.[406] Da die implizite Volatilität innerhalb eines Intervalls sämtliche Werte annehmen kann und diese Werte metrisch sind, können die Voraussetzungen als erfüllt angesehen werden.[407]

Zur Berechnung der Teststatistik, welche getrennt für Mittelwerte und Mediane durchgeführt wird, müssen zunächst Paare der Calls $x_{i1}$ und Puts $x_{i2}$ entsprechend des Handelstages gebildet werden. Da der Wilcoxon-Rangtest nur gleich lange Vektoren zulässt, muss in Fällen einer nicht berechenbaren impliziten Volatilität eines Optionstyps die implizite Volatilität des anderen Optionstyps an diesem Handelstag eliminiert werden. Insgesamt verbleiben sowohl für Mediane als auch für Mittelwerte 104 Paare.

Im nächsten Schritt werden Differenzen $d_i$ zwischen den Paaren der impliziten Volatilität gebildet. Entsprechend der absoluten Differenz werden Ränge $r_i$ aufsteigend von 1 vergeben. Beträgt die Differenz zwischen zwei Paaren 0, so wird dieses Paar entfernt.[408] Bei Gleichheit von zwei betragsmäßigen Differenzen wird beiden Differenzen der Mittelwert des Ranges und des nachfolgenden Ranges zugeteilt. Diese Ränge werden aufgeteilt je nachdem, ob es sich um eine positive ($r_i^+$) oder eine negative Differenz handelt ($r_i^-$):

$$R_n^+ = \sum_{d_i>0} r_i \; , \; R_n^- = \sum_{d_i<0} r_i \; \text{und} \; R_n = min(R_n^+; R_n^-).$$

Die standardisierte Teststatistik ist:[409]

$$Z = \frac{R_n - \mu_{R_n}}{\sigma_{R_n}},$$

wobei:

$$\mu_{R_n} = \frac{1}{4}n(n+1) \; \text{und}$$

$$\sigma_{R_n} = \sqrt{(n^2+n)(2n+1)}.$$

---

[406] Vgl. Voß (2004), S. 476.
[407] Vgl. Chambers/Bates (1999), S. 52.
[408] In der vorliegenden Arbeit liegt zwischen zwei Paaren keine Differenz von 0 vor.
[409] Vgl. Voß (2004), S. 478 f.

## 4.4 Empirische Untersuchung der impliziten Volatilität

Ist $|Z| \leq Z_{1-\alpha/2} = 1{,}96$, so ist es statistisch nicht gesichert, dass die Lage der beiden Verteilungen unterschiedlich ist. Ist dagegen $|Z| > Z_{1-\alpha/2} = 1{,}96$, so wird $H_0$ verworfen, d.h. das Niveau der impliziten Volatilitäten unterscheidet sich signifikant. Kapitel 7 im Anhang zeigt die Berechnungsweise des Wilcoxon-Rangtests umfänglich.

Für die Mediane ergibt sich auf einem Signifikanzniveau von 5% ein Z-Wert von minus 8,23. Da die Teststatistik $|Z| = 8{,}23 > Z_{1-\alpha/2} = 1{,}96$ bzw. der p-Wert mit $1{,}87 \cdot 10^{-16} < \alpha = 0{,}05$ ist, kann es als statistisch gesichert angesehen werden, dass die implizite Volatilität von Puts signifikant höher ist als die implizite Volatilität von Calls. Dieses Ergebnis war zu erwarten, weil in nur 3 von 104 Fällen die durchschnittliche implizite Volatilität der Calls höher ist als die der Puts. In der Teststatistik wird die tatsächlich aufgetretene Summe der Ränge der Calls (7 + 84 + 101 = 192) mit der zu erwartenden Summe der Ränge (die Summe aller Ränge, nämlich 5.458, dividiert durch 2) verglichen. Das Ergebnis für die Mediane ist so eindeutig, dass sich auch bei beliebiger Veränderung des Signifikanzniveaus keine Veränderung ergibt.

Nachfolgend soll noch überprüft werden, ob auch die Mittelwerte der impliziten Volatilitäten bei den Puts signifikant höher sind als bei den Calls.

Für die Mittelwerte ergibt sich analog auf einem Signifikanzniveau von 5% ein Z-Wert von $-7{,}84$. Da $|Z| = 7{,}84 > Z_{1-\alpha/2} = 1{,}96$ bzw. der p-Wert mit $4{,}46 \cdot 10^{-15} < \alpha = 0{,}05$ ist, kann es als statistisch gesichert angesehen werden, dass die implizite Volatilität von Puts signifikant höher ist als die implizite Volatilität von Calls. Nur in sechs von 104 Fällen ist die durchschnittliche implizite Volatilität der Calls höher als die der Puts. Das Ergebnis der signifikant höheren impliziten Volatilität von Puts gegenüber Calls stimmt überein mit den Ergebnissen von Herrmann (1999) sowie Wilkens (2003) zur DAX-Option, die mit dem Wilcoxon-Rangsummentest ebenfalls eine signifikant höhere implizite Volatilität von Puts im Vergleich zu Calls auf dem 0,001 Niveau feststellen.[410]

---

[410] Vgl. Herrmann (1999), S. 113, S. 212 sowie Wilkens (2003), S. 265.

Wie statistisch nachgewiesen werden konnte, weisen Puts im Mittel eine signifikant höhere implizite Volatilität im Vergleich zu Calls auf. Ökonomisch begründet werden kann dies damit, dass für die dynamische Duplikation von DAX-Puts das DAX-Portfolio leerverkauft werden muss, was mit Leihkosten verbunden ist, während solche Kosten für die Duplikation von DAX-Calls nicht entstehen.[411]

Nachfolgend soll die Überprüfung des Niveaus der impliziten Volatilität nicht auf Mittelwerten und Medianen der einzelnen Handelstage, sondern auf sämtlichen Beobachtungswerten des Untersuchungszeitraums erfolgen.

### 4.4.5 Überprüfung der impliziten Volatilitäten von Calls und Puts

Das Niveau der impliziten Volatilität wird in der Abbildung 35 für Calls mit 7, 30, 90, 160 sowie 360 Tagen Restlaufzeit für den gesamten Untersuchungszeitraum Januar bis Juni 2004 dargestellt. Im Anhang ist eine monatsweise Auswertung getrennt nach Calls und Puts jeweils mit 7, 30, 90, 160 sowie 360 Tagen Restlaufzeit dargestellt (vgl. S. 404 ff.).

Die Volatilitätsstruktur bei Calls ist ausgehend von einer niedrigen Moneyness und kurzen Restlaufzeit (unter 30 Tagen) mit steigender Moneyness zunächst leicht abnehmend (vgl. Abbildung 35). Knapp unter einer Moneyness von 1 beginnt die Volatilität mit steigender Moneyness stark zu steigen. Dieser Volatilitätsverlauf wird auch als Smile bezeichnet.[412] Bei den Puts ist genau das Umgekehrte zu beobachten: Ausgehend von einer niedrigen Moneyness und kurzen Restlaufzeit (unter 30 Tagen) sinkt die Volatilität mit steigender Moneyness rasant (vgl. S. 403 ff.). Kurz nach einer Moneyness von 1 beginnt die Volatilität mit steigender Moneyness leicht zu steigen.

---

[411] Vgl. im Zusammenhang mit der Put-Call-Parität Herrmann (1999), S. 212.
[412] Vgl. Hafner/Wallmeier (2001), S. 1 ff.

## 4.4 Empirische Untersuchung der impliziten Volatilität

**Volatilitätsstruktur in Abhängigkeit vom Ausübungskurs**

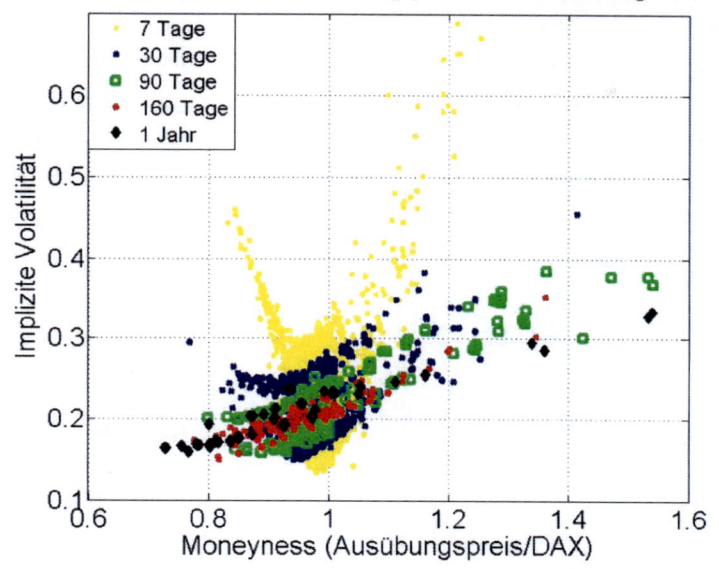

| Restlaufzeit[413] | Anzahl der Transaktionen |
|---|---|
| 7 Tage | 4.614 |
| 30 Tage | 3.050 |
| 90 Tage | 382 |
| 160 Tage | 336 |
| 1 Jahr | 76 |

**Abbildung 35: Volatilitätsstruktur für Calls im Untersuchungszeitraum**
Quelle: Eigene Darstellung.

Eine ähnliche empirische Untersuchung zur impliziten Volatilität von DAX-Optionen stammt von Hafner/Wallmeier (2000).[414] Obwohl sie nur einen einzigen Handelstag, nämlich den 27. März 1995 und Optionen mit einer Restlaufzeit von 25 Kalendertagen untersuchen, stimmen die Ergebnisse bezüglich der spezifischen Volatilitätsstruktur von Calls und Puts überein.[415]

---

[413] Jeweils Kalendertage.
[414] Vgl. Hafner/Wallmeier (2000), S. 10 f.
[415] Vgl. Hafner/Wallmeier definieren allerdings die Moneyness von Puts als den reziproken Wert (S/K), übertragen also die Definition der Moneyness von Calls ohne Veränderung auf Puts, so dass sich auf den ersten Blick ein vertikal gespiegeltes Bild bei den Puts ergibt.

Das Ergebnis des unterschiedlichen Volatilitätsniveaus sowie der Volatilitätsstruktur zwischen Calls und Puts widerspricht der Put-Call-Parität. Interessant ist, dass die Puts mit einer durchschnittlichen impliziten Volatilität von 26,47% (Mittelwert) bzw. 23,70% (Median) ein auf Basis des Wilcoxon-Rangtests statistisch signifikant höheres Niveau aufweisen als Calls mit 21,12% (Mittelwert) bzw. 19,52% (Median). Für die Mediane ergibt sich auf einem Signifikanzniveau von 5% ein Z-Wert von – 8,23. Da $|Z|$ = 8,23 > $Z_{1-\alpha/2}$ = 1,96 bzw. der p-Wert mit $1,87 \cdot 10^{-16} < \alpha = 0,05$ ist, kann es auf Basis der Mediane als statistisch gesichert angesehen werden, dass die implizite Volatilität von Puts signifikant höher ist als die implizite Volatilität von Calls. Für die Mittelwerte ergibt sich analog auf einem Signifikanzniveau von 5% ein Z-Wert von – 7,84. Da $|Z|$ = 7,84 > $Z_{1-\alpha/2}$ = 1,96 bzw. der p-Wert mit $4,46 \cdot 10^{-15} < \alpha = 0,05$ ist, kann es auf Basis der Mittelwerte als statistisch gesichert angesehen werden, dass die implizite Volatilität von Puts signifikant höher ist als die implizite Volatilität von Calls.

Die Streuung der impliziten Volatilität ist bei Calls mit 5,69% höher als bei den Puts mit 2,82%. Dieses Ergebnis auf Basis von 373.507 Transaktionen widerspricht der Aussage von Hafner/Wallmeier (2000). Hafner/Wallmeier stellen auf Basis des 27. März 1995 fest, dass die implizite Volatilität von Puts niedriger ist als die von Calls. Das niedrigere Niveau der impliziten Volatilität von Puts führen sie darauf zurück, dass der DAX als Performance-Index um 8 Punkte zu niedrig notiere, weil die von der Deutschen Börse AG unterstellte Steuerquote von 30% zu hoch sei und tatsächlich ein größerer Anteil der Dividenden in den DAX reinvestiert werden könne. Die Put-Call-Parität verändert sich unter Berücksichtigung von Dividenden zu:[416] $C - P = S - K \cdot e^{-rT} - Dividendendifferenz \cdot e^{-rT}$. Erst nach Abzug der Dividendendifferenz müssen somit implizite Volatilitäten von Puts und Calls mit gleicher Moneyness übereinstimmen. Damit werden Dividenden genauso berücksichtigt wie in dem von Merton (1973) modifizierten Black/Scholes-Modell:[417] Wenn Dividenden berücksichtigt werden, ist es attraktiver, das Wertpapier selbst zu halten. Daher vermindert die Dividende den Wert der Aktie für den Inhaber der Option um den Barwert der nicht bezogenen Dividende ($e^{-\delta T}$) und vermindert die Kosten, die Aktie zu halten um den Dividendenzufluss, den der Investor erhalten würde.

---

[416] Vgl. Hull (2009), S. 208 ff., Hafner/Wallmeier (2000), S. 10.
[417] Vgl. Merton (1973), S. 141-183.

## 4.4 Empirische Untersuchung der impliziten Volatilität

Wäre die Erklärung von Hafner/Wallmeier zutreffend, so ließe das nun nachweislich höhere Niveau der impliziten Volatilität von Puts nur darauf schließen, dass die tatsächliche Steuerquote von Investoren über dem von der Deutschen Börse AG unterstellten Steuersatz liegt. Selbst wenn dies so wäre, würde eine Anpassung des DAX an ein niedrigeres Niveau jedoch nichts an der höheren Streuung der Calls ändern.

Während Hafner/Wallmeier für Puts auf den DAX ein niedrigeres Niveau der impliziten Volatilität feststellen als für Calls, berichten sowohl Herrmann (1999), Wilkens (2003) als auch Wallmeier (2003) über im Allgemeinen höhere mittlere implizite Volatilitäten für Puts auf den DAX in den Jahren 1992-1994 respektive 1999-2000.[418] Herrmann kommt auf Basis der Auswertung von DAX-Optionen der Jahre 1992-1994 zu dem mit der in Abbildung 35 dargestellten Volatilitätsstruktur übereinstimmenden Ergebnis, dass die Put-Call-Paritätsverletzungen abnehmen, je mehr die Calls im Geld notieren und die Puts aus dem Geld notieren. Je länger die Restlaufzeit ist, desto größer werden die Abweichungen.[419]

Herrmann erklärt diesen grundsätzlichen Verstoß gegen Arbitragefreiheit damit, dass beim Leerverkauf des DAX Kosten entstehen, während nicht jeder, der im Besitz des DAX-Portfolios ist, Leerverkaufskosten vereinnahmen kann. Wallmeier (2003) hält der Argumentation von Herrmann entgegen, „dass die Arbitrage in aller Regel nicht über den Leerverkauf des DAX-Portfolios vorgenommen wird, sondern durch den Verkauf des DAX-Future."[420] Aus der monatsweisen Auswertung der impliziten Volatilität (vgl. S. 403 ff.) ist ersichtlich, dass sowohl die Volatilitätsstruktur als auch das Niveau der impliziten Volatilität sich in jedem Monat verändern. Eine allgemeingültige Aussage für zukünftige Zeiträume ist daher ebenso problematisch wie die Modellierung der impliziten Volatilität.

---

[418] Vgl. Herrmann (1999), S. 209, Wilkens (2003), S. 265 sowie Wallmeier (2003), S. 169, S. 185 f.
[419] Vgl. Herrmann (1999), S. 209 f.
[420] Vgl. Wallmeier (2003), S. 169.

## 4.5 Kritik an Interpretationen der impliziten Volatilität

### 4.5.1 Aussagekraft gebunden an einzelne Option

Die Abschnitte 4.2 bis 4.4 haben Probleme aufgezeigt bei der Berechnung bzw. Nichtexistenz sowie Interpretierbarkeit der impliziten Volatilität. Dies trifft insbesondere auf nicht am Geld notierende Optionen sowie auf Optionen mit kurzer Restlaufzeit zu. Diese Optionen zählen zu den mit Abstand am häufigsten gehandelten Optionen. Mit zunehmender Entfernung von einer at-the-money Notierung nimmt die Aussagekraft der impliziten Volatilität in der Regel ab (vgl. S. 150 f.).

Sowohl Beckers (1981) als auch Canina/Figlewski (1993) kommen zu dem Ergebnis, dass in-the-money Calls sehr viel höhere implizite Volatilitäten aufweisen als at-the-money Optionen.[421] Bei Beckers sind die impliziten Volatilitäten von tief im Geld notierenden Optionen mit kurzer Restlaufzeit um bis zu zehnmal höher als implizite Volatilitäten entsprechender am Geld notierender Optionen.[422] Hentschel (2003) stellt ebenfalls fest, dass die Schätzung der impliziten Volatilität aus dem Black/Scholes-Modell insbesondere für aus dem Geld notierende Optionen mit erheblichen Fehlern behaftet ist: „Implied volatility estimates are imprecise when large changes in volatility produce small changes in option prices, because, conversely, small errors in option prices or other option characteristics produce large errors in implied volatilities. This is especially true for options far from the money."[423]

Die empirische Untersuchung der impliziten Volatilität der vorliegenden Arbeit (vgl. S. 156 ff.) zeigt, dass für in-the-money Optionen mit kurzer Restlaufzeit keine Interpretation des Niveaus der impliziten Volatilität möglich ist, weil sie allenfalls bei illusorisch hohen Werten einen spürbaren Einfluss auf den Optionspreis ausübt.[424] Der Aussagegehalt der impliziten Volatilität ist somit untrennbar mit Moneyness und Restlaufzeit der jeweiligen Option verbunden. Aus diesen Gründen sind Volatilitäts-Smiles oder auch allgemein Volatilitätsoberflächen grundsätzlich

---

[421] Vgl. Canina/Figlewski (1993), S. 667.
[422] Vgl. Beckers (1981), S. 363 ff.
[423] Vgl. Hentschel (2003), S. 779.
[424] Vgl. Latané/Rendleman (1976), S. 371, Hull (2009), S. 373 ff., Müller-Möhl (1999), S. 117.

## 4.5 Kritik an Interpretationen der impliziten Volatilität 177

nicht geeignet, Defizite der Black/Scholes-Formel aufzuzeigen.[425] Hentschel (2003) stellt zudem fest, dass der häufig beobachtete Volatilitäts-Smile auch alleine eine Folge der unteren arbitragefreien Wertgrenze sein kann, die zu einem meist einseitigen Wegfall niedriger impliziter Volatilitäten führt, während der Optionspreis meist weit von der oberen arbitragefreien Grenze entfernt ist.[426]

### 4.5.2 Mangelhafte Feststellung von Fehlbewertungen

Die implizite Volatilität ist zur Feststellung von Fehlbewertungen des Black/Scholes-Modells einem direkten Preisvergleich aus mehreren Gründen unterlegen. Zum einen hängt die Aussagekraft der impliziten Volatilität – soweit sie berechnet werden kann (vgl. S. 133 ff.) – wesentlich von den Parametern der betrachteten Option ab (vgl. S. 156 ff.): Eine Veränderung der impliziten Volatilität in Höhe von 10% kann bei Optionen, die am Geld notieren einen prozentual wesentlich höheren Einfluss auf den Optionspreis ausüben als eine Veränderung von 50% bei stark im Geld notierenden Optionen: „Deep-in-the-money options are quite insensitive to volatility, meaning a large change in the implied volatility is produced by a small change in the option's price."[427] Bedeutung und Aussagekraft der Volatilität hängen damit zusammen, inwieweit die Option einem Forward (Delta = 1) ähnelt oder aber den Charakter einer Option hat, für die die Wahrscheinlichkeitsverteilung der Aktienkurse von Bedeutung ist. Die aufgrund der weit verbreiteten Anwendung des Black/Scholes-Modells existierende Praxis, Optionspreise als implizite Volatilität zu quotieren, verkennt genau diese Abhängigkeit der Aussagekraft der impliziten Volatilität u.a. von Moneyness und Restlaufzeit.[428]

Die Aussagekraft der impliziten Volatilität hängt darüber hinaus vom Marktzyklus bzw. der Volatilität des Basiswerts ab: In stabilen Phasen mit geringen Kursschwankungen mag eine hohe implizite Volatilität für eine Unterbewertung durch das Black/Scholes-Modell sprechen, in (geo-)politisch oder wirtschaftlich instabilen Lagen wie etwa nach dem Anschlag auf das World Trade Center, dem Irak-Krieg, der SARS Epidemie in China oder der globalen Finanzkrise mag die

---
[425] Vgl. Day/Lewis (1988), S. 103 ff. sowie Schwert (1990), S. 96.
[426] Hentschel (2003), S. 779-780.
[427] Canina/Figlewski (1993), S. 668.
[428] Vgl. Derman/Kani (1994), S. 2, Mayhew (1995), S. 14, Cont (1998), S. 9 sowie Schönbucher (1999), S. 2072.

gleich hohe implizite Volatilität niedrig erscheinen und das Black/Scholes-Modell würde auf dieser Grundlage überbewerten. Darüber hinaus kann auch je nach Anteil von nicht am Geld notierenden Optionen die implizite Volatilität zufallsbedingt hohe oder niedrige Werte aufweisen, ohne dass sich diese in ökonomisch signifikanten Fehlbewertungen niederschlagen müssen. Die implizite Volatilität ermöglicht also keine einheitliche, sondern bestenfalls eine für den auf die Daten zutreffenden Marktzyklus gültige Interpretation.

Zudem ermöglicht die implizite Volatilität nicht, relative Preisabweichung zu den Modellpreisen festzustellen. Während bei einem direkten Vergleich von Markt- und Modellpreisen eine Aussage über eine Über- oder Unterbewertung von Optionen für den Datenzeitraum getroffen werden kann, ist die implizite Volatilität nur sehr eingeschränkt geeignet, um ökonomisch relevante Fehlbewertungen des Black/Scholes-Modells festzustellen, und kann diese jedenfalls nicht wertmäßig quantifizieren.

**4.5.3 Kein Marktkonsens zukünftiger Preisbewegungen**

Die implizite Volatilität einer Option wird weithin als Konsens der Erwartungen von Marktteilnehmern über die zukünftige Volatilität über die verbleibende Laufzeit der Option interpretiert.[429] So gibt die Deutsche Börse AG als Interpretation ihres impliziten Volatilitätsindex VDAX an: „Bei einem Volatilitätsindex von beispielsweise 10 Prozent und einem DAX-Index von 4.000 Punkten erwarten die Marktteilnehmer in den nächsten 45 Tagen eine Bewegung des DAX im Bereich von 3.860 bis 4.140 Punkten."[430]

Gegen die Interpretation der impliziten Volatilität als Erwartung von Marktteilnehmern über zukünftige Preisbewegungen spricht, dass für den Kauf und Verkauf von Optionen viele erwartungsunabhängige Gründe in Frage kommen, beispielsweise die Notwendigkeit der Absicherung. Der unglückliche und folgenschwere Kauf zahlreicher Optionen auf die Aktie der Volkswagen AG durch die

---

[429] Vgl. Schwert (1990), S. 77 sowie Andres (1998), S. 159. Anderer Ansicht: Canina/Figlewski (1993), S. 659, Mayhew (1995), S. 8 f., S. 13, Christensen/Prabhala (1998), S. 125 f. sowie Hafner/Wallmeier (2000), S. 2, die jedoch der impliziten Volatilität dennoch einen hohen Stellenwert einräumen.
[430] Deutsche Börse AG (2004a), S. 5.

## 4.5 Kritik an Interpretationen der impliziten Volatilität 179

Porsche SE im Jahr 2008 erfolgte beispielsweise aus strategischen Gründen gerade ohne Beachtung finanzieller Auswirkungen.

Die vielfach getroffene Feststellung, dass die implizite Volatilität von Optionen auf den gleichen Basiswert mit identischer Restlaufzeit, aber unterschiedlicher Moneyness variiert (vgl. S. 172 ff.), ist mit einer Interpretation der impliziten Volatilität als Marktkonsens zukünftiger Preisbewegungen nicht vereinbar.[431] Systematische Strukturen wie die Überbewertung tief aus dem Geld notierender Optionen lassen eher die Schlussfolgerung zu, dass Faktoren existieren, die Investoren veranlassen, bestimmte Optionen höher oder niedriger zu anderen zu bewerten.[432] Darüber hinaus genügt, dass nicht alle Marktteilnehmer das Black/Scholes-Modell anwenden, um die Interpretation der impliziten Volatilität als einen Konsens von Erwartungen zu verwerfen. Optionsbewertungsmodelle können beispielsweise von der Log-Normalverteilung abweichende Aktienkursverteilungen oder Sprünge berücksichtigen. Die Verwendung eines alternativen Optionsbewertungsmodells führt bereits zu Abweichungen der berechneten impliziten Volatilität von der tatsächlichen Volatilitätsschätzung.[433]

Vor dem Hintergrund der weit verbreiteten Annahme der impliziten Volatilität als Marktkonsens zukünftiger Preisbewegungen untersuchen Canina/Figlewski 17.606 S&P 100-Optionen.[434] Sie stellen fest, dass die implizite Volatilität keine Informationen über die zukünftige Volatilität beinhaltet: Die implizite Volatilität –

---

[431] Bspw. zitiert Mayhew, dass die implizite Volatilität häufig als die Markterwartung bezüglich der Volatilität des Basiswerts angenommen werde. Er selbst distanziert sich von dieser Sichtweise, indem er beispielsweise Transaktionskosten und nichtsynchronen Aktien- und Optionshandel als Gründe nennt, die zu Verzerrungen der impliziten Volatilität führen. Vgl. Mayhew (1995), S. 8 f., S. 13. Zur häufigen Feststellung einer von der Moneyness und teilweise auch Restlaufzeit abhängigen impliziten Volatilität vgl. Black (1975), S. 177-181, Black (1976), S. 177, MacBeth/Merville (1979), S. 1172-1186, Rubinstein (1985), S. 455-480, Heynen/Kemna/Vorst (1994), S. 31, S. 34, Mayhew (1995), S. 14, Jackwerth/Rubinstein (1996), S. 1611 ff., Dumas/Fleming/ Whaley (1998), S. 2060, Tompkins (1999), S. 1, Das/Sundaram (1999), S. 211 sowie Tompkins (2001), S. 198.
[432] Vgl. Canina/Figlewski (1993), S. 667.
[433] Vgl. Canina/Figlewski (1993), S. 663.
[434] Sie eliminieren Optionen mit weniger als 7 und mehr als 127 Tagen Restlaufzeit und solchen, die über 20 Punkte im oder aus dem Geld notieren sowie Optionen, die gegen die untere Preisgrenze $C \geq S - K \cdot e^{-rT}$ verstoßen, da in diesem Fall die implizite Volatilität negativ wäre. Vgl. Canina/Figlewski (1993), S. 664.

sowohl aggregiert als auch getrennt nach Restlaufzeit und Moneyness betrachtet – weist kaum eine Korrelation mit der zukünftigen realisierten Volatilität auf.[435]

Canina/Figlewski (1993) widersprechen der Interpretation der impliziten Volatilität als Marktkonsens zukünftiger Preisbewegungen mit Nachdruck: „It is widely accepted that the implied Black/Scholes volatility computed from the market price of an option is a good estimate of the „market's" expectation of the volatility of the underlying asset, and that the market's expectation is informationally efficient, but our results from a large sample of prices for the most actively traded option contract strongly refute that view."[436]

### 4.5.4 Inkonsistenz der Berechnungsweise

In der Kapitalmarktpraxis werden teilweise unterschiedliche Volatilitäten je nach Ausübungspreis und Restlaufzeit verwendet.[437] Die Berechnung der impliziten Volatilität hat als Voraussetzung die Korrektheit des Black/Scholes-Modells sowie dessen Anwendung in der Praxis als alleinig eingesetztes Bewertungsmodell. Teilweise wird versucht, das Black/Scholes-Modell mittels der impliziten Volatilität zu widerlegen, obwohl sie selbst aus diesem Modell berechnet wird. Sogar die Deutsche Börse AG kritisiert die realitätsferne Annahme der konstanten Volatilität im Black/Scholes-Modell sowie die Verwendung des Modells zur Berechnung der impliziten Volatilität, da „damit das Black-Modell streng genommen nicht mehr der Problemstellung [Anm. d. Verf.: Berechnung der impliziten Volatilität] angemessen ist."[438]

Trotz ihrer Feststellung, dass das Black/Scholes-Modell und die Berechnung einer Volatilitätsstruktur sich widersprechen, berechnet die Deutsche Börse AG die implizite Volatilität auf Basis des Black/Scholes-Modells unter Verwendung des

---

[435] Schmalensee/Trippi können keinen signifikanten Zusammenhang zwischen historischer und impliziter Volatilität feststellen, vgl. Schmalensee/Trippi (1978), S. 129 ff.
[436] Canina/Figlewski (1993), S. 660 f., S. 667, die an dieser Stelle jedoch nur die weit verbreitete Ansicht wiedergeben, ihr aber auf Basis einer umfangreichen Untersuchung deutlich widersprechen.
[437] Vgl. Hafner/Wallmeier (2000), S. 2.
[438] Deutsche Börse AG (2004b), S. 16.

## 4.5 Kritik an Interpretationen der impliziten Volatilität

Forwardpreises (Black-Modell) und führt hierzu aus: „Es ist aber das Ziel der Volatilitätsindex-Konstruktion, trotzdem am Black-Modell festzuhalten."[439]

Chance (2004) kritisiert den Aufwand, den Forscher der impliziten Volatilität widmen: „The volatility smile/skew is inconsistent with an arbitrage-free world. Yet researchers devote countless hours to force-fitting existing models to produce prices that fit the smile/skew".[440]

Mayhew findet deutliche Worte für seine Wertschätzung von Volatilitäts-Smiles: „To even talk about volatility smiles is schizophrenic: First, a constant volatility is assumed to derive the model; then, many different volatilities are calculated for the same underlying asset. Once the Black-Scholes model is rejected, Black-Scholes implied volatility has no real meaning and, of course, should no longer be interpreted as the market's assessment of the underlying asset's volatility."[441]

### 4.5.5 Kalibrierung des Optionsbewertungsmodells

Im Allgemeinen wird zur Modellierung der risikoneutralen Dichte eine bekannte parametrische Dichtefunktion oder – wie etwa Neumann (1998) sowie Wilkens (2003) – ein Mix mehrerer solcher Funktionen gewählt. Die Parameter dieser Funktion werden angepasst, indem die Unterschiede zwischen der angepassten Funktion und der empirischen risikoneutralen Dichte minimiert werden. Eine Vielzahl verschiedener Verteilungen und deren Stärken und Schwächen wurde in der Literatur diskutiert.[442] Wird die implizite Volatilität über die Black/Scholes-Gleichung ermittelt, so steht damit die Annahme der Log-Normalverteilung in Verbindung: Der Mittelwert dieser Verteilung ist der risikolose Zinssatz (mit einer Anpassung um die Konkavität der Log-Funktion) und die Standardabweichung ist konsistent mit der impliziten Volatilität.[443]

---

[439] Deutsche Börse AG (2004b), S. 16.
[440] Chance (2004), S. 1.
[441] Mayhew (1995), S. 14.
[442] Vgl. u.a. Derman/Kani (1994), S. 32-39, Rubinstein (1994), S. 771-818, Jackwerth (1997), S. 7-17, Aït-Sahalia (1998), S. 499-547, Dumas/Fleming/Whaley (1998), S. 2059-2106.
[443] Vgl. Bollerslev/Russell/Watson (2010), S. 326.

Die Modellierung der impliziten Volatilität und der risikoneutralen Verteilung auf Basis von Optionspreisen stellen jedoch keine Alternative zu den traditionellen (parametrischen) Optionspreismodellen dar. Durch den Rückgriff auf bereits existierende Optionspreise übertragen diese Modelle vorhandene Bewertungsfehler in die Zukunft. Diese Modellierungen setzen damit implizit die Korrektheit der tatsächlichen Optionspreise, die möglicherweise auf Grundlage eines parametrischen Optionsbewertungsmodells wie dem Black/Scholes-Modell zustande kommen, voraus, während die Motivation für die Entwicklung dieser teilweise komplexen Verfahren gerade die Fehlspezifizierung des Modells ist. Die Extrahierung der risikoneutralen Wahrscheinlichkeitsdichte (risk neutral density) ist darüber hinaus mit mehreren erheblichen Problemen behaftet: Erstens werden zur Extrahierung der risikoneutralen Wahrscheinlichkeitsdichte kontinuierliche Ausübungspreise benötigt, während die DAX-Option diskrete Ausübungspreise mit Schritten von mindestens 50 Punkten hat (vgl. S. 262 ff.).

Zweitens können bereits geringe Datenfehler zu Irregularitäten wie beispielsweise negativen Wahrscheinlichkeiten in der risikoneutralen Wahrscheinlichkeitsdichte führen.[444] Drittens müssen die nicht vorhandenen Optionspreise für nicht existierende Ausübungspreise künstlich, beispielsweise mittels Interpolation und Glättungsverfahren, geschaffen werden. So verwendet Aït-Sahalia (1998) ein nichtparametrisches Kernglättungsverfahren, um die risikoneutrale Dichte aus S&P 500-Indexoptionen zu extrahieren.[445] Rubinstein (1994), der ein implizites Binomialverfahren anwendet, um die risikoneutrale Dichte aus Optionspreisen zu extrahieren, war mit Schwierigkeiten konfrontiert, um das linke Tail der risikoneutralen Dichte anzupassen. Jackwerth (1997) verallgemeinerte die Methode von Rubinstein, um eine bessere Anpassung zu erhalten. Ähnlich entwickelten auch Derman/Kani (1994) zunächst implizierte Bi- und später auch Trinomialbäume, wobei deren Baum die risikoneutralen Dichten verschiedener Restlaufzeiten abbildete. Dumas/Fleming/Whaley (1998) überprüften allerdings die implizierten Bäume und konnten keine Verbesserung zum Black/Scholes-Modell feststellen (vgl. S. 151 ff.).[446]

---

[444] Vgl. Bollerslev/Russell/Watson (2010), S. 325.
[445] Vgl. Aït-Sahalia (1998), S. 499-547.
[446] Vgl. Dumas/Fleming/Whaley (1998), S. 2080-2092.

## 4.5 Kritik an Interpretationen der impliziten Volatilität

Eine Kalibrierung des Modells über die implizite Volatilität, um die Marktpreise von Optionen zu erhalten, ist somit in sich widersprüchlich. Berkowitz (2003) kritisiert die Praxis, die implizite Volatilität europäischer Optionen auf Optionen anderer Art zu übertragen: „Our approach also can be used to elucidate two points that do not appear to have been well understood thus far. If the implied volatilities are calculated from european options, the ad hoc approach will fail when applied to American options or exotics. This is important – the ad hoc method remains a leading method used by market makers dealing in exotics such as barrier options."[447] Umso mehr als die Verwendung der impliziten Volatilität zur Anpassung des Optionsbewertungsmodells an die Realität ein contradictio in adjecto darstellt, ist eine Überprüfung des Black/Scholes-Modells sowie dessen Annahmen auf seine Validität in der Realität notwendig.

### 4.5.6 Residualgröße

Im Black/Scholes-Modell stellt die zukünftige Volatilität des Basiswerts den einzigen nicht am Markt beobachtbaren Parameter dar.[448] Die implizite Volatilität fasst allerdings eine Vielzahl auch unbekannter Größen zusammen, welche beim Einsetzen in die Black/Scholes-Formel zum Marktpreis führen.[449] Die implizite Volatilität kann daher als eine Residualgröße angesehen werden, die sich aus der Marktbewertung ergibt. Als eine der Größen, welche die implizite Volatilität bestimmen, nennen Canina/Figlewski (1993) Angebot und Nachfrage nach der Option sowie die Liquidität: „(…) An option's market price also impounds the net effect of the many factors that influence option supply and demand but are not in the option model. These include liquidity considerations, interaction between the OEX [Anm. d. Verf.: Börsenkürzel für S&P 100-Option] option and the (occasionally mispriced) S&P 500 index futures contract, investor tates for particular payoff patterns, and so on."[450] Schließlich bilden sich die an der Eurex zustande gekommenen Optionspreise durch den Ausgleich von Angebot und Nachfrage.[451]

---

[447] Berkowitz (2004), S. 4.
[448] Vgl. Finucane, (1989), S. 527.
[449] Vgl. Hafner/Wallmeier (2000), S. 2.
[450] Canina/Figlewski (1993), S. 667.
[451] Natenberg (1994), S. 74, Cont (1998), S. 9.

Optionspreise führen also die aggregierte Angebots- und Nachfragekurve zusammen.[452]

Aus dem Marktpreis kann je nachdem, wie sensitiv der nach dem Black/Scholes-Modell ermittelte Optionspreis auf die Spezifizierung der Volatilität reagiert, eine sinnvolle implizite Volatilität (veritabler Optionscharakter) oder aber eine zufällig hohe oder niedrige Volatilität (Ausübung bzw. Nichtausübung sind fast sicher) resultieren (vgl. S. 156 ff. sowie S. 176 f.). In den Marktpreis der Option geht damit eine Vielzahl unterschiedlicher Erwartungen über Eintrittswahrscheinlichkeiten des Basispreises ein. Folglich spielen für die Preisabweichungen auch andere Größen als der nicht beobachtbare Parameter Volatilität eine Rolle. Beispielsweise können Transaktionskosten, mangelnde Möglichkeiten der Risikoabsicherung, eine falsche Verteilungsannahme oder die Nichtkonstanz der Volatilität wichtige Erklärungsgründe für Preisabweichungen und Arbitrageverletzungen liefern.[453] Die implizite Volatilität fasst somit eine Vielzahl unbekannter Größen, die zu Abweichungen des Modells von der Realität führen, zusammen: Sie hat die Tendenz „à rassembler toutes les imperfections du modèle".[454]

Hafner/Wallmeier (2000) begreifen die implizite Volatilität als eine Art Residualgröße, die sich als Abweichung von Modellannahmen der Black/Scholes-Welt ergibt und widersprechen folgerichtig der weit verbreiteten Ansicht, dass die implizite Volatilität der erwarteten Volatilität entspreche: „Consequently, the implied volatility of an option is not necessarily equal to the expected volatility of the underlying asset's rate of return. It rather also reflects determinants of the option's value that are neglected in the Black/Scholes formula. The implied volatility is just a convenient way of illustrating discrepancies between market and Black/Scholes prices."[455] Als modellabhängige Größe bezeichnet Rebonato (1999) die implizite Volatilität gar als „the wrong number to put in the wrong formula to obtain the right price".[456]

---

[452] Duffie (1998), S. 411.
[453] Vgl. Fouque/Papanicolaou/Sircar (2000), S. xi.
[454] Tisserand (2004), S. 3. Übersetzung: "(Sie hat die Tendenz,) alle Unzulänglichkeiten des Modells zusammenzufassen".
[455] Hafner/Wallmeier (2000), S. 2.
[456] Rebonato (1999), S. 13, vgl. Fengler (2004), S. 9.

## 4.5.7 Empirische Ergebnisse

Canina/Figlewski (1993) kritisieren die zum großen Teil ungeprüfte Annahme, dass die implizite Volatilität bessere Ergebnisse liefern würde als die historische Volatilität:[457] „It has become almost an article of faith in the academic finance profession that the implied volatility is the „market's" volatility forecast, and that it is a better estimate than historical volatility. Indeed, researchers often use implied volatility in other models as an ex ante measure of perceived asset price risk."[458] Auf Basis ihrer umfangreichen Untersuchung zur impliziten Volatilität kommen Canina/Figlewski zum Ergebnis, dass die implizite Volatilität nicht einmal die beobachtete Volatilität der Vergangenheit berücksichtige, während die historische Volatilität zumindest einen Teil der Variationen der zukünftigen Volatilität erklären kann.[459] Auch Chiras/Manaster (1978) stellen für die ersten neun Monate ihrer Untersuchung fest, dass die implizite Volatilität kein besseres Ergebnis zur Schätzung der künftigen Volatilität erzielt als die historische Volatilität.[460]

Vor dem Hintergrund, dass die Untersuchung der impliziten Volatilität als modellabhängige Residualgröße bei einer Falsifizierung des Black/Scholes-Modells nicht sinnvoll ist, kommt der theoretischen und empirischen Überprüfung des Black/Scholes-Modells eine große Bedeutung zu. Sind die Annahmen des Black/Scholes-Modells nicht erfüllt, dann ist die implizite Volatilität – als eine von der Korrektheit des Modells abhängige Größe – ein ungeeigneter Parameter, der einer Untersuchung unterworfen wird.

---

[457] Zu den Studien, die bereits a priori davon ausgehen, dass das Black/Scholes-Modell die Realität nicht abbilden könne zählen die Arbeiten von Neumann (1998), Longstaff (1999), Tompkins (1999) und Atkinson/Tsibiridi (2004). Sie versuchen daher erst gar nicht, Preisabweichungen darzustellen, sondern treffen Aussagen bezüglich der Dynamik oder der statistischen Modellierung der impliziten Volatilität.
[458] Canina/Figlewski (1993), S. 660.
[459] Vgl. Canina/Figlewski (1993), S. 659 f.
[460] Vgl. Chiras/Manaster (1978), S. 213 ff.

## 4.6 Zusammenfassung

Die Volatilität ist eine stochastische Größe. Dennoch wird die implizite Volatilität aus dem Black/Scholes-Modell ermittelt, das eine konstante Volatilität annimmt. Die implizite Volatilität kann für at-the-money Optionen zuverlässig über das Bisection-Verfahren ermittelt werden. Grundsätzlich geeignet zur Ermittlung der impliziten Volatilität ist das Newton/Raphson-Verfahren, das aber keine vom Startwert unabhängige Konvergenz zur richtigen Lösung garantiert. Problematisch ist die Vorgehensweise der Deutschen Börse AG zu sehen, die als Startwert pauschal 15% verwendet und damit entweder Lösungen übersieht oder aber falsche Werte für die implizite Volatilität ermittelt. Manaster/Koehler haben eine Formel für einen günstigen Startwert ermittelt. Nicht immer aber existiert ein Wert für die implizite Volatilität, der eingesetzt in die Black/Scholes-Formel den Marktpreis ergibt.

Rubinstein (1994) stellt fest, dass die implizite Volatilität keine Bedeutung für den Optionspreis hat, wenn die Option tief im Geld notiert und eine kurze Restlaufzeit hat. Generell gilt: Je weiter die Option von einer at-the-money Notierung entfernt ist, desto geringer ist der Einfluss, den die implizite Volatilität auf den Optionspreis ausübt. Anders ausgedrückt sinkt der Aussagegehalt der impliziten Volatilität mit zunehmender Entfernung von der at-the-money Notierung. Der Aussagegehalt der impliziten Volatilität ist am höchsten, wenn die partielle Ableitung des Optionspreises nach der Volatilität maximal ist. Dies ist bei Optionen der Fall, die leicht aus dem Geld notieren, insbesondere, wenn diese eine kurze Restlaufzeit aufweisen.

Bei Validität des Black/Scholes-Modells müsste die implizite Volatilität unabhängig von Ausübungspreis und Restlaufzeit für jeden Basispreis gleich sein. Je nach Moneyness und Restlaufzeit weisen die untersuchten Optionen im ersten Halbjahr 2004 allerdings systematisch unterschiedliche implizite Volatilitäten auf (vgl. S. 172 f.). Zudem ist die durchschnittliche implizite Volatilität von Puts mit 26,47% statistisch signifikant höher als die durchschnittliche implizite Volatilität von Calls mit 21,12%. Empirische Studien kommen zu unterschiedlichen Ergebnissen in der Frage, ob die implizite Volatilität wertvolle Informationen im Sinne einer Prognosefähigkeit besitzt. Während Dupire und Derman/Kani der impliziten Volatilität eine

## 4.6 Zusammenfassung

Prognosefähigkeit zusprechen, stellen dies Canina/Figlewski, Beinert/Trautmann, Wallmeier sowie Cont/Fonseca/Durrleman in Abrede.

Hauptkritikpunkte gegen die implizite Volatilität sind die folgenden:

(1) Der Einfluss der impliziten Volatilität auf den Optionspreis hängt stark von der Moneyness ab. Folglich ist die implizite Volatilität nicht grundsätzlich zur Quantifizierung von Fehlbewertungen geeignet.

(2) Die Interpretation der impliziten Volatilität als Marktkonsens über zukünftige Schwankungen ist nicht konsistent mit Volatilitätsstrukturen in Abhängigkeit von Moneyness und Restlaufzeit.

(3) Die Berechnung der impliziten Volatilität aus dem Black/Scholes-Modell ist inkonsistent, da dieses gerade von einer konstanten Volatilität ausgeht.

(4) Die implizite Volatilität fasst den Nettoeffekt aller Einflussfaktoren zusammen, die Angebot und Nachfrage und damit den Optionspreis beeinflussen, aber nicht im Black/Scholes-Modell berücksichtigt werden. Die implizite Volatilität ist damit eine Residualgröße.

# 5 Theoretische Überprüfung des Black/Scholes-Modells

## 5.1 Überblick

Eine mangelhafte Eignung des Black/Scholes-Modells zur Optionsbewertung kommt nicht nur in Preisabweichungen zwischen theoretischen und beobachteten Optionspreisen zum Ausdruck. Falls alle Handelsteilnehmer das Black/Scholes-Modell als valide ansehen und konsequent anwenden, wird es auch dann zu keinen Abweichungen führen, wenn es aus theoretischer Sicht nicht geeignet ist. Aus diesem Grund wächst die Motivation, eingehend zu überprüfen, inwieweit zentrale Annahmen des Black/Scholes-Modells der Realität entsprechen. Daher werden diese Annahmen – der friktionslose Markt[461] (Liquidität, Abwesenheit von Transaktionskosten, kontinuierlicher Handel), Anlage und Fremdkapitalaufnahme zum risikolosen Zinssatz, die konstante Volatilität und die geometrische Brownsche Bewegung von Aktienkursen – auf ihre Validität in der Realität überprüft.[462]

## 5.2 Friktionsloser Markt

### 5.2.1 Liquidität

Marktfriktionen (Illiquidität, Handelsbeschränkungen, Transaktionskosten, diskontinuierlicher Handel) können einen Grund für Abweichungen zwischen theoretischen und beobachteten Optionspreisen darstellen. In diesem Fall existiert kein eindeutiger arbitragefreier Preis, sondern es gibt eine Bandbreite zulässiger Preise.[463] Longstaff sieht Marktfriktionen als wesentlichen Grund für die Fehlbewertung von S&P 100-Optionen an und stellt fest: „transaction costs and liquidity effects play a major role in the valuation of index options".[464] Auch Fama, obwohl dieser die Theorie effizienter Märkte begründete, räumt ein, dass in der Realität kein friktionsloser Markt mit für alle Kapitalmarktteilnehmer frei

---

[461] Teulié/Topsacalian (2000), S. 85 f.
[462] Vgl. Black/Scholes (1973), S. 640.
[463] Vgl. Perrakis/Ryan (1984), S. 519 ff., Levy (1985), S. 1216 f., Ritchken (1985), S. 1219 ff. sowie Longstaff (1995), S. 1098 ff.
[464] Longstaff (1995), S. 1098 f., vgl. Constantinides (1996), S. 12 ff.

verfügbaren Informationen existiert.[465] Çetin/Jarrow/Protter/Warachka (2006) widmen sich der Optionsbewertung für illiquide Basiswerte und stellen signifikante Liquiditätskosten im Preis von Optionen fest.[466]

Die Liquidität in Derivatemärkten ist von maßgeblicher Bedeutung für ein funktionierendes Risikomanagement.[467] Da das risikolose Portfolio im Mittelpunkt der Überlegungen von Black und Scholes zur Herleitung der Optionspreisformel steht, ist eine ausreichende Liquidität für die Validität der abgeleiteten Formel von Bedeutung. Trotz der Bedeutung der Liquidität zur Bemessung des Nettogewinns von Investitionen existiert kein einheitliches Verständnis über den Begriff der Liquidität.[468] Ähnlich wie die Deutsche Börse AG, die sich am Nutzen für den Marktteilnehmer orientiert, definiert Taleb (1997) die Liquidität als „the ease with which an operator can enter and exit (the market)".[469] Die Höhe der Transaktionskosten hängt von der Geschwindigkeit ab, in der Transaktionen realisiert werden und somit von der Liquidität im Markt. Hasbrouck (2007) charakterisiert einen liquiden Markt damit, dass geringe Änderungen von Angebot und Nachfrage keinen wesentlichen Einfluss auf den Preis haben, die Transaktionskosten gering sind und die Ausführung einer großen Order nicht wesentlich teurer ist als wenn die große Order auf mehrere kleine Order gesplittet wird.[470] Taleb (1997) schlägt vor, Liquidität entweder an der Anzahl von Transaktionen innerhalb eines bestimmten Zeitraumes (so genannte Transaktionsfrequenz) oder anhand des Bid-Ask-Spreads zu messen.[471] Weitere gebräuchliche Kennzahlen stellen das absolute Wertvolumen (Gegenwert aller Transaktionen innerhalb eines bestimmten Zeitraums) sowie das relative Wertvolumen (absolutes Wertvolumen bezogen auf den Free Float) dar.[472]

Diesen Kennzahlen ist gemein, dass sie nur Näherungsgrößen für die Liquidität darstellen, da sie beispielsweise im Falle der Transaktionsfrequenz durch eine Vielzahl kleiner Handelsabschlüsse verzerrt werden können. Mayhew/Sarin/Shastri (1999) betrachten drei Größen als Schätzwerte für die Liquidität: Handelsvolumen,

---

[465] Vgl. Fama (1970), S. 387.
[466] Vgl. Çetin/Jarrow/Protter/Warachka (2006), S. 493.
[467] Vgl. Kalodera/Schlag (2003), S. 1.
[468] Vgl. Gomber/Schweickert (2002), S. 485 sowie Hasbrouck (2007), S. 4.
[469] Taleb (1997), S. 68.
[470] Vgl. Hasbrouck (2007), S. 4.
[471] Vgl. Taleb (1997), S. 68.
[472] Vgl. Gomber/Schweickert (2002), S. 485 ff.

## 5.2 Friktionsloser Markt

Wert der Handel sowie Anzahl der Optionstransaktionen.[473] Kraus/Stoll (1972) untersuchen, ob der Handel von institutionellen Investoren zu effizienten Märkten beiträgt oder aber Block Trades institutioneller Investoren effizienten Märkten entgegenstehen.[474] Sie definieren einen Block Trade als eine Transaktion mit einer größeren Anzahl von Wertpapieren als in einem normalen Auktionshandel in einfacher Weise absorbiert werden kann.[475] An der NYSE werden Block Trades als Transaktionen mit über 10.000 Aktien bezeichnet.[476] Die Deutsche Börse AG definiert Aufträge von Privatanlegern als Orders mit bis zu 10.000 € in den DAX-Werten bzw. 3.000 € in den MDAX- und TecDAX-Werten.[477]

Gomber/Schweickert (2002) haben eine Kennzahl für die Liquidität entwickelt, die sich an den indirekten Transaktionskosten orientiert. Das Xetra Liquiditätsmaß (XLM) ist eine Kennzahl, die sowohl die Liquiditätsprämie als auch die adverse Preisbewegung berücksichtigt. Die Kennzahl XLM gibt den Wertverlust in Basispunkten beim Auf- und Abbau einer Position (Round Trip) an und berücksichtigt dabei neben dem Verlust durch den Bid-Ask-Spread auch die vom Handelsvolumen abhängige adverse Preisbewegung. Im Falle nicht institutioneller Orders, bei denen keine adverse Preisbewegung eintritt, ist die Kennziffer XLM deckungsgleich mit dem von Taleb vorgeschlagenen einfachen Bid-Ask-Spread. Nach Ansicht von Gomber/Schweickert ist das Xetra Liquiditätsmaß zur Messung der Liquidität geeignet.[478] Die zeitliche Dimension wird in keiner der beiden Kennziffern berücksichtigt. Çetin/Jarrow/Protter/Warachka (2006) definieren das Liquiditätsrisiko als die erhöhte Veränderung realisierter Renditen aus der Zusammenstellung eines replizierenden Portfolios oder einer Hedging Strategie.[479]

Ein Maß für die Liquidität der DAX-Option ist die Anzahl der gehandelten Kontrakte. Liquidität und Transaktionskosten stehen regelmäßig im Mittelpunkt für die relative Vorteilhaftigkeit eines Marktes. Im Rahmen der Portfoliostrukturierung stellt Liquidität das wichtigste Entscheidungskriterium für Investoren dar und wird

---

[473] Vgl. Mayhew/Sarin/Shastri (1999), S. 8.
[474] Vgl. Kraus/Stoll (1972), S. 569 ff.
[475] Vgl. Kraus/Stoll (1972), S. 569.
[476] Vgl. Kraus/Stoll (1972), S. 571.
[477] Vgl. Deutsche Börse AG (2008), S. 1.
[478] Vgl. Gomber/Schweickert (2002), S. 487 f.
[479] Vgl. Çetin/Jarrow/Protter/Warachka (2006), S. 493-494.

als das zentrale Qualitätsmerkmal von Wertpapiermärkten angesehen, da sie die Kosten verringert und somit die jederzeitige Existenz einer Transaktionsmöglichkeit sicherstellt.[480] Abbildung 37 zeigt die Anzahl der gehandelten Kontrakte für die DAX-Option, die Option auf den Dow Jones Euro STOXX 50 sowie auf den Dow Jones STOXX 50. Bis zum zweiten Halbjahr 2002 ist die DAX-Option mit monatlich etwa 5 Mill. gehandelten Kontrakten die liquideste Option an der Eurex. Im weiteren Verlauf weist die Option auf den Dow Jones Euro STOXX 50 eine höhere Liquidität auf.

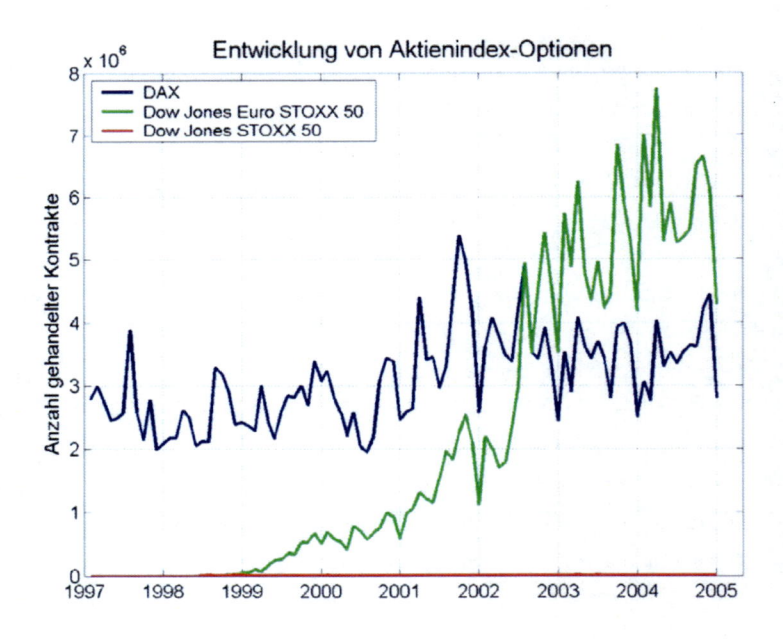

**Abbildung 36: Liquidität von Aktienindex-Optionen**
Quellen: Deutsche Börse AG (1997, 1998, 1999, 2000, 2001, 2002c, 2003, 2004d); Eurex (2003b).

Abbildung 37 zeigt das Open Interest der Optionen auf den DAX sowie auf den Dow Jones Euro STOXX 50. Das Open Interest stellt die Anzahl von Optionskontrakten dar, die offen sind, das heißt, die gehandelt, aber noch nicht durch ein Gegengeschäft liquidiert oder ausgeübt worden ist. Aus dem Open Interest kann nicht die Anzahl ge- oder verkaufter Optionen abgeleitet werden, weil sowohl der Kauf als auch der

---

[480] Vgl. Gomber/Schweickert (2002), S. 485.

## 5.2 Friktionsloser Markt

Verkauf von Optionen das Open Interest erhöhen (wenn es sich um das ursprüngliche Geschäft handelt) als auch verringern (wenn es sich um die Closing oder Offsetting Transaction handelt) können. Wenn das Handelsvolumen das Open Interest übersteigt, indiziert dies einen außergewöhnlich hohen Handel.[481] Das Open Interest stellt eine Kennzahl für die Liquidität einer Option dar, weil es die Größe des Sekundärmarkts angibt und somit die Möglichkeit, die Option wieder zügig zu verkaufen.

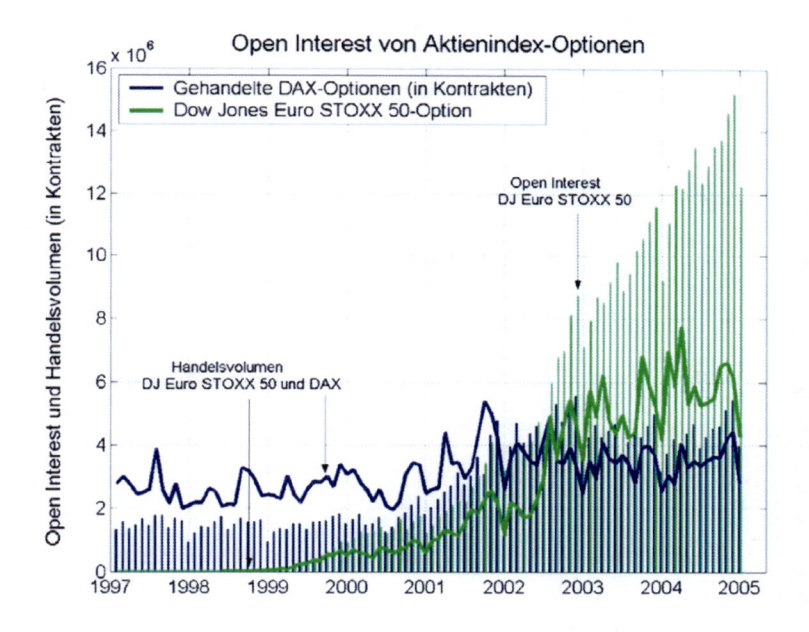

**Abbildung 37: Open Interest und Handelsvolumen von Aktienindex-Optionen**
Quellen: Deutsche Börse AG (1997, 1998, 1999, 2000, 2001, 2002c, 2003, 2004d).

Bei der DAX-Option entspricht die Höhe des Open Interest in etwa der Anzahl gehandelter Optionen. Bei der Dow Jones EURO STOXX 50-Option beträgt das Open Interest etwa das zweifache des Handelsvolumens und indiziert damit einen sehr liquiden Markt. Die DAX-Option wird an der weltweit führenden Derivatebörse Eurex gehandelt. Das Handelsvolumen an der Eurex betrug im Jahr 2003 (2002) 1,014 Mrd. (801 Mill.) Kontrakte und steigerte sich gegenüber dem Vorjahr damit um rund 27%. Davon entfallen 264 Mill. (211 Mill.) Kontrakte alleine auf

---
[481] Vgl. Hull (2009), S. 39 ff.

Indexderivate. Bis zum Jahr 2009 stieg der Umsatz der Eurex auf 1,687 Mrd. Kontrakte, von denen 797,5 Mill. Kontrakte auf Equity-Indexderivate entfielen.[482] Die Bedeutung von Index-Optionen wird weiterhin wachsen, da die Erfüllung in bar es auf einfache Weise erlaubt, das systematische Risiko von Portfolios zu managen.

Abbildung 38 zeigt, dass das monatliche Transaktionsvolumen der Eurex-Produkte großen Schwankungen unterliegt. Im Dezember markiert die Anzahl gehandelter Kontrakte häufig einen Jahrestiefpunkt. Langfristig steigt die Kontraktanzahl aber von monatlich 56,2 Millionen (Jahresdurchschnitt 2001) über 89,5 Millionen (Jahresdurchschnitt 2004) bis auf 140,6 Millionen (Jahresdurchschnitt 2009) monatlich an.

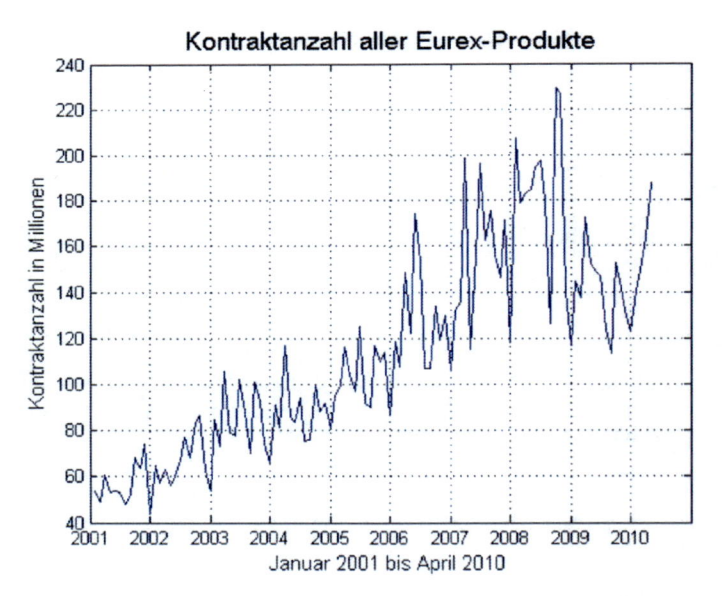

**Abbildung 38: Anzahl gehandelter Kontrakte aller Eurex-Produkte**
Quelle: Eurex-Pressemitteilungen sowie Eurex (2009b, 2010).

Die DAX-Option ist erheblich liquider als Optionen auf einzelne Aktien. So nimmt die DAX-Option mit im Untersuchungszeitraum täglich 157.334 gehandelten Kontrakten unter allen Eurex Produkten (täglich 4.355.434 Kontrakte) einen Anteil

---

[482] Vgl. Deutsche Börse AG (2004h), o.S., Eurex (2004p), o.S. sowie Eurex (2009e), S. 1.

## 5.2 Friktionsloser Markt

von ca. 3,6% ein.[483] Daher sollten für die DAX-Option die Annahmen eines vollkommenen Marktes – wie im Black/Scholes-Modell angenommen – noch am ehesten erfüllt sein.[484] Zur Sicherung einer ausreichend hohen Liquidität setzt die Deutsche Börse AG Designated Sponsors und Market Experts ein, die auf der elektronischen Handelsplattform Xetra verbindliche Kauf- und Verkaufskurse einstellen.[485] An die Market Experts stellt die Deutsche Börse AG höhere Anforderungen hinsichtlich des zulässigen Spreads, Mindestquotierungsvolumen und Mindestquotierungsdauer. Für Eurex-Produkte verpflichten sich so genannte Market Maker (Designated Market Makers für Futures und Assigned Market Makers für Optionen) auf Anfrage oder permanent verbindliche Kauf- und Verkaufskurse zu stellen. 25 Market Maker sorgen für die DAX-Option für ausreichende Liquidität (vgl. S. 374). Market Maker sind allerdings nicht zur Beantwortung aller Quote Requests verpflichtet.[486]

Im Gegenzug für die verbindliche Verpflichtung, Quote Requests zu beantworten, erhalten Market Maker Vergünstigungen bei den Gebühren in diesen Produkten. Für DAX-Optionen mit mehr als 24 Monaten Laufzeit ist die zulässige Preisspanne verbindlicher Kauf- und Verkaufskurse doppelt so hoch. Dies ist einerseits ein Hinweis, dass in diesen Produkten die Liquidität vergleichsweise niedrig ist, so dass Market Maker für das höhere Risiko mittels des höheren Spreads kompensiert werden. Andererseits wird auch der Handel durch den höheren Spread für Handelsteilnehmer unattraktiver und erschwert damit den Aufbau von Liquidität in Produkten mit mehr als 24 Monaten Laufzeit. Chen/Palmon/Wald (2003) stellen fest, dass durch die Berücksichtigung von Transaktionskosten systematische Fehlbewertungen von in-the-money und out-of-the-money Optionen durch das Black/Scholes-Modell gemildert werden können.[487] Während Market Maker für ihren Beitrag zur Liquiditätserhöhung Vergünstigungen bei den Gebühren in diesen Produkten erhalten, sanktionierte die Deutsche Börse AG im November 2002 eine „exzessive Nutzung des Xetra-Systems" (Excessive System Usage) mit Extrakosten

---

[483] Vgl. Deutsche Börse AG (2004h), o. S. sowie Eurex (2004p), o.S. Die weitaus größte Anzahl von Kontrakten entfällt auf Fixed Income Produkte.
[484] So begründet auch Rubinstein (1994) seine Wahl für S&P 500-Index-Optionen.
[485] Vgl. Deutsche Börse AG (2009a), S. 1.
[486] Der prozentuale und absolute Anteil der zu bearbeitenden Quote Requests ist in der Market Maker Vereinbarung festgelegt.
[487] Vgl. Chen/Palmon/Wald (2003), S. 1.

durch das so genannte Excess-Transactions-Konzept.[488] Exzessiv wird das System dann genutzt, wenn Mitglieder eine Vielzahl von Quotes in das Xetra-System einstellen, ohne dass die Quotierungen einen Nutzer erreichen, d.h. den Quotierungen stehen keine Transaktionen gegenüber.[489] Bei Index-Optionen beträgt dieses Limit 7.000. Für jeden zusätzlichen Quote behält sich die Eurex vor, 0,05 € je Index-Option zu verlangen, falls das Limit um bis zu 50% überschritten wird, bei einer Überschreitung bis zu 100% werden 0,20 € und bei einer Überschreitung von über 100% des Limits 0,50 € je Index-Option fällig.[490] An der Sanktionierung ist ersichtlich, dass Sponsoren ihrer Pflicht, Liquidität zur Verfügung stellen, offensichtlich nicht nachkommen. Sie weichen durch automatisierte Anpassungen der Quotes (mittels so genannter Quote Machines) an Referenzmärkte bzw. an Wechselkursveränderungen ihrer Aufgabe zur Liquiditätserhöhung aus.

In Wirklichkeit gibt es in Futures-Märkten ein tägliches Limit möglicher Preisbewegungen. Verlässt der Preis diese zulässige Spanne, so wird der Markt geschlossen („locked"). Ein Handel findet erst dann wieder statt, wenn das Limit wieder unterschritten wird. Der Annahme eines Marktes ohne Friktionen stehen weiterhin sog. Liquidity Holes (Black Holes) entgegen. Unter einem Liquidity Hole versteht man ein Marktumfeld, in dem das natürliche Gleichgewicht temporär ausgehebelt wird.[491] In der Präsenz von Liquidity Holes steigt das Angebot trotz sinkender Preise. Umgekehrt führen höhere Preise zu steigender Nachfrage. Liquidity Holes sind häufig zurückzuführen auf wesentliche neue Nachrichten, deren Auswirkung und Bedeutung noch nicht eingeschätzt werden können. Mögliche Ursache von Liquidity Holes können auch zufällige Preisbewegungen sein, die Handelsteilnehmer auf wesentliche (positive oder negative) Informationen zurückführen, von denen sie keine Kenntnis haben. In diesem Umfeld stabilisiert sich der Markt nicht. Vielmehr können verängstigte Handelsteilnehmer ihre Positionen in Ungewissheit über die (vermeintliche) Information auflösen, so dass die Kurse weiter einbrechen. In der Praxis kann ein Markt, der in Folge von Stop-Loss Aufträgen fällt, noch beschleunigt an Wert einbüßen: Ein Händler, dem ein großer Stop-Loss Auftrag mit niedrigem Ausführungskurs vorliegt, mag versuchen, den Preis durch

---

[488] Neubacher (2002), S. 3 sowie Eurex (2004e), S. 8.
[489] Vgl. Eurex (2004e), S. 8.
[490] Vgl. Eurex (2004e), S. 8 f.
[491] Vgl. Taleb (1997), S. 69.

## 5.2 Friktionsloser Markt

Leerverkäufe auf das Stop-Loss Niveau zu drücken, so dass eine weitere Verkaufswelle ausgelöst wird. Steht dem plötzlich großen Angebot keine entsprechende Nachfrage gegenüber (Liquidity Hole), so sinkt der Preis weiter. Zu diesem niedrigeren Niveau deckt sich der spekulative Händler wieder günstig ein. Beispielsweise verkaufte die Citigroup am 2. August 2004 über die elektronischen Handelsplattformen des Betreibers MTS binnen zwei Minuten Bonds im Volumen von rund 11 bis 12 Mrd. € und kaufte sie später zu tieferen Kursen wieder zurück.[492] Vor dem Verkauf manipulierte die Citigroup die Terminmärkte nach Angaben der BaFin „gezielt und kontrolliert".[493] Nach Ansicht von Experten könnte der Gewinn bis zu 30 Mill. € betragen haben. Sowohl die britische Aufsichtsbehörde FSA als auch die BaFin untersuchten den Fall wegen Verstoßes gegen § 20a Wertpapierhandelsgesetz. Auch Barrier-Optionen können den Markt temporär aus dem Gleichgewicht bringen, da sie die Emittenten zu manipulativen Preiseingriffen verlocken können, um den wertlosen Verfall der Zertifikate durch die einmalige Überschreitung der vereinbarten Schranke herbeizuführen.[494]

In seiner Studie zum Thema Liquidity Holes stellt Bagehot (1971) fest, dass sich Transaktionen, die durch auf Informationen basierendem Handeln zustandekommen, die Transaktionskosten erhöhen, weil Market Maker den Verlust, welchen sie mit informierten Marktteilnehmern erleiden, von uninformierten Marktteilnehmern wieder zurückholen müssen (sog. Adverse Selection Komponente des Bid-Ask-Spreads).[495] Vor diesem Hintergrund ist die Studie von Vijh (1990) zu sehen. Vijh untersucht die Auswirkung von auf Informationen basierendem Handeln – geschätzt als große Handelsaufträge – auf die Liquidität der CBOE-Aktienoptionen. Er sieht die CBOE als einen Markt mit exzellenter Markttiefe an, in dem sich viele Marktteilnehmer mit divergierenden Erwartungen konfrontiert sehen. Diese Markttiefe resultiert darin, dass auch riesige Transaktionen (Block Trades) ohne großen Einfluss auf den Preis bleiben, das heißt der Markt absorbiert diese Aufträge ohne preislichen Effekt.[496] Kraus/Stoll (1972) kommen dagegen in ihrer Untersuchung auf Basis der NYSE zu dem Ergebnis, dass Block Trades zu signifikanten Preisveränderungen von − 1,138% bzw. + 0,7478% führen, wenngleich sich diese

---

[492] Vgl. Weber (2004), S. 18 sowie Cünnen/Schönauer/Rettberg (2005), S. 25.
[493] Frankfurter Allgemeine Zeitung (2005), S. 19.
[494] Solche Fälle werden auch von der BaFin untersucht. Vgl. Taleb (1997), S. 368.
[495] Vgl. Bagehot (1971), S. 12-14 sowie Vijh (1990), S. 1158.
[496] Vgl. Vijh (1990), S. 1157 f.

Preisbewegungen im Tagesverlauf häufig wieder relativieren.[497] Die von Vijh festgestellte Markttiefe geht jedoch auf Kosten eines im Vergleich zum Aktienmarkt weiteren Bid-Ask-Spreads: Obwohl eine Option durch Delta Aktien sowie ein risikoloses Wertpapier dynamisch dupliziert werden kann und das Delta der Option im Schnitt unter 0,5 liegt, sind die Bid-Ask-Spreads im Aktien- und Optionsmarkt praktisch gleich.[498] Eigentlich müsste der Bid-Ask-Spread im Optionsmarkt erheblich niedriger sein. Je mehr Market Maker um ein Wertpapier konkurrieren, desto höher sind deren Kosten und der Zeitaufwand.[499]

Zu entgegengesetzten Ergebnissen kommen Stephan/Whaley (1990) im gleichen Jahr. Sie gehen davon aus, dass die Attraktivität des Optionsmarktes aus den reduzierten Transaktionskosten zusammen mit dem Financial Leverage stammt.[500] Aus diesen Gründen sowie zusätzlich der Möglichkeit, mittels Optionen dem Short Selling des Basiswerts ausweichen zu können, verweisen Mayhew/Sarin/Shastri (1999) schon auf die in der Studie von Manaster/Rendleman (1982) befindliche Aussage, dass Optionen gegenüber dem Underlying teilweise als superior angesehen werden.[501] Potentiell kommen drei Gründe für die Superiorität von Optionen in Betracht:

1. Einige Optionen sind unter- bzw. überbewertet und senken somit die Anfangsinvestition, Brokeragegebühren können geringer sein und die Liquidität ist für manche Optionen größer als für den Basiswert.
2. Short Selling von Optionen ist für Investoren einfacher und mit geringeren Kosten verbunden.
3. Das Financial Leverage von Optionen ist für die gleiche Anfangsinvestition höher als das von Aktien.

Zum dritten Punkt führt Black (1975) aus: „Since an investor can usually get more action from a given investment in options than he can by investing directly in the underlying stock, he may choose to deal in options when he feels he has an especially important piece of information".[502] Daher erwarten Mayhew/Sarin/Shastri

---

[497] Vgl. Kraus/Stoll (1972), S. 575 f.
[498] Vgl. Vijh (1990), S. 1159.
[499] Vgl. Vijh (1990), S. 1158.
[500] Vgl. Stephan/Whaley (1990), S. 191 f.
[501] Vgl. Mayhew/Sarin/Shastri (1999), S. 2 sowie Manaster/Rendleman (1982), S. 1044.
[502] Black (1975), S. 61.

## 5.2 Friktionsloser Markt

(1999), dass der Optionsmarkt umso liquider ist, je höher die Transaktionskosten des Basiswerts sind. Auf Basis der Studie von Vijh scheint jedoch die von Stephan/Whaley (1990) und Mayhew/Sarin/Shastri (1999) pauschal (ohne Evidenz) vorgebrachte Annahme – vermutlich basierend auf dem Argument von Black (1975), dass Brokeragegebühren für Optionen geringer seien als für Aktien[503] – geringerer Transaktionskosten auf dem Optionsmarkt nicht haltbar. Ein Problem ist dabei das uneinheitliche Verständnis von Transaktionskosten. Black (1975) bezieht den Begriff der Transaktionskosten auf die direkte Komponente (Gebühren), während Vijh die indirekte Komponente des Bid-Ask-Spreads betrachtet. Jedenfalls sprechen auch die Ergebnisse von Stephan/Whaley (1990) sowie von Jarnecic (1999), die übereinstimmend den Aktienmarkt als gegenüber den Optionsmarkt zeitlich als leicht führend identifizieren, gegen niedrigere Transaktionskosten im Optionsmarkt, da Transaktionen in diesem Fall zunächst im Optionsmarkt stattfinden würden.[504]

### 5.2.2 Synchronisierung des Aktien- und Optionsmarktes

Im Zentrum der Erforschung der Beziehung zwischen Options- und Aktienmarkt steht die Forschung zur Lead- und Lag-Beziehung. Sie untersucht die Frage, welcher Markt den anderen anführt. In perfekt funktionierenden Kapitalmärkten, wie sie Black und Scholes für die Validität ihres Modells unterstellen, sollte Simultanität zwischen Options- und Aktienmarkt herrschen, so dass neue Informationen in beiden Märkten zeitgleich in den jeweiligen Preisen reflektiert werden.[505] In perfekten (liquiden, effizienten) Märkten müssen perfekte Substitute den gleichen Preis aufweisen, weil Unterschiede sofort Arbitrage auslösen würden.[506] In Märkten mit Handelskosten, insbesondere, wenn eine kontinuierliche Anpassung des Portfolios vorgenommen werden soll, können jedoch Unterschiede zwischen Aktien- und Optionsmärkten auftreten.[507] Manaster/Rendleman (1982) vergleichen die Aktienkurse mit den durch die Optionspreise implizierten Aktienkursen (berechnet mittels des Black/Scholes-Modells) und kommen zu dem Ergebnis, dass der Optionsmarkt den Aktienmarkt um bis zu einen Tag anführt. Stephan/Whaley (1990) verwenden

---
[503] Vgl. Black (1975), S. 61.
[504] Vgl. Jarnecic (1999), S. 78.
[505] Vgl. Stephan/Whaley (1990), S. 191.
[506] Vgl. Jarnecic (1999), S. 78 sowie Cont (1998), S. 4.
[507] Vgl. Tisserand (2004), S. 6 sowie Jarnecic (1999), S. 78.

eine zu Manaster/Rendleman ähnliche Methodik.[508] Sie untersuchen Optionspreisveränderungen und Handelsvolumen an der CBOE auf Intradaybasis im ersten Quartal 1986 und vergleichen diese mit einigen liquide gehandelten Aktien. Sowohl Stephan/Whaley als auch Jarnecic (1999) kritisieren an der Studie von Manaster/Rendleman die Verwendung von Schlusskursen: „The use of closing price data, however, seriously undermines the interpretation of their results."[509] Ihre Kritik begründen sie damit, dass der Optionsmarkt erst zehn Minuten nach dem Aktienmarkt schließt und die Schlusskurse der Optionen damit neuere Informationen reflektieren können.[510] Den Ergebnissen von Stephan/Whaley zufolge führt der Aktienmarkt den Optionsmarkt bei den Preisveränderungen um ca. 15 Minuten an.[511] Auch die Studie von Jarnecic (1999) für den australischen ASX Aktien- und Optionsmarkt legt nahe, dass der Aktien- den Optionsmarkt um etwa 15 Minuten anführt, wenngleich in einigen Fällen auch der Optionsmarkt den Aktienmarkt anführt.[512] Jarnecic führt dies auf weniger häufiges Handeln in Optionen zurück, das heißt, unter Ausschaltung eher seltenen Handelns verschwindet die Lead Charakteristik. Zudem erreicht das Handelsvolumen im Aktienmarkt in den ersten Minuten den Höhepunkt, während der Optionshandel erst 30 bis 45 Minuten später seinen Höhepunkt erreicht.

Mit den häufig angeführten Argumenten niedrigerer Transaktionskosten sowie des höheren Financial Leverages (vgl. beispielsweise Amin/Lee (1997) sowie Black (1975)) ist die Lead Charakteristik des Aktienmarktes nicht zu vereinbaren.[513] Amin/Lee (1997) zeigen dagegen, dass die Handelsaktivität am Optionsmarkt vier Tage vor der Bekanntgabe von Unternehmensnachrichten um 10% zunimmt und die Richtung der Position (Long oder Short) mit den Unternehmensnachrichten (gut oder schlecht) zusammenhängt.[514] Ähnlich stellen auch Pan/Poteshman (2003) einen positiven Zusammenhang zwischen Optionsvolumen und Aktienkursbewegungen

---

[508] Stephan/Whaley verwenden ein anderes Optionspreismodell, nämlich eine Erweiterung des Roll (1977)-Optionspreismodells für amerikanische Optionen und schätzen die Volatilität anders als Manaster/Rendleman (1982) nicht gleichzeitig mit dem aus dem Optionspreismodell implizierten Aktienkurs, sondern verwenden die implizite Volatilität des Vortages als Schätzung, vgl. Stephan/Whaley (1990), S. 195.
[509] Stephan/Whaley (1990), S. 192.
[510] Vgl. Stephan/Whaley (1990), S. 192 sowie Jarnecic (1999), S. 79.
[511] Vgl. Stephan/Whaley (1990), S. 207.
[512] Vgl. Jarnecic (1999), S. 78, S. 85.
[513] Vgl. Jarnecic (1999), S. 78.
[514] Vgl. Amin/Lee (1997), S. 153.

## 5.2 Friktionsloser Markt

fest und schlussfolgern, dass das Put-Call-Ratio signifikante Vorhersagen für zukünftige Aktienkurserträge zulasse.[515] Aus diesem Grund wird der Optionsmarkt häufig als Markt für gut informierte Investoren angesehen, während die empirische Evidenz ein gemischtes Bild zeigt.

Die Studie von Kleidon/Whaley (1992) untersucht zusätzlich zum Aktien- und Optionsmarkt den Futuresmarkt. Demnach eilt der S&P 100-Future dem Spot-Markt leicht voraus, Aktien-, Options- und Futuresmärkte sind aber so stark integriert, dass sie – abgesehen vom Oktober Crash 1987 – praktisch als ein einziger Markt angesehen werden können.[516] Die Studie von Kalodera/Schlag (2003) auf Basis von 22 Unternehmen des DAX im Jahr 2001 zeigt zumindest, dass Options- und Aktienmarkt aneinander gekoppelt sind: Die Anzahl der gehandelten Optionskontrakte hängt positiv mit der Handelsaktivität im Basiswert zusammen.[517]

Da die Börsenbetreiber erkannt haben, dass es in freien Märkten zu Marktversagen kommen kann, gibt es Kriterien, nach denen der Handel bei hohen Fluktuationen ausgesetzt wird. Während diese Maßnahmen zu einer Beruhigung des Marktes führen können bis neue Informationen eingeschätzt werden können, werden durch das Aussetzen des Handels weitere Ineffizienzen aufgebaut. Zusammenfassend lässt sich festhalten, dass Aktien- und Optionsmarkt aus mehreren Gründen nicht friktionslos sind: die Möglichkeit von Kurssprüngen und Liquidity Holes, fehlende Synchronisierung von Aktien- und Optionsmarkt, unterschiedlich hohe Transaktionskosten für beide Märkte sowie die Möglichkeit der Sponsoren, ihrer Pflicht zur Liquiditätssicherstellung auszuweichen.

### 5.2.3 Abwesenheit von Transaktionskosten

Die neoklassischen Modellannahmen eines friktionslosen, vollkommenen und vollständigen Kapitalmarktes haben Auswirkungen auf die Optionsbewertung. So existiert im Falle eines unvollständigen Marktes kein eindeutiger Optionspreis und der Markt ist nicht mehr arbitragefrei (vgl. S. 36 f.).[518] In der Folge können am Markt

---

[515] Vgl. Pan/Poteshman (2003), S. 3 sowie S. 12 f. speziell zum Put-Call-Ratio und der Auswirkung auf den Aktienkurs.
[516] Vgl. Kleidon/Whaley (1992), S. 871, S. 874.
[517] Vgl. Kalodera/Schlag (2003), S. 4.
[518] Vgl. in einem anderen Zusammenhang auch Wilkens (2003), S. 120 f.

mit dem Black/Scholes-Modell nicht vereinbare Volatilitätsstrukturen beobachtet werden.[519] Als die wichtigste Quelle für Friktionen sehen Constantinides/Jackwerth/ Perrakis (2004) – ähnlich wie auch Rubinstein (1994) und Longstaff (1995) – Transaktionskosten an, welche die Spanne arbitragefreier Optionspreise erweitern.[520] Longstaff merkt an, dass das Black/Scholes-Modell einen starken Bias in Bezug auf Transaktionskosten und Liquidität aufweist und die Liquidität von Optionen Einfluss auf die Höhe der Transaktionskosten ausübt.[521]

Transaktionskosten bestehen aus zwei Hauptkomponenten: direkte und indirekte Handelskosten (vgl. Abbildung 39). Die direkten Handelskosten entstehen durch Börsen- und Brokeragegebühren und sind abhängig vom Handelsvolumen, da Broker bei hohen Handelsvolumina zu Preiszugeständnissen bereit sind. Zusätzlich entstehen indirekte Kosten, die sich aus der mangelnden Liquidität des Marktes ergeben. So kann sich der Preis bis zur Ausführung der Order negativ entwickeln (Timing Kosten). Der Makler stellt einen Teil des Bid-Ask-Spreads in Rechnung (Liquiditätsprämie als Hälfte des Bid-Ask-Spreads) und die Order führt an sich zu Preisänderungen, sofern das Auftragsvolumen das quotierte Volumen auf der Gegenseite des Orderbuches übersteigt, da sich dann der Preis schrittweise verschlechtert (adverse Preisbewegung).

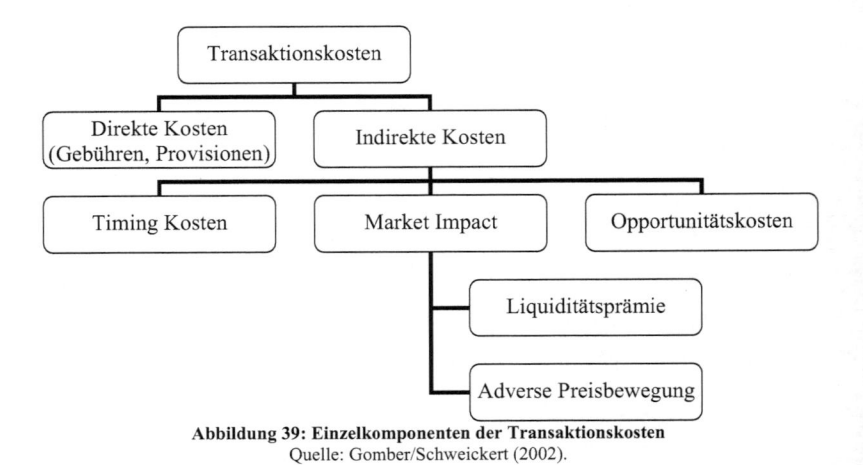

**Abbildung 39: Einzelkomponenten der Transaktionskosten**
Quelle: Gomber/Schweickert (2002).

---

[519] Vgl. Constantinides/Jackwerth/Perrakis (2004), S. 2 f., wobei Constantinides (1996) zufolge Transaktionskosten zumindest nicht vollständig das Ausmaß des Volatilitäts-Smiles erklären können.
[520] Vgl. Constantinides/Jackwerth/Perrakis (2004), S. 2.
[521] Vgl. Longstaff (1995), S. 1093, S. 1098.

## 5.2 Friktionsloser Markt 203

Im Falle von Derivaten ergeben sich aus der Erfordernis einer Margin weitere Opportunitätskosten, weil die zur Absicherung der Position hinterlegte Liquidität anderweitig verwendet werden könnte.[522]

Transaktionskosten entstehen durch die Angleichung des duplizierenden Portfolios an die Preisschwankungen des Basiswerts zur Risikoeliminierung. Im Black/Scholes-Modell findet das Hedging kontinuierlich statt. Die kontinuierliche Anpassung des Portfolios ist zur vollständigen Risikoeliminierung notwendig, weil die Greeks nicht konstant sind (vgl. S. 57 ff.).[523] Die kontinuierliche Anpassung der Position bis zum Verfalltermin der Option bedeutet allerdings auch, dass die Transaktionskosten unendlich groß werden.[524] Außerdem ist selbst bei kontinuierlicher Anpassung des Portfolios nur dann ein perfektes Hedging gewährleistet, wenn das Black/Scholes-Modell, aus dem das Delta abgeleitet wird, korrekt ist. Selbst beim Hedging in diskreten Zeitintervallen können die Kosten je nach Kursfluktuationen, Handelsvolumen und Liquidität sehr hoch sein. Daher stellt sich die Frage nach der Häufigkeit der Anpassung des Portfolios. Eine andere Möglichkeit ist, eine bestimmte Abweichung des Deltas als Akzeptanzgrenze zu definieren.[525]

Zur Absicherung gegen risikoreiche Positionen in DAX-Optionen können theoretisch die im DAX enthaltenen Werte in bestimmten Verhältnissen ge- bzw. verkauft werden. Zu Absicherungszwecken ist es jedoch einfacher, den DAX-Future als die Einzelwerte zu kaufen.[526] Für den DAX-Future (Kontraktgröße 25.000 €) werden von der Deutschen Börse AG pro Kontrakt Transaktionskosten in Höhe von 0,50 € erhoben, außerdem ist bei der Eurex eine Margin in Höhe von 7.700 € zu hinterlegen.[527] Ein Tick (0,5 Indexpunkte) entspricht einem Wert von 12,50 €.

Beginnend mit dem Artikel von Demsetz im Jahr 1968 ist die Literatur zu Transaktionskosten im Allgemeinen und zu Bid-Ask-Spreads im Speziellen stark

---

[522] In der Regel können jedoch auch Wertpapiere als Sicherheit hinterlegt werden, Bargeld wird teilweise (institutsabhängig) gering verzinst.
[523] Vgl. Taleb (1997), S. 2.
[524] Vgl. Atkinson/Tsibiridi (2004), S. 54.
[525] Vgl. Natenberg (1994), S. 139.
[526] Vgl. Wallmeier (2002), S. 169.
[527] Vgl. Eurex (2004b), S. 4. Die von den Brokern verlangte Margin liegt allerdings höher, bei Fimatex S.A. liegt sie beispielsweise bei 9.240 €.

angewachsen.[528] Atkinson und Tsibiridi (2004) definieren Transaktionskosten als die Kosten, welche aufgrund des Bid-Ask Spreads des Underlyings entstehen, geben damit aber eine nur unzureichende Definition.[529] Diese Transaktionskosten müssen von Investoren in ihren Investitionsentscheidungen einbezogen werden, da sie die Nettorendite beeinflussen.[530] Reale Bid-Ask-Spreads können zu größeren Abweichungen zwischen Marktpreisen von Optionen und deren theoretischen Werte nach dem Black/Scholes-Modell führen (vgl. S. 6 f.). Eine Überprüfung am 29.06.2004 ergibt Bid-Ask-Spreads von etwa 2%, während die Spanne bei den Futures nur bei etwa 0,5% liegt. Das Black/Scholes-Modell basiert auf der Annahme eines friktionslosen Marktes ohne Transaktionskosten. Bei Existenz von Transaktionskosten können Arbitrageverstöße, wie etwa ein negativer Zeitwert, möglicherweise nicht profitabel genutzt werden.

In der Black/Scholes-Welt findet ein kontinuierlicher Handel ohne Transaktionskosten statt, d.h. Käufe und Verkäufe erfolgen zu den gleichen Preisen. Boyle/Vorst (1992) sowie Cochrane/Saa-Requejo (2000) leiten die untere und obere Grenze von Optionspreisen ab, wenn Transaktionskosten berücksichtigt werden.[531] Leland (1985, Proposition 2) argumentiert, dass Transaktionskosten den Wert von at-the-money Optionen stärker reduzieren als den Wert von tief in-the-money und out-of-the-money Optionen.[532] Eine intuitive Erklärung für diese These ist, dass at-the-money Optionen ein hohes Gamma aufweisen und damit häufiger dynamisch gehedgt werden müssen als tief im Geld und tief aus dem Geld notierende Optionen. Unter einem dynamischen Hedging versteht man ständige Anpassungen des Portfolios an sich verändernde Sensitivitätsmaße. Das Gegenstück hierzu bildet das statische Hedging (1-Perioden-Modell, d.h. Investitionsstrategien nur zu Beginn einer Periode und Begutachtung zum Ende der Periode).[533] Longstaff (1995), Jackwerth/Rubinstein (1996) sowie Dumas/Fleming/Whaley (1998) zeigen, dass Transaktionskosten und Liquidität zum Volatilitäts-Smile beitragen, ihn aber nicht vollständig erklären. Constantinides/Zariphopoulou (2001) kommen dagegen zum Ergebnis, dass die

---

[528] Vgl. Demsetz (1968), S. 33-53.
[529] Vgl. Atkinson/Tsibiridi (2004), S. 61.
[530] Vgl. Ross (1984), S. 1127.
[531] Vgl. Boyle/Vorst (1992), S. 271-294 sowie Cochrane/Saa-Requejo (2000), S. 79-119.
[532] Vgl. Leland (1985), S. 1283-1301.
[533] Der erste Beitrag eines 1-Periodenmodells in der Portfolio-Optimierung auf Basis von Mittelwert und Varianz von erwarteten Renditen (sog. Mean-Variance Approach) stammt von Markowitz (1952).

## 5.2 Friktionsloser Markt

Grenzen für Optionspreise nach Berücksichtigung von Transaktionskosten sich parallel zum Volatilitäts-Smile bewegen und ihn somit nicht erklären können. Hentschel (2003) führt den Volatilitäts-Smile zumindest teilweise auch auf eine fehlerhafte Datenerfassung zurück.[534] Mithin besteht kein wissenschaftlicher Konsens, ob Transaktionskosten den Smile-Effekt erklären können.

Ross (1984) schlägt für einen Markt mit zufällig schwankenden Preisen eine theoretische Berechnungsweise des Bid-Ask-Spreads vor als: Spread = $2\sqrt{-\text{cov}}$. Die Formel ermittelt Ross empirisch auf Basis täglicher und wöchentlicher Renditen auf NYSE-Aktien, verzichtet aber auf einen empirischen Test, weil die Kosten für die Durchführung dieser Untersuchung zu hoch seien.[535] Branch/Freed (1977) betrachten mindestens vier Faktoren als signifikante Determinanten des Bid-Ask-Spreads: Handelsvolumen, Wettbewerb, Risiko und Marktimperfektionen.[536] Sie testen diese Determinanten mittels Regressionen, basierend jedoch nur auf einem einzigen Handelstag auf NYSE bzw. AMEX. Je höher das Handelsvolumen ist, desto wahrscheinlicher ist es, dass alle Kauf- und Verkaufsorder gegenseitig bedient werden können, ohne dass ein Market Maker gezwungen ist, einen großen „Buffer" vorzuhalten.[537] Je größer der Wettbewerb zwischen den Market Makern ist, desto geringer sollte nach Ansicht von Branch/Freed der Bid-Ask-Spread sein. Die Literatur ist hierüber jedoch uneinig, da mit zunehmendem Wettbewerb auch die Kosten für jeden Market Maker steigen. Selbst die Studie von Branch/Freed legt zumindest im Fall der AMEX nahe, dass keine signifikante Beziehung zwischen Wettbewerb und Bid-Ask-Spread existiert.[538] Risikoaverse Market Maker verlangen für risikoreichere Wertpapiere (im einfachsten Fall gemessen als historische Volatilität[539]) höhere Spreads, weil Market Maker das Risiko tragen, zu einem zu hohen Preis long zu sein oder zu einem zu niedrigen Preis short zu sein.[540]

Unter Marktimperfektionen verstehen Branch/Freed (1977) Ineffizienzen von Market Makern, die eine große Anzahl von Produkten betreuen oder aber Mindestgrößen,

---

[534] Vgl. Hentschel (2003), S. 779-780.
[535] Vgl. Ross (1984), S. 1127-1130.
[536] Vgl. Branch/Freed (1977), S. 159.
[537] Vgl. Branch/Freed (1977), S. 159 f.
[538] Vgl. Branch/Freed (1977), S. 162.
[539] Genauer könnte das Risiko in systematisches und unsystematisches Risiko eingeteilt werden.
[540] Vgl. Branch/Freed (1977), S. 160.

um die Kontrakte sich bewegen. Bei niedrig notierenden Kontrakten ist der Spread im Verhältnis zum Preis daher prozentual höher als bei höher notierenden Kontrakten. Das bedeutet auch, dass der relative Bid-Ask-Spread sich mit sinkendem Kurs ausweitet.[541] Glosten (1987) schlägt vor, den Bid-Ask-Spread in zwei Komponenten zu zerlegen: eine Komponente aufgrund asymmetrischer Information und eine zweite Komponente aufgrund anderer Faktoren wie etwa Monopolstellung, Clearing Kosten sowie Kosten für die Bereithaltung des Basiswerts als Buffer (sog. Inventory Carrying Costs).[542] Unter asymmetrischer Information versteht man in diesem Zusammenhang, dass Market Maker besonders gut informiert sind.[543] Studien über die Auswirkung des Spreads auf Transaktionspreise werden zum Beispiel von Roll (1984) und Glosten (1987) vorgenommen. Demnach impliziert ein Bid-Ask-Spread negative serielle Korrelation in den Erträgen. Stephan/Whaley (1990) stellen bei ihrer Überprüfung eine serielle Korrelation erster Ordnung in Höhe von − 0,091 und höherer Ordnungen von etwa 0 fest. Diese Werte stimmen mit den Werten der Studien von Roll (1984) und Glosten (1987) überein.[544]

Blume/Stambaugh (1983) führen an, dass infolge des Spreads die aus Transaktionspreisen geschätzten Erträge überschätzt werden. Ähnlich argumentieren French/Roll (1986), dass die aus Transaktionspreisen geschätzte Varianz überschätzt werde.[545] Da die Varianz definiert ist als $Var(X) = E[(X - EX)^2]$[546], ist das Ergebnis von French/Roll in Kenntnis der Ergebnisse von Blume/Stambaugh nicht überraschend: Werden im Mittel die Erträge zu hoch eingeschätzt, so wird erst recht die Varianz der Erträge zu hoch ausgewiesen.

In einem perfekten effizienten Markt ohne Transaktionskosten, in dem sich viele Käufer und Verkäufer mit jeweils gleichem Zugang zu Informationen gegenüberstehen, verändern sich Preise zu jedem Zeitpunkt nur aufgrund neuer Informationen über den erwarteten Ertrag des Wertpapiers oder dessen Risikos bzw.

---

[541] Vgl. Branch/Freed (1977), S. 160 f., S. 163.
[542] Vgl. Glosten (1987), S. 1293.
[543] Vgl. Glosten (1987), S. 1293.
[544] Vgl. Stephan/Whaley (1990), S. 202 f., Roll (1984), S. 1127-1139 sowie Glosten (1987), S. 1293-1307.
[545] Vgl. Blume/Stambaugh (1983), S. 387 ff. sowie French/Roll (1986), S. 5 ff.
[546] Vgl. z.B. Shreve (2004), S. 29, dort jedoch ein versehentlicher Fehler bei der Klammersetzung, vgl. hierzu z.B. Handl (2002), S. 69 sowie für konkrete Werte (keine Zufallsvariablen) Georgii (2002), S. 104.

## 5.2 Friktionsloser Markt

aufgrund einer Änderung der Risikoaversion von Investoren.[547] In der Realität kann es ein Verkäufer allerdings schwer finden, seine Wertpapiere an den Markt zu bringen. In der Folge wird der Gleichgewichtspreis durch einen Block Trade verändert (Theorie der sinkenden Nachfragekurve für Aktien).[548] Diesen Effekt auf einem weniger als perfekt effizienten Markt bezeichnen Kraus/Stoll (1972) als Liquiditätskosten. Die Liquiditätskosten entsprechen dem Begriff der adversen Preisbewegung (vgl. S. 104 ff.).[549] Auf diese Weise kann der Marktpreis vom Gleichgewichtspreis abweichen. Der Market Maker wird auf diese Weise für sein Risiko kompensiert, einen Block Trade aufzunehmen.

In einer Studie basierend auf 7.009 Block Trades auf 402 Aktien während eines einjährigen Zeitraums (1968-1969) stellen Kraus/Stoll (1972) fest, dass der Preis im Falle eines Block Trades mit negativer Auswirkung auf den Preis um durchschnittlich 1,138% fällt, während der Preis anschließend wieder um 0,713% ansteigt. Im Falle eines Block Trades mit positiver Auswirkung auf den Preis steigt dieser um 0,7478%, und fällt danach marginal um 0,0905%.[550] Kraus/Stoll (1972) analysieren weiterhin, dass die Kenntnis eines Block Trades einen potentiellen Gewinn verspricht. Nach Transaktionskosten gewinnen allerdings lediglich Mitglieder der NYSE sowie Market Maker, welche keine Brokeragegebühren zahlen müssen.[551] Der potentielle Gewinn ist somit professionellen Händlern vorbehalten. Transaktionskosten können zu einer Verzerrung von Optionspreisen führen, ohne dass sich dadurch Arbitragemöglichkeiten eröffnen.[552] Einerseits schmälern die Transaktionskosten direkt den Gewinn aus fehlbewerteten Optionen. Andererseits muss ein ganzer Kontrakt abgenommen werden. Dadurch ist es nicht möglich, theoretische Arbitragemöglichkeiten auszunutzen, wenn nur einzelne Optionen fehlbewertet sind, da die zur Absicherung nötige Gegenposition, der Future-Kontrakt bei der DAX-Option ein fünffach größeres Volumen darstellt. Für den Handel in die DAX-Option erhebt die Eurex ebenso wie für die Ausübung von DAX-Optionen einen Preis von 0,75 €. Die frühere Staffelung nach der Anzahl der pro Monat

---

[547] Vgl. Kraus/Stoll (1972), S. 569.
[548] Vgl. Lintner (1962), S. 243-269 sowie Kraus/Stoll (1972), S. 570.
[549] Vgl. Kraus/Stoll (1972), S. 571.
[550] Vgl. Kraus/Stoll (1972), S. 575 f.
[551] Vgl. Kraus/Stoll (1972), S. 577.
[552] Vgl. Constantinides/Jackwerth/Perrakis (2004), S. 2.

gehandelten Kontrakte ist damit weggefallen.[553] Es ist dabei interessant, dass für den Handel von TecDAX-Optionen lediglich ein Entgelt von 0,20 € erhoben wird. Privatpersonen können an der Eurex nicht direkt, sondern nur über Banken oder Broker handeln. Insgesamt hat die Eurex 440 Börsenmitglieder, davon 80 in Deutschland ansässige Börsenmitglieder, die in Eurex-Derivaten handeln.[554] Allerdings ermöglichen nur 11 Broker Privatanlegern den Handel über die Eurex: BHF-Bank, Bayerische Hypo- und Vereinsbank, Cortal Consors, Delbrück Bethmann Maffei, DZ Bank, HSBC Trinkaus & Burkhardt, HSH Nordbank, Hauck & Aufhäuser Privatbankiers, Merck Finck & Co., OnVista Bank (vormals Fimatex) und SEB.[555] Diese Broker leiten telefonisch erteilte Aufträge an die Eurex weiter oder stellen die Infrastruktur für einen Direktzugriff auf Eurex-Terminals, teilweise auch mit automatischem Order Routing mit oder ohne Zugriff auf die Eurex-Orderbücher, zur Verfügung.[556]

Die Möglichkeit sowohl der telefonischen Auftragserteilung als auch des Direktzugriffs auf Eurex-Terminals mit Zugriff auf die Eurex-Orderbücher bieten nur die Bayerische Hypo- und Vereinsbank und Cortal Consors. Die DZ Bank, Delbrück Bethmann Maffei, HSH Nordbank, Hauck & Aufhäuser Privatbankiers, Merck Finck & Co. ermöglichen nur die Weiterleitung telefonisch erteilter Aufträge, die restlichen Broker bieten entweder einen Direktzugriff auf Eurex Terminals an oder zumindest ein automatisches Order Routing.[557] Für die Zulassung und Teilnahme am Handel erhebt die Eurex Gebühren. Die Eurex berechnet je Standleitung im Untersuchungszeitraum monatlich 1.000 € sowie weitere Gebühren, deren Höhe im Ermessen der Geschäftsführung liegen.[558] Für den Handel in einzelnen Kontrakten bemisst sich die Gebühr je nach Produkt und hängt davon ab, ob der Börsenteilnehmer zugleich Market Maker ist. Die DAX-Option ist der mit Abstand teuerste Kontrakt unter allen Optionskontrakten und der zweitteuerste Kontrakt aller Kontrakte. Die Transaktionsgebühr für den DJ Stoxx 50 beträgt nur 0,30 € für

---

[553] Vgl. Eurex (2002b), S. 12.
[554] Vgl. Eurex (2009c), S. 1.
[555] Vgl. Eurex (2009d), S. 1. Im Untersuchungszeitraum sind acht Broker aktiv: Bayerische Hypo- und Vereinsabank, Boursorama, CK tr@ding, Fimatex, HSBC Trinkaus & Burkhardt, Merck Finck & Co., Resource Trading Group RTG Deutschland und SEB.
[556] Vgl. Eurex (2009d), S. 1.
[557] Vgl. Eurex (2009d), S. 1.
[558] Vgl. Eurex (2004c), S. 1-3.

## 5.2 Friktionsloser Markt

reguläre Handelsteilnehmer bzw. 0,15 € für Market Maker. Zu diesen Transaktionskosten addieren sich noch Gebühren für die Ausübung von Optionen.

Tabelle 31 zeigt die Gebühren für die DAX-Option.

| Gebühr je DAX-Kontrakt | Regulärer Eurex-Teilnehmer | Market Maker (Quotierung auf Anfrage) |
|---|---|---|
| Transaktionsgebühr | 0,75 € | 0,20 € |
| Ausübungsgebühr | 0,75 € | 0,20 € |
| Positionstransfer mit Cash Transfer | 7,50 € | 7,50 € |

Tabelle 31: Explizite Transaktionskosten für die DAX-Option
Quellen: Eurex (2004e, 2004g).

Die Gebühr je Kontrakt verringert sich für Börsenteilnehmer um mehr als zwei Drittel, wenn diese bereit sind, als Market Maker tätig zu sein. Auch bei anderen Kontrakten erhalten Market Maker, die permanente Quotierungen ohne explizite Anfrage erteilen, weitere (geringe) Preisnachlässe. Für Privatpersonen unterscheiden sich die expliziten Transaktionskosten hiervon, da Banken und Broker Gebühren wiederum nach eigenem Ermessen festlegen.

Zu diesen expliziten Transaktionskosten addieren sich die Bid-Ask-Spreads, welche von der Restlaufzeit der Option sowie der Moneyness abhängen. Market Maker dienen dazu, Liquidität bereitzustellen, um temporäre Ungleichgewichte auf der Angebots- und Nachfrageseite auszugleichen. Die Eurex hat für die DAX-Option maximale Spreads vorgeschrieben, damit Market Maker sich nicht ihrer Pflicht zur Stellung von Kursen entziehen können, indem sie unrealistische Kauf- und Verkaufskurse und weite Bid-Ask-Spreads quotieren.

Tabelle 32 gibt die Höhe der laufzeit- und kursabhängig zulässigen Spreads an.

| Laufzeit | Kaufkurs (in Indexpunkten) | Maximaler Spread (in Indexpunkten) |
|---|---|---|
| < 24 Monate | 0 – 13,3 | 2 |
|  | 13,4 – 133,3 | 15% |
|  | 133,4 – 9999,8 | 20 |
| > 24 Monate | 0 – 13,3 | 4 |
|  | 13,4 – 133,3 | 15% |
|  | 133,4 – 9999,8 | 40 |

Tabelle 32: Maximal zulässige Spreads für Market Maker
Quelle: Eurex (2004g).

An den exakt doppelt so hohen zulässigen Spannen bei DAX-Optionen mit mehr als 24 Monaten Laufzeit lässt sich einerseits ablesen, dass in diesen Produkten die Liquidität vergleichsweise niedrig ist, so dass Market Maker für das höhere Risiko mittels des höheren Spreads kompensiert werden. Andererseits wird auch der Handel durch den vermutlich höheren Spread für Handelsteilnehmer unattraktiver und erschwert damit den Aufbau von Liquidität in Produkten mit mehr als 24 Monaten Laufzeit. Für die Werte des DAX garantieren die Skontroführer Privatanlegern mittlerweile eine Ausführung von Aufträgen „zum Mittelpunkt der aktuellen Kauf- und Verkaufsangebote", während früher der maximale Spread am Börsenplatz Frankfurt 0,3% betrug, sofern es sich um private Aufträge (unter 10.000 €) handelte.[559]

### 5.2.4 Kontinuierlicher Handel

Das Black/Scholes-Modell geht von einem kontinuierlichen Handel, einem sprunglosen Verlauf von Aktienkursen und der Möglichkeit eines kontinuierlichen Hedgings aus. In Zeiten hoher Volatilität sowie unternehmensspezifisch im Falle von Übernahmen, erscheint die Annahme eines sprunglosen Aktienkursverlaufs problematisch. Robert Merton modifiziert das Modell, um auch Sprünge in den Aktienkursen zu erlauben.[560] Im Falle von Sprüngen ist der Preisprozess nicht mehr kontinuierlich. Je länger die Laufzeit ist, desto geringer wird der Einfluss von Sprüngen auf die Bewertung, weil sich die Effekte positiver und negativer Sprünge tendenziell ausgleichen, während der Einfluss der stochastischen Volatilität zunimmt.[561]

Unabhängig von der Zuverlässigkeit der Black/Scholes-Formel und den davon abgeleiteten Sensitivitätsmaßen sind mit dem kontinuierlichen Hedging hohe Transaktionskosten verbunden.[562] Der Handel von DAX-Optionen und DAX-Futures, die in der Regel anstelle des Kaufs einzelner Indexwerte zur Absicherung

---

[559] Bei den TecDAX Werten beträgt der garantierte Höchstspread 1,0%. Vgl. Deutsche Börse AG (2008), S. 1. Eine Ausnahme von der Garantie eines Höchstspreads gilt, wenn ein Missbrauch durch den Auftraggeber vorliegt, besondere Ereignisse oder eine besondere Marktsituation.
[560] Vorausgegangen war, dass Merton, der in Warrants investiert hatte, infolge sprunghafter Kursbewegungen Geld verlor. Vgl. Merton (1976), S. 134.
[561] Vgl. Hafner/Wallmeier (2000), S. 5.
[562] Vgl. Atkinson/Tsibiridi (2004), S. 53.

## 5.3 Risikoloser Zinssatz

gegen die Optionen verwendet werden[563], teilt sich in drei Phasen ein, welche nachfolgend dargestellt werden:

| Produkt | Pre-Trading | Trading | Post-Trading-Full | OTC Block Trading | Letzter Handelstag Trading | Ausübung |
|---|---|---|---|---|---|---|
| DAX-Future | 07:30 – 08:50 | 08:50 – 20:00 | 20:00 – 20:30 | 09:00 – 20:00 | 13:00 | - |
| DAX-Option | 07:30 – 08:50 | 08:50 – 17:30 | 17:30 – 20:30 | 09:00 – 18:30 | 13:00 | 21:00 |

Tabelle 33: Handelszeiten für die DAX-Option und den DAX-Future
Quelle: Eurex (2003a).

In der Pre-Trading Periode können Börsenteilnehmer Orders und Quotierungen eingeben, ändern oder löschen. In der Trading Periode werden die Orders gegenübergestellt und ausgeführt. „Ein Handel von Eurexprodukten nach Handelsende ist möglich".[564] Der Handel endet erst mit der Post-Trading Periode um 20:30 Uhr. Das Ende der Post-Trading-Full Periode ist das Ultimatum für die Ausübung amerikanischer Optionen (außer am Verfalltag). Europäische Optionen können bis 21 Uhr ausgeübt werden.

### 5.3 Risikoloser Zinssatz

In der Black/Scholes-Welt können alle Handelsteilnehmer ohne Beschränkungen kaufen und verkaufen sowie Geld zum gleichen Zinssatz anlegen und ausleihen. Dieser Zinssatz ($r$) ist risikolos und wird kontinuierlich aufgezinst. Darüber hinaus sind keine Steuern (bspw. Zinsertragsteuern, Abschlagsteuer) zu berücksichtigen. Der Basiswert erreicht in der Black/Scholes-Welt über einen langen Zeitraum gerade den Break-even, das heißt, es wird weder ein Gewinn noch ein Verlust gemacht.[565]

Der Mittelwert $\mu$, der als einer von zwei Parametern die Normalverteilung eindeutig beschreibt und daher in die Black/Scholes-Formel Eingang findet, ist gerade dieser Break-even Preis. Im Falle eines Futures ohne Cost of Carry entspricht der Mittelwert genau dem Handelspreis. Im Falle einer Aktie fallen jedoch infolge des in der Aktie gebundenen Kapitals Opportunitätskosten in Höhe des risikolosen

---
[563] Vgl. Wallmeier (2002), S. 169.
[564] Deutsche Börse AG (2004e), S. 1.
[565] Vgl. Natenberg (1994), S. 60.

Zinssatzes an. Der Break-even Preis einer Aktie ist somit $\left(1+\dfrac{r}{t}\right)\cdot S_0$ (mit $S_0$ als heutigem Aktienkurs) und entspricht dem Forward-Preis.

## 5.4 Konstante Volatilität

Das Black/Scholes-Modell beruht auf der Annahme der geometrischen Brownschen Bewegung des Basiswerts mit konstanter Volatilität.[566] Schon kurz nach der Publikation der Black/Scholes-Formel haben empirische Studien zu Tage gefördert, dass die Volatilität negativ mit dem Aktienkurs korreliert: Steigt der Aktienkurs, so sinkt die Volatilität und umgekehrt.[567] Auf diesen Zusammenhang weist Black bereits im Jahr 1976 hin: „I have believed for a long time that stock returns are related to volatility changes. When stocks go up, volatilities seem to go down; and when stocks go down, volatilities seem to go up."[568] In Bezug auf die Annahme der konstanten Volatilität kritisiert Black (1976) sein eigenes Modell: „If the volatility of a stock changes over time, the option formulas that assume a constant volatility are wrong".[569] Dieser heute relativ bekannte Zusammenhang verblüffte 1978 noch Schmalensee/Trippi.[570] Dumas/Fleming/Whaley (1998) dokumentieren übereinstimmend mit Black, dass die Volatilität bei fallenden Kursen steigt und bei steigenden Kursen fällt.[571] Eine sich ändernde Volatilität verhindert allerdings die Replizierbarkeit von Optionen mittels des Basiswertes und einer Anleihe.[572]

Es ist jedoch nicht einfach, innerhalb eines Optionspreismodells eine nichtkonstante Volatilität einzubeziehen. Sofern die Volatilität eine deterministische Funktion des Kurses und der Zeit ist, kann dies in die partielle Differentialgleichung von Black und Scholes einbezogen werden.[573] So schlagen Cox (1975) sowie Cox/Ross (1976) zur Modellierung der Heteroskedastizität von Renditen einen Diffusionsprozess vor mit konstanter Elastizität der Varianz (CEV-Modell).[574] Im konstanten Varianzelastizitätsmodell folgt die Varianz selbst einem stochastischen Prozess. Die

---

[566] Vgl. Black (1975), S. 61 ff., Vgl. Natenberg (1994), S. 385 ff.
[567] Vgl. MacBeth/Merville (1980), S. 299.
[568] Black (1976), S. 177.
[569] Black (1976), S. 177.
[570] Vgl. Schmalensee/Trippi (1978), S. 145.
[571] Vgl. Dumas/Fleming/Whaley (1998), S. 2060.
[572] Vgl. Barone-Adesi/Engle/Mancini (2008), S. 1224.
[573] Vgl. Dumas/Fleming/Whaley (1998), S. 2060.
[574] Vgl. Cox/Ross (1976), S. 145-166.

## 5.4 Konstante Volatilität

Familie von Diffusionsprozessen mit konstanter Elastizität der Varianz wird beschrieben durch die stochastische Differentialgleichung:

$$dS = \mu S dt + \delta S^{\theta/2} dz, \tag{5.1}$$

wobei:

$\mu, \theta, \delta > 0$ und

$dz$ = Wiener Prozess.

Die Varianz des Aktienkurses ist $\delta^2 S^\theta$ und die Elastizität dieser Varianz in Bezug auf den Aktienkurs ist $\theta$. Die Varianz der prozentualen Preisänderung (Varianz der Rendite) $\sigma^2$ ist gegeben durch:

$$\sigma^2 = \delta^2 S^{\theta-2}. \tag{5.2}$$

Die Varianz ist eine fallende Funktion des Aktienkurses für $\theta < 2$. Falls $\theta = 2$, so ist die Varianz der Rendite konstant, nämlich $\delta^2$ und der stochastische Prozess der Aktienkurse ist ein log-normaler Diffusionsprozess wie im Black/Scholes-Modell angenommen. Bis auf die nicht konstante Volatilität entspricht das Modell dem von Black/Scholes. Macbeth/Merville (1980) vergleichen das Black/Scholes-Modell mit dem CEV-Modell. Ihre Ergebnisse zeigen jedoch, dass das CEV-Modell äußerst sensibel auf die Wahl der Parameter $\theta$ sowie $\delta$ reagiert und die Schätzung der Parameter willkürlich ist.[575] Für die Schätzung von $\delta$ greifen Macbeth/Merville sogar auf die implizite Volatilität aus dem Black/Scholes-Modell zurück und nehmen auf diese Weise bereits eine Kalibrierung des gegen das Black/Scholes-Modell zu testenden CEV-Modells vor (vgl. S. 181 f.).

Die Annahme der konstanten Volatilität lassen Derman/Kani (1994), Dupire (1994) und Rubinstein (1994) zugunsten einer deterministischen Volatilitätsfunktion (DVF) fallen. Sie suchen nach einem bi- oder trinomialen Muster, welches die tatsächlichen Optionspreise genau abbilden kann. Rubinstein verwendet beispielsweise einen impliziten Binomialbaum, dessen Äste zu jedem Knotenpunkt (entweder durch die

---

[575] Vgl. Macbeth/Merville (1980), S. 288-290.

Wahl einer Auf- und Abwärtsbewegung oder durch Wahrscheinlichkeiten) die Veränderung der Volatilität über die Zeit darstellen. Die unbekannte Volatilitätsfunktion kann an die beobachteten Optionspreise angepasst werden, um einen impliziten Preisprozess für den Basiswert zu erhalten. Die Gültigkeit dieser Methode hängt davon ab, ob der implizite Prozess den tatsächlichen Aktienkursprozess akkurat beschreibt.[576]

Hull/White (1987), Stein/Stein (1991) sowie Heston (1993) nehmen an, dass die Volatilität selbst einem stochastischen Prozess folgt. Dieser Prozess kann mit dem Aktienkurs korreliert werden. Unterschiedliche Korrelationskoeffizienten führen zu unterschiedlichen Wahrscheinlichkeitsverteilungen und damit zu unterschiedlichen impliziten Volatilitätsstrukturen. Wenn die Korrelation zwischen Volatilität und Aktienkurs 0 beträgt, so erhält man einen Smile. Eine negative Korrelation erhöht die Wahrscheinlichkeit niedriger Renditen, führt zu einer linksschiefen Verteilung (Leptokurtosis) und somit zu einem Skew. Eine positive Korrelation erhöht die Wahrscheinlichkeit hoher Renditen.[577] Hafner/Wallmeier (2000) zeigen für die DAX-Option einen Skew, der konsistent ist mit einer leptokurtischen Verteilung.

Abbildung 40 stellt den Verlauf des DAX auf Schlusskursbasis der Volatilität im ersten Halbjahr 2004 gegenüber. Zur Berechnung der Volatilität werden die jeweils 86 dem entsprechenden Datum vorausgehenden Handelstage einbezogen. Die Annualisierung der Volatilität erfolgt auf Basis von Kalendertagen. Abbildung 40 zeigt, dass die Volatilität nicht konstant ist und tendenziell fällt, wenn der DAX steigt und umgekehrt.

---

[576] Vgl. Hafner/Wallmeier (2000), S. 4.
[577] Vgl. Hafner/Wallmeier (2000), S. 5.

## 5.4 Konstante Volatilität

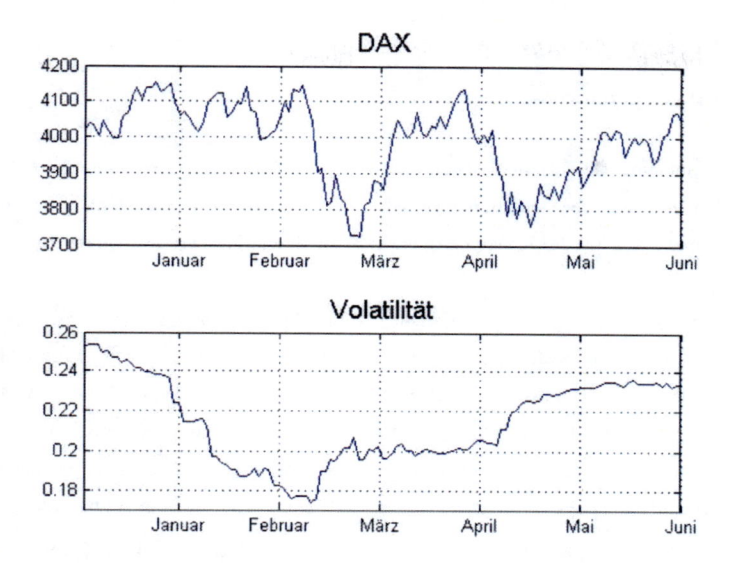

**Abbildung 40: Verlauf von DAX und Volatilität im Vergleich**
Quelle: Eigene Darstellung.

Zu berücksichtigen ist, dass die Volatilität erst mit Verzögerung auf die veränderten DAX-Kurse reagiert, da neben dem aktuellen Kurs des DAX noch die vorausgehenden 85 Handelstage einbezogen werden. Eine Erklärung für die Abhängigkeit der Volatilität vom Aktienkurs geht auf den Leverage Effekt zurück. Beckers (1980) argumentiert, dass ein sinkender Aktienkurs den Verschuldungsgrad des Unternehmens erhöhe, da das Eigenkapital tendenziell schneller falle als der Marktwert der Schulden und damit das Risiko steige.

Beckers zufolge werden selbst unverschuldete Unternehmen riskanter, das heißt, ein sinkender Aktienkurs erhöht die Volatilität.[578] Während der Bestimmung der richtigen Volatilität eine entscheidende Bedeutung zur Bestimmung von Hedge Ratios im Risikomanagement sowie zur Bewertung exotischer Optionen zukommt, sprechen die empirischen Ergebnisse gegen die Annahme einer konstanten Volatilität.[579]

---

[578] Vgl. Beckers (1980), S. 662.
[579] Vgl. Dumas/Fleming/Whaley (1998), S. 2061 sowie Figlewski (2004), S. 28.

## 5.5 Geometrische Brownsche Bewegung

### 5.5.1 Formale Herleitung

Die Annahme der geometrischen Brownschen Bewegung der Aktienkurse ist fundamental für die Validität des Black/Scholes-Modells. Sie steht in engem Zusammenhang mit der Annahme der Log-Normalverteilung von Aktienkursen.

Mit der Brownschen Bewegung wird die erstmals 1827 von dem britischen Botaniker Robert Brown entdeckte völlig regellose Bewegung kleinster, in einer Flüssigkeit suspendierter, Teilchen beschrieben. Erst Einstein (1905) und Smoluchowski (1906) erkennen, dass die statistischen Schwankungserscheinungen auf ständige, unterschiedlich starke Zusammenstöße mit viel kleineren Molekülen zurückgehen. Die momentanen Bewegungsänderungen erfolgen sehr schnell (etwa alle $10^{-8}$ Sekunden). Die Theorie der Brownschen Bewegung $\{W_t\}_{t \geq 0}$ mit Volatilität $\sigma$ wird für die Modellierung der Zufallsschwankungen in der log-linearen Form des Aktienkurses verwendet.

Unter einer eindimensionalen Standard Brownschen Bewegung versteht man einen real-wertigen Prozess $\{W_t\}_{t \geq 0}$ mit kontinuierlichen Pfaden, definiert auf einem Wahrscheinlichkeitsraum $(\Omega, \Im, P)$ mit den folgenden drei Eigenschaften:[580]

1. $W_0 = 0$, d.h. der Prozess ist zum Zeitpunkt 0 gleich 0.
2. Die Inkremente von $W_t$ sind unabhängig, d.h. die Zufallsvariablen $W_{t_2} - W_{t_1}, W_{t_3} - W_{t_2}, ..., W_{t_n} - W_{t_{n-1}}$ für $0 \leq t_1 < t_2 < ... < t_n$ sind unabhängig (unabhängige Inkremente).[581]
3. $W_t - W_s$ normalverteilt mit $N(0, t-s)$ für alle $0 \leq s < t$ (stationäre Inkremente).

---

[580] Vgl. Karatzas/Shreve (2001), S. 47, Steele (2001), S. 29, Föllmer (2002), S. 251, sowie Fouque/Papanicolaou/Sircar (2000), S. 2.

[581] Diese Bedingung wird häufig äquivalent geschrieben als $W_t - W_s$ unabhängig von $\Im_s$, $0 \leq s < t$ falls $\{\Im_t\}_{b \geq 0}$ eine natürliche Filtration oder eine Brownsche Filtration ist, vgl. Korn/Korn (2001), S. 17.

## 5.5 Geometrische Brownsche Bewegung

Die Unabhängigkeit der Inkremente impliziert aufgrund des Gesetzes der großen Zahlen, dass $W_t - W_s$ normalverteilt ist mit $N(0, \sigma^2(t-s))$.[582]

Unter einer n-dimensionalen Brownschen Bewegung versteht man den folgenden Prozess im n-dimensionalen Raum:

$$\{W_t^i\}_{t \geq s} = (W_t^1, ..., W_t^n)^T \qquad (5.3)$$

mit den Komponenten $W_t^i$ als unabhängige eindimensionale Standard Brownsche Bewegungen zum Zeitpunkt $t$. Wiener hat im Jahr 1923 die Standard Brownsche Bewegung auf maßtheoretischer Grundlage behandelt und als erster die Existenz eines Wahrscheinlichkeitsmaßes bewiesen, auf dessen Grundlage die Standard Brownsche Bewegung konstruiert werden kann. Die Standard Brownsche Bewegung wird aus diesem Grund auch als Wiener Prozess bezeichnet.[583] Der Wiener Prozess (Standard Brownsche Bewegung[584]) ist ein spezieller Fall eines Markov Prozesses mit einer mittleren Veränderung (Drift) von 0 und einer Varianz von 1 pro Jahr.[585] Wenn $W_t$ wie oben den Wiener Prozess mit $\mu = 0$ und $\sigma^2 = 1$ (Standard Brownsche Bewegung) bezeichnet, dann heißt:

$$X_t = \mu t + \sigma W_t \quad \text{bzw. in Integralform:} \qquad (5.4)$$

$$X_t = \int_0^t \mu ds + \int_0^t \sigma dW_s$$

allgemeine Brownsche Bewegung $\{X_t\}_{t \geq 0}$ mit Drift $\mu$ und Varianz $\sigma^2$. Die Brownsche Bewegung ist zur Zeit $t$ normalverteilt mit $(\mu t, \sigma^2 t)$, da $E(X_t) = \mu t + \sigma \cdot E(W_t)$,

---

[582] Vgl. Karatzas/Shreve (2000), S. 1, Bronstein/Semendjajew/Musiol/Mühlig (2001), S. 785, Föllmer (2002), S. 4 sowie Shreve (2004), S. 25.
[583] Vgl. Korn/Korn (2001), S. 17 f.
[584] Vgl. Föllmer (2002), S. 251.
[585] Der Begriff des Wiener Prozesses wird in der Literatur nicht ganz einheitlich verwendet. Fouque/Papanicolaou/Sircar (2000), S. 2, Föllmer (2002), S. 251 und Hull (2009), S. 261 verwenden den Begriff Wiener Prozess, um damit eine Standard Brownsche Bewegung (chaotisch, *ohne* Driftterm) zu bezeichnen. Eine Gleichsetzung des Wiener Prozesses mit der Brownschen Bewegung, die durch Drift $\mu$ und Varianz $\sigma^2$ charakterisiert ist (anstelle der Standard Brownschen Bewegung), ist ebenso unüblich wie der umgangssprachliche Begriff des „Standard Wiener Prozess". Wird mit dem Wiener Prozess wie üblich eine Standard Brownsche Bewegung bezeichnet, so wäre ein „Standard Wiener Prozess" eine Tautologie. Vgl. Föllmer (2002), S. 251.

wobei $\sigma \cdot E(W_t)$ wegen der definierten Eigenschaften des Wiener Prozesses 0 ist. Für den Zuwachs der Brownschen Bewegung gilt:

$$\Delta X_t = X_{t+\Delta t} - X_t = \mu(t+\Delta t) + \sigma W_{t+\Delta t} - (\mu t + \sigma W_t) =$$
$$= \mu \Delta t + \sigma(W_{t+\Delta t} - W_t) = \mu \Delta t + \sigma \Delta W_t \,. \tag{5.5}$$

Für $\Delta t \to 0$ geht dieser Ausdruck in die differentielle Form über:

$$dX_t = \mu dt + \sigma dW_t \,. \tag{5.6}$$

Die Brownsche Bewegung eignet sich für die Modellierung der Aktienkurse aber nicht, weil sie auch die Möglichkeit negativer Aktienkurse einschließt: Die symmetrische Verteilung würde bei einer hypothetisierten Volatilität von 50% und einem DAX-Stand von 4.000 Punkten dazu führen, dass der DAX mit einer Wahrscheinlichkeit von jeweils 2,3% über 8.000 Punkten oder unter 0 Punkten notiert. Daher wird der stochastische Prozess der Aktienkurse $S_t$ als Itô-Prozess modelliert, d.h. als:

$$dS_t = \mu(S_t,t)dt + \sigma(S_t,t)dW_t \,. \tag{5.7}$$

Dieses Modell hängt von den unbekannten Größen $\mu(S_t,t)dt$ sowie von $\sigma(S_t,t)dW_t$ ab. Intuitiv bedeutet dies, dass:

$$S_{t+\Delta t} - S_t = \mu(S_t,t)\Delta t + \sigma(S_t,t)(W_{t+\Delta t} - W_t), \tag{5.8}$$

d.h. der Zuwachs des Prozesses in einem kleinen Zeitintervall der Länge $\Delta t$ ist $\mu(S_t,t)\cdot \Delta t$ zuzüglich einer zufälligen Fluktuation, die normalverteilt ist mit den Parametern 0 und $\sigma^2(S_t,t)\cdot \Delta t$. Die $Var(S_{t+\Delta t} - S_t)$ ergibt sich aus:

$$\sigma^2(S_t,t)\cdot Var(W_{t+\Delta t} - W_t) = \sigma^2(S_t,t)\cdot (t+\Delta t - t) = \sigma^2(S_t,t)\Delta t \,. \tag{5.9}$$

## 5.5 Geometrische Brownsche Bewegung

Die erwartete Rendite als prozentualer Zuwachs des eingesetzten Kapitals soll proportional zur Länge des Anlagezeitraums sein, d.h.

$$\frac{E[S_{t+dt} - S_t]}{S_t} = \frac{E[dS_t]}{S_t} = \mu dt$$

$$\Leftrightarrow E[dS_t] = S_t \mu dt \ . \tag{5.10}$$

Durch Einsetzen des Ausdrucks $dS_t$ aus (5.10) erhält man:

$$E[dS_t] = E[\mu(S_t,t)dt + \sigma(S_t,t)dW_t] = S_t \mu dt$$

$$\Leftrightarrow \mu(S_t,t)dt + \sigma(S_t,t)E[dW_t] = S_t \mu dt \ . \tag{5.11}$$

Aufgrund der Eigenschaften der Brownschen Bewegung ist $E[dW_t] = 0$. Daraus folgt unter Kürzung von $dt$ auf beiden Seiten unmittelbar:

$$\mu(S_t,t) = \mu S_t \ . \tag{5.12}$$

Analog gilt:

$$\sigma(S_t,t) = \sigma S_t \ .^{586} \tag{5.13}$$

Für den Itô-Prozess ergibt sich somit:

$$dS_t = \mu S_t dt + \sigma S_t dW_t \ . \tag{5.14}$$

Dieser stochastische Prozess mit konstanter, zeitunabhängiger Drift $\mu$, welche als erwartete Rendite interpretiert wird sowie konstanter, zeitunabhängiger Volatilität $\sigma$ (zufällige Schwankung), heißt geometrische Brownsche Bewegung.[587] Diese Modellierung des Preisprozesses der Aktie ist Ausgangsbasis für die Herleitung der Differentialgleichung von Black/Scholes. Die geometrische Brownsche Bewegung

---
[586] Franke/Härdle/Hafner (2004), S. 64.
[587] Korn/Korn (2001), S. 25.

der Aktienkurse stellt daher eine fundamentale Annahme für die Gültigkeit des Black/Scholes-Modells dar.[588]

Der zufällige Preisprozess des Aktienkurses (geometrische Brownsche Bewegung) kann in zwei Komponenten zerlegt werden: den Aktienkurs zum Zeitpunkt $t = 0$ sowie eine Fluktuation um eine Art Zinskomponente (der erwartete Ertrag $\mu$ der Aktie), wobei $\mu > r_f$. Je höher die Risikoaversion der Investoren ist, desto höher ist die geforderte Risikoprämie und desto größer ist $\mu$ im Vergleich zu $r_f$.[589]

Die Wissenschaft widmete sich der Hypothese zufälliger Aktienkurse sowie dem Martingal-Modell, zwei statistischen Beschreibungen, die inkorrekt als Implikationen eines effizienten Marktes angesehen worden sind.[590] Lo/MacKinlay (1988) untersuchen die Hypothese zufällig schwankender Preise durch einen statistischen Vergleich von Varianzen unterschiedlicher Investmenthorizonte wöchentlicher Aktienrenditen im Zeitraum von 1962 bis 1985. Sie stellen eine Autokorrelation erster Ordnung von 0,30 fest, die bedeute, dass etwa 9% der Renditevarianz der folgenden Woche durch die Varianz in dieser Woche erklärt werde.[591]

Zusammenfassend lässt sich feststellen: Die Standard Brownsche Bewegung (Wiener Prozess) $W_t$ hat $\mu = 0$, das heißt sie hat keine Drift und die Varianz entspricht dem Zeitintervall. Sie ist normalverteilt mit $(0, t-s)$, hat also eine Varianz von 1 pro Jahr.[592] Demgegenüber bezeichnet die Brownsche Bewegung den Prozess $X_t = \mu t + \sigma W_t$, hat also einen Driftterm, der proportional zur Zeit ist. Die Brownsche Bewegung ist zur Zeit $t$ normalverteilt mit $(\mu t, \sigma^2 t)$. Die Brownsche Bewegung lässt auch negative Werte zu. Daher werden $\mu$ und $\sigma$ in Abhängigkeit vom Aktienkurs und der Zeit dargestellt, so dass $S_t = \mu(S_t, t) + \sigma(S_t, t)W_t$. Wenn $\mu$ und $\sigma$ proportional zur Zeit sind, folgt hieraus die geometrische Brownsche Bewegung

---

[588] Vgl. Black (1976), S. 177.
[589] Vgl. Hull (2009), S. 289 ff. Allerdings fällt der erwartete Ertrag $\tilde{b}$ bei der Herleitung der Differentialgleichung heraus, so dass das Black/Scholes-Modell von Risikopräferenzen unabhängig ist.
[590] Vgl. Lo (1999), S. 631.
[591] Vgl. Lo/MacKinlay (1988), S. 60.
[592] Vgl. Hull (2009), S. 261 ff.

## 5.5 Geometrische Brownsche Bewegung

$dS_t = \mu S_t dt + \sigma S_t dW_t$, welche Ausgangsbasis zur Herleitung der Black/Scholes-Formel ist.

Die Annahme der geometrischen Brownschen Bewegung erfordert eine konstante Volatilität während der gesamten Laufzeit der Option.[593] Eine zentrale Schlussfolgerung aus der geometrischen Brownschen Bewegung ist die Scaling Property. Darunter versteht man, dass die Aktienrenditen proportional zur vergangenen Zeit und die Standardabweichung der Erträge proportional zur Quadratwurzel der vergangenen Zeit sein sollten.[594] Turner und Weigel (1990) untersuchen Volatilitäten und stellen fest, dass monatliche Volatilitäten höher sind als jährliche Volatilitäten, tägliche Volatilitäten aber niedriger sind als jährliche Volatilitäten. Da die Volatilität stets annualisiert ausgedrückt wird, bedeutet dies, dass die Scaling Property für ihre Untersuchung nicht zutrifft.

### 5.5.2 Normalverteilung der Renditen

Eine wesentliche Annahme des Black/Scholes-Modells ist die Normalverteilung der Renditen. Die Überprüfung der Renditen auf Normalverteilung entspricht der Überprüfung der Log-Normalverteilung des DAX:[595] Die diskrete Rendite des DAX ist definiert als:

$$y_t = \frac{S_t - S_{t-1}}{S_{t-1}}.$$

Wird hiervon der Logarithmus gebildet, so ergibt sich eine kontinuierliche Rendite:

$$\widetilde{y}_t = \ln\left(\frac{S_t}{S_{t-1}}\right) = \ln S_t - \ln S_{t-1}.$$

---

[593] Vgl. Chriss (1997), S. 223 f.
[594] Vgl. Chriss (1997), S. 98 f., S. 103.
[595] Vgl. Andres (1997), S. 9 sowie Thiel (2001), S. 177.

Es gilt der folgende Zusammenhang:

$$e^{\tilde{y}_t} = \frac{S_t}{S_{t-1}} = 1 + y_t \text{ bzw. } \tilde{y}_t = \ln(1 + y_t).$$

$\frac{S_t}{S_{t-1}}$ weist genau dann eine Log-Normalverteilung auf, wenn die Renditen normalverteilt sind.[596]

Abbildung 41 beschreibt den Verlauf des DAX auf Basis von Schlusskursen vom 2.1.1997 bis zum 30.12.2004 sowie dessen Häufigkeitsverteilung (unten) in der 2.023 Handelstage umfassenden Periode. Die Standardabweichung der Renditen ist die Volatilität der täglichen Veränderungen des DAX, nämlich 1,75%. Unter der Annahme der Normalverteilung der Renditen bedeutet dies, dass die täglichen Veränderungen in zwei von drei Fällen im Intervall [− 1,75%; + 1,75%] liegen und in 95% der Fälle im Intervall [− 3,5%; + 3,5%]. Im Jahr 2004 liegt die Standardabweichung bei nur 1% (vgl. die relativ schwankungsarme Periode in Abbildung 41).

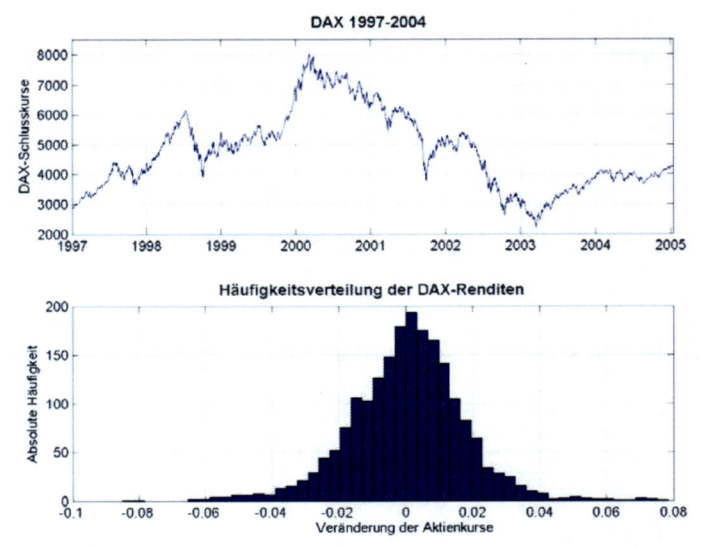

**Abbildung 41: Häufigkeitsverteilung des DAX (1997 bis 2004)**
Quelle: Deutsche Börse AG sowie WPI; eigene Darstellung.

---

[596] Vgl. Andres (1997), S. 9 f.

## 5.5 Geometrische Brownsche Bewegung

Das im unteren Teil der Grafik abgebildete Histogramm ist die häufigste nichtparametrische univariate Methode zur Schätzung der Wahrscheinlichkeitsdichte.[597] Unter nichtparametrischen Methoden versteht man statistische Verfahren, die nicht auf der Annahme einer bestimmten Verteilung basieren.[598] Für die Konstruktion des Histogramms müssen zunächst ein Startpunkt $x_0$ sowie sog. Bins ($B_j$) mit Intervalllänge (Binwidth) $h$ gewählt werden. Allen Beobachtungswerten $X_i$ mit $i = 1, ...n$, die in $B_j = [x_0 + (j-1)h, x_0 + jh]$ fallen, wird die gleiche Dichte gemäß $\hat{f}_{h,x_0}(x) = \frac{1}{nh}\sum_{i=1}^{n} I(X_i \in B_j)$ zugewiesen.[599] Neben der Problematik, dass die Wahl von $x_0$ und $h$ die Form der Verteilung maßgeblich beeinflussen kann, resultiert das Histogramm in einer (nicht stetigen) Treppenfunktion. Das Histogramm weist selbst dann Sprünge auf, wenn die tatsächliche Verteilung kontinuierlich ist.

Der Jarque/Bera-Test gehört zu den am häufigsten angewandten Anpassungstests zur Überprüfung, ob eine univariate Stichprobe, in diesem Fall die Renditen, mit unbekanntem Mittelwert und unbekannter Varianz normalverteilt sind. Im Falle einer Normalverteilung sollte die Schiefe bei 0 und die Kurtosis bei 3 liegen.

Der Jarque/Bera-Test bestimmt, ob die aus der Stichprobe ermittelte Schiefe und Kurtosis signifikant unterschiedlich von ihren erwarteten Werten sind. Die Jarque/Bera-Teststatistik (JB) ist asymptotisch $\chi^2$-verteilt mit zwei Freiheitsgraden (einen für die Skewness und einen für die Kurtosis). Dieser Testwert wird mit dem kritischen Wert aus der $\chi^2$-Tabelle verglichen.[600]

Die JB-Teststatistik wird wie folgt berechnet:[601]

$$JB = \frac{n}{6}\left\{m_3^2 + \frac{(m_4 - 3)^2}{4}\right\} \overset{asymptotisch}{\sim} \chi_2^2 ,$$

---

[597] Vgl. Simonoff (1996), S. 14.
[598] Vgl. Hollander/Wolfe (1999), S. 1.
[599] Vgl. Simonoff (1996), S. 13.
[600] Vgl. Lawford (2004), S. 2.
[601] Vgl. Stewart/Gill (1998), S. 162, Lawford (2004), S. 2, sowie Marteau/Carle/Fourneaux/Holz/ Moreno (2005), S. 22.

wobei:

$n$ = Stichprobenumfang und

$m_i$ = i-tes zentrales Moment der Stichprobe.

Der Jarque/Bera-Test ist ein asymptotischer Test, d.h. die Teststatistik ist nur approximativ $\chi^2$-verteilt und erfordert daher einen nicht zu kleinen Stichprobenumfang. Der Jarque/Bera-Test lehnt die Nullhypothese $H_0$ der Normalverteilung logarithmierter DAX-Kurse ab, wenn der p-Wert niedriger ist als das vorgegebene Signifikanzniveau oder analog die Teststatistik den kritischen Wert überschreitet, also wenn $JB > \chi^2_{kritisch}$.[602] Für ein Signifikanzniveau von $\alpha = 0,05$ beträgt der kritische Wert der $\chi^2$-Verteilung aufgrund der fest vorgegebenen Anzahl von zwei Freiheitsgraden für jede Stichprobe identisch 5,9915. Der Jarque/Bera-Test lehnt die Nullhypothese der Normalverteilung der Renditen für den Zeitraum 1997 bis 2004 ab, denn die Teststatistik ist 338,84 und die Überschreitungswahrscheinlichkeit (p-value) beträgt auf dem Signifikanzniveau $\alpha = 0,05$ Null, d.h. die Teststatistik liegt deutlich im Ablehnungsbereich. Unter der Normalverteilung müssten die Renditen eine Schiefe von 0 und eine Kurtosis von 3 aufweisen. Während die Verteilung annähernd symmetrisch ist (-0,091), ist die Kurtosis mit 5,002 zu spitz für eine Normalverteilung.

Ein sich mit dem Jarque/Bera-Test ergänzender Test zur Überprüfung auf Normalverteilung der Renditen ist der Kolmogorov/Smirnov-Test. Der Kolmogorov/Smirnov-Anpassungstest vergleicht die empirische Verteilung mit einer Normalverteilung mit gleichem Mittelwert und Varianz.[603] Der Kolmogorov/Smirnov-Test hat den Nachteil, zu konservativ zu sein (das bedeutet, die Nullhypothese wird länger beibehalten, so dass der Test nicht so trennscharf ist), wenn die Parameter der Grundgesamtheit nicht im vorhinein bekannt sind, sondern aus der Stichprobe geschätzt werden müssen.[604]

---

[602] Vgl. Lawford (2004), S. 2.
[603] Vgl. Massey (1951), S. 68 ff.
[604] Vgl. Daniel (1990), S. 326, Büning/Trenkler (1994), S. 74 f., Rönz (2001a), S. 101 sowie sinngemäß (für einen anderen konservativen Test) S. 178 sowie Sheskin (2004), S. 213.

## 5.5 Geometrische Brownsche Bewegung

Der Lilliefors-Test stellt eine Erweiterung des Kolmogorov/Smirnov-Tests zur Überprüfung der identischen Nullhypothese dar. Der Lilliefors-Test entspricht dem zweiseitigen Kolmogorov/Smirnov-Test für eine Stichprobe mit der Ausnahme, dass die Parameter aus der Stichprobe für die hypothetisierte Verteilung der Grundgesamtheit verwendet werden, anstatt im vorhinein die Parameter spezifizieren zu müssen. Im Unterschied zum Kolmogorov/Smirnov-Test müssen beim Lilliefors-Test die Parameter der hypothetisierten Verteilung $F_0(x)$ nicht vollständig bekannt sein.[605] Dementsprechend beruht die Entscheidung über die Nullhypothese auf angepassten kritischen Werten. Der Lilliefors-Test ist zur Überprüfung auf Normalverteilung der Renditen aufgrund der Anpassung für die geschätzten Parameter aussagekräftiger als der Kolmogorov/Smirnov-Test.

Die Voraussetzungen des Lilliefors-Tests sind:[606]

- metrisches Skalenniveau (Renditen)
- keine Klassierung
- Stetigkeit der theoretischen Verteilung $F_0(x)$, andernfalls wird die Nullhypothese länger als notwendig beibehalten (konservativer Test).

Diese Voraussetzungen sind bei den Renditen erfüllt.

Der Lilliefors-Test prüft die Nullhypothese $H_0 : F_n(x) = F_0(x)$ für alle $x$ gegen die Alternativhypothese $H_1 : F_n(x) \neq F_0(x)$ für mindestens ein $x$. Wird die logarithmierte empirische Verteilung des DAX gegen die Normalverteilung $N(\mu, \sigma)$ geprüft, wobei $\mu$ beim Lilliefors-Test durch den Stichprobenmittelwert und $\sigma$ durch die Standardabweichung der Stichprobe ersetzt wird, so ist $F_0(x) = \Phi\left(\dfrac{x - \bar{x}}{s}\right)$.[607] Als Teststatistik wird $D_n = \max_x |F_n(x) - F_0(x)|$ verwendet.[608]

---

[605] Vgl. Daniel (1990), S. 327 sowie Sheskin (2004), S. 213. Selbstverständlich ergeben sich für den Lilliefors-Test andere kritische Werte als für den Kolmogorov/Smirnov-Test. Diese betreffen aber nicht die Testdurchführung.
[606] Vgl. Rönz (2001a), S. 101.
[607] Vgl. Rönz (2001a), S. 104.
[608] Vgl. Rönz (2001a), S. 102.

Die Teststatistik des Lilliefors-Anpassungstests verwendet die größte vertikale Distanz zwischen der kumulativen Wahrscheinlichkeitsfunktion der Stichprobe und der hypothetisierten Verteilung der Grundgesamtheit, vergleicht also die empirische Verteilung der logarithmierten DAX-Kurse mit einer Normalverteilung mit gleichem Mittelwert und Varianz wie die logarithmierten DAX-Kurse.[609] Ist diese maximale Distanz größer als der tabellierte kritische Wert, so wird die Nullhypothese abgelehnt.[610] Die maximale Distanz ist dann größer als der tabellierte kritische Wert, wenn die Teststatistik $D_n$ den kritischen Wert $d_{n;1-\alpha}$ übersteigt, wobei $d_{n;1-\alpha}$ das Quantil der Ordnung $1-\alpha$ der Verteilung von $D_n$, $n$ der Stichprobenumfang und $\alpha$ das vorgegebene Signifikanzniveau ist. Die Aussage $D_n \geq d_{n;1-\alpha}$ ist analog damit zu sehen, dass der p-Wert niedriger ist als das vorgegebene Signifikanzniveau von $\alpha = 0{,}05$. Entspricht dagegen die beobachtete Verteilung des logarithmierten DAX der hypothetisierten Log-Normalverteilung, so werden unter $H_0$ die Abweichungen zwischen $F_n(x)$ und $F_0(x)$ nur gering und vom Zufall bestimmt sein.[611]

Auch der Lilliefors-Test lehnt die Hypothese normalverteilter Renditen ab. Die Teststatistik überschreitet mit 0,042 den kritischen Wert von 0,020. Die intuitive Interpretation der Standardabweichung basierend auf der Normalverteilung ist somit für den 8-jährigen Zeitraum nicht korrekt.

### 5.5.3 Log-Normalverteilung des DAX

Im Black/Scholes-Modell verzeichnet das Underlying zufällige Preisänderungen entsprechend eines Dispersionsprozesses, wobei die prozentualen Preisänderungen im BS-Modell normalverteilt sind.[612] Da diese prozentualen Preisveränderungen kontinuierlich aufgezinst werden, sind die Preise des Underlyings zum Laufzeitende log-normalverteilt.[613] Der Mittelwert der Log-Normalverteilung ist der Forward-Preis des Underlyings.

---

[609] Vgl. Sheskin (2004), S. 205, S. 209.
[610] Vgl. Sheskin (2004), S. 210.
[611] Vgl. Rönz (2001a), S. 102.
[612] Vgl. Matveev (2008), S. 34.
[613] Vgl. Natenberg (1994), S. 64.

## 5.5 Geometrische Brownsche Bewegung

Die Annahme der geometrischen Brownschen Bewegung der Aktienkurse steht in engem Zusammenhang mit der Log-Normalverteilung der Aktienkurse. So wie die Brownsche Bewegung negative Aktienkurse zulässt, ist dies auch bei der Normalverteilung der Fall. Die geometrische Brownsche Bewegung bezieht sich auf strikt positive Aktienkurse, weil der Logarithmus von $X$ nur existiert, wenn die Zufallsvariable $X$ positiv ist. Aufgrund der Bedeutung der Log-Normalverteilung soll diese kurz in Erinnerung gerufen werden. Die Log-Normalverteilung ist mit der Normalverteilung verwandt: Sie hat die gleichen Parameter wie die Normalverteilung, d.h. es gilt:[614]

$$X \sim LN(\mu, \sigma^2) \Leftrightarrow \log X \sim N(\mu, \sigma^2).$$

Ist $X$ log-normalverteilt mit den Parametern $\mu$ und $\sigma^2$, dann ist $\log X$ normalverteilt mit den Parametern $\mu$ und $\sigma^2$.

Die log-normale Wahrscheinlichkeitsdichte ist gegeben durch:[615]

$$f(x) = \frac{1}{x\sigma\sqrt{2}} e^{\frac{-(\log x - \mu)^2}{2\sigma^2}} \qquad (5.15)$$

und die kumulative Verteilung ist entsprechend gegeben durch:

$$F(x) = \frac{1}{\sigma\sqrt{2\pi}} \int_{-\infty}^{\log x} e^{\frac{-(x-\mu)^2}{2\sigma^2}} dx. \qquad (5.16)$$

---

[614] Vgl. Bronstein/Semendjajew/Musiol/Mühlig (2001), S. 780.
[615] Vgl. Bronstein/Semendjajew/Musiol/Mühlig (2001), S. 780 f. (andere Notation), die allerdings log e anstelle von ln e (= 1) in der Definition schreiben, für die Grafik dann aber den natürlichen Logarithmus verwenden, vgl. MATLAB (2002), S. 2-30.

Abbildung 42 bildet die Log-Normalverteilung mit unterschiedlichen Parametern ab.

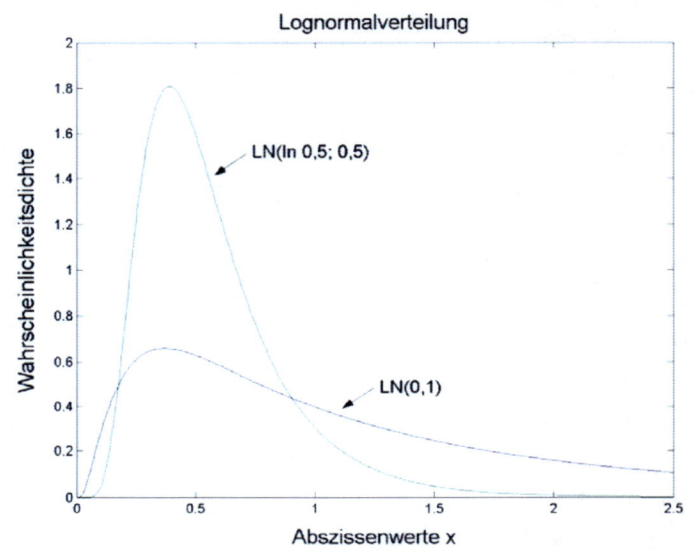

**Abbildung 42: Log-Normalverteilung**
Quelle: Bronstein/Semendjajew/Musiol/Mühlig (2001), S. 781.

Abbildung 43 zeigt die kumulative Log-Normalverteilung für diese Parameter.

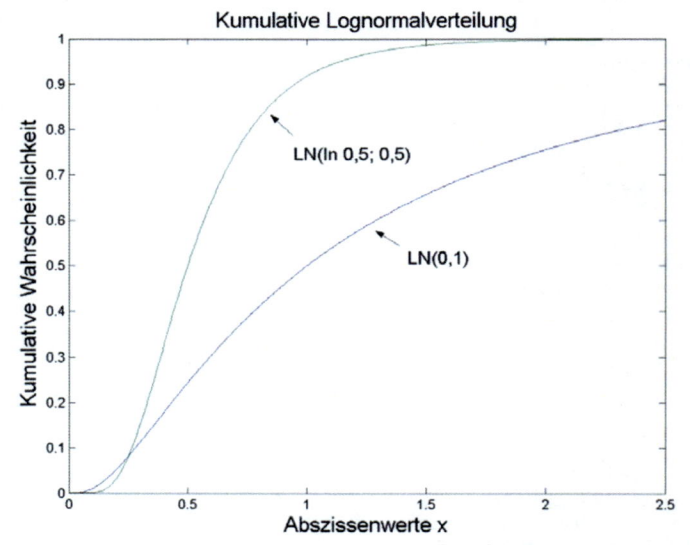

**Abbildung 43: Kumulative Log-Normalverteilung**
Quelle: Bronstein/Semendjajew/Musiol/Mühlig (2001), S. 781.

## 5.5 Geometrische Brownsche Bewegung

Selbst in der Absenz von Sprüngen ist es wahrscheinlich, dass Aktienkurse sich nicht entsprechend einer Brownschen Bewegung verhalten, sondern die Verteilung eine Schiefe und Kurtosis aufweist. Eberlein/Keller/Prause (1998) verwenden anstelle der Log-Normalverteilung eine hyperbolische Verteilung.

Die tatsächliche Verteilung des DAX ist unbekannt. Im Beobachtungszeitraum dieser Untersuchung liegen jedoch rund 2.100 Beobachtungen pro Tag (alle 15 Sekunden von 9:00-17:45 Uhr) für 127 Handelstage (2.1.2004 bis 30.6.2004), insgesamt also 262.064 Beobachtungen vor. Im Jahr 2004 liegen 529.425 Beobachtungswerte für den DAX vor. Unter der Annahme, dass alle Beobachtungen unabhängig sind und aus der gleichen Verteilung (ohne jedoch eine Annahme über eine bestimmte Verteilung zu treffen) stammen, kann die Wahrscheinlichkeitsdichtefunktion geschätzt werden.

Der Zusammenhang zwischen der geometrischen Brownschen Bewegung und der Log-Normalverteilung kann mit dem Itô-Lemma gezeigt werden. Der Logarithmus der Aktienkurse soll als $y_t$: $\ln S_t = g(S_t) = y_t$ bezeichnet werden. Für die Veränderung der logarithmierten Aktienkurse gilt nach dem Itô-Lemma:

$$dy_t = \left[\frac{dg}{dS}(S_t)\mu(S_t,t) + \frac{1}{2}\frac{\partial^2 g}{dS^2}(S_t)\cdot\sigma^2(S_t,t)\right]dt + \frac{dg}{dS}(S_t)\sigma(S_t,t)dW_t. \quad (5.17)$$

Indem für $g(S_t)$ der äquivalente Ausdruck $\ln S_t$ eingesetzt wird, und da aus (5.12) und (5.13) bekannt ist, dass $\mu(S_t,t)=\mu S_t$ und $\sigma(S_t,t)=\sigma S_t$, folgt:

$$\begin{aligned} dy_t &= \left[\frac{1}{S_t}\mu S_t + \frac{1}{2}\left(-\frac{1}{S_t^2}\right)\cdot\sigma^2 S_t^2\right]dt + \frac{1}{S_t}\sigma S_t dW_t \\ &= \left[\mu - \frac{1}{2}\sigma^2\right]dt + \sigma dW_t. \end{aligned} \quad (5.18)$$

Der Logarithmus der Aktienkurse kann also übergeführt werden in eine Brownsche Bewegung mit Drift $\mu - \frac{1}{2}\sigma^2$ und Varianz $\sigma^2$. Da $y_t$ nach der Definition der

Brownschen Bewegung normalverteilt ist mit $\left(\left(\mu-\frac{1}{2}\sigma^2\right)t,\sigma^2 t\right)$, folgt daraus die Log-Normalverteilung von $S_t$ mit den Parametern $\left(\left(\mu-\frac{1}{2}\sigma^2\right)t,\sigma^2 t\right)$.

Folgen die Aktienkurse einer geometrischen Brownschen Bewegung, so folgen die logarithmierten Aktienkurse einer Brownschen Bewegung mit Drift $\mu-\frac{1}{2}\sigma^2$. Aus der Definition der Brownschen Bewegung folgt, dass die logarithmierten Aktienkurse normalverteilt sind. Die Normalverteilung der logarithmierten Aktienkurse ist äquivalent zur Log-Normalverteilung der Aktienkurse.[616]

Aus der Annahme der geometrischen Brownschen Bewegung der Aktienkurse folgt, dass Aktienkurse log-normalverteilt sind bzw. äquivalent, dass die logarithmierten Aktienkurse $\log(S_i(t))$ normalverteilt sind.

Abbildung 44 zeigt den Zusammenhang zwischen der geometrischen Brownschen Bewegung und der Log-Normalverteilung.

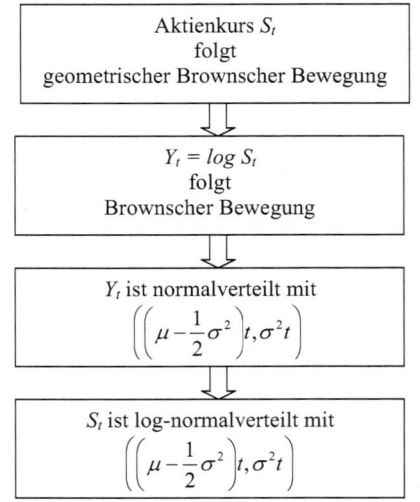

```
┌─────────────────────────────────────┐
│         Aktienkurs S_t              │
│            folgt                    │
│ geometrischer Brownscher Bewegung   │
└─────────────────────────────────────┘
                 ↓
┌─────────────────────────────────────┐
│         Y_t = log S_t               │
│            folgt                    │
│      Brownscher Bewegung            │
└─────────────────────────────────────┘
                 ↓
┌─────────────────────────────────────┐
│   Y_t ist normalverteilt mit        │
│   ((μ - 1/2 σ²)t, σ²t)              │
└─────────────────────────────────────┘
                 ↓
┌─────────────────────────────────────┐
│   S_t ist log-normalverteilt mit    │
│   ((μ - 1/2 σ²)t, σ²t)              │
└─────────────────────────────────────┘
```

**Abbildung 44: Geometrische Brownsche Bewegung und Log-Normalverteilung**
Quelle: Eigene Darstellung.

---

[616] Vgl. Bronstein/Semendjajew/Musiol/Mühlig (2001), S. 780.

## 5.5 Geometrische Brownsche Bewegung

Jackwerth/Rubinstein (1996) haben die Hypothese der Log-Normalverteilung überprüft und festgestellt, dass in der Realität insbesondere extreme negative Aktienrenditen bedeutend wahrscheinlicher sind als sie nach der geometrischen Brownschen Bewegung vorhergesagt werden.[617] Als Beispiel führen sie den 19. Oktober 1987 an, als der Preis des S&P 500-Futures mit Liefertermin in zwei Monaten um 29% fiel. Unter der Hypothese der Log-Normalverteilung entspricht dies einer Wahrscheinlichkeit von $10^{-160}$.[618]

Aufgrund des dargestellten Zusammenhangs zwischen der geometrischen Brownschen Bewegung und der Log-Normalverteilung soll der DAX daraufhin untersucht werden, ob er einer Log-Normalverteilung folgt. Vor der Durchführung statistischer Tests sollen zunächst die Dichte des DAX dargestellt werden, um einen Eindruck über die Verteilung zu erhalten.

Zur Charakterisierung einer Verteilung werden die sog. zentralen Momente einer Verteilung berechnet. Das erste zentrale Moment ist der Mittelwert:

$$\bar{x} = \frac{1}{n}\sum_{i=1}^{n} X_i \;. \tag{5.19}$$

Das zweite zentrale Moment ist die Standardabweichung der Stichprobe:

$$\sigma(X) = \sqrt{\frac{1}{n-1}\sum_{i=1}^{n}(X_i - \bar{x})^2} \;. \tag{5.20}$$

Die Schiefe (Skewness) ist als das dritte zentrale Moment definiert:[619]

$$m_3 = \frac{\sum_{i=0}^{n}(X_i - \mu)^3}{\sigma^3} \;. \tag{5.21}$$

Die Schiefe ist der Grad der Asymmetrie einer Dichtefunktion.[620] Eine Verteilung ist asymmetrisch, wenn sie links vom Zentrum anders aussieht als rechts vom Zentrum.

---

[617] Vgl. Jackwerth/Rubinstein (1995), S. 1611.
[618] Vgl. Jackwerth/Rubinstein (1995), S. 1612.
[619] Vgl. Pitman (1993), S. 198 sowie S-Plus (2001a), S. 103 f.
[620] Vgl. Stuart/Ord (1994), S. 74-110.

Positive Schiefe (Rechtsschiefe) wird durch einige ungewöhnlich hohe Aktienkurse ausgelöst. Dadurch gilt: Mittelwert > Median. Negative Schiefe (Linksschiefe) wird durch einige ungewöhnlich tiefe Aktienkurse verursacht, so dass gilt: Mittelwert < Median.[621] Ist die Verteilung symmetrisch, so ist die Schiefe gleich 0.[622]

Die Wölbung (Kurtosis) ist das vierte zentrale Moment:[623]

$$m_4 = \frac{\sum_{i=0}^{n}(X_i - \mu)^4}{\sigma^4}.$$ (5.22)

Die Kurtosis ist ein Maß für die Wölbung der Dichtefunktion. Die Kurtosis der Normalverteilung ist 3 (mesokurtisch). Verteilungen mit einer größeren Kurtosis sind spitzer (leptokurtisch). Verteilungen mit niedrigerer Kurtosis heißen platykurtisch. Die Kurtosis kann, wenn die Dichte sehr flach verläuft, auch negative Werte annehmen.[624]

Die statistischen Kenngrößen, insbesondere die zentralen Momente des DAX sowie des log-DAX werden in Tabelle 34 zusammengefasst.

|  | DAX 2004 (Tickdaten) | | 1. Halbjahr 2004 (Tickdaten) | |
| --- | --- | --- | --- | --- |
|  | DAX | log DAX | DAX | log DAX |
| Minimum | 3.618,58 | 8,193837 | 3.692,40 | 8,214032 |
| 1. Quantil | 3.877,04 | 8,262827 | 3.903,59 | 8,269652 |
| Mittelwert | 3.981,40 | 8,288782 | 3.991,41 | 8,291520 |
| Median | 3.996,52 | 8,293179 | 4.013,25 | 8,297345 |
| 3. Quantil | 4.085,02 | 8,315082 | 4.074,69 | 8,312550 |
| Maximum | 4.272,18 | 8,35988 | 4.175,48 | 8,336985 |
| σ | 138,39 | 0,03488091 | 109,59 | 0,02770022 |
| Skewness | -0,134 | -0,2057735 | -0,5899101 | -0,6374866 |
| Kurtosis | 2,3809 | 2,4264 | 2,4876 | 2,5558 |

Tabelle 34: Statistische Kennzahlen für den DAX und den log DAX (Tickdaten)
Quelle: Eigene Berechnungen.

Der Median des DAX liegt im Untersuchungszeitraum mit 4.013,25 über dem Mittelwert von 3.991,41. Dies bedeutet, dass im Untersuchungszeitraum einige ungewöhnlich niedrige Kurse auftreten, die zur Linksschiefe des DAX führen.

---

[621] Vgl. hierzu sehr anschaulich Johnson/Bhatttacharyya (1992), S. 233.
[622] Vgl. Pitman (1993), S. 198.
[623] Vgl. Polasek (1994), S. 203 sowie Insightful (2001), S. 104.
[624] Vgl. Polasek (1994), S. 203.

## 5.5 Geometrische Brownsche Bewegung 233

Außerdem lässt die Kurtosis von 2,49 erkennen, dass die Verteilung des DAX platykurtisch ist. Zur Visualisierung der Verteilung des logarithmierten DAX eignet sich neben dem Histogramm als weitere nichtparametrische Möglichkeit die Kerndichteschätzung.

Abbildung 45 zeigt die Dichteschätzung des DAX für das Jahr 2004.

DAX im Jahr 2004 (Tickdaten) mit Epanechinikov und Gaussischer Kernfunktion

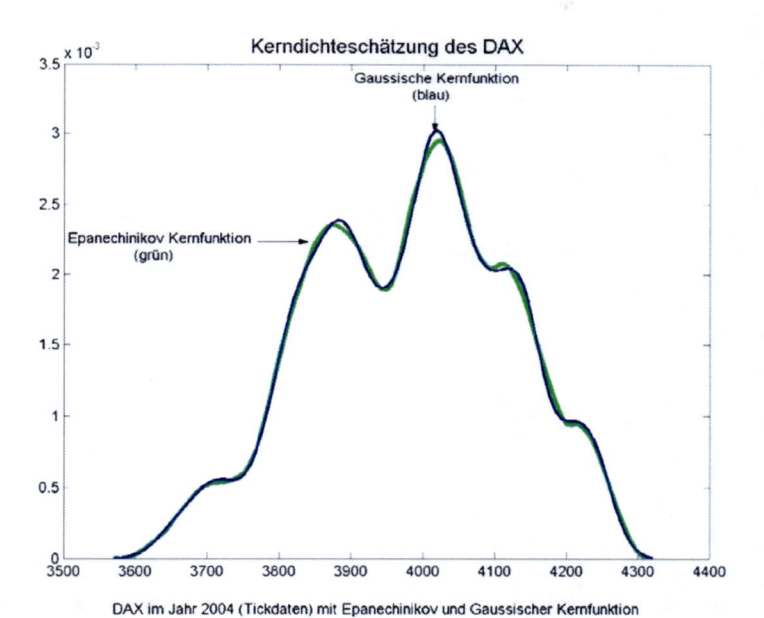

**Abbildung 45: Kerndichte des DAX mit doppelter optimaler Bandweite h**
Quelle: Eigene Darstellung.

Die Schätzung der Dichte in Abbildung 45 basiert auf zwei unterschiedlichen Kernfunktionen. In grün ist die Epanechinikov Kernfunktion mit 100 gleich langen Intervallen für die DAX-Kurse dargestellt. In blau ist die gaussische Kernfunktion dargestellt. Für beide Kernfunktionen wurde die doppelte Bandweite der theoretisch optimalen Bandweite ($h_{opt}$ = 12,1) verwendet. Zwischen den beiden Schätzungen ergeben sich allenfalls marginale Unterschiede.

Abbildung 46 zeigt die Auswirkung unterschiedlicher Bandweiten *(h)* anhand der Epanechinikov-Kernfunktion.

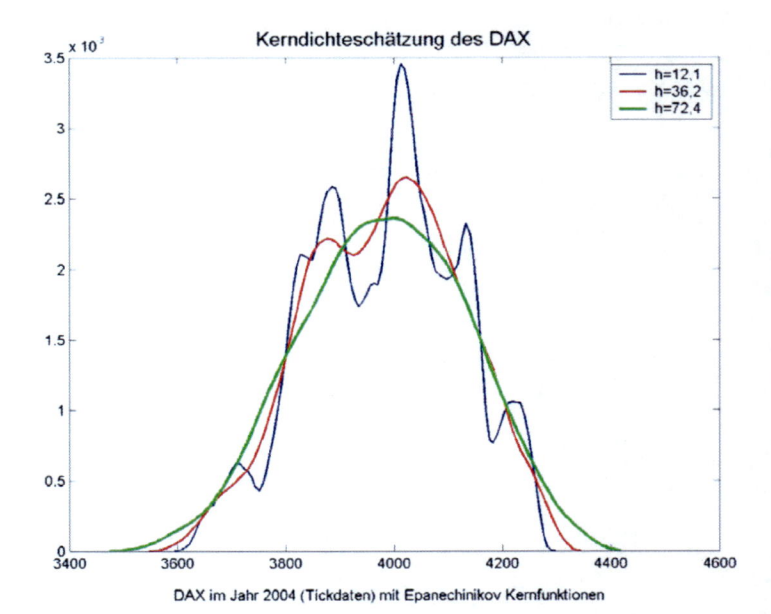

**Abbildung 46: Kerndichteschätzung des DAX**
Quelle: Eigene Darstellung.

Die Glätte der Dichteschätzung richtet sich nach der Wahl des Parameters für die Bandweite $h$. Wählt man den Parameter $h$ mit 72,4 als das sechsfache der theoretisch optimalen Bandweite relativ groß, so ergibt sich eine sehr glatte Dichteschätzung, weil große Intervalle zur Glättung verwendet werden, die dazu führen, dass mehr benachbarte Punkte in die Schätzung eingehen und somit die in den Daten vorhandenen Strukturen stärker geglättet werden. Diese große Bandweite erleichtert die visuelle Entscheidung über die Art der Schiefe der Verteilung erheblich und bestätigt den Eindruck einer linksschiefen Verteilung des DAX. Die Verwendung von DAX-Kursen bzw. logarithmierten DAX-Kursen ergibt keine Veränderung in der Form der Verteilung – lediglich die Werte ändern sich.

## 5.5 Geometrische Brownsche Bewegung

Abbildung 47 zeigt den DAX im Jahr 2004 auf Basis von Tickdaten und trägt hierzu um 90° versetzt die Dichte ab, so dass zu sehen ist, aufgrund welcher Häufigkeit von Kursen die Dichte zustande gekommen ist.

**Abbildung 47: DAX mit Epanechinikov-Kerndichteschätzung**
Schätzung mit 3-facher und 6-facher Bandweite.
Quelle: Eigene Darstellung.

Aus Abbildung 47 ist insbesondere nach Glättung mittels 6-facher optimaler Bandweite (grün) ein sog. Fat Tail im Bereich niedriger Kurse zu erkennen: Das Ende der Wahrscheinlichkeitsdichte im Bereich niedriger Kurse läuft nur allmählich aus, während die Dichte im Bereich hoher Kurse rasch ansteigt, so dass von einer linksschiefen Verteilung im Sinne einer höheren Wahrscheinlichkeitsmasse niedriger Aktienkurse auszugehen ist.

Nachdem ein Eindruck über die Verteilung des DAX gewonnen werden konnte, soll nun die Überprüfung des DAX auf Log-Normalverteilung mittels statistischer Tests vorgenommen werden. Um den DAX auf Log-Normalverteilung hin zu überprüfen, sollen der Jarque/Bera-Test sowie der Lilliefors-Test (vgl. S. 221 ff.) angewandt werden.

Mit dem Jarque/Bera-Test soll überprüft werden, ob der DAX mit unbekanntem Mittelwert und unbekannter Varianz log-normalverteilt ist. Mit 127 Beobachtungen im ersten Halbjahr 2004 auf Schlusskursbasis sowie mit 262.064 Beobachtungen auf Basis von Tickdaten können die Approximationsbedingungen für den asymptotischen Test, dessen Teststatistik nur approximativ $\chi^2$-verteilt ist, als erfüllt angesehen werden.

Der Jarque/Bera-Test lehnt die Nullhypothese $H_0$ der Normalverteilung logarithmierter DAX-Kurse ab. Der p-Wert ist mit Ausnahme des Gesamtjahres 2004 auf Schlusskursbasis stets niedriger als das vorgegebene Signifikanzniveau. Da der Wert der Teststatistik mit 19.904 den durch die beiden Freiheitsgrade festgelegten kritischen Wert von 5,9915 überschreitet ($JB > \chi^2_{kritisch}$), lehnt der Jarque/Bera-Test die Nullhypothese der Log-Normalverteilung des DAX für den Untersuchungszeitraum ab. Die Überschreitungswahrscheinlichkeit (p-Wert) auf dem Signifikanzniveau $\alpha = 0,05$ beträgt Null, d.h. die Teststatistik liegt deutlich im Ablehnungsbereich. Die Verteilung ist rechtsschief und platykurtisch.

Die Ablehnung der Hypothese der Log-Normalverteilung des DAX fällt auf Basis von Tickdaten sowohl im ersten Halbjahr 2004 (262.064 Daten) mit einer Teststatistik von 19.904 bei einem kritischen Wert von 5,9915 und einem p-Wert von 0,00 ebenso eindeutig aus wie im Gesamtjahr 2004 (529.425 Daten). Lediglich für das Gesamtjahr 2004 auf Schlusskursbasis (257 Daten) kann der asymptotische Jarque/Bera-Test die Nullhypothese auf dem Signifikanzniveau von $\alpha = 0,05$ nicht ablehnen. Die Ablehnung von $H_0$ würde jedoch ab einem Signifikanzniveau von $\alpha = 0,0604$ erfolgen, so dass die Nichtablehnung von $H_0$ auf Schlusskursbasis nicht als Indiz für die hypothetisierte Log-Normalverteilung interpretiert werden darf. Der Jarque/Bera-Test ist außerdem ein konservativer Test, d.h. er tendiert zur Beibehaltung der Nullhypothese.[625]

---

[625] Vgl. Stewart/Gill (1998), S. 162.

## 5.5 Geometrische Brownsche Bewegung

Tabelle 35 fasst die Teststatistik des Jarque/Bera-Tests zusammen.

| Zeitraum | $\mu(X)$ | $\sigma(X)$ | $m_3(X)$ | $m_4(X)$ | JB Test[1] | p-Wert | $H_0$[2] |
|---|---|---|---|---|---|---|---|
| 2004 Tickdaten | 8,2888 | 0,0349 | -0,2058 | 2,4264 | 10.993 > 5,9915 | 0 | 1 |
| 1. HJ 04 Tickdaten | 8,2915 | 0,0277 | -0,6375 | 2,5558 | 19.904 > 5,9915 | 0 | 1 |
| 2004 Schlusskurs | 8,2887 | 0,0346 | -0,2048 | 2,4199 | 5,6161 < 5,9915 | 0,0603 | 0 |
| 1. HJ 04 Schlusskurs | 8,2913 | 0,0275 | -0,6751 | 2,5690 | 10,5975 > 5,9915 | 0,0050 | 1 |
| 1997–2004 Schlusskurs | 8,4336 | 0,2737 | -0,0467 | 2,2786 | 44,8738 > 5,9915 | 0 | 1 |

**Tabelle 35: JB-Test zur Überprüfung des DAX auf Log-Normalverteilung**
[1] oberer Wert zeigt den Wert der JB-Teststatistik, unterer Wert den kritischen Wert; der kritische Wert beim Jarque/Bera-Test ist aufgrund der 2 Freiheitsgrade für $m_3$ und $m_4$ stichprobenunabhängig 5,9915 ($\alpha = 0,05$).
[2] 0 bedeutet: Nicht-Ablehnung von $H_0$; 1 bedeutet: Ablehnung von $H_0$ („DAX log-normalverteilt").
Quelle: Eigene Berechnungen.

Neben dem Jarque/Bera-Test kommt auch der Lilliefors-Test zur Überprüfung auf Normalverteilung der Renditen in Frage. Die Voraussetzungen für die Anwendung des Lilliefors-Tests (metrisches Skalenniveau, keine Klassierung, Stetigkeit der theoretischen Verteilung $F_0(x)$) sind beim DAX erfüllt.[626]

Der Lilliefors-Test vergleicht die logarithmierte empirische Verteilung des DAX mit der Normalverteilung $N(\mu,\sigma)$, wobei $\mu$ durch den Stichprobenmittelwert $\bar{x} = 8,288782$ und $\sigma$ durch $s = 0,03488091$ ersetzt wird.

Abbildung 48 illustriert die vom Lilliefors-Test verwendete Methodik des Vergleichs zwischen empirischer Verteilung der logarithmierten DAX-Kurse und hypothetisierter Verteilung (Normalverteilung mit gleichem Mittelwert und Varianz wie die logarithmierten DAX-Kurse).[627]

Die Teststatistik $D_n = \max_x |F_n(x) - F_0(x)|$ verwendet die größte vertikale Distanz zwischen der kumulativen Wahrscheinlichkeitsfunktion der Stichprobe und der

---
[626] Vgl. Rönz (2001a), S. 101.
[627] Vgl. Sheskin (2004), S. 205, S. 209 sowie Rönz (2001a), S. 102.

hypothetisierten Verteilung der Grundgesamtheit. Der Wert der Teststatistik $D_n$ für den logarithmierten DAX des Gesamtjahres 2004 (erstes Halbjahr 2004) auf Basis variabler Daten beträgt 0,0503 (0,1336), während der kritische Wert 0,0012 (0,0017) beträgt.

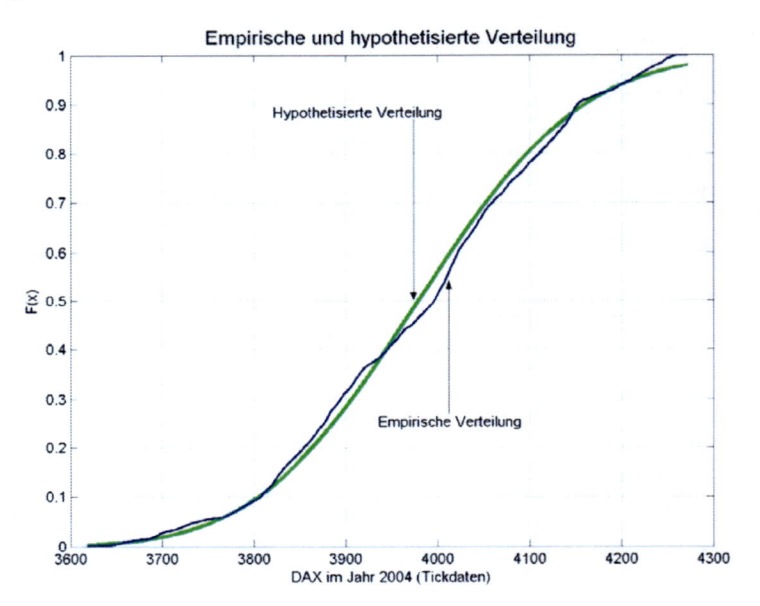

**Abbildung 48: Empirische und hypothetisierte Verteilung des DAX**
Quelle: Eigene Darstellung.

Für die Teststatistik ergibt sich $D_n = 0,0503 \geq d_{n;1-\alpha} = 0,0012$. Da die vertikale Distanz der kumulativen Wahrscheinlichkeitsfunktion des logarithmierten DAX zur hypothetisierten Verteilung größer ist als der kritische Wert, wird die Nullhypothese, dass der logarithmierte DAX einer Normalverteilung folgt, auf dem 5%-Signifikanzniveau abgelehnt.[628]

In Abbildung 48 ist die Abweichung zwischen empirischer und hypothetisierter Verteilung zu erkennen: Die empirische Verteilung durchquert die hypothetisierte Verteilung an mehreren Stellen und liegt teils oberhalb und beim DAX-Stand von 4.000 Punkten deutlich unterhalb der hypothetisierten Verteilung.

---

[628] Vgl. Sheskin (2004), S. 210.

## 5.5 Geometrische Brownsche Bewegung

Abbildung 49 stellt die empirische und die hypothetisierte Dichte (Log-Normalverteilung) gegenüber. Anhand des Vergleichs der Dichte ist die Ablehnung der Nullhypothese noch deutlicher zu erkennen.

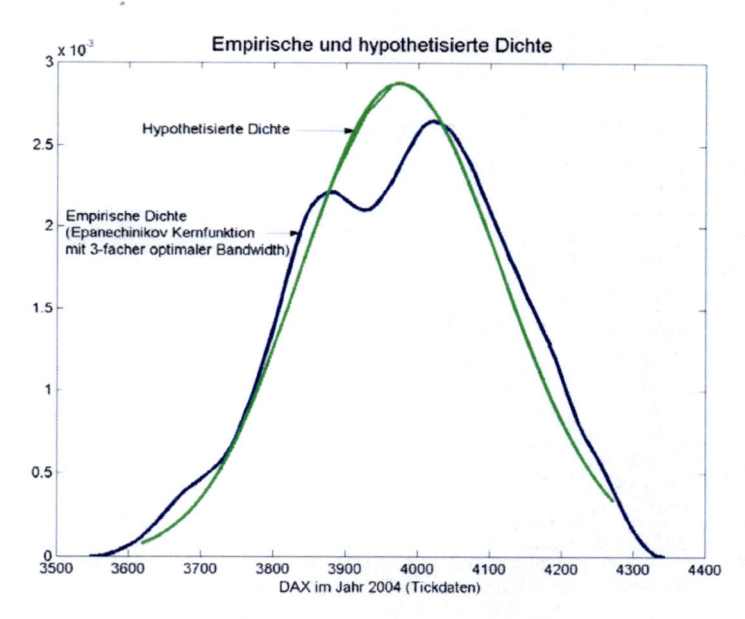

**Abbildung 49: Hypothetisierte und tatsächliche Dichte des DAX**
Quelle: Eigene Darstellung.

Wie bereits aus der kumulativen Wahrscheinlichkeitsfunktion ersichtlich ist, ergeben sich die größten Unterschiede im Bereich von einem DAX zwischen 3.800 und 4.100 Punkten. Für die hypothetisierte Dichte wurden die aus der Stichprobe (529.425 Daten) geschätzten Parameter in die Dichtefunktion der Log-Normalverteilung eingesetzt, die empirische Dichte wurde mit der Epanechinikov Kernfunktion mit 3-facher optimaler Bandweite ($h = 3 \cdot 12{,}067$) geschätzt. Die empirische Dichte liegt um den Erwartungswert herum beträchtlich unterhalb der hypothetisierten Dichte. Dafür ist die Wahrscheinlichkeit sowohl positiver als auch negativer Extremwerte in der Empirie höher als unter der Annahme der Log-Normalverteilung.

Für den DAX auf Schlusskursbasis im Gesamtjahr 2004 (erstes Halbjahr 2004) übersteigt die Teststatistik mit 0,0675 (0,1632) ebenfalls den kritischen Wert von 0,0553 (0,0786) bei einem p-Wert von 0,0139 < α. Somit lehnt der Lilliefors-Test auch auf Schlusskursbasis für beide Zeiträume die Nullhypothese der Log-Normalverteilung des DAX ab.

Tabelle 41 fasst die Ergebnisse der Überprüfung logarithmierter DAX-Kurse auf Normalverteilung zusammen:

| Zeitraum | $\mu(X)$ | $\sigma(X)$ | $m_3(X)$ | $m_4(X)$ | Lilliefors | | $H_0{}^2$ |
| --- | --- | --- | --- | --- | --- | --- | --- |
| | | | | | Test | p-Wert[3] | |
| 2004 Tickdaten | 8,2888 | 0,0349 | -0,2058 | 2,4264 | 0,0503 > 0,0012 | NaN | 1 |
| 1. HJ 04 Tickdaten | 8,2915 | 0,0277 | -0,6375 | 2,5558 | 0,1336 > 0,0017 | NaN | 1 |
| 2004 Schlusskurs | 8,2887 | 0,0346 | -0,2048 | 2,4199 | 0,0675 > 0,0553 | 0,0139 | 1 |
| 1. HJ 04 Schlusskurs | 8,2913 | 0,0275 | -0,6751 | 2,5690 | 0,1632 > 0,0786 | NaN | 1 |
| 1997–2004 Schlusskurs | 8,4336 | 0,2737 | -0,0467 | 2,2786 | 0,0552 > 0,0197 | NaN | 1 |

**Tabelle 36: Lilliefors-Test zur Überprüfung des DAX auf Log-Normalverteilung**
[1] Der obere Wert zeigt den Wert der JB-Teststatistik, der untere Wert den kritischen Wert. Der kritische Wert beim Jarque/Bera-Test ist aufgrund der 2 Freiheitsgrade für $m_3$ und $m_4$ stichprobenunabhängig 5,9915 (α = 0,05).
[2] 0 bedeutet: Nicht-Ablehnung von $H_0$; 1 bedeutet: Ablehnung von $H_0$ („DAX log-normalverteilt").
[3] NaN: Der p-Wert des Tests wird durch lineare Interpolation der Tabelle von Lilliefors erhalten. Liegt der Wert der Teststatistik außerhalb der Lilliefors-Tabelle, wird dies mit NaN gezeigt. $H_0$ zeigt in diesem Fall, ob die Nullhypothese abgelehnt wird.
Quelle: Eigene Berechnungen.

Für die logarithmierten DAX-Tickdaten lehnt der Lilliefors-Test die Nullhypothese der Normalverteilung auf dem Signifikanzniveau von $\alpha = 0,05$ für jeden Zeitraum unabhängig von der Datenbasis ab.

Die Kurtosis weicht mit 2,42 auf Schlusskursbasis bzw. 2,57 auf Tickdatenbasis von der unter der Nullhypothese geltenden Kurtosis von 3 unter Berücksichtigung des großen Datenumfangs signifikant ab. Die im mittleren Bereich fehlende Wahrscheinlichkeitsmasse fällt offensichtlich der Linksschiefe zu.

Der Lilliefors-Test kommt also mit Ausnahme des Gesamtjahres 2004 auf Schlusskursbasis zum gleichen Ergebnis wie der Jarque/Bera-Test, der auf dem

Vergleich von Skewness und Kurtosis basiert und lehnt die Nullhypothese der Log-Normalverteilung des DAX ab. Auch für die Jahre 1997-2004 (Schlusskursbasis) wird die Nullhypothese der Log-Normalverteilung des DAX verworfen. Mit Ausnahme des Gesamtjahres 2004 auf Schlusskursbasis ist die Ablehnung der Nullhypothese der Log-Normalverteilung des DAX hochsignifikant ($\alpha$ = 0,01). Figlewski (2004) stellt ebenfalls fest, dass die Annahme der Log-Normalverteilung des Black/Scholes-Modells nicht als erfüllt angesehen werden kann.[629]

Die Ablehnung der Nullhypothese ist vor dem Hintergrund einer sehr umfangreichen Datenbasis zu sehen. Im ersten Halbjahr 2004 beträgt die Schiefe -0,21 (-0,64), das heißt die Verteilungen der DAX-Kurse weisen eine Linksschiefe auf.[630] Zu einem ähnlichen Resultat kommt Thiel (2001) bei der Untersuchung auf Normalverteilung von DAX-Renditen.[631] Das Untersuchungsergebnis deckt sich auch mit dem Ergebnis von Jackwerth/Rubinstein (1995), die für den Aktienmarktcrash im Jahr 1987 unter der Hypothese der Log-Normalverteilung eine Wahrscheinlichkeit von $10^{-160}$ berechnen.[632] Niedrigere – sowohl tatsächliche als auch logarithmierte – DAX-Kurse treten also häufiger auf als hohe DAX-Stände und große Preisänderungen sind in der Realität sehr viel wahrscheinlicher, als es die geometrische Brownsche Bewegung nahe legt.

Die linksschiefe Kursverteilung („Fat Tail") erkennt bereits Mandelbrot (1963). Grund für die Linksschiefe ist, dass die Normalverteilung die Wahrscheinlichkeit von Marktzusammenbrüchen im Vergleich zur Realität unterschätzt.[633] Um große Preisveränderungen zu erlauben, hat Lévy auf Basis einer verallgemeinerten Form des zentralen Grenzwertsatzes eine allgemeinere Dichtefunktion der sog. Klasse stabiler Verteilungen vorgeschlagen, von der die Normalverteilung ein Spezialfall ist. Die stabile Verteilung erhält ihren Namen von ihrer Eigenschaft der Invarianz unter Addition, d.h. die Verteilung von Summen unabhängiger, identisch verteilter, stabilen Variablen ist selbst stabil und hat die gleiche Form wie die Verteilung der einzelnen Summanden.[634] Stabile Verteilungen ermöglichen die Berücksichtigung

---

[629] Vgl. Figlewski (2004), S. 28.
[630] In das erste Halbjahr 2004 fallen 127 Handelstage.
[631] Vgl. Thiel (2001), S. 187.
[632] Für weitere Studien, die zum gleichen Ergebnis kommen, vgl. Chriss (1997), S. 115-117.
[633] Vgl. Atkinson/Tsibiridi (2004), S. 51.
[634] Vgl. Atkinson/Tsibiridi (2004), S. 55 f.

von Extremwerten, die für ein Fat Tail verantwortlich zeichnen und damit den empirischen Beobachtungen Rechnung tragen.[635] Die Optionsbewertung mittels stabiler Verteilungen berücksichtigt abrupte, diskontinuierliche (diskrete) Preisveränderungen und nimmt eine unendliche Varianz an, so dass risikoreichere Ereignisse vorkommen können.

In der Praxis stoßen Lévy-Verteilungen jedoch geringeres auf geringes Interesse als alternative Modelle zur Beschreibung von Preisfluktuationen, erstens aufgrund der unendlichen Varianz, die den Lévy-Verteilungen gemein ist, zweitens, weil durch die unendliche Anzahl diskontinuierlicher Preisveränderungen die Delta-Hedging-Strategie des Black/Scholes-Modells unmöglich wird und drittens, weil Arbitragemöglichkeiten eröffnet werden.[636] Zudem besitzen stabile Verteilungen keine einfache analytische Form, so dass zur Beschreibung der stabilen Verteilung auf die Fourier-Transformation der charakteristischen Funktion $\varphi\ (z)$ zurückgegriffen wird. Matacz (2000) schlägt daher eine sog. Truncated Lévy Verteilung (TLD) vor, welche sich im Zentrum wie die Lévy-Verteilung verhält, aber an ihren Enden abgeschnitten wird.

## 5.6 Zusammenfassung

Das Black/Scholes-Modell wird unabhängig von seiner theoretischen Eignung die Realität richtig abbilden, wenn es von einer Vielzahl von Marktteilnehmern angewandt wird (self fulfilling prophecy). Um unabhängig von den quantitativen Fehlbewertungen eine Aussage über die grundsätzliche Anwendbarkeit des Modells treffen zu können, überprüfte dieses Kapitel die dem Black/Scholes-Modell zugrunde liegenden Annahmen.

Der deutsche Aktien- und Optionsmarkt ist nicht friktionslos. Obwohl die Deutsche Börse durch die Verpflichtung von Designated Sponsors und Market Experts die Liquidität kleinerer Börsenwerte steigern möchte, zeigt die exzessive Nutzung des Quotierungssystems, dass Sponsoren durch automatische Kursanpassungen gerade ihrer Verpflichtung zur Stellung von An- und Verkaufskursen ausweichen. Weitere Friktionen sind die Begrenzung von Preisschwankungen, Marktversagen (Liquidity

---

[635] Vgl. Atkinson/Tsibiridi (2004), S. 52.
[636] Vgl. Atkinson/Tsibiridi (2004), S. 52 f.

## 5.6 Zusammenfassung

Holes), die nicht vollständige Synchronisierung von Aktien- und Optionsmarkt sowie Transaktionskosten. Bei den Transaktionskosten wurde zwischen direkten Handelskosten und indirekten Kosten infolge mangelnder Liquidität unterschieden. Diese Transaktionskosten verhindern, dass das von Black und Scholes zur Herleitung der Differentialgleichung verwendete Portfolio ständig angeglichen werden kann.

Die Annahme der konstanten Volatilität wurde bereits bei Veröffentlichung des Black/Scholes-Modells kritisiert und trifft für den Untersuchungszeitraum nicht zu.[637]

Die Annahme, dass die Aktienkurse einer Log-Normalverteilung folgen, wurde mittels des Jarque/Bera-Tests sowie des Lilliefors-Tests überprüft. Sowohl auf Schlusskursbasis als auch auf Basis variabler Daten wird die Hypothese einer Log-Normalverteilung der Aktienkurse abgelehnt. Die Verteilung der logarithmierten Aktienkurse ist asymmetrisch und weist ein Fat Tail auf der linken Seite der Verteilung auf (sog. Linksschiefe). Das bedeutet, dass die Wahrscheinlichkeit für niedrige Aktienkurse höher ist als unter der Annahme der Log-Normalverteilung. Zugleich ist die empirische leptokurtisch, also flacher als die Log-Normalverteilung. Neben den erwähnten Marktimperfektionen (vgl. S. 189 f.) kommen diese Abweichungen der Aktienkursverteilung von der hypothetisierten Log-Normalverteilung für die Erklärung von Fehlbewertungen von Optionen durch das Black/Scholes-Modell in Frage.[638]

Im Jahr 1989 äußert sich Fischer Black zu seinem eigenen Modell kritisch: „The Black/Scholes formula is still around, even though it depends on at least 10 unrealistic assumptions. Making the assumptions more realistic hasn't produced a formula that works better across a wide range of circumstances".[639]

---

[637] Vgl. Black (1976), S. 177, Cox/Ross (1976), S. 145-166, MacBeth/Merville (1980), S. 299 sowie Dumas/Fleming/Whaley (1998), S. 2060.
[638] Vgl. Hafner/Wallmeier (2000), S. 4.
[639] Black (1989), S. 78.

# 6 Empirische Überprüfung des Black/Scholes-Modells

## 6.1 Überblick

Wenn die im Black/Scholes-Modell getroffenen Annahmen zutreffen, so ergeben sich Handelsteilnehmern bei Abweichungen zwischen theoretischen Preisen und Marktpreisen Arbitragemöglichkeiten, die aufgrund der Duplizierungsstrategie ohne Risiko und ohne eigenes Anfangskapital zur Gewinnerzielung ausgenutzt werden können.[640] Das vorhergehende Kapitel hat gezeigt, dass die Annahmen des Black/Scholes-Modells nicht der Realität entsprechen.

Milton Friedman hält die Überprüfung der Annahmen eines Modells auf ihre Praxistauglichkeit als unzureichend, um ein Modell zu testen, da jede Theorie bestimmte Abstraktionen verlange.[641] Auch Wilmott (1998) schließt sich dieser Auffassung an: „Most of the sophisticated finance theory is based on incorrect assumptions. The real question is *how* wrong is the theory, and how useful is it regardless of its validity."[642] Der einzige Weg, die Validität eines Modells zu bestimmen, ist folglich die Konfrontation des Modells mit Daten der Wirtschaft.[643]

Daher werden im Folgenden die Transaktionspreise von Optionen mit den Modellpreisen verglichen. Wie bereits in Kapitel 3 zur Put-Call-Parität gezeigt wurde, müssen Fehlbewertungen nicht zwingend zu Arbitragemöglichkeiten führen, wenn diese sich mangels Informationen oder aufgrund von Transaktionskosten nicht gewinnzielend ausführen lassen (vgl. S. 110 ff.).[644] Die Überprüfung des Black/Scholes-Modells ist zugleich ein Test der Effizienz des Optionsmarktes, weil Fehlbewertungen auf Verstöße der Modellannahmen schließen lassen.[645]

---

[640] Vgl. Duffie (1998), S. 412.
[641] Friedman setzt sich respektvoll mit Keynes Argumenten auseinander und spricht über Keynes „admirable book ‚The Scope and Method of Political Economy'". Vgl. Friedman (1953), S. 3.
[642] Wilmott (1998), S. 1.
[643] Vgl. Nicholson (1998), S. 5.
[644] Vgl. Duffie (1998), S. 412.
[645] Vgl. Mittnik/Rieken (2000), S. 260.

## 6.2. Literaturüberblick zur Bewertung von Indexderivaten

Grundsätzlich können in der Forschung zur Optionsbewertung zwei unterschiedliche Forschungsrichtungen unterschieden werden:

Eine Forschungsrichtung konzentriert sich auf die Annahme der geometrischen Brownschen Bewegung, die im Black/Scholes-Modell angenommen wird.[646] Diese Arbeiten passen das Optionspreismodell so an, dass die Eintrittswahrscheinlichkeiten großer Kursschwankungen größer sind als im Black/Scholes-Modell.[647] Häufig werden dazu stochastische Volatilitätsmodelle vorgeschlagen, so dass die Volatilität des Preisprozesses des Wertpapiers nicht mehr konstant, sondern stochastisch ist. Zu diesen Arbeiten zählen Hull/White (1987), Stein/Stein (1991) und Heston (1993). Während Neumann (1998) die Verteilungsannahme von Black/Scholes durch eine Kombination mehrerer Log-Normalverteilungen für den DAX abändert, verwenden Atkinson/Tsibiridi (2004) andere stabile Verteilungen, um Extremereignissen eine höhere Eintrittswahrscheinlichkeit beizumessen.[648]

Eine andere Forschungsrichtung versucht, über implizite Baumverfahren Informationen aus Optionspreisen zu gewinnen. Diese Studien nehmen an, dass die Volatilität der Renditen eine deterministische Funktion ist in Abhängigkeit von Zeit und Wertpapierpreisen.[649] Zu diesen Studien zählen Derman/Kani (1994), Dupire (1994) sowie Rubinstein (1995). Die Studien von Derman/Kani, Dupire und Rubinstein spezifizieren eine von Wertpapierpreisen und Zeit abhängige Volatilitätsfunktion und verwenden die in Optionspreisen beinhalteten Informationen, um die risikoneutrale Verteilung des Basiswerts zum Laufzeitende zu schätzen und die empirischen Ergebnisse des Black/Scholes-Modells an die Realität anzupassen.[650] Wegen der sich im Zeitablauf verändernden Volatilitätsstruktur erweisen sich die impliziten Bi- und Trinomialbäume von Derman/Kani, Dupire und Rubinstein als unzuverlässig und ungeeignet zur Optionsbewertung sowie im Risikomanagement:

---

[646] Vgl. Schönbucher (1999), S. 2073.
[647] Vgl. Mayhew (1995), S. 15.
[648] Vgl. Atkinson/Tsibiridi (2004), S. 55 f.
[649] Vgl. Tompkins (1999), S. 1-3 sowie Tompkins (2001), S. 199.
[650] Vgl. Mayhew (1995), S. 15.

## 6.2. Literaturüberblick zur Bewertung von Indexderivaten

Der tatsächliche Preisprozess von Aktienkursen weicht von dem durch Optionspreise implizierten Preisprozess in der Regel ab.[651]

Die Studien von Dumas/Fleming/Whaley (1998), Hafner/Wallmeier (2000) und Thiel (2001) unterstellen nicht bereits vor Durchführung der Studie, dass das Black/Scholes-Modell Extremereignisse nicht genügend berücksichtigt. Hafner/ Wallmeier sehen eine Ursache der spezifischen Struktur der impliziten Volatilität in einem von der Deutschen Börse zu hoch angesetzten fiktiven Steuersatz für Dividenden. Longstaff sowie Neumann/Schlag (1996) stellen eine Verletzung der Martingalrestriktion fest: Der durch die Optionspreise implizierte Indexstand ist höher als in der Realität. Dumas/Fleming/Whaley konstatieren, dass die Optionsbewertung über die implizite Volatilität in der Praxis keine besseren Ergebnisse bringt als das Black/Scholes-Modell und die implizite Volatilitätsfunktion zur Prognose der zukünftigen impliziten Volatilität nicht geeignet ist.

Aus Sicht des verwendeten Datenmaterials sind die zur DAX-Option existierenden Studien nicht befriedigend: Zum einen erfolgt in der Regel keine Korrektur bzw. Eliminierung fehlerhafter Preisquotierungen, zum anderen verwenden sowohl Neumann/Schlag (1996)[652], Longstaff (1995)[653], Neumann (1998)[654], Dumas/Fleming/Whaley (1998)[655], Tompkins (1999)[656] als auch Hafner/Wallmeier (2000)[657] nur einen Bruchteil der Daten ihres Untersuchungszeitraums.

Die Ergebnisse der empirischen Überprüfungen zeigen, dass trotz der unternommenen Anstrengungen kein Modell für sich beanspruchen kann, das

---

[651] Vgl. Hafner/Wallmeier (2000), S. 2-4. Ähnlich wendet auch Cont (1998) gegen die implizite Volatilität als Schätzung für die zukünftige Volatilität des Basiswerts ein, dass die Resultate von den Daten und der Untersuchungsperiode abhängen. Vgl. Cont (1998), S. 9.
[652] Neumann/Schlag wählen nur die Minute des Handelstages mit dem höchsten Handelsvolumen aus. Vgl. Neumann/Schlag (1996), S. 4 f.
[653] Longstaff eliminiert zwar Optionen, die gegen wertfreie Grenzen verstoßen, verwendet allerdings nur Optionen, die zwischen 14:00 und 14:05 Uhr notieren. Vgl. Longstaff (1999), S. 1091 ff.
[654] Neumann verwendet zwar variable Notierungen von DAX-Optionen, wählt aber nur die liquidesten Optionen aus und dezimiert damit den Datensatz. Vgl. Neumann (1998), S. 1 ff.
[655] Dumas/Fleming/Whaley verwenden Call-Preise am 1. April 1992, die zwischen 14:45 und 15:15 Uhr gehandelt werden. Vgl. Dumas/Fleming/Whaley (1998), S. 2059 ff.
[656] Tompkins verwendet Optionspreise zur Schlusskursbasis, und hierbei jeweils nur Optionen, die nahe am Verfalltag notieren. Vgl. Tompkins (2001), S. 198 ff.
[657] Hafner/Wallmeier wählen nur Optionen mit einer Restlaufzeit von 45 Kalendertagen (33 Handelstagen) aus und dezimieren somit die Ausgangsdatenbasis von 3,3 Millionen Optionspreisen auf einen kleinen Bruchteil. Vgl. Wallmeier (2000), S. 1 ff.

Black/Scholes-Modell deutlich zu überragen. Soweit Verbesserungen erzielt werden, basieren diese doch direkt (Veränderung der Verteilungsannahme) oder indirekt (über die implizite Volatilität) auf dem Black/Scholes-Modell, wobei häufig eine Kalibrierung an den verwendeten Datensatz vorgenommen wird.

Longstaff (1995) invertiert die Black/Scholes-Formel, um den durch die Optionspreise implizierten Index-Stand sowie die implizite Volatilität zu ermitteln und mit dem Index-Stand in der Realität zu vergleichen. In einem friktionslosen Markt müssten sich der durch Optionspreise implizierte Index-Stand und tatsächlicher Index-Stand entsprechen. Longstaff kommt jedoch zum Ergebnis, dass der durch die Optionspreise implizierte Index-Stand höher ist als der tatsächliche Index und führt dies auf Transaktionskosten und Liquidität zurück:[658] Je höher die Bid-Ask-Quotierung, desto höher sind die Transaktionskosten des Optionsmarktes. Longstaff schlägt vor, sich von der Martingalrestriktion zu lösen: Lässt man zu, dass die durch die Optionspreise implizierten Kosten des Index vom tatsächlichen Index-Stand abweichen, so können laut Longstaff etwa die Hälfte der Fehlbewertungen durch das Black/Scholes-Modell vermieden werden. Zwar eröffnen sich bei Aufhebung der Martingalrestriktion Arbitragemöglichkeiten, jedoch nur dann, wenn der Markt friktionslos ist.[659] Zur Überprüfung der Martingalrestriktion verwendet Longstaff Bid-Ask-Quotierungen von etwa 4.500 Calls auf den S&P 100-Index der Chicago Board Options Exchange (CBOE).[660] Longstaff beschränkt sich auf Calls, da die S&P 100-Optionen – anders als die S&P 500-Optionen – amerikanischen Typs sind und somit eine vorzeitige Ausübung von Puts möglich wäre, welche zu einer Verzerrung der Ergebnisse führen würde.[661]

Zur Begründung der Verwendung von Bid-Ask-Quotierungen anstelle der tatsächlichen Transaktionsdaten führt Longstaff aus, dass letztere eine teilweise recht

---

[658] Vgl. Longstaff (1995), S. 1092.
[659] Vgl. Longstaff (1995), S. 1094.
[660] Eigene Schätzung aufgrund der Angabe von Longstaff von 444 Handelstagen in der Periode und durchschnittlich 10,32 Optionen pro Tag. Vgl. Longstaff (1994), S. 1100.
[661] Vgl. Longstaff (1995), S. 1097 f. Die S&P 100-Index-Optionen zählen zu den am häufigsten gehandelten Kontrakten in der Welt. Die Erfüllung der S&P 100-Index-Optionen erfolgt in Cash. Das größte Handelsvolumen konzentriert sich auf Optionen mit Restlaufzeiten von bis zu drei Monaten. Jeder Punkt des Index entspricht $ 100. Die minimale Preisänderung des Index beträgt 1/16 für Optionen, die unter 3 notieren und 1/8 für alle anderen Optionen. Die Quotierungen beziehen sich auf eine Handelsgröße von 10 Kontrakten. Es gibt bis zu 30 Notierungen je Minute für liquide Optionen. Die S&P 500-Optionen sind Optionen europäischen Typs. Vgl. Dumas/Fleming/Whaley (1998), S. 2068 sowie Constantinides/Jackwerth/Perrakis (2004), S. 40.

## 6.2. Literaturüberblick zur Bewertung von Indexderivaten 249

große Spanne von bis zu 30% des Optionspreises erreichen können und von der Bid-Ask-Quotierung die Transaktionskosten abhängen.[662] Longstaff ordnet den Optionsnotierungen nicht exakt den zu diesem Zeitpunkt gegebenen Index-Stand des S&P 100 zu, sondern verwendet einen Mittelwert des Index-Stands zwischen 14:00 Uhr und 14:05 Uhr für alle Optionen.[663] Longstaff verwendet alle Endtransaktionen und Bid-Ask Notierungen von 1988-1989 für S&P 100-Optionen, die zwischen 14:00 Uhr und 14:05 Uhr gehandelt wurden.[664] Dabei eliminiert er alle Calls, die verteilungsfreie Wertgrenzen verletzen. Dies sind Optionen, welche über der oberen oder unterhalb der unteren arbitragefreien Wertgrenze notieren, welche gegen die Konvexitätsbeziehung verstoßen oder gegen die Beziehung über die Differenz zwischen Call-Preisen geteilt durch die Differenz ihrer Ausübungspreise.[665] Diese Filter führen dazu, dass keine statischen Arbitragemöglichkeiten gegeben sind. Etwa 0,5% der von Longstaff beobachteten Optionen verletzen diese Arbitragebeziehungen, wobei die mögliche Arbitrage meist nur 10 Cents beträgt und damit nach Berücksichtigung von Transaktionskosten verschwinden würde.[666]

Im Unterschied zum DAX ist der S&P 100-Index kein Performance-Index, so dass der S&P 100-Index um Dividendenzahlungen zu bereinigen ist. Der Basiswert der Option ist somit nicht der S&P 100-Index, sondern der Index abzüglich des Gegenwartswertes aller während der Laufzeit anfallenden Dividenden. Außerdem sind S&P 100-Optionen – anders als S&P 500-Optionen oder die DAX-Option – nicht europäischen Typs, wie dies in einer Vielzahl von Studien regelmäßig unterstellt wird, sondern amerikanischen Typs.[667] Die Zinssätze entnimmt Longstaff dem Wall Street Journal. Da Longstaff täglich 4 bis 20 Optionen beobachtet, erhält er entsprechend unterschiedliche Volatilitäts- und Indexwerte. Er vergleicht den implizierten Index-Stand mit dem tatsächlichen Indexstand und berechnet die prozentuale Abweichung. Da im Falle von Marktfriktionen kein eindeutiger arbitragefreier Preis mehr existiert, schlägt Longstaff ein „unrestricted Black/Scholes model" vor, dem nicht die Martingalrestriktion zugrunde liegt. Longstaff leitet ein Histogramm von Wahrscheinlichkeiten direkt aus Optionspreisen ab basierend auf

---

[662] Vgl. George/Longstaff (1993), S. 381 ff. sowie Philips/Smith (1980), S. 179 ff.
[663] Vgl. Longstaff (1995), S. 1099.
[664] Vgl. Longstaff (1995), S. 1098
[665] Vgl. Merton (1973a), S. 141 ff.
[666] Vgl. Longstaff (1995), S. 1099.
[667] Vgl. Harvey/Whaley (1991), S. 1551.

der Annahme, dass Wahrscheinlichkeiten zwischen zwei benachbarten Ausübungspreisen von Optionen gleich verteilt sind.

Die durch die nicht exakt simultane Zuordnung entstandenen Ungenauigkeiten dürften in aller Regel vernachlässigbar sein. Der Nachteil von Longstaffs Methode liegt allerdings darin, dass sie zu negativen Wahrscheinlichkeiten führen kann, wenn nicht sehr viele Optionen vorhanden sind.[668]

Neumann/Schlag (1996) analysieren die Bewertung von Aktienoptionen sowie die durch sie implizierte Verteilung des DAX. Sie stellen eine Verletzung der Martingalrestriktion fest, da die durch Optionspreise implizierten Indexstände des DAX höher sind als in der Realität. Als möglichen Grund für die Divergenz zwischen aus Optionspreisen impliziertem DAX-Stand und tatsächlichem DAX-Stand führen sie Transaktionskosten an.[669] Sofern sowohl die Volatilität als auch der Stand des DAX aus den Optionsdaten ermittelt wird, bewertet das Black/Scholes-Modell Puts grundsätzlich zu niedrig und Calls zu hoch. Wird der tatsächliche DAX verwendet, so stellen Neumann/Schlag hingegen eine Unterbewertung von Calls durch das Black/Scholes-Modell fest. Diese Ergebnisse werden dahingehend interpretiert, dass die Duplizierung des Basiswerts durch ein Portfolio von Optionen aufgrund von Transaktionskosten teurer ist als der Kauf des Basiswerts selbst.

Neumann (1998) verwendet als Daten die Bid- und Ask-Quotierungen der DAX-Optionen des ersten Halbjahres 1994 mit einer Restlaufzeit von mindestens 5 Tagen. Der risikolose Zinssatz wird wie von Shimko (1993) vorgeschlagen aus der Put-Call-Parität ermittelt.[670] Im Falle von Verstößen gegen die Put-Call-Parität ist diese Vorgehensweise allerdings problematisch. Ausgehend von Abweichungen zwischen theoretischen Optionspreisen und Marktpreisen werden DAX-Optionen unter der Annahme einer Kombination von log-normalen Verteilungen für den DAX untersucht.[671] Datenbasis sind auf 1 Sekunde exakte Bid-Ask Quotierungen für DAX-Optionen im ersten Halbjahr 1994 sowie auf 1 Minute genaue DAX-Notierungen. Anstelle des Marktpreises der Option (Transaktionsdaten) wird der

---

[668] Vgl. Jackwerth (1999), S. 68 f.
[669] Transaktionskosten können, sofern sie sich nicht ändern, allerdings nicht erklären, warum im Zeitablauf unterschiedlich hohe Divergenzen auftreten, vgl. auch Jackwerth/Rubinstein (1996), S. 1631.
[670] Vgl. Shimko (1993), S. 33-37.
[671] Vgl. Neumann (1998), S. 2.

## 6.2. Literaturüberblick zur Bewertung von Indexderivaten 251

Mittelwert aus Bid- und Ask-Preisen verwendet.[672] Ohne weitere Begründung werden jedoch Optionen mit einer Restlaufzeit von weniger als 5 Handelstagen eliminiert. Aus den Optionspreisen wird nur ein Optionspreis je Handelstag ausgewählt, und zwar der Preis von der Option mit der höchsten Marktaktivität. Durch diese Vorgehensweise wird der Datensatz auf einen kleinen Bruchteil des ursprünglichen Datensatzes reduziert, nämlich auf 7.263 Calls und 6.955 Puts. Ein Mix von Verteilungsfunktionen wird erreicht durch Addition mehrerer Verteilungsfunktionen, die jeweils in einem bestimmten Verhältnis gewichtet werden. Je höher die links liegende Verteilungsfunktion gewichtet wird, desto höher wird die Wahrscheinlichkeit für Crashs bewertet.[673] Theoretisch spreche für einen Mix von Verteilungen eine zufällig veränderliche Volatilität. Empirisch sollen die durch den Mix von Log-Normalverteilungen herbeigeführten möglichen Formen der Verteilungen zu einer besseren Erklärung der empirischen Verteilung des DAX führen als eine einfache Log-Normalverteilung, insbesondere im Falle zukünftiger extrem negativer Preisveränderungen. Die aus dem Mix mehrerer Log-Normalverteilungen resultierende Formel ist einfach eine lineare Kombination von Black/Scholes Optionspreisen.

Neumann (1998) kommt zu dem Ergebnis, dass die systematische Überbewertung von out-of-the-money Calls sowie systematische Unterbewertung von in-the-money Calls durch das alternative Modell vermieden werden. Zwar verspricht Neumann (1998) im Durchschnitt bessere Ergebnisse durch den Mix der Log-Normalverteilungen gegenüber der einfachen Log-Normalverteilung im Black/Scholes-Modell und stellt sogar fest, dass der Mix der Log-Normalverteilungen „never worsens the pricing performance when compared to the Black/Scholes model."[674]. Bei dieser Aussage kann es sich jedoch nur um die durchschnittliche Bewertung sämtlicher untersuchten Optionen handeln, denn die Verbesserungen für die Mehrheit der Optionen sind nicht augenscheinlich und die Bewertungsfehler werden für out-of-the-money Optionen in ihrem Vorzeichen umgekehrt.[675] Lediglich für 25% der Optionen erreicht Neumann durch den Mix der beiden Log-Normalverteilungen und die Masseverschiebung zu den niedrigen

---

[672] Vgl. Neumann (1998), S. 7.
[673] Vgl. Neumann (1998), S. 6.
[674] Neumann (1998), S. 12.
[675] Vgl. Neumann (1998), S. 10 f.

Preisen tatsächlich eine Verbesserung (im Sinne einer Annäherung an Marktpreise) gegenüber dem Black/Scholes-Modell.[676] Die empirische Analyse für den Zeitraum des ersten Halbjahres 1994 veranlasst Neumann zu der folgenden Aussage: „In most times, the Black/Scholes formula is adequate for the pricing of DAX index options."[677] Als Motivation für seine Studie gibt er dagegen das „poor empirical behavior of the log-normal distribution assumption under the Black/Scholes model"[678] sowie „the poor empirical result of the Black/Scholes model"[679] an. Das Ziel der Studie von Neumann ist faktisch eine möglichst genaue Angleichung des Modells an die Realität. Die Parameter für den Mix der Log-Normalverteilungen schätzt Neumann durch Minimierung der quadratischen Differenz zwischen beobachteten und theoretischen Optionspreisen. Die Frage ist, ob diese Kalibrierung zu Marktpreisen wünschenswert ist, solange der Optionsmarkt selbst nicht effizient ist.

Dumas/Fleming/Whaley (1998) untersuchen anhand einer Schätzung der impliziten Volatilitätsfunktionen, ob die deterministische Volatilitätsfunktion (DVF), wie von Rubinstein (1994), Derman/Kani (1994) und Dupire (1994) für S&P 500-Optionen vorgeschlagen, valide ist. Sie untersuchen, ob die mittels Optionspreisen geschätzte Volatilitätsfunktion eines Tages identisch ist mit der mittels Optionspreisen geschätzten Volatilitätsfunktion eine Woche später und ob das Modell das Hedging gegenüber dem normalen Black/Scholes-Modell verbessert.[680] Dumas/Fleming/Whaley zeigen auch, dass die Volatilitätsstruktur über die Zeit nicht konstant ist. Zur Überprüfung verwenden Dumas/Fleming/Whaley lediglich Call-Preise am 1. April 1992 zwischen 14:45 und 15:15 Uhr.[681] Hafner/Wallmeier kritisieren, dass bei der Schätzung der täglichen impliziten Volatilitätsoberfläche wie bei Dumas/Fleming/Whaley oder Tompkins (1999) über eine spezifische Funktion bereits a priori das Wissen über die adäquate funktionale Beziehung vorhanden sein müsse, während insbesondere der Einfluss der Restlaufzeit aber unklar sei.[682]

---

[676] Vgl. Neumann (1998), S. 23.
[677] Neumann (1998), S. 9.
[678] Neumann (1998), S. 1.
[679] Neumann (1998), S. 23.
[680] Vgl. Dumas/Fleming/Whaley (1998), S. 2080-2092.
[681] Vgl. Dumas/Fleming/Whaley (1998), S. 2061 f.
[682] Vgl. Hafner/Wallmeier (2000), S. 12.

## 6.2. Literaturüberblick zur Bewertung von Indexderivaten 253

Hafner/Wallmeier (2000) analysieren die impliziten Volatilitäten aus DAX-Optionen mit einer Restlaufzeit von 45 Tagen. Sie verwenden Weighted Least Squares Spline Regressionen über den Beobachtungsraum von 1995 bis 1999, um Charakteristika des Smiles zu schätzen und auf wirtschaftliche Ursachen zurückzuführen. Von einem Smile spricht man, wenn die implizite Volatilität (abgetragen an der Ordinate) sich symmetrisch um einen bestimmten Wert der Moneyness (abgetragen an der Abszisse) verändert, so dass die sich ergebende Grafik die Gestalt einer nach oben geöffneten Parabel (bildlich ein Smile) annimmt (vgl. Abbildung 35 sowie Abbildungen 73 bis 78). Wallmeier/Hafner stellen fest, dass die implizite Volatilität in Abhängigkeit des Ausübungspreises eher als ein Skew erscheint. Sie stellen fest, dass die Dynamik des Volatilitätsprofils durch einen stationären autoregressiven Prozess akkurat modelliert werden kann.

Hafner/Wallmeier verwenden tägliche Zinssätze des DM-Libors für 1, 3, 6 und 12 Monate. Für andere Laufzeiten interpolieren Hafner/Wallmeier die Zinssätze und konvertieren den so erhaltenen Zinssatz in einen kontinuierlichen Zinssatz.[683] Von den ursprünglich in ihrem Datensatz befindlichen knapp 3,2 Millionen Optionspreisen beziehen sich 88% auf eine Restlaufzeit von unter 90 Kalendertagen, wobei out-of-the-money Puts und Calls besonders häufig gehandelt werden. Hafner/Wallmeier eliminieren alle Optionen, welche gegen die arbitragefreien Grenzen verstoßen oder implizite Volatilitäten von über 150% aufweisen. Ihre Analyse beschränken Hafner/Wallmeier auf einen Bruchteil ihrer Ausgangsdatenbasis: Zur Schätzung der impliziten Volatilität abhängig vom Ausübungspreis wählen sie Optionen mit einer Restlaufzeit von 45 Kalendertagen (ca. 33 Handelstagen).

Die Moneyness $M$ definieren sie als Ausübungspreis/Futurespreis, das heißt, ein Call ist in-the-money, wenn $M < 1$. Sie versuchen zunächst eine quadratische Regression wie bei Shimko (1993)[684], stellen allerdings fest, dass die Methode der quadratischen Regression die implizite Volatilität von Optionen mit $M > 1$ häufig unterschätzt, während die WLS Spline Regression sich schneller wieder anpasst, wenn die implizite Volatilität mit steigender Moneyness wieder steigt. Die Volatilitätsstruktur

---

[683] Vgl. Hafner/Wallmeier (2000), S. 7 f.
[684] Vgl. Shimko (1993), S. 33-37.

für Optionen am 21. Mai 1999 mit einer Restlaufzeit von 28 Kalendertagen hat die Gestalt eines „Sneer" d.h. die implizite Volatilität sinkt fast monoton je höher die Moneyness ist. Erst bei einer Moneyness von über 1,07 steigt die implizite Volatilität wieder an. Tatsächliche Smiles beobachten Hafner/Wallmeier selten und nur für sehr kurze Restlaufzeiten wie etwa am 30. Juli 1999 für 21 Tage Restlaufzeit.[685] Optionen mit einer Restlaufzeit von über 45 Tagen weisen monoton sinkende implizite Volatilitäten auf (57 Kalendertage, am 20. Mai 1999).

Hafner/Wallmeier finden Abweichungen zwischen den impliziten Volatilitäten von Puts und Calls mit gleicher Moneyness, welche sie darauf zurückführen, dass die tatsächliche Steuerbelastung von Investoren bei Dividenden von der von der Deutschen Börse AG unterstellten Steuerquote von 30% abweicht.[686] Hafner/Wallmeier schätzen implizit die unbekannte Steuerbelastung von Investoren auf der Annahme, dass die Put-Call-Parität abgesehen von Abweichungen in den impliziten Volatilitäten zwischen Calls und Puts zutrifft und unterstellen damit implizit, dass der Unterschied zwischen fiktiver und tatsächlicher Steuerbelastung der einzige Grund für Abweichungen von der Put-Call-Parität darstellt. Unter dieser Annahme gelangen sie zu der Schlussfolgerung, dass nach einer Erhöhung des DAX um 8 Punkte die Abweichungen der impliziten Volatilitäten nicht länger auftreten. Ihre Schätzung könnte unpräzise sein, weil sie sich nur auf einen kleinen Teil (45 Kalendertage) der Datenbasis bezieht.

Hafner/Wallmeier gelingt es nicht, die Gründe für den Smile allein auf ökonomische Fundamentaldaten zurückzuführen. Sie nehmen daher an, dass auch Marktstimmungen eine Rolle spielen.[687] Eine Schwäche der Studie von Hafner/Wallmeier stellt zweifellos dar, dass sie nur das zweidimensionale Volatilitätsprofil untersuchen, nicht aber die Restlaufzeit einbeziehen. Vor dem Hintergrund der Zeitinstabilität der Volatilität, den Dumas/Fleming/Whaley (1998) festgestellt haben, erscheint die Wahl eines 5-jährigen Beobachtungsraums auf den ersten Blick bedenklich, weil sich in einem so langen Zeitraum die Volatilitätsstruktur so verändern kann, dass durch Vermischung von Effekten in verschiedenen Zeitperioden sich eine tatsächlich nicht vorhandene Struktur ergeben kann.

---

[685] Vgl. Hafner/Wallmeier (2000), S. 13-15.
[686] Vgl. Hafner/Wallmeier (2000), S. 8-11.
[687] Vgl. Hafner/Wallmeier (2000), S. 35.

## 6.2. Literaturüberblick zur Bewertung von Indexderivaten 255

Hafner/Wallmeier verwenden jedoch nicht den gesamten 5-jährigen Zeitraum, um eine einzige Volatilitätsschätzung zu erhalten, so dass diese Kritik nicht gerechtfertigt wäre.

Tompkins (2001) untersucht implizite Volatilitätsoberflächen. Ausgehend von dem Untersuchungsergebnis früherer Studien, dass die impliziten Volatilitäten von Optionen des gleichen Basiswerts je nach Ausübungspreis sowie Restlaufzeit variieren, untersucht er die Volatilität auf Zeitstabilität hin, um den Ursachen für diese Abweichungen auf den Grund zu gehen.[688] Denn würde das Black/Scholes-Modell die tatsächlichen Bedingungen im Optionsmarkt beschreiben, so müssten die impliziten Volatilitäten von Optionen auf den gleichen Basiswert identisch sein, unabhängig von Ausübungspreis und Restlaufzeit.[689] Die Studie von Tompkins findet beträchtliche systematische Regelmäßigkeiten in Form der Volatilitätsoberfläche. Tompkins untersucht im Equity-Bereich die Optionen auf Futures des S&P 500, des FTSE 100, des DAX sowie des Nikkei 225. Im Fall der DAX-Futures-Option wählt Tompkins den Untersuchungszeitraum 1992-1996 und verwendet Schlusskurse der Optionen. Die Optionspreise werden den zeitlich passenden Futures-Preisen zugeordnet. Die Daten stammen von der Deutschen Börse AG. Dabei wählt Tompkins aus Liquiditätsgründen nur diejenigen Futures und Optionen aus, welche am nächsten am Verfalltag im März, Juni, September und Dezember notieren. Für die Volatilitätsoberflächen ergeben sich aus der Wahl der Verfalltermine maximale Laufzeiten von bis zu 90 Kalendertagen. Die annualisierten Forward-Zinssätze für 3-Monats Deposits berechnet Tompkins standardmäßig aus den Futurespreisen (d.h. 100 – Futurespreis). Ansonsten verwendet er den LIBOR als Zinssatz, macht aber keine Angabe zur Laufzeit. Ferner eliminiert Tompkins alle Optionspreise, welche am Mindestpreis notieren oder eine Butterfly Arbitrage ermöglichen (vgl. Jackwerth/Rubinstein (1996)).

Um die unterschiedlichen untersuchten Märkte miteinander vergleichen zu können, standardisiert Tompkins die implizite Volatilität, indem er die implizite Volatilität für einen bestimmten Ausübungspreis in Beziehung setzt zu der impliziten Volatilität einer at-the-money Option als Numéraire (Werteinheit). Wie bereits Jackwerth/

---

[688] Vgl. Black (1975), S. 36 ff., Heynen/Kemna/Vorst (1994), S. 31 ff., MacBeth/Merville (1979), S. 1172 ff., Rubinstein (1985), S. 455 ff., Tompkins (1999), S.2.
[689] Vgl. Tompkins (2001), S. 198.

Rubinstein (1996) bezieht auch Tompkins den Ausübungspreis auf das Verhältnis von Ausübungspreis/Basiswert (Fung/Hsieh (1991) verwenden das inverse Verhältnis). Durch die Auswertung mittels einer einfachen quadratischen Regressionsfunktion gelangt Tompkins zu der Schlussfolgerung, dass die impliziten Volatilitäten von Index-Optionen linear gekrümmte Muster innerhalb der Laufzeit von 90 Tagen aufweisen. Die Krümmung scheint dabei umso stärker zu werden, je kürzer die Restlaufzeit ist. Interessant ist Tompkins Feststellung, dass die Krümmung umso negativer ist, je höher der DAX ist.[690] Wenn die impliziten Volatilitätsoberflächen die Markterwartungen über den zukünftigen Preisprozess des Basiswerts widerspiegeln würden, müsste die Volatilitätsoberfläche im Zeitablauf bei neuen Informationen sich verändern.[691]

Thiel (2001) untersucht DAX-Optionsscheine im Zeitraum vom 01.05.1996 bis 30.06.1998. Ihm stehen 195.361 Optionsscheinkurse zur Verfügung, die er auf Fehlbewertungen durch das Black/Scholes-Modell hin auswertet.[692] Dabei eliminiert er zunächst fehlerhafte Einträge. Ein erheblicher Anteil der amerikanischen Optionsscheine, nämlich 38.733 Beobachtungen (19,83%), verstößt gegen arbitragefreie Wertgrenzen.[693] Als Zinssatz verwendet er den Interbankensatz FIBOR, den er laufzeitkongruent den Optionsscheinen zuordnet. Zur Überprüfung des Black/Scholes-Modells verwendet Thiel die historische Volatilität auf Basis von 30, 60, 90 und 120 Tagen, die er auf Basis von Kalendertagen annualisiert. Thiel stellt für seinen Untersuchungszeitraum für Optionsscheine fest, dass das Black/Scholes-Modell insbesondere in-the-money sowie at-the-money Optionsscheine mit nur geringen Abweichungen von den Marktpreisen bewertet, während die Bewertungsfehler bei aus dem Geld notierenden Optionen zunehmen. Ebenso nimmt die Fehlbewertung mit der Restlaufzeit zu.[694]

Atkinson/Tsibiridi (2004) verallgemeinern die Black/Scholes-Formel mittels stabiler Verteilungen, um die im Vergleich zur Log-Normalverteilung in der Realität häufiger vorkommenden Extremwerte (sog. Fat Tails) zu berücksichtigen. So konstatieren Jackwerth/Rubinstein (1996), dass die Wahrscheinlichkeit einer

---
[690] Vgl. Tompkins (2001), S. 216. Zu ähnlichen Ergebnissen vgl. auch Peña/Rubio/Serna (1999), S. 1151-1179.
[691] Vgl. Tompkins (1999), S. 227.
[692] Vgl. Thiel (2001), S. 165-167.
[693] Vgl. Thiel (2001), S. 191.
[694] Vgl. Thiel (2001), S. 237-266.

jährlichen Kursveränderung des S&P 500-Indexes von 3 oder 4 Standardabweichungen (36 respektive 46%) um 10 respektive 100-mal wahrscheinlicher ist als durch die Log-Normalverteilung impliziert.[695] Durch die Berücksichtigung von Extremwerten fällt die Volatilität höher aus als die implizite Volatilität einer Option bei der Black/Scholes-Formel. Auf Basis der stabilen Verteilung ergibt sich infolge der vergleichsweise hohen Preisveränderungen des Basiswerts ein höherer Optionspreis als nach dem Black/Scholes-Modell. Selbst in Marktphasen mit geringer Volatilität können bei Annahme der stabilen Verteilung aufgrund der höheren Wahrscheinlichkeit für Extremereignisse große Preisveränderungen eintreten. Somit wird die Option gerade in Marktphasen mit geringer Volatilität einen höheren Wert aufweisen als unter der Annahme der log-Normalverteilung.[696]

Für das Hedging bedeutet der höhere theoretische Optionspreis, dass eine größere Anzahl des Basiswerts im Rahmen des risikolosen Portfolios ge- bzw. verkauft werden muss.[697] Hieraus lässt sich jedoch keine generelle Aussage darüber treffen, ob die stabile Verteilung Optionen gegenüber der Log-Normalverteilung immer überbewertet. Im Black/Scholes-Modell gibt es für Puts beispielsweise die Möglichkeit, den inneren Wert zu erlangen, nämlich, wenn der Basiswert nahe bei Null notiert. Unter der log-stabilen Verteilung jedoch existiert das Risiko, dass die Option zum Verfalltermin nicht mehr im Geld notiert. Daher erreicht ein Put unter der Annahme der stabilen Verteilung nicht den inneren Wert.

## 6.3 Aufbau und Methodik der Studie

### 6.3.1 Kapitalmarktdaten

Die in der vorliegenden Studie verwendeten Optionspreisdaten stammen von der deutsch-schweizerischen Terminbörse Eurex, die zu gleichen Teilen der Deutschen Börse AG und der SIX Swiss Exchange gehört.[698] Die Eurex ging hervor aus dem Zusammenschluss vom 28.09.1998 der erst 1990 gegründeten Deutschen Terminbörse (DTB) mit der Swiss Options and Futures Exchange Soffex.[699] Die Eurex ist

---

[695] Vgl. Jackwerth/Rubinstein (1996), S. 1611.
[696] Vgl. Atkinson/Tsibiridi (2004), S. 66.
[697] Vgl. Atkinson/Tsibiridi (2004), S. 64.
[698] Eurex (2009a), S. 1.
[699] Eurex (1998), S. 1.

mit 1,01 Mrd. Kontrakten im Jahr 2003 (+ 27% im Vergleich zum Vorjahr) die weltgrößte Terminbörse. Im Gesamtjahr 2009 wurden an der Eurex 1.687.159.298 Kontrakte gehandelt.[700]

### 6.3.2.1 DAX auf Xetra

Dem DAX wurde durch die Herausgebergemeinschaft Wertpapier-Mitteilungen[701], die Mitglied der Association of National Numbering Agency (ANNA) ist, die international eindeutige Wertpapierkennzeichnung (ISIN) DE0008469008 (WKN 846900) zugeteilt.[702] Am 31.12.1987 wurde der DAX auf 1.000 Punkte gesetzt. Die Berechnung des DAX erfolgte ab dem 28.11.1997 (Einführung von Xetra) bis zum 18.06.1999 sowohl an der Frankfurter Wertpapierbörse als auch auf Xetra.[703] Seit dem 21.06.1999 erfolgt die Berechnung des DAX ausschließlich auf der elektronischen Handelsplattform Xetra. Eine umsatzstärkste Börse existiert für den Index – anders als für die einzelnen in ihm enthaltenen Aktien – so gesehen nicht. Ohnehin kommt die Börse Frankfurt mit Xetra auf einen Anteil von 98% bei den DAX-Werten und auf 97% bei allen deutschen Aktien. Die Deutsche Börse AG berechnet den DAX alle 15 Sekunden auf die zweite Dezimalstelle genau. Die Berechnung des DAX beginnt um 9:00 Uhr und endet mit der Xetra-Schlussauktion, die um 17:30 Uhr startet.

Der DAX ist ein Performance-Index auf die sog. Blue Chips in Deutschland und notiert in Punkten. Bei den Blue Chips handelt es sich um die 30 hinsichtlich Orderbuchumsatz und Marktkapitalisierung (unter Berücksichtigung des Streubesitzes) größten deutschen Unternehmen des Prime Standard.[704] Als Performance-Index werden Dividenden, Splits und Änderungen der Marktkapitalisierung berücksichtigt. Im Unterschied zu Aktienindizes, die nur Preisbewegungen der zugrunde liegenden Aktien berücksichtigen, unterstellt die Deutsche Börse AG eine fiktive Steuerbelastung der Handelsteilnehmer, wobei der fiktive Nettomittelzufluss

---

[700] Eurex (2009b), eigene Berechnungen.
[701] Die Wertpapier-Mitteilungen Gruppe untergliedert sich in die Bereiche Börsen-Zeitung, WM Datenservice, Wirtschafts- und Bankrecht sowie WM Seminare. Der WM Datenservice organisierte die Einführung der ISIN.
[702] Vgl. WM Datenservice (2003), S. 1-3.
[703] Deutsche Börse AG (2004f), S. 1. Bei Bloomberg (2004b), o. S. heißt es dagegen, dass bereits seit dem 18.06.1999 ausschließlich Xetra-Preise zur viertelminütlichen Neuberechnung des DAX herangezogen werden.
[704] Deutsche Börse AG (2009b), S. 1.

## 6.3 Aufbau und Methodik der Studie

wieder in die ex-Dividenden notierenden Titel reinvestiert wird. Wäre der DAX kein Performance-Index – wie etwa der S&P 100-Index – so müssten Dividendenzahlungen berücksichtigt werden.[705] Wallmeier (2003) weist daraufhin, dass der von der Deutschen Börse AG unterstellte fiktive Steuersatz nicht dem tatsächlichen Steuersatz der Handelsteilnehmer entsprechen muss und erklärt mit der Abweichung Verstöße gegen die Put-Call-Parität.[706] Fraglich ist daher, ob der von der Deutschen Börse AG unterstellte Steuersatz realistisch ist. Für unterschiedliche Investoren ergeben sich auch unterschiedliche Steuerquoten, so dass eine Spanne arbitragefreier Preise statt eines eindeutigen Preises zu erwarten ist.

Für die Überprüfung des Black/Scholes-Modells stellt sich die Frage, ob der DAX-Option als Basiswert der DAX oder der DAX-Future zugrunde gelegt werden soll. Einige Studien, welche die implizite Volatilität von Index-Optionen untersuchen, verwenden als Basiswert den Future auf den Index, ohne hierfür eine Begründung zu liefern.[707] Wallmeier (2002) argumentiert im Zusammenhang mit der Diskussion, ob Kosten der Wertpapierleihe für den Verkauf von im DAX befindlichen Aktien Preisdifferenzen erklären können, dass „die Arbitrage in aller Regel nicht über den Leerverkauf das DAX-Portfolios vorgenommen wird, sondern durch den Verkauf des DAX-Future".[708]

Hafner/Wallmeier (2001) verwenden in ihrer Studie DAX-Futures mit unterschiedlichen Laufzeiten je nachdem, welcher Futureskontrakt am jeweiligen Tag das höchste Handelsvolumen aufweist. Diese Vorgehensweise ist aus zwei Gründen problematisch: Erstens fehlt den Handelsteilnehmern in der Realität die Information, welcher Future die höchste Liquidität aufweist, da sich das höchste Handelsvolumen erst ex-post nach allen Abschlüssen am Tagesende feststellen lässt. Zweitens wird der Future in aller Regel leicht oberhalb des DAX gehandelt, und dies umso mehr, je länger die Laufzeit des Futures ist, da der kurzfristige Zinssatz die Dividende des Index in der Regel übersteigt (sog. positive Basis).[709] Das bedeutet,

---

[705] Der Basiswert der Index-Option wäre im Fall eines reinen Kurs-Index somit nicht der Index, sondern der Index abzüglich des Gegenwartswertes aller während der Laufzeit anfallenden Dividenden. Vgl. Longstaff (1995), S. 1099.
[706] Vgl. Wallmeier (2003), S. 166, S. 242.
[707] Vgl. Hafner/Wallmeier (2001).
[708] Wallmeier (2002), S. 169.
[709] Vgl. Kleidon/Whaley (1992), S. 851.

dass Hafner/Wallmeier aus Liquiditätsaspekten heraus unterschiedliche DAX-Stände verwenden. Eine ähnliche Vorgehensweise wie Hafner/Wallmeier (2001) nimmt auch die Deutsche Börse AG zur Berechnung des VDAX vor:[710] Die Deutsche Börse AG interpoliert die Zinssätze (Euribor von einem bis zwölf Monaten Restlaufzeit bzw. REX Renditen) linear und verwendet lediglich die „besten Bid- und Ask-Preise der DAX-Futures".[711] Da in der Regel der Verfalltermin der DAX-Option nicht mit dem DAX-Future, der nur im März, Juni, September und Dezember verfällt, übereinstimmt, wird der DAX-Future ebenfalls linear interpoliert.[712] Durch beide lineare Interpolationen werden ähnlich wie bei Hafner/Wallmeier künstliche Daten geschaffen, die das reale Marktgeschehen nicht abbilden.

Zu diesen Inkonsistenzen kommt hinzu, dass Aktien-, Options- und Futuresmärkte nicht perfekt aneinander gekoppelt sind. Vor diesem Hintergrund sind die zahlreichen Untersuchungen der Beziehungen insbesondere zwischen den Aktien- und Optionsmärkten zu sehen (vgl. S. 199 ff.).[713] So fiel der Dezember S&P 500-Futures Kontrakt am 19. Oktober 1987 weit unterhalb des S&P 500 Index (rund 20% Discount trotz der in der Regel positiven Basis).[714] Ähnlich fielen 1987 auch die Futures Kontrakte an der Londoner Börse unterhalb des Cash Index.[715] Eine derart starke Abkopplung miteinander verbundener Märkte signalisiert unter normalen Umständen nicht unerhebliches Arbitragepotenzial.[716] Die Resultate von Wallmeier/Hafner (2001) könnten daher unter dem nicht immer perfekten Zusammenspiel zwischen Aktien-, Futures- und Optionsmärkten leiden.

Soweit Preisdifferenzen zwischen Spot- und Futures-Preis mit Kosten der Wertpapierleihe begründet werden, müssen auch die steuerlichen Vorteile für den Entleiher, die aus der vollen Abzugsfähigkeit der Ausgleichszahlung für die Dividende sowie der Leihgebühr (vermindert um 5% der Dividende, die nicht abziehbare Betriebsausgaben darstellen) gem. § 8b Abs. 1 und Abs. 5 KStG

---

[710] Vgl. Deutsche Börse AG (2004b), S. 13.
[711] Deutsche Börse AG (2004a), S. 3.
[712] Vgl. Deutsche Börse AG (2004b), S. 13 sowie Deutsche Börse AG (2004a), S. 3.
[713] Vgl. Branch/Freed (1977), S. 159-163, Manaster/Rendleman (1982), S. 1043-1057, Stephan/ Whaley (1990), S. 191-220, Kleidon/Whaley (1992), S. 851-877, Jarnecic (1999), S. 77-94, Mayhew/Sarin/Shastri (1999), S. 1-23, Pan/Poteshman (2003), S. 1-29 sowie Kalodera/Schlag (2003), S. 1-27.
[714] Vgl. Kleidon/Whaley (1992), S. 859.
[715] Vgl. Kleidon/Whaley (1992), S. 858.
[716] Vgl. Kleidon/Whaley (1992), S. 851.

## 6.3 Aufbau und Methodik der Studie

resultieren, berücksichtigt werden. Wilkens (2003) räumt in der Kenntnis des Hedgings der DAX-Option über den Futures-Kontrakt zwar ein, dass der DAX-Future als Basiswert für die Option grundsätzlich verwendet werden könnte.[717] Wilkens zieht für seine Untersuchung allerdings den Xetra-DAX als Underlying dem DAX-Future vor, weil die Kontraktspezifikation der DAX-Option explizit den DAX nennt.[718] Gegen die Verwendung des DAX-Futures sprechen somit sowohl die Abweichung von der eigentlichen Kontraktspezifikation als auch die Existenz mehrerer Laufzeiten zu den Quartalsenden, die eine Interpolation erforderlich machen. Aus diesen Gründen nimmt die vorliegende Studie in Übereinstimmung mit den Studien von Thiel (2001) und Wilkens (2003) eine Synchronisierung der Optionen mit dem DAX vor.

Am 21.6.2004 änderte die Deutsche Börse AG die Gewichte der 30 Einzeltitel im Deutschen Aktienindex. Das Gewicht der Hypo-Vereinsbank stieg infolge der Kapitalerhöhung von 1,22 auf 1,99%, die Gewichte der Deutschen Bank und der Allianz reduzierten sich auf 8,78% (9,30%) respektive 6,60% (6,98%). Die stärkste Gewichtung im DAX während des Untersuchungszeitraums kommt der Aktie von Siemens mit 11,68% (11,47%) zu, die geringste Gewichtung weist Tui mit 0,46% (0,47%) auf.[719] Die Veränderung der Index-Zusammensetzung durch die Deutsche Börse AG erfolgt unter der Annahme, dass die neuen Gewichtungen automatisch erreicht werden. Fondsmanager, welche den DAX nachbilden wollen, müssen dagegen die einzelnen Aktien in ihrem neuen Verhältnis kaufen bzw. verkaufen und gehen dabei Transaktionskosten ein.[720]

Abbildung 50 zeigt den Verlauf des DAX im ersten Halbjahr 2004 auf variabler Xetra-Basis (262.064 Daten).

---

[717] Vgl. Wilkens (2003), S. 242.
[718] Vgl. Wilkens (2003), S. 243.
[719] Vgl. Handelsblatt (2004), S. 33.
[720] Vgl. Frino/Gallagher (2001), S. 44 ff.

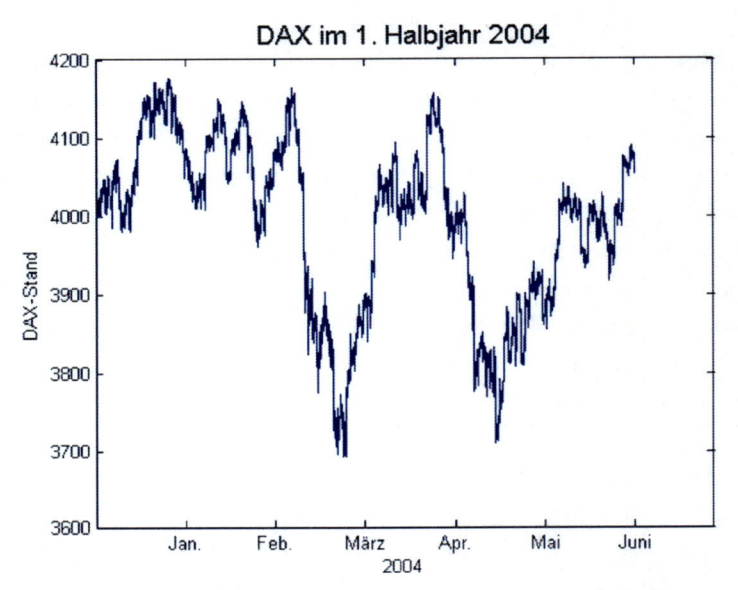

**Abbildung 50: Verlauf des DAX auf Xetra im 1. Halbjahr 2004 (Tickdaten)**
Quelle: Eigene Darstellung.

Die täglichen DAX-Schlusskursdaten[721] sowie die Verteilung („Historical Return Histogram") der täglichen DAX-Renditen[722] entstammen dem Bloomberg System. Die variablen DAX-Kurse (Tickdaten) stammen aus dem Wertpapierinformationssystem der WM Gruppe.

### 6.3.2.2 DAX-Option

Vor dem Hintergrund der jungen Geschichte der DAX-Option, ihrer hohen Bedeutung gemessen am Handelsvolumen und der allgemein wachsenden Bedeutung von Index-Optionen ist die Überprüfung der relativen und absoluten Bewertung der DAX-Option auf umfangreicher Datenbasis wünschenswert.[723] Der DAX-Option liegt als Basiswert der Deutsche Aktienindex DAX auf Xetra zugrunde.[724] Die Eignung der DAX-Option als Gegenstand dieser Untersuchung ergibt sich aus deren hohen Liquidität. Die Liquidität von Optionen wird häufig anhand von drei

---

[721] Vgl. Bloomberg (2004b), o. S.
[722] Vgl. Bloomberg (2004b), o. S.
[723] Vgl. Mittnik/Rieken (2000), S. 260.
[724] Vgl. Eurex (2004a), S. 46.

## 6.3 Aufbau und Methodik der Studie

Kennzahlen gemessen: der Anzahl gehandelter Kontrakte, dem Handelsvolumen und der Höhe der bezahlten Optionspreise.[725]

Mit 19.981.400 Kontrakten, einem Handelsvolumen in Höhe von 391,1 Mrd. € und bezahlten Optionspreisen in Höhe von 9,982 Mrd. € im Untersuchungszeitraum stellt die DAX-Option nach der Dow Jones Euro STOXX 50-Option die liquideste Aktienindex-Option der EUREX dar.[726] Von der Dow Jones Euro STOXX 50-Option wurden im Untersuchungszeitraum 37.032.409 Kontrakte mit einem Handelsvolumen in Höhe von 1,022 Bill. € und bezahlten Optionspreisen in Höhe von 37,352 Mrd. € gehandelt.[727] Bis Mai 2002 war die DAX-Option sogar die meist gehandelte Aktienindex-Option der EUREX. (vgl. S. 189 ff.). Auch Wallmeier (2002) wählt für seine Untersuchung der Auswirkung des Ausübungspreises auf die Fehlbewertung des Black/Scholes-Modells die DAX-Option, die „sich als Gegenstand für einen empirischen Test anbietet, weil sie zu den weltweit meistgehandelten Aktienindex-Optionen gehört und Daten aus dem elektronischen Handelssystem der Eurex in hoher Qualität verfügbar sind".[728]

Die DAX-Option wurde an der Deutschen Terminbörse erstmals im August 1991 eingeführt.[729] Sie ist eine Option europäischen Typs, das heißt, sie kann nur am letzten Handelstag bis zum Ende der Post-Trading-Full-Periode ausgeübt werden.[730] Der letzte Handelstag der DAX-Option ist – wie auch für die S&P 500-Option – der 3. Freitag des Monats bzw. im Falle eines Feiertags der Handelstag zuvor.[731] Für die Ausübung ist jeder Handelsteilnehmer selbst verantwortlich, eine automatische Ausübung durch die Eurex erfolgt nicht.[732] Die Eurex informiert die Handelsteilnehmer jedoch an jedem der letzten 10 Tage über den bevorstehenden Verfall. Die Erfüllung erfolgt in bar am ersten nachfolgenden Handelstag. Der

---

[725] Vgl. Mayhew/Sarin/Shastri (1999), S. 8. Der dort gebrauchte Begriff von Optionsprämien soll allerdings vermieden warden, weil der Begriff der Prämie suggeriert, es handele sich um Versicherungen, die aber im Gegensatz zu Optionen nicht fungibel und damit nicht an der Börse handelbar sind.
[726] Vgl. Deutsche Börse AG (2004d), S. 21 sowie Eurex (2004p).
[727] Vgl. Deutsche Börse AG (2004d), S. 21 sowie Eurex (2004p).
[728] Wallmeier (2002), S. 3.
[729] Vgl. Mittnik/Rieken (2000), S. 260.
[730] Vgl. Eurex (2004a), S. 48. Die S&P 100-Option ist – anders als dies viele Studien anehmen – amerikanischen Typs. Vgl. Harvey/Whaley (1991), S. 1551.
[731] Für die S&P 500-Option vgl. Dumas/Fleming/Whaley (1998), S. 2069, für die DAX-Option vgl. Eurex (2004a), S. 47.
[732] Eine Ausnahme gilt für die Eigenkonten der Börsenteilnehmer (sog. P- und M-Konten).

Erfüllungspreis (Settlement-Preis) ist der zuletzt gezahlte Preis des entsprechenden Handelstages. Falls dieser nach Meinung der Eurex nicht die Marktverhältnisse korrekt widerspiegelt oder älter als 15 Minuten ist, wählt Eurex einen offiziellen Erfüllungspreis nach einem nicht näher spezifizierten Verfahren. Der Optionspreis ist einen Handelstag nach Erwerb zu entrichten. Die DAX-Optionspreise notieren nicht in Euro, sondern in Punkten. Jeder Indexpunkt wird mit 5 € gewichtet. Der Kontraktwert ergibt sich aus der Multiplikation von Indexstand und 5 €. Die kleinste rechnerische Einheit beträgt 0,1 Punkt (1 Dezimalstelle bzw. 1 Tick) bzw. 0,50 €.[733]

Am 20. Oktober 2003 entschieden die Vorstände der Eurex Deutschland und Eurex Zürich, ab dem 3. November 2003 die Handelszeiten für Index-Optionen auf die Zeit von 8:50 Uhr bis 17:30 Uhr einzuschränken, da auch der Handelsschluss des DAX auf Xetra auf Wunsch einiger Marktteilnehmer auf 17:30 Uhr vorverlegt wurde.[734] Der Handel von Futures auf den DAX geht dagegen bis 20:00 Uhr, so dass hier Diskrepanzen zwischen verschiedenen Märkten bestehen. Am letzten Handelstag der Option endet der Handel der DAX-Option um 13:00 Uhr.

Die Eurex begibt je nach Laufzeit verschiedene Optionsserien mit unterschiedlichen Ausübungspreisen. Die DAX-Option ist mit Laufzeiten von 1, 2, 3, 6, 9, 12, 18, 24, 30, 36, 48 und 60 Monaten erhältlich. Diese Untersuchung verwendet die tatsächlichen Transaktionsdaten (Tickdaten) für die DAX-Option. Sie stammen aus einer Freischaltung zu den Eurex Tickdaten, welche die Deutsche Börse AG ermöglicht. Gegenstand der Untersuchung sind 383.080 Optionstransaktionen bzw. 19.981.400 Optionen des ersten Halbjahrs 2004.

Tabelle 37 zeigt, dass die Eurex die angebotenen Ausübungspreise der Optionen mit zunehmender Restlaufzeit ausdünnt.

| Restlaufzeit | Anzahl der Ausübungspreise | Differenzen der Ausübungspreise |
|---|---|---|
| 6 Monate | 9 | 50 Indexpunkte |
| 12 Monate | 5 | 100 Indexpunkte |
| 60 Monate | 5 | 200 Indexpunkte |

Tabelle 37: Angebot von Optionsserien – Fokussierung auf kurze Restlaufzeiten
Quelle: Eurex (2004h).

---

[733] Vgl. Eurex (2004a), S. 46-48.
[734] Vgl. Eurex (2003a) sowie Eurex (2008b), S. 1.

## 6.3 Aufbau und Methodik der Studie

Tabelle 38 gibt einen Überblick über die Transaktionen des Untersuchungszeitraums.

| 2004 | Calls | Puts | Optionen |
|---|---|---|---|
| Januar | 25.017 | 29.924 | 54.941 |
| Februar | 24.875 | 28.815 | 53.690 |
| März | 38.621 | 46.812 | 85.433 |
| April | 31.239 | 35.392 | 66.631 |
| Mai | 29.987 | 34.384 | 64.371 |
| Juni | 27.221 | 30.793 | 58.014 |
| Januar bis Juni | 176.960 | 206.120 | 383.080 |

Tabelle 38: Aufteilung der Optionstransaktionen nach Calls, Puts und Monaten
Quelle: Eigene Auswertung.

Vor der Auswertung dieser Daten erfolgt noch eine Qualitätsprüfung mit entsprechender Datenbereinigung.

### 6.3.2.3 Risikoloser Zinssatz

Aus der Arbitragefreiheit des Black/Scholes-Modells folgt, dass der Zinssatz zur Bewertung von Optionen risikolos sein muss. Als risikoloser Zinssatz könnte der durch die Put-Call-Parität implizierte Zinssatz verwendet werden.[735] Aus der Put-Call-Parität folgt für $r$:

$$r = -\log\left(\frac{P + S_0 - C}{X}\right) \cdot T.$$

Diese Methodik wenden Jackwerth/Rubinstein (1996) an und teilen die Optionen in fünf Kategorien von Restlaufzeiten ein und errechnen den Median aller errechneter Zinssätze.[736] Diese Vorgehensweise ist jedoch problematisch. Einerseits implizieren Jackwerth/Rubinstein damit, dass die Put-Call-Parität in der Realität immer eintritt. Andererseits berücksichtigt die Formel keine Transaktionskosten. Folglich wird der so ermittelte Zinssatz in nicht perfekt effizienten Märkten vom risikolosen Zinssatz abweichen.

---

[735] Vgl. Jackwerth/ Rubinstein (1996), S. 1616.
[736] Vgl. Jackwerth/ Rubinstein (1996), S. 1617.

Als risikoloser Zinssatz wird der Zinssatz von Staatsanleihen angesehen.[737] In der Praxis werden statt des Zinssatzes von Staatsanleihen häufig Swaprates verwendet.[738] Der Vorteil von Swaprates liegt darin, dass sie weniger sensitiv auf kurzfristige Angebotsveränderungen reagieren.[739] Jedoch existiert bei den Swaps ein Counterparty Risiko. Der Euribor weist den Vorzug von Swaprates auf, ohne ein gleich hohes Counterparty Risiko zu haben. Der Euribor ist der seit dem 4.1.1999 existierende (fiktive) Zinssatz, zu dem sich führende Banken in Europa gegenseitig Liquidität leihen würden („the best price between the best banks"). Die Auswahl der Banken orientiert sich an deren Top-Rating, dem Geschäftsvolumen im europäischen Geldmarkt sowie an der Repräsentativität für den europäischen Geldmarkt.[740] Die derzeit insgesamt 43 EMU Banken sowie 4 Nicht-EMU Banken geben tägliche Angebote für 15 Laufzeiten von einer Woche bis zu einem Jahr ab, zu dem sie Depositen in Euro innerhalb der Eurozone an Banken mit dem besten Rating verleihen würden.[741] Der durchschnittliche Zinssatz wird nach der Eliminierung der höchsten sowie der niedrigsten Gebote (jeweils 15%) berechnet. Der Euribor ist sowohl Spot als auch auf einer 360-Tagesbasis quotiert und wird jeweils um 11 Uhr (Brüssel-Zeit) veröffentlicht. Aufgrund der guten Bonität der an der Befragung beteiligten Banken weist der Euribor im Vergleich zu Swap-Rates ein geringes Counterparty Risiko auf.

Aus diesen Gründen verwendet die vorliegende Studie den täglichen Euribor (auf der üblichen Basis von 360 Tagen).[742] Die Methodik dieser Studie ist ähnlich der von Mittnik/Rieken (2000), die ebenfalls die Interbank Offer Rate mit 1, 3 und 6 Monaten verwenden und ihn den Optionen entsprechend der Restlaufzeit zuordnen und als konstant annehmen.[743] Allerdings nehmen Mittnik/Rieken (2000) eine lineare Interpolation zwischen den Laufzeiten vor, obwohl sie einerseits die Problematik des Bias erkennen und zudem selbst feststellen, dass die Sensitivität von Optionen

---

[737] Vgl. Ross/Westerfield/Jordan (1999), S. 268 sowie Pape/Schlecker (2008), S. 658.
[738] Vgl. Pape/Schlecker (2008), S. 658.
[739] Vgl. Eurex (2004a), o. S.
[740] Genauer: Bilanzielle Vermögenswerte bis zu einem Jahr, Geldmarktpapiere, Reverse Repurchase Agreements, Verbindlichkeiten bis zu einem Jahr, Repurchase Agreements (Repos). Zweitrangig finden auch Währungsderivate (OTC und börsengehandelt) und Währungsswaps Berücksichtigung, vgl. Bloomberg (2004b), S. 6 f.
[741] Die europäischen Banken haben sich darauf geeinigt, dass maximal 58 Banken befragt werden können, vgl. Bloomberg (2004b), S. 4 sowie Euribor FBE (2009), S. 1.
[742] Bei Verwendung von 365 Kalendertagen würde sich ein geringfügig (2. Nachkommastelle) höherer Zinssatz ergeben, beispielsweise 2,152% anstelle von 2,123% für den 3-M-Euribor am 22.6.2004.
[743] Vgl. Mittnik/Rieken (2000), S. 263.

## 6.3 Aufbau und Methodik der Studie

bezüglich des Zinssatzes äußerst gering ist. Sie eliminieren Optionen mit einer Restlaufzeit über 6 Monaten, weil ihnen hierzu kein Zinssatz zur Verfügung steht.[744] Die vorliegende Studie verwendet im Unterschied zur Studie von Mittnik/Rieken (2000) sämtliche existierenden Euribor-Zinssätze und eliminiert keine Optionen.

Abbildung 51 zeigt den Euribor im Zeitraum Anfang 2002 bis Mitte 2004. Die Daten stammen aus dem Bloomberg Professional Terminal System.

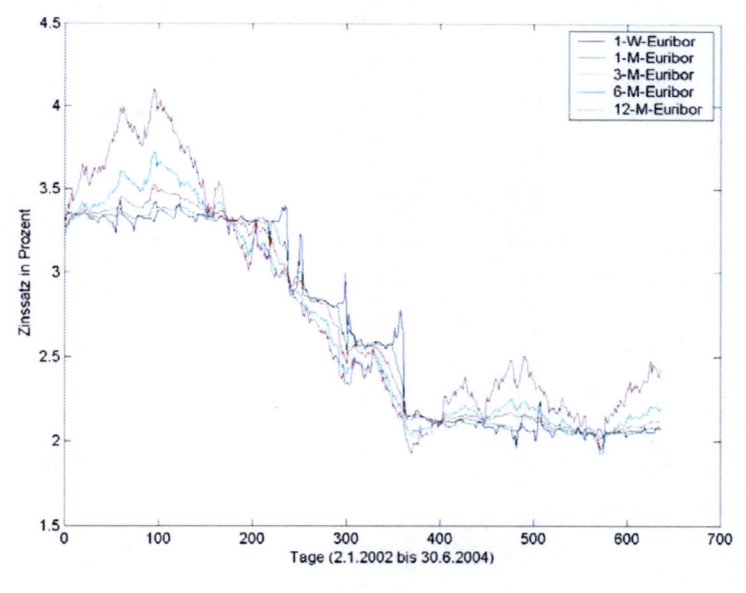

**Abbildung 51: Euribor**
Quelle: Eigene Darstellung.

Abbildung 51 zeigt, dass infolge der drei Senkungen des variablen Zinstenders durch die EZB im Zeitraum vom 2.1.2004 bis 30.6.2004 der Euribor vom Ausgangsniveau von knapp über 3,25% auf nur knapp über 2% sank.[745] Die erste Zinssenkung erfolgte am 6.12.2002 auf 2,75%, weitere Zinssenkungen erfolgten am 7.3.2003 auf 2,5% und am 6.6.2003 auf 2,0%. Den Optionen wird entsprechend ihres Handelstages der zu ihrer Restlaufzeit konforme Euribor zugeordnet, um die theoretischen Optionspreise zu berechnen. Aus den 15 existierenden Euribor-

---
[744] Vgl. Mittnik/Rieken (2000), S. 263.
[745] Vgl. EZB (2004), S. 1.

Laufzeiten und 127 Handelstagen des Untersuchungszeitraums ergeben sich 1.905 unterschiedliche Zinssätze. Für die Bewertung von Optionen mit einer Laufzeit von über einem Jahr wird einheitlich der 12-M Euribor verwendet, weil eine längere Laufzeit nicht existiert und eine Extrapolation vor dem Hintergrund einer möglichen inversen Zinsstruktur nicht sinnvoll ist. Eine annähernd ähnliche Präzision in Bezug auf die exakte Zuordnung des Zinssatzes weist die Studie von Hafner/Wallmeier (2000) auf, die vier Restlaufzeiten (1, 3, 6 und 12 Monate) des DM-Libors verwenden. Für andere Restlaufzeiten interpolieren Hafner/Wallmeier den Zinssatz.[746]

Abbildung 52 zeigt den Euribor im Beobachtungszeitraum der Studie.

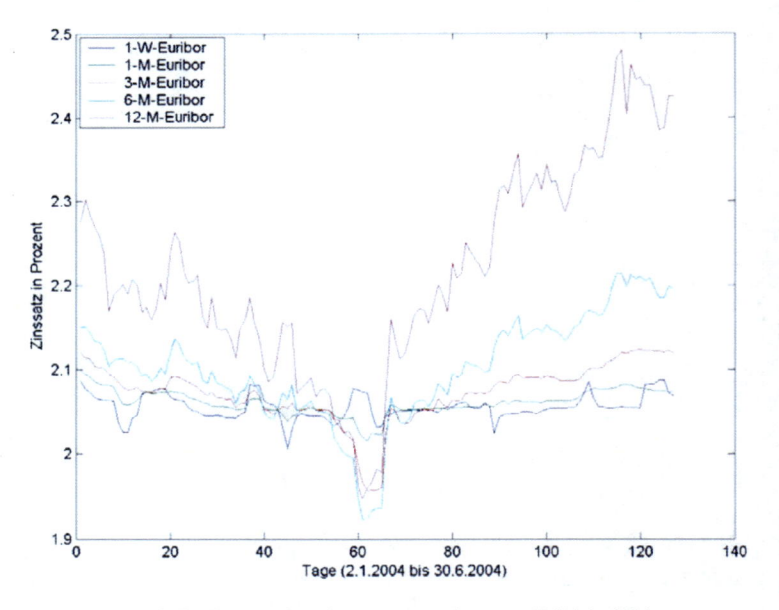

**Abbildung 52: Euribor – geringe Schwankungen im ersten Halbjahr 2004**
Quelle: Bloomberg; eigene Abbildung.

Im ersten Halbjahr 2004 schwankte der Euribor relativ geringfügig, die stärksten Schwankungen verzeichnet der Euribor mit längeren Laufzeiten wegen des Effektes der Duration, die sich hier schon etwas stärker zeigt (die Konvexität wirkt ihr

---

[746] Vgl. Hafner/Wallmeier (2000), S. 7 f.

entgegen).[747] Der Zinssatz hat auf den Optionspreis meist nur einen geringen Einfluss, außer die Option liegt sehr stark im Geld.[748]

### 6.3.2.4 Restlaufzeit der Optionen

Die Restlaufzeit der Optionen wird berechnet als Differenz zwischen dem Handelstag der Option und dem Verfalltag. Die Restlaufzeit wird als Anteil oder Vielfaches eines Kalenderjahres ausgewiesen. Der Verfalltag ist der dritte Freitag des Verfallmonats bzw. im Falle eines Feiertags der Handelstag zuvor.[749]

Tabelle 39 listet die Verfall- und Ausübungstage der Untersuchung auf.

| Monat | Verfalltag | Ausübungstag |
|---|---|---|
| Januar 2004 | 16.1.2004 | 19.1.2004 |
| Februar 2004 | 20.2.2004 | 23.2.2004 |
| März 2004 | 19.3.2004 | 22.3.2004 |
| April 2004 | 16.4.2004 | 19.4.2004 |
| Mai 2004 | 21.5.2004 | 24.5.2004 |
| Juni 2004 | 18.6.2004 | 21.6.2004 |

**Tabelle 39: Verfalltage an der Eurex**
Quelle: Eurex (2004o) bis Dezember 2005; danach eigene Recherche.

Die Eurex-Verfalltage sowie die Ausübungstage für alle Verfalltermine im Rahmen dieser Studie werden in Kapitel 3 des Anhangs aufgeführt.

### 6.3.2.5 Dividenden

Da der Käufer des Basiswertes Dividenden erhält, ist der Call auf eine dividendenzahlende Aktie im Vergleich zur Aktie eine weniger wünschenswerte Anlagealternative. Da der DAX ein Performance-Index ist, werden die Dividenden nach Abzug eines von der Deutschen Börse AG unterstellten fiktiven Steuersatzes in den DAX reinvestiert. Der von der Deutschen Börse AG vorgenommene Abzug eines fiktiven Steuersatzes ist nicht unbedenklich, weil Dividenden steuerfrei sein können. Dies gilt sowohl für Privatanleger, deren zu versteuerndes Einkommen unter dem Existenzminimum liegt oder deren Zinserträge, Veräußerungsgewinne aus

---

[747] Vgl. Marteau (1997), S. 16 ff.
[748] Vgl. Natenberg (1994), S. 97.
[749] Vgl. Eurex (2004a), S. 47.

Wertpapieren und Dividenden unter dem Sparer-Pauschbetrag von 750 € zzgl. 51 € Werbungskostenpauschale liegt, als auch generell für Aktien, deren Dividenden steuerfrei bleiben, weil sie nicht aus dem erwirtschafteten Gewinn, sondern von einem Einlagekonto bezahlt werden wie dies etwa bei der Deutschen Post AG der Fall ist.[750] Darüber hinaus gilt nach § 8b Abs. 1 KStG Steuerfreiheit für Dividenden, die aus einer Wertpapierleihe stammen. Der GmbH kommt sogar ein Steuervorteil zugute, weil nicht nur die Dividende nahezu vollständig steuerfrei bleibt (gem. § 8b Abs. 5 KStG sind 5% der Dividende nichtabziehbare Betriebsausgaben, werden im Ergebnis also versteuert), sondern die Leihgebühr und die Ausgleichszahlung voll als Betriebsausgaben abgezogen werden können, so dass sich ein steuerlicher Verlust ergibt, der die Steuergrundlage vermindert. Erwartete Dividenden dürfen in eine Untersuchung der DAX-Option aus diesem Grund nicht einbezogen werden.[751] Da die DAX-Option – im Gegensatz zu den an der Eurex gehandelten Aktienoptionen – europäischen Typs ist, darf auch keine Filterung nach einer eventuell vorzeitigen Ausübung im Falle von Dividendenzahlungen erfolgen.[752]

### 6.3.2.6 Volatilität

An den Finanzmärkten wird die Volatilität $\sigma$ als die annualisierte Standardabweichung der prozentualen Kursveränderungen gemessen.[753] Canina/Figlewski (1993) weisen darauf hin, dass der Wahl des Zeitraums zur Schätzung der Volatilität eine höhere Bedeutung zukommt seit die Volatilität nicht mehr als konstanter Parameter angesehen wird.[754] Die Annahme einer konstanten Volatilität führt zu Problemen bei der Schätzung der historischen Volatilität. Zu diesen Problemen zählen die Verwendung monatlicher Daten über einen langen Zeitraum oder die Verwendung von Zeiträumen, die nicht mit der Restlaufzeit der Option übereinstimmen. Beispielsweise berechnen Latané/Rendleman (1976) die historische Volatilität aus vier Jahren monatlicher Daten. Dieser lange Zeitraum mit äußerst diskret verteilten monatlichen Daten steht im Konflikt zu der von Optionspreis-

---

[750] Der Sparer-Pauschbetrag löste per 01.01.2009 mit Einführung der Abgeltungssteuer den bis dahin geltenden Sparerfreibetrag für Zinserträge und Dividenden (ohne Veräußerungsgewinne aus Wertpapieren) ab. Bis zum 31.12.2008 galt ein Freibetrag für Veräußerungsgewinne aus Wertpapieren bis zu 512 €, wobei das Halbeinkünfteverfahren Anwendung fand.
[751] Vgl. Mittnik/Rieken (2000), S. 261.
[752] Vgl. Wilkens (2003), S. 238 f., S. 452.
[753] Vgl. Marteau/Carle/Fourneaux/Holz/Moreno (2005), S. 14.
[754] Vgl. Canina/Figlewski (1993), S. 663.

händlern verwendeten Periode von zwischen 1 und 6 Monaten zur Schätzung der historischen Volatilität.[755]

Black/Scholes (1972) weisen auf die Bedeutung einer korrekten Schätzung des Parameters Volatilität hin, machen jedoch in ihrer Untersuchung keine konkreten Angaben über die Art der Schätzung: „The variance rate creates a more serious problem. We will test the valuation model using variance rates estimated from past data".[756] Chiras/Manaster (1978) verwenden wie Latané/Rendleman (1976) monatliche Daten, allerdings über einen 2-Jahres Zeitraum direkt vor der Optionsnotierung. Sowohl Latané/Rendleman als auch Chiras/Manaster (1978) berechnen allerdings realisierte Volatilitäten über einen Zeitraum, der nicht mit der Laufzeit der Optionen übereinstimmt.[757] Beckers (1981) verwendet zur Schätzung der historischen Volatilität tägliche Daten über einen 3-monatigen Zeitraum. Wallmeier (2003) merkt an, „dass eine sehr genaue Volatilitätsprognose nicht realistisch erscheint" und fordert daher, dass der Schätzzeitraum für die Volatilität relativ lange sein soll.[758]

Herrmann (1999) berechnet 30- und 90-Tages Volatilitäten für den DAX, gibt jedoch keine Auskunft darüber, ob er an jedem Handelstag neue 30- und 90-Tages Volatilitäten berechnet und den Optionen zuordnet oder ob die Datengrundlage für alle Optionen dieselbe ist.[759] Ähnlich berechnet Thiel (2001) Volatilitäten mit Zeiträumen von 30, 60, 90 und 120 Tagen, wobei Anlass für seine Vorgehensweise die Verwendung der impliziten anstelle der historischen Volatilität sowie daraus sich ergebend die vergleichsweise sehr geringe Datendichte von Call-Optionsscheinen ist, die zur Extrahierung der impliziten Volatilität geeignet ist.[760]

Die historische Volatilität wird wie folgt geschätzt:[761]

---

[755] Vgl. Canina/Figlewski (1993), S. 663.
[756] Black/Scholes (1972), S. 401.
[757] Bei Latané/Rendleman (1976) basiert eine Optionsserie auf der realisierten Volatilität von Aktienkursen, die sechs Monate früher notieren als die erste Option in der Stichprobe.
[758] Vgl. Wallmeier (2003), S. 154.
[759] Vgl. Herrmann (1999), S. 107 f.
[760] Vgl. Thiel (2001), S. 169.
[761] Vgl. Hull (2009), S. 282 ff.

$$\sigma^* = \frac{\sqrt{\frac{1}{n-1}\sum_{i=1}^{n}u_i^2 - \frac{1}{n(n-1)}\left(\sum_{i=1}^{n}u_i\right)^2}}{\sqrt{\tau}},$$

wobei:

$$u_i = \log\left(\frac{S_i}{S_{i-1}}\right) \text{ und}$$

$\tau$ = Zeitperiode in Jahren.

Die Formel findet auf den DAX Anwendung, da keine Dividendenausschüttung stattfindet.[762]

In der Finanzliteratur wird kontrovers diskutiert, ob die Annualisierung der Volatilität auf Basis von Kalender- oder Handelstagen zu erfolgen habe und welcher Zeitraum für die Schätzung der historischen Volatilität verwendet werden soll.[763] Die Vorzüge der beiden Alternativen sollen tabellarisch kurz gegenübergestellt werden.

| **Handelstage** | **Kalendertage** |
|---|---|
| • Kursfeststellungen nur an Handelstagen[764] <br> • Bessere Qualität empirischer Tests auf dem US-Markt bei Verwendung von Handelstagen[765] | • Informationsverarbeitung erfolgt auch an handelsfreien Tagen[766] <br> • Kalendertage sind die statistische Konsequenz des unterstellten Kursprozesses[767] <br> • Kalendertage sind unabhängig vom jeweiligen Markt immer identisch[768] <br> • Zeitbasis konsistent mit den weiteren Parametern Restlaufzeit und Zinssatz[769] |

**Tabelle 40: Annualisierung der Volatilität mittels Handels- oder Kalendertagen**
Quelle: Eigene Darstellung.

---

[762] Vgl. Hull (2009), S. 282 ff.
[763] Vgl. Wilkens (2003), S. 247.
[764] Vgl. Natenberg (1994), S. 65 sowie Wilkens (2003), S. 247.
[765] Vgl. Hull (2009), S. 282 ff., S. 296 ff.
[766] Vgl. Thiel (2001), S. 170.
[767] Vgl. Thiel (2001), S. 170.
[768] Vgl. Wilkens (2003), S. 247.
[769] Vgl. French (1984), S. 549 sowie Wilkens (2003), S. 247, der darauf verweist, dass schließlich auch Zinsen an Kalendertagen (und nicht etwa nur an Banktagen) gezahlt werden.

## 6.3 Aufbau und Methodik der Studie

Für die Verwendung von Handelstagen zur Annualisierung der Volatilität spricht, dass sich die Preise trotz der 365 Kalendertage nicht über das Wochenende verändern können.[770] Allerdings besteht auch der Handelstag zum Großteil aus einer handelsfreien Zeit. Eine Annualisierung dürfte konsequenterweise nur auf Basis der Handelszeit erfolgen.[771]

In der Praxis würde die Annualisierung auf Basis der Handelszeit jedoch zu weiteren Problemen bzw. Inkonsistenzen führen, weil sich die Frage stellt, ob als Handelszeit neben der Haupthandelszeit (Trading) von 08:50 bis 17:30 Uhr im Falle der DAX-Option auch das Pre-Trading von 07:30 bis 08:50 Uhr sowie das Post-Trading Full von 17:30 bis 20:30 Uhr berücksichtigt werden soll, oder ob die Handelszeit des over-the-counter Block Tradings von 09:00 bis 18:30 Uhr zugrunde gelegt wird. Ein weiteres Problem ergibt sich daraus, dass am letzten Tag das Trading nur bis 13:00 Uhr möglich ist, während die Ausübung bis 21:00 Uhr erfolgen kann.[772]

In der amerikanischen Finanzliteratur scheint es einen Vorzug von Handelstagen zu geben seit Fama (1965) und French/Roll (1986) über eine teils deutlich höhere Volatilität an Handelstagen im Vergleich zu Kalendertagen berichten.[773] Die Verwendung von Handelstagen zur Annualisierung der Volatilität berücksichtigt somit die empirischen Erkenntnisse auf dem US-Markt.[774]

Dagegen verweist Thiel (2001) auf aktuellere empirische Studien zum Effekt von handelsfreien Tagen auf die Volatilität auf dem europäischen Markt. Diese neueren Studien widersprechen den früheren Ergebnissen einer niedrigeren Volatilität an Wochenenden auf dem US-Markt.[775] Die Unentschiedenheit, welcher Art der Annualisierung der Vorzug zu geben ist, zeigt sich in der Studie von Thiel, der argumentativ eine starke Präferenz zu Kalendertagen erkennen lässt, seine empirische Untersuchung aber sowohl mit Handels- als auch mit Kalendertagen und dies zusätzlich auf Basis von vier alternativen Zeitperioden durchführt.[776] Herrmann

---

[770] Vgl. Natenberg (1994), S. 65.
[771] Vgl. Thiel (2001), S. 169 f.
[772] Vgl. Eurex (2003a), S. 1 ff.
[773] Vgl. Fama (1965), S. 34 ff., French/Roll (1986), S. 9, S. 23, Hull (2009), S. 282 ff., S. 296 ff.
[774] Vgl. Fama (1965), S. 34 ff., French (1984), S. 549, French/Roll (1986), S. 9, S. 23, Hull (2009), S. 282 ff., S. 296 ff.
[775] Vgl. Thiel (2001), S. 170.
[776] Vgl. Thiel (2001), S. 169 f.

(1999) verwendet dagegen Handelstage zur Annualisierung und verweist auf Hull, der selbst wieder auf die frühen amerikanischen Studien von Fama (1965) und French (1980) verweist.[777] Wilkens (2003) sowie Wallmeier (2003) präferieren Kalendertage zur Annualisierung.

Da bei Annualisierung der Volatilität auf Basis von Kalendertagen eine Konsistenz hergestellt wird zu den im Black/Scholes-Modell ebenfalls verwendeten Parametern Restlaufzeit und Zinssatz, eine Informationsverarbeitung auch an handelsfreien Tagen erfolgt und die Annualisierung auf Basis von Handelstagen inkonsequent wäre, da nur an einem geringen Teil des Handelstages tatsächlich Kurse festgestellt werden, wird in dieser Untersuchung die Volatilität auf Basis von Kalendertagen annualisiert.

Neben der Annualisierung der Volatilität stellt sich weiterhin die Frage nach der Länge des Datenzeitraums, der zur Berechnung der Volatilität zugrunde gelegt werden soll. Einerseits könnte ein längerer Zeitraum mehr nützliche Informationen beinhalten, andererseits könnten die wichtigsten Informationen sich in einem eher kurzen Zeitraum direkt vor dem Handelstag der Option abspielen.

Abbildung 53 zeigt, dass die historische Volatilität teils nicht unerheblich von der Art der Annualisierung sowie dem zugrunde gelegten Zeitraum abweicht. Rein mathematisch führt die Annualisierung auf Basis der rechnerischen 360 Kalendertage zu einer höheren Volatilität als eine Annualisierung auf rechnerischen 252 Handelstagen. Die Grafik zeigt dies, da bei Zugrundelegung eines gleich langen Datenzeitraums die mit Kalendertagen annualisierte Volatilität stets über der mit Handelstagen annualisierten Volatilität liegt. Die Annualisierung auf Basis von Kalendertagen führt im Untersuchungszeitraum der vorliegenden Studie zu einer meist um 4 Prozentpunkte höheren Volatilität, schrumpft aber kurzfristig Mitte Februar infolge eines starken Volatilitätsanstiegs. Interessant ist der Effekt eines unterschiedlich langen Datenzeitraums.

---

[777] Vgl. Herrmann (1999), S. 107.

## 6.3 Aufbau und Methodik der Studie

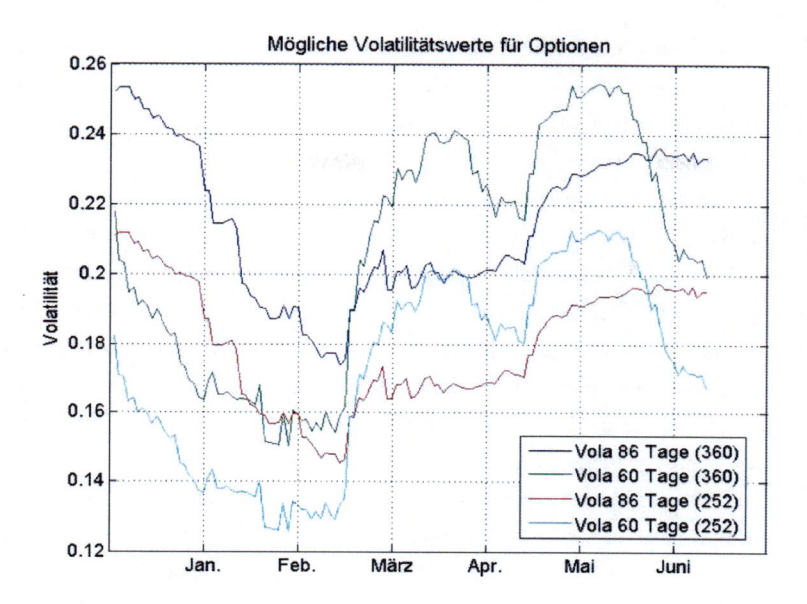

**Abbildung 53: Historische Volatilität (unterschiedliche Volatilitätsschätzer)**
Quelle: Eigene Berechnungen.

Die Überschneidungen jeweils der Volatilitäten auf Basis von 60 sowie 80 Kalendertagen machen deutlich, dass der Effekt des Datenzeitraums nicht prognostiziert werden kann, sondern vielmehr von den konkreten Datenrealisierungen im untersuchten Zeitraum abhängt. Bei genauer Betrachtung erkennt man, dass etwa am 12. April die 60-Tages Volatilität mit Annualisierung auf Basis von Handelstagen mit 20,12% leicht über den 20,05% der 80-Tages Volatilität mit Annualisierung auf Basis von Kalendertagen liegt. Abgesehen davon, dass ceteris paribus die Volatilität bei Annualisierung mit Kalendertagen immer höher ist als bei Annualisierung mit Handelstagen, sind also alle Konstellationen möglich.

Hull (2009) regt an, dass die Restlaufzeit der Option zugleich den Zeitraum der zu verwendenden Daten darstellen könne.[778] Während dieses Vorgehen für eine einzelne Option einen möglichen Ansatz darstellt, würde es in der empirischen Studie aufgrund der Vielzahl unterschiedlicher Optionen zu erheblichen Verzerrungen der Resultate führen. Bei Restlaufzeiten von einem Tag bis hin zu

---

[778] Vgl. Hull (2009), S. 282 ff.

beinahe 5 Jahren (vgl. S. 277 ff.) ist offensichtlich, dass die Resultate theoretischer Optionspreise durch eine so unterschiedliche Wahl von Datenzeiträumen miteinander nicht mehr vergleichbar wären, und damit systematische Fehlbewertungen verzerrt wiedergegeben würden. Aus diesem Grund soll ein Zeitraum gewählt werden, der einerseits beim überwiegenden Teil der Optionen zu einer annähernden Übereinstimmung von Restlaufzeit der Option und Zeitraum der Daten führt und andererseits Verzerrungen in den Resultaten dadurch vermeidet, dass nur ein Zeitraum für alle Optionen verwendet wird. Die $IQR_{75,25}$, also die im Bezug auf die Restlaufzeit mittleren 50% aller hier betrachteten Optionen, weisen eine Restlaufzeit zwischen 14 und 60 Kalendertagen auf. Bei einer $IQR_{90,10}$, die lediglich extreme Ausreißer nicht mehr berücksichtigt, liegt die Restlaufzeit zwischen 4 und 180 Kalendertagen. Als Kompromiss zwischen diesen Datenzeiträumen wird das arithmetische Mittel von 60 und 180 Kalendertagen verwendet. Dies führt zu 120 Kalendertagen, entsprechend 4 Kalendermonaten oder 86 Handelstagen.[779] Als Vergleichswert wird zusätzlich ein kürzerer Zeitraum von 60 Handelstagen bei gleicher Annualisierungsmethode betrachtet.

Allerdings soll die historische Volatilität jeder einzelnen Option nicht auf den gleichen Daten, sondern nur auf dem gleichen Datenzeitraum basieren. Das bedeutet, dass bis zum Handelstag der Option alle Informationen aus dem davor liegenden 120-tägigen Zeitraum genutzt werden, um die Volatilität zu bestimmen. Eine Option, die am 2.1.2004 gehandelt wird, greift also für die Bestimmung der historischen Volatilität auf den 4-monatigen Zeitraum vom 28.8.2003 (Startzeitpunkt) bis zum 30.12.2003 (Endzeitpunkt) zurück. Aufgrund der Berechnung der historischen Volatilität über den Logarithmus von Kursänderungen wird noch der DAX-Stand vom 27.8.2003 benötigt. Für jede Option, die zu einem späteren Zeitpunkt gehandelt wird, verschieben sich entsprechend Start- und Endzeitpunkte. Durch diese Vorgehensweise bleiben zugleich die Resultate unterschiedlicher Optionen miteinander vergleichbar und der Zeitraum zur Berechnung der Volatilität ist für den überwiegenden Teil der Optionen nicht zu weit von der Restlaufzeit der Option entfernt.

---

[779] Angesichts der empirischen Evidenz aus der Grafik sollte die Frage nach dem richtigen Datenzeitraum nicht überbewertet werden, denn die Effekte aus dem Datenzeitraum sind zufallsabhängig von den tatsächlichen Kursrealisierungen und führen daher zu keinen systematischen Verzerrungen.

## 6.3.2 Deskriptive Statistiken

Die folgenden Tabellen fassen getrennt nach Calls und Puts deskriptive Statistiken der in der vorliegenden Studie verwendeten Handelsabschlüsse von DAX-Optionen zusammen.

Tabelle 41 vermittelt einen Eindruck über die Häufigkeitsaufteilung der Optionen, die nach der impliziten Volatilität eingeteilt sind.

| $\sigma_{impl}$ | Calls | | | Puts | | |
|---|---|---|---|---|---|---|
| | Transaktionen | % | Optionen | % | Transaktionen | % | Optionen | % |

| $\sigma_{impl}$ | Transaktionen (Calls) | % | Optionen (Calls) | % | Transaktionen (Puts) | % | Optionen (Puts) | % |
|---|---|---|---|---|---|---|---|---|
| ≤ 10% | 2 | 0,0 | 1.700 | 0,0 | 1 | 0 | 1 | 0 |
| > 10 ≤ 15% | 599 | 0,4 | 27.162 | 0,3 | 268 | 0,2 | 9.952 | 0,1 |
| > 15 ≤ 20% | 88.321 | 57,0 | 4.682.282 | 58,6 | 30.098 | 17,4 | 1.036.070 | 10,3 |
| > 20 ≤ 25% | 48.803 | 31,5 | 2.726.170 | 34,1 | 67.212 | 38,9 | 4.238.300 | 42,3 |
| > 25 ≤ 30% | 12.007 | 7,8 | 396.602 | 5,0 | 44.873 | 25,9 | 2.830.357 | 28,2 |
| > 30 ≤ 35% | 2.873 | 1,9 | 82.866 | 1,0 | 19.583 | 11,3 | 1.278.826 | 12,8 |
| > 35 ≤ 40% | 960 | 0,6 | 26.703 | 0,3 | 7.734 | 4,5 | 436.663 | 4,4 |
| > 40 ≤ 50% | 503 | 0,3 | 17.174 | 0,2 | 2.608 | 1,5 | 167.786 | 1,7 |
| > 50 ≤ 60% | 195 | 0,1 | 4.350 | 0,0 | 256 | 0,1 | 13.252 | 0,1 |
| > 60 ≤ 70% | 142 | 0,1 | 3.525 | 0,0 | 103 | 0,1 | 8.444 | 0,1 |
| > 80% | 486 | 0,3 | 22.988 | 0,3 | 262 | 0,2 | 13.195 | 0,1 |
| ∑ | 154.891 | 100 | 7.991.522 | 100 | 172.998 | 100 | 10.024.402 | 100 |

Tabelle 41: Aufteilung von Calls und Puts nach Spanne der impliziten Volatilität
Quelle: Eigene Berechnungen.

## 6.3 Aufbau und Methodik der Studie

Der Tabelle 41 kann sowohl die Anzahl der Transaktionen und Optionen sowie jeweils deren prozentualer Anteil am Gesamtumfang der Stichprobe entnommen werden. 92,7% der nach dem Bereinigungsverfahren verbliebenen Calls weisen eine implizite Volatilität auf, die im Intervall (0,15; 0,25] liegt. Der Anteil der Puts, der eine implizite Volatilität im Intervall (0,15; 0,25] aufweist, liegt dagegen bei lediglich 52,6%. Weitere 41% der Puts weisen eine implizite Volatilität im Intervall (0,25; 0,30] auf, so dass die Aussage getroffen werden kann, dass die implizite Volatilität von Puts im Allgemeinen höher ist als die von Calls.

Verglichen mit der Häufigkeitsaufteilung der impliziten Volatilitäten von Herrmann (1999), der DAX-Optionen im Zeitraum vom 1.1.1992 bis 30.6.1997 untersucht, scheint es, dass sich die impliziten Volatilitäten bei den Calls um ca. 5 Prozentpunkte nach oben verschoben haben und bei den Puts sogar um ca. 10 Prozentpunkte: In seiner Untersuchung weisen 75,4% der Calls eine implizite Volatilität im Bereich von [0,10; 0,2) auf und weitere 12,5% haben sogar eine implizite Volatilität von unter 10%. Von den von Herrmann untersuchten Puts weisen 74,8% eine implizite Volatilität im Intervall von [0,10; 0,2) auf, und weitere 19% liegen im Bereich von [0,20; 0,3).[780] Eine wissenschaftlich fundierte Aussage über ein allgemein höheres Niveau der impliziten Volatilität ist nicht ohne exakte Analyse der Aufteilung dieser impliziten Volatilitäten auf einzelne Optionen möglich, jedoch berichtet bereits Herrmann über einen sukzessiven Anstieg der jährlichen Schwankungsbreite.[781]

Im Folgenden soll mittels einiger statistischer Kennzahlen ein Eindruck über die numerische Größenordnung der einzelnen Variablen, deren Schwankungsbreite und ihre Veränderung in den einzelnen Monaten getrennt nach Calls und Puts vermittelt werden.

Tabelle 42 stellt Mittelwert, Median, Standardabweichung, Minimum, Maximum, sowie die Perzentile und den Interquartilsbereich (kurz: deskriptive Statistik) der Optionspreise im Untersuchungszeitraum getrennt nach Calls und Puts dar und unterteilt diese nach den einzelnen Monaten. Der Interquartilsbereich (IQR) bezeichnet die Differenz zwischen den 75% und 25% Perzentilen ($P_\alpha$). Der IQR ist

---

[780] Vgl. Herrmann (1999), S. 113.
[781] Vgl. Herrmann (1999), S. 115.

ein robuster Schätzer für die Streuung der Daten, weil er von Änderungen im unteren und oberen 25% Datenbereich unbeeinflusst bleibt. In der Gegenwart von Ausreißern ist der IQR repräsentativer als die Standardabweichung zur Schätzung der Datenstreuung, jedoch weniger effizient als die Standardabweichung, wenn die Daten normalverteilt sind.

Tabelle 43 zeigt die deskriptive Statistik für den standardisierten Optionspreis. Der Optionspreis wird standardisiert, indem der Optionspreis in Bezug zum Ausübungspreis gesetzt wird.

Tabelle 44 stellt den zum Optionspreis synchronisierten Stand des DAX dar und erlaubt damit eine Einschätzung, welchen Kurs der mit den Optionspreisen synchronisierte DAX zu den jeweiligen Zeitperioden aufweist.

Tabelle 45 stellt die Moneyness der Optionen dar, die bei den Calls als *S/K* und bei den Puts als *K/S* berechnet wird. Aus der Tabelle geht hervor, dass Optionen im Mittel ganz leicht aus dem Geld notieren.

Tabelle 46 stellt dar, wie hoch der Ausübungspreis für die Optionen ist. Wird Tabelle 46 mit Tabelle 44 verglichen, so stellt man fest, dass der mittlere Ausübungspreis für die Calls stets über und für die Puts stets unter dem mit dem Optionspreis synchronisierten DAX liegt. Dies erklärt, weshalb im Mittel Calls und Puts leicht aus dem Geld notieren (vgl. Tabelle 45).

Tabelle 47 zeigt die deskriptive Statistik für die Restlaufzeit in Kalenderjahren. In den einzelnen Monaten variiert die mittlere Restlaufzeit zwischen 50 und 63 Kalendertagen, wobei die Spanne der Restlaufzeiten von einem Tag bis zu knapp 5 Jahren reicht.

Tabelle 48 weist die deskriptive Statistik für den restlaufzeitkongruenten Zinssatz der Optionen auf. Dem IQR ist zu entnehmen, dass in 50% der Fälle ($P_{25}$ bis $P_{75}$) der Schwankungsbereich des Zinssatzes nur 2,4 Basispunkte beträgt.

## 6.3 Aufbau und Methodik der Studie 281

Tabelle 49 zeigt, dass die mittlere implizite Volatilität von Calls zwischen 19 und 23% liegt und die von Puts zwischen etwa 23 und 28%. In Extremfällen werden implizite Volatilitäten im 3-stelligen Bereich erreicht.

Tabelle 50 fasst die Handelsgröße von DAX-Kontrakten zusammen. Diese reicht von einem einzigen Kontrakt bis zu 9.000 Kontrakten im Mai. Eine Handelsgröße von 9.000 bedeutet bei der Gewichtung von 5 € je Indexpunkt, dass jede Änderung des DAX um einen Punkt zu einer unmittelbaren Wertänderung von 45.000 € führt.

| Statistik | Option | Optionspreis | | | | | |
|---|---|---|---|---|---|---|---|
| | | Januar | Februar | März | April | Mai | Juni |
| M | Call | 107,03 | 78,30 | 72,1 | 83,74 | 65,34 | 81,21 |
| | Put | 64,18 | 59,63 | 81,32 | 58,32 | 75,91 | 65,27 |
| $\sigma$ | Call | 178,68 | 148,66 | 131,54 | 136,07 | 118,72 | 171,23 |
| | Put | 94,62 | 100,65 | 126,09 | 88,81 | 121,72 | 144,72 |
| Min | Call | 1 | 1 | 1 | 1 | 1 | 1 |
| | Put | 1 | 1 | 1 | 1 | 1 | 1 |
| Max | Call | 2.770 | 2.739,3 | 3.098,5 | 3.098 | 2.829,5 | 3.489 |
| | Put | 2.830 | 2.925 | 3.215,2 | 3.023,6 | 3.186 | 3.052,2 |
| $P_{10}$ | Call | 9,6 | 7,5 | 7 | 8,5 | 6,5 | 7 |
| | Put | 7,2 | 7 | 8,4 | 6,3 | 9 | 5,6 |
| $P_{25}$ | Call | 22 | 15,5 | 17 | 19,65 | 14 | 15,6 |
| | Put | 16,7 | 15,4 | 18,9 | 15,2 | 20 | 14,7 |
| Median | Call | 52 | 38 | 37 | 48,8 | 34 | 36,7 |
| | Put | 39,6 | 38 | 46,5 | 36 | 46,5 | 34 |
| $P_{75}$ | Call | 116 | 80,5 | 81,5 | 99 | 76 | 83 |
| | Put | 81,5 | 76,5 | 100 | 75 | 93,4 | 70,5 |
| $P_{90}$ | Call | 237,96 | 158,5 | 152 | 183,5 | 137 | 166 |
| | Put | 133,5 | 130 | 181 | 125 | 166,18 | 131,5 |
| IQR | Call | 94 | 65 | 64,5 | 79,35 | 62 | 67,4 |
| | Put | 64,8 | 61,1 | 81,1 | 59,8 | 73,4 | 55,8 |

**Tabelle 42: Deskriptive Statistik für den Optionspreis**
Quelle: Eigene Berechnungen.

## 6.3 Aufbau und Methodik der Studie

| Statistik | Option | Standardisierter Optionspreis (O/K) | | | | | |
|---|---|---|---|---|---|---|---|
| | | Januar | Februar | März | April | Mai | Juni |
| µ | Call | 0,02879594 | 0,02100143 | 0,01992651 | 0,02229351 | 0,01790429 | 0,02386557 |
| | Put | 0,01605647 | 0,01493490 | 0,02076706 | 0,01479394 | 0,01961876 | 0,01602804 |
| σ | Call | 0,06784052 | 0,06015541 | 0,06525665 | 0,06485837 | 0,05547555 | 0,11078210 |
| | Put | 0,0202003 | 0,01958529 | 0,02655045 | 0,01864242 | 0,02449959 | 0,02706979 |
| Min | Call | 0,00015625 | 0,00021739 | 0,00015625 | 0,0002 | 0,00018519 | 0,00017857 |
| | Put | 0,00025316 | 0,00024691 | 0,00027027 | 0,00025641 | 0,00027027 | 0,00025641 |
| Max | Call | 1,97857143 | 1,95664286 | 3,0985 | 3,098 | 2,8295 | 5,815 |
| | Put | 0,40428571 | 0,41785714 | 0,45931428 | 0,43194285 | 0,45514285 | 0,43602857 |
| $P_{10}$ | Call | 0,00220455 | 0,00171429 | 0,00168342 | 0,002 | 0,00155815 | 0,00169048 |
| | Put | 0,00210526 | 0,00186667 | 0,00237837 | 0,00176470 | 0,00263157 | 0,00152631 |
| $P_{25}$ | Call | 0,00511628 | 0,00357143 | 0,00410256 | 0,00460976 | 0,00341043 | 0,00375 |
| | Put | 0,00458333 | 0,00428571 | 0,00529411 | 0,00421052 | 0,00567123 | 0,00397435 |
| Median | Call | 0,01238095 | 0,00902439 | 0,00910256 | 0,01166667 | 0,00846154 | 0,00865909 |
| | Put | 0,01041667 | 0,01 | 0,02648 | 0,00966666 | 0,01282358 | 0,00912660 |
| $P_{75}$ | Call | 0,02865854 | 0,01975 | 0,02026316 | 0,02416126 | 0,01936775 | 0,02025316 |
| | Put | 0,021 | 0,01974359 | 0,04702647 | 0,01911392 | 0,02513513 | 0,018625 |
| $P_{90}$ | Call | 0,059375 | 0,03888036 | 0,03875 | 0,04597403 | 0,03525709 | 0,04155844 |
| | Put | 0,03388889 | 0,03329322 | 0,02118588 | 0,03192346 | 0,04373458 | 0,03416056 |
| IQR | Call | 0,02354226 | 0,01617857 | 0,01616059 | 0,01955150 | 0,01595733 | 0,01650316 |
| | Put | 0,01641667 | 0,01545788 | 0,01259259 | 0,01490339 | 0,01946390 | 0,01465064 |

Tabelle 43: Deskriptive Statistik für den standardisierten Optionspreis (O/K)
Quelle: Eigene Berechnungen.

| Statistik | Option | Mit Optionspreis synchronisierter DAX | | | | | |
|---|---|---|---|---|---|---|---|
| | | Januar | Februar | März | April | Mai | Juni |
| μ | Call | 4.076,83 | 4.064,94 | 3.904,93 | 4.034,2 | 3.860,94 | 3.987,93 |
| | Put | 4.079,33 | 4.063,54 | 3.901,16 | 4.034,14 | 3.854,59 | 3.985,63 |
| σ | Call | 55,65 | 46,74 | 129,53 | 56,75 | 73,16 | 49,58 |
| | Put | 56,43 | 47,26 | 125,86 | 55,37 | 73,88 | 50,88 |
| Min | Call | 3.969,04 | 3.960,41 | 3.692,4 | 3.857,04 | 3.710,18 | 3.856,04 |
| | Put | 3.969,04 | 3.960,41 | 3.692,46 | 3.857,04 | 3.710,02 | 3.856,04 |
| Max | Call | 4.175,48 | 4.150,56 | 4.163,19 | 4.156,89 | 4.029,32 | 4.090,66 |
| | Put | 4.175,48 | 4.150,56 | 4.163,19 | 4.156,89 | 4.029,32 | 4.090,64 |
| $P_{10}$ | Call | 4.004,27 | 3.996,73 | 3.740,4 | 3.981,44 | 3.780,22 | 3.913,96 |
| | Put | 4.003,76 | 3.993,78 | 3.741,45 | 3.982,99 | 3.775,64 | 3.903,77 |
| $P_{25}$ | Call | 4.024,45 | 4.031,37 | 3.821,97 | 4.006,79 | 3.810,43 | 3.955,69 |
| | Put | 4.023,88 | 4.028,43 | 3.823,08 | 4.007,37 | 3.804,97 | 3.953,08 |
| Median | Call | 4.067,11 | 4.065,06 | 3.869,91 | 4.026,51 | 3.845,83 | 3.999,02 |
| | Put | 4.096,81 | 4.064,31 | 3.867,28 | 4.026,51 | 3.836,9 | 3.997,72 |
| $P_{75}$ | Call | 4.127,75 | 4.101,49 | 4.045,74 | 4.069,26 | 3.907,5 | 4.014,1 |
| | Put | 4.131,16 | 4.101,18 | 4.035,57 | 4.064,79 | 3.903,57 | 4.013,39 |
| $P_{90}$ | Call | 4.140,34 | 4.128,21 | 4.102,95 | 4.119,85 | 3.978,84 | 4.058,79 |
| | Put | 4.149,06 | 4.125,03 | 4.098,98 | 4.118,22 | 3.977,68 | 4.059,29 |
| IQR | Call | 103,30 | 70,12 | 223,77 | 62,47 | 97,07 | 58,41 |
| | Put | 107,28 | 72,75 | 212,49 | 57,42 | 98,6 | 60,31 |

Tabelle 44: Deskriptive Statistik für den mit Optionen synchronisierten DAX
Quelle: Eigene Berechnungen.

## 6.3 Aufbau und Methodik der Studie

| Statistik | Option | Moneyness | | | | | |
|---|---|---|---|---|---|---|---|
| | | Januar | Februar | März | April | Mai | Juni |
| μ | Call | 0,982 | 0,973 | 0,963 | 0,976 | 0,962 | 0,978 |
| | Put | 0,929 | 0,939 | 0,95 | 0,935 | 0,948 | 0,945 |
| σ | Call | 0,083 | 0,078 | 0,083 | 0,079 | 0,073 | 0,121 |
| | Put | 0,094 | 0,087 | 0,086 | 0,078 | 0,085 | 0,083 |
| Min | Call | 0,643 | 0,662 | 0,58 | 0,646 | 0,588 | 0,629 |
| | Put | 0,336 | 0,342 | 0,363 | 0,348 | 0,25 | 0,258 |
| Max | Call | 2,974 | 2,953 | 4,084 | 4,092 | 3,823 | 6,8 |
| | Put | 1,7 | 1,736 | 1,86 | 1,773 | 1,84 | 1,773 |
| $P_{10}$ | Call | 0,915 | 0,911 | 0,892 | 0,914 | 0,901 | 0,914 |
| | Put | 0,825 | 0,844 | 0,856 | 0,843 | 0,85 | 0,851 |
| $P_{25}$ | Call | 0,951 | 0,947 | 0,934 | 0,952 | 0,935 | 0,953 |
| | Put | 0,9 | 0,916 | 0,92 | 0,9 | 0,916 | 0,912 |
| Median | Call | 0,980 | 0,975 | 0,968 | 0,98 | 0,967 | 0,979 |
| | Put | 0,951 | 0,963 | 0,966 | 0,951 | 0,966 | 0,962 |
| $P_{75}$ | Call | 1,003 | 0,997 | 0,991 | 1 | 0,991 | 0,999 |
| | Put | 0,985 | 0,989 | 0,992 | 0,984 | 0,994 | 0,988 |
| $P_{90}$ | Call | 1,033 | 1,02 | 1,011 | 1,023 | 1,006 | 1,017 |
| | Put | 1,001 | 1,003 | 1,017 | 0,999 | 1,018 | 1,005 |
| IQR | Call | 0,052 | 0,05 | 0,057 | 0,048 | 0,056 | 0,046 |
| | Put | 0,085 | 0,073 | 0,072 | 0,084 | 0,078 | 0,076 |

Tabelle 45: Deskriptive Statistik für die Moneyness
Quelle: Eigene Berechnungen.

# 6 Empirische Überprüfung des Black/Scholes-Modells

| Statistik | Option | Ausübungspreis | | | | | |
|---|---|---|---|---|---|---|---|
| | | Januar | Februar | März | April | Mai | Juni |
| μ | Call | 4.175,55 | 4.196,72 | 4.075,2 | 4.151,51 | 4.030,04 | 4.103,44 |
| | Put | 3.790,17 | 3.815,42 | 3.704,76 | 3.770,81 | 3.652,19 | 3.768,37 |
| σ | Call | 299,44 | 276,78 | 290,11 | 255,78 | 257,62 | 288,05 |
| | Put | 384,57 | 355,06 | 357,48 | 317,23 | 328,49 | 334,75 |
| Min | Call | 1.400 | 1.400 | 1.000 | 1.000 | 1.000 | 600 |
| | Put | 1.400 | 1.400 | 1.400 | 1.400 | 1.000 | 1.000 |
| Max | Call | 6.400 | 6.000 | 6.400 | 6.000 | 6.400 | 6.400 |
| | Put | 7.000 | 7.000 | 7.000 | 7.000 | 7.000 | 7.000 |
| $P_{10}$ | Call | 3.900 | 4.000 | 3.800 | 3.950 | 3.800 | 3.900 |
| | Put | 3.400 | 3.400 | 3.300 | 3.400 | 3.300 | 3.400 |
| $P_{25}$ | Call | 4.050 | 4.100 | 3.900 | 4.000 | 3.900 | 4.000 |
| | Put | 3.700 | 3.700 | 3.600 | 3.600 | 3.500 | 3.600 |
| Median | Call | 4.200 | 4.200 | 4.050 | 4.100 | 4.000 | 4.100 |
| | Put | 3.900 | 3.900 | 3.750 | 3.850 | 3.700 | 3.800 |
| $P_{75}$ | Call | 4.300 | 4.300 | 4.200 | 4.250 | 4.150 | 4.200 |
| | Put | 4.000 | 4.000 | 3.900 | 4.000 | 3.800 | 3.950 |
| $P_{90}$ | Call | 4.400 | 4.450 | 4.400 | 4.400 | 4.300 | 4.400 |
| | Put | 4.100 | 4.100 | 4.050 | 4.050 | 3.950 | 4.000 |
| IQR | Call | 250 | 200 | 300 | 250 | 250 | 200 |
| | Put | 300 | 300 | 300 | 400 | 300 | 350 |

Tabelle 46: Deskriptive Statistik für den Ausübungspreis
Quelle: Eigene Berechnungen.

6.3 Aufbau und Methodik der Studie            287

| Statistik | Option | Restlaufzeit (in Jahren) | | | | | |
|---|---|---|---|---|---|---|---|
| | | Januar | Februar | März | April | Mai | Juni |
| $\mu$ | Call | 0,1747 | 0,1468 | 0,143 | 0,1611 | 0,1393 | 0,1528 |
| | Put | 0,2149 | 0,1817 | 0,1531 | 0,163 | 0,1404 | 0,1614 |
| $\sigma$ | Call | 0,2825 | 0,2405 | 0,235 | 0,2333 | 0,2348 | 0,2589 |
| | Put | 0,3005 | 0,2592 | 0,2299 | 0,224 | 0,2164 | 0,2462 |
| Min | Call | 0,0027 | 0,0027 | 0,0027 | 0,0027 | 0,0027 | 0,0027 |
| | Put | 0,0027 | 0,0027 | 0,0027 | 0,0027 | 0,0027 | 0,0027 |
| Max | Call | 4,9534 | 3,8384 | 4,7397 | 4,6849 | 4,6082 | 4,5425 |
| | Put | 4,9342 | 3,8767 | 3,8055 | 4,663 | 3,6329 | 4,5096 |
| $P_{10}$ | Call | 0,0192 | 0,0192 | 0,011 | 0,0082 | 0,0192 | 0,011 |
| | Put | 0,0219 | 0,0219 | 0,011 | 0,0247 | 0,0192 | 0,0192 |
| $P_{25}$ | Call | 0,0384 | 0,0411 | 0,0384 | 0,0384 | 0,0384 | 0,0384 |
| | Put | 0,0658 | 0,0493 | 0,0384 | 0,0603 | 0,0384 | 0,0411 |
| Median | Call | 0,0959 | 0,0685 | 0,063 | 0,0877 | 0,0685 | 0,0658 |
| | Put | 0,1178 | 0,0822 | 0,074 | 0,1014 | 0,0767 | 0,0767 |
| $P_{75}$ | Call | 0,1726 | 0,126 | 0,1644 | 0,1562 | 0,1233 | 0,1616 |
| | Put | 0,2 | 0,1781 | 0,1918 | 0,1671 | 0,126 | 0,1973 |
| $P_{90}$ | Call | 0,4219 | 0,337 | 0,274 | 0,3918 | 0,3507 | 0,4877 |
| | Put | 0,4493 | 0,3726 | 0,2904 | 0,4082 | 0,348 | 0,4877 |
| IQR | Call | 0,1342 | 0,0849 | 0,126 | 0,1178 | 0,0849 | 0,1233 |
| | Put | 0,1342 | 0,1288 | 0,1534 | 0,1068 | 0,0877 | 0,1562 |

**Tabelle 47: Deskriptive Statistik für die Restlaufzeit**
Quelle: Eigene Berechnungen

| Statistik | Option | Restlaufzeitkongruenter Zinssatz (in Prozent) | | | | | |
|---|---|---|---|---|---|---|---|
| | | Januar | Februar | März | April | Mai | Juni |
| μ | Call | 2,0849 | 2,0653 | 2,039 | 2,0539 | 2,0752 | 2,101 |
| | Put | 2,0906 | 2,0683 | 2,039 | 2,0548 | 2,0758 | 2,104 |
| σ | Call | 0,0354 | 0,0235 | 0,0232 | 0,025 | 0,0418 | 0,0675 |
| | Put | 0,0378 | 0,0256 | 0,0239 | 0,0246 | 0,042 | 0,0659 |
| Min | Call | 2,026 | 2,043 | 1,922 | 1,936 | 2,046 | 2,055 |
| | Put | 2,026 | 2,043 | 1,922 | 1,936 | 2,046 | 2,055 |
| Max | Call | 2,302 | 2,251 | 2,157 | 2,25 | 2,356 | 2,479 |
| | Put | 2,302 | 2,251 | 2,157 | 2,25 | 2,356 | 2,479 |
| $P_{10}$ | Call | 2,064 | 2,047 | 2,023 | 2,043 | 2,048 | 2,055 |
| | Put | 2,066 | 2,048 | 2,021 | 2,043 | 2,048 | 2,056 |
| $P_{25}$ | Call | 2,07 | 2,053 | 2,033 | 2,05 | 2,051 | 2,062 |
| | Put | 2,072 | 2,054 | 2,033 | 2,05 | 2,051 | 2,066 |
| Median | Call | 2,074 | 2,062 | 2,044 | 2,053 | 2,063 | 2,077 |
| | Put | 2,077 | 2,064 | 2,045 | 2,053 | 2,063 | 2,078 |
| $P_{75}$ | Call | 2,093 | 2,066 | 2,052 | 2,055 | 2,075 | 2,101 |
| | Put | 2,095 | 2,072 | 2,052 | 2,056 | 2,075 | 2,119 |
| $P_{90}$ | Call | 2,113 | 2,083 | 2,054 | 2,063 | 2,123 | 2,196 |
| | Put | 2,125 | 2,09 | 2,056 | 2,064 | 2,123 | 2,196 |
| IQR | Call | 0,023 | 0,013 | 0,019 | 0,005 | 0,024 | 0,039 |
| | Put | 0,023 | 0,018 | 0,019 | 0,006 | 0,024 | 0,053 |

Tabelle 48: Deskriptive Statistik für den restlaufzeitkongruenten Zinssatz
Quelle: Eigene Berechnungen.

## 6.3 Aufbau und Methodik der Studie

| Statistik | Option | Implizite Volatilität (in Prozent) | | | | | |
|---|---|---|---|---|---|---|---|
| | | Januar | Februar | März | April | Mai | Juni |
| μ | Call | 20,33 | 19,26 | 23,07 | 19,98 | 21,9 | 19,27 |
| | Put | 23,64 | 22,73 | 27,76 | 24,71 | 27,6 | 23,58 |
| σ | Call | 8,78 | 8,16 | 8,88 | 8,14 | 4,59 | 14,27 |
| | Put | 4,72 | 4,6 | 7,83 | 5,55 | 6,34 | 11,91 |
| Min | Call | 6,33 | 11,59 | 13,38 | 14,28 | 16,4 | 13,38 |
| | Put | 6,92 | 11,31 | 13,05 | 11,42 | 10,3 | 11,29 |
| Max | Call | 425,39 | 455,29 | 456,4 | 259,75 | 191,99 | 9,96 |
| | Put | 149,62 | 118,02 | 224,63 | 94,21 | 168,79 | 423,65 |
| $P_{10}$ | Call | 17,02 | 16,67 | 17,36 | 16,27 | 18,44 | 15,68 |
| | Put | 19,05 | 18,23 | 19,42 | 18,87 | 22,03 | 17,75 |
| $P_{25}$ | Call | 17,81 | 17,38 | 19,23 | 17,18 | 19,61 | 16,38 |
| | Put | 20,44 | 19,62 | 23,09 | 20,87 | 24,02 | 19,51 |
| Median | Call | 19,01 | 18,49 | 22,08 | 18,49 | 21,29 | 17,66 |
| | Put | 22,58 | 21,67 | 26,85 | 23,59 | 26,61 | 22,17 |
| $P_{75}$ | Call | 20,6 | 19,65 | 25,11 | 20,5 | 23,21 | 19,7 |
| | Put | 25,66 | 24,74 | 31,29 | 27,6 | 29,92 | 25,75 |
| $P_{90}$ | Call | 22,72 | 21,03 | 28,93 | 23,92 | 25,7 | 21,66 |
| | Put | 29,71 | 28,81 | 36,39 | 32 | 33,94 | 29,8 |
| IQR | Call | 2,8 | 2,27 | 5,88 | 3,32 | 3,6 | 3,31 |
| | Put | 5,23 | 5,12 | 8,2 | 6,72 | 5,9 | 6,24 |

**Tabelle 49: Deskriptive Statistik für die implizite Volatilität**
Quelle: Eigene Berechnungen.

| Statistik | Option | Handelsgröße | | | | | |
|---|---|---|---|---|---|---|---|
| | | Januar | Februar | März | April | Mai | Juni |
| $\mu$ | Call | 55,12 | 49,13 | 45,71 | 47,28 | 55,87 | 59,27 |
| | Put | 60,52 | 57,36 | 54,78 | 55,27 | 58,15 | 63,61 |
| $\sigma$ | Call | 207,9 | 202,31 | 178,64 | 169,18 | 210 | 216,52 |
| | Put | 217,57 | 210,32 | 226,39 | 203,14 | 217,57 | 216,79 |
| Min | Call | 1 | 1 | 1 | 1 | 1 | 1 |
| | Put | 1 | 1 | 1 | 1 | 1 | 1 |
| Max | Call | 5.400 | 5.000 | 5.000 | 5.000 | 9.000 | 7.500 |
| | Put | 7.500 | 6.000 | 7.500 | 5.500 | 6.800 | 6.000 |
| $P_{10}$ | Call | 1 | 1 | 2 | 2 | 1 | 1 |
| | Put | 2 | 2 | 2 | 2 | 1 | 2 |
| $P_{25}$ | Call | 4 | 5 | 5 | 5 | 5 | 5 |
| | Put | 5 | 5 | 5 | 5 | 5 | 5 |
| Median | Call | 10 | 10 | 11 | 10 | 11 | 15 |
| | Put | 17 | 17 | 13 | 13 | 12 | 15 |
| $P_{75}$ | Call | 40 | 34 | 35 | 30 | 36 | 44 |
| | Put | 50 | 50 | 40 | 40 | 40 | 50 |
| $P_{90}$ | Call | 75 | 71 | 75 | 81 | 100 | 100 |
| | Put | 77 | 80 | 89 | 98 | 100 | 100 |
| IQR | Call | 36 | 29 | 30 | 25 | 31 | 39 |
| | Put | 45 | 45 | 35 | 35 | 35 | 45 |

Tabelle 50: Deskriptive Statistik für die Handelsgröße von Optionen
Quelle: Eigene Berechnungen.

## 6.3 Aufbau und Methodik der Studie

Ein Vergleich dieser numerischen Verteilungen sowohl während des Zeitraums, insbesondere aber zwischen Calls und Puts und in Verbindung mit den Kennzahlen anderer Variablen sowie mit den Verteilungen, die Herrmann (1999) für den Zeitraum 1992-1997 aufzeigt, offenbart einige interessante Informationen:[782]

- Im Vergleich zur Datenbasis 1992-1997 für die DAX-Option von Herrmann (1999) stieg der durchschnittliche Optionspreis von ca. 33 Punkten (Puts) und ca. 47 Punkten (Calls) sowohl für Calls als auch für Puts auf den doppelten Wert an. Die Optionspreise weisen eine große Spanne auf. Die mittleren 50% ($P_{25}$ bis $P_{75}$) aller Optionen notieren zwischen ca. 15 und 110 Punkten, wobei kein erheblicher Preisunterschied zwischen Calls und Puts auffällig ist. Die standardisierten Optionspreise bestätigen diese Aussagen.

- Der mit den Optionen synchronisierte DAX liegt im März und Mai gegenüber den anderen Monaten um 150-200 Punkte niedriger und spiegelt damit den Kurseinbruch in diesen Monaten wider.

- Bei der Moneyness ist im Vergleich zum Zeitraum 1992-1997 eine interessante Verschiebung zu beobachten: Während die Moneyness für DAX-Calls noch der Verteilung im Zeitraum 1992-1997 entspricht, nämlich exakt am Geld, gilt dies für die DAX-Puts keineswegs mehr. Die DAX-Puts notieren im Zeitraum 1992-1997 wie auch die Calls am Geld; im Untersuchungszeitraum dieser Studie notieren sie dagegen fast immer aus dem Geld. So weisen etwa die mittleren 50% ($P_{25}$ bis $P_{75}$) aller DAX-Puts eine Moneyness von nur 0,9 bis 0,99 auf. Im Zeitablauf zeigt sich diese Verteilung vor dem Hintergrund des Markteinbruchs im März und Mai erstaunlich stabil, obwohl der Markteinbruch tendenziell dazu führt, dass die Puts im Geld notieren. Der Unterschied der Moneyness bei den Puts zu Herrmann (1999) wird umso deutlicher, wenn man den stetigen Anstieg des DAX in seinem Untersuchungszeitraum bedenkt, der tendenziell dazu führt, dass die Puts aus dem Geld notieren.

---

[782] Vgl. Herrmann (1999), S. 116-119.

- Der Ausübungspreis orientiert sich am aktuellen Stand des DAX. Offensichtlich werden Optionen bewusst stets nahe am Geld nachgefragt. Interessant ist, dass der Ausübungspreis für Puts deutlich – ca. 300 Punkte – unter dem der Calls liegt. Aus Käufersicht könnte dies ein Hinweis dafür sein, dass die Puts als Absicherung gegen stärkere Kursverluste eingesetzt werden, während kleine Kursverluste zugunsten eines deutlich niedrigeren Optionspreises für diese Portfolio-Absicherung hingenommen werden. Aus Verkäufersicht gesehen könnten die niedrigen Ausübungspreise von Puts für einen Verkauf von Puts mit niedrigem Ausübungspreis sprechen, um im Falle von steigenden, stagnierenden oder nur bis zum Ausübungspreis sinkenden Kursen durch die Vereinnahmung des gesamten Optionspreises zum Laufzeitende zu profitieren.

- Die Restlaufzeit von Optionen hat sich im Vergleich zu 1992-1997 nicht wesentlich geändert und liegt nach wie vor bei durchschnittlich 62 Tagen Restlaufzeit. Die Streuung ist mit ca. 90 Tagen höher als die ca. 64 Tage bei Herrmann (1999). Die mittleren 50% ($P_{25}$ bis $P_{75}$) aller Optionen weisen eine Restlaufzeit von zwischen 21 und 73 Kalendertagen auf, der Interquartilsbereich liegt bei ca. 36 Tagen.

- Der Zinssatz verändert sich – anders als bei Herrmann (1999) von der Hochzinsphase ausgehend zum bis dahin niedrigsten Zinsniveau seit der Nachkriegszeit – im Untersuchungszeitraum kaum und liegt in einer äußerst engen Spanne zwischen 2,05% und 2,1%.

- Die implizite Volatilität von Puts liegt bei allen Kennzahlen höher als die von Calls.[783] Diese Tatsache zieht sich konsequent durch sämtliche Kalendermonate und über sämtliche Quantile hinweg. Eine solch klare Systematik gibt es beim Vergleich der Optionspreise von Calls und Puts nicht. Besonders interessant ist, dass die impliziten Volatilitäten von Calls und Puts in der Untersuchung von Herrmann (1999) noch das gleiche Niveau aufweisen. Im Zusammenhang mit dem ebenfalls nun doppelt so hohen Optionspreis –

---

[783] Das statistisch signifikant höhere Niveau der impliziten Volatilität von DAX-Puts im Vergleich zu DAX-Calls wurde im Abschnitt 4.4 nachgewiesen (vgl. S. 166 ff.).

obwohl sich die übrigen Parameter nicht erheblich verändert haben – scheint es, dass sich die Bewertung von DAX-Optionen im Vergleich zum Zeitraum 1992-1997 deutlich verändert hat und DAX-Puts sich relativ und DAX-Optionen sich im Allgemeinen verteuert haben.

### 6.3.3 Datensynchronisation und Fehlerbereinigung

Die vorliegende Arbeit wertet den Zeitraum Januar bis Juni 2004 mit $t \in \{1,...,127\}$ aus. Am 30.12.2003 wurde der Handel mit Aktien und damit die Berechnung des darauf basierenden DAX bereits um 14:30 Uhr eingestellt. Für die Synchronisierung der Optionspreisdaten bleibt die Handelszeitverkürzung wegen der analog frühzeitigen Einstellung des Optionshandels ohne Auswirkung. Die Datenüberprüfung ergab, dass der DAX auf Xetra am 6.2.2004 in der Zeit von 11:02:30 Uhr bis 12:30 Uhr auf 4.044,71 Punkten konstant verharrte. Grund war der Ausfall des elektronischen Handelssystems Xetra. Die für den 2.4.2004 extrahierten Xetra-Kurse des DAX waren ursprünglich nur bis 15:07:45 Uhr vorhanden, wurden auf Nachfrage hin aber durch WM Datenservice nachgeliefert.[784]

Sämtliche Daten werden vor der Untersuchung auf Datenfehler hin überprüft. Zunächst wird untersucht, ob sich in dem Datensatz der Eurex annullierte Geschäfte befinden, weil solche Annullierungen vor einer Untersuchung in jedem Fall eliminiert werden müssen.[785] Auch die nicht von der Eurex berücksichtigten Datenfehler müssen vor der Überprüfung des Black/Scholes-Modells eliminiert werden, weil diese zu Fehlbewertungen führen würden, die nicht vom Modell verursacht werden. Darüber hinaus müssen auch solche Optionen eliminiert werden, die gegen arbitragefreie Grenzen verstoßen, weil diese Preisintervalle modellunabhängig sind.[786] Daher lassen Verstöße gegen arbitragefreie Grenzen keine Aussagen über die Qualität des Black/Scholes-Modells zu.

---

[784] Es ist nicht auszuschließen, dass die fehlenden Kurse auf einen Datenübertragungsfehler beim Download zurückgehen und kein Verschulden der Deutschen Börse AG vorliegt.
[785] Die Tatsache, dass die Eurex Handelsgeschäfte trotz ihrer Annullierung im Datensatz aufführt, wurde dem Verfasser dieser Arbeit erst auf explizite Nachfrage bei der Eurex infolge der festgestellten Arbitrageverstöße mitgeteilt.
[786] Vgl. Thiel (2001), S. 165.

## 6.3.3.1 Synchronisierung von Optionspreis und DAX-Tickdaten

Die DAX-Tickdaten werden entsprechend der 15-sekündlichen Neuberechnung des DAX mit den auf die Hundertstel Sekunde genauen Notierungen der DAX-Option synchronisiert. Die maximale Zeitsynchronie beträgt somit lediglich 15 Sekunden.

Die Bedeutung einer exakten Synchronisierung von Optionspreis und Preis des Underlyings zur Analyse von Preisabweichungen und impliziten Volatilitäten und damit auch zur Modellvalidierung wird unter anderem betont von Rubinstein (1985), Harvey/Whaley (1991), Natenberg (1994), Neumann (1998), Hafner/Wallmeier (2000) und Wilkens (2003).[787] Sogar Manaster/Rendleman (1982), die selbst Schlusskurse verwenden, sehen die damit verbundene Problematik und eliminieren vorsorglich Optionen, die Arbitrage eröffnen, da diese auf die Zeitsynchronie zurückgehen könnten.[788]

Die Verwendung von Schlusskursen anstelle von Tickdaten ist problematisch. Einerseits könnte der Schlusskurs der Option sich nicht auf den Schlusskurs des Basiswerts beziehen, andererseits versuchen Handelsteilnehmer teilweise in der Schlussauktion den Kurs des Basiswerts in eine für sie günstige Richtung zu bewegen.[789] Für Studien, die sich auf den US-Markt beziehen, kommt hinzu, dass der US-Optionsmarkt 15 Minuten nach dem Aktienmarkt schließt und somit Informationen beinhalten kann, die noch nicht in den Schlusskursen der Aktien reflektiert werden.[790] Die normale Trading-Phase für die DAX-Option geht im Untersuchungszeitraum der vorliegenden Studie von 8:50 bis 18:30 Uhr, während der Aktienmarkt um 9:00 Uhr eröffnet und um 18:00 Uhr schließt. Harvey/Whaley (1991) dokumentieren negative serielle Korrelation der Veränderungen der Volatilität bei Verwendung von Schlusskursen.[791]

---

[787] Vgl. Rubinstein (1985), S. 456 f., Harvey/Whaley (1991), S. 1551, Natenberg (1994), S. 73, Neumann (1998), S. 7, Hafner/Wallmeier (2000), S. 33 f. sowie Wilkens (2003), S. 242.
[788] Dabei können auch tatsächlich Arbitragemöglichkeiten vorhanden sein, beispielsweise wenn der Optionspreis bereits Informationen beinhaltet, welche sich noch nicht im Aktienkurs widerspiegeln, vgl. Manaster/Rendleman (1982), S. 1047.
[789] Vgl. Rubinstein (1985), S. 456 f.
[790] Vgl. Harvey/Whaley (1991), S. 1552.
[791] Vgl. Harvey/Whaley (1991), S. 1552.

## 6.3.3.2 Datenbereinigung in der Optionspreisliteratur

Latané/Rendleman (1976) eliminieren aus Gründen der Einfachheit Optionen, von denen keine implizite Volatilität existiert.[792] Manaster/Rendleman (1982) schließen aus ihrer Untersuchung Optionen aus, bei denen der innere Wert höher ist als der Preis der Option: $C_m < S - K \cdot e^{-rT}$. Diese Optionen verstoßen gegen die untere arbitragefreie Wertgrenze. Der Kauf solcher Optionen eröffnet Arbitragemöglichkeiten, weil die Ausübung der Option zum aktuellen Zeitpunkt einen höheren Cashflow generiert als für den Kauf der Option aufgebracht werden muss. Bei der DAX-Option, die europäischer Art ist, und somit nicht frühzeitig ausgeübt werden kann, ergibt sich allerdings das Problem, die theoretische Arbitragemöglichkeit in die Praxis umzusetzen. Da die Studie von Manaster/Rendleman (1982) Optionspreise und Aktienkurse auf Schlusskursbasis verwendet, besteht die Gefahr, dass die Verletzung der arbitragefreien Grenzen auf die Nichtsynchronisierung von Options- und Aktienkursen zurückgeht.[793]

Stephan/Whaley (1990) eliminieren Optionen, die tief im oder tief aus dem Geld notieren, einerseits da diese zu einem „problem in volatility estimation" führen, andererseits, weil diese Optionen nahe an ihrem inneren Wert bewertet werden und kaum Informationen über die Volatilität der Aktie beinhalten.[794] Dazu definieren Stephan/Whaley (1990) einen um $S/K$ symmetrischen Moneynessbereich abhängig vom kontinuierlich aufgezinsten Zinssatz sowie der Restlaufzeit. Das Ausschlusskriterium ist:[795]

$$e^{rT-0,7\sqrt{T}} \leq \frac{S}{K} \leq e^{rT+0,7\sqrt{T}}.$$

Stephan/Whaley (1990) verwenden als Moneyness die Definition der relativen Differenz zwischen Aktienkurs $S$ und Ausübungspreis $K$:[796] $m = \frac{S}{K} - 1$. In der Literatur findet man auch reziproke Werte als Definition für die Moneyness.

---

[792] Vgl. Latané/Rendleman (1976), S. 370.
[793] Vgl. Manaster/Rendleman (1982), S. 1045 f.
[794] Vgl. Stephan/Whaley (1990), S. 195.
[795] Vgl. Stephan/Whaley (1990), S. 195.
[796] Vgl. Stephan/Whaley (1990), S. 197.

Hafner/Wallmeier (2000) definieren die Moneyness $M$ als *Ausübungspreis/Futurespreis*, das heißt, ein Call ist in-the-money, wenn $M < 1$.[797] Cont/Fonseca/Durrleman (2002) definieren die Moneyness als:[798] $M = \dfrac{K}{S_t}$.

Herrmann (1999) eliminiert für seine empirische Untersuchung nichtparametrischer Bewertungsverfahren Optionen mit einer impliziten Volatilität von über 40% mit der Begründung, dass diese Höhe „ein einfach operationalisierbares Verfahren zur Erkennung von Preisen, die auf Fehleingaben beruhen" sei.[799] Wilkens (2003) kritisiert die Filterung nach der impliziten Volatilität im Rahmen einer verteilungsfreien Datenbereinigung, weil die implizite Volatilität eine modellabhängige Größe darstelle.[800] Wilkens eliminiert Optionen, die eine Moneyness von unter 0,75 oder über 1,25 aufweisen, weil diese Optionen „äußerst selten gehandelt werden und damit i.d.R. keine verlässlichen und zeitlich stabilen Informationen zur Preissystematik im Optionshandel liefern."[801]

Longstaff (1995) eliminiert alle Call-Preise, welche die in Kapitel 2 dargestellten arbitragefreien, modellunabhängigen Wertgrenzen verletzen. Etwa 0,5% der von Longstaff untersuchten Optionen verletzen diese Arbitragebeziehungen. Die mögliche Arbitrage beträgt meist aber nur 10 Cents und würde damit nach Berücksichtigung von Transaktionskosten verschwinden.[802]

Canina/Figlewski (1993) eliminieren Optionen mit weniger als 7 Tagen oder mehr als 127 Tagen Restlaufzeit und solche Optionen, die über 20 Punkte im oder aus dem Geld notieren. Zum Zeitpunkt ihrer Studie notierte der S&P 100 bei rund 200 Punkten, so dass 20 Punkte etwa 10% des Indexstands entsprechen. Sie berichten außerdem, dass einige der Optionspreise gegen die untere arbitragefreie Preisgrenze $C \geq S - K \cdot e^{-rT}$ verstoßen.[803] Diese Optionen eliminieren sie, da im Falle eines Verstoßes gegen arbitragefreie Preisgrenzen die implizite Volatilität negativ sei.

---

[797] Vgl. Hafner/Wallmeier (2000), S. 7 f.
[798] Vgl. Cont/Fonseca/Durrleman (2002), S. 363.
[799] Vgl. Herrmann (1999), S. 112-113.
[800] Vgl. Wilkens (2003), S. 260.
[801] Wilkens (2003), S. 259.
[802] Vgl. Longstaff (1995), S. 1099.
[803] Canina/Figlewski eliminieren Optionen mit weniger als 7 und mehr als 127 Tagen Restlaufzeit und Optionen, die über 20 Punkte im oder aus dem Geld notieren. Außerdem eliminieren sie Optionen, die gegen die untere Preisgrenze $C \geq S - K \cdot e^{-rT}$ verstoßen, da in diesem Fall die implizite Volatilität negativ sei. Vgl. Canina/Figlewski (1993), S. 664.

### 6.3.3.3 Definition und Kennzeichnung annullierter Handelsgeschäfte

Die Marktsteuerung der Eurex annulliert Handelsgeschäfte, wenn sie „significantly"[804] von Referenzpreisen (Durchschnittspreis von zeitlich vor und nach dem potentiellen Mistrade gehandelter Optionen) oder von dem mittels des Optionspreismodells errechneten Werts abweichen.[805] Beim Optionspreismodell „lehnt sich die Eurex an die gängigen Optionspreismodelle wie Black/Scholes bzw. Binomialmodell an."[806] Die empirische Studie von Mittnik/Rieken (2000) über die DAX-Option berichtet, dass die frühere Deutsche Terminbörse (DTB) den fairen Wert alleine mittels des Black/Scholes-Modells bestimmte.[807] Die Preisabweichung vom Referenzpreis gilt als signifikant bei einer Abweichung von 40 Punkten (äquivalent 200 €).[808] Verglichen mit der früheren Regel der DTB einer Preisdifferenz von 15 DM entspricht die Preistoleranz einer Versechsundzwanzigfachung.[809] Eine weitere Qualitätseinbuße des Eurex-Datensatzes ergibt sich daraus, dass früher die Handelsteilnehmer von der Eurex über Mistrades informiert wurden, und das Geschäft storniert wurde, während heute der Handelsteilnehmer selbst einen Antrag auf Stornierung stellen muss und sogar 150 € als „Handlinggebühr" an die Eurex entrichten muss.[810] Bei Futures wird ein Handelsgeschäft als „Erroneous Entry Transaction" angesehen bei einer Abweichung von 20% der Margin (7.700 € im Falle des DAX-Future).[811] Die Eurex verwendet „Tools, die darüberschauen, aber nicht garantieren können, alle Mistrades aufzudecken".[812] Zu einem Mistrade kann es infolge einer technisch begründeten Fehlfunktion des Handelssystems oder eines Bedienungsfehlers kommen.[813]

---

[804] Eurex (2004j), S. 1, S. 3.
[805] Vgl. Eurex (2005b), S. 2 f.
[806] Eurex (2004m), S. 1. Bei einer früheren Anfrage verwies die Eurex darauf, dass das Preismodell ein Geheimnis der Eurex sei, gab aber nach dem Hinweis, dass Mistraderegeln ohne Spezifizierung eines Optionspreismodells zur Farce werden, bekannt, dass es sich um „relativ bekannte Preismodelle" handele. Am 14.12.2004 wurde als Begründung für das nicht spezifizierte Optionspreismodell angegeben, dass man „das Regelwerk nicht ständig einem Update" unterwerfen wolle.
[807] Vgl. Mittnik/Rieken (2000), S. 263.
[808] Eurex (2004j), S. 16. Dort werden für die Signifikanz beim DAX drei Indexhöhen unterschieden: 0 – 13,3 Punkte (4 Punkte), 13,4-133,3 (30% Abweichung) und 133,4-9.999,8 (40 Punkte).
[809] Vgl. Mittnik/Rieken (2000), S. 263.
[810] Vgl. Mittnik/Rieken (2000), S. 263 f. in Verbindung mit Eurex (2004j), S. 1.
[811] Eurex (2004j), S. 10.
[812] Eurex (2004l), o.S.
[813] Fimatex S.A. (2004) Kontoeröffnungsunterlagen, S. 6.

Annullierte Handelsgeschäfte werden im Eurex-Datensatz in der Spalte „Trade_Type" mit „L" (Deletion/Cancellation) gekennzeichnet und weisen eine negative Anzahl von Kontrakten auf. „X" bezeichnet einen regulären Handel, „O" bezeichnet einen OTC Block Trade. Die Eurex kennzeichnet jedoch nicht die Mistrades, welche mittels der negativen Kontraktanzahl annulliert werden sollen. Die Eurex führt also lediglich einen *zusätzlichen* Eintrag in der Datei auf. Dieser zusätzliche Eintrag wird im Weiteren mit dem Begriff Stornierungstrade oder Korrekturtrade belegt. Welche Transaktion dieser Stornierung zugrunde liegt, ergibt sich aus dem Korrekturtrade nicht. Bereits Mittnik/Rieken (2000) beschweren sich über den für Forscher zusätzlichen erheblichen Arbeitsaufwand: „Unfortunately, the DTB data do not indicate such mistrades and their off-setting counter trades".[814] Die Deutsche Börse AG hat nach eigenen Angaben „keine Möglichkeit, die Stornierung der ursprünglichen Transaktion zuzuordnen."[815] Analog zur Studie von Mittnik/Rieken werden in der vorliegenden Studie den Mistrades die entsprechenden Korrekturtrades zugeordnet und eliminiert. Die Eurex übernimmt keine Garantie für fehlerfreie Daten und nimmt eine rückwirkende Datenbereinigung selbst bei Kenntnis von Fehlern häufig nicht vor.[816] Allerdings seien die Systeme mittlerweile verbessert worden.[817] Die Geschäftspolitik der Deutschen Börse AG hat sich zudem „extrem verändert"[818]: Für wissenschaftliche Zwecke gibt es keine kostenfreien Daten mehr, obwohl Wissenschaftler angehalten waren, Datenfehler der Deutschen Börse AG zu melden. Mit der Umstellung auf den entgeltlichen Datenbezug entfiel natürlich auch die Obliegenheit von Forschern zur Meldung von Datenfehlern.

Im Regelwerk der Eurex („Implementation Regulations for the Handling of Erroneous Entries") findet sich überraschenderweise keine Verpflichtung der Mitglieder, einen von ihnen verursachten Mistrade („Erroneous Entry Transaction") unverzüglich zu melden.[819] Ob Mitglieder einen Mistrade, der zu ihren Gunsten ausgefallen ist, und dessen Meldung mit einer Mindestgebühr (Handlinggebühr) von 150 € (je Falscheintrag) belegt ist, der Eurex übermitteln, ist fraglich.[820] „Die Meldung eines Mistrades ist selbstverständlich jedem Member selbst überlassen. Aus

---

[814] Mittnik/Rieken (2000), S. 264.
[815] Deutsche Börse AG (2004g), S. 1.
[816] Auskunft von Petra Schmidt (Eurex) vom 17.11.2004.
[817] Auskunft von Petra Schmidt (Eurex) vom 17.11.2004.
[818] Auskunft von Petra Schmidt (Eurex) vom 17.11.2004.
[819] Vgl. Eurex (2004j), S. 1.
[820] Vgl. Eurex (2004j), S. 2 f.

wirtschaftlichen Überlegungen sollte es klar sein, dass ein Mistrade erst dann gemeldet wird, wenn die Mistradegebühr (Handlinggebühr) von 150 € überstiegen wird bzw. der Member auch ohne Rücksicht auf die Gebühr auf einen Rücktrade besteht."[821]

Die nachfolgende Auswertung macht deutlich, dass in der Praxis die annullierten Handelsgeschäfte ein Vielfaches der Mistradegebühr ausmachen. Nur für drei Handelsgeschäfte übersteigt die Mistradegebühr den Erlös aus der Annullierung der fehlbewerteten Kontrakte. Die Fehlbewertung wird auf Basis des Black/Scholes-Modells mit einer Volatilität von 30% berechnet, und damit mit einer Volatilität in etwa auf Höhe der impliziten Volatilität der Optionen im Untersuchungszeitraum (vgl. S. 159 ff.).

**6.3.3.4 Methodik der Datenbereinigung**

Analog zur Studie von Mittnik/Rieken (2000) wird in der vorliegenden Studie den annullierten Handelsgeschäften anhand der Handelsspezifikationen (Restlaufzeit, Ausübungspreis, Anzahl der Kontrakte) sowie der Handelszeit und dem Optionspreis erstmals in einer Studie zur Bewertung der DAX-Option Rechnung getragen. Mittnik/Rieken beschränken sich in ihrer Studie auf die Put-Call-Parität. Erschwert wird die Datenbereinigung dadurch, dass lediglich zusätzlich zu dem Mistrade ein Gegengeschäft mit negativer Kontraktanzahl aufgeführt wird, der Mistrade selbst aber nicht gekennzeichnet wird.

Nach Auffassung der Deutschen Börse AG ist die Zuordnung annullierter Handelsgeschäfte nicht möglich, weil die von der Eurex zur Verfügung gestellten Tickdaten „nicht zwingend jeden einzelnen Trade gesondert anzeigen, sondern, [dass] ein Netting stattfindet", also Transaktionen teilweise aggregiert werden.[822] Für sechs Transaktionen jeweils bei Calls und Puts entspricht die gehandelte Kontraktanzahl nur 1 Option, so dass eine Aggregation in diesen Fällen nicht möglich ist, da keine Bruchteile von Optionen gehandelt werden. Anhand der Handelsspezifikationen sowie des Optionspreises erreicht die vorliegende Arbeit in allen Fällen eine eindeutige Zuordnung. Dies betrifft 38 Transaktionen für Puts mit

---

[821] Eurex (2004m), S. 1.
[822] Eurex (2004n), S. 1.

insgesamt 5.128 Kontrakten sowie 54 Transaktionen für Calls mit insgesamt 3.162 Kontrakten. Neben übereinstimmenden Handelsspezifikationen wird auch überprüft, dass der Mistrade zeitlich nur vor der Stornierung liegen kann.

### 6.3.3.5 Umfang und ökonomische Signifikanz annullierter Handelsgeschäfte

Von der Annullierung betroffen sind im Untersuchungszeitraum 92 Mistrade-Transaktionen mit einer Handelsgröße von durchschnittlich jeweils 90 Optionen.[823] Insgesamt wurden 8.290 Optionen von der Eurex annulliert.

Tabelle 51 zeigt die Anzahl annullierter Optionen und deren Aufteilung in der Untersuchungsperiode auf Puts und Calls.

| 2004 | Calls | | Puts | |
|---|---|---|---|---|
| | Transaktionen | Volumen | Transaktionen | Volumen |
| Januar | 19 | 571 | 4 | 153 |
| Februar | 2 | 70 | 2 | 2 |
| März | 9 | 177 | 17 | 518 |
| April | 7 | 1.595 | 6 | 1.818 |
| Mai | 8 | 646 | 2 | 501 |
| Juni | 9 | 103 | 7 | 2.136 |
| ∑ | 54 | 3.162 | 38 | 5.128 |

Tabelle 51: Gelöschte Handelsgeschäfte durch die Eurex
Quelle: Eigene Recherchen.

Insgesamt wurden 8.290 Optionen im ersten Halbjahr 2004 von der Eurex annulliert, davon 3.162 Calls und 5.128 Puts (vgl. S. 389-398). Bei sieben der 38 annullierten Put-Transaktionen lässt sich keine (positive) implizite Volatilität finden, die den Mistrade-Preis ergibt.

Im Folgenden soll die ökonomische Signifikanz annullierter Handelsgeschäfte untersucht werden, indem der mögliche Handelsgewinn berechnet wird. Die Preisdifferenz wird ermittelt, indem – wie bei der Deutschen Börse AG – als Referenzmodell das Black/Scholes-Modell mit einer Volatilität von 30% zugrunde gelegt wird.

---

[823] Diese 92 Mistrade-Transaktionen beinhalten 38 Handelsgeschäfte auf Puts und 54 Handelsgeschäfte auf Calls.

## 6.3 Aufbau und Methodik der Studie

Die annullierten Transaktionen verstoßen häufig deutlich gegen arbitragefreie Wertgrenzen. Als ein Beispiel sollen vier Handelsgeschäfte von Puts am 16. März 2004 herausgegriffen werden, nämlich die Transaktionen ID 1400705, ID 1556346, ID 1347784 sowie ID 1400706. Die Optionen wurden um 10:32 Uhr gehandelt und ab 10:44 Uhr storniert. Aufgrund des Ausübungspreises von 4.100 bei einem DAX-Kurs von rund 3.780 Punkten wäre eine Ausübung bei nur drei Tagen Restlaufzeit höchstwahrscheinlich. Der innere Wert der nahe am Verfalltag (19.3.2004) notierenden Puts auf den DAX beläuft sich auf 318,12 Punkte.[824] Nach dem Black/Scholes-Modell mit einer Volatilität von 30% errechnet sich ein Preis von 318,47 Punkten, d.h. dem Put werden ein geringer positiver Zeitwert und ein hoher innerer Wert beigemessen. Der Preis für die Option beläuft sich dagegen auf nur 22 Punkte. Da jeder Punkt mit 5 € gewichtet wird, wäre zum Laufzeitende durch den Kauf der unterbewerteten Puts und Verkauf des Futures ein sofortiger Arbitragegewinn in Höhe von $(319{,}12 - 22) \cdot 5$ € = 1.485,60 € je Kontrakt möglich, wenn der Mistrade nicht annulliert würde. Bei der Transaktion, welcher 68 Kontrakte zugrunde liegen, beläuft sich die Differenz zwischen Black/Scholes-Preis und Preis des Mistrades auf 101.021 € je Transaktion. Dabei handelt es sich um keine Einzelerscheinung.

Bei den Calls beläuft sich die Differenz zwischen Black/Scholes-Preis und Preis des Mistrades auf durchschnittlich 134.570 € je Transaktion. Bei den Puts beträgt diese Differenz im arithmetischen Mittel 67.028 €.[825] Im Schnitt beträgt der annullierte Optionspreis nur etwa ein Zehntel des Black/Scholes-Preises, der als Referenz verwendet wird. Die Unterbewertung definiert als $\dfrac{C_{Black-Scholes} - C_{annulliert}}{C_{annulliert}}$ beträgt im Schnitt 939,44%. In einem Fall hätte die Investition sogar nur rund 2% des Referenzpreises betragen. Dass hier ein Investor der preislichen Versuchung nicht widerstehen konnte und gleich 500 Kontrakte orderte, ist nur allzu verständlich: Durch den Kauf in Verbindung mit dem Leerverkauf des DAX-Futures ergibt sich ein Arbitragegewinn in Höhe von über 2,2 Millionen €, den der Investor nur deshalb nicht erhielt, weil die Eurex die Transaktion am gleichen Tag annullierte.

---

[824] Am 16.3.2004 um 10:32:00 Uhr stand der DAX bei 3.780,88 Punkten.
[825] Dabei wurden nur gegenüber dem Black/Scholes-Modell unterbewertete Mistrades berücksichtigt, da eine Überbewertung den (Leer-) Verkauf von Optionen erfordern würde.

Tabelle 52 weist auf, welche Differenzen zwischen Black/Scholes-Preisen und Marktpreisen von Optionen bei den von der Eurex annullierten Calls im Untersuchungszeitraum auftreten.

| Calls | Januar | Februar | März | April | Mai | Juni |
|---|---|---|---|---|---|---|
| Transaktionen | 19 | 2 | 5 | 6 | 8 | 9 |
| Optionen | 571 | 70 | 44 | 1594 | 646 | 103 |
| Minimum (€) | 25,5 | 1749 | 50,65 | 7.022 | 1.947 | 2.566 |
| Mittelwert (€) | 112.240 | 61.232 | 2.334,70 | 290.210 | 306.720 | 14.658 |
| Median (€) | 99.385 | 61.232 | 1.636,40 | 41.483 | 9.322,80 | 10.825 |
| Maximum (€) | 579.900 | 120.720 | 7.974,30 | 1.561.500 | 2.316.300 | 34.970 |
| σ (€) | 132.020 | 84.122 | 3.264,70 | 623.260 | 812.530 | 12.500 |

Tabelle 52: Differenz zwischen Mistrade- und Black/Scholes-Preisen für Calls
Quelle: Eigene Recherchen und Berechnungen.

Im April und Mai ist die Fehlbewertung so hoch, dass in Verbindung mit dem Handelsvolumen von 1.500 sowie 500 Kontrakten sich die Differenz zwischen Black/Scholes- und Mistrade-Preis auf 1,5 Millionen sowie 2,3 Millionen € beläuft.

Tabelle 53 zeigt, welche Differenzen zwischen Black/Scholes-Preisen und Marktpreisen von Optionen bei den von der Eurex annullierten Puts im Untersuchungszeitraum auftreten.

| Puts | Januar | Februar | März | April | Mai | Juni |
|---|---|---|---|---|---|---|
| Transaktionen | 4 | 2 | 17 | 6 | 2 | 7 |
| Optionen | 153 | 2 | 518 | 1818 | 501 | 2136 |
| Minimum (€) | 101,01 | 828,65 | 98,527 | 388,05 | 222,46 | 3173,50 |
| Mittelwert (€) | 3.070,50 | 2.338,60 | 30.199 | 48.905 | 2.107,50 | 245.582 |
| Median (€) | 955,02 | 2.338,60 | 7.171,80 | 7.338,20 | 2.107,50 | 18.427 |
| Maximum (€) | 10.271 | 3.848,60 | 142.710 | 187.320 | 3.992,50 | 1.539.836 |
| σ (€) | 4.858,10 | 2.135,40 | 45.125 | 76.278 | 2.665,80 | 571.910 |

Tabelle 53: Differenz zwischen Mistrade- und Black/Scholes-Preisen für Puts
Quelle: Eigene Recherchen und Berechnungen.

Im Juni erreicht die Differenz zwischen Black/Scholes- und Mistrade-Preis eines Puts mit der ID 3574381, der in einer Stückzahl von 2.000 Kontrakten gehandelt worden ist, eine Höhe von über 1,5 Millionen €.

## 6.3 Aufbau und Methodik der Studie

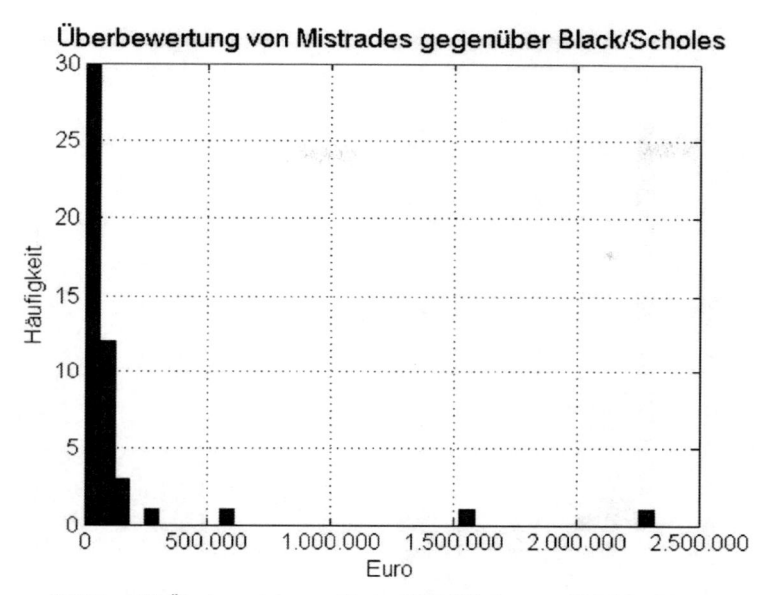

**Abbildung 54: Überbewertung annullierter DAX-Calls im ersten Halbjahr 2004**
Quelle: Eigene Berechnungen.

Insgesamt verstoßen 21 von 54 annullierten Transaktionen auf Calls gegen die modellunabhängige Wertuntergrenze. 1.084 von 3.162 Calls weisen einen negativen Zeitwert auf. Die Mistrades notieren im Schnitt um den Faktor 14 höher als nach dem Black/Scholes-Modell.

Eine Besonderheit stellt ein am 15.4.2004 (ein Tag vor dem Verfalltermin) um 12:39:51 Uhr gehandelter Call (ID 2116012) mit Ausübungspreis 3.000 dar. Dieser notiert mit 4.012 Punkten, während der DAX um 12:39:45 Uhr nur bei 4.010,50 Punkten notiert. Das bedeutet, dass diese Option sogar gegen die obere arbitragefreie Wertgrenze verstößt. Aufgrund der Arbitrageverletzung ist für diese Option keine implizite Volatilität ermittelbar.

Bei den Puts sind 5.128 Optionen von einer Annullierung betroffen. Für sieben von 38 Transaktionen auf Puts (225 Kontrakte) ist es nicht möglich, eine (nichtnegative) implizite Volatilität zu berechnen.

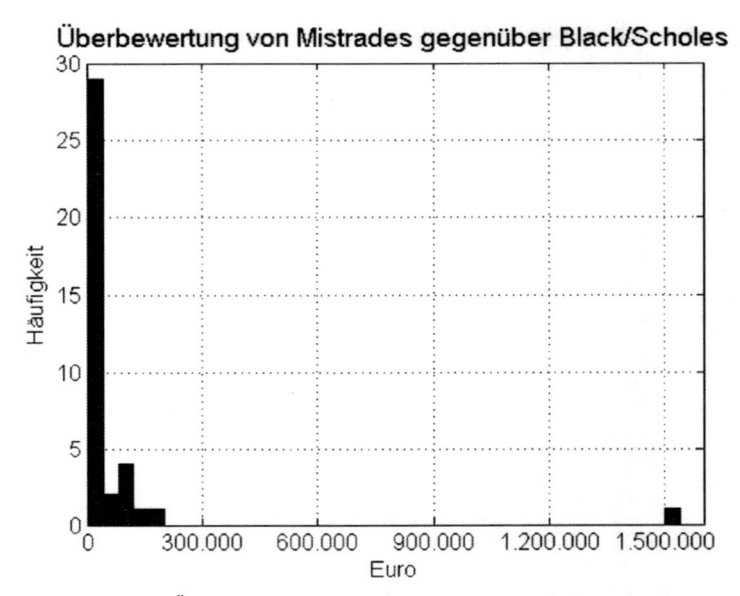

**Abbildung 55: Überbewertung annullierter DAX-Puts im ersten Halbjahr 2004**
Quelle: Eigene Berechnungen.

Diese Optionen sind derart massiv unterbewertet, dass die modellunabhängige untere Wertgrenze verletzt ist. Die Überbewertung zu Black/Scholes-Preisen beträgt durchschnittlich 67.028 € je Transaktion. Damit sind die Mistrade-Preise bei den Puts um den Faktor 6 höher als nach dem Black/Scholes-Modell.

Zusammenfassend lässt sich festhalten, dass im Untersuchungszeitraum der vorliegenden Arbeit 92 Handelsgeschäfte mit einer Handelsgröße von durchschnittlich je 90 Optionen bzw. insgesamt 8.290 Optionen von der Eurex annulliert wurden.[826] Da die Eurex die ursprünglichen Handelsgeschäfte im Datensatz ohne Kennzeichnung belässt, müssen diese in einem aufwendigen Verfahren aus dem Datensatz der Eurex herausgesucht werden. Somit muss die doppelte Anzahl der annullierten Handelsgeschäfte, nämlich die ursprüngliche Transaktion und die korrigierte Transaktion (mit negativem Vorzeichen), aus dem Datensatz eliminiert werden. Diese Studie stellt neben Mittnik/Rieken (2000) die einzige Untersuchung dar, in der Mistrades explizit berücksichtigt werden.

---

[826] Die 92 Handelsgeschäfte teilen sich auf in 38 Handelsgeschäfte auf Puts und 54 Handelsgeschäfte auf Calls.

## 6.3 Aufbau und Methodik der Studie

Bei den Calls beträgt die Überbewertung je annulliertem Handelsgeschäft im arithmetischen Mittel 134.570 €, bei den Puts 67.028 €. Für jede zweite annullierte Call-Transaktion und jeden dritten Call (1.017 von 3.162 Optionen) ist eine (nichtnegative) implizite Volatilität nicht berechenbar. Bei den Puts beläuft sich der Anteil nicht ermittelbarer impliziter Volatilitäten auf 7 von 38 Transaktionen oder 225 von 5.128 Optionen (4,4%). Verstoßen die Optionen gegen die untere oder obere arbitragefreie Wertgrenze, so ist generell keine implizite Volatilität ermittelbar. Ein Verstoß gegen die untere arbitragefreie Wertgrenze ist äquivalent zu einem negativen Zeitwert.

Die Überprüfung der Mistrades lässt die folgenden Schlussfolgerungen bezüglich des von der Eurex verwendeten Bewertungsmodells zu:[827]

1. Das von der Eurex eingesetzte Bewertungsmodell stellt nicht ausschließlich auf einen Vergleich zwischen innerem Wert und Optionspreis ab. Teilweise werden nämlich Optionsgeschäfte, die gegen diese fundamentale Arbitragebeziehungen nicht verstoßen, dennoch als Mistrades deklariert.
2. Mit größter Wahrscheinlichkeit legt das von der Eurex eingesetzte Bewertungsmodell den inneren Wert der Option als Mindestpreis der Option zugrunde. Im Falle des Calls mit der ID 425439 beträgt die Abweichung zum Black/Scholes-Preis lediglich 1,6%. Damit ist die Mistrade Regel (40 Punkte) nicht erfüllt. Die arbitragefreie untere Wertschranke wird allerdings verletzt.
3. In Fällen, in denen der Zeitwert der Option nichtnegativ ist, beträgt die geringste Abweichung zum Black/Scholes-Modell 24,9% (Calls) respektive 8,5% (Puts). Diese Abweichungen geben einen Anhaltspunkt, ab wann Optionsgeschäfte von der Eurex als potenzielle Mistrades angesehen werden.

Für die weitergehende Datenauswertung werden sowohl Stornierungs-Trade als auch das ursprüngliche Handelsgeschäft eliminiert.

---

[827] Aussagen auf Basis einer unterstellten Volatilität von 30%.

Tabelle 54 gibt Auskunft über Anzahl und Aufteilung annullierter Transaktionsgeschäfte auf den Untersuchungszeitraum getrennt nach Calls und Puts.

| 2004 | Vor Annullierung | | Eliminierung[828] | | Nach Eliminierung | |
|---|---|---|---|---|---|---|
| | Calls | Puts | Calls | Puts | Calls | Puts |
| Januar | 25.017 | 29.924 | 38 | 8 | 24.979 | 29.916 |
| Februar | 24.875 | 28.815 | 4 | 4 | 24.871 | 28.811 |
| März | 38.621 | 46.812 | 18 | 34 | 38.603 | 46.778 |
| April | 31.239 | 35.392 | 14 | 12 | 31.225 | 35.380 |
| Mai | 29.987 | 34.384 | 16 | 4 | 29.971 | 34.380 |
| Juni | 27.221 | 30.793 | 18 | 14 | 27.203 | 30.779 |
| Januar–Juni | 176.960 | 206.120 | 108 | 76 | 176.852 | 206.044 |

Tabelle 54: Eliminierung von Transaktionen aufgrund von Mistrades
Quelle: Eigene Auswertung.

Insgesamt wurden von den 383.080 Optionstransaktionen (19.981.400 Optionen) im ersten Halbjahr 2004 184 Transaktionen (8.290 Optionen) annulliert. Nach der Eliminierung annullierter Transaktionen verbleiben somit 379.896 Optionstransaktionen (19.973.110 Optionen), die sich auf die Untersuchungsperiode wie folgt verteilen (vgl. Tabelle 55):

| 2004 | Calls | Puts | Optionen |
|---|---|---|---|
| Januar | 24.979 | 29.916 | 54.895 |
| Februar | 24.871 | 28.811 | 53.682 |
| März | 38.603 | 46.778 | 85.381 |
| April | 31.225 | 35.380 | 66.605 |
| Mai | 29.971 | 34.380 | 64.351 |
| Juni | 27.203 | 30.779 | 57.982 |
| Januar bis Juni | 176.852 | 203.044 | 379.896 |

Tabelle 55: Datenbasis nach Eliminierung annullierter Handelsgeschäfte
Quelle: Eigene Auswertung.

### 6.3.3.6 Verstöße gegen die Put-Call-Parität

Da die Put-Call-Parität eine modellunabhängige Äquivalenzbeziehung aufstellt, müssen Verstöße gegen die Put-Call-Parität vor der empirischen Überprüfung des Black/Scholes-Modells eliminiert werden, um dem Black/Scholes-Modell nicht modellunabhängige Fehlbewertungen zu Unrecht anzulasten.[829]

---

[828] Die Eliminierung beinhaltet die doppelte Anzahl von Optionstransaktionen (ursprüngliches Handelsgeschäft und das Handelsgeschäft zur Annullierung). Die Eliminierung von 38 Optionstransaktionen bedeutet also, dass 19 Mistrades aus dem Datensatz eliminiert werden.
[829] Vgl. Thiel (2001), S. 165.

## 6.3 Aufbau und Methodik der Studie

Tabelle 56 zeigt die Anzahl von Calls und Puts, die für die empirische Untersuchung des Black/Scholes-Modells eliminiert werden müssen, weil sie gegen die Put-Call-Parität verstoßen.

| 2004 | | Nach Annullierung | | Put-Call-Parität Verstöße | | Ohne Put-Call-Parität Verstöße | |
|---|---|---|---|---|---|---|---|
| | | Calls | Puts | Calls | Puts | Calls | Puts |
| **Januar** | Transaktionen | 24.979 | 29.916 | 2.276 | 3.589 | 22.703 | 26.327 |
| | Optionen | 1.323.526 | 1.728.121 | 102.034 | 150.180 | 1.221.492 | 1.577.941 |
| **Februar** | Transaktionen | 24.871 | 28.811 | 2.031 | 3.473 | 22.840 | 25.338 |
| | Optionen | 1.180.277 | 1.578.357 | 71.613 | 137.036 | 1.108.664 | 1.441.321 |
| **März** | Transaktionen | 38.603 | 46.778 | 3.775 | 7.049 | 34.828 | 39.729 |
| | Optionen | 1.683.675 | 2.350.899 | 106.007 | 212.059 | 1.577.668 | 2.138.840 |
| **April** | Transaktionen | 31.225 | 35.380 | 2.777 | 5.051 | 28.448 | 30.329 |
| | Optionen | 1.427.546 | 1.856.893 | 90.448 | 193.794 | 1.337.098 | 1.663.099 |
| **Mai** | Transaktionen | 29.971 | 34.380 | 2.604 | 4.531 | 27.367 | 29.849 |
| | Optionen | 1.615.835 | 1.893.113 | 101.410 | 180.384 | 1.514.425 | 1.712.729 |
| **Juni** | Transaktionen | 27.203 | 30.779 | 2.273 | 4.255 | 24.930 | 26.524 |
| | Optionen | 1.549.146 | 1.784.012 | 79.319 | 140.407 | 1.469.827 | 1.643.605 |
| **Januar bis Juni** | Transaktionen | 176.852 | 206.044 | 15.736 | 27.948 | 161.116 | 178.096 |
| | Optionen | 8.780.005 | 11.191.395 | 550.831 | 1.013.860 | 8.229.174 | 10.177.535 |

Tabelle 56: Eliminierung von Verstößen gegen die Put-Call-Parität
Quelle: Eigene Auswertung.

Im Untersuchungszeitraum der vorliegenden Studie verstoßen 15.736 Transaktionen auf Calls (550.831 Call-Optionen) und 27.948 Transaktionen auf Puts (1.013.860 Put-Optionen) gegen die Put-Call-Parität und werden daher von einer weitergehenden Überprüfung ausgeschlossen. Von den Calls werden somit 6,27% und von den Puts 9,06% des Gesamtdatensatzes eliminiert. Die geringere Anzahl der Calls im Vergleich zu den Puts ist programmiertechnisch bedingt: Aufgrund der größeren Anzahl von Puts wurde zur Zusammenstellung von Arbitrage ermöglichender Put-Call-Paaren von den Puts ausgegangen. Teilweise lässt sich ein Call auch für ein weiteres Put-Call-Paar verwenden. Während im Januar beispielsweise 3.589 Put-Call-Paare Arbitrage ermöglichen, genügen 2.276 Calls und 3.589 Puts zur Darstellung dieser Paare, weil die Calls sich teilweise auch für Arbitrage mit weiteren Puts eignen.

### 6.3.3.7 Verstöße gegen verteilungsfreie Wertgrenzen

Die um annullierte Handelsgeschäfte sowie Verletzungen gegen die Put-Call-Parität bereinigte Datenbasis wird analog zur Studie von Longstaff (1995) weiterhin um Optionen dezimiert, die gegen Mertons (1973) verteilungsfreie Wertgrenzen verstoßen. Derartige Verstöße sind nicht dem Black/Scholes-Modell anzulasten. Im Gegensatz zum Bereinigungsverfahren der vorliegenden Studie um Optionen, die innerhalb von 59 Sekunden Arbitrage zulassen, führen Verstöße gegen verteilungsfreie Wertgrenzen in der realen, dynamischen Welt nicht zwingend zu Arbitragemöglichkeiten.

Die arbitragefreien Wertgrenzen sind für den europäischen Call:[830]

$$C = \left[\max\left(0, S_0 - K \cdot e^{-rT}\right), S_0\right].$$

Für den europäischen Put gilt entsprechend:[831]

$$P = \left[\max\left(0, K \cdot e^{-rT} - S_0\right), K \cdot e^{-rT}\right].$$

---

[830] Vgl. Föllmer (2002), S. 15 sowie Hull (2009), S. 205 ff. Elliott/Kopp (2001), S. 22 nehmen versehentlich das Minimum statt das Maximum. Dann aber wäre der Preis des Calls nichtpositiv und die Definition des Contingent Claims als nichtnegative Zufallsvariable verletzt.

[831] Vgl. Hull (2009), S. 205 ff. sowie Elliott/Kopp (2001), S. 22.

## 6.3 Aufbau und Methodik der Studie

| 2004 | | Ohne Put-Call-Parität Verstöße | | Verletzung arbitragefreier Wertgrenzen | | Ohne Verletzung arbitragefreier Wertgrenzen | |
|---|---|---|---|---|---|---|---|
| | | Calls | Puts | Calls | Puts | Calls | Puts |
| **Januar** | Transaktionen | 22.703 | 26.327 | 630 | 121 | 22.073 | 26.206 |
| | Optionen | 1.221.492 | 1.577.941 | 21.179 | 2.421 | 1.200.313 | 1.575.520 |
| **Februar** | Transaktionen | 22.840 | 25.338 | 137 | 127 | 22.703 | 25.211 |
| | Optionen | 1.108.664 | 1.441.321 | 6.576 | 2.592 | 1.102.088 | 1.438.729 |
| **März** | Transaktionen | 34.828 | 39.729 | 98 | 425 | 34.730 | 39.304 |
| | Optionen | 1.577.668 | 2.138.840 | 1.942 | 7.777 | 1.575.726 | 2.131.063 |
| **April** | Transaktionen | 28.448 | 30.329 | 329 | 157 | 28.119 | 30.172 |
| | Optionen | 1.337.098 | 1.663.099 | 15.758 | 6.841 | 1.321.340 | 1.656.258 |
| **Mai** | Transaktionen | 27.367 | 29.849 | 243 | 203 | 27.124 | 29.646 |
| | Optionen | 1.514.425 | 1.712.729 | 12.889 | 5.550 | 1.501.536 | 1.707.179 |
| **Juni** | Transaktionen | 24.930 | 26.524 | 156 | 462 | 24.774 | 26.062 |
| | Optionen | 1.469.827 | 1.643.605 | 12.495 | 6.293 | 1.457.332 | 1.637.312 |
| **Januar bis Juni** | Transaktionen | 161.116 | 178.096 | 1.593 | 1.495 | 159.523 | 176.601 |
| | Optionen | 8.229.174 | 10.177.535 | 70.839 | 31.474 | 8.158.335 | 10.146.061 |

Tabelle 57: Eliminierung von Verstößen gegen verteilungsfreie Wertgrenzen
Quelle: Eigene Auswertung.

Im Vergleich zur Datenbereinigung zur Darstellung der impliziten Volatilität im Zusammenhang mit der Überprüfung der Put-Call-Parität fällt die Anzahl der Arbitrageverletzungen mit 1.593 Call-Transaktionen (70.839 Kontrakte) und 1.495 Put-Transaktionen (31.474) etwas geringer aus, weil einige Transaktionen, die sich für eine Arbitrage mittels der Put-Call-Parität eignen, auch gegen die allgemeinen arbitragefreien Wertgrenzen verstoßen und damit eine Stufe früher bereits eliminiert worden sind.

Insgesamt verstoßen 1.700 Call-Transaktionen (81.817 Kontrakte) und 1.628 Put-Transaktionen (44.632 Kontrakte) gegen arbitragefreie Wertgrenzen.

### 6.3.3.8 Optionen am Verfalltag

Manaster/Rendleman (1982) eliminieren in ihrer Studie zur Lead- bzw. Lag-Beziehung zwischen Options- und Aktienmarkt Optionen mit einer Restlaufzeit von unter 30 Tagen mit der Begründung: „the BS model is quite sensitive to violations of its underlying assumptions for options which are close to expiration".[832]

Da gerade der Handel von Optionen mit kurzer Restlaufzeit besonders liquide ist, wird mit dem Kriterium einer Restlaufzeit von weniger als 30 Kalendertagen nicht nur ein wesentlicher Teil, sondern sogar der überwiegende Teil der Datenbasis eliminiert: 57,2% aller Call-Transaktionen sowie 52,6% aller Put-Transaktionen würden mit diesem Kriterium in der vorliegenden Studie ausgesondert. Wilkens (2003) eliminiert aus dem von Manaster/Rendleman vorgebrachten Grund Optionen mit einer Restlaufzeit von unter 7 Kalendertagen.[833] Diesem Kriterium würden in der vorliegenden Studie immer noch 14,4% aller Call-Transaktionen sowie 12,9% aller Put-Transaktionen zum Opfer fallen. In der Untersuchung von Wilkens liegt der Anteil ausgesonderter Transaktionen mit 16,8% für Call-Transaktionen und 15,2% noch etwas höher, weil er im gleichen Schritt Optionen mit einem Preis von weniger als 1 Punkt eliminiert.

---

[832] Manaster/Rendleman (1982), S. 1046.
[833] Vgl. Wilkens (2003), S. 253.

## 6.3 Aufbau und Methodik der Studie

Tabelle 58 zeigt die Anzahl von Optionen sowie deren prozentualen Anteil am Gesamtdatensatz mit alternativen Restlaufzeiten.

| Optionen | $T < 30$ Tage | | $T < 7$ Tage | | $T < 1$ Tag | |
|---|---|---|---|---|---|---|
| | absolut | Anteil | absolut | Anteil | absolut | Anteil |
| Calls (176.852) | 101.171 | 57,2% | 25.536 | 14,4% | 2.484 | 1,4% |
| Puts (206.044) | 108.435 | 52,6% | 26.496 | 12,9% | 1.689 | 0,8% |

**Tabelle 58:** Szenarien des Datenbasisverlusts durch Eliminierung von Optionen
Quelle: Eigene Auswertung.

Einer eventuellen Sensitivität des Black/Scholes-Modells auf eine geringe Restlaufzeit trägt die vorliegende Studie Rechnung, indem in der Auswertung die Optionen nach mehreren Restlaufzeiten gesondert ausgewertet werden. Auf diese Weise ist eine konkrete und zugleich differenzierte Aussage zu Fehlbewertungen des Black/Scholes-Modells auf einer weitgehend nicht dezimierten Datenbasis möglich.

Aus mathematischen Gründen müssen für die Überprüfung des Black/Scholes-Modells Optionen ausgeschlossen werden, die an ihrem Verfalltag gehandelt werden. Die Restlaufzeit von 0 Tagen führt in der Black/Scholes-Formel zur Nulldivision und ist damit nicht definiert. Die Eliminierung dieser Optionen vollzieht sich allerdings ohne Verlust am Aussagegehalt der Gesamtstudie: Optionen, die am Verfalltag notieren, besitzen keinen Zeitwert mehr, sondern werden nach ihrem inneren Wert bewertet: „Such options are priced at approximately their intrinsic values and contain little, if any, information about the level of the stock's volatility".[834]

Die beiden nachfolgenden Abbildungen belegen, dass der Preis von Optionen, die an ihrem Verfalltag notieren, sich genau nach deren inneren Wert richtet, so dass für Calls $(S-K)^+$ und für Puts $(K-S)^+$ gilt. Der innere Wert dieser Optionen (ohne die strikt positive Bedingung) wurde in den Abbildungen 56 und 57 grafisch abgetragen.

---

[834] Stephan/Whaley (1990), S. 195.

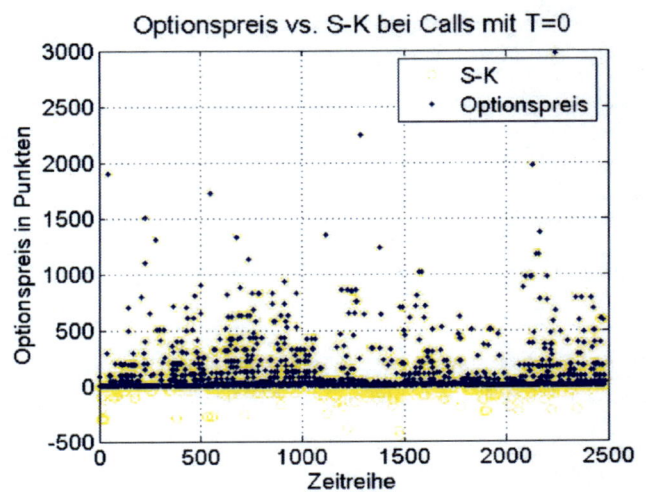

**Abbildung 56: Call-Preis versus *S-K* für Optionen mit *T* = 0**
Quelle: Eigene Darstellung.

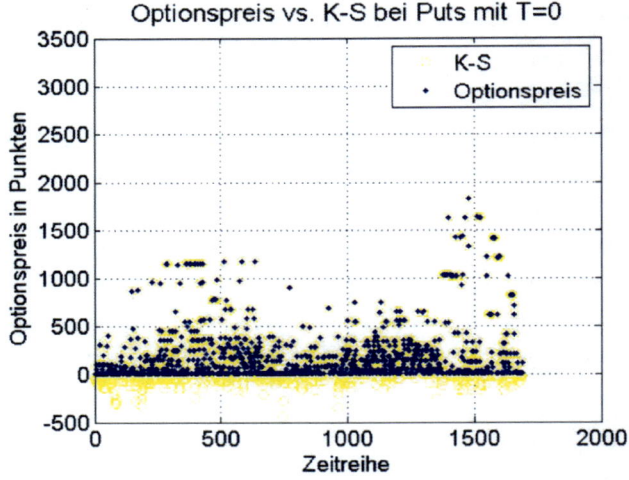

**Abbildung 57: Put-Preis versus *K-S* für Optionen mit *T* = 0**
Quelle: Eigene Darstellung.

Die Abbildungen 56 und 57 tragen auf der Abszisse entsprechend des Handelszeitpunkts den Optionspreis (blau) bzw. den inneren Wert (gelb), jedoch ohne Eliminierung der negativen Werte, ab. Durch die Punkteplots ist zu erkennen, dass die blauen Punkte jeweils innerhalb der gelben Kreise liegen. Dies bedeutet,

## 6.3 Aufbau und Methodik der Studie

dass der Optionspreis von am Verfalltag notierender Optionen – wie dies auch Stephan/Whaley (1990) konstatieren – dem inneren Wert der Optionen entspricht.[835]

Aus diesem Grund nimmt die vorliegende Studie nur die mathematisch notwendige Eliminierung von Optionen vor, die am Verfalltag noch gehandelt werden (Laufzeit: < 1 Tag). Tabelle 59 dokumentiert die verbleibende Datenbasis, nachdem Optionen, die noch am Tag ihres Verfalls gehandelt werden, eliminiert worden sind.

### 6.3.3.9 Mindestpreiskriterium

Optionen mit einem Marktpreis von unter 1,0 Punkten werden aufgrund der minimalen möglichen Wertveränderung (Ticksize) von 0,1 Punkten für die DAX-Option eliminiert. Liefert das Black/Scholes-Modell für eine Option einen theoretischen Wert von 0,95, so führt die minimale Ticksize zu einer Abweichung von 0,05 Punkten oder 5% selbst dann, wenn das Modell vollständig korrekt bewertet. Bei einem noch niedrigeren Marktpreis kann die *möglicherweise* alleine auf die minimale Ticksize zurückzuführende Divergenz zwischen Marktpreis und theoretischem Preis sich sogar auf bis zu 50% belaufen (Fall: Marktpreis: 0,1 Punkt, theoretischer Preis: 0,5 oder 1,5 Punkte). Würden Optionen mit einem derart niedrigen Preis beibehalten werden, so wären die Resultate der Untersuchung kaum interpretierbar, weil prozentual hohe Marktpreisabweichungen alleine auf den geringen absoluten Optionspreis zurückgehen könnten. Eine hohe prozentuale Abweichung zwischen Markt- und Black/Scholes-Preisen wäre dann nach Berücksichtigung von Transaktionskosten jedoch ökonomisch nicht signifikant.

---

[835] Vgl. Stephan/Whaley (1990), S. 195.

| 2004 | | Ohne Verletzung arbitragefreier Wertgrenzen | | Optionen mit $T = 0$ | | Ohne Optionen mit $T = 0$ | |
|---|---|---|---|---|---|---|---|
| | | Calls | Puts | Calls | Puts | Calls | Puts |
| **Januar** | Transaktionen | 22.073 | 26.206 | 531 | 85 | 21.542 | 26.121 |
| | Optionen | 1.200.313 | 1.575.520 | 16.802 | 3.158 | 1.183.511 | 1.572.362 |
| **Februar** | Transaktionen | 22.703 | 25.211 | 541 | 103 | 22.162 | 25.108 |
| | Optionen | 1.102.088 | 1.438.729 | 14.974 | 3.775 | 1.087.114 | 1.434.954 |
| **März** | Transaktionen | 34.730 | 39.304 | 401 | 555 | 34.329 | 38.749 |
| | Optionen | 1.575.726 | 2.131.063 | 12.946 | 13.546 | 1.562.780 | 2.117.517 |
| **April** | Transaktionen | 28.119 | 30.172 | 305 | 218 | 27.814 | 29.954 |
| | Optionen | 1.321.340 | 1.656.258 | 7.531 | 7.376 | 1.313.809 | 1.648.882 |
| **Mai** | Transaktionen | 27.124 | 29.646 | 280 | 406 | 26.844 | 29.240 |
| | Optionen | 1.501.536 | 1.707.179 | 12.795 | 10.909 | 1.488.741 | 1.696.270 |
| **Juni** | Transaktionen | 24.774 | 26.062 | 426 | 322 | 24.348 | 25.740 |
| | Optionen | 1.457.332 | 1.637.312 | 14.498 | 7.647 | 1.442.834 | 1.629.665 |
| **Januar bis Juni** | Transaktionen | 159.523 | 176.601 | 2.484 | 1.689 | 157.039 | 174.912 |
| | Optionen | 8.158.335 | 10.146.061 | 79.546 | 46.411 | 8.078.789 | 10.099.650 |

**Tabelle 59: Eliminierung von Optionen mit unter 1 Kalendertag Restlaufzeit**

Quelle: Eigene Auswertung.

## 6.3 Aufbau und Methodik der Studie

Die Vermeidung prozentual hoher Divergenzen von Marktpreisen zu theoretischen Preisen, die möglicherweise auf die minimale Ticksize zurückzuführen sind, steht im Konflikt mit einer möglichst hohen Datenbasis zur Auswertung auf systematische Preisabweichungen.

Tabelle 60 stellt die Anzahl zu eliminierender Transaktionen dem vermeidbaren maximalen prozentualen Fehler in der Preisabweichung gegenüber. Dieser maximale Fehler tritt jeweils nur dann auf, wenn die zweite Dezimalstelle des theoretischen Preises eine 5 aufweist und ist in jedem anderen Fall geringer. Der maximale Fehler beträgt 0, wenn die zweite Dezimalstelle des theoretischen Preises eine 0 ist. Aus diesem Grund handelt es sich bei dem prozentualen Fehler um einen maximal möglichen prozentualen Fehler.

| Mindestpreis | 1 Punkt | | 2 Punkte | | 5 Punkte | |
|---|---|---|---|---|---|---|
| Maximalfehler | 5% | | 2,5% | | 1% | |
| Eliminierung | Calls | Puts | Calls | Puts | Calls | Puts |
| Transaktionen | 2.148 | 1.914 | 4.719 | 4.821 | 11.274 | 13.102 |
| Optionen | 87.267 | 75.248 | 218.149 | 207.983 | 516.306 | 207.983 |

Tabelle 60: Trade-off zwischen Erhalt der Datenbasis und modellunabhängiger Fehlbewertung
Quelle: Eigene Auswertung.

In Übereinstimmung mit der Studie von Wilkens (2003) wird zugunsten einer nicht allzu großen Dezimierung der an sich korrekten Datenbasis und unter Berücksichtigung dessen, dass der auf die minimale Ticksize zurückgehende Fehler höchstens 5% betragen kann, ein Mindestpreis von 1 Punkt gefordert.[836]

Eine Übersicht über Anzahl und Verteilung von Optionen mit einer Restlaufzeit von unter einem Tag sowie Optionen mit einem Preis von unter 1 Punkt bietet Tabelle 61.

---

[836] Vgl. Wilkens (2003), S. 253.

| 2004 | | Ohne Optionen mit $T = 0$ | | Optionen mit Preis < 1 | | Ohne Optionen mit Preis < 1 | |
|---|---|---|---|---|---|---|---|
| | | Calls | Puts | Calls | Puts | Calls | Puts |
| **Januar** | Transaktionen | 21.542 | 26.121 | 145 | 427 | 21.397 | 25.694 |
| | Optionen | 1.183.511 | 1.572.362 | 4.055 | 17.424 | 1.179.456 | 1.554.938 |
| **Februar** | Transaktionen | 22.162 | 25.108 | 258 | 330 | 21.904 | 24.778 |
| | Optionen | 1.087.114 | 1.434.954 | 10.903 | 13.705 | 1.076.211 | 1.421.249 |
| **März** | Transaktionen | 34.329 | 38.749 | 602 | 240 | 33.727 | 38.509 |
| | Optionen | 1.562.780 | 2.117.517 | 21.232 | 7.849 | 1.541.548 | 2.109.668 |
| **April** | Transaktionen | 27.814 | 29.954 | 178 | 271 | 27.636 | 29.683 |
| | Optionen | 1.313.809 | 1.648.882 | 7.175 | 8.247 | 1.306.634 | 1.640.635 |
| **Mai** | Transaktionen | 26.844 | 29.240 | 540 | 234 | 26.304 | 29.006 |
| | Optionen | 1.488.741 | 1.696.270 | 19.100 | 9.514 | 1.469.641 | 1.686.756 |
| **Juni** | Transaktionen | 24.348 | 25.740 | 425 | 412 | 23.923 | 25.328 |
| | Optionen | 1.442.834 | 1.629.665 | 24.802 | 18.509 | 1.418.032 | 1.611.156 |
| **Januar bis Juni** | Transaktionen | 157.039 | 174.912 | 2.148 | 1.914 | 154.891 | 172.998 |
| | Optionen | 8.078.789 | 10.099.650 | 87.267 | 75.248 | 7.991.522 | 10.024.402 |

**Tabelle 61: Eliminierung von Optionen mit einem Preis von unter 1 Punkt**
Quelle: Eigene Auswertung.

## 6.3.3.10 Übersicht über das Bereinigungsverfahren

Tabelle 62 fasst zusammen, in welchen Schritten der ursprüngliche Datensatz mit 19.979.690 Optionen auf 18.015.924 Optionen reduziert wird, um die Daten der Eurex um Mistrades, Verstöße gegen die Put-Call-Parität sowie verteilungsfreie Grenzen, Restlaufzeiten von weniger als einem Handelstag sowie Preise unter einem Punkt zu bereinigen.

| 1. Halbjahr 2004 | Transaktionen | | Optionen | |
|---|---|---|---|---|
| | Calls | Puts | Calls | Puts |
| Unbereinigte Eurex-Daten | 176.960 | 206.120 | 8.783.167 | 11.196.523 |
| ./.Mistrades | 54 · 2 | 38 · 2 | 3.162 | 5.128 |
| ./. Verstöße gegen Put-Call-Parität | 15.736 | 27.948 | 550.831 | 1.013.860 |
| ./. Verletzung verteilungsfreier Wertgrenzen | 1.593 | 1.495 | 70.839 | 31.474 |
| ./. Optionen mit $T = 0$ | 2.484 | 1.689 | 79.546 | 46.411 |
| ./. Optionen mit Preis < 1 | 2.148 | 1.914 | 87.267 | 75.248 |
| = Bereinigte Datenbasis | 154.891 | 172.998 | 7.991.522 | 10.024.402 |

Tabelle 62: Übersicht über das Bereinigungsverfahren der Datenbasis
Quelle: Eigene Auswertung.

Eine weitere Datenbereinigung nach Moneyness, Restlaufzeit (vgl. Neumann (1998)), Handelszeit (vgl. Longstaff (1999) sowie Dumas/Fleming/Whaley (1998)), impliziter Volatilität (vgl. Herrmann (1999)) oder nach Handelsvolumen (vgl. Neumann (1998)) würde den Datensatz willkürlich dezimieren und könnte damit möglicherweise interessante Strukturen bei den Ergebnissen eliminieren.[837]

## 6.4 Berechnung der Fehlbewertungen

Zur Feststellung, inwieweit das Black/Scholes-Modell zur Optionsbewertung geeignet ist, werden für alle im ersten Halbjahr 2004 gehandelten DAX-Optionen die Modellpreise berechnet.[838] Zur Quantifizierung der Fehlbewertung werden die theoretischen Optionspreise nach dem Black/Scholes-Modell berechnet und mit den Marktpreisen verglichen. Aufgrund der umfangreichen Datenbereinigung ist sichergestellt, dass Preisabweichungen nicht auf Datenfehler zurückzuführen sind. Vor der

---

[837] Vgl. Hermann (1999), S. 112, der Optionen mit einer impliziten Volatilität von über 40% ausschließt.
[838] Vgl. Mariano (2000), S. 284.

eigentlichen Auswertung werden deskriptive Statistiken über die Black/Scholes-Preise für unterschiedliche Optionskategorien erstellt, da diese einen Eindruck über die Größenordnung der einzelnen Variablen und der Fehlbewertung des Black/Scholes-Modells vermitteln.

### 6.4.1 Deskriptive Statistiken für Optionen unterschiedlicher Kategorien

Die nachfolgenden Tabellen weisen unterteilt nach drei Moneynessbereichen jeweils für Calls und Puts getrennt die Optionspreise aus. Die Größeneinheiten sind die Notierung der Optionen in Punkten.

Die linke Spalte gibt die Restlaufzeit der Option in Kalendertagen an. Daneben sind die statistischen Größen arithmetisches Mittel ($\mu$), Median ($M$), Standardabweichung ($\sigma$) sowie Minimum und Maximum abgetragen. Die Spalten rechts teilen die Optionen nach der Moneyness (bei Calls: $S/K$, bei Puts: $K/S$) auf. Unterschieden wird zwischen dem Black/Scholes-Preis auf Basis einer Volatilität mit 86 Handelstagen ($BS_{86}$), 60 Handelstagen ($BS_{60}$) sowie dem tatsächlichen Marktpreis der Option (OP). Die Einträge „NaN" (Not a Number) entstehen, weil im Bereich einer Moneyness zwischen 80 und 85% keine Optionen mit einer Laufzeit von weniger als 20 Kalendertagen gehandelt werden. Derart stark aus dem Geld notierende Optionen sind äußerst illiquide. So gibt es nur eine einzige Option mit einer Moneyness unter 80% (77,91%) und *zugleich* einer Restlaufzeit von unter 20 Tagen (16 Tage).

Tabelle 63 gibt einen ersten Überblick darüber, dass die Black/Scholes-Preise von out-of-the-money Calls *im statistischen Mittel* für die Optionen in ihrer Gesamtheit im halbjährigen Untersuchungszeitraum stets über den tatsächlich realisierten Optionspreisen liegen. Ob zur Berechnung der Volatilität als Input für die Black/Scholes-Preise 60 oder 86 Handelstage zugrunde gelegt werden, führt dagegen zu keiner Preistendenz, da je nach Verlauf des DAX die Volatilität auf Basis von 60 oder 86 Handelstagen höher oder niedriger ausfallen kann.

## 6.4.1.1 Out-of-the-money Calls

| Moneyness | | < 80% | | | 80-85% | | | 85-90% | | | 90-95% | | |
|---|---|---|---|---|---|---|---|---|---|---|---|---|---|
| Tage | Statistik | $BS_{86}$ | $BS_{60}$ | OP | $BS_{86}$ | $BS_{60}$ | OP | $BS_{86}$ | $BS_{60}$ | OP | $BS_{86}$ | $BS_{60}$ | OP |
| ≤ 20 | μ | 0 | 0 | 2 | NaN | NaN | NaN | 0,2 | 0,3 | 1,4 | 4,5 | 4,7 | 3,8 |
| | M | 0 | 0 | 2 | NaN | NaN | NaN | 0,2 | 0,1 | 1 | 3,1 | 3,4 | 2,9 |
| | σ | 0 | 0 | 0 | NaN | NaN | NaN | 0,2 | 0,4 | 0,8 | 4,3 | 4,7 | 2,6 |
| | Min | 0 | 0 | 2 | NaN | NaN | NaN | 0 | 0 | 1 | 0 | 0 | 1 |
| | Max | 0 | 0 | 2 | NaN | NaN | NaN | 0,5 | 1,2 | 3,2 | 17,8 | 20,1 | 11,6 |
| 21-60 | μ | 0 | 0 | 2 | 1,3 | 2,3 | 1,9 | 6,9 | 8,1 | 4,9 | 22,7 | 21,8 | 15,3 |
| | M | 0 | 0 | 2 | 1,1 | 2,2 | 1,5 | 5,2 | 6,3 | 4 | 20,1 | 18,4 | 13 |
| | σ | 0 | 0 | 0 | 1,2 | 2,1 | 1,1 | 6,2 | 7,1 | 3,6 | 14,2 | 14,7 | 9,6 |
| | Min | 0 | 0 | 2 | 0,0 | 0,0 | 1 | 0,0 | 0,0 | 1 | 0,9 | 0,20 | 1 |
| | Max | 0 | 0 | 2 | 5,5 | 9,5 | 5,1 | 31,9 | 32,6 | 23,6 | 76,4 | 77,5 | 72,7 |
| 61-120 | μ | 2,3 | 3,7 | 1,9 | 7,7 | 9,8 | 6,8 | 22,7 | 23,5 | 16,6 | 54,3 | 52,1 | 42,3 |
| | M | 2,0 | 2,9 | 2 | 5,9 | 7,8 | 6,5 | 19,8 | 20,7 | 14 | 52,3 | 49,2 | 38 |
| | σ | 1,4 | 2,4 | 0,8 | 6,3 | 8,9 | 3,5 | 12,5 | 15,2 | 8,9 | 21,1 | 23,1 | 21,2 |
| | Min | 1,1 | 1,2 | 1 | 0,9 | 0,2 | 1 | 2,5 | 1,4 | 1,5 | 14,6 | 8,3 | 5 |
| | Max | 6,9 | 10,8 | 3,5 | 29 | 40 | 17 | 67,9 | 83,6 | 47 | 128 | 147 | 115 |
| 121-219 | μ | 20,9 | 24,2 | 6,5 | 43,4 | 45,7 | 19,5 | 72,7 | 66,5 | 49,1 | 124 | 115 | 101 |
| | M | 22,3 | 18,6 | 4,5 | 41,9 | 45,6 | 16 | 67,6 | 63,2 | 45,2 | 125 | 110 | 97 |
| | σ | 10,7 | 15,4 | 5,0 | 17,2 | 23 | 10,9 | 25,2 | 33,2 | 20,4 | 33,7 | 41,9 | 32,1 |
| | Min | 1,2 | 0,5 | 1 | 4,6 | 1,0 | 2 | 16,8 | 5,9 | 9 | 48,6 | 29,3 | 37,5 |
| | Max | 40,2 | 57,1 | 20 | 76,8 | 97,2 | 56 | 128 | 152 | 118 | 202 | 228 | 216 |
| ≥ 220 | μ | 59,5 | 54 | 34,6 | 98,7 | 86,8 | 66,8 | 146 | 137 | 121 | 214 | 205 | 199 |
| | M | 38,6 | 34,9 | 24,5 | 69,4 | 70 | 47 | 119 | 121 | 100 | 184 | 189 | 178 |
| | σ | 52,3 | 56,5 | 41,9 | 76,1 | 69,1 | 64,1 | 76,8 | 77,9 | 76,3 | 97 | 89,1 | 95,6 |
| | Min | 0,2 | 0,1 | 1 | 31,8 | 14,7 | 11,5 | 60,6 | 33 | 38,5 | 118 | 82,7 | 88,5 |
| | Max | 430 | 426 | 380 | 660 | 734 | 722 | 729 | 801 | 830 | 909 | 872 | 925 |

Tabelle 63: Deskriptive Statistik von out-of-the-money Calls
Quelle: Eigene Auswertung.

### 6.4.1.2 At-the-money Calls

| Moneyness | | 95-100% | | | 100-105% | | |
|---|---|---|---|---|---|---|---|
| Tage | Statistik | $BS_{86}$ | $BS_{60}$ | OP | $BS_{86}$ | $BS_{60}$ | OP |
| ≤ 20 | μ | 25,1 | 24,4 | 22,8 | 82,6 | 82 | 82,4 |
| | M | 21,4 | 20,6 | 18,5 | 77,8 | 76,5 | 76 |
| | σ | 18 | 18,2 | 16,2 | 38,7 | 38,9 | 39,4 |
| | Min | 0 | 0 | 1 | 16,2 | 16,3 | 16 |
| | Max | 84,7 | 86 | 85 | 209 | 207 | 215 |
| 21-60 | μ | 62,6 | 59,8 | 53,1 | 139 | 135 | 134,8 |
| | M | 58,5 | 57,3 | 49 | 134 | 130 | 129 |
| | σ | 27,3 | 28,4 | 27 | 36,8 | 37,2 | 38,3 |
| | Min | 11,4 | 6,8 | 7 | 73,5 | 63,9 | 68,1 |
| | Max | 167 | 156 | 161 | 270 | 260 | 270 |
| 61-120 | μ | 116 | 113 | 110 | 202 | 197 | 199 |
| | M | 114 | 109 | 110 | 200 | 192 | 190 |
| | σ | 30,8 | 33,3 | 34,8 | 33 | 35,5 | 38,2 |
| | Min | 51,2 | 41 | 37,5 | 134 | 119 | 134 |
| | Max | 212 | 231 | 215 | 307 | 325 | 322 |
| 121-220 | μ | 203 | 197 | 195 | 295 | 276 | 288 |
| | M | 205 | 196 | 193 | 297 | 277 | 286 |
| | σ | 39,3 | 45,9 | 38,2 | 38,3 | 40,8 | 36,3 |
| | Min | 106 | 72,5 | 97,5 | 193 | 160 | 201 |
| | Max | 291 | 314 | 311 | 391 | 404 | 426 |
| ≥ 220 | μ | 308 | 298 | 315 | 407 | 391 | 421 |
| | M | 276 | 276 | 291 | 383 | 371 | 393 |
| | σ | 105 | 103 | 112 | 109 | 98,7 | 113 |
| | Min | 187 | 155 | 188 | 272 | 245 | 298 |
| | Max | 898 | 867 | 950 | 1096 | 1013 | 1172 |

**Tabelle 64: Deskriptive Statistik von at-the-money Calls**
Quelle: Eigene Auswertung.

Im statistischen Mittel aller at-the-money Calls des Untersuchungszeitraums liegen die realisierten Optionspreise in der Nähe der theoretischen Optionspreise. Die über alle Optionen gemittelte Fehlbewertung hält sich in engen Grenzen, wobei sich zudem Über- und Unterbewertungen die Waage halten. Für at-the-money Calls spielt es im statistischen Mittel weiterhin keine Rolle, ob die Volatilität auf Basis von 60 oder 86 Handelstagen ermittelt wird: Je nach Kombination von Restlaufzeit und Moneyness liegt eine der beiden Berechnungsweisen näher an den tatsächlichen Optionspreisen.

## 6.4.1.3 In-the-money Calls

| Moneyness | | 105-110% | | | 110-115% | | | 115-120% | | | > 120% | | |
|---|---|---|---|---|---|---|---|---|---|---|---|---|---|
| Tage | Statistik | BS$_{86}$ | BS$_{60}$ | OP | BS$_{86}$ | BS$_{60}$ | OP | BS$_{86}$ | BS$_{60}$ | OP | BS$_{86}$ | BS$_{60}$ | OP |
| ≤ 20 | μ | 264 | 263 | 267 | 439 | 439 | 441 | 588 | 588 | 590 | 1126 | 1126 | 1128 |
| | M | 252 | 251 | 255 | 438 | 438 | 441 | 586 | 586 | 588 | 1008 | 1008 | 1010 |
| | σ | 49 | 49 | 49 | 50 | 50 | 50 | 41 | 41 | 40 | 460 | 460 | 460 |
| | Min | 182 | 183 | 185 | 350 | 350 | 351 | 509 | 509 | 515 | 645 | 645 | 653 |
| | Max | 375 | 374 | 390 | 541 | 541 | 542 | 679 | 679 | 681 | 3012 | 3012 | 3013 |
| 21-60 | μ | 290 | 288 | 297 | 460 | 460 | 468 | 598 | 597 | 603 | 1041 | 1041 | 1045 |
| | M | 284 | 285 | 290 | 459 | 458 | 468 | 598 | 598 | 602 | 833 | 833 | 836 |
| | σ | 45 | 44 | 45 | 51 | 51 | 49 | 39 | 39 | 38 | 492 | 492 | 492 |
| | Min | 200 | 204 | 215 | 349 | 350 | 370 | 509 | 512 | 520 | 629 | 629 | 635 |
| | Max | 399 | 389 | 407 | 557 | 548 | 568 | 677 | 673 | 687 | 3095 | 3095 | 3098 |
| 61-120 | μ | 333 | 329 | 347 | 480 | 478 | 503 | 606 | 606 | 630 | 1067 | 1067 | 1078 |
| | M | 324 | 333 | 340 | 485 | 478 | 503 | 599 | 596 | 616 | 944 | 944 | 951 |
| | σ | 40 | 41 | 43 | 44 | 43 | 39 | 44 | 44 | 39 | 496 | 497 | 494 |
| | Min | 251 | 249 | 270 | 399 | 399 | 415 | 522 | 526 | 554 | 703 | 698 | 712 |
| | Max | 426 | 435 | 445 | 563 | 554 | 568 | 690 | 696 | 710 | 3090 | 3090 | 3099 |
| 121-219 | μ | 411 | 397 | 425 | 544 | 541 | 573 | 662 | 659 | 696 | 1334 | 1332 | 1351 |
| | M | 408 | 388 | 413 | 534 | 534 | 558 | 677 | 677 | 712 | 1170 | 1169 | 1193 |
| | σ | 43 | 50 | 47 | 44 | 43 | 41 | 45 | 47 | 45 | 581 | 582 | 573 |
| | Min | 313 | 305 | 357 | 416 | 468 | 506 | 567 | 567 | 614 | 718 | 717 | 757 |
| | Max | 505 | 514 | 539 | 625 | 634 | 655 | 725 | 721 | 760 | 3487 | 3487 | 3489 |
| ≥ 220 | μ | 517 | 492 | 546 | 646 | 628 | 697 | 718 | 699 | 768 | 1427 | 1419 | 1475 |
| | M | 532 | 487 | 528 | 628 | 617 | 680 | 716 | 678 | 752 | 1230 | 1239 | 1307 |
| | σ | 87 | 75 | 79 | 95 | 86 | 110 | 54 | 54 | 51 | 515 | 519 | 504 |
| | Min | 377 | 375 | 430 | 515 | 514 | 570 | 603 | 622 | 686 | 753 | 762 | 815 |
| | Max | 987 | 1028 | 1169 | 1130 | 1107 | 1285 | 830 | 822 | 902 | 2492 | 2492 | 2520 |

Tabelle 65: Deskriptive Statistik von in-the-money Calls
Quelle: Eigene Auswertung.

Diametral entgegengesetzt zur Statistik von out-of-the-money Calls liegen die tatsächlichen Optionspreise von in-the-money Calls im statistischen Mittel über die Gesamtheit der Optionen im Untersuchungszeitraum stets über den Black/Scholes-Preisen, die Preisdifferenz hält sich allerdings in Grenzen. Dabei ist der Unterschied zwischen theoretischen Preisen und Marktpreisen besonders gering bei Optionen mit sehr kurzer Restlaufzeit. Im statistischen Mittel über die Gesamtheit der Optionen ergeben sich zwischen der Verwendung unterschiedlicher Datenzeiträume zur Berechnung der Volatilität keine nennenswerten Unterschiede.

### 6.4.1.4 Out-of-the-money Puts

| Moneyness | | < 80% | | | 80-85% | | | 85-90% | | | 90-95% | | |
|---|---|---|---|---|---|---|---|---|---|---|---|---|---|
| Tage | Statistik | $BS_{86}$ | $BS_{60}$ | OP | $BS_{86}$ | $BS_{60}$ | OP | $BS_{86}$ | $BS_{60}$ | OP | $BS_{86}$ | $BS_{60}$ | OP |
| ≤ 20 | μ | 0 | 0 | 2 | NaN | NaN | NaN | 0 | 0 | 1,1 | 0,26 | 0,33 | 3 |
| | M | 0 | 0 | 2 | NaN | NaN | NaN | 0 | 0 | 1 | 0,05 | 0,06 | 2,5 |
| | σ | 0 | 0 | 0 | NaN | NaN | NaN | 0 | 0 | 0,3 | 0,5 | 0,5 | 1,9 |
| | Min | 0 | 0 | 2 | NaN | NaN | NaN | 0 | 0 | 1 | 0 | 0 | 1 |
| | Max | 0 | 0 | 2 | NaN | NaN | NaN | 0 | 0 | 2,1 | 2,8 | 3,3 | 11 |
| 21-60 | μ | 0 | 0 | 1,4 | 0 | 0 | 2,1 | 0,2 | 0,2 | 4,9 | 4,8 | 4,7 | 14,3 |
| | M | 0 | 0 | 1,5 | 0 | 0 | 2,1 | 0,1 | 0 | 4,2 | 2,8 | 2,7 | 12,7 |
| | σ | 0 | 0 | 0,4 | 0 | 0 | 1 | 0,4 | 0,4 | 3,1 | 5,3 | 5,5 | 8,4 |
| | Min | 0 | 0 | 1 | 0 | 0 | 1 | 0 | 0 | 1 | 0 | 0 | 1 |
| | Max | 0 | 0 | 2 | 0 | 0 | 4,9 | 2,6 | 2,9 | 19 | 32 | 33,9 | 64 |
| 61-120 | μ | 0 | 0 | 1,8 | 0,1 | 0,1 | 6,8 | 1,4 | 1,6 | 15 | 15,3 | 14,3 | 35,5 |
| | M | 0 | 0 | 1,8 | 0 | 0 | 6,5 | 0,7 | 0,6 | 14 | 12,4 | 10,8 | 33 |
| | σ | 0 | 0 | 0,7 | 0,2 | 0,4 | 3,6 | 1,9 | 2,5 | 6,3 | 11,5 | 12,2 | 15,5 |
| | Min | 0 | 0 | 1 | 0 | 0 | 1 | 0 | 0 | 3,3 | 0,7 | 0,2 | 9 |
| | Max | 0 | 0 | 3,3 | 1 | 2,4 | 18,6 | 11,5 | 17,3 | 41 | 62,9 | 77,2 | 97 |
| 121-219 | μ | 0 | 0,1 | 5,9 | 1,2 | 1,1 | 17,8 | 11,7 | 9,8 | 40 | 49,9 | 41,4 | 79,9 |
| | M | 0 | 0 | 4,8 | 0,5 | 0,2 | 16,2 | 9,1 | 7,6 | 38 | 47,2 | 37,2 | 77 |
| | σ | 0 | 0,1 | 3,9 | 1,5 | 2,1 | 8,4 | 8,8 | 9,4 | 14,4 | 24,5 | 27,9 | 25,3 |
| | Min | 0 | 0 | 1 | 0 | 0 | 3,9 | 0,6 | 0 | 15 | 5,5 | 1,4 | 30 |
| | Max | 0,2 | 0,6 | 17,7 | 6,9 | 12,1 | 50,3 | 33,5 | 46,2 | 86 | 108 | 129 | 163 |
| ≥ 220 | μ | 0,9 | 0,6 | 17,6 | 8,6 | 6,6 | 43,6 | 33 | 27,3 | 82,7 | 91,3 | 77,3 | 137 |
| | M | 0,1 | 0 | 15,2 | 4 | 2,5 | 38,4 | 26,4 | 18,5 | 74 | 81,5 | 68,2 | 130 |
| | σ | 2,4 | 2,1 | 12,3 | 13 | 14 | 23,7 | 26,2 | 26,3 | 32,5 | 47,2 | 45,4 | 39,7 |
| | Min | 0 | 0 | 1,1 | 0,1 | 0 | 11,1 | 3,5 | 1,2 | 32,8 | 24,4 | 12 | 62 |
| | Max | 36 | 40 | 99 | 118 | 109 | 178 | 237 | 199 | 255 | 355 | 376 | 364 |

Tabelle 66: Deskriptive Statistik von out-of-the-money Puts
Quelle: Eigene Auswertung.

Im arithmetischen Mittel über die Gesamtheit des Untersuchungszeitraums sind out-of-the-money Puts in Wirklichkeit deutlich teurer als vom Black/Scholes-Modell prognostiziert. Im Unterschied zu in-the-money Calls, die ebenfalls im arithmetischen Mittel aller Optionen vom Black/Scholes-Modell unterbewertet werden, fällt der Unterschied bei den out-of-the-money Puts deutlich höher aus. Der Preisunterschied zwischen theoretischen und tatsächlichen Optionspreisen fällt besonders gravierend aus, wenn zur Ermittlung der Volatilität ein Datenzeitraum von nur 60 Handelstagen zugrunde gelegt wird.

### 6.4.1.5 At-the-money Puts

| Moneyness | | 95-100% | | | 100-105% | | |
|---|---|---|---|---|---|---|---|
| Tage | Statistik | $BS_{86}$ | $BS_{60}$ | OP | $BS_{86}$ | $BS_{60}$ | OP |
| ≤ 20 | $\mu$ | 11,2 | 10,8 | 15,1 | 32,1 | 31,2 | 32,8 |
| | M | 7,3 | 6,9 | 12,5 | 31,6 | 28,8 | 32,5 |
| | $\sigma$ | 11,4 | 11,5 | 10,9 | 18,3 | 18,6 | 16,6 |
| | Min | 0 | 0 | 1 | 1,4 | 1,2 | 2,5 |
| | Max | 54,3 | 58,9 | 57 | 78,9 | 85,9 | 81,7 |
| 21-60 | $\mu$ | 35,9 | 33,3 | 41,9 | 83,2 | 79,6 | 81,7 |
| | M | 33,2 | 29,7 | 40 | 80,9 | 76,2 | 80 |
| | $\sigma$ | 21,5 | 21,8 | 20,1 | 19,9 | 22,4 | 19,2 |
| | Min | 1,2 | 0,4 | 6 | 44,5 | 34,5 | 41,2 |
| | Max | 122 | 118 | 127 | 154 | 144 | 151 |
| 61-120 | $\mu$ | 72,6 | 68,4 | 87,2 | 136 | 131 | 138 |
| | M | 71,3 | 65,8 | 85 | 132 | 129 | 135 |
| | $\sigma$ | 29 | 30,9 | 26,9 | 20,7 | 26 | 21 |
| | Min | 16,1 | 10,1 | 29,5 | 88 | 74,6 | 93 |
| | Max | 159 | 179 | 171 | 185 | 205 | 190 |
| 121-220 | $\mu$ | 126 | 112 | 141 | 194 | 187 | 200 |
| | M | 122 | 108 | 140 | 186 | 190 | 199 |
| | $\sigma$ | 37,9 | 44,2 | 33 | 26,4 | 39,1 | 24,9 |
| | Min | 45,1 | 30,5 | 73,4 | 138 | 105 | 150 |
| | Max | 217 | 238 | 236 | 251 | 270 | 268 |
| ≥ 220 | $\mu$ | 190 | 175 | 222 | 269 | 251 | 280 |
| | M | 184 | 164 | 216 | 255 | 241 | 265 |
| | $\sigma$ | 63,3 | 64,4 | 50 | 68,1 | 62,7 | 46 |
| | Min | 86,4 | 64,3 | 126 | 184 | 159 | 209 |
| | Max | 574 | 515 | 446 | 625 | 484 | 470 |

Tabelle 67: Deskriptive Statistik von at-the-money Puts
Quelle: Eigene Auswertung.

At-the-money Puts werden – wie auch in-the-money Puts – vom Black/Scholes-Modell im statistischen Mittel über die Gesamtheit der Optionen unterbewertet, insbesondere, wenn diese leicht aus dem Geld notieren. Bezüglich der Restlaufzeit ist

## 6.4 Berechnung der Fehlbewertungen

keine eindeutige Aussage möglich. Werden die Black/Scholes-Preise auf Basis einer Volatilität mit 86 Handelstagen berechnet, so ergibt sich eine geringere Unterbewertung.

Die Transaktionspreise von in-the-money Puts tendieren dazu, im statistischen Mittel über die Gesamtheit der Optionen über den Black/Scholes-Preisen zu liegen. Wie bereits bei in-the-money Calls ist der durch das statistische Mittel ermittelte Unterschied zwischen theoretischen Preisen und Marktpreisen besonders gering bei Optionen mit kurzer Restlaufzeit. Bemerkenswert ist, dass die Verwendung eines Datenzeitraums von 86 Handelstagen für die Volatilität im Mittel zu sehr ähnlichen Preisen führt wie die tatsächlichen Marktpreise und auf Basis von 60 Handelstagen etwas niedrigere Optionspreise indiziert werden.

### 6.4.1.6 In-the-money Puts

| Moneyness | | 105-110% | | | 110-115% | | | 115-120% | | | >120% | | |
|---|---|---|---|---|---|---|---|---|---|---|---|---|---|
| Tage | Statistik | $BS_{86}$ | $BS_{60}$ | OP | $BS_{86}$ | $BS_{60}$ | OP | $BS_{86}$ | $BS_{60}$ | OP | $BS_{86}$ | $BS_{60}$ | OP |
| ≤20 | μ | 50,9 | 49,6 | 50 | 51,6 | 51,3 | 53,4 | 59,1 | 59,2 | 60,9 | 157 | 157 | 157 |
| | M | 52,1 | 49,5 | 51 | 53,4 | 55,4 | 57 | 65,3 | 62,8 | 66,4 | 99 | 97 | 96 |
| | σ | 15,9 | 18,2 | 16 | 18,1 | 18,9 | 17,8 | 18,9 | 20,1 | 18,7 | 226 | 227 | 227 |
| | Min | 16,4 | 16,4 | 16 | 22,6 | 19,7 | 19,7 | 25,6 | 23,3 | 24 | 26,7 | 25 | 26,5 |
| | Max | 81,6 | 85,9 | 81 | 85 | 88,7 | 83,5 | 89 | 90,3 | 86,1 | 3078 | 3078 | 3080 |
| 21-60 | μ | 101 | 94 | 97,7 | 100 | 95,6 | 98,6 | 99,4 | 95,8 | 100 | 183 | 180 | 179 |
| | M | 100 | 89 | 98 | 101 | 92,2 | 94,5 | 95,7 | 93 | 93,7 | 144 | 144 | 141 |
| | σ | 19,1 | 19,3 | 18,5 | 15,5 | 18,5 | 17,6 | 15,2 | 20,1 | 17,2 | 166 | 167 | 167 |
| | Min | 69,2 | 59,2 | 62,7 | 74 | 64,1 | 69,9 | 77,5 | 67 | 74 | 78,2 | 68,6 | 59 |
| | Max | 159 | 147 | 153 | 159 | 154 | 158 | 153 | 151 | 141 | 3183 | 3183 | 3186 |
| 61-120 | μ | 150 | 142 | 154 | 152 | 151 | 160 | 153 | 154 | 161 | 305 | 304 | 309 |
| | M | 144 | 146 | 151 | 148 | 154 | 156 | 151 | 157 | 162 | 211 | 211 | 217 |
| | σ | 17,5 | 20,4 | 19,1 | 16,2 | 14,5 | 21,9 | 14,5 | 18,5 | 21,2 | 299 | 299 | 297 |
| | Min | 113 | 103 | 110 | 126 | 116 | 118 | 124 | 114 | 120 | 124 | 115 | 126 |
| | Max | 191 | 211 | 196 | 184 | 187 | 200 | 191 | 209 | 200 | 3202 | 3202 | 3215 |
| 121-219 | μ | 209 | 195 | 218 | 209 | 202 | 219 | 213 | 212 | 229 | 472 | 472 | 469 |
| | M | 202 | 203 | 218 | 203 | 206 | 212 | 208 | 213 | 230 | 315 | 323 | 323 |
| | σ | 26 | 35,3 | 23,4 | 25,2 | 39 | 24,8 | 17,8 | 40,9 | 24,6 | 386 | 384 | 379 |
| | Min | 166 | 132 | 171 | 182 | 149 | 185 | 183 | 153 | 190 | 180 | 151 | 181 |
| | Max | 254 | 271 | 269 | 248 | 274 | 270 | 247 | 269 | 270 | 2854 | 2854 | 2860 |
| ≥220 | μ | 308 | 277 | 309 | 292 | 263 | 310 | 266 | 238 | 290 | 616 | 601 | 606 |
| | M | 261 | 253 | 280 | 280 | 247 | 300 | 250 | 230 | 280 | 444 | 435 | 451 |
| | σ | 121 | 80,6 | 59,9 | 68,9 | 56,6 | 39,3 | 37,8 | 36,9 | 25,9 | 451 | 455 | 440 |
| | Min | 208 | 184 | 255 | 227 | 196 | 263 | 228 | 198 | 263 | 218 | 200 | 262 |
| | Max | 635 | 463 | 454 | 463 | 404 | 400 | 396 | 303 | 373 | 2463 | 2464 | 2464 |

Tabelle 68: Deskriptive Statistik von in-the-money Puts
Quelle: Eigene Auswertung.

## 6.4.1.7 Zusammenfassung

Tabelle 69 fasst die sich aus der deskriptiven Statistik ergebende Fehlbewertung des Black/Scholes-Modells im statistischen Mittel zusammen.

| Moneyness | Calls | | Puts | |
|---|---|---|---|---|
| | Fehlbewertung | Volatilität$_{86/60}$ | Fehlbewertung | Volatilität$_{86/60}$ |
| Out-of-the-money | Stets Überbewertung | Kein Unterschied | Stets deutliche Unterbewertung | Bessere Ergebnisse mit Volatilität$_{86}$ |
| At-the-money | Kaum Fehlbewertung | Kein Unterschied | Unterbewertung insb. von leicht OTM-Optionen | Bessere Ergebnisse mit Volatilität$_{86}$ |
| In-the-money | Stets Unterbewertung | Kaum Unterschied | Geringe Unterbewertung | Bessere Ergebnisse mit Volatilität$_{86}$ |

Tabelle 69: Zusammenfassung der Fehlbewertung des B/S-Modells
Quelle: Eigene Auswertung.

Die deskriptive Statistik deutet auf eine Unterbewertung von Puts durch das Black/Scholes-Modell hin. Die Grenzen sind dabei fließend: Stark aus dem Geld notierende Puts werden im arithmetischen Mittel aller Optionen stets deutlich, am Geld notierende Puts weniger stark und im Geld notierende Puts nur gering unterbewertet.[839] Die vorangestellte Analyse der Put-Call-Parität zeigt hier ihren Sinn, denn diese zeigte besonders gravierende Verstöße bei im Geld notierenden Puts. Diese Abweichungen vom Gleichgewichtspreis sind allerdings nicht vom Modell verursacht und hätten die Ergebnisse verzerrt. Die deskriptive Statistik indiziert stets eine Überbewertung von out-of-the-money Calls. Dagegen werden at-the-money Optionen kaum fehlbewertet. Für in-the-money Calls ergibt sich eine Unterbewertung. Das Ausmaß der Fehlbewertung richtet sich also auch hier nach der Moneyness.

Zwar muss betont werden, dass die deskriptive Statistik streng genommen keinerlei Aussage über Abweichungen zwischen theoretischen und tatsächlichen Optionspreisen zulässt. So wäre theoretisch denkbar, dass sich ähnliche Mittelwerte von theoretischen und tatsächlichen Optionspreisen dadurch ergeben, dass sich die einzelnen Optionspreise voneinander deutlich unterscheiden, aber in einer Weise,

---

[839] "stets" bezieht sich nicht auf "alle Optionen" – es wird nur die Gesamtheit der Optionen, unterteilt nach Kategorien, betrachtet – sondern auf alle möglichen Kombinationen von Restlaufzeiten und Moneynesskategorien innerhalb der betrachteten Optionsgruppe (in-/at-/out-of-the-money).

dass deren arithmetisches Mittel gleich ist. Dagegen sprechen aber einerseits die sehr ähnlichen Werte zwischen theoretischen und tatsächlichen Optionspreisen von Mittelwert, Median und Varianz. Andererseits lässt auch die sehr präzise Aufteilung der Optionen nach Restlaufzeit und Moneyness eine ähnliche Aussage bei der genaueren Analyse der einzelnen Optionspreise erwarten, denn die im arithmetischen Mittel ähnlich hohen Optionspreise ereignen sich in sehr eng begrenzten Optionskategorien.

### 6.4.2 Optionspreise in Abhängigkeit von der Moneyness

Um neben der deskriptiven Statistik einen weiteren Eindruck über die Optionspreise zu erhalten, sollen die Optionspreise in Abhängigkeit von Moneyness und Restlaufzeit (3-dimensional) abgebildet werden. Abbildung 58 trägt die 154.981 Transaktionen auf Calls (7.991.552 Calls) sowie 172.998 Transaktionen auf Puts (10.024.402 Puts), also die bereinigte Datenbasis, in Abhängigkeit von Moneyness und Restlaufzeit ab.

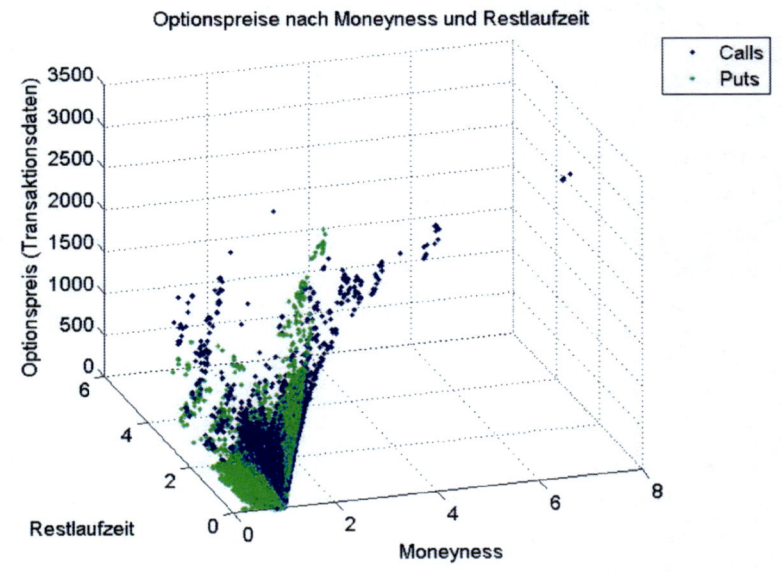

**Abbildung 58: Sämtliche Optionspreise nach Moneyness und Restlaufzeit**
Quelle: Eigene Darstellung.

Wie bereits die Statistik über durchschnittliche Optionspreise vermuten lässt, kommt – insbesondere bei Calls – der Moneyness eine höhere Bedeutung für den

Optionspreis zu als der Restlaufzeit. Call-Preise steigen ab einer Moneyness von 1 zunächst stark und ab einer Moneyness von 2 degressiv an. Puts steigen bei einer Moneyness von knapp über 1 stärker an als Calls, out-of-the-money Puts weisen niedrigere Preise auf.

### 6.4.3 Abweichungen zwischen Modell- und Marktpreisen

Sämtliche DAX-Optionen im ersten Halbjahr 2004 werden mit beiden Volatilitätsschätzern – auf Basis von 86 und 60 Handelstagen – berechnet und nach Restlaufzeiten und Moneynesskategorien unterteilt.

Tabelle 70 zeigt die absolute Abweichung (in Punkten) zwischen Modell- und Marktpreisen ($BS_{86}$ – OP = $\Delta_{86}$) mit dem Volatilitätsschätzer auf Basis von 86 Handelstagen, die absolute Abweichung zwischen Modell- und Marktpreisen ($BS_{60}$ – OP = $\Delta_{60}$) mit dem Volatilitätsschätzer auf Basis von 60 Handelstagen und die relative Abweichung (($BS_{86}$ – OP)/OP · 100% = $\Delta_{rel}$ in Prozent) auf Basis eines Volatilitätsschätzers mit 86 Handelstagen.[840]

Negative Zahlen werden der Übersichtlichkeit halber in roter Farbe dargestellt.

---

[840] Die gleiche Definition für die relative Fehlerbewertung nimmt auch Thiel (2001), S. 208 vor. Aufgrund der festgestellten geringen Abweichungen zwischen der Verwendung eines Volatilitätsschätzers auf Basis von 86 und 60 Handelstagen wird die prozentuale Abweichung der Übersichtlichkeit halber nicht in der Tabelle aufgeführt.

## 6.4.3.1 Out-of-the-money Calls

| Moneyness | | < 80% | | | 80-85% | | | 85-90% | | | 90-95% | | |
|---|---|---|---|---|---|---|---|---|---|---|---|---|---|
| Tage | Statistik | $\Delta_{86}$ | $\Delta_{60}$ | $\Delta_{rel}$ | $\Delta_{86}$ | $\Delta_{60}$ | $\Delta_{rel}$ | $\Delta_{86}$ | $\Delta_{60}$ | $\Delta_{rel}$ | $\Delta_{86}$ | $\Delta_{60}$ | $\Delta_{rel}$ |
| ≤ 20 | μ | 2 | 2 | 100 | NaN | NaN | NaN | 1,2 | 1 | 82,5 | 0,69 | 0,85 | 14,3 |
|  | M | 2 | 2 | 100 | NaN | NaN | NaN | 1 | 1 | 82,1 | 0,21 | 0,6 | 7,2 |
|  | σ | 0 | 0 | 0 | NaN | NaN | NaN | 0,85 | 0,98 | 16,6 | 3,11 | 3,76 | 93,9 |
|  | Min | 2 | 2 | 100 | NaN | NaN | NaN | 3,1 | 3 | 100 | 8,2 | 8,6 | 100 |
|  | Max | 2 | 2 | 100 | NaN | NaN | NaN | 0,5 | 0,17 | 54,3 | 12,7 | 14,3 | 531 |
| 21-60 | μ | 2 | 2 | 100 | 0,6 | 0,37 | 29,4 | 2,05 | 3,2 | 46,8 | 7,33 | 6,43 | 69,3 |
|  | M | 2 | 2 | 100 | 0,8 | 0,2 | 41,0 | 1,07 | 2,04 | 28,1 | 6,00 | 4,25 | 52,2 |
|  | σ | 0 | 0 | 0 | 1,02 | 1,71 | 56,3 | 5,13 | 5,5 | 117 | 10,8 | 11,2 | 96,7 |
|  | Min | 2 | 2 | 100 | 2,1 | 2,2 | 98,4 | 7,5 | 5,9 | 97,4 | 26 | 27 | 74,2 |
|  | Max | 2 | 2 | 100 | 3,54 | 7,51 | 177 | 22,7 | 22 | 7,25 | 40,0 | 38,7 | 851 |
| 61-120 | μ | 0,34 | 1,81 | 64,1 | 0,91 | 3,0 | 32,4 | 6,11 | 6,84 | 63,2 | 11,9 | 9,75 | 49,4 |
|  | M | 0,3 | 0,69 | 12,1 | 0,9 | 0,34 | 18,8 | 4,26 | 3,76 | 33,1 | 9,95 | 8,94 | 33,6 |
|  | σ | 1,97 | 3,05 | 165 | 6,07 | 8,64 | 123 | 11,9 | 14,6 | 106 | 20,0 | 20,9 | 70,4 |
|  | Min | 1,7 | 1,1 | 53,3 | 8,7 | 9,5 | 73,3 | 17 | 23 | 59,1 | 42 | 49 | 48,9 |
|  | Max | 5,9 | 9,8 | 595 | 20 | 31 | 921 | 40,9 | 48,3 | 984 | 61,4 | 64,1 | 544 |
| 121-219 | μ | 14,4 | 17,7 | 330 | 24 | 26,2 | 177 | 23,5 | 17,4 | 60,4 | 22 | 13,5 | 26,5 |
|  | M | 16,6 | 15,5 | 214 | 28,5 | 27,1 | 117 | 19,3 | 21,5 | 47,8 | 16,1 | 17 | 18,9 |
|  | σ | 8,4 | 11,7 | 249 | 15,5 | 18,3 | 157 | 20,5 | 24,5 | 55,5 | 25,1 | 26,3 | 30,6 |
|  | Min | 9,0 | 7,1 | 75,2 | 17 | 24 | 38,7 | 35 | 45 | 40 | 48 | 59 | 30,5 |
|  | Max | 30,2 | 41,1 | 1236 | 47 | 62 | 866 | 62,1 | 69,3 | 329 | 69,7 | 69,3 | 136 |
| ≥ 220 | μ | 24,8 | 19,4 | 120 | 31,9 | 20 | 65,9 | 24,9 | 15,5 | 27,5 | 14,6 | 6,2 | 9,47 |
|  | M | 14,8 | 12,2 | 72,6 | 22,5 | 15,6 | 55,4 | 18,5 | 17,9 | 18,4 | 6,18 | 10,8 | 3,71 |
|  | σ | 26,8 | 28,3 | 161 | 33,9 | 30,3 | 62,2 | 35,4 | 34,5 | 35,7 | 42,3 | 38,8 | 22,6 |
|  | Min | 48 | 70 | 76,5 | 62 | 75 | 30,9 | 116 | 94,9 | 32,7 | 195 | 175 | 29 |
|  | Max | 138 | 135 | 1278 | 148 | 102 | 424 | 125 | 106 | 186 | 122 | 72,7 | 101 |

**Tabelle 70: Absolute und relative Fehlbewertung von out-of-the-money Calls**
Größeneinheit: $\Delta_{86}$ sowie $\Delta_{60}$ in Punkten, $\Delta_{rel}$ in Prozenten.
Quelle: Eigene Auswertung.

## 6.4 Berechnung der Fehlbewertungen

Im Allgemeinen führt die Anwendung des Black/Scholes-Modells auf die Bewertung von out-of-the-money Calls zu Überbewertungen.[841]

- Out-of-the-money Calls mit kurzer Restlaufzeit ($T \leq 60$ Tage) bewertet das Black/Scholes-Modell meist zu hoch, wobei der Durchschnitt durch teils extreme Fehlbewertungen nach oben gezogen wird.[842]

- Out-of-the-money Calls mit mittlerer Restlaufzeit ($60 < T < 220$ Tage) bewertet das Black/Scholes-Modell sowohl absolut als auch in Relation zum Optionspreis deutlich – im Schnitt zwischen 32,4% und 177%, im Extremfall auch bis 1.236% – zu hoch. Die stärkste Unterbewertung beträgt 75,2%.

- Out-of-the-money Calls mit langer Restlaufzeit ($T \geq 220$ Tage) bewertet das Black/Scholes-Modell absolut gesehen ähnlich über wie out-of-the-money Calls mit mittlerer Restlaufzeit. In Relation zum höheren Optionspreis werden out-of-the-money Calls mit langer Restlaufzeit aber weniger stark überbewertet. Im Extremfall erreicht die Überbewertung 1.278%, die stärkste Unterbewertung erreicht 76,5%.

---

[841] Die durchschnittliche Überbewertung durch das Black/Scholes-Modell ergibt sich aus den absoluten Abweichungen zwischen Modell- und Marktpreisen und nicht aus der prozentualen Abweichung.

[842] Bei der Interpretation der durchschnittlichen prozentualen Abweichung ist zu beachten, dass die stärkste Unterbewertung aufgrund nichtnegativer Optionspreise höchstens 100% betragen kann, während einer Überbewertung keine Grenzen gesetzt sind. Der alleinige Blick auf die durchschnittliche prozentuale Fehlbewertung führt daher zu einer Überschätzung der Überbewertung durch das Black/Scholes-Modell.

## 6.4.3.2 At-the-money Calls

| Moneyness | | 95-100% | | | 100-105% | | |
|---|---|---|---|---|---|---|---|
| Tage | Statistik | $\Delta_{86}$ | $\Delta_{60}$ | $\Delta_{rel}$ | $\Delta_{86}$ | $\Delta_{60}$ | $\Delta_{rel}$ |
| ≤ 20 | μ | 2,33 | 1,55 | 17,66 | 0,25 | 0,37 | 1,19 |
|  | M | 1,84 | 0,04 | 9,40 | 0,38 | 1,99 | 0,42 |
|  | σ | 8,39 | 9,32 | 60,61 | 8,33 | 9,27 | 13,28 |
|  | Min | 30,79 | 33,88 | 98,66 | 32,18 | 35,05 | 44,30 |
|  | Max | 26,93 | 27,25 | 789,7 | 21,65 | 22,80 | 64,89 |
| 21-60 | μ | 9,54 | 6,73 | 30,70 | 4,16 | 0,16 | 4,43 |
|  | M | 9,53 | 7,51 | 20,36 | 3,57 | 0,11 | 2,62 |
|  | σ | 15,14 | 15,66 | 47,44 | 15,64 | 15,27 | 13,03 |
|  | Min | 48,41 | 48,23 | 50,36 | 50,30 | 46,88 | 31,64 |
|  | Max | 43,76 | 41,32 | 316,37 | 39,91 | 34,50 | 40,90 |
| 61-120 | μ | 6,02 | 3,01 | 10,3 | 3,13 | 2,07 | 2,72 |
|  | M | 5,64 | 3,77 | 5,86 | 3,43 | 2,27 | 1,99 |
|  | σ | 24,70 | 26,18 | 26,75 | 23,48 | 23,09 | 11,95 |
|  | Min | 57,24 | 68,35 | 36,84 | 58,20 | 65,14 | 25,80 |
|  | Max | 61,39 | 53,72 | 106,83 | 40,57 | 48,66 | 27,72 |
| 121-220 | μ | 8,46 | 2,39 | 5,46 | 6,70 | 11,33 | 2,67 |
|  | M | 2,75 | 4,24 | 1,56 | 13,32 | 12,84 | 4,36 |
|  | σ | 28,55 | 25,97 | 15,58 | 27,34 | 25,25 | 9,45 |
|  | Min | 61,08 | 75,07 | 26,47 | 73,43 | 79,40 | 22,23 |
|  | Max | 63,62 | 59,39 | 52,34 | 55,43 | 37,64 | 23,29 |
| ≥ 220 | μ | 7,44 | 17,42 | 1,55 | 13,08 | 29,73 | 2,77 |
|  | M | 13,03 | 12,17 | 4,78 | 26,58 | 25,07 | 6,69 |
|  | σ | 42,74 | 42,18 | 13,44 | 44,97 | 43,25 | 10,56 |
|  | Min | 174,12 | 243,48 | 26,79 | 204,35 | 234,05 | 24,87 |
|  | Max | 90,32 | 51,38 | 35,49 | 67,71 | 45,39 | 17,83 |

**Tabelle 71: Absolute und relative Fehlbewertung von at-the-money Calls**
Größeneinheit: $\Delta_{86}$ sowie $\Delta_{60}$ in Punkten, $\Delta_{rel}$ in Prozenten.
Quelle: Eigene Auswertung.

Im Allgemeinen führt die Anwendung des Black/Scholes-Modells auf die Bewertung von at-the-money Calls zu Überbewertungen, wobei jedoch Optionen mit langer Restlaufzeit deutlich unterbewertet werden.[843] Die Anzahl der Tage zur Berechnung der Volatilität kann den Ausschlag geben zwischen indizierter Über- oder Unterbewertung durch das Black/Scholes-Modell.

---

[843] Die durchschnittliche Überbewertung durch das Black/Scholes-Modell ergibt sich aus den absoluten Abweichungen zwischen Modell- und Marktpreisen und nicht aus der prozentualen Abweichung.

6.4 Berechnung der Fehlbewertungen 333

- At-the-money Calls mit kurzer Restlaufzeit ($T \leq 60$ Tage) bewertet das Black/Scholes-Modell insbesondere dann über, wenn sie ganz leicht aus dem Geld notieren.

- At-the-money Calls mit mittlerer Restlaufzeit ($60 < T < 220$ Tage) bewertet das Black/Scholes-Modell tendenziell über. Bei Verwendung eines Volatilitätsschätzers auf Basis von 60 Kalendertagen heben sich Über- und Unterbewertung von at-the-money Calls mit mittlerer Restlaufzeit allerdings auf. In Relation zum Optionspreis fällt die Fehlbewertung niedriger aus als bei at-the-money Calls mit kurzer Restlaufzeit.

- At-the-money Calls mit langer Restlaufzeit ($T \geq 220$ Tage) bewertet das Black/Scholes-Modell absolut gesehen zu niedrig, wobei die Verwendung eines Volatilitätsschätzers auf Basis von 60 Kalendertagen zu besonders starker Unterbewertung führt. In Relation zum hohen Optionspreis fällt die Unterbewertung mit 1,55 bis 6,7% vergleichsweise gering aus. Absolut gesehen werden aber keine at-the-money Calls auch nur annähernd so stark unterbewertet wie solche mit langer Restlaufzeit, nämlich mit bis zu 29,7 Punkten im arithmetischen Mittel, während diese bei at-the-money Calls mit kürzerer Restlaufzeit bei höchstens 11,3 Punkten im arithmetischen Mittel liegt.

### 6.4.3.3 In-the-money Calls

| Moneyness | | 105-110% | | | 110-115% | | | 115-120% | | | >120% | | |
|---|---|---|---|---|---|---|---|---|---|---|---|---|---|
| Tage | Statistik | BS$_{86}$ | BS$_{60}$ | OP | BS$_{86}$ | BS$_{60}$ | OP | BS$_{86}$ | BS$_{60}$ | OP | BS$_{86}$ | BS$_{60}$ | OP |
| ≤ 20 | μ | 3,13 | 3,46 | 1,20 | 2,15 | 2,17 | 0,49 | 1,94 | 1,94 | 0,3 | 1,93 | 11,93 | 0,20 |
| | M | 2,53 | 2,81 | 0,96 | 1,75 | 1,75 | 0,39 | 1,60 | 1,60 | 0,3 | 1,41 | 1,41 | 0,13 |
| | σ | 3,02 | 3,18 | 1,19 | 1,57 | 1,58 | 0,38 | 1,45 | 1,44 | 0,3 | 2,06 | 2,06 | 0,26 |
| | Min | 38,0 | 38,6 | 9,76 | 8,91 | 8,91 | 2,24 | 6,68 | 6,67 | 1,3 | 13,6 | 13,6 | 2,06 |
| | Max | 3,47 | 3,02 | 1,52 | 0,16 | 0,46 | 0,00 | 0,05 | 0,05 | 0,0 | 0,00 | 0,00 | 0,00 |
| 21-60 | μ | 6,30 | 9,0 | 2,1 | 7,64 | 8,15 | 1,68 | 5,01 | 5,35 | 0,9 | 3,22 | 3,37 | 0,35 |
| | M | 6,12 | 8,42 | 2,0 | 5,67 | 6,66 | 1,24 | 3,76 | 4,10 | 0,6 | 2,17 | 2,39 | 0,25 |
| | σ | 10,8 | 9,14 | 3,9 | 6,58 | 5,41 | 1,54 | 3,66 | 3,70 | 0,7 | 4,58 | 4,63 | 0,41 |
| | Min | 44,6 | 37,6 | 15,3 | 40,3 | 35,7 | 9,83 | 20,8 | 17,9 | 3,9 | 73,2 | 73,2 | 5,59 |
| | Max | 18,6 | 16,2 | 6,9 | 4,24 | 2,49 | 0,99 | 1,02 | 1,41 | 0,2 | 0,01 | 0,01 | 0,00 |
| 61-120 | μ | 13,9 | 17,7 | 3,8 | 22,4 | 25,1 | 4,51 | 23,2 | 23,3 | 3,7 | 10,9 | 11,2 | 1,22 |
| | M | 15,3 | 15,6 | 4,5 | 23,1 | 18,1 | 4,5 | 22,2 | 18,6 | 3,4 | 8,28 | 9,91 | 0,91 |
| | σ | 19,9 | 17,7 | 5,7 | 16,9 | 13,9 | 3,49 | 12,1 | 10,3 | 2,1 | 8,44 | 8,15 | 1,04 |
| | Min | 59,9 | 62,0 | 17,6 | 54,1 | 56,3 | 11,8 | 49,0 | 46,0 | 8,5 | 55,1 | 55,1 | 5,18 |
| | Max | 24,4 | 17,7 | 7,34 | 9,80 | 2,97 | 2,34 | 0,53 | 4,24 | 0,0 | 0,57 | 0,02 | 0,00 |
| 121-219 | μ | 13,3 | 27,4 | 2,9 | 29,2 | 31,8 | 5,11 | 34,2 | 36,7 | 4,9 | 17,3 | 19,3 | 1,69 |
| | M | 17,4 | 28,6 | 4,2 | 37,8 | 31,4 | 6,37 | 33,4 | 36,0 | 4,9 | 14,0 | 19,2 | 1,22 |
| | σ | 26,1 | 19,4 | 6,1 | 19,1 | 13,3 | 3,38 | 16,7 | 10,2 | 2,4 | 12,9 | 12,7 | 1,54 |
| | Min | 76,5 | 76,4 | 0,2 | 72,2 | 79,0 | 12,3 | 66,9 | 63,2 | 9,8 | 61,8 | 58,0 | 7,33 |
| | Max | 32,5 | 14,2 | 8,7 | 16,6 | 4,4 | 3,28 | 0,55 | 19,8 | 0,0 | 1,23 | 0,48 | 0,01 |
| ≥ 220 | μ | 28,7 | 53,5 | 5,37 | 51,0 | 69,4 | 7,17 | 50,8 | 70 | 6,6 | 48,7 | 56,2 | 3,75 |
| | M | 37,6 | 49,8 | 6,70 | 55,8 | 75,2 | 8,43 | 56,2 | 73,8 | 6,9 | 35,5 | 43,8 | 2,85 |
| | σ | 44,9 | 29,4 | 8,35 | 39,3 | 38,7 | 4,57 | 26,7 | 15,2 | 3,6 | 50,7 | 53,1 | 3,66 |
| | Min | 182 | 150 | 18,5 | 223 | 266 | 18,2 | 109 | 90,6 | 12 | 223 | 254 | 14,7 |
| | Max | 56,5 | 5,86 | 9,28 | 22,9 | 16,5 | 2,86 | 10,2 | 26,0 | 1,4 | 0,25 | 0,25 | 0,01 |

**Tabelle 72:** Absolute und relative Fehlbewertung von in-the-money Calls
Größeneinheit: Δ$_{86}$ sowie Δ$_{60}$ in Punkten, Δ$_{rel}$ in Prozenten.
Quelle: Eigene Auswertung.

## 6.4 Berechnung der Fehlbewertungen

Im statistischen Mittel führt die Anwendung des Black/Scholes-Modells auf die Bewertung von in-the-money Calls zu permanenten Unterbewertungen. Die Anzahl der Tage zur Berechnung der Volatilität spielt keine wesentliche Rolle.

- In-the-money Calls mit kurzer Restlaufzeit ($T \leq 60$ Tage) bewertet das Black/Scholes-Modell im Schnitt mit nicht mehr als 11,9 und teils deutlich weniger Punkten zu niedrig. Die prozentuale Unterbewertung beträgt dabei im Schnitt nicht mehr als 2,1%.

- In-the-money Calls mit mittlerer Restlaufzeit ($60 < T < 220$ Tage) bewertet das Black/Scholes-Modell absolut mit durchschnittlich bis zu 36,7 Punkten deutlich zu niedrig. Aufgrund des hohen Optionspreises liegt die durchschnittliche Unterbewertung dennoch bei nur 6,37%.

- In-the-money Calls mit langer Restlaufzeit ($T \geq 220$ Tage) bewertet das Black/Scholes-Modell absolut gesehen noch niedriger als bereits mit mittlerer Restlaufzeit. Die Differenz zwischen Modell- und Marktpreisen erreicht im Schnitt bis zu 75,2 Punkte. Im Verhältnis zum hohen Optionspreis ergibt sich im arithmetischen Durchschnitt eine Unterbewertung von nur bis zu 7,17%.

### 6.4.3.4 Out-of-the-money Puts

| Moneyness | | < 80% | | | 80-85% | | | 85-90% | | | 90-95% | | |
|---|---|---|---|---|---|---|---|---|---|---|---|---|---|
| Tage | Statistik | $\Delta_{86}$ | $\Delta_{60}$ | $\Delta_{rel}$ | $\Delta_{86}$ | $\Delta_{60}$ | $\Delta_{rel}$ | $\Delta_{86}$ | $\Delta_{60}$ | $\Delta_{rel}$ | $\Delta_{86}$ | $\Delta_{60}$ | $\Delta_{rel}$ |
| ≤ 20 | µ | 2 | 2 | 100 | NaN | NaN | NaN | 1,13 | 1,13 | 100 | 2,74 | 2,67 | 93,2 |
| | M | 2 | 2 | 100 | NaN | NaN | NaN | 1 | 1 | 100 | 2,17 | 2,20 | 97,5 |
| | σ | 0 | 0 | 0 | NaN | NaN | NaN | 0,25 | 0,25 | 0,0 | 1,73 | 1,59 | 11,1 |
| | Min | 2 | 2 | 100 | NaN | NaN | NaN | 2,1 | 2,1 | 100 | 10,0 | 8,90 | 100 |
| | Max | 2 | 2 | 100 | NaN | NaN | NaN | 1,0 | 0,99 | 99,8 | 0,87 | 0,85 | 28,8 |
| 21-60 | µ | 1,45 | 1,45 | 100 | 2,08 | 2,08 | 99,9 | 4,63 | 4,63 | 96,3 | 9,48 | 9,54 | 70,3 |
| | M | 1,5 | 1,5 | 100 | 2,07 | 2,10 | 100 | 4,0 | 4,0 | 98,7 | 8,63 | 8,64 | 77,4 |
| | σ | 0,44 | 0,44 | 0,0 | 0,97 | 0,97 | 0,32 | 2,94 | 2,84 | 6,09 | 6,34 | 5,30 | 26,2 |
| | Min | 1,9 | 1,9 | 100 | 4,89 | 4,87 | 100 | 18,8 | 18,2 | 100 | 48,0 | 41,0 | 100 |
| | Max | 1 | 1 | 100 | 1 | 1 | 98,4 | 0,96 | 0,97 | 68,8 | 4,54 | 1,01 | 23,5 |
| 61-120 | µ | 1,77 | 1,77 | 100 | 6,75 | 6,70 | 99,4 | 13,6 | 13,4 | 91,3 | 20,1 | 21,1 | 57,6 |
| | M | 1,75 | 1,75 | 100 | 6,42 | 6,39 | 99,9 | 12,7 | 12,6 | 95,3 | 19,7 | 18,5 | 63,8 |
| | σ | 0,66 | 0,66 | 0,0 | 3,53 | 3,44 | 1,23 | 5,59 | 5,21 | 9,66 | 12,3 | 10,9 | 25,9 |
| | Min | 3,3 | 3,3 | 100 | 17,6 | 16,2 | 100 | 33,6 | 33,8 | 99,9 | 59,6 | 56,1 | 96,1 |
| | Max | 1 | 1 | 100 | 1,0 | 1 | 94,0 | 3,30 | 3,24 | 54,2 | 12,6 | 8,08 | 101 |
| 121-219 | µ | 5,83 | 5,81 | 100 | 16,6 | 16,7 | 94,3 | 28,3 | 30,3 | 72,0 | 30,1 | 38,5 | 38,6 |
| | M | 4,77 | 4,80 | 99,9 | 15,3 | 15,7 | 96,2 | 27,2 | 29,7 | 75,2 | 28,7 | 36,5 | 40,1 |
| | σ | 3,86 | 3,79 | 0,50 | 7,41 | 6,81 | 5,7 | 11,5 | 7,49 | 18,4 | 19,5 | 13,6 | 23,3 |
| | Min | 17,6 | 17,2 | 100 | 44,5 | 39,9 | 100 | 63,9 | 67,2 | 97,0 | 87,1 | 93,5 | 81,9 |
| | Max | 1 | 1 | 97,4 | 3,90 | 3,9 | 72,2 | 7,46 | 14,9 | 23,3 | 14,6 | 1,21 | 18,6 |
| ≥ 220 | µ | 16,7 | 16,7 | 96,6 | 35,0 | 37,0 | 83,6 | 49,7 | 55,4 | 61,8 | 45,5 | 59,6 | 34,3 |
| | M | 14,7 | 15,1 | 99,2 | 32,2 | 33,8 | 90,9 | 50,1 | 52,6 | 68,6 | 56,7 | 57,0 | 40,5 |
| | σ | 11,0 | 10,9 | 6,34 | 15,9 | 13,4 | 16,7 | 23,5 | 15,4 | 22,9 | 33,0 | 24,1 | 24,3 |
| | Min | 80,9 | 66,3 | 100 | 100 | 109 | 99,7 | 116 | 128 | 93,2 | 123 | 153 | 75,3 |
| | Max | 1,1 | 1,1 | 42,5 | 9,87 | 11,1 | 16,2 | 32,6 | 30,1 | 20,0 | 70,9 | 27,6 | 27,5 |

Tabelle 73: Absolute und relative Fehlbewertung von out-of-the-money Puts
Größeneinheit: $\Delta_{86}$ sowie $\Delta_{60}$ in Punkten, $\Delta_{rel}$ in Prozenten.
Quelle: Eigene Auswertung.

## 6.4 Berechnung der Fehlbewertungen

Bei out-of-the-money Puts führt das Black/Scholes-Modell nicht nur im arithmetischen Mittel, sondern – von wenigen Ausnahmen abgesehen – permanent zu Unterbewertungen. Diese Unterbewertungen sind umso gravierender, je weniger stark die Puts aus dem Geld notieren. Für die Höhe der Fehlbewertung ist der Volatilitätsschätzer unerheblich.

- Out-of-the-money Puts mit kurzer Restlaufzeit ($T \leq 60$ Tage) bewertet das Black/Scholes-Modell mit durchschnittlich bis zu 9,54 Punkten zu niedrig.

- Out-of-the-money Puts mit mittlerer Restlaufzeit ($60 < T < 220$ Tage) bewertet das Black/Scholes-Modell mit durchschnittlich bis zu 38,5 Punkten deutlich zu niedrig. Die durchschnittliche Unterbewertung kann bis zu 99,4% betragen.

- Out-of-the-money Puts mit langer Restlaufzeit ($T \geq 220$ Tage) bewertet das Black/Scholes-Modell noch deutlicher zu niedrig mit durchschnittlich bis zu 59,6 Punkten oder mit durchschnittlich bis zu 96,6%.

## 6.4.3.5 At-the-money Puts

| Moneyness | | 95-100% | | | 100-105% | | |
|---|---|---|---|---|---|---|---|
| Tage | Statistik | $\Delta_{86}$ | $\Delta_{60}$ | $\Delta_{rel}$ | $\Delta_{86}$ | $\Delta_{60}$ | $\Delta_{rel}$ |
| ≤ 20 | µ | 3,86 | 4,24 | 36,64 | 0,70 | 1,63 | 3,04 |
|  | M | 3,05 | 4,10 | 38,18 | 0,52 | 2,59 | 2,46 |
|  | σ | 6,61 | 6,52 | 43,32 | 9,75 | 10,2 | 29,96 |
|  | Min | 37,35 | 37,30 | 100 | 32,07 | 34,95 | 83,21 |
|  | Max | 17,88 | 16,62 | 111,89 | 23,12 | 24,2 | 280,90 |
| 21-60 | µ | 5,98 | 8,60 | 14,72 | 1,47 | 2,10 | 4,14 |
|  | M | 6,40 | 9,04 | 17,28 | 1,39 | 2,86 | 1,80 |
|  | σ | 13,61 | 11,91 | 33,56 | 17,48 | 16,60 | 21,61 |
|  | Min | 49,24 | 46,87 | 91,82 | 44,20 | 47,85 | 43,14 |
|  | Max | 33,07 | 26,75 | 75,97 | 36,71 | 34,05 | 55,38 |
| 61-120 | µ | 14,54 | 18,82 | 15,80 | 2,17 | 7,20 | 0,32 |
|  | M | 16,60 | 16,85 | 19,36 | 1,10 | 6,90 | 0,81 |
|  | σ | 22,28 | 21,30 | 25,33 | 26,66 | 25,31 | 19,34 |
|  | Min | 63,81 | 72,56 | 69,50 | 59,87 | 70,74 | 35,01 |
|  | Max | 36,12 | 29,73 | 39,05 | 41,41 | 38,87 | 35,77 |
| 121-220 | µ | 15,12 | 29,31 | 10,34 | 6,62 | 13,26 | 2,39 |
|  | M | 18,98 | 28,78 | 14,47 | 10,67 | 12,30 | 5,55 |
|  | σ | 27,38 | 22,08 | 19,53 | 29,52 | 27,07 | 14,60 |
|  | Min | 84,18 | 27,07 | 14,6 | 74,04 | 89,35 | 30,1 |
|  | Max | 43,96 | 24,01 | 32,67 | 51,44 | 35,53 | 29,63 |
| ≥ 220 | µ | 31,23 | 47,0 | 14,37 | 11,08 | 29,11 | 4,06 |
|  | M | 41,80 | 46,59 | 18,83 | 25,29 | 27,12 | 9,44 |
|  | σ | 41,71 | 34,07 | 18,95 | 45,18 | 37,38 | 15,8 |
|  | Min | 115,5 | 137,84 | 52,05 | 98,54 | 111,7 | 30,67 |
|  | Max | 188,7 | 75,38 | 49,01 | 199,5 | 43,21 | 46,95 |

Tabelle 74: **Absolute und relative Fehlbewertung von at-the-money Puts**
Größeneinheit: $\Delta_{86}$ sowie $\Delta_{60}$ in Punkten, $\Delta_{rel}$ in Prozenten.
Quelle: Eigene Auswertung.

Bei at-the-money Puts führt das Black/Scholes-Modell im arithmetischen Mittel beinahe permanent zu Unterbewertungen. Diese Unterbewertung ist im arithmetischen Mittel stets stärker für at-the-money Puts, die leicht aus dem Geld notieren. Mit dem Volatilitätsschätzer auf Basis von 60 Kalendertagen fällt die Unterbewertung stets größer aus.

- At-the-money Puts mit kurzer Restlaufzeit ($T \leq 60$ Tage) bewertet das Black/Scholes-Modell mit durchschnittlich bis zu 8,60 Punkten zu niedrig.

## 6.4 Berechnung der Fehlbewertungen

- At-the-money Puts mit mittlerer Restlaufzeit ($60 < T < 220$ Tage) bewertet das Black/Scholes-Modell mit durchschnittlich bis zu 29,31 Punkten deutlich zu niedrig. Die durchschnittliche Unterbewertung kann bis zu 15,8% betragen.

- At-the-money Puts mit langer Restlaufzeit ($T \geq 220$ Tage) bewertet das Black/Scholes-Modell noch deutlicher zu niedrig mit durchschnittlich bis zu 47,0 Punkten oder mit durchschnittlich bis zu 14,37%.

### 6.4.3.6 In-the-money Puts

| Moneyness | | 105-110% | | | 110-115% | | | 115-120% | | | > 120% | | |
|---|---|---|---|---|---|---|---|---|---|---|---|---|---|
| Tage | Statistik | $\Delta_{86}$ | $\Delta_{60}$ | $\Delta_{rel}$ | $\Delta_{86}$ | $\Delta_{60}$ | $\Delta_{rel}$ | $\Delta_{86}$ | $\Delta_{60}$ | $\Delta_{rel}$ | $\Delta_{86}$ | $\Delta_{60}$ | $\Delta_{rel}$ |
| ≤ 20 | μ | 1,4 | 0,09 | 4,59 | 1,82 | 2,08 | 2,12 | 1,75 | 1,69 | 2,55 | 0,52 | 0,19 | 0,82 |
|  | M | 1,22 | 1,16 | 3,15 | 0,83 | 2,04 | 1,96 | 1,28 | 1,13 | 1,87 | 0,40 | 0,70 | 0,15 |
|  | σ | 8,64 | 9,76 | 17,7 | 9,31 | 10,2 | 16,8 | 7,80 | 9,05 | 13,1 | 8,17 | 8,59 | 10,4 |
|  | Min | 31,1 | 34,3 | 47,7 | 29,8 | 32,9 | 43,0 | 25,8 | 25,8 | 40,3 | 34,0 | 34,0 | 38,7 |
|  | Max | 19,0 | 22,0 | 56,6 | 19,0 | 21,4 | 40,4 | 23,7 | 22,0 | 40,3 | 25,5 | 26,9 | 42,8 |
| 21-60 | μ | 3,20 | 3,62 | 4,98 | 1,38 | 3,02 | 3,28 | 0,55 | 4,17 | 0,95 | 4,44 | 1,79 | 4,01 |
|  | M | 4,44 | 6,26 | 4,37 | 0,64 | 6,51 | 0,61 | 0,93 | 3,43 | 1,11 | 3,51 | 1,05 | 1,95 |
|  | σ | 17,7 | 15,0 | 18,5 | 17,0 | 14,9 | 17,8 | 15,5 | 14,7 | 15,7 | 16,8 | 15,7 | 13,4 |
|  | Min | 42,7 | 47,6 | 33,0 | 37,5 | 44,1 | 30,2 | 39,4 | 46,0 | 30,8 | 39,5 | 44,5 | 29,2 |
|  | Max | 36,4 | 34,1 | 42,8 | 38,4 | 24,7 | 40,9 | 31,3 | 31,1 | 37,1 | 44,6 | 56,6 | 61,9 |
| 61-120 | μ | 4,20 | 12,1 | 1,02 | 8,68 | 9,83 | 3,39 | 8,39 | 7,29 | 3,55 | 4,41 | 4,95 | 1,90 |
|  | M | 12,0 | 5,92 | 8,01 | 14,0 | 1,95 | 8,87 | 13,4 | 5,08 | 7,86 | 5,47 | 4,01 | 2,02 |
|  | σ | 27,8 | 25,5 | 18,0 | 29,3 | 27,0 | 18,2 | 25,2 | 26,2 | 15,8 | 24,6 | 23,7 | 12,2 |
|  | Min | 55,4 | 66,5 | 29,4 | 54,6 | 65,7 | 28,6 | 51,7 | 61,5 | 26,7 | 60,0 | 71,2 | 26,3 |
|  | Max | 41,3 | 33,5 | 31,7 | 38,1 | 35,1 | 28,0 | 37,2 | 35,4 | 27,3 | 49,4 | 52,5 | 31,1 |
| 121-219 | μ | 8,83 | 22,6 | 3,37 | 9,88 | 16,6 | 3,95 | 16,2 | 17,1 | 6,44 | 3,12 | 2,35 | 0,08 |
|  | M | 8,70 | 22,7 | 4,14 | 4,01 | 15,6 | 2,16 | 24,2 | 1,49 | 9,11 | 3,75 | 6,17 | 0,59 |
|  | σ | 29,3 | 28,6 | 13,0 | 25,6 | 28,9 | 11,3 | 21,5 | 39,4 | 9,30 | 31,2 | 28,7 | 10,0 |
|  | Min | 68,4 | 77,0 | 26,0 | 50,7 | 76,4 | 20,3 | 51,2 | 75,9 | 20,0 | 67,3 | 82,8 | 23,3 |
|  | Max | 47,9 | 31,4 | 23,5 | 47,4 | 35,9 | 24,4 | 44,8 | 35,7 | 22,2 | 73,3 | 66,4 | 29,9 |
| ≥ 220 | μ | 1,60 | 32,7 | 2,60 | 18,2 | 47,2 | 6,55 | 24,1 | 52,0 | 8,34 | 10,5 | 4,33 | 0,94 |
|  | M | 25,1 | 25,3 | 9,10 | 32,4 | 60,7 | 11,2 | 34,1 | 67,1 | 12,1 | 4,19 | 4,33 | 0,48 |
|  | σ | 75,4 | 40,8 | 20,8 | 41,2 | 32,6 | 12,9 | 27,5 | 31,9 | 9,43 | 50,7 | 43,6 | 11,7 |
|  | Min | 89,4 | 108 | 30,0 | 78,1 | 95,8 | 25,0 | 72,0 | 95,9 | 23,5 | 88,1 | 121 | 28,4 |
|  | Max | 205 | 39,4 | 48,0 | 62,8 | 4,13 | 15,9 | 30,7 | 10,9 | 11,7 | 219 | 209 | 31,4 |

Tabelle 75: Absolute und relative Fehlbewertung von in-the-money Puts
Größeneinheit: $\Delta_{86}$ sowie $\Delta_{60}$ in Punkten, $\Delta_{rel}$ in Prozenten.
Quelle: Eigene Auswertung.

6.4 Berechnung der Fehlbewertungen

Bei in-the-money Puts führt das Black/Scholes-Modell im arithmetischen Mittel fast durchgehend zu Unterbewertungen. Der Volatilitätsschätzer auf Basis von 60 Kalendertagen weist die Unterbewertung erheblich höher aus.

- In-the-money Puts mit kurzer Restlaufzeit ($T \leq 60$ Tage) bewertet das Black/Scholes-Modell tendenziell zu niedrig. Sowohl die absolute Fehlbewertung mit durchschnittlich höchstens 4,17 Punkten als auch die prozentuale Unterbewertung mit nicht mehr als 4,98% halten sich im Rahmen des Fehlers, der sich alleine durch die Wahl des Mindestpreises von 1 Punkt ergeben könnte (vgl. S. 313).

- In-the-money Puts mit mittlerer Restlaufzeit ($60 < T < 220$ Tage) bewertet das Black/Scholes-Modell mit durchschnittlich bis zu 22,6 Punkten deutlich zu niedrig. Dies entspricht bereits 113 € Differenz je Kontrakt zum Marktpreis. Die durchschnittliche Unterbewertung kann bis zu 9,11% betragen.

- In-the-money Puts mit langer Restlaufzeit ($T \geq 220$ Tage) bewertet das Black/Scholes-Modell i.d.R. noch deutlicher zu niedrig mit durchschnittlich bis zu 52,0 Punkten oder mit durchschnittlich bis zu 8,34%.

**6.4.3.7 Zusammenfassung**

Die Auswertung der absoluten und relativen Abweichungen zwischen Black/Scholes- und Transaktionspreisen zeigt, dass eine im Allgemeinen zuverlässige Optionsbewertung mittels des Black/Scholes-Modells für at-the-money und in-the-money Calls mit kurzer Restlaufzeit sowie für in-the-money Puts mit kurzer Restlaufzeit möglich ist. Bei der Bewertung von out-of-the-money Calls und out-of-the-money Puts führt das Black/Scholes-Modell auf Basis dieser Daten zu besonders großen Diskrepanzen zu Marktpreisen. Im Untersuchungszeitraum bewertet das Black/Scholes-Modell Puts zum großen Teil zu niedrig.

Die Abbildungen 60 und 61 zeigen Modell- und Marktpreise von Calls respektive Puts in Abhängigkeit von der Moneyness.

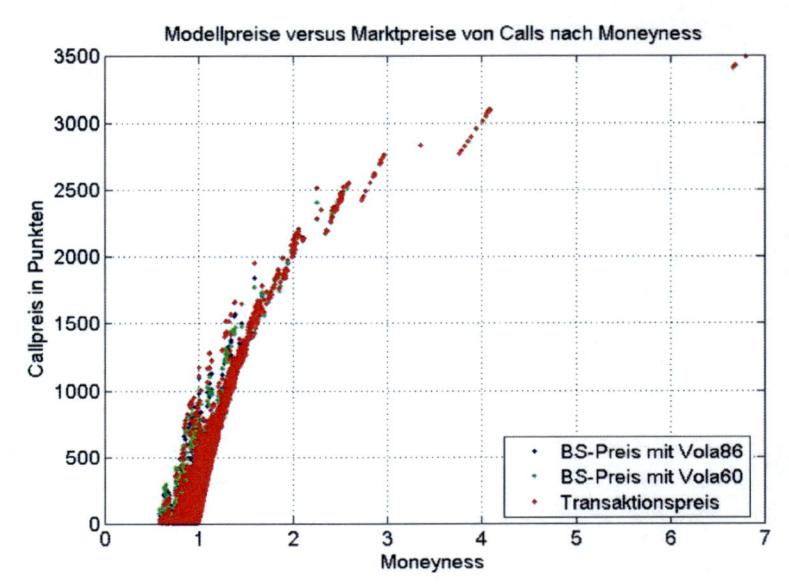

**Abbildung 59: Modell- und Marktpreise von 154.891 Calls nach Moneyness**
Quelle: Eigene Darstellung.

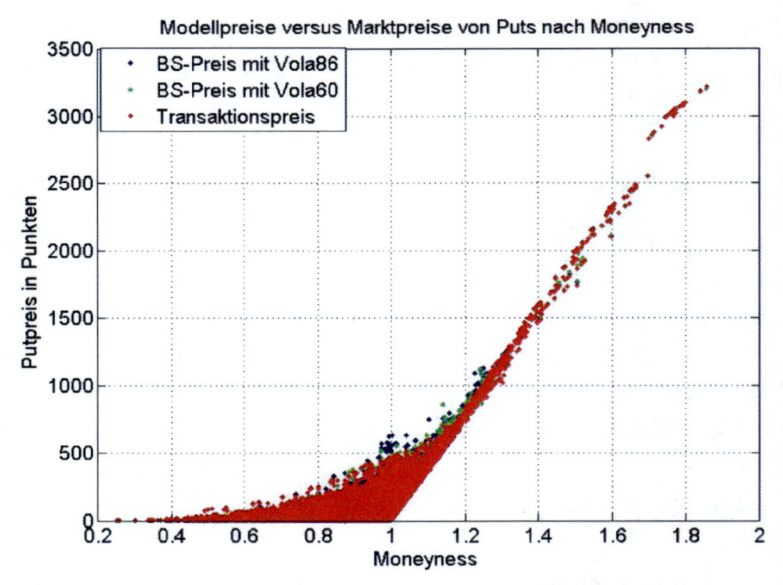

**Abbildung 60: Modell- und Marktpreise von 172.998 Puts nach Moneyness**
Quelle: Eigene Darstellung.

## 6.4 Berechnung der Fehlbewertungen

Die Optionspreise steigen stark an, wenn diese stärker im Geld notieren, wobei der Anstieg bei Puts besonders stark ist. Ein Großteil der Marktpreise von Optionen deckt sich mit den theoretischen Optionspreisen, was aber nicht unbedingt heißen muss, dass es keine Abweichungen zwischen theoretischen und tatsächlichen Optionspreisen gäbe. Zu berücksichtigen ist die Datenmenge von 154.891 Call- und 172.998 Put-Transaktionen, die zu bewertungsunabhängigen Überlagerungen führen kann.

Abbildung 61 stellt die Fehlbewertung von Optionen in Abhängigkeit von Restlaufzeit und Moneyness dar. Die Fehlbewertung wird berechnet mit dem Volatilitätsschätzer auf Basis von 86 Handelstagen.

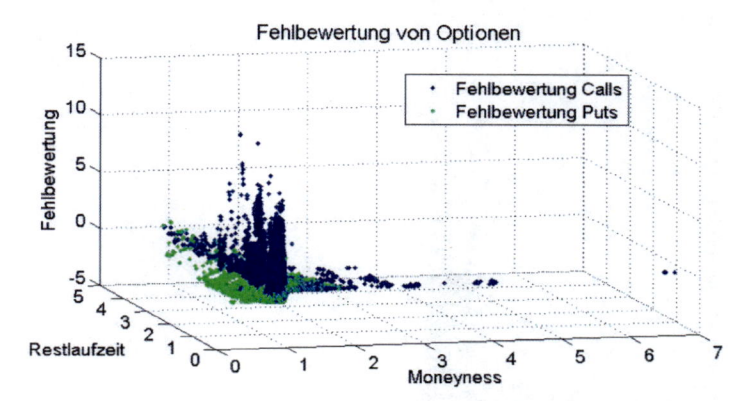

**Abbildung 61: Fehlbewertung von Optionen nach Restlaufzeit und Moneyness**
Quelle: Eigene Darstellung.

Die Grafik zeigt, dass Calls zum Teil deutlich überbewertet werden, während Puts durch das Black/Scholes-Modell zum großen Teil unterbewertet werden.

Um die Beobachtungen einfach beschreiben zu können, wird die prozentuale Preisabweichung berechnet als:

$$\Delta\%P_{86} = \frac{C_{86} - C_{Markt}}{C_{Markt}} \text{ bzw. } \Delta\%P_{60} = \frac{C_{60} - C_{Markt}}{C_{Markt}},$$

wobei:

$C_{86}$: Optionspreis auf Basis des Volatilitätsschätzers mit 86 Handelstagen

$C_{60}$: Optionspreis auf Basis des Volatilitätsschätzers mit 60 Handelstagen und

$C_{Markt}$: Marktpreis der Option (Transaktionspreis).

Diese Definition der Preisabweichung sagt aus, um wie viel Prozent verglichen mit dem Marktpreis das Black/Scholes-Modell über- bzw. unterbewertet.[844]

Abbildung 62 zeigt die relative Abweichung der Modellpreise von den Marktpreisen nach der Moneyness.

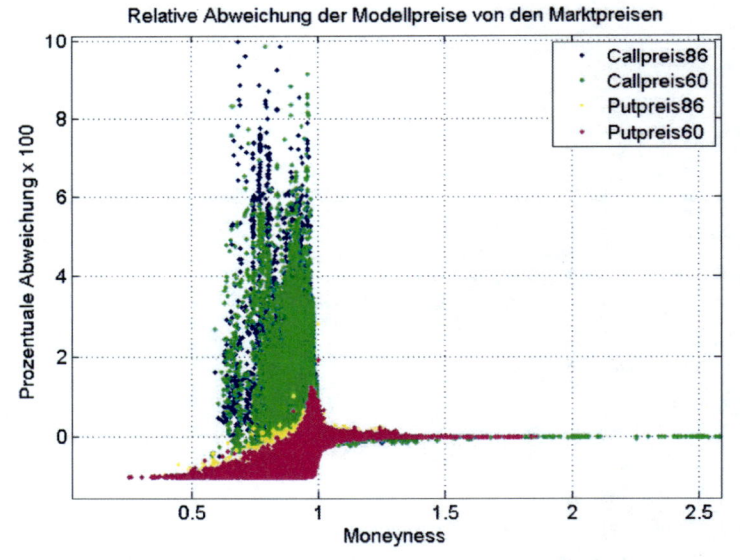

**Abbildung 62: Relative Abweichung der Modellpreise von den Marktpreisen**
Quelle: Eigene Darstellung.

Für Calls ergeben sich in einer Vielzahl von Fällen deutliche Überbewertungen bis hin zu gut 1.200% im Vergleich zum Marktpreis.[845] Derartige Überbewertungen durch das Black/Scholes-Modell sind insbesondere bei aus dem Geld notierenden Optionen vielfach zu beobachten, insbesondere bei Verwendung einer Volatilität auf

---

[844] Macbeth/Merville (1980) verwenden dagegen die Definition mit Bezug auf die Modellpreise mit umgekehrtem Vorzeichen, vgl. S. 291.
[845] Zur besseren Visualisierung „zoomt" die Grafik, d.h. es liegt eine Teilabbildung vor und nicht der gesamte Datensatz.

## 6.4 Berechnung der Fehlbewertungen

Basis von 86 Handelstagen. Sobald die Calls im Geld notieren, ereignen sich kaum mehr Überbewertungen. Dieses Ergebnis lässt sich damit erklären, dass der Wert von Optionen, die im Geld notieren, wesentlich vom inneren Wert abhängt.

Abbildung 63 zeigt die relative Abweichung der Modellpreise von den Marktpreisen nach der Moneyness getrennt nach Calls und Puts für die beiden unterschiedlichen Volatilitätsschätzer.

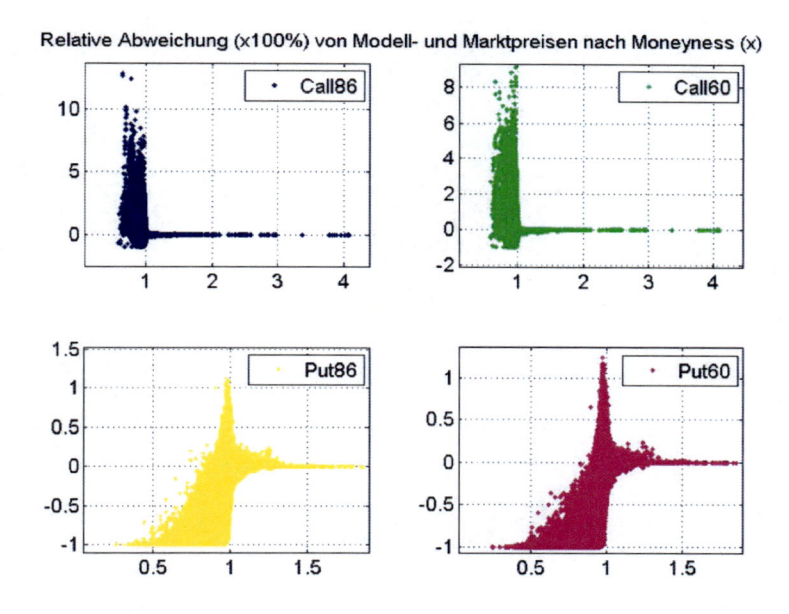

**Abbildung 63: Relative Fehlbewertung nach Moneyness.**
Quelle: Eigene Darstellung.

Für Puts fällt die prozentuale Überbewertung geringer aus, sie beträgt maximal etwa 200%, dafür treten mehr Unterbewertungen auf. Ebenfalls gilt, dass in-the-money Puts zu Preisen notieren, die sich von den Marktpreisen nicht wesentlich unterscheiden. Diese Ergebnisse sind konsistent mit der Studie von Macbeth/Merville (1980).[846] Die Frage ist allerdings, ob die teils drastischen Fehlbewertungen auf Optionen mit niedrigen Optionspreisen zurückzuführen sind und die ökonomische

---

[846] Vgl. Macbeth/Merville (1980), S. 293.

Signifikanz somit geringer ist. Daher sollen auch die absoluten Abweichungen analysiert werden. Die absoluten Preisabweichungen werden definiert als:

$$\Delta P_{86} = C_{86} - C_{Markt} \text{ bzw. } \Delta P_{60} = C_{60} - C_{Markt}.$$

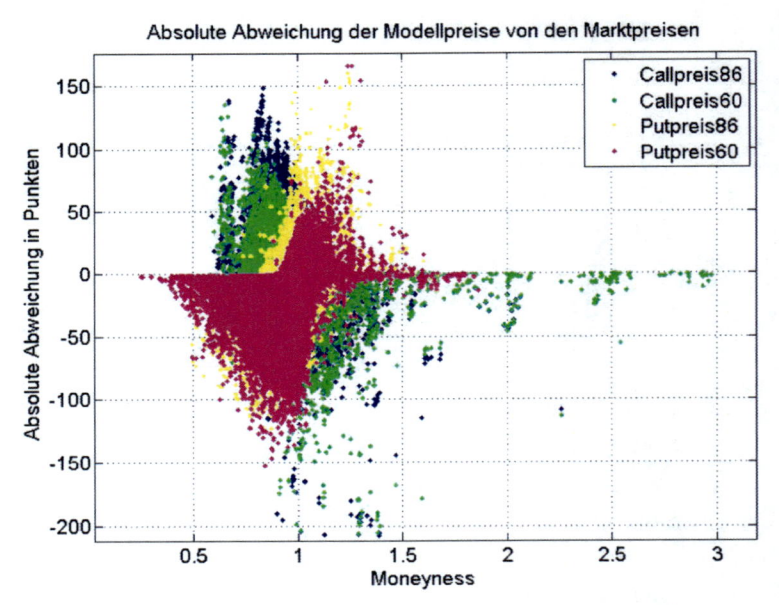

**Abbildung 64: Absolute Abweichung der Modellpreise von den Marktpreisen**
Quelle: Eigene Darstellung.

Die absoluten Abweichungen zeigen eine hochinteressante Struktur der Fehlbewertung. Bei den Puts ergibt sich ein Dreieck an Fehlbewertungen (Koordinaten: (1,-120), (0,4, 0), (1,0)), das sich an den Koordinaten (1,0) spiegelt: Für at-the-money Puts sind sowohl Unterbewertungen von bis zu etwa 150 Punkten möglich, aber auch Überbewertungen bis etwa 50 Punkten.[847] Für out-of-the-money Puts gibt es praktisch nur Unterbewertungen. Für in-the-money Puts ist es genau umgekehrt: sie werden fast ausschließlich überbewertet. Welche Volatilität zugrunde gelegt wird, spielt nur eine stark untergeordnete Rolle. Da die Puts die anderen Werte grafisch überlagern, werden diese in Abbildung 65 separat dargestellt.

---

[847] Zur besseren Visualisierung zeigt die Abbildung nur den Ausschnitt absoluter Abweichungen, die am häufigsten vorkamen. Außerhalb des Bildrandes existieren in Wirklichkeit also noch einige, wenige Kombinationen mit höheren Werten von Moneyness und absoluter Abweichung.

## 6.4 Berechnung der Fehlbewertungen

**Absolute Abweichung von Modell- und Marktpreisen**

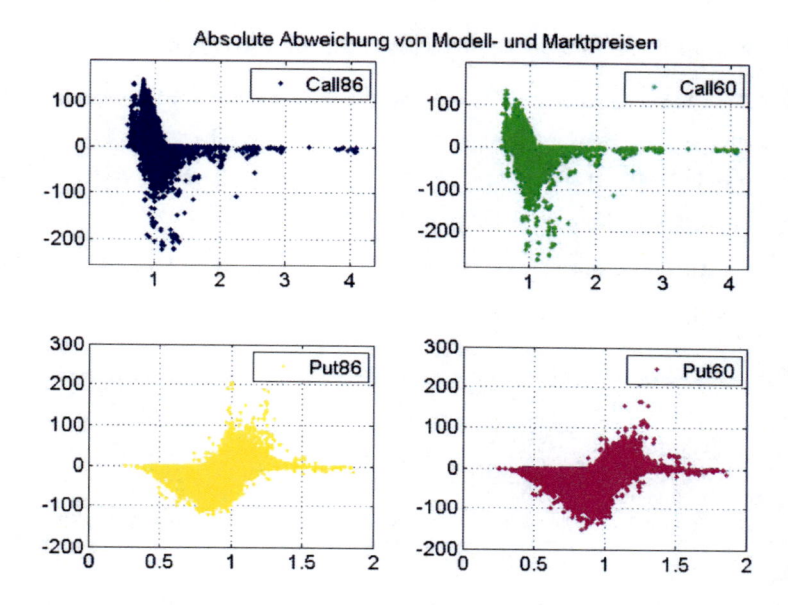

**Abbildung 65: Absolute Fehlbewertung**
Quelle: Eigene Darstellung.

Wie bei den Puts lässt sich auch bei den Calls eine Struktur der Fehlbewertung erkennen: Die größten absoluten Fehlbewertungen ereignen sich bei Calls, die nahe am Geld notieren, wobei out-of-the-money Calls ebenfalls zu einem hohen Maße fehlbewertet werden. Die Modellpreise stark im Geld notierender Calls liegen dagegen nahe der Nulllinie und indizieren damit nur geringe Abweichungen von den Marktpreisen.

### 6.4.4 Statistische Signifikanz der Fehlerabweichungen

Die vorhergehende Untersuchung der Optionspreise systematisierte und quantifizierte die Fehlbewertung des Black/Scholes-Modell. Das Ziel dieses Abschnitts ist es, eine Aussage zur Anwendbarkeit des Black/Scholes-Modells zu treffen, indem die Nullhypothese der Gleichheit von Modell- und Marktpreisen getestet wird. Diese Überprüfung wird mittels der inferenziellen Statistik durchgeführt. Hierzu muss zunächst die Verteilung der Optionspreise geklärt werden, da hiervon abhängt, welcher statistische Test angewandt werden kann.

### 6.4.4.1 Überprüfung der Optionspreise auf Normalverteilung

Zur Überprüfung der Optionspreise auf Normalverteilung wird der Lilliefors-Test angewandt. Die Nullhypothese der Normalverteilung wird auf dem Signifikanzniveau $\alpha = 5\%$ abgelehnt, wenn die Teststatistik größer ist als der kritische Wert. Der Lilliefors-Test prüft die Nullhypothese $H_0 : F_n(x) = F_0(x)$ für alle $x$ gegen die Alternativhypothese $H_1 : F_n(x) \neq F_0(x)$ für mindestens ein $x$. Als Teststatistik wird $D_n = \max_x |F_n(x) - F_0(x)|$ verwendet.[848]

| Optionen | Marktpreise | | BS-Preise | | BS-Preise | |
|---|---|---|---|---|---|---|
| | Calls | Puts | Calls$_{86}$ | Puts$_{86}$ | Calls$_{60}$ | Puts$_{60}$ |
| Teststatistik | 0,2955 | 0,2793 | 0,2755 | 0,3013 | 0,2798 | 0,3080 |
| Kritischer Wert | 0,0023 | 0,0022 | 0,0023 | 0,0022 | 0,0023 | 0,0022 |
| H$_0$ abgelehnt | JA | JA | JA | JA | JA | JA |

Tabelle 76: Ablehnung der Nullhypothese der Normalverteilung von Optionspreisen
Quelle: Eigene Auswertung.

Da die Optionspreise nicht normalverteilt sind, wird die Überprüfung der Nullhypothese auf Gleichheit von Black/Scholes- und Marktpreisen mittels des nichtparametrischen Wilcoxon-Rangtests durchgeführt.

### 6.4.4.2 Überprüfung der Gleichheit von BS- und Marktpreisen

Der Wilcoxon-Rangtest testet die Nullhypothese, dass die Daten der Vektoren der Black/Scholes-Preise und der Marktpreise die identische Verteilung mit gleichem Median aufweisen:[849] H$_0$: $F(x_1) = F(x_2)$. Die Test-Statistik ist:

$$Z = \frac{R_n - \mu_{R_n}}{\sigma_{R_n}},$$

wobei:

$$\mu_{R_n} = \frac{1}{4} n(n+1) \text{ und}$$

$$\sigma_{R_n} = \sqrt{(n^2 + n)(2n + 1)}.$$

---

[848] Vgl. Rönz (2001a), S. 102.
[849] Vgl. Chambers/Bates et al. (1999), S. 85, 128.

## 6.4 Berechnung der Fehlbewertungen 349

Der Wilcoxon-Rangtest ist äquivalent zum Mann-Whitney U-Test und gehört wegen seiner hohen Effizienz im Vergleich zum parametrischen t-Test zu den am häufigsten angewandten Tests zur Überprüfung der Gleichheit zweier unabhängiger Datenreihen.[850]

|  | $Calls_{86}$ | $Calls_{60}$ | $Puts_{86}$ | $Puts_{60}$ |
|---|---|---|---|---|
| p-Wert | 0 | 0 | 0 | 0 |
| z-Teststatistik | 42,08 | 30,02 | 72,35 | 89,20 |
| Rangsumme (in Mill.) | 22.944 | 23.244 | 32.054 | 32.549 |
| Ablehnung von $H_0$ | JA | JA | JA | JA |

Tabelle 77: Ablehnung der Nullhypothese der Gleichheit von BS-Preisen und Marktpreisen
($\alpha = 0,05$)
Quelle: Eigene Auswertung.

Der Wilcoxon-Rangtest lehnt die Nullhypothese der Gleichheit von Black/Scholes- und Marktpreisen auf dem Signifikanzniveau von 5% für den Untersuchungszeitraum insgesamt sowohl für Calls als auch für Puts ab. Der Untersuchungszeitraum soll nun unterteilt werden in die einzelnen Monate, um zu überprüfen, ob es möglicherweise in einzelnen Monaten eine Übereinstimmung von Black/Scholes- und Marktpreisen gibt.

| $Calls_{86}$ | Januar | Februar | März | April | Mai | Juni |
|---|---|---|---|---|---|---|
| p-Wert | 0 | 0 | 0 | 0 | 0 | 0 |
| z-Teststatistik | -38,78 | -15,41 | 24,10 | -18,02 | -11,71 | -50,81 |
| Rangsumme (in Mill.) | 408,29 | 459,39 | 1.198,5 | 729,97 | 671,52 | 495,57 |
| Ablehnung von $H_0$ | JA | JA | JA | JA | JA | JA |

Tabelle 78: Überprüfung der Nullhypothese der Gleichheit von BS- und Marktpreisen von Calls auf Basis von 86 Handelstagen
Quelle: Eigene Auswertung.

| $Calls_{60}$ | Januar | Februar | März | April | Mai | Juni |
|---|---|---|---|---|---|---|
| p-Wert | 0,69 | 0 | 0 | 0 | 0 | 0 |
| z-Teststatistik | -0,40 | 18,94 | 22,70 | -42,86 | -28,62 | -44,38 |
| Rangsumme (in Mill.) | 457,33 | 504,87 | 1.194,9 | 683,38 | 642,07 | 505,28 |
| Ablehnung von $H_0$ | NEIN | JA | JA | JA | JA | JA |

Tabelle 79: Überprüfung der Nullhypothese der Gleichheit von BS- und Marktpreisen von Calls auf Basis von 60 Handelstagen.
Quelle: Eigene Auswertung.

---

[850] Vgl. Büning/Trenkler (1994), S. 145, S. 150 f. sowie Insightful (2001), S. 85.

Bei den Calls wird bei Unterteilung der Optionspreise auf die einzelnen Monate die Nullhypothese der Gleichheit von Black/Scholes-Preisen und Marktpreisen auf dem Signifikanzniveau $\alpha = 5\%$ abgelehnt, mit Ausnahme von Calls im Januar, deren Volatilität mit 60 Handelstagen berechnet wird.

| $Puts_{86}$ | Januar | Februar | März | April | Mai | Juni |
|---|---|---|---|---|---|---|
| p-Wert | 0 | 0 | 0 | 0 | 0 | 0,72 |
| z-Teststatistik | -5,27 | 27,03 | 65,35 | 39,31 | 38,46 | -0,36 |
| Rangsumme (in Mill.) | 651,33 | 657 | 1.684,6 | 963,17 | 918,93 | 640,92 |
| Ablehnung von $H_0$ | JA | JA | JA | JA | JA | NEIN |

Tabelle 80: Überprüfung der Nullhypothese der Gleichheit von BS- und Marktpreisen von Puts auf Basis von 86 Handelstagen
Quelle: Eigene Auswertung.

| $Puts_{60}$ | Januar | Februar | März | April | Mai | Juni |
|---|---|---|---|---|---|---|
| p-Wert | 0 | 0 | 0 | 0 | 0 | 0 |
| z-Teststatistik | 45,27 | 60,43 | 64,99 | 11,79 | 24,11 | 6,71 |
| Rangsumme (in Mill.) | 736,32 | 710,19 | 1.683,5 | 905,71 | 890 | 652,57 |
| Ablehnung von $H_0$ | JA | JA | JA | JA | JA | JA |

Tabelle 81: Überprüfung der Nullhypothese der Gleichheit von BS- und Marktpreisen von Puts auf Basis von 60 Handelstagen
Quelle: Eigene Auswertung.

Die Nullhypothese der Gleichheit von BS- und Marktpreisen kann im Monat Juni für Puts mit einer Volatilität auf Basis von 86 Handelstagen nicht abgelehnt werden. In den Monaten Januar bis Mai wird die Nullhypothese dagegen auf dem Signifikanzniveau $\alpha = 5\%$ für die Puts abgelehnt.

### 6.4.4.3 Zusammenfassung des Vergleichs von BS- und Marktpreisen

Auf dem Signifikanzniveau $\alpha = 0,05$ wird die Hypothese gleicher Black/Scholes- und Marktpreise im Untersuchungszeitraum grundsätzlich abgelehnt. Im Januar kann zwischen Calls, die mit einer Volatilität auf Basis von 60 Handelstagen berechnet werden, kein statistisch signifikanter Unterschied zu den Marktpreisen festgestellt werden. Ebenfalls kein statistisch signifikanter Unterschied zwischen BS- und Marktpreisen ergibt sich bei Puts im Juni, die mit einer Volatilität auf Basis von 86 Handelstagen berechnet werden.

## 6.4 Berechnung der Fehlbewertungen

### 6.4.5 Bedeutung des Volatilitätsparameters für die Optionspreisschätzung

Dieser Abschnitt widmet sich der Frage, welcher Beobachtungszeitraum für den Volatilitätsparameter im Black/Scholes-Modell die besseren Ergebnisse im Untersuchungszeitraum liefert. Verglichen werden sollen die Ergebnisse der Bewertung mittels des Black/Scholes-Modells auf Basis einer Volatilität mit 86 und 60 Handelstagen. Zur Überprüfung der Frage, welcher Volatilitätsparameter überlegen ist, soll der Signifikanztest von Diebold/Mariano (DM) verwendet werden.[851] Der Signifikanztest von Diebold/Mariano ist unter weniger strengen Annahmen anwendbar, nämlich auch dann, wenn Fehlerabweichungen – also die Differenzen zwischen Black/Scholes- und Marktpreisen – Autokorrelation und/oder einen von 0 verschiedenen Mittelwert aufweisen und nicht normalverteilt sind.

#### 6.4.5.1 Diebold/Mariano-Teststatistik

Diebold und Mariano veröffentlichen 1995 einen verteilungsfreien Test für die Vorhersagefähigkeit eines Modells.[852] Die Vorhersagefehler müssen nicht einer Gauß-Verteilung folgen, müssen keinen Mittelwert von 0 aufweisen und können serielle Korrelation aufweisen.[853] Ausgangspunkt dieses Tests ist der Mittelwert der Stichprobe der beobachteten Differenzzeitreihe $\{d_t : t = 1,2,3,...T\}$, wobei $d_1 = g(e_1) - g(e_2)$ und $g(e_1)$ die absolute Differenz von Markt- und Black/Scholes-Preisen mit einer Volatilität auf Basis von 86 Handelstagen darstellt, während $g(e_2)$ die absolute Differenz zwischen Markt- und Black/Scholes-Preisen mit einer Volatiltät von 60 Handelstagen ist. Die Black/Scholes-Preise mit einer Volatilität auf Basis von 86 Handelstagen entsprechen dann denen mit einer Volatilität auf Basis von 60 Handelstagen, wenn $d_1 = 0$ für alle $t$. Die Nullhypothese lautet damit:

$H_0 : E(d_1) = 0$ für alle $t$ gegen die Alternativhypothese $H_1 : E(d_1) = \mu \neq 0$.[854]

Die Diebold-Mariano-Teststatistik ist:[855]

---

[851] Vgl. Mariano (2000), S. 284 f.
[852] Vgl. Diebold/Mariano (1995), S. 253-263.
[853] Vgl. Mariano (2000), S. 288 f.
[854] Vgl. Mariano (2000), S. 289.
[855] Vgl. Diebold/Mariano (1995), S. 254.

$$DM = \frac{d}{\sqrt{2\pi \hat{f}_d(0)/T}},$$

wobei:

$\hat{f}_d(0)$ eine konsistente Schätzung für $f_d(0)$ ist.

Die Nullhypothese $H_0$, dass $E(d_t) = 0$ für alle $t$ ist, wird zugunsten der Alternativhypothese $H_1$, dass $E(d_t) \neq 0$, abgelehnt, wenn der absolute Wert der Teststatistik DM den kritischen Wert der Standardnormalverteilung überschreitet.

Konsistente Schätzungen von $\hat{f}_d(0)$ können die Form haben:[856]

$$\hat{f}_d(0) = \left(\frac{1}{2\pi}\right) \sum_{k=-m(T)}^{m(t)} w\left(\frac{k}{h(T)}\right) \hat{\gamma}_d(k),$$

wobei:

$$\hat{\gamma}_d(k) = \left(\frac{1}{T}\right) \sum_{|k|+1}^{T} (d_1 - d)(d_{t-|k|} - d),$$

wobei:

$h(T)$ die Bandweite ist, die sich mit $T$ erhöht und $w(\bullet)$ die Kernfunktion ist. Als Kernfunktion wird in dieser Untersuchung der Newey-West (Bartlett) Schätzer verwendet.

### 6.4.5.2 Ergebnisse für den gesamten Untersuchungszeitraum

Tabelle 82 fasst die Ergebnisse der Diebold/Mariano-Teststatistik auf Basis eines Signifikanzniveaus von $\alpha = 0{,}05$ zusammen für den Vergleich der Optionspreise mit einer Volatilität auf Basis von 86 Handelstagen und auf Basis von 60 Handelstagen.

| Vergleich BS-Preise$_{86,60}$ | Calls | Puts |
|---|---|---|
| p-Wert | 0,21411 | 0 |
| Diebold/Mariano-Teststatistik | -0,79223 | -5,4922 |
| Ablehnung von $H_0$ | NEIN | JA |

Tabelle 82: Überprüfung der Gleichheit der Black/Scholes-Preise mit unterschiedlichen Volatilitätsparametern (Gesamtdatenbasis)
Quelle: Eigene Auswertung.

---

[856] Vgl. Mariano (2000), S. 289.

## 6.4 Berechnung der Fehlbewertungen

Für die Calls im Untersuchungszeitraum ergibt sich zwischen der Verwendung einer Volatilität auf Basis von 86 oder 60 Handelstagen kein statistisch signifikanter Unterschied in der Prognose der Optionspreise. Bei den Puts hingegen unterscheiden sich die Optionswerte statistisch signifikant je nachdem, welcher Volatilitätsschätzer zugrunde gelegt wird. Genau dieses Ergebnis zeichnete sich bereits bei der deskriptiven Statistik von Optionen ab: Bei Calls spielt die Verwendung der Anzahl der Handelstage zur Berechnung der Volatilität keine entscheidende Rolle, während Puts mit einer Volatilität auf Basis von 86 Handelstagen eine geringere Fehlbewertung aufweisen (vgl. S. 327).

Da der einzige Wert der DM-Teststatistik, der negativ werden kann, $d$ darstellt und $g(e_1)$ die relative Fehlbewertung bei einer Volatilität auf Basis von 86 Handelstagen darstellt, während $g(e_2)$ sich auf eine Volatilität von 60 Handelstagen bezieht, zeigt der negative Wert der Teststatistik an, dass die Verwendung von 86 Handelstagen die bessere Annäherung an die Marktpreise darstellt und zwar sowohl für Calls als auch – in noch höherem Maße – für Puts.

### 6.4.5.3 Ergebnisse bei monatsweiser Betrachtung

Bei monatsweiser Betrachtung der Calls auf Basis der beiden unterschiedlichen Volatilitätsschätzern ergibt sich ein differenzierteres Bild zur Frage der Gleichheit der Black/Scholes-Preise, die mit einer Volatilität auf Basis von 86 oder 60 Handelstagen berechnet werden.

| Vergleich BS-Calls$_{86,60}$ | Januar | Februar | März | April | Mai | Juni |
|---|---|---|---|---|---|---|
| p-Wert | 0 | 0,1492 | 0 | 0 | 0 | 0 |
| Diebold/Mariano-Teststatistik | 10,37 | 1,04 | -11,87 | -10,08 | -10.07 | 12.03 |
| Ablehnung von $H_0$ | JA | NEIN | JA | JA | JA | JA |

Tabelle 83: Überprüfung der Gleichheit der Black/Scholes-Call-Preise mit unterschiedlichen Volatilitätsparametern
Quelle: Eigene Auswertung.

Mit Ausnahme des Monats Februar weichen die Vorhersagen der Black/Scholes-Preise je nach Volatilitätsparameter für Calls statistisch signifikant voneinander ab. Bei monatsweiser Betrachtung halten sich die Monate, in denen eine Volatilität mit 86 oder 60 Handelstagen die genauere Annäherung an die Marktpreise ergibt, die

Waage. Dies erklärt, dass insgesamt die Nullhypothese der Gleichheit der Prognosen nicht abgelehnt werden kann. Tabelle 84 überprüft monatsweise für Puts, ob sich statistisch signifikante Differenzen in der Bewertung von Optionen mittels des Black/Scholes-Modells in Abhängigkeit vom Volatilitätsschätzer ergeben.

| Vergleich BS-$Puts_{86,60}$ | Januar | Februar | März | April | Mai | Juni |
|---|---|---|---|---|---|---|
| p-Wert | 0 | 0 | 0,001 | 0 | 0 | 0 |
| Diebold/Mariano Teststatistik | -10.32 | -11,58 | -3,08 | 11,03 | 13,97 | 6,87 |
| Ablehnung von $H_0$ | JA | JA | JA | JA | JA | JA |

Tabelle 84: Überprüfung der Gleichheit der Black/Scholes-Put-Preise mit unterschiedlichen Volatilitätsparametern
Quelle: Eigene Auswertung.

Bei monatsweiser Betrachtung der Puts auf Basis beider Volatilitätsschätzer wird das Ergebnis der Gesamtbetrachtung aller Puts grundsätzlich bestätigt: Der Unterschied zwischen der Verwendung eines Volatilitätsschätzers auf Basis von 60 oder 86 Handelstagen übt für Puts einen statistisch signifikanten Einfluss aus auf die relative Fehlerabweichung von den Marktpreisen. Jedoch halten sich auch bei den Puts die Monate die Waage, in denen einer der beiden Volatilitätsschätzer dem anderen überlegen ist: Von Januar bis März indiziert der negative Wert der Teststatistik, dass der Volatilitätsschätzer auf Basis von 86 Handelstagen die bessere Approximation an die Marktpreise darstellt, von April bis Juni hingegen erweisen sich 60 Handelstage als die bessere Schätzung.

**6.4.5.4 Zusammenfassung**

Die Diebold/Mariano-Teststatistik lässt auf Basis der vorliegenden Daten keinen eindeutigen Schluss zu, welcher Volatilitätsschätzer die bessere Approximation an die Marktpreise liefert, da eine eventuell gegebene Superiorität des Volatilitätsschätzers auf Basis von 86 Handelstagen davon abhängt,
- ob Puts oder Calls betrachtet werden,
- zu welchen Zeitperioden die Betrachtungen erfolgen und
- wie lange der Zeitraum der Beobachtung ist.

## 6.4.6 Eignung des Black/Scholes-Modells zur Optionsbewertung

Neben den Fragen, welcher Volatilitätsparameter geeignet ist für das Black/Scholes-Modell und ob die Fehlbewertungen statistisch signifikant ausfallen, stellt sich die Frage, ob das Black/Scholes-Modell bestimmte Optionskategorien besser bewerten kann als andere.

Da die Anzahl der Handelstage zur Berechnung des Volatilitätsparameters in der Regel keinen statistisch signifikanten Einfluss auf die Präzision der Black/Scholes-Preise ausübt, soll als Testgröße zur Beurteilung des Black/Scholes-Modells ein einfacher Durchschnitt der prozentualen Abweichungen gemessen durch den Mittelwert sowie Median jeweils für eine Volatilität auf Basis von 60 und 86 Handelstagen verwendet werden. Die daraus resultierende Volatilität wird im Folgenden als gemischte Volatilität bezeichnet.

Da im Untersuchungszeitraum bei gleicher Kombination von Moneyness und Restlaufzeit das Vorzeichen von Median und Mittelwert teilweise voneinander abweicht, werden die absoluten Größen zur Berechnung der Testgröße verwendet. Damit wird sichergestellt, dass sich Fehlerabweichungen nicht durch unterschiedliche Vorzeichen gegenseitig aufheben können. Somit ergibt sich für die Testgröße:

$$T = \frac{\left(\left|\mu_{(\Delta BS86-C)}\right| + \left|med_{(\Delta BS86-C)}\right| + \left|\mu_{(\Delta BS60-C)}\right| + \left|med_{(\Delta BS60-C)}\right|\right)}{4},$$

wobei:

$\Delta BS_{86}$ = prozentuale Abweichung der Black/Scholes-Preise mit einer Volatilität auf Basis von 86 Handelstagen,

$\Delta BS_{60}$ = prozentuale Abweichung der Black/Scholes-Preise mit einer Volatilität auf Basis von 60 Handelstagen,

$\mu$ = Mittelwert,

$med$ = Median und

$C$ = Marktpreis der Option.

Die Aufteilung der Datenbasis in fünf unterschiedliche Restlaufzeiten mit 10 unterschiedlichen Moneynesskategorien und Berechnung auf Basis der gemischten Volatilität liefert die in Tabelle 85 zusammengefassten Ergebnisse für die Calls.

| Restlaufzeit in Tagen /Moneyness | ≤ 20 | 21-60 | 61-120 | 121-219 | ≥ 220 |
|---|---|---|---|---|---|
| < 80% | 100,00% | 100,00% | 71,90% | 309,06% | 81,14% |
| 80-85% | NaN | 25,51% | 31,36% | 156,82% | 50,01% |
| 85-90% | 81,64% | 48,84% | 48,38% | 46,01% | 19,88% |
| 90-95% | 16,17% | 53,65% | 37,32% | 6,33% | 18,38% |
| 95-100% | 10,11% | 21,85% | 6,79% | 2,65% | 3,74% |
| 100-105% | 1,02% | 2,04% | 1,57% | 3,82% | 5,55% |
| 105-110% | 1,14% | 2,46% | 4,43% | 5,04% | 7,71% |
| 110-115% | 0,44% | 1,53% | 4,42% | 5,63% | 8,85% |
| 115-120% | 0,30% | 0,76% | 3,48% | 5,14% | 8,00% |
| > 120% | 0,16% | 0,31% | 1,10% | 1,60% | 3,68% |

Tabelle 85: Relative betragsmäßige Fehlbewertung von Calls
Quelle: Eigene Auswertung.

Während die durchschnittlichen Abweichungen der BS-Preise, berechnet als Durchschnitt mit zwei unterschiedlichen Volatilitätsparametern, bei out-of-the-money Optionen noch sehr stark von den Marktpreisen divergieren, ergeben sich für Optionen, bei denen der Spotkurs des Basiswerts mindestens so hoch ist wie der Ausübungspreis der Option, lediglich Abweichungen im einstelligen Prozentbereich.

Abbildung 66 zeigt die durchschnittliche Fehlbewertung von Calls durch das Black/Scholes-Modell mit gemischter Volatilität. Besonders hohe Fehlbewertungen weisen stark aus dem Geld notierende Calls mit einer Restlaufzeit von 120 bis 219 Tagen auf. Die Abweichung zwischen Black/Scholes- und Marktpreisen erreicht hier bis zu 300%. Diese relativen betragsmäßigen Fehlbewertungen von Calls mit gemischter Volatilität nehmen kontinuierlich ab, wenn die Moneyness steigt.

## 6.4 Berechnung der Fehlbewertungen

**Durchschnittliche Abweichungen der BS-Preise (Calls)**

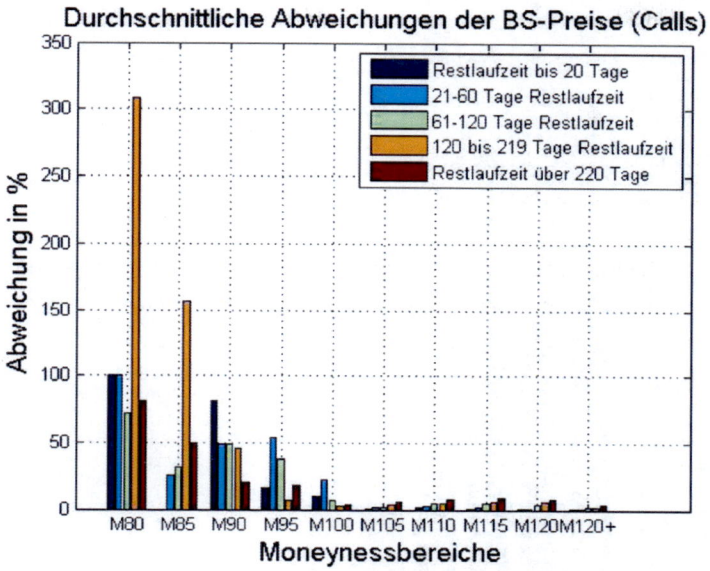

Legende:
- Restlaufzeit bis 20 Tage
- 21-60 Tage Restlaufzeit
- 61-120 Tage Restlaufzeit
- 120 bis 219 Tage Restlaufzeit
- Restlaufzeit über 220 Tage

(Abweichung in %, Moneynessbereiche: M80, M85, M90, M95, M100, M105, M110, M115, M120, M120+)

**Abbildung 66: Relative betragsmäßige Fehlbewertung von Calls**
Quelle: Eigene Darstellung.

Für die Puts ergeben sich grundsätzlich ähnliche Ergebnisse wie für die Calls: Notieren die Puts zunehmend im Geld, so verringert sich tendenziell die Fehlbewertung. Die Aufteilung der Datenbasis in fünf unterschiedliche Restlaufzeiten mit 10 unterschiedlichen Moneynesskategorien und Berechnung auf Basis der gemischten Volatilität liefert die in Tabelle 86 zusammengefassten Ergebnisse für die Puts.

| Restlaufzeit in Tagen /Moneyness | ≤ 20 | 21-60 | 61-120 | 121-219 | ≥ 220 |
|---|---|---|---|---|---|
| < 80% | 100,00% | 100,00% | 100,00% | 99,74% | 98,42% |
| 80-85% | NaN | 99,92% | 99,44% | 96,35% | 89,28% |
| 85-90% | 99,99% | 97,62% | 93,31% | 76,35% | 69,00% |
| 90-95% | 95,13% | 74,78% | 62,75% | 41,90% | 45,70% |
| 95-100% | 39,53% | 20,37% | 20,09% | 17,26% | 19,39% |
| 100-105% | 5,24% | 2,79% | 2,78% | 5,21% | 8,69% |
| 105-110% | 2,71% | 4,65% | 4,97% | 7,12% | 8,09% |
| 110-115% | 2,71% | 2,97% | 4,45% | 5,39% | 13,24% |
| 115-120% | 2,33% | 2,45% | 4,58% | 5,83% | 15,05% |
| > 120% | 0,44% | 1,96% | 1,89% | 0,58% | 1,17% |

**Tabelle 86: Relative betragsmäßige Fehlbewertung von Puts**
Quelle: Eigene Auswertung.

Ausgehend von durchschnittlichen Fehlbewertungen von 100% bei out-of-the-money Optionen verringert sich die Fehlbewertung bei einer Moneyness von über 120% auf durchschnittlich weniger als 2%.

Abbildung 67 zeigt die durchschnittliche Fehlbewertung von Puts durch das Black/Scholes-Modell mit gemischter Volatilität.

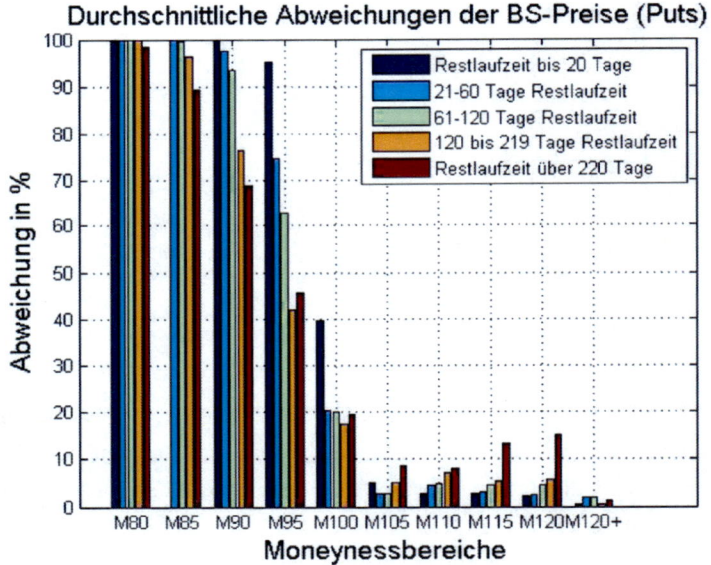

**Abbildung 67: Relative betragsmäßige Fehlbewertung von Puts**
Quelle: Eigene Darstellung.

Während die Fehlbewertung durch das Black/Scholes-Modell bei Puts grundsätzlich umso niedriger ausfällt, je mehr die Option im Geld notiert, steigt die Fehlbewertung für Optionen, die im Geld notieren für Optionen mit besonders langer Restlaufzeit wieder an. Notieren die Optionen sehr stark im Geld (> 120%), so spielt die Restlaufzeit allerdings augenscheinlich keine Rolle mehr.

Sowohl bei den Puts als auch bei den Calls sinkt die Fehlbewertung beinahe monoton, je mehr die Optionen im Geld notieren, wobei die Fehlbewertung innerhalb dieser Verringerung der Fehlbewertung für Calls etwas und für Puts deutlich ansteigt je länger die Restlaufzeit der Option ist. Notieren die Optionen am oder im Geld, so

## 6.4 Berechnung der Fehlbewertungen

führt das Black/Scholes-Modell im Durchschnitt häufig nur zu prozentualen Abweichungen im einstelligen Bereich. Genau diese Ergebnisse erreicht auch Thiel (2001) in seiner Studie für Call-Optionsscheine auf den DAX im Zeitraum 1996 bis 1998: Das Black/Scholes-Modell bewertet insbesondere im Geld, aber auch am Geld notierende Optionsscheine mit nur geringen Abweichungen von den Marktpreisen, während die Bewertungsfehler bei aus dem Geld notierenden Optionen sowie mit längerer Restlaufzeit zunehmen.[857]

Beide Phänomene lassen sich ökonomisch damit begründen, dass die Optionen ihre Definition als Option umso mehr einbüßen, je mehr diese im Geld liegen. Notieren die Optionen sehr stark im Geld, so ist die Wahrscheinlichkeit einer so starken Änderung des Basispreises, dass die Optionen wertlos verfallen würden, sehr gering. In diesem Fall erreicht das Delta einen hohen und das Gamma einen niedrigen Wert und die Option ähnelt somit zunehmend einem Forward, bei dem keine Bewertungsunsicherheiten gegeben sind (vgl. S. 59 ff.). Ist jedoch die Restlaufzeit sehr lang, so nimmt die Unsicherheit bezüglich der Preisbewegungen des Basiswerts zu. Die höhere durchschnittliche Fehlbewertung von at-the-money Puts im Vergleich zu at-the-money Calls ist eventuell darauf zurückzuführen, dass für die dynamische Duplikation von DAX-Puts das DAX-Portfolio leerverkauft werden muss, was mit Leihkosten verbunden ist, während solche Kosten für die Duplikation von DAX-Calls nicht entstehen.[858]

Die nachfolgenden beiden Tabellen fassen zusammen, welcher Anteil von Optionen eine absolute prozentuale Abweichung zum Black/Scholes-Modell von bis zu 5%, 10%, 20% und 50% aufweist.

---

[857] Vgl. Thiel (2001), S. 237-266.
[858] Vgl. im Zusammenhang mit der Put-Call-Parität Herrmann (1999), S. 212.

360　　　　　　　　6　Empirische Überprüfung des Black/Scholes-Modells

| Perzentile | Calls | | | | | | | | | | | | |
|---|---|---|---|---|---|---|---|---|---|---|---|---|---|
| | OTM | | | ATM | | | | ITM | | | | | |
| | absolute prozentuale Abweichung zu BS | | | absolute prozentuale Abweichung zu BS | | | | absolute prozentuale Abweichung zu BS | | | | | |
| Tage/Fehler | <5% | <10% | <20% | <50% | <5% | <10% | <20% | <50% | <5% | <10% | <20% | <50% | |
| ≤20 | 8,67% | 15,43% | 25,44% | 51,62% | 20,60% | 35,57% | 51,97% | 77,23% | 98,64% | 100% | 100% | 100% | |
| 21-60 | 3,12% | 7,06% | 16,08% | 42,73% | 17,53% | 30,57% | 48,86% | 81,60% | 87,61% | 97,19% | 100% | 100% | |
| 61-120 | 6,57% | 12,30% | 25,40% | 59,52% | 20,57% | 40,79% | 65,31% | 93,47% | 67,51% | 92,22% | 100% | 100% | |
| 121-220 | 7,22% | 14,14% | 27,53% | 52,20% | 28,90% | 53,70% | 81,83% | 99,85% | 59,96% | 94,31% | 100% | 100% | |
| ≥220 | 11,69% | 22,28% | 38,76% | 63,02% | 22,26% | 53,29% | 89,36% | 100% | 43,42% | 79,10% | 100% | 100% | |
| ∑ | 5,83% | 11,53% | 22,95% | 50,67% | 19,55% | 34,61% | 53,01% | 81,17% | 81,02% | 95,10% | 100% | 100% | |

Tabelle 87: Prozentualer Anteil von Puts mit Fehlbewertungen bis zu 5, 10, 20 und 50%
Quelle: Eigene Auswertung.

| Perzentile | Puts | | | | | | | | | | | | |
|---|---|---|---|---|---|---|---|---|---|---|---|---|---|
| | OTM | | | | ATM | | | | ITM | | | | |
| | absolute prozentuale Abweichung zu BS | | | | absolute prozentuale Abweichung zu BS | | | | absolute prozentuale Abweichung zu BS | | | | |
| Tage/Fehler | <5% | <10% | <20% | <50% | <5% | <10% | <20% | <50% | <5% | <10% | <20% | <50% | |
| ≤20 | 1,50% | 4,25% | 7,58% | 18,23% | 16,44% | 28,36% | 48,31% | 81,49% | 99,35% | 99,92% | 100% | 100% | |
| 21-60 | 2,41% | 5,40% | 13,43% | 42,53% | 18,06% | 33,38% | 56,04% | 91,10% | 82,86% | 96,83% | 100% | 100% | |
| 61-120 | 3,96% | 7,48% | 15,34% | 40,54% | 13,47% | 27,31% | 57,64% | 99,63% | 73,41% | 90,46% | 100% | 100% | |
| 121-220 | 2,71% | 6,03% | 18,47% | 52,11% | 16,89% | 39,37% | 72,33% | 100% | 61,80% | 82,21% | 100% | 100% | |
| ≥220 | 3,69% | 7,61% | 15,91% | 41,09% | 9,75% | 26,41% | 67,84% | 100% | 53,52% | 71,67% | 97,96% | 100% | |
| ∑ | 2,73% | 5,92% | 13,73% | 39,48% | 16,74% | 30,80% | 53,82% | 90,48% | 79,79% | 91,72% | 99,74% | 100% | |

Tabelle 88: Prozentualer Anteil von Calls mit Fehlbewertungen bis zu 5, 10, 20 und 50%
Quelle: Eigene Auswertung.

## 6.4 Berechnung der Fehlbewertungen

Die differenzierte Auswertung der Fehlbewertung in Abhängigkeit von 15 verschiedenen Kombinationen von Moneyness und Restlaufzeit sowie die Darstellung des Anteils von Optionen, der eine bestimmte Höhe der Fehlbewertung nicht überschreitet, zeigt deutlich, dass eine pauschale Beantwortung nach der Eignung des Black/Scholes-Modells nicht möglich ist: Das Black/Scholes-Modell bewertet nur rund jeden 20. aus dem Geld notierenden Call und jeden 40. aus dem Geld notierenden Put mit einer Fehlbewertung von unter 5%. Von den im Geld notierenden Optionen bewertet das Black/Scholes-Modell hingegen rund 80% mit einer Abweichung vom Marktpreis von maximal 5%. Von den am Geld notierenden Optionen bewertet das Black/Scholes-Modell etwa jeden fünften Call und etwa jeden sechsten Put annähernd korrekt.[859]

Abbildung 68 zeigt mittels kumulativer Verteilungsfunktionen, welcher Anteil von Optionen unterhalb einer bestimmten Fehlbewertung liegt.

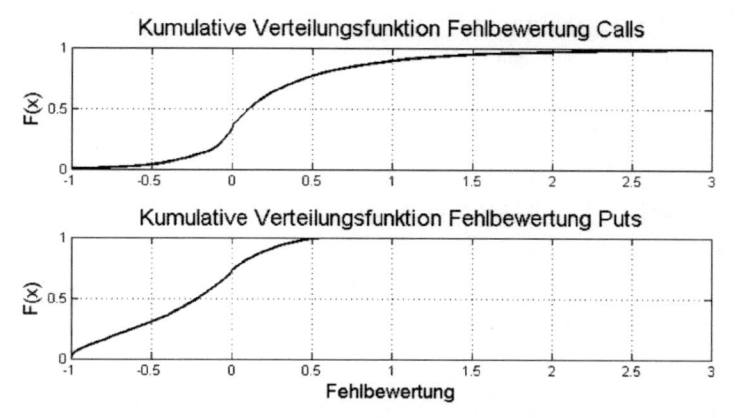

**Abbildung 68: Kumulative Verteilungsfunktionen für die Fehlbewertung**
Quelle: Eigene Darstellung.

Dem Untersuchungsergebnis von Neumann (1998) für europäische DAX-Optionen und Thiel (2001) für amerikanische DAX-Call-Optionsscheine zufolge ist das

---

[859] Zu berücksichtigen ist, dass die Fehlbewertung aufgrund der Ticksize von 0,1 tendenziell überschätzt wird. Bei 71,62% (56,53%) aller Calls (Puts) im Untersuchungszeitraum handelt es sich um at-the-money oder in-the-money Optionen und bei 57,2% (52,6%) aller Calls (Puts) um Optionen mit einer Restlaufzeit von unter 30 Tagen. Bei diesen Optionen ist der innere Wert der maßgebliche Preisfaktor, da bei diesen Optionen das Delta hoch und die Ausübung relativ sicher ist.

Black/Scholes-Modell zur Optionsbewertung weitgehend geeignet. Auf Grundlage der in der vorliegenden Arbeit verwendeten Daten und bei differenzierter Auswertung für Moneyness und Restlaufzeit kann die weitgehende Eignung des Black/Scholes-Modells zur Optionsbewertung nicht bestätigt werden.[860] Vielmehr ergeben sich dann geringe Fehlbewertungen, wenn die Bedeutung eines Bewertungsmodells aufgrund des hohen Anteils des inneren Wertes der Option und kurzer Restlaufzeit abnimmt. Die Verteilungsfunktion illustriert, dass anzahlmäßig deutlich mehr Puts unterbewertet werden als Calls. Die Puts für sich betrachtet werden häufiger unter- als überbewertet, während Calls umgekehrt etwas häufiger über- als unterbewertet werden.

## 6.5 Zusammenfassung

Zwischen Black/Scholes-Modell und Marktpreisen ergeben sich systematische Fehlbewertungen. Diese Fehlbewertungen sind weitgehend unabhängig vom verwendeten Volatilitätsschätzer. Die Fehlbewertungen sind besonders gravierend für Optionen, die aus dem Geld notieren. Erhebliche Fehlbewertungen ergeben sich für out-of-the-money Calls. Bei kurzer Restlaufzeit werden diese drastisch unterbewertet, bei mittlerer bis langer Restlaufzeit werden sie dagegen überbewertet, wobei die Fehlbewertung abnimmt, je mehr die Optionen sich einer Notierung im Geld annähern. Grundsätzlich stimmt dieses Ergebnis überein mit dem allerdings weniger differenzierten Ergebnis der Studie von MacBeth/Merville (1979). Sie stellen eine Unterbewertung von in-the-money Optionen und eine Überbewertung von out-of-the-money Optionen durch das Black/Scholes-Modell fest.

Die Fehlbewertung von Calls durch das Black/Scholes-Modell auf Basis einer Volatilität mit 86 Handelstagen unterteilt in 50 Gruppen nach 10 Moneynessbereichen und 5 unterschiedlichen Restlaufzeiten ist der Abbildung 69 zu entnehmen. Stark aus dem Geld notierende Calls mit einer Restlaufzeit von bis zu 20 Tagen werden stark unterbewertet. Dagegen werden out-of-the-money Optionen mit mittlerer bis langer Restlaufzeit überbewertet. Die Fehlbewertungen nehmen ab, je mehr die Optionen im Geld notieren. Bezüglich der Restlaufzeit gibt es keine derart klar ausgeprägte systematische Fehlbewertung.

---

[860] Vgl. Neumann (1998), S. 9 sowie Thiel (2001), S. 271.

## 6.5 Zusammenfassung

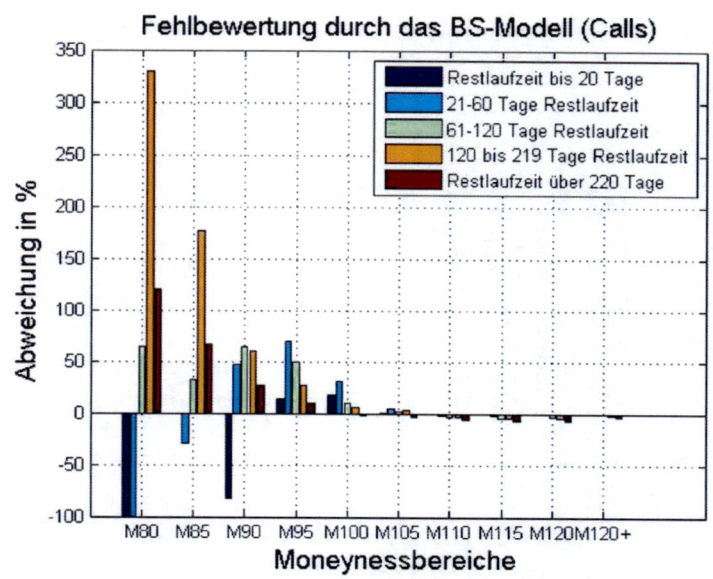

**Abbildung 69: Fehlbewertung durch das Black/Scholes-Modell (Calls)**
Quelle: Eigene Darstellung.

Abbildung 70 zeigt die teils deutlichen Unterbewertungen insbesondere von out-of-the-money Puts durch das Black/Scholes-Modell auf Basis einer Volatilität mit 86 Handelstagen. Puts werden durch das Black/Scholes-Modell fast permanent unterbewertet. Diese Unterbewertung nimmt mit ansteigender Moneyness ab.

Eine lange Restlaufzeit führt generell bei allen out-of-the-money Optionen zu geringen Fehlbewertungen durch das Black/Scholes-Modell. Notieren die Optionen im Geld, so führt eine lange Restlaufzeit hingegen zu einer höheren Fehlbewertung durch das Black/Scholes-Modell. Damit schreiben die empirischen Ergebnisse dieser Studie die Resultate der Studien von MacBeth/Merville (1980), Ball/Torous (1985), Rubinstein (1985) und Longstaff (1995) fort, die für Calls feststellen, dass das Black/Scholes-Modell zu einer relativ höheren Bewertung von out-of-the-money und at-the-money Optionen im Vergleich zu in-the-money Optionen führt.[861]

---

[861] Vgl. MacBeth/Merville (1980), S. 287, Ball/Torous (1985), S. 171, Rubinstein (1985), S. 455 sowie Longstaff (1995), S. 1093.

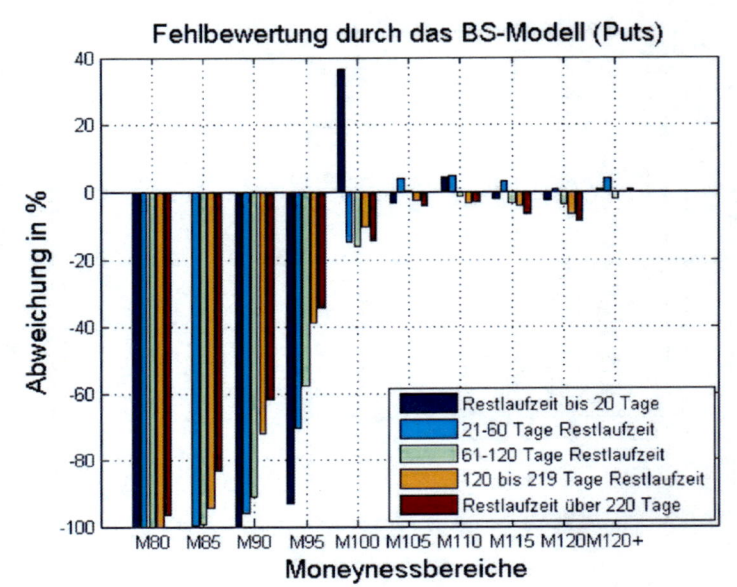

**Abbildung 70: Fehlbewertung durch das Black/Scholes-Modell (Puts)**
Quelle: Eigene Darstellung.

Die Ergebnisse sowohl dieser Untersuchung als auch die von MacBeth/Merville (1980) und Rubinstein (1985) stehen im Widerspruch mit der Studie von Black (1975), die eine Überbewertung von in-the-money Optionen und eine Unterbewertung von out-of-the-money Optionen feststellt.[862] Die Analyse der Fehlbewertung einzelner Optionen deckt sich mit der Gesamtbetrachtung aller Optionen im Durchschnitt, wie sie im Rahmen der deskriptiven Statistik vorgenommen worden ist (vgl. S. 318 ff.).

---

[862] Vgl. Black (1975), S. 36-72.

# 7 Schlussbetrachtung

Bislang existiert kein Konsens darüber, ob das Black/Scholes-Modell geeignet ist, um Optionspreise in der realen Welt abbilden zu können.[863] Ziel der vorliegenden Arbeit ist die Überprüfung, ob das Black/Scholes-Modell Fehlbewertungen generiert. Um zu aussagekräftigen Ergebnissen zu gelangen, wird die ursprüngliche Datenbasis der Eurex um Fehleinträge und modellunabhängige Fehlbewertungen korrigiert. Abweichungen zwischen Modell- und Marktpreisen werden nach Restlaufzeit und Moneyness systematisiert. Darüber hinaus wird der Frage nachgegangen, inwieweit das Modell geeignet ist, die Realität abzubilden: „Most of the sophisticated finance theory is based on incorrect assumptions. The real question is *how* wrong is the theory, and how useful is it regardless of its validity."[864] Die vorliegende Arbeit untersucht auch Verstöße gegen die Modellannahmen.

Kapitel 2 erläutert die Grundlagen von Finanzoptionen sowie deren Bewertung. Ein Schwerpunkt liegt auf der Sensitivitätsanalyse von Optionen bezüglich der preisbestimmenden Faktoren, die sowohl mathematisch-theoretisch als auch empirisch dargestellt wird. Auf Basis von Optionspreisen, die durch das Black/Scholes-Modell simuliert werden, wird herausgestellt, dass der Parameter Volatilität je nach Moneyness und Restlaufzeit einen unterschiedlich großen Einfluss auf den Optionspreis ausüben kann. Zur Bewertung von Optionen werden das Black/Scholes-Modell sowie sein diskretes Analog, das Cox/Ross/Rubinstein-Modell, dargestellt. Die Differentialgleichung des Black/Scholes-Modells wird auf drei verschiedene Weisen hergeleitet: 1. das Hedging Portfolio Argument, 2. das Replizierende Portfolio Argument und 3. das Martingalpreismaß Argument.

Kapitel 3 nimmt die Überprüfung der Put-Call-Parität vor, da diese eine modellunabhängige Äquivalenzbeziehung aufstellt. In einem aufwendigen Bereinigungsverfahren werden Fehlbewertungen, die nicht auf das Black/Scholes-

---

[863] Vgl. Dumas et al. (1998), Dumas/Fleming/Whaley (1998), Thiel (2001) sowie Brandt/Wu (2002) für positive Urteile zum Black/Scholes-Modell und Black (1989), Neumann/Schlag (1996) sowie Neumann (1998) für differenziertere Urteile.
[864] Wilmott (1998), S. 1.

Modell zurückzuführen sind, eliminiert. Dazu gehören die von der Eurex annullierten 3.028 Calls sowie 5.128 Puts, die unter Berücksichtigung der teils beträchtlichen Handelsgröße Arbitrage in drei- bis sogar siebenstelliger Eurohöhe ermöglicht hätten.

Die Überprüfung der Put-Call-Parität in Kapitel 3 zeigt – wie auch die Studie von Herrmann (1999)[865] – zahlreiche Verstöße, in deren Folge dann im 6. Kapitel 550.831 Calls und 1.013.860 Puts eliminiert werden. Mittels Short und Long Hedges auf Basis von Optionen und Futures, die innerhalb von jeweils 59 Sekunden notieren, werden weitgehend risikolose Positionen konstruiert. 16.181 Long Hedges und 11.767 Short Hedges, denen 866.071 respektive 1.013.860 Optionen zugrunde liegen, werden sowohl für Market Maker als auch für normale Handelsteilnehmer unter Berücksichtigung der verschiedenen Transaktionskosten ausgewertet. Während rund ein Drittel aller Arbitragemöglichkeiten unter Berücksichtigung der Transaktionskosten wegfällt, können Market Maker nach Transaktionskosten im arithmetischen Mittel je Long Hedge einen Gewinn in Höhe von 426,82 € und je Short Hedge einen Gewinn in Höhe von 609,91 € erzielen.

Die Überprüfung der Put-Call-Parität lässt den Schluss zu, dass Puts im statistischen Mittel relativ zu Calls überbewertet sind, da der durchschnittliche Gewinn vor Transaktionskosten aus einem Reversal mit 452,48 € über dem Gewinn aus einem Conversion (351,72 €) liegt. Dieses Untersuchungsergebnis deckt sich mit dem Ergebnis von Mittnik/Rieken (2000).[866] Da bei Gültigkeit der Put-Call-Parität das Niveau der impliziten Volatilität von Puts und Calls gleich hoch sein muss, wird die implizite Volatilität untersucht. Mittels des Wilcoxon-Rangtests kann nachgewiesen werden, dass die implizite Volatilität von Puts mit durchschnittlich 26,47% statistisch signifikant über dem Niveau der impliziten Volatilität von Calls (21,12%) liegt.

Kapitel 4 stellt die historische Volatilität der impliziten Volatilität gegenüber und diskutiert numerische Verfahren zur Ermittlung der impliziten Volatilität. Insbesondere das Verfahren der Deutschen Börse AG zur Ermittlung der impliziten

---

[865] Vgl. Herrmann (1999), S. 209 ff.
[866] Vgl. Mittnik/Rieken (2000), S. 278.

# 7 Schlussbetrachtung

Volatilität setzt sich erheblicher Kritik aus, da dieses für die Iteration einen starren Startwert von 15% verwendet. Dieser unflexible Startwert führt dazu, dass in einigen Fällen die implizite Volatilität mittels des Newton/Raphson-Verfahrens nicht ermittelt werden kann, obwohl eine Lösung existiert. In anderen Fällen berechnet die Methode der Deutschen Börse AG eine Lösung, obwohl tatsächlich eine Lösung nicht existiert. Es werden einige Beispiele aus der Empirie angeführt und die optimalen Bedingungen für eine aussagekräftige implizite Volatilität hergeleitet.

Die Kritik gegen die Anwendung der impliziten Volatilität zur Optionsbewertung richtet sich methodisch dagegen, dass diese aus dem Black/Scholes-Modell berechnet wird, welches allerdings gerade von einer konstanten Volatilität ausgeht. Die empirische Überprüfung der impliziten Volatilität zusammen mit der Sensitivitätsanalyse (vgl. S. 57 ff.) belegen, dass die Aussagekraft der impliziten Volatilität untrennbar verbunden ist mit jeder einzelnen Option (mit einer bestimmten Moneyness und Restlaufzeit), aus der sie berechnet wird.[867] Die implizite Volatilität von stark im Geld notierenden Optionen ist etwa für eine Interpretation als generelle Fehlbewertung des Black/Scholes-Modells ungeeignet, da diese Optionen eine geringe Sensitivität auf den Parameter Volatilität aufweisen, d.h. unterschiedliche Werte der Volatilität dennoch einen weitgehend gleich bleibenden Black/Scholes-Preis zur Folge haben.[868] Puts weisen gegenüber Calls eine signifikant höhere implizite Volatilität auf.[869]

In Kapitel 5 wird kritisch auf die dem Black/Scholes-Modell zugrunde liegenden Annahmen eingegangen. Die Annahme der Log-Normalverteilung des Basiswerts wird sowohl vom Jarque/Bera- als auch vom Lilliefors-Test für den Untersuchungszeitraum verworfen. Sowohl der Jarque/Bera- als auch der Lilliefors-Test lehnen die Nullhypothese der Normalverteilung der Renditen ab und liefern damit einen Hinweis dafür, dass die Annahmen des Black/Scholes-Modells in der Realität nicht erfüllt sind. Eine der zentralen Annahmen des Black/Scholes-Modells, die geometrische Brownsche Bewegung von Aktienkursen ist in der Realität nicht

---

[867] Vgl. Rebonato (1999), S. 13, Hafner/Wallmeier (2000), S. 2 sowie Chance (2004), S. 1 zu scharfer Kritik der (sinnlosen) Modellierung impliziter Volatilitäten.
[868] Zur mangelnden Vorhersagekraft der impliziten Volatilität vgl. Canina/Figlewski (1993), S. 659 f., Beinert/Trautmann (1995), S. 1 ff. sowie Dumas/Fleming/Whaley (1998), S. 2079.
[869] Übereinstimmend hiermit vgl. Herrmann (1999), S. 113, S. 212 sowie Wilkens (2003), S. 265 ff.

erfüllt. Der Verstoß gegen diese fundamentale Annahme kann ein Grund für mögliche Abweichungen zwischen Modell- und Marktpreisen sein.

In Kapitel 6 wird das Black/Scholes-Modell daher einer empirischen Überprüfung unterzogen. Der Literaturüberblick stellt ausgewählte Studien zu Derivaten auf Index-Optionen, mit Schwerpunkt der DAX-Option, dar und diskutiert diese Arbeiten. Auf diese und weitere Studien nimmt die gesamte vorliegende Arbeit Bezug. Der Mehrheit der empirischen Studien ist gemein, dass der Datensatz unter Angabe unterschiedlicher Gründe auf einen Bruchteil der Ausgangsbasis dezimiert wird. Zu diesen Auswahlkriterien gehört die Untersuchung nur von Optionen

- nahe an den Verfalltagen (Tompkins (1999)),
- mit dem höchsten Tagesumsatz (Neumann (1998)),
- mit einer Handelszeit zwischen 14:00 und 14:05 Uhr (Longstaff (1995)),
- mit einer Handelszeit zwischen 14:45 und 15:15 Uhr (Dumas/Fleming/ Whaley (1998)),
- die zum Kauf des Basiswertes berechtigen (Calls) (bspw. Thiel (2001)) und
- mit einer Moneyness zwischen 0,75 und 1,25 sowie einer Restlaufzeit von über 7 Kalendertagen (Wilkens (2003)).

Black selbst stellt 1992 ernüchtert fest: „When we calculate option values using the Black/Scholes model (...), it is rare that the value of an option comes out exactly equal to the price at which it trades on the exchange".[870] Zunächst vermitteln deskriptive Statistiken einen für einzelne Monate untergliederten Überblick über die Transaktionen mit verschiedenen Parametern, deren Häufigkeitsverteilung und die Größenordnung dieser Daten. Die deskriptive Statistik zeigt, dass das Niveau der impliziten Volatilität des DAX im Vergleich zu Optionen vor 10 Jahren bei Calls um 5 Prozentpunkte und bei Puts gar um 10 Prozentpunkte angestiegen ist.[871] Daran schließt sich eine genaue Erläuterung der verwendeten Datenbasis an.

Sowohl Verstöße gegen die Put-Call-Parität als auch gegen verteilungsfreie Wertgrenzen eröffnen Arbitragemöglichkeiten, die nicht auf Unzulänglichkeiten des

---

[870] Black (1992), S. 51.
[871] Vgl. Herrmann (1999), S. 113.

# 7 Schlussbetrachtung

Black/Scholes-Modells zurückzuführen sind und werden daher eliminiert. Gegen verteilungsfreie Wertgrenzen verstoßen 70.839 Calls und 31.474 Puts. Aus mathematischen Gründen (Nulldivision) werden 79.546 Calls und 46.411 Puts eliminiert, die an ihrem Verfalltag gehandelt worden sind. Letztlich werden noch 87.267 Calls und 75.248 Puts eliminiert, die einen Preis von weniger als einen Punkt aufweisen. Damit wird gewährleistet, dass zwischen Black/Scholes-Modell und Marktpreis maximal eine Preisabweichung in Höhe von 5% darauf zurückzuführen ist, dass der Optionspreis nur auf eine Dezimalstelle genau notiert.

Mit *effektiv* 18.015.924 ausgewerteten Optionen zählt die vorliegende Untersuchung zu den bislang umfangreichsten Untersuchungen zur Optionsbewertung. Die DAX-Optionen werden auf Intradaybasis mit dem DAX sekundengenau synchronisiert. Den einzelnen Optionen wird je nach Handelstag der mit den Optionen restlaufzeitkongruente Euribor zugeordnet. Aus der Kombination unterschiedlicher Handelstage und Restlaufzeiten ergeben sich 1.905 unterschiedliche Zinssätze für die Optionen. Die Volatilität wird auf Basis der letzten 86 Handelstage vor Handel der jeweiligen Option berechnet und auf Kalenderbasis annualisiert, wobei vergleichsweise auch ein kürzerer Zeitraum von 60 Handelstagen bei gleicher Annualisierungsmethode betrachtet wird.

Die unterschiedlichen Volatilitätsschätzer führen in der Regel zu keinen signifikanten Änderungen der Black/Scholes-Preise. Im Vergleich zur Volatilität auf Basis von 86 Handelstagen führt die Volatilität auf Basis von 60 Handelstagen zu ebenso vielen Annäherungen wie Entfernungen von den Marktpreisen. Der Anteil der Calls mit einer impliziten Volatilität im Intervall von (0,15; 0,25] liegt bei 92,7%. Dagegen weisen nur 52,6% der Puts eine implizite Volatilität in diesem Intervall auf. Die Puts weisen eine statistisch signifikant höhere implizite Volatilität auf als Calls. Diese Beobachtung ist nicht mit dem Black/Scholes-Modell vereinbar. Die höhere implizite Volatilität von Puts ist ein Indiz dafür, dass die Black/Scholes-Preise von Puts unter denen der Marktpreise liegen, also das Black/Scholes-Modell Puts generell unterbewertet. Da zur Berechnung von Black/Scholes-Preisen für vergleichbare Calls und Puts die gleiche historische Volatilität zugrunde gelegt wird, während Puts eine statistisch signifikant höhere implizite Volatilität aufweisen, bewertet das Black/Scholes-Modell Puts im Unterschied zu Calls fast permanent zu niedrig.

Im Vergleich zu frühen Tests des Black/Scholes-Modells durch Black/Scholes (1972), Galai (1977), Chiras/Manaster (1978) sowie MacBeth/Merville (1980), Bhattacharya (1983) führt diese Studie zu sehr viel differenzierteren Ergebnissen. Diese frühen Studien haben gezeigt, dass die Formel sehr erfolgreich sei, um beobachtete Marktpreise von Optionen zu erklären.[872]

Die Ergebnisse dieser Studie zeigen, dass insbesondere out-of-the-money Optionen, die von einer exakten Spezifizierung der Volatilität abhängig sind, mit dem Black/Scholes-Modell nicht zuverlässig bewertet werden können. Bessere Ergebnisse erzielt das Black/Scholes-Modell für Optionen, die am oder im Geld notieren, insbesondere dann, wenn die Optionen eine kurze Restlaufzeit aufweisen. Out-of-the-money Calls mit einer Restlaufzeit von über 60 Tagen werden durch das Black/Scholes-Modell deutlich überbewertet. Die Überbewertung nimmt ab, je mehr die Calls sich einer Notierung im Geld annähern. Tief aus dem Geld notierende Calls mit einer Restlaufzeit von bis zu 60 Tagen werden stark unterbewertet. Diese Ergebnisse sind konsistent sowohl mit den Ergebnissen von Longstaff (1995) als auch weitgehend mit den Ergebnissen von Thiel (2001).[873] Longstaff kommt in seiner empirischen Studie zur S&P 100-Option zu dem Schluss, dass das Black/Scholes-Modell die implizite Volatilität für Calls tendenziell zu hoch angibt bzw. in anderen Worten das Modell Calls überbewertet. Sowohl Neumann/Schlag (1996), Neumann (1998) als auch die vorliegende Studie kommen zu dem Ergebnis, dass das Black/Scholes-Modell systematisch in-the-money Calls leicht zu niedrig und out-of-the-money Calls zu hoch bewertet. Das Ergebnis der signifikant höheren impliziten Volatilität von DAX-Puts gegenüber DAX-Calls stimmt überein mit den Ergebnissen von Herrmann (1999) sowie Wilkens (2003).[874]

Als Ursachen für Fehlbewertungen der DAX-Option kommen mehrere Gründe in Frage:

---

[872] Vgl. Black/Scholes (1972), S. 339-417, Galai (1977), S. 167-197, Chiras/Manaster (1978), S. 213-234, MacBeth/Merville (1979), S. 1173-1186 sowie Kolb/Overdahl (2007), S. 465-467.
[873] Vgl. Longstaff (1995), S. 1093 sowie Thiel (2001), S. 237-266. Leider beträgt die kürzeste von Thiel (2001) untersuchte Restlaufzeit 1 Monat, so dass sich bei weiterer Unterteilung eventuell noch differenziertere Ergebnisse ergeben hätten.
[874] Vgl. Herrmann (1999), S. 113, S. 212 sowie Wilkens (2003), S. 265.

# 7 Schlussbetrachtung 371

- Verstoß gegen die Log-Normalverteilung von Aktienkursen.[875] Da der innere Wert der Option feststeht und nur ein im Modell zu hoher Zeitwert für die Überbewertung von Calls in Frage kommt, hätte eine linksschiefe Wahrscheinlichkeitsverteilung die hohen Fehlbewertungen von out-of-the-money Optionen gemildert. Damit würde allerdings eine Kalibrierung des Modells an die Marktdaten vorgenommen werden, die aus wissenschaftlicher Sicht nicht wünschenswert ist, da eventuelle Fehlbewertungen durch den Markt so durch ein Modell fortgeschrieben würden.[876]
- Verwendung eines falschen Volatilitätsparameters, wobei gezeigt wurde, dass auch ein alternativer Volatilitätsparameter keine signifikant besseren Ergebnisse erzielt.
- Ineffizienter Optionsmarkt.[877]
    - Sanktionierung der Meldung von Mistrades durch die Eurex mit einer Strafzahlung in Höhe von 150 €.
    - Verstöße gegen die Put-Call-Parität.
    - Transaktionskosten.
    - Friktionen.
- Marktstimmungen, Spekulationen und strategische Ziele, die zu Nachfragen nach bestimmten Optionen führen.[878]

Dem Black/Scholes-Modell kommt sowohl in der Forschung als auch in der Praxis im Rahmen der internationalen Rechnungslegung, dem Handel am Kapitalmarkt und im Risikomanagement eine große Bedeutung zu. Sowohl Black (1989) als auch Wilkens (2003) zufolge ist kein Optionsbewertungsmodell in Sicht, welches das Black/Scholes-Modell outperformen würde.[879] Bei einer Fehlspezifizierung des Optionspreismodells stimmen allerdings die Hedgingparameter nicht mehr.

---

[875] Vgl. Hafner/Wallmeier (2000), S. 4.
[876] Vgl. Wilkens (2003), S. 442, der in diesem Zusammenhang von einer self-fulfilling prophecy spricht: Die Marktteilnehmer würden sich am Black/Scholes-Modell orientieren und folglich könnten auch Marktpreise von Optionen eintreten, die mit einer log-Normalverteilung der Aktienkurse vereinbar seien, selbst wenn diese Annahme nicht gelte.
[877] Vgl. Mittnik/Rieken (2000), S. 260.
[878] Vgl. Canina/Figlewski (1993), S. 667, Natenberg (1994), S. 74, Cont (1998), S. 9, Hafner/ Wallmeier (2000), S. 6 sowie S. 35 sowie McMillan (2004), S. 238. Distanzierterer Ansicht vgl. Stoll (1969), S. 802 sowie Klemkosky/Resnick (1979), S.1141.
[879] Vgl. Black (1989), S. 78 sowie Wilkens (2003), S. 441 f.

Die vorliegende Studie zeigt, dass fundamentale Annahmen des Black/Scholes-Modells in der Realität nicht zutreffen. Das Black/Scholes-Modell bewertet nur rund jeden 20. aus dem Geld notierenden Call und jeden 40. aus dem Geld notierenden Put mit einer Fehlbewertung von unter 5%. Von den im Geld notierenden Optionen bewertet das Black/Scholes-Modell hingegen rund 80% mit einer Abweichung vom Marktpreis von maximal 5%. Von den am Geld notierenden Optionen bewertet das Black/Scholes-Modell etwa jeden fünften Call und etwa jeden sechsten Put annähernd korrekt.[880] Diese empirischen Ergebnisse zeigen deutlich, dass die Beurteilung der Leistungsfähigkeit des Black/Scholes-Modells nicht generell beantwortet werden kann, sondern in hohem Maße von der Moneyness der jeweiligen Option abhängt.

Die Ergebnisse dieser Arbeit verdeutlichen, dass es für eine dem Markt gerecht werdende Optionsbewertung aus theoretischer und empirischer Sicht nicht ausreicht, einzelne Prämissen des Black/Scholes-Modells zu lockern.

Die Überprüfung der Put-Call-Parität hat Ineffizienzen und Arbitrage ermöglichende Fehlbewertungen von Optionen offenbart, die unabhängig vom Optionsbewertungsmodell sind. Solange der Optionsmarkt Arbitragemöglichkeiten zulässt, wird auch ein besser spezifiziertes Optionspreismodell Marktineffizienzen nicht ausräumen. Beim Einsatz von Derivaten sollte der Kapitalmarktakteur aufgrund der gegebenen (Bewertungs-) Unsicherheiten auch die vom Bewertungsmodell unabhängigen Chancen und Risiken analysieren. Es ist zu hoffen, dass die Ergebnisse dieser Studie zu einer kritischen Betrachtung der impliziten Volatilität, des Black/Scholes-Modells insbesondere bei der Bewertung von out-of-the-money Optionen, aber auch des Optionsmarktes beitragen.

---

[880] Zu berücksichtigen ist, dass die Fehlbewertung aufgrund der Ticksize von 0,1 tendenziell überschätzt wird (vgl. S. 313-316). Bei 71,62% (56,53%) aller Calls (Puts) im Untersuchungszeitraum handelt es sich um at-the-money oder in-the-money Optionen und bei 57,2% (52,6%) aller Calls (Puts) um Optionen mit einer Restlaufzeit von unter 30 Tagen. Bei diesen Optionen ist der innere Wert der maßgebliche Preisfaktor, da bei diesen Optionen das Delta hoch und die Ausübung relativ sicher ist.

# Anhang

## 1. Historische Zusammensetzung des DAX

Der DAX hat sich seit Bestehen 30.12.1987 oft verändert.[881] Gründe für die Veränderung in der Zusammensetzung des DAX sind häufig Zusammenschlüsse oder Umstrukturierungen. Folgende Veränderungen beschloss der Börsenrat:[882]

| Datum[883] | Neuaufnahme | Eliminierung |
|---|---|---|
| 3.9.1990 | Preussag[884] | Nixdorf Computer |
| 3.9.1990 | Metallgesellschaft[885] | Feldmühle Nobel |
| 18.9.1995 | SAP (Vorzug) | Deutsche Babcock |
| 22.7.1996 | Metro | Metro und Kaufhof (Merger) |
| 23.9.1996 | Münchener Rückversicherung | Continental |
| 19.11.1996 | Deutsche Telekom | Metallgesellschaft |
| 22.6.1998 | Adidas-Salomon | Bayerische Hypotheken u. Wechsel und Bayerische Vereinsbank (Merger) |
| 21.12.1998 | DaimlerChrysler[886] | Daimler-Benz |
| 22.3.1999 | Degussa-Hüls[887] | Degussa |
| 25.3.1999 | Thyssen Krupp[888] | Thyssen und Fried. Krupp (Merger) |
| 20.9.1999 | Fresenius Medical Care | Hoechst |
| 14.2.2000 | Epcos | Mannesmann |
| 19.6.2000 | Infineon Technologies | Viag und Veba (Merger) |
| 19.6.2000 | E.ON[889] | |
| 12.2.2001 | Degussa | Degussa-Hüls |
| 19.3.2001 | Deutsche Post | KarstadtQuelle |
| 23.7.2001 | MLP (Vorzug) | Dresdner Bank |
| 10.9.2001 | MLP | MLP (Vorzug) |
| 23.9.2002 | Altana | Degussa |
| 23.12.2002 | Deutsche Börse AG | Epcos |
| 22.9.2003 | Continental | MLP |

Tabelle 89: Veränderungen des DAX zwischen 1990 und 2004
Quellen: Bloomberg Professional Terminal System sowie Deutsche Börse AG (2004c); eigene Recherchen.

---

[881] Vgl. Deutsche Börse AG (2004c), S. 3.
[882] Bloomberg (2004b), S. 1 f. sowie Deutsche Börse AG (2004c), S. 3.
[883] Tag der Veränderung. Die Erklärung erfolgte bis 1997 mindestens zwei Monate früher. Ab dem Jahr 1998 liegen zwischen Ankündigung und Veränderung im Ausnahmefall Mannesmann nur 4 Tage, ansonsten etwa 1 Monat. Für Details vgl. Deutsche Börse AG (2004c), S. 3.
[884] Preussag fehlt in der Quelle der Deutschen Börse AG (2004d).
[885] Metallgesellschaft fehlt in der Quelle der Deutschen Börse AG (2004d).
[886] DaimlerChrysler fehlt in der Quelle des Bloomberg Professional Terminal Systems.
[887] Degussa-Hüls fehlt in der Quelle des Bloomberg Professional Terminal Systems.
[888] Thyssen Krupp ist in der Quelle der Deutschen Börse AG (2004d) mit anderem Datum, nämlich dem 21.12.1998, aufgeführt.
[889] E.ON ist im Bloomberg Professional Terminal System nicht aufgeführt.

Der DAX misst die Performance der nach Handelsvolumen und Marktkapitalisierung 30 größten deutschen Unternehmen des Prime Standards. Damit repräsentiert der DAX ca. 70% der gesamten Marktkapitalisierung inländischer börsennotierter Gesellschaften.[890] Der Index basiert auf den Preisen, die im elektronischen Handelssystem Xetra alle 15 Sekunden berechnet werden. Der DAX wird um 9 Uhr morgens berechnet und endet mit der Schlussauktion um 17:30 Uhr.

## 2. Market Maker für die DAX-Option

Die meisten Optionsbörsen, darunter auch die Eurex, verwenden ein Market Maker System, um den Handel durch das Verfügungstellen zusätzlicher Liquidität zu erleichtern, insbesondere bei temporären Ungleichgewichten zwischen Angebot und Nachfrage weniger liquider Produkte.[891] Für Optionen haben so genannte Assigned Market Maker auf Anfrage (Quoting on Request) oder permanent (Permanent Market Making Scheme) verbindliche Bid- und Ask-Preise für eine Option zu stellen.

Der Bid-Preis ist der Preis, zu dem der Market Maker bereit ist, die Option zu kaufen, der Ask-Preis ist der Preis zu dem der Market Maker zum Verkauf der Option bereit ist. Die Differenz zwischen Bid- und Ask-Preisen heißt Bid-Ask-Spread und stellt die Gewinnbasis für Market Maker dar. Von der Eurex werden ein maximaler Bid-Ask-Spread, eine minimale Kontraktgröße sowie eine Mindestdauer für die Aufrechterhaltung solcher Quotierungen vorgegeben.[892]

Die Market Maker sichern sich über Gegengeschäfte unter Berücksichtigung von Sensitivitätsmaßen ab. Aufgrund der positiven Folge zusätzlicher Liquidität zahlen Market Maker geringere Gebühren für den Handel in den von ihnen betreuten Kontrakten. Permanenten Market Makern werden sämtliche Market Maker Gebühren erstattet.

---

[890] Deutsche Börse AG (2002a), S. 3.
[891] Vgl. Hull (2009), S. 188 f. sowie Eurex (2004e), S. 4.
[892] Eurex (2004e), S. 4.

Tabelle 90 führt die Market Maker für die DAX-Option im Untersuchungszeitraum auf.

| Unternehmen | ID | Telefon |
|---|---|---|
| Archelon Deutschland GmbH | ARDFR | 069/9130580 |
| Archelon Suisse GmbH | ARSZG | +41(0)41/7277859 |
| BNP Paribas Arbitrage SNC | BNAPA | +33(0)1/40121919 |
| Citigroup Global Markets Deutschland | CITFR | 020/79860276 |
| CMT Capital Markets Trading GmbH | CMTFR | 069/17008151 |
| Curvalue III B.V. | GIMAM | +31(0)20/7134801 |
| Delta Based Strategies Limited | DEBLO | +44(0)20/76182643 |
| DRW Investments UK Limited | LOTLO | +44(0)20/72821010 |
| Dupont Denant Contrepartie S.A. | DUPPA | +33(0)1/44883899 |
| Egnatia Securities Company (Griechenland) | EGNAT | +3(0)210/3279154 |
| Estlander&Rönnlund Financial Products | NFPVA | +35(0)8/63180644 |
| HSBC Trinkaus&Burkhardt | TUBDU | 0211/91063 |
| ING Bank N.V. | INGAM | +31(0)20/5013167 |
| International Marketmakers Combination Trading B.V. | INMAM | +31(0)20/7988553 |
| Liquid Capital Markets Ltd. | LCMLO | +44(0)20/76457543 |
| Mako Global Derivatives Partnership LLP | SDTLO | +44(0)20/78620400 |
| MH Trading Wertpaperhandels GmbH | MHTFR | 06101/5890 |
| Resource Trading Group RTG | RTGFR | 069/60328418 |
| Sal. Oppenheim jr. & Cie. | OPPFR | 069/71345536 |
| Sequoia Capital LLP | SCALO | +44(0)20/72211111 |
| The Kute Group Limited | KYTLO | +44(0)20/77047723 oder (0)2073907085 |
| Timber Hill Europe | THEZG | +41(0)41/7265081 |
| Velox Trading Systems GmbH | VTSFR | 069/97784700 |
| WestLB | WLBDU | 0211/8263705 |
| Wolverine Trading UK Ltd. | WTRLO | +44(0)20/76213550 |

Tabelle 90: Market Maker für die DAX-Option
Quelle: Eurex (2004e).

## 3. Verfall- und Ausübungstage an der Eurex

| Verfalltag | Ausübungstag | Verfalltag | Ausübungstag |
|---|---|---|---|
| 16.1.2004 | 19.1.2004 | 21.7.2006 | 24.7.2006 |
| 20.2.2004 | 23.2.2004 | 18.8.2006 | 21.8.2006 |
| 19.3.2004 | 22.3.2004 | 15.9.2006 | 18.9.2006 |
| 16.4.2004 | 19.4.2004 | 20.10.2006 | 23.10.2006 |
| 21.5.2004 | 24.5.2004 | 17.11.2006 | 20.11.2006 |
| 18.6.2004 | 21.6.2004 | 15.12.2006 | 18.12.2006 |
| 16.7.2004 | 19.7.2004 | 19.1.2007 | 22.1.2007 |
| 20.8.2004 | 23.8.2004 | 16.2.2007 | 19.2.2007 |
| 17.9.2004 | 20.9.2004 | 16.3.2007 | 19.3.2007 |
| 15.10.2004 | 18.10.2004 | 20.4.2007 | 23.4.2007 |
| 19.11.2004 | 22.11.2004 | 18.5.2007 | 21.7.2007 |
| 17.12.2004 | 20.12.2004 | 15.6.2007 | 18.6.2007 |
| 21.1.2005 | 24.1.2005 | 20.7.2007 | 23.7.2007 |
| 18.2.2005 | 21.2.2005 | 17.8.2007 | 20.8.2007 |
| 18.3.2005 | 21.3.2005 | 21.9.2007 | 24.9.2007 |
| 15.4.2005 | 18.4.2005 | 19.10.2007 | 22.10.2007 |
| 20.5.2005 | 23.5.2005 | 16.11.2007 | 19.11.2007 |
| 17.6.2005 | 20.6.2005 | 21.12.2007 | 24.12.2007 |
| 15.7.2005 | 18.7.2005 | 18.1.2008 | 21.1.2008 |
| 19.8.2005 | 22.8.2005 | 15.2.2008 | 18.2.2008 |
| 16.9.2005 | 19.9.2005 | 21.3.2008 | 24.3.2008 |
| 21.10.2005 | 24.10.2005 | 18.4.2008 | 21.4.2008 |
| 18.11.2005 | 21.11.2005 | 16.5.2008 | 19.5.2008 |
| 16.12.2005 | 19.12.2005 | 20.6.2008 | 23.6.2008 |
| 20.1.2006 | 23.1.2006 | 18.7.2008 | 21.7.2008 |
| 17.2.2006 | 20.2.2006 | 15.8.2008 | 18.8.2008 |
| 17.3.2006 | 20.3.2006 | 19.9.2008 | 22.9.2008 |
| 21.4.2006 | 24.4.2006 | 15.10.2008 | 18.10.2008 |
| 19.5.2006 | 22.5.2006 | 19.11.2008 | 22.11.2008 |
| 16.6.2006 | 19.6.2006 | 17.12.2008 | 20.12.2008 |

**Tabelle 91: Ausübungs- und Verfalltage an der Eurex**
Quelle: Eurex (2004o) bis Dezember 2005; danach eigene Recherche.

## 4. Erwartungswert und Varianz

Sei $X$ eine Zufallsvariable definiert auf einem endlichen Wahrscheinlichkeitsraum $(\Omega, P)$, dann ist der Erwartungswert $E$ von $X$, geschrieben $E(X)$ oder kurz nur $EX$ definiert als:[893]

$$EX = \sum_{\omega \in \Omega} X(\omega) \cdot P(\omega)$$

bzw. bei Verwendung des risikoneutralen Wahrscheinlichkeitsmaßes $\tilde{P}$:

$$\tilde{E}X = \sum_{\omega \in \Omega} X(\omega) \cdot \tilde{P}(\omega).$$

Der Erwartungswert besitzt die folgende Eigenschaft:[894]

$$E(aX + b) = aE(X) + b.$$

Die Varianz einer Zufallsvariable $X$ ist definiert als:[895]

$$Var(X) = E\left[(X - EX)^2\right] = E(X^2) - [E(X)]^2.$$

Die Varianz besitzt die folgende Eigenschaft:[896]

$$Var(aX + b) = a^2 Var(X).$$

---

[893] Vgl. Shreve (2004), S. 29.
[894] Vgl. Handl (2002), S. 68.
[895] Vgl. Shreve (2004), S. 29, dort jedoch ein versehentlicher Fehler bei der Klammersetzung, vgl. Handl (2002), S. 69, Rönz (2001c), S. 25 sowie für konkrete Werte (keine Zufallsvariablen) Georgii (2002), S. 104.
[896] Vgl. Handl (2002), S. 69.

## 5. Datenextrahierung und Datenbearbeitung

### 5.1 Variable DAX-Kurse

Die variablen DAX-Kurse stammen von der Deutschen Börse AG. Sie wurden über das Wertpapierinformationssystem (WPI) der zur WM-Gruppe (WM-Datenservice) gehörenden Börsen-Zeitung bezogen. Die Börsen-Zeitung erhält die variablen DAX-Kurse über einen direkten Online-Datenstrom ohne Nachbearbeitung von der Deutschen Börse AG. Damit ist sichergestellt, dass die Daten mit denen der Deutschen Börse AG übereinstimmen. Täglich wird der DAX 2.100-mal neu berechnet. Dies entspricht einem Zeitintervall von 15 Sekunden. Für die vorliegende Arbeit wird jeder Option der nach der Handelszeit korrespondierende DAX-Stand zugewiesen.

### 5.2 Täglicher Zinssatz

Der Euribor stammt für alle existierenden Laufzeiten von Bloomberg und wird über das Bloomberg Terminal System abgerufen und über den Bloomberg Wizard direkt in Excel importiert.[897] Der Euribor wird für 15 unterschiedliche Laufzeiten zwischen einer Woche und zwölf Monaten erhoben. Der Euribor wird gesponsert vom europäischen Bankensystem, das rund 2.800 Banken in der europäischen Union und in der EMU repräsentiert. Der Euribor ist der Zinssatz, zu dem sich die besten Banken gegenseitig in Euro nominierte Depositen leihen würden. Der Zinssatz wird auf 3 Dezimalstellen, per Konvention auf 360 Tage-Basis, angegeben und um 11:00 Uhr morgens bekannt gegeben. Derzeit existiert eine Vielzahl börsengehandelter (Eurex oder Matif Zinsprodukte) und OTC gehandelter Produkte (beispielsweise Swaps) auf Basis des Euribors. Den Optionen werden jeweils die täglichen Zinssätze in Abhängigkeit von der Laufzeit zugeordnet.

---

[897] Bloomberg (2004b), o. S.

Anhang 379

| Datum | 1W-Eur | 2W-Eur | 3W-Eur | 1M-Eur | 2-M-Eur | 3-M-Eur | 4-M-Eur | 5-M-Eur |
|---|---|---|---|---|---|---|---|---|
| 02.01.2004 | 2,087 | 2,09 | 2,096 | 2,099 | 2,111 | 2,12 | 2,129 | 2,139 |
| 05.01.2004 | 2,077 | 2,079 | 2,083 | 2,094 | 2,104 | 2,114 | 2,124 | 2,136 |
| 06.01.2004 | 2,074 | 2,074 | 2,079 | 2,092 | 2,102 | 2,113 | 2,123 | 2,134 |
| 07.01.2004 | 2,067 | 2,072 | 2,074 | 2,086 | 2,095 | 2,104 | 2,115 | 2,122 |
| 08.01.2004 | 2,065 | 2,066 | 2,072 | 2,083 | 2,094 | 2,103 | 2,113 | 2,119 |
| 09.01.2004 | 2,064 | 2,064 | 2,07 | 2,082 | 2,093 | 2,102 | 2,111 | 2,114 |
| 12.01.2004 | 2,064 | 2,064 | 2,072 | 2,082 | 2,091 | 2,095 | 2,1 | 2,102 |
| 13.01.2004 | 2,063 | 2,064 | 2,072 | 2,08 | 2,089 | 2,092 | 2,097 | 2,103 |
| 14.01.2004 | 2,039 | 2,043 | 2,06 | 2,069 | 2,079 | 2,086 | 2,095 | 2,104 |
| 15.01.2004 | 2,026 | 2,045 | 2,049 | 2,059 | 2,07 | 2,08 | 2,091 | 2,103 |
| 16.01.2004 | 2,026 | 2,05 | 2,052 | 2,058 | 2,067 | 2,076 | 2,088 | 2,098 |
| 19.01.2004 | 2,043 | 2,052 | 2,054 | 2,06 | 2,068 | 2,077 | 2,088 | 2,095 |
| 20.01.2004 | 2,046 | 2,058 | 2,06 | 2,064 | 2,072 | 2,08 | 2,085 | 2,094 |
| 21.01.2004 | 2,072 | 2,075 | 2,073 | 2,071 | 2,073 | 2,075 | 2,08 | 2,087 |
| 22.01.2004 | 2,074 | 2,073 | 2,074 | 2,074 | 2,073 | 2,075 | 2,081 | 2,087 |
| 23.01.2004 | 2,074 | 2,072 | 2,073 | 2,072 | 2,073 | 2,073 | 2,077 | 2,084 |
| 26.01.2004 | 2,077 | 2,073 | 2,072 | 2,072 | 2,073 | 2,074 | 2,079 | 2,087 |
| 27.01.2004 | 2,078 | 2,073 | 2,073 | 2,074 | 2,074 | 2,078 | 2,086 | 2,093 |
| 28.01.2004 | 2,077 | 2,074 | 2,074 | 2,074 | 2,074 | 2,078 | 2,085 | 2,088 |
| 29.01.2004 | 2,068 | 2,067 | 2,068 | 2,075 | 2,081 | 2,091 | 2,101 | 2,11 |
| 30.01.2004 | 2,065 | 2,065 | 2,065 | 2,074 | 2,083 | 2,093 | 2,111 | 2,125 |
| 02.02.2004 | 2,064 | 2,065 | 2,065 | 2,073 | 2,083 | 2,091 | 2,108 | 2,118 |
| 03.02.2004 | 2,063 | 2,063 | 2,064 | 2,072 | 2,081 | 2,089 | 2,099 | 2,107 |
| 04.02.2004 | 2,055 | 2,058 | 2,062 | 2,067 | 2,076 | 2,085 | 2,092 | 2,1 |
| 05.02.2004 | 2,051 | 2,054 | 2,058 | 2,066 | 2,074 | 2,083 | 2,091 | 2,099 |
| 06.02.2004 | 2,051 | 2,054 | 2,058 | 2,064 | 2,072 | 2,08 | 2,094 | 2,101 |
| 09.02.2004 | 2,046 | 2,049 | 2,054 | 2,062 | 2,066 | 2,074 | 2,082 | 2,083 |
| 10.02.2004 | 2,045 | 2,048 | 2,054 | 2,06 | 2,063 | 2,07 | 2,075 | 2,078 |
| 11.02.2004 | 2,045 | 2,046 | 2,053 | 2,057 | 2,065 | 2,074 | 2,081 | 2,09 |
| 12.02.2004 | 2,046 | 2,052 | 2,054 | 2,057 | 2,061 | 2,067 | 2,074 | 2,075 |
| 13.02.2004 | 2,045 | 2,052 | 2,054 | 2,057 | 2,062 | 2,067 | 2,072 | 2,074 |
| 16.02.2004 | 2,044 | 2,052 | 2,053 | 2,056 | 2,059 | 2,065 | 2,07 | 2,073 |
| 17.02.2004 | 2,044 | 2,051 | 2,053 | 2,055 | 2,06 | 2,066 | 2,071 | 2,074 |
| 18.02.2004 | 2,043 | 2,048 | 2,049 | 2,053 | 2,054 | 2,055 | 2,057 | 2,058 |
| 19.02.2004 | 2,047 | 2,051 | 2,051 | 2,053 | 2,055 | 2,06 | 2,068 | 2,07 |
| 20.02.2004 | 2,049 | 2,051 | 2,052 | 2,054 | 2,056 | 2,061 | 2,068 | 2,072 |
| 23.02.2004 | 2,083 | 2,073 | 2,065 | 2,065 | 2,065 | 2,073 | 2,083 | 2,085 |
| 24.02.2004 | 2,081 | 2,072 | 2,07 | 2,066 | 2,069 | 2,076 | 2,081 | 2,082 |
| 25.02.2004 | 2,082 | 2,072 | 2,07 | 2,066 | 2,07 | 2,07 | 2,073 | 2,075 |
| 26.02.2004 | 2,063 | 2,059 | 2,056 | 2,055 | 2,054 | 2,053 | 2,051 | 2,049 |
| 27.02.2004 | 2,06 | 2,054 | 2,054 | 2,053 | 2,052 | 2,052 | 2,048 | 2,046 |

Tabelle 92: Euribor für 15 verschiedene Laufzeiten im Untersuchungszeitraum
Quelle: Bloomberg Professional Terminal System.

| Datum | 1W-Eur | 2W-Eur | 3W-Eur | 1M-Eur | 2-M-Eur | 3-M-Eur | 4-M-Eur | 5-M-Eur |
|---|---|---|---|---|---|---|---|---|
| 01.03.2004 | 2,058 | 2,056 | 2,052 | 2,052 | 2,051 | 2,047 | 2,045 | 2,044 |
| 02.03.2004 | 2,054 | 2,053 | 2,053 | 2,053 | 2,052 | 2,052 | 2,051 | 2,053 |
| 03.03.2004 | 2,032 | 2,036 | 2,042 | 2,047 | 2,052 | 2,057 | 2,062 | 2,068 |
| 04.03.2004 | 2,006 | 2,018 | 2,029 | 2,039 | 2,047 | 2,054 | 2,057 | 2,06 |
| 05.03.2004 | 2,029 | 2,034 | 2,039 | 2,045 | 2,053 | 2,061 | 2,071 | 2,077 |
| 08.03.2004 | 2,045 | 2,045 | 2,045 | 2,047 | 2,052 | 2,052 | 2,052 | 2,052 |
| 09.03.2004 | 2,048 | 2,048 | 2,051 | 2,053 | 2,052 | 2,052 | 2,054 | 2,054 |
| 10.03.2004 | 2,046 | 2,047 | 2,052 | 2,053 | 2,053 | 2,054 | 2,057 | 2,057 |
| 11.03.2004 | 2,045 | 2,045 | 2,052 | 2,055 | 2,056 | 2,058 | 2,062 | 2,062 |
| 12.03.2004 | 2,045 | 2,046 | 2,051 | 2,053 | 2,053 | 2,053 | 2,053 | 2,054 |
| 15.03.2004 | 2,045 | 2,045 | 2,051 | 2,053 | 2,052 | 2,052 | 2,052 | 2,052 |
| 16.03.2004 | 2,044 | 2,046 | 2,051 | 2,053 | 2,053 | 2,053 | 2,052 | 2,051 |
| 17.03.2004 | 2,038 | 2,042 | 2,045 | 2,052 | 2,052 | 2,052 | 2,051 | 2,048 |
| 18.03.2004 | 2,033 | 2,039 | 2,043 | 2,046 | 2,044 | 2,04 | 2,036 | 2,026 |
| 19.03.2004 | 2,038 | 2,041 | 2,041 | 2,043 | 2,039 | 2,034 | 2,025 | 2,017 |
| 22.03.2004 | 2,045 | 2,049 | 2,044 | 2,042 | 2,034 | 2,025 | 2,015 | 2,006 |
| 23.03.2004 | 2,055 | 2,051 | 2,047 | 2,042 | 2,031 | 2,021 | 2,01 | 2,003 |
| 24.03.2004 | 2,078 | 2,063 | 2,051 | 2,044 | 2,029 | 2,017 | 2,009 | 2,001 |
| 25.03.2004 | 2,076 | 2,053 | 2,04 | 2,028 | 2,007 | 1,989 | 1,971 | 1,956 |
| 26.03.2004 | 2,074 | 2,051 | 2,035 | 2,02 | 1,996 | 1,967 | 1,946 | 1,932 |
| 29.03.2004 | 2,073 | 2,037 | 2,023 | 2,016 | 1,985 | 1,957 | 1,941 | 1,93 |
| 30.03.2004 | 2,049 | 2,036 | 2,026 | 2,025 | 1,989 | 1,958 | 1,949 | 1,939 |
| 31.03.2004 | 2,031 | 2,028 | 2,028 | 2,024 | 1,987 | 1,958 | 1,948 | 1,94 |
| 01.04.2004 | 2,033 | 2,029 | 2,028 | 2,022 | 1,986 | 1,96 | 1,949 | 1,939 |
| 02.04.2004 | 2,045 | 2,044 | 2,045 | 2,047 | 2,028 | 2,025 | 2,021 | 2,018 |
| 05.04.2004 | 2,047 | 2,047 | 2,048 | 2,058 | 2,054 | 2,054 | 2,055 | 2,061 |
| 06.04.2004 | 2,051 | 2,05 | 2,052 | 2,057 | 2,052 | 2,051 | 2,047 | 2,047 |
| 07.04.2004 | 2,051 | 2,05 | 2,051 | 2,053 | 2,044 | 2,038 | 2,034 | 2,034 |
| 08.04.2004 | 2,051 | 2,051 | 2,051 | 2,052 | 2,043 | 2,036 | 2,033 | 2,034 |
| 13.04.2004 | 2,052 | 2,052 | 2,052 | 2,053 | 2,044 | 2,038 | 2,036 | 2,039 |
| 14.04.2004 | 2,053 | 2,053 | 2,052 | 2,053 | 2,053 | 2,048 | 2,048 | 2,053 |
| 15.04.2004 | 2,052 | 2,053 | 2,052 | 2,053 | 2,053 | 2,051 | 2,053 | 2,056 |
| 16.04.2004 | 2,053 | 2,053 | 2,052 | 2,054 | 2,053 | 2,053 | 2,052 | 2,055 |
| 19.04.2004 | 2,053 | 2,053 | 2,053 | 2,053 | 2,053 | 2,052 | 2,052 | 2,053 |
| 20.04.2004 | 2,051 | 2,054 | 2,054 | 2,054 | 2,053 | 2,052 | 2,056 | 2,061 |
| 21.04.2004 | 2,049 | 2,053 | 2,053 | 2,054 | 2,059 | 2,066 | 2,067 | 2,074 |
| 22.04.2004 | 2,054 | 2,053 | 2,053 | 2,054 | 2,055 | 2,059 | 2,064 | 2,071 |
| 23.04.2004 | 2,055 | 2,054 | 2,053 | 2,053 | 2,054 | 2,056 | 2,063 | 2,065 |
| 26.04.2004 | 2,056 | 2,054 | 2,054 | 2,054 | 2,056 | 2,064 | 2,072 | 2,084 |
| 27.04.2004 | 2,059 | 2,056 | 2,055 | 2,055 | 2,055 | 2,063 | 2,071 | 2,081 |
| 28.04.2004 | 2,061 | 2,056 | 2,054 | 2,055 | 2,055 | 2,064 | 2,072 | 2,082 |
| 29.04.2004 | 2,062 | 2,058 | 2,056 | 2,056 | 2,062 | 2,072 | 2,082 | 2,094 |
| 30.04.2004 | 2,055 | 2,054 | 2,054 | 2,056 | 2,063 | 2,073 | 2,082 | 2,093 |

Tabelle 92 (continued)

Anhang 381

| Datum | 1W-Eur | 2W-Eur | 3W-Eur | 1M-Eur | 2-M-Eur | 3-M-Eur | 4-M-Eur | 5-M-Eur |
|---|---|---|---|---|---|---|---|---|
| 03.05.2004 | 2,054 | 2,054 | 2,055 | 2,056 | 2,064 | 2,072 | 2,081 | 2,091 |
| 04.05.2004 | 2,054 | 2,054 | 2,054 | 2,056 | 2,064 | 2,073 | 2,082 | 2,091 |
| 05.05.2004 | 2,061 | 2,061 | 2,059 | 2,059 | 2,064 | 2,072 | 2,081 | 2,09 |
| 06.05.2004 | 2,056 | 2,056 | 2,056 | 2,057 | 2,064 | 2,074 | 2,083 | 2,092 |
| 07.05.2004 | 2,024 | 2,036 | 2,046 | 2,056 | 2,069 | 2,081 | 2,101 | 2,114 |
| 10.05.2004 | 2,044 | 2,046 | 2,05 | 2,061 | 2,073 | 2,086 | 2,109 | 2,127 |
| 11.05.2004 | 2,047 | 2,047 | 2,051 | 2,063 | 2,074 | 2,085 | 2,112 | 2,132 |
| 12.05.2004 | 2,047 | 2,048 | 2,051 | 2,059 | 2,073 | 2,084 | 2,107 | 2,125 |
| 13.05.2004 | 2,048 | 2,049 | 2,054 | 2,063 | 2,075 | 2,093 | 2,119 | 2,136 |
| 14.05.2004 | 2,048 | 2,051 | 2,054 | 2,063 | 2,078 | 2,094 | 2,12 | 2,142 |
| 17.05.2004 | 2,05 | 2,054 | 2,055 | 2,062 | 2,075 | 2,09 | 2,11 | 2,123 |
| 18.05.2004 | 2,05 | 2,054 | 2,055 | 2,062 | 2,075 | 2,091 | 2,112 | 2,123 |
| 19.05.2004 | 2,049 | 2,054 | 2,054 | 2,062 | 2,074 | 2,091 | 2,112 | 2,129 |
| 20.05.2004 | 2,048 | 2,053 | 2,055 | 2,062 | 2,075 | 2,091 | 2,115 | 2,131 |
| 21.05.2004 | 2,051 | 2,052 | 2,054 | 2,061 | 2,074 | 2,09 | 2,109 | 2,125 |
| 24.05.2004 | 2,053 | 2,052 | 2,054 | 2,063 | 2,075 | 2,093 | 2,115 | 2,135 |
| 25.05.2004 | 2,054 | 2,054 | 2,055 | 2,063 | 2,075 | 2,092 | 2,112 | 2,13 |
| 26.05.2004 | 2,054 | 2,054 | 2,055 | 2,063 | 2,075 | 2,09 | 2,11 | 2,129 |
| 27.05.2004 | 2,054 | 2,054 | 2,055 | 2,063 | 2,074 | 2,087 | 2,103 | 2,122 |
| 28.05.2004 | 2,054 | 2,054 | 2,055 | 2,063 | 2,074 | 2,087 | 2,103 | 2,119 |
| 31.05.2004 | 2,055 | 2,055 | 2,055 | 2,063 | 2,075 | 2,087 | 2,104 | 2,125 |
| 01.06.2004 | 2,055 | 2,055 | 2,055 | 2,064 | 2,075 | 2,087 | 2,113 | 2,136 |
| 02.06.2004 | 2,062 | 2,062 | 2,062 | 2,067 | 2,077 | 2,089 | 2,114 | 2,136 |
| 03.06.2004 | 2,072 | 2,067 | 2,066 | 2,074 | 2,083 | 2,096 | 2,121 | 2,146 |
| 04.06.2004 | 2,086 | 2,074 | 2,074 | 2,075 | 2,086 | 2,101 | 2,125 | 2,152 |
| 07.06.2004 | 2,066 | 2,066 | 2,068 | 2,078 | 2,089 | 2,102 | 2,126 | 2,151 |
| 08.06.2004 | 2,056 | 2,061 | 2,067 | 2,077 | 2,089 | 2,102 | 2,124 | 2,147 |
| 09.06.2004 | 2,056 | 2,059 | 2,068 | 2,077 | 2,09 | 2,103 | 2,125 | 2,147 |
| 10.06.2004 | 2,054 | 2,058 | 2,069 | 2,077 | 2,093 | 2,109 | 2,132 | 2,155 |
| 11.06.2004 | 2,054 | 2,058 | 2,07 | 2,078 | 2,093 | 2,112 | 2,148 | 2,177 |
| 14.06.2004 | 2,055 | 2,059 | 2,071 | 2,079 | 2,094 | 2,115 | 2,157 | 2,191 |
| 15.06.2004 | 2,056 | 2,066 | 2,072 | 2,082 | 2,096 | 2,121 | 2,153 | 2,184 |
| 16.06.2004 | 2,055 | 2,069 | 2,076 | 2,082 | 2,101 | 2,119 | 2,14 | 2,164 |
| 17.06.2004 | 2,055 | 2,069 | 2,076 | 2,082 | 2,101 | 2,122 | 2,15 | 2,179 |
| 18.06.2004 | 2,055 | 2,074 | 2,074 | 2,079 | 2,096 | 2,123 | 2,145 | 2,175 |
| 21.06.2004 | 2,054 | 2,076 | 2,073 | 2,078 | 2,096 | 2,124 | 2,148 | 2,175 |
| 22.06.2004 | 2,082 | 2,076 | 2,073 | 2,077 | 2,095 | 2,123 | 2,145 | 2,174 |
| 23.06.2004 | 2,083 | 2,077 | 2,074 | 2,076 | 2,096 | 2,123 | 2,145 | 2,174 |
| 24.06.2004 | 2,083 | 2,076 | 2,074 | 2,075 | 2,095 | 2,122 | 2,14 | 2,166 |
| 25.06.2004 | 2,088 | 2,078 | 2,074 | 2,075 | 2,094 | 2,122 | 2,135 | 2,159 |
| 28.06.2004 | 2,088 | 2,078 | 2,074 | 2,075 | 2,095 | 2,121 | 2,133 | 2,156 |
| 29.06.2004 | 2,073 | 2,072 | 2,072 | 2,074 | 2,095 | 2,123 | 2,142 | 2,16 |
| 30.06.2004 | 2,069 | 2,072 | 2,072 | 2,075 | 2,094 | 2,12 | 2,136 | 2,159 |

**Tabelle 92** (continued)

| Datum | 6-M-Eur | 7-M-Eur | 8-M-Eur | 9-M-Eur | 10-M-Eur | 11-M-Eur | 12-M-Eur |
|---|---|---|---|---|---|---|---|
| 02.01.2004 | 2,151 | 2,167 | 2,184 | 2,196 | 2,223 | 2,246 | 2,275 |
| 05.01.2004 | 2,151 | 2,174 | 2,194 | 2,215 | 2,245 | 2,271 | 2,302 |
| 06.01.2004 | 2,145 | 2,163 | 2,182 | 2,203 | 2,23 | 2,254 | 2,285 |
| 07.01.2004 | 2,134 | 2,152 | 2,173 | 2,193 | 2,216 | 2,24 | 2,269 |
| 08.01.2004 | 2,133 | 2,146 | 2,166 | 2,184 | 2,207 | 2,231 | 2,258 |
| 09.01.2004 | 2,124 | 2,134 | 2,147 | 2,165 | 2,191 | 2,214 | 2,237 |
| 12.01.2004 | 2,104 | 2,108 | 2,115 | 2,124 | 2,143 | 2,157 | 2,17 |
| 13.01.2004 | 2,112 | 2,116 | 2,124 | 2,139 | 2,161 | 2,174 | 2,189 |
| 14.01.2004 | 2,113 | 2,121 | 2,125 | 2,141 | 2,164 | 2,179 | 2,194 |
| 15.01.2004 | 2,113 | 2,123 | 2,132 | 2,149 | 2,17 | 2,187 | 2,202 |
| 16.01.2004 | 2,108 | 2,117 | 2,126 | 2,139 | 2,156 | 2,175 | 2,19 |
| 19.01.2004 | 2,109 | 2,12 | 2,13 | 2,147 | 2,167 | 2,189 | 2,207 |
| 20.01.2004 | 2,104 | 2,114 | 2,124 | 2,139 | 2,155 | 2,181 | 2,201 |
| 21.01.2004 | 2,093 | 2,095 | 2,103 | 2,116 | 2,128 | 2,147 | 2,168 |
| 22.01.2004 | 2,095 | 2,097 | 2,107 | 2,119 | 2,132 | 2,153 | 2,175 |
| 23.01.2004 | 2,087 | 2,094 | 2,099 | 2,11 | 2,123 | 2,141 | 2,159 |
| 26.01.2004 | 2,092 | 2,099 | 2,105 | 2,117 | 2,133 | 2,15 | 2,173 |
| 27.01.2004 | 2,103 | 2,113 | 2,124 | 2,14 | 2,156 | 2,176 | 2,203 |
| 28.01.2004 | 2,095 | 2,103 | 2,114 | 2,127 | 2,143 | 2,162 | 2,183 |
| 29.01.2004 | 2,121 | 2,135 | 2,152 | 2,171 | 2,19 | 2,213 | 2,239 |
| 30.01.2004 | 2,137 | 2,155 | 2,175 | 2,195 | 2,218 | 2,243 | 2,263 |
| 02.02.2004 | 2,13 | 2,148 | 2,165 | 2,187 | 2,207 | 2,232 | 2,251 |
| 03.02.2004 | 2,115 | 2,125 | 2,141 | 2,161 | 2,176 | 2,198 | 2,218 |
| 04.02.2004 | 2,11 | 2,118 | 2,131 | 2,148 | 2,163 | 2,183 | 2,203 |
| 05.02.2004 | 2,106 | 2,119 | 2,134 | 2,149 | 2,166 | 2,187 | 2,205 |
| 06.02.2004 | 2,11 | 2,122 | 2,138 | 2,155 | 2,172 | 2,193 | 2,212 |
| 09.02.2004 | 2,088 | 2,096 | 2,106 | 2,119 | 2,13 | 2,149 | 2,163 |
| 10.02.2004 | 2,084 | 2,091 | 2,1 | 2,111 | 2,121 | 2,136 | 2,149 |
| 11.02.2004 | 2,099 | 2,112 | 2,125 | 2,139 | 2,154 | 2,17 | 2,187 |
| 12.02.2004 | 2,085 | 2,088 | 2,098 | 2,108 | 2,121 | 2,135 | 2,15 |
| 13.02.2004 | 2,082 | 2,086 | 2,094 | 2,103 | 2,114 | 2,129 | 2,147 |
| 16.02.2004 | 2,079 | 2,081 | 2,089 | 2,099 | 2,112 | 2,13 | 2,149 |
| 17.02.2004 | 2,076 | 2,077 | 2,084 | 2,092 | 2,103 | 2,121 | 2,138 |
| 18.02.2004 | 2,059 | 2,062 | 2,065 | 2,073 | 2,082 | 2,097 | 2,113 |
| 19.02.2004 | 2,074 | 2,081 | 2,089 | 2,1 | 2,11 | 2,129 | 2,149 |
| 20.02.2004 | 2,076 | 2,089 | 2,099 | 2,109 | 2,122 | 2,14 | 2,159 |
| 23.02.2004 | 2,093 | 2,103 | 2,116 | 2,13 | 2,145 | 2,167 | 2,186 |
| 24.02.2004 | 2,084 | 2,09 | 2,098 | 2,107 | 2,121 | 2,14 | 2,157 |
| 25.02.2004 | 2,075 | 2,081 | 2,085 | 2,094 | 2,104 | 2,122 | 2,138 |
| 26.02.2004 | 2,049 | 2,049 | 2,054 | 2,063 | 2,074 | 2,09 | 2,101 |
| 27.02.2004 | 2,044 | 2,044 | 2,045 | 2,052 | 2,059 | 2,071 | 2,086 |

**Tabelle 92** (continued)

| Datum | 6-M-Eur | 7-M-Eur | 8-M-Eur | 9-M-Eur | 10-M-Eur | 11-M-Eur | 12-M-Eur |
|---|---|---|---|---|---|---|---|
| 01.03.2004 | 2,041 | 2,041 | 2,045 | 2,052 | 2,065 | 2,075 | 2,092 |
| 02.03.2004 | 2,054 | 2,058 | 2,064 | 2,074 | 2,09 | 2,102 | 2,119 |
| 03.03.2004 | 2,072 | 2,081 | 2,091 | 2,101 | 2,125 | 2,137 | 2,157 |
| 04.03.2004 | 2,066 | 2,076 | 2,086 | 2,096 | 2,12 | 2,132 | 2,151 |
| 05.03.2004 | 2,081 | 2,091 | 2,101 | 2,11 | 2,124 | 2,139 | 2,156 |
| 08.03.2004 | 2,051 | 2,051 | 2,051 | 2,052 | 2,058 | 2,063 | 2,072 |
| 09.03.2004 | 2,055 | 2,056 | 2,056 | 2,059 | 2,065 | 2,07 | 2,079 |
| 10.03.2004 | 2,058 | 2,059 | 2,059 | 2,061 | 2,068 | 2,075 | 2,084 |
| 11.03.2004 | 2,063 | 2,064 | 2,065 | 2,069 | 2,077 | 2,082 | 2,091 |
| 12.03.2004 | 2,052 | 2,053 | 2,053 | 2,055 | 2,057 | 2,062 | 2,068 |
| 15.03.2004 | 2,05 | 2,049 | 2,049 | 2,05 | 2,056 | 2,065 | 2,076 |
| 16.03.2004 | 2,049 | 2,049 | 2,051 | 2,052 | 2,059 | 2,066 | 2,078 |
| 17.03.2004 | 2,047 | 2,047 | 2,046 | 2,049 | 2,054 | 2,062 | 2,07 |
| 18.03.2004 | 2,02 | 2,017 | 2,016 | 2,017 | 2,025 | 2,033 | 2,042 |
| 19.03.2004 | 2,01 | 2,009 | 2,009 | 2,009 | 2,016 | 2,028 | 2,04 |
| 22.03.2004 | 2,001 | 1,997 | 1,997 | 1,997 | 2,005 | 2,015 | 2,025 |
| 23.03.2004 | 1,997 | 1,995 | 1,995 | 1,996 | 2,006 | 2,015 | 2,027 |
| 24.03.2004 | 1,996 | 1,994 | 1,994 | 1,994 | 2,001 | 2,01 | 2,019 |
| 25.03.2004 | 1,947 | 1,942 | 1,938 | 1,938 | 1,945 | 1,954 | 1,963 |
| 26.03.2004 | 1,923 | 1,919 | 1,921 | 1,922 | 1,929 | 1,936 | 1,947 |
| 29.03.2004 | 1,924 | 1,922 | 1,923 | 1,926 | 1,934 | 1,946 | 1,96 |
| 30.03.2004 | 1,933 | 1,93 | 1,934 | 1,939 | 1,946 | 1,956 | 1,967 |
| 31.03.2004 | 1,936 | 1,937 | 1,942 | 1,946 | 1,958 | 1,969 | 1,983 |
| 01.04.2004 | 1,936 | 1,936 | 1,939 | 1,946 | 1,956 | 1,966 | 1,978 |
| 02.04.2004 | 2,018 | 2,019 | 2,027 | 2,035 | 2,045 | 2,056 | 2,07 |
| 05.04.2004 | 2,067 | 2,077 | 2,089 | 2,105 | 2,122 | 2,14 | 2,161 |
| 06.04.2004 | 2,048 | 2,056 | 2,066 | 2,083 | 2,098 | 2,115 | 2,133 |
| 07.04.2004 | 2,038 | 2,042 | 2,051 | 2,066 | 2,082 | 2,095 | 2,113 |
| 08.04.2004 | 2,036 | 2,045 | 2,054 | 2,072 | 2,085 | 2,101 | 2,119 |
| 13.04.2004 | 2,044 | 2,054 | 2,067 | 2,091 | 2,105 | 2,123 | 2,143 |
| 14.04.2004 | 2,06 | 2,066 | 2,084 | 2,106 | 2,125 | 2,144 | 2,165 |
| 15.04.2004 | 2,064 | 2,075 | 2,09 | 2,11 | 2,133 | 2,152 | 2,172 |
| 16.04.2004 | 2,064 | 2,075 | 2,091 | 2,11 | 2,129 | 2,15 | 2,171 |
| 19.04.2004 | 2,056 | 2,065 | 2,081 | 2,098 | 2,116 | 2,134 | 2,154 |
| 20.04.2004 | 2,066 | 2,077 | 2,097 | 2,119 | 2,137 | 2,157 | 2,177 |
| 21.04.2004 | 2,084 | 2,094 | 2,113 | 2,139 | 2,159 | 2,18 | 2,201 |
| 22.04.2004 | 2,079 | 2,092 | 2,109 | 2,132 | 2,151 | 2,17 | 2,189 |
| 23.04.2004 | 2,07 | 2,077 | 2,091 | 2,112 | 2,13 | 2,147 | 2,169 |
| 26.04.2004 | 2,096 | 2,11 | 2,131 | 2,156 | 2,179 | 2,201 | 2,226 |
| 27.04.2004 | 2,091 | 2,104 | 2,124 | 2,147 | 2,166 | 2,186 | 2,209 |
| 28.04.2004 | 2,094 | 2,106 | 2,124 | 2,148 | 2,168 | 2,192 | 2,214 |
| 29.04.2004 | 2,111 | 2,126 | 2,144 | 2,174 | 2,197 | 2,224 | 2,25 |
| 30.04.2004 | 2,106 | 2,123 | 2,144 | 2,165 | 2,188 | 2,213 | 2,239 |

**Tabelle 92** (continued)

| Datum | 6-M-Eur | 7-M-Eur | 8-M-Eur | 9-M-Eur | 10-M-Eur | 11-M-Eur | 12-M-Eur |
|---|---|---|---|---|---|---|---|
| 03.05.2004 | 2,105 | 2,119 | 2,139 | 2,162 | 2,185 | 2,206 | 2,23 |
| 04.05.2004 | 2,103 | 2,115 | 2,135 | 2,157 | 2,179 | 2,2 | 2,223 |
| 05.05.2004 | 2,097 | 2,107 | 2,127 | 2,146 | 2,166 | 2,186 | 2,21 |
| 06.05.2004 | 2,099 | 2,112 | 2,132 | 2,154 | 2,175 | 2,197 | 2,222 |
| 07.05.2004 | 2,126 | 2,143 | 2,168 | 2,191 | 2,216 | 2,241 | 2,274 |
| 10.05.2004 | 2,143 | 2,162 | 2,192 | 2,224 | 2,252 | 2,278 | 2,313 |
| 11.05.2004 | 2,147 | 2,165 | 2,196 | 2,227 | 2,257 | 2,285 | 2,319 |
| 12.05.2004 | 2,14 | 2,158 | 2,188 | 2,216 | 2,245 | 2,273 | 2,309 |
| 13.05.2004 | 2,153 | 2,177 | 2,209 | 2,239 | 2,271 | 2,301 | 2,335 |
| 14.05.2004 | 2,164 | 2,19 | 2,221 | 2,25 | 2,283 | 2,319 | 2,356 |
| 17.05.2004 | 2,135 | 2,159 | 2,18 | 2,207 | 2,231 | 2,26 | 2,292 |
| 18.05.2004 | 2,142 | 2,163 | 2,19 | 2,217 | 2,244 | 2,275 | 2,308 |
| 19.05.2004 | 2,146 | 2,17 | 2,197 | 2,225 | 2,254 | 2,285 | 2,321 |
| 20.05.2004 | 2,149 | 2,175 | 2,201 | 2,23 | 2,26 | 2,293 | 2,333 |
| 21.05.2004 | 2,144 | 2,166 | 2,191 | 2,217 | 2,247 | 2,279 | 2,313 |
| 24.05.2004 | 2,154 | 2,181 | 2,214 | 2,246 | 2,276 | 2,309 | 2,344 |
| 25.05.2004 | 2,147 | 2,171 | 2,202 | 2,23 | 2,258 | 2,293 | 2,323 |
| 26.05.2004 | 2,146 | 2,171 | 2,203 | 2,231 | 2,26 | 2,289 | 2,324 |
| 27.05.2004 | 2,141 | 2,162 | 2,189 | 2,213 | 2,241 | 2,27 | 2,304 |
| 28.05.2004 | 2,134 | 2,155 | 2,181 | 2,202 | 2,23 | 2,256 | 2,286 |
| 31.05.2004 | 2,142 | 2,164 | 2,193 | 2,219 | 2,247 | 2,276 | 2,307 |
| 01.06.2004 | 2,151 | 2,18 | 2,211 | 2,237 | 2,267 | 2,298 | 2,332 |
| 02.06.2004 | 2,153 | 2,181 | 2,213 | 2,24 | 2,27 | 2,301 | 2,337 |
| 03.06.2004 | 2,167 | 2,199 | 2,232 | 2,261 | 2,296 | 2,328 | 2,366 |
| 04.06.2004 | 2,17 | 2,203 | 2,235 | 2,261 | 2,294 | 2,326 | 2,361 |
| 07.06.2004 | 2,169 | 2,202 | 2,236 | 2,262 | 2,299 | 2,329 | 2,363 |
| 08.06.2004 | 2,164 | 2,196 | 2,229 | 2,252 | 2,286 | 2,316 | 2,351 |
| 09.06.2004 | 2,165 | 2,194 | 2,227 | 2,251 | 2,285 | 2,317 | 2,352 |
| 10.06.2004 | 2,178 | 2,211 | 2,247 | 2,281 | 2,313 | 2,349 | 2,386 |
| 11.06.2004 | 2,199 | 2,24 | 2,28 | 2,312 | 2,345 | 2,39 | 2,426 |
| 14.06.2004 | 2,214 | 2,261 | 2,298 | 2,337 | 2,382 | 2,418 | 2,471 |
| 15.06.2004 | 2,214 | 2,263 | 2,299 | 2,34 | 2,396 | 2,439 | 2,479 |
| 16.06.2004 | 2,198 | 2,225 | 2,252 | 2,285 | 2,323 | 2,359 | 2,404 |
| 17.06.2004 | 2,212 | 2,254 | 2,289 | 2,329 | 2,371 | 2,415 | 2,463 |
| 18.06.2004 | 2,207 | 2,251 | 2,281 | 2,318 | 2,357 | 2,4 | 2,445 |
| 21.06.2004 | 2,211 | 2,251 | 2,281 | 2,321 | 2,361 | 2,401 | 2,448 |
| 22.06.2004 | 2,205 | 2,246 | 2,276 | 2,314 | 2,356 | 2,394 | 2,438 |
| 23.06.2004 | 2,209 | 2,244 | 2,276 | 2,316 | 2,354 | 2,394 | 2,439 |
| 24.06.2004 | 2,196 | 2,231 | 2,26 | 2,296 | 2,333 | 2,372 | 2,413 |
| 25.06.2004 | 2,185 | 2,221 | 2,243 | 2,277 | 2,309 | 2,344 | 2,384 |
| 28.06.2004 | 2,185 | 2,218 | 2,241 | 2,276 | 2,308 | 2,346 | 2,387 |
| 29.06.2004 | 2,199 | 2,233 | 2,258 | 2,302 | 2,34 | 2,38 | 2,426 |
| 30.06.2004 | 2,195 | 2,224 | 2,254 | 2,295 | 2,339 | 2,38 | 2,426 |

**Tabelle 92** (continued)

## 5.3 Variable Optionspreise

Die historischen Preisdaten für die DAX-Option (ISIN DE0008469495) stammen von der deutsch-schweizerischen Terminbörse Eurex. Sie werden über den Onlinedatenstrom der Deutschen Börse AG bezogen. In diesem Banken vorbehaltenen Bereich (Banks Only) befinden sich so genannte Tickdaten sämtlicher Eurex-Produkte. Unterschieden wird zwischen insgesamt sieben Produktgruppen (darunter Equity, Capital Markets, Money, Index sowie andere).

Die Daten sind in komprimierten Dateien mit bis zu 10 MB Größe gespeichert.[898] Entkomprimiert weisen die einzelnen Dateien eine Größe von etwa 40 bis 70 Megabyte (ca. 10 bis 15 Mill. Einträge pro Monat) auf und werden im Format .csv bereitgestellt.

Zur weiteren Bearbeitung wird die Ursprungsdatei der Eurex nach relevanten DAX-Optionsdaten (ODAX) gefiltert. Grund für diese Filterung ist, dass die Eurex die Daten bis zum Jahr 2004 lediglich nach dem Handelszeitpunkt sortierte.[899] Nur etwa 10% der Daten in der Datei index_ts beziehen sich auf die DAX-Option. In der Datei befinden sich neben den DAX-Optionen ebenfalls Futures und Optionen auf den DJ EURO STOXX 50 (FESX und OESX)[900], auf den Schweizer Marktindex SMI (FSMI und OSMI) sowie auf den TecDAX (FTDX und OTDX).

Darüber hinaus befinden sich in der Ursprungsdatei noch vereinzelte Handelsabschlüsse auf Branchenindizes wie etwa den DJ EURO STOXX Automobiles & Parts (FESA und OESA), den DJ EURO STOXX Banks (OESB und FESB) und den DJ EURO STOXX Oil & Gas (FESE und OESE). Derivate auf die zuletzt genannten Branchenindizes weisen praktisch keine Liquidität auf:

---

[898] Die Datei index_ts_20040331.zip, welche Index-Optionen im März 2004 beinhaltet, weist komprimiert 9.715,8 kB auf.
[899] Seit Anfang 2005 ist die Datei index_ts_JahrMonatTag nach den Produkten alphabetisch sortiert. Die Optionen sind sogar nach Calls und Puts sortiert. Durch diese Vorsortierung verringert sich der Zeitaufwand für die Datenbearbeitung. Allerdings befinden sich immer noch verschiedene Produkte in der Datei. Die zeitintensivste Bearbeitung der Daten fällt nach wie vor dafür an, dass annullierte Daten (unter Trade_Type als „L" gekennzeichnet) zusammen mit dem zugrunde liegenden, nicht gekennzeichneten, Geschäft manuell aus dem Datensatz gelöscht werden müssen. Die Eurex sieht nach eigenen Angaben keine technische Möglichkeit, diese Daten zu löschen.
[900] Diese Produkte bestreiten einen wesentlichen Anteil an der Datei index_ts.

In der Regel entfällt trotz der monatlich insgesamt über 500.000 Handelsgeschäfte (alle Produkte) nur eine niedrige zweistellige Anzahl von Handelsgeschäften auf die Branchenindizes.

Tabelle 93 gibt Informationen über die Zusammensetzung der Datei index_ts:

| Monat | Anzahl aller Einträge[901] | Anzahl verschiedener Produkte | Anzahl DAX-Optionen | Anteil Optionen an allen Produkten |
|---|---|---|---|---|
| Januar 2004 | 11.018.366 | 579.914 | 54.941 | 9,47% |
| Februar 2004 | 9.700.355 | 510.545 | 53.690 | 10,52% |
| März 2004 | 15.573.939 | 819.681 | 85.433 | 10,42% |
| April 2004 | 10.692.649 | 562.771 | 66.631 | 11,84% |
| Mai 2004 | 11.394.528 | 599.712 | 64.371 | 10,73% |
| Juni 2004 | 9.538.456 | 502.024 | 58.014 | 11,56% |
| Januar bis Juni | 67.918.293 | 3.574.647 | 383.080 | 10,72% |

Tabelle 93: Anteil relevanter Optionsdaten in den Eurex Dateien
Quelle: Eigene Auswertung.

Durch die Filterung verbleiben für jeden Monat ca. 50.000 bis 85.000 Optionstransaktionen mit exaktem Handelszeitpunkt (Timestamp). Vor der Filterung erhalten jedoch alle Daten zur späteren genauen Identifizierung eine eindeutige Nummer. Diese wird beginnend mit 1 aufsteigend in der von der Eurex gelieferten ursprünglichen Reihenfolge vergeben, so dass das erste Produkt im Monat Januar (ein Future auf den Schweizer Marktindex) die ID 1 erhält und das letzte Produkt in der gleichen Datei (ein Future auf den DJ EURO STOXX 50) die ID 579.914. Die erste Option auf den DAX (ein Put) trägt die ID 125.921, befindet sich also an der 125.921. Stelle in der Ursprungsdatei der Eurex.

Nach dem Import der in die Textdatei umgewandelten csv.-Datei in Excel liegen die Daten in der Form vor wie es Tabelle 94 als Ausschnitt zeigt.

---

[901] Für die in der Eurex-Statistik (vgl. Eurex 2004j) ausgewiesenen Zahlen müssen die in dieser Tabelle abgedruckten Zahlenwerte mit dem jeweiligen Handelsvolumen multipliziert werden. Bei der DAX-Option beträgt dieser Multiplikator in etwa 57.

| ID | PRODI | CAI EXP_YE | EXERCISE | VERSION | YEAR | MONTH | DAY | HOUR | MINUTE | SECOND | CS | MATCH_PRICE | TRADE_ | ISO_ | TRADE | REGIONAL_TIMESTAMP | MS |
|---|---|---|---|---|---|---|---|---|---|---|---|---|---|---|---|---|---|
| 1 | FSMI | F 3 | 2004 | 0 | 0 | 2004 | 1 | 5 | 9 | 0 | 18 | 84 | 5512 | 969 | CHF | X | 01/05/2004 09:00:18 | 840 |
| 2 | FSMI | F 3 | 2004 | 0 | 0 | 2004 | 1 | 5 | 9 | 0 | 19 | 1 | 5514 | 52 | CHF | X | 01/05/2004 09:00:19 | 10 |
| 3 | FSMI | F 3 | 2004 | 0 | 0 | 2004 | 1 | 5 | 9 | 0 | 19 | 1 | 5516 | 5 | CHF | X | 01/05/2004 09:00:19 | 10 |
| 4 | FSMI | F 3 | 2004 | 0 | 0 | 2004 | 1 | 5 | 9 | 0 | 19 | 1 | 5518 | 9 | CHF | X | 01/05/2004 09:00:19 | 10 |
| 5 | FSMI | F 3 | 2004 | 0 | 0 | 2004 | 1 | 5 | 9 | 0 | 19 | 1 | 5519 | 17 | CHF | X | 01/05/2004 09:00:19 | 10 |
| 6 | FSMI | F 3 | 2004 | 0 | 0 | 2004 | 1 | 5 | 9 | 0 | 20 | 92 | 5518 | 1 | CHF | X | 01/05/2004 09:00:20 | 920 |
| 7 | FSMI | F 3 | 2004 | 0 | 0 | 2004 | 1 | 5 | 9 | 0 | 27 | 93 | 5517 | 1 | CHF | X | 01/05/2004 09:00:27 | 930 |
| 8 | FSMI | F 3 | 2004 | 0 | 0 | 2004 | 1 | 5 | 9 | 0 | 28 | 59 | 5516 | 10 | CHF | X | 01/05/2004 09:00:28 | 590 |
| 9 | FSMI | F 3 | 2004 | 0 | 0 | 2004 | 1 | 5 | 9 | 0 | 30 | 64 | 5515 | 1 | CHF | X | 01/05/2004 09:00:30 | 640 |
| 10 | FSMI | F 3 | 2004 | 0 | 0 | 2004 | 1 | 5 | 9 | 0 | 33 | 32 | 5515 | 1 | CHF | X | 01/05/2004 09:00:33 | 320 |
| 11 | FSMI | F 3 | 2004 | 0 | 0 | 2004 | 1 | 5 | 9 | 0 | 34 | 69 | 5515 | 1 | CHF | X | 01/05/2004 09:00:34 | 690 |
| 12 | FSMI | F 3 | 2004 | 0 | 0 | 2004 | 1 | 5 | 9 | 0 | 35 | 19 | 5513 | 2 | CHF | X | 01/05/2004 09:00:35 | 190 |
| 13 | FSMI | F 3 | 2004 | 0 | 0 | 2004 | 1 | 5 | 9 | 0 | 35 | 19 | 5514 | 1 | CHF | X | 01/05/2004 09:00:35 | 190 |
| 14 | FSMI | F 3 | 2004 | 0 | 0 | 2004 | 1 | 5 | 9 | 0 | 35 | 49 | 5513 | 1 | CHF | X | 01/05/2004 09:00:35 | 490 |
| 15 | FSMI | F 3 | 2004 | 0 | 0 | 2004 | 1 | 5 | 9 | 0 | 36 | 32 | 5513 | 26 | CHF | X | 01/05/2004 09:00:36 | 320 |
| 16 | FSMI | F 3 | 2004 | 0 | 0 | 2004 | 1 | 5 | 9 | 0 | 36 | 32 | 5515 | 14 | CHF | X | 01/05/2004 09:00:36 | 320 |
| 17 | FSMI | F 3 | 2004 | 0 | 0 | 2004 | 1 | 5 | 9 | 0 | 36 | 32 | 5516 | 10 | CHF | X | 01/05/2004 09:00:36 | 320 |
| 18 | OSMI | P 6 | 2004 | 4800 | 0 | 2004 | 1 | 5 | 9 | 0 | 36 | 39 | 81,5 | 1 | CHF | X | 01/05/2004 09:00:36 | 390 |
| 19 | FSMI | F 3 | 2004 | 0 | 0 | 2004 | 1 | 5 | 9 | 0 | 41 | 25 | 5512 | 14 | CHF | X | 01/05/2004 09:00:41 | 250 |
| 20 | FSMI | F 3 | 2004 | 0 | 0 | 2004 | 1 | 5 | 9 | 0 | 41 | 25 | 5513 | 7 | CHF | X | 01/05/2004 09:00:41 | 250 |

**Tabelle 94: Eurex-Datei vor der Filterung nach DAX-Optionen**
Quelle: Deutsche Börse AG.

Die in Tabelle 94 mit ID bezeichnete Spalte ist nicht Bestandteil der Ursprungsdatei der Eurex, sondern wird hinzugefügt, um eine spätere Identifizierung von Optionen und eine Abgleichung mit der Ursprungsdatei zu ermöglichen. Ansonsten ist die Datei praktisch unverändert abgebildet.[902]

Das Produkt ODAX bezeichnet die Option auf den DAX (FSMI den Future auf den Schweizer Marktindex), $C$ und $P$ stehen für einen Call respektive einen Put.[903] $F$ ist die Abkürzung für einen Future. Die beiden Spalten danach bezeichnen Verfallmonat und Verfalljahr. In Spalte 5 folgt der Ausübungspreis. Die Spalten 7 bis 13 zeigen die exakte Handelszeit (Time Stamp) mit Angabe von Jahr, Monat, Tag, Stunde, Minute, Sekunde und Centisekunde.

Match Price bezeichnet den am Markt beobachteten Optionspreis, zu dem eine Transaktion abgeschlossen wird. Danach sind das Handelsvolumen in Kontrakten und die Abrechnungswährung (Schweizer Franken oder Euro) aufgeführt. Die Spalten danach wiederholen die Handelszeitangaben.

Tabelle 95 gibt Aufschluss über die Aufteilung von Optionen nach Calls und Puts.

|  | Calls | Puts | Optionen |
|---|---|---|---|
| **Januar 2004** | 25.017 | 29.924 | 54.941 |
| **Februar 2004** | 24.875 | 28.815 | 53.690 |
| **März 2004** | 38.621 | 46.812 | 85.433 |
| **April 2004** | 31.239 | 35.392 | 66.631 |
| **Mai 2004** | 29.987 | 34.384 | 64.371 |
| **Juni 2004** | 27.221 | 30.793 | 58.014 |
| **Januar bis Juni** | 176.960 | 206.120 | 383.080 |

**Tabelle 95: Aufteilung der Optionen nach Calls und Puts**
Quelle: Eigene Auswertung.

---

[902] Unwesentliche Veränderungen wie MS statt Millisekunden, um die Datei hier abbilden zu können.
[903] Vgl. Eurex (2004k), S. 1.

## 5.4 Annullierte Transaktionen

Tabelle 96 listet die Spezifikationen der annullierten Calls im Einzelnen auf.

| Monat/Tag/Jahr | Handelszeit | Stornierung | ID Handel | ID Storno | Verfall | CALLS Dax | Strike | Zins | Restlaufzeit | Preis | Kontrakte | BS Preis* | Impl. Volatilität |
|---|---|---|---|---|---|---|---|---|---|---|---|---|---|
| 01/02/2004 | 10:30:27 | 10:47:12 | 128509 | 137979 | 32004 | 3999.64 | 2700 | 0.0212 | 0.210958904 | 152 | -14 | 1311.9 | ∃ nicht |
| 01/02/2004 | 10:30:27 | 10:47:24 | 128510 | 137980 | 32004 | 3999.44 | 2700 | 0.0212 | 0.210958904 | 152 | -22 | 1311.7 | ∃ nicht |
| 01/02/2004 | 10:30:27 | 10:47:33 | 128511 | 137981 | 32004 | 3999.45 | 2700 | 0.0212 | 0.210958904 | 152 | -14 | 1311.8 | ∃ nicht |
| 01/02/2004 | 10:30:27 | 10:47:44 | 128512 | 137982 | 32004 | 3999.45 | 2700 | 0.0212 | 0.210958904 | 152 | -50 | 1311.8 | ∃ nicht |
| 01/02/2004 | 10:30:27 | 10:47:52 | 128513 | 137983 | 32004 | 3999.73 | 2700 | 0.0212 | 0.210958904 | 152 | -22 | 1312 | ∃ nicht |
| 01/02/2004 | 10:30:27 | 10:48:02 | 128514 | 137984 | 32004 | 3999.52 | 2700 | 0.0212 | 0.210958904 | 152 | -22 | 1311.8 | ∃ nicht |
| 01/02/2004 | 10:30:27 | 10:48:09 | 128515 | 137985 | 32004 | 3999.52 | 2700 | 0.0212 | 0.210958904 | 152 | -21 | 1311.8 | ∃ nicht |
| 01/02/2004 | 10:30:27 | 10:48:19 | 128516 | 137986 | 32004 | 3999.4 | 2700 | 0.0212 | 0.210958904 | 152 | -14 | 1311.7 | ∃ nicht |
| 01/02/2004 | 10:30:27 | 10:48:29 | 128517 | 137987 | 32004 | 3999.4 | 2700 | 0.0212 | 0.210958904 | 152 | -14 | 1311.7 | ∃ nicht |
| 01/02/2004 | 10:30:27 | 10:48:39 | 128518 | 137988 | 32004 | 3999.07 | 2700 | 0.0212 | 0.210958904 | 152 | -18 | 1311.4 | ∃ nicht |
| 01/02/2004 | 10:30:27 | 10:48:51 | 128519 | 137989 | 32004 | 3999.27 | 2700 | 0.0212 | 0.210958904 | 152 | -18 | 1311.6 | ∃ nicht |
| 01/02/2004 | 10:30:28 | 10:49:14 | 128520 | 137990 | 32004 | 3999.63 | 2700 | 0.0212 | 0.210958904 | 152 | -18 | 1311.9 | ∃ nicht |
| 01/02/2004 | 10:30:33 | 10:49:24 | 128522 | 137991 | 32004 | 3999.48 | 2700 | 0.0212 | 0.210958904 | 152 | -100 | 1311.8 | ∃ nicht |
| 01/15/2004 | 09:37:41 | 10:10:11 | 317260 | 342492 | 12004 | 4053 | 4050 | 0.02026 | 0.002739726 | 17.7 | -100 | 27 | 0.18955 |
| 01/15/2004 | 10:08:09 | 10:55:41 | 318767 | 342494 | 12004 | 4049.75 | 4050 | 0.02026 | 0.002739726 | 20.3 | -1 | 25.4 | 0.2402 |
| 01/16/2004 | 11:29:16 | 13:12:35 | 350828 | 369756 | 32004 | 4113.68 | 3850 | 0.02076 | 0.17260274 | 289 | -2 | 366.4 | 0.13554 |
| 01/20/2004 | 09:12:40 | 09:28:56 | 383959 | 404802 | 62004 | 4132.62 | 4150 | 0.02094 | 0.410958904 | 195.5 | -10 | 325.1 | 0.17672 |
| 01/22/2004 | 09:01:02 | 09:18:21 | 425439 | 448663 | 32004 | 4163.2 | 3000 | 0.02073 | 0.156164384 | 1155 | -100 | 1173.2 | 0.17432 |
| 01/28/2004 | 10:18:52 | 10:22:20 | 509503 | 524493 | 62005 | 4129.08 | 2400 | 0.02183 | 1.38630137 | 17.5 | -11 | 1824.5 | 0.12529 |
| | | | | | | | | | | | | | |
| 02/16/2004 | 10:03:24 | 11:41:06 | 847247 | 838298 | 122006 | 4050.97 | 6000 | 0.02149 | 2.915068493 | 27 | -1 | 376.8 | 0.12529 |
| 02/16/2004 | 10:12:48 | 11:41:19 | 838297 | 838299 | 122006 | 4051.07 | 6000 | 0.02149 | 2.915068493 | 27 | -69 | 376.9 | 0.12528 |
| | | | | | | | | | | | | | |
| 03/04/2004 | 13:40:30 | 13:51:29 | 1210712 | 1139506 | 62005 | 4085.44 | 4800 | 0.02151 | 1.287671233 | 17 | -1 | 344.3 | 0.086317 |
| 03/12/2004 | 10:48:04 | 12:20:22 | 1475230 | 1697050 | 62004 | 3889 | 4000 | 0.02053 | 0.268493151 | 73 | -1 | 201.76 | 0.2716 |
| 03/12/2004 | 10:48:06 | 12:22:08 | 1475231 | 1475233 | 62004 | 3885.23 | 4000 | 0.02052 | 0.268493151 | 180 | -19 | 199.98 | 0.27503 |
| 03/15/2004 | 09:57:42 | 10:49:42 | 1743901 | 1377198 | 62004 | 3854.55 | 4300 | 0.0205 | 0.260273973 | 115 | -4 | 91.737 | 0.33473 |
| 03/19/2004 | 09:07:47 | 09:26:19 | 1639142 | 1639146 | 32004 | 3849.51 | 3400 | 0.02034 | 0 | 545 | -10 | 449.51 | ∃ nicht |
| 03/19/2004 | 09:07:47 | 09:26:10 | 1477725 | 1808872 | 32004 | 3849.47 | 3400 | 0.02034 | 0 | 545 | -20 | 449.47 | ∃ nicht |
| 03/25/2004 | 10:29:45 | 10:40:50 | 1875532 | 1495148 | 122004 | 3787.44 | 4800 | 0.01954 | 0.731506849 | 428.5 | -99 | 115.13 | 0.56883 |
| 03/25/2004 | 10:29:45 | 10:40:59 | 1875531 | 1875533 | 122004 | 3787.44 | 4800 | 0.01954 | 0.731506849 | 105 | -1 | 115.13 | 0.28965 |
| 03/26/2004 | 10:27:34 | 10:39:37 | 1603721 | 1757962 | 122004 | 3827.09 | 5000 | 0.01936 | 0.728767123 | 21.7 | -22 | 94.194 | 0.19836 |
| | | | | | | | | | | | | | |
| 04/02/2004 | 12:53:47 | 13:05:51 | 1939415 | 2042785 | 122004 | 3928.46 | 5000 | 0.0207 | 0.95890411 | 10.3 | -70 | 167 | 0.13263 |
| 04/13/2004 | 10:31:15 | 10:42:13 | 2067477 | 2052515 | 62004 | 4069.14 | 3450 | 0.02044 | 0.430136986 | 22.9 | -2 | 725.1 | ∃ nicht |
| 04/13/2004 | 11:50:16 | 11:55:52 | 2052493 | 2210307 | 52004 | 4059.07 | 2500 | 0.02039 | 0.353424658 | 150.8 | -10 | 1585.5 | ∃ nicht |
| 04/15/2004 | 12:31:12 | 12:39:51 | 2116010 | 2116012 | 42004 | 4010.5 | 3000 | 0.02053 | 0.249315068 | 4012 | -1 | 1030.5 | ∃ nicht |
| 04/19/2004 | 15:44:53 | 16:06:14 | 2149849 | 2296712 | 62004 | 4004.19 | 2000 | 0.02053 | 0.41369863 | 216 | -2 | 2021.1 | ∃ nicht |
| 04/23/2004 | 16:58:59 | 17:17:27 | 2377720 | 2242458 | 122004 | 4113.17 | 4800 | 0.02147 | 0.901369863 | 48.5 | -1500 | 256.7 | 0.14132 |
| 04/28/2004 | 17:20:38 | 17:29:49 | 2312738 | 2417551 | 72004 | 4063.28 | 3600 | 0.02072 | 0.312328767 | 6.2 | -10 | 568.6 | ∃ nicht |
| | | | | | | | | | | | | | |
| 05/06/2004 | 16:07:24 | 16:35:25 | 2577722 | 2577982 | 72004 | 3912.73 | 4400 | 0.02112 | 0.526027397 | 18.3 | -3 | 180.3 | 0.11824 |
| 05/06/2004 | 16:07:26 | 16:36:45 | 2655003 | 2655008 | 72004 | 3917.13 | 4400 | 0.02112 | 0.526027397 | 20 | -17 | 181.8 | 0.12032 |
| 05/13/2004 | 15:09:54 | 15:34:32 | 2670360 | 2703592 | 62004 | 3797.35 | 2900 | 0.02153 | 0.430136986 | 20.4 | -500 | 946.9 | ∃ nicht |
| 05/21/2004 | 13:36:06 | 14:27:53 | 2995561 | 2979091 | 72004 | 3852.25 | 4200 | 0.02144 | 0.484931507 | 8 | -2 | 202.7 | 0.078067 |
| 05/21/2004 | 13:36:06 | 14:28:01 | 2979087 | 2847452 | 72004 | 3852.17 | 4200 | 0.02144 | 0.484931507 | 5 | -5 | 202.7 | 0.075613 |
| 05/21/2004 | 13:36:06 | 14:28:08 | 2979086 | 2847453 | 72004 | 3852.17 | 4200 | 0.02144 | 0.484931507 | 5 | -3 | 202.7 | 0.070073 |
| 05/21/2004 | 13:36:08 | 14:28:29 | 2806847 | 2847454 | 72004 | 3853.24 | 4200 | 0.02144 | 0.484931507 | 4 | -20 | 203.1 | 0.066665 |
| 05/28/2004 | 09:07:51 | 09:14:18 | 2941942 | 2941943 | 92004 | 3931.05 | 4150 | 0.02181 | 0.638356164 | 116.4 | -96 | 307.3 | 0.14566 |
| | | | | | | | | | | | | | |
| 06/01/2004 | 10:09:15 | 10:32:25 | 3098557 | 3098565 | 82004 | 3872.29 | 4300 | 0.02211 | 0.635616438 | 13 | -10 | 229.5 | 0.087765 |
| 06/07/2004 | 10:51:33 | 14:33:16 | 3191120 | 3191122 | 122006 | 4008.21 | 6000 | 0.02363 | 2.939726027 | 20 | -70 | 372.2 | 0.13554 |
| 06/09/2004 | 11:23:39 | 11:57:13 | 3236038 | 3236046 | 92004 | 4029.72 | 4200 | 0.02251 | 0.690410959 | 214 | -40 | 354.3 | 0.19486 |
| 06/14/2004 | 16:26:06 | 16:37:27 | 3295303 | 3295304 | 82004 | 3947.75 | 3500 | 0.02298 | 0.6 | 28.2 | -2 | 645.2 | ∃ nicht |
| 06/18/2004 | 16:26:30 | 20:05:17 | 3388122 | 3388123 | 122004 | 3999.79 | 3900 | 0.024 | 0.915068493 | 188 | -15 | 544.1 | 0.032682 |
| 06/23/2004 | 10:48:52 | 14:26:59 | 3470520 | 3470528 | 92004 | 3961.78 | 4300 | 0.02276 | 0.652054795 | 16 | -2 | 272.7 | 0.073919 |
| 06/23/2004 | 10:48:54 | 14:27:14 | 3470521 | 3470529 | 92004 | 3961.58 | 4300 | 0.02276 | 0.652054795 | 16 | -2 | 272.6 | 0.073958 |
| 06/24/2004 | 09:10:12 | 10:10:29 | 3473309 | 3473312 | 92004 | 4006.63 | 3900 | 0.0226 | 0.649315068 | 135 | -2 | 464.9 | ∃ nicht |
| 06/30/2004 | 14:41:52 | 14:55:07 | 3497226 | 3497227 | 122005 | 3989.06 | 5000 | 0.02384 | 1.893150685 | 38.5 | -20 | 388.2 | 0.1109 |

* unterstellt: 30%

**Tabelle 96: Annullierte Calls im Untersuchungszeitraum**
Quelle: Eigene Auswertung.

Für 25 von 54 Transaktionen (1.017 von 3.162 Optionen) ist die Fehlbewertung derart eklatant, dass keine (positive) implizite Volatilität existiert, die zu dem von der Eurex annullierten Mistrade-Preis führt.

Tabelle 97 führt annullierte Puts im Einzelnen auf.

| Monat/Tag/Jahr | Handelszeit | Stornierung | ID Handel | ID Storno | Verfall | Dax | Strike | Zins | Restlaufzeit | Preis | Kontrakte | BS Preis* | Impl. Volatilität |
|---|---|---|---|---|---|---|---|---|---|---|---|---|---|
| 01/15/2004 | 09:37:41 | 10:10:41 | 317259 | 342493 | 12004 | 4054.18 | 4050 | 0.02026 | 0.00273973 | 2.7 | -100 | 23.2417 | 0.053994 |
| 01/15/2004 | 10:08:09 | 10:56:05 | 318766 | 342495 | 12004 | 4049.51 | 4050 | 0.02026 | 0.00273973 | 5.3 | -1 | 25.5015 | 0.061094 |
| 01/21/2004 | 09:00:34 | 09:21:35 | 404882 | 425244 | 32004 | 4118.28 | 3400 | 0.02073 | 0.15890411 | 17 | -47 | 9.6533 | 0.3399 |
| 01/21/2004 | 09:00:31 | 09:21:48 | 404876 | 425245 | 32004 | 4118.19 | 3400 | 0.02073 | 0.15890411 | 17 | -5 | 9.6574 | 0.33987 |
| 02/05/2004 | 09:01:31 | 09:18:40 | 660947 | 660953 | 62004 | 4024.08 | 4000 | 0.02106 | 0.45205479 | 125 | -1 | 290.7307 | 0.14385 |
| 02/19/2004 | 17:21:01 | 17:25:34 | 891968 | 891969 | 122004 | 4132.8 | 4800 | 0.02129 | 0.91232877 | 72 | -1 | 841.7112 | ∃ nicht |
| 03.05.2004 | 17:20:44 | 17:42:55 | 1187734 | 1252493 | 52004 | 4126.1 | 4600 | 0.02077 | 0.37534247 | 13 | -50 | 583.8387 | ∃ nicht |
| 03/16/2004 | 10:32:04 | 10:44:32 | 1400705 | 1347795 | 32004 | 3787.62 | 4100 | 0.02053 | 0.17260274 | 22 | -2 | 379.4976 | ∃ nicht |
| 03/16/2004 | 10:32:07 | 10:44:53 | 1556346 | 1400713 | 32004 | 3788.53 | 4100 | 0.02053 | 0.17260274 | 22 | -3 | 378.8544 | ∃ nicht |
| 03/16/2004 | 10:32:07 | 10:45:06 | 1347784 | 1400714 | 32004 | 3788.42 | 4100 | 0.02053 | 0.17260274 | 22 | -68 | 378.9321 | ∃ nicht |
| 03/16/2004 | 10:32:07 | 10:45:16 | 1400706 | 1400715 | 32004 | 3789 | 4100 | 0.02053 | 0.17260274 | 22 | -3 | 378.5224 | ∃ nicht |
| 03/16/2004 | 13:37:04 | 13:50:36 | 1534453 | 1743992 | 62004 | 3822.84 | 4000 | 0.02049 | 0.42191781 | 177 | -1 | 378.9363 | 0.087019 |
| 03/18/2004 | 12:44:19 | 13:00:48 | 1788481 | 1439235 | 122004 | 3848.92 | 4000 | 0.02033 | 0.91506849 | 304 | -70 | 483.2945 | 0.17784 |
| 03/18/2004 | 12:44:19 | 13:00:57 | 1366694 | 1366695 | 122004 | 3848.92 | 4000 | 0.02033 | 0.91506849 | 304 | -11 | 483.2945 | 0.17784 |
| 03/18/2004 | 12:44:19 | 13:01:08 | 1592665 | 1788483 | 122004 | 3848.92 | 4000 | 0.02033 | 0.91506849 | 304 | -11 | 483.2945 | 0.17784 |
| 03/18/2004 | 12:44:19 | 13:01:21 | 1788482 | 1788484 | 122004 | 3848.92 | 4000 | 0.02033 | 0.91506849 | 304 | -8 | 483.2945 | 0.17784 |
| 03/25/2004 | 11:00:06 | 11:21:35 | 1741019 | 1495505 | 62004 | 3791.33 | 3900 | 0.01956 | 0.39726027 | 295 | -1 | 329.4552 | 0.26384 |
| 03/25/2004 | 14:30:00 | 14:47:39 | 1883527 | 1590213 | 42004 | 3793.43 | 3000 | 0.01989 | 0.22191781 | 212.8 | -40 | 8.8614 | 0.82246 |
| 03/25/2004 | 14:29:55 | 14:50:51 | 1756016 | 1756018 | 42004 | 3795.29 | 3000 | 0.01989 | 0.22191781 | 7.9 | -28 | 8.7891 | 0.29389 |
| 03/25/2004 | 14:29:55 | 14:51:06 | 1756017 | 1756019 | 42004 | 3795.12 | 3000 | 0.01989 | 0.22191781 | 7.9 | -22 | 8.7957 | 0.29385 |
| 03/25/2004 | 14:29:57 | 14:51:24 | 1883526 | 1601619 | 42004 | 3795.15 | 3000 | 0.01989 | 0.22191781 | 212.8 | -20 | 8.7946 | 0.82516 |
| 03/25/2004 | 14:30:00 | 14:51:39 | 1590211 | 1590214 | 42004 | 3793.58 | 3000 | 0.01989 | 0.22191781 | 6.4 | -100 | 8.8556 | 0.28221 |
| 03/25/2004 | 14:29:57 | 14:52:06 | 1590210 | 1883528 | 42004 | 3793.53 | 3000 | 0.01989 | 0.22191781 | 212.8 | -80 | 8.8556 | 0.8245 |
| 04/22/2004 | 09:02:57 | 09:15:58 | 2351106 | 2332530 | 52004 | 4049.58 | 3750 | 0.02064 | 0.32876712 | 25 | -20 | 134.7421 | 0.14202 |
| 04/22/2004 | 16:20:36 | 16:26:41 | 2239292 | 2350805 | 52004 | 4017.5 | 4250 | 0.02064 | 0.32876712 | 13.5 | -98 | 395.7852 | ∃ nicht |
| 04/23/2004 | 16:59:05 | 17:21:45 | 2377715 | 2335009 | 122004 | 4112.18 | 3000 | 0.02147 | 0.90136986 | 46 | -1500 | 58.0876 | 0.28063 |
| 04/30/2004 | 14:59:42 | 15:27:31 | 2378084 | 2471851 | 92004 | 3996.4 | 2400 | 0.02055 | 0.63287671 | 2.1 | -50 | 3.6595 | 0.27886 |
| 04/30/2004 | 14:59:42 | 15:28:20 | 2378085 | 2471852 | 92004 | 3997.1 | 2400 | 0.02055 | 0.63287671 | 2.1 | -50 | 3.6522 | 0.27894 |
| 04/30/2004 | 14:59:42 | 15:30:39 | 2471855 | 2471856 | 92004 | 3992.91 | 2600 | 0.02055 | 0.63287671 | 2.1 | -100 | 9.5043 | 0.23952 |
| 05/13/2004 | 15:09:54 | 15:35:04 | 2630518 | 2703475 | 62004 | 3798.71 | 2400 | 0.02153 | 0.43013699 | 0.1 | -500 | 1.697 | 0.22689 |
| 05/19/2004 | 14:37:26 | 14:54:22 | 2968842 | 2781535 | 52004 | 3851.18 | 4500 | 0.02129 | 0.3369863 | 740 | -1 | 695.5083 | 0.36282 |
| 06/01/2004 | 12:37:46 | 13:08:44 | 3074341 | 3074410 | 62004 | 3868.4 | 3900 | 0.02151 | 0.4630137 | 65 | -15 | 310.6909 | 0.065264 |
| 06/01/2004 | 12:37:46 | 13:09:24 | 3074340 | 3074411 | 62004 | 3868.55 | 3900 | 0.02151 | 0.4630137 | 56.5 | -13 | 310.6226 | 0.05722 |
| 06/09/2004 | 09:36:25 | 09:59:50 | 3216842 | 3216844 | 122005 | 4026.15 | 4000 | 0.02352 | 1.9369863 | 275.9 | -20 | 551.7208 | 0.16984 |
| 06/09/2004 | 09:36:26 | 10:00:07 | 3216843 | 3216845 | 122005 | 4026.24 | 4000 | 0.02352 | 1.9369863 | 275.9 | -80 | 551.6876 | 0.16985 |
| 06/22/2004 | 10:11:37 | 10:35:33 | 3452601 | 3452625 | 82004 | 3973.62 | 3600 | 0.02246 | 0.57808219 | 13 | -4 | 171.6741 | 0.10948 |
| 06/23/2004 | 10:51:50 | 14:28:02 | 3472037 | 3472039 | 82004 | 3961.23 | 3600 | 0.02244 | 0.57534247 | 13 | -4 | 174.4591 | 0.10744 |
| 06/30/2004 | 18:22:47 | 19:36:27 | 3574381 | 3556153 | 92004 | 4052.73 | 3700 | 0.02254 | 0.63287671 | 44 | -2000 | 197.9836 | 0.14569 |

* unterstellt: 30%

Tabelle 97: Annullierte Puts im Untersuchungszeitraum
Quelle: Eigene Auswertung.

## 6. Dateninput

Tabelle 98 führt Mittelwert und Median der impliziten Volatilität für alle Calls für jeden Handelstag im Untersuchungszeitraum auf. Damit stellt Tabelle 98 die Grundlage zur Berechnung der Teststatistik des Wilcoxon-Rangtests dar.

| | | | Implizite Volatilität nach Handelstagen | | | | | | | | |
|---|---|---|---|---|---|---|---|---|---|---|---|
| | | Calls Mediane | | | | | | Calls Mittelwerte | | | |
| Januar | Februar | März | April | Mai | Juni | Januar | Februar | März | April | Mai | Juni |
| 0,2 | 0,1977 | NaN | 0,189 | 0,208 | 0,207 | 0,207 | 0,1999 | NaN | 0,198 | 0,211 | 0,212 |
| 0,211 | 0,2008 | NaN | 0,181 | 0,207 | 0,205 | 0,218 | 0,205 | NaN | 0,187 | 0,209 | 0,211 |
| 0,208 | 0,1993 | NaN | 0,173 | 0,194 | 0,201 | 0,215 | 0,2032 | NaN | 0,181 | 0,199 | 0,207 |
| 0,196 | 0,1911 | NaN | 0,175 | 0,204 | 0,181 | 0,206 | 0,195 | NaN | 0,187 | 0,206 | 0,189 |
| 0,188 | 0,1869 | NaN | 0,172 | 0,214 | 0,178 | 0,196 | 0,1915 | NaN | 0,179 | 0,215 | 0,187 |
| 0,19 | 0,1818 | 0,216 | 0,171 | 0,246 | 0,177 | 0,205 | 0,188 | 0,338 | 0,178 | 0,246 | 0,19 |
| 0,214 | 0,1767 | 0,247 | 0,208 | 0,222 | 0,169 | 0,228 | 0,1827 | 0,471 | 0,223 | 0,226 | 0,179 |
| 0,205 | 0,176 | NaN | 0,246 | 0,221 | 0,161 | 0,235 | 0,1832 | NaN | 0,25 | 0,222 | 0,168 |
| 0,209 | 0,1745 | NaN | 0,236 | 0,222 | 0,156 | 0,225 | 0,1841 | NaN | 0,301 | 0,223 | 0,174 |
| 0,206 | 0,1684 | 0,357 | NaN | 0,231 | 0,2 | 0,243 | 0,1727 | 0,607 | NaN | 0,235 | 0,218 |
| NaN | 0,1832 | NaN | 0,18 | 0,265 | 0,189 | NaN | 0,1917 | NaN | 0,186 | 0,262 | 0,212 |
| 0,18 | 0,1879 | NaN | 0,176 | 0,24 | 0,186 | 0,187 | 0,1955 | NaN | 0,182 | 0,245 | 0,22 |
| 0,179 | 0,185 | NaN | 0,185 | 0,224 | 0,205 | 0,188 | 0,2231 | NaN | 0,19 | 0,233 | 0,259 |
| 0,177 | 0,1847 | NaN | 0,183 | 0,251 | NaN | 0,184 | 0,2149 | NaN | 0,188 | 0,255 | NaN |
| 0,175 | NaN | NaN | 0,169 | NaN | 0,162 | 0,181 | NaN | NaN | 0,175 | NaN | 0,168 |
| 0,173 | 0,174 | 0,255 | 0,169 | 0,198 | 0,167 | 0,179 | 0,1798 | 0,325 | 0,178 | 0,203 | 0,174 |
| 0,18 | 0,1894 | 0,249 | 0,172 | 0,207 | 0,17 | 0,184 | 0,1919 | 0,324 | 0,177 | 0,211 | 0,176 |
| 0,175 | 0,1892 | NaN | 0,183 | 0,191 | 0,162 | 0,182 | 0,1959 | NaN | 0,191 | 0,207 | 0,167 |
| 0,181 | 0,1869 | NaN | 0,198 | 0,186 | 0,168 | 0,19 | 0,1939 | NaN | 0,201 | 0,197 | 0,174 |
| 0,193 | 0,1785 | NaN | 0,199 | 0,186 | 0,168 | 0,199 | 0,1865 | NaN | 0,203 | 0,193 | 0,172 |
| 0,193 | | NaN | | 0,197 | 0,171 | 0,198 | | NaN | | 0,215 | 0,181 |
| | | NaN | | | 0,169 | | | NaN | | | 0,174 |
| | | NaN | | | | | | NaN | | | |
| μ 0,192 | 0,1848 | 0,265 | 0,188 | 0,216 | 0,179 | 0,202 | 0,1936 | 0,413 | 0,198 | 0,221 | 0,191 |

Tabelle 98: Durchschnittliche implizite Volatilitäten für alle Calls
Quelle: Eigene Berechnung.

Tabelle 99 führt Mittelwert und Median der impliziten Volatilität für alle Calls für jeden Handelstag im Untersuchungszeitraum auf. Damit stellt Tabelle 99 die Grundlage zur Berechnung der Teststatistik des Wilcoxon-Rangtests dar.

## Implizite Volatilität nach Handelstagen

| | Puts Mediane | | | | | | Puts Mittelwerte | | | | |
|---|---|---|---|---|---|---|---|---|---|---|---|
| Januar | Februar | März | April | Mai | Juni | Januar | Februar | März | April | Mai | Juni |
| 0,259 | 0,2337 | 0,207 | 0,245 | 0,261 | 0,254 | 0,335 | 0,2457 | 0,222 | 0,253 | 0,272 | 0,262 |
| 0,27 | 0,2318 | 0,206 | 0,228 | 0,248 | 0,248 | 0,381 | 0,2503 | 0,218 | 0,245 | 0,258 | 0,26 |
| 0,254 | 0,2328 | 0,191 | 0,222 | 0,237 | 0,246 | 0,333 | 0,2526 | 0,206 | 0,235 | 0,266 | 0,258 |
| 0,268 | 0,2224 | 0,199 | 0,212 | 0,246 | 0,225 | 0,361 | 0,2398 | 0,214 | 0,234 | 0,256 | 0,239 |
| 0,25 | 0,2133 | 0,191 | 0,206 | 0,255 | 0,222 | 0,349 | 0,2237 | 0,204 | 0,224 | 0,266 | 0,238 |
| 0,246 | 0,209 | 0,194 | 0,21 | 0,29 | 0,221 | 0,366 | 0,2229 | 0,209 | 0,222 | 0,301 | 0,232 |
| 0,287 | 0,2044 | 0,197 | 0,228 | 0,266 | 0,207 | 0,433 | 0,2195 | 0,21 | 0,252 | 0,276 | 0,229 |
| 0,285 | 0,2064 | 0,215 | 0,26 | 0,259 | 0,2 | 0,504 | 0,2206 | 0,226 | 0,282 | 0,268 | 0,218 |
| 0,256 | 0,2037 | 0,268 | 0,256 | 0,266 | 0,191 | 0,393 | 0,2207 | 0,278 | 0,283 | 0,277 | 0,208 |
| 0,302 | 0,1921 | 0,282 | NaN | 0,266 | 0,229 | 0,575 | 0,2059 | 0,293 | NaN | 0,277 | 0,245 |
| NaN | 0,2051 | 0,318 | 0,243 | 0,29 | 0,224 | NaN | 0,2244 | 0,324 | 0,253 | 0,298 | 0,246 |
| 0,24 | 0,203 | 0,324 | 0,231 | 0,268 | 0,215 | 0,293 | 0,2213 | 0,334 | 0,242 | 0,286 | 0,238 |
| 0,228 | 0,2098 | 0,291 | 0,227 | 0,258 | 0,22 | 0,288 | 0,2252 | 0,31 | 0,238 | 0,291 | 0,279 |
| 0,223 | 0,2098 | 0,289 | 0,231 | 0,282 | NaN | 0,285 | 0,2231 | 0,316 | 0,24 | 0,313 | NaN |
| 0,247 | NaN | NaN | 0,215 | NaN | 0,204 | 0,298 | NaN | NaN | 0,223 | NaN | 0,211 |
| 0,199 | 0,1992 | 0,294 | 0,215 | 0,246 | 0,201 | 0,271 | 0,2121 | 0,305 | 0,224 | 0,258 | 0,21 |
| 0,232 | 0,2175 | 0,298 | 0,206 | 0,253 | 0,211 | 0,288 | 0,2302 | 0,305 | 0,221 | 0,261 | 0,218 |
| 0,231 | 0,2126 | 0,295 | 0,22 | 0,243 | 0,199 | 0,287 | 0,2255 | 0,304 | 0,232 | 0,256 | 0,212 |
| 0,256 | 0,2221 | 0,275 | 0,241 | 0,232 | 0,196 | 0,305 | 0,2303 | 0,286 | 0,256 | 0,247 | 0,209 |
| 0,225 | 0,208 | 0,266 | 0,243 | 0,235 | 0,205 | 0,269 | 0,2258 | 0,271 | 0,255 | 0,24 | 0,215 |
| 0,309 | | 0,265 | | 0,239 | 0,207 | 0,357 | | 0,274 | | 0,254 | 0,227 |
| | | 0,261 | | | 0,196 | | | 0,27 | | | 0,214 |
| | | 0,249 | | | | | | 0,264 | | | |
| μ 0,253 | 0,2125 | 0,253 | 0,228 | 0,257 | 0,215 | 0,348 | 0,2273 | 0,266 | 0,243 | 0,271 | 0,232 |

**Tabelle 99: Durchschnittliche implizite Volatilitäten für alle Puts**
Quelle: Eigene Berechnung.

# 7. Berechnungen für den Wilcoxon-Rangtest

## 7.1 Mediane der Volatilität

Tabelle 100 zeigt die Ausgangsdaten und stellt die Arbeitstabelle zur Berechnung der Teststatistik dar. Anhand der Teststatistik kann die Aussage getroffen werden, dass der Median der impliziten Volatilität der Puts signifikant höher ist als der Median der impliziten Volatilität der Calls.

| i | Calls Mediane | Puts Mediane | $d_i = x_{i1} - x_{i2}$ | Betrag $d_i$ | $r_i$ | $r_i^+$ | $r_i^-$ |
|---|---|---|---|---|---|---|---|
| 1 | 0,2004 | 0,259 | -0,0586 | 0,0586 | 92 | 0 | 92 |
| 2 | 0,2105 | 0,2701 | -0,0596 | 0,0596 | 93 | 0 | 93 |
| 3 | 0,2076 | 0,2543 | -0,0467 | 0,0467 | 75 | 0 | 75 |
| 4 | 0,1961 | 0,268 | -0,0719 | 0,0719 | 97 | 0 | 97 |
| 5 | 0,1875 | 0,2501 | -0,0626 | 0,0626 | 95,5 | 0 | 95,5 |
| 6 | 0,1904 | 0,2459 | -0,0555 | 0,0555 | 89 | 0 | 89 |
| 7 | 0,2137 | 0,2874 | -0,0737 | 0,0737 | 99 | 0 | 99 |
| 8 | 0,2049 | 0,2852 | -0,0803 | 0,0803 | 102 | 0 | 102 |
| 9 | 0,2086 | 0,2564 | -0,0478 | 0,0478 | 77 | 0 | 77 |
| 10 | 0,2058 | 0,3016 | -0,0958 | 0,0958 | 103 | 0 | 103 |
| 11 | 0,1799 | 0,2396 | -0,0597 | 0,0597 | 94 | 0 | 94 |
| 12 | 0,1793 | 0,2281 | -0,0488 | 0,0488 | 81 | 0 | 81 |
| 13 | 0,1765 | 0,2226 | -0,0461 | 0,0461 | 70 | 0 | 70 |
| 14 | 0,1745 | 0,2471 | -0,0726 | 0,0726 | 98 | 0 | 98 |
| 15 | 0,1729 | 0,1987 | -0,0258 | 0,0258 | 14 | 0 | 14 |
| 16 | 0,1795 | 0,2319 | -0,0524 | 0,0524 | 87 | 0 | 87 |
| 17 | 0,1753 | 0,2313 | -0,056 | 0,056 | 90 | 0 | 90 |
| 18 | 0,1814 | 0,2562 | -0,0748 | 0,0748 | 100 | 0 | 100 |
| 19 | 0,1933 | 0,2249 | -0,0316 | 0,0316 | 30 | 0 | 30 |
| 20 | 0,1934 | 0,3091 | -0,1157 | 0,1157 | 104 | 0 | 104 |
| 21 | 0,1977 | 0,2337 | -0,036 | 0,036 | 41 | 0 | 41 |
| 22 | 0,2008 | 0,2318 | -0,031 | 0,031 | 27 | 0 | 27 |
| 23 | 0,1993 | 0,2328 | -0,0335 | 0,0335 | 31 | 0 | 31 |
| 24 | 0,1911 | 0,2224 | -0,0313 | 0,0313 | 28,5 | 0 | 28,5 |
| 25 | 0,1869 | 0,2133 | -0,0264 | 0,0264 | 15 | 0 | 15 |
| 26 | 0,1818 | 0,209 | -0,0272 | 0,0272 | 17 | 0 | 17 |
| 27 | 0,1767 | 0,2044 | -0,0277 | 0,0277 | 19 | 0 | 19 |
| 28 | 0,176 | 0,2064 | -0,0304 | 0,0304 | 26 | 0 | 26 |
| 29 | 0,1745 | 0,2037 | -0,0292 | 0,0292 | 23 | 0 | 23 |
| 30 | 0,1684 | 0,1921 | -0,0237 | 0,0237 | 9 | 0 | 9 |

Tabelle 100: Berechnung der Teststatistik für den Wilcoxon-Rangtest – Mediane Volatilität
Quelle: Eigene Berechnungen.

| i | Calls Mediane | Puts Mediane | $d_i = x_{i1}-x_{i2}$ | Betrag $d_i$ | $r_i$ | $r_i^+$ | $r_i^-$ |
|---|---|---|---|---|---|---|---|
| 31 | 0,1832 | 0,2051 | -0,0219 | 0,0219 | 6 | 0 | 6 |
| 32 | 0,1879 | 0,203 | -0,0151 | 0,0151 | 2,5 | 0 | 2,5 |
| 33 | 0,185 | 0,2098 | -0,0248 | 0,0248 | 10 | 0 | 10 |
| 34 | 0,1847 | 0,2098 | -0,0251 | 0,0251 | 12 | 0 | 12 |
| 35 | 0,174 | 0,1992 | -0,0252 | 0,0252 | 13 | 0 | 13 |
| 36 | 0,1894 | 0,2175 | -0,0281 | 0,0281 | 20 | 0 | 20 |
| 37 | 0,1892 | 0,2126 | -0,0234 | 0,0234 | 8 | 0 | 8 |
| 38 | 0,1869 | 0,2221 | -0,0352 | 0,0352 | 38 | 0 | 38 |
| 39 | 0,1785 | 0,208 | -0,0295 | 0,0295 | 25 | 0 | 25 |
| 40 | 0,2162 | 0,1942 | 0,022 | 0,022 | 7 | 7 | 0 |
| 41 | 0,2471 | 0,197 | 0,0501 | 0,0501 | 84 | 84 | 0 |
| 42 | 0,3572 | 0,282 | 0,0752 | 0,0752 | 101 | 101 | 0 |
| 43 | 0,2551 | 0,2939 | -0,0388 | 0,0388 | 48 | 0 | 48 |
| 44 | 0,2487 | 0,2976 | -0,0489 | 0,0489 | 83 | 0 | 83 |
| 45 | 0,1889 | 0,2454 | -0,0565 | 0,0565 | 91 | 0 | 91 |
| 46 | 0,1814 | 0,2275 | -0,0461 | 0,0461 | 70 | 0 | 70 |
| 47 | 0,1733 | 0,2221 | -0,0488 | 0,0488 | 81 | 0 | 81 |
| 48 | 0,1754 | 0,2122 | -0,0368 | 0,0368 | 42 | 0 | 42 |
| 49 | 0,1721 | 0,2062 | -0,0341 | 0,0341 | 35 | 0 | 35 |
| 50 | 0,1706 | 0,2103 | -0,0397 | 0,0397 | 50 | 0 | 50 |
| 51 | 0,2084 | 0,2278 | -0,0194 | 0,0194 | 4,5 | 0 | 4,5 |
| 52 | 0,2461 | 0,2599 | -0,0138 | 0,0138 | 1 | 0 | 1 |
| 53 | 0,2362 | 0,2556 | -0,0194 | 0,0194 | 4,5 | 0 | 4,5 |
| 54 | 0,1801 | 0,2427 | -0,0626 | 0,0626 | 95,5 | 0 | 95,5 |
| 55 | 0,1762 | 0,2306 | -0,0544 | 0,0544 | 88 | 0 | 88 |
| 56 | 0,1854 | 0,2272 | -0,0418 | 0,0418 | 56 | 0 | 56 |
| 57 | 0,1833 | 0,2314 | -0,0481 | 0,0481 | 78 | 0 | 78 |
| 58 | 0,169 | 0,2151 | -0,0461 | 0,0461 | 70 | 0 | 70 |
| 59 | 0,1689 | 0,215 | -0,0461 | 0,0461 | 70 | 0 | 70 |
| 60 | 0,1717 | 0,2055 | -0,0338 | 0,0338 | 33 | 0 | 33 |
| 61 | 0,1828 | 0,2201 | -0,0373 | 0,0373 | 44,5 | 0 | 44,5 |
| 62 | 0,1977 | 0,2413 | -0,0436 | 0,0436 | 60 | 0 | 60 |
| 63 | 0,1987 | 0,2426 | -0,0439 | 0,0439 | 62 | 0 | 62 |
| 64 | 0,2082 | 0,2605 | -0,0523 | 0,0523 | 86 | 0 | 86 |
| 65 | 0,2067 | 0,2484 | -0,0417 | 0,0417 | 54 | 0 | 54 |
| 66 | 0,1941 | 0,2373 | -0,0432 | 0,0432 | 59 | 0 | 59 |
| 67 | 0,2041 | 0,2458 | -0,0417 | 0,0417 | 54 | 0 | 54 |
| 68 | 0,2139 | 0,2548 | -0,0409 | 0,0409 | 51 | 0 | 51 |
| 69 | 0,2461 | 0,2903 | -0,0442 | 0,0442 | 66 | 0 | 66 |
| 70 | 0,2222 | 0,2662 | -0,044 | 0,044 | 64,5 | 0 | 64,5 |

**Tabelle 100** (continued)

Anhang 395

| i | Calls Mediane | Puts Mediane | $d_i = x_{i1}-x_{i2}$ | Betrag $d_i$ | $r_i$ | $r_i^+$ | $r_i^-$ |
|---|---|---|---|---|---|---|---|
| 71 | 0,2206 | 0,2589 | -0,0383 | 0,0383 | 47 | 0 | 47 |
| 72 | 0,2216 | 0,2662 | -0,0446 | 0,0446 | 67 | 0 | 67 |
| 73 | 0,2307 | 0,2664 | -0,0357 | 0,0357 | 40 | 0 | 40 |
| 74 | 0,2646 | 0,2895 | -0,0249 | 0,0249 | 11 | 0 | 11 |
| 75 | 0,2401 | 0,2677 | -0,0276 | 0,0276 | 18 | 0 | 18 |
| 76 | 0,2244 | 0,258 | -0,0336 | 0,0336 | 32 | 0 | 32 |
| 77 | 0,2511 | 0,2824 | -0,0313 | 0,0313 | 28,5 | 0 | 28,5 |
| 78 | 0,1975 | 0,2461 | -0,0486 | 0,0486 | 79 | 0 | 79 |
| 79 | 0,2066 | 0,2529 | -0,0463 | 0,0463 | 73,5 | 0 | 73,5 |
| 80 | 0,191 | 0,2427 | -0,0517 | 0,0517 | 85 | 0 | 85 |
| 81 | 0,1858 | 0,2321 | -0,0463 | 0,0463 | 73,5 | 0 | 73,5 |
| 82 | 0,1859 | 0,2347 | -0,0488 | 0,0488 | 81 | 0 | 81 |
| 83 | 0,197 | 0,2387 | -0,0417 | 0,0417 | 54 | 0 | 54 |
| 84 | 0,2065 | 0,2542 | -0,0477 | 0,0477 | 76 | 0 | 76 |
| 85 | 0,2046 | 0,2475 | -0,0429 | 0,0429 | 58 | 0 | 58 |
| 86 | 0,2011 | 0,2459 | -0,0448 | 0,0448 | 68 | 0 | 68 |
| 87 | 0,1814 | 0,2254 | -0,044 | 0,044 | 64,5 | 0 | 64,5 |
| 88 | 0,1781 | 0,222 | -0,0439 | 0,0439 | 62 | 0 | 62 |
| 89 | 0,1769 | 0,2208 | -0,0439 | 0,0439 | 62 | 0 | 62 |
| 90 | 0,169 | 0,2071 | -0,0381 | 0,0381 | 46 | 0 | 46 |
| 91 | 0,1609 | 0,2002 | -0,0393 | 0,0393 | 49 | 0 | 49 |
| 92 | 0,1564 | 0,191 | -0,0346 | 0,0346 | 37 | 0 | 37 |
| 93 | 0,1996 | 0,2287 | -0,0291 | 0,0291 | 22 | 0 | 22 |
| 94 | 0,1891 | 0,2236 | -0,0345 | 0,0345 | 36 | 0 | 36 |
| 95 | 0,186 | 0,2154 | -0,0294 | 0,0294 | 24 | 0 | 24 |
| 96 | 0,2048 | 0,2199 | -0,0151 | 0,0151 | 2,5 | 0 | 2,5 |
| 97 | 0,1618 | 0,2037 | -0,0419 | 0,0419 | 57 | 0 | 57 |
| 98 | 0,1669 | 0,2009 | -0,034 | 0,034 | 34 | 0 | 34 |
| 99 | 0,1696 | 0,2108 | -0,0412 | 0,0412 | 52 | 0 | 52 |
| 100 | 0,1619 | 0,199 | -0,0371 | 0,0371 | 43 | 0 | 43 |
| 101 | 0,1679 | 0,1961 | -0,0282 | 0,0282 | 21 | 0 | 21 |
| 102 | 0,1676 | 0,2049 | -0,0373 | 0,0373 | 44,5 | 0 | 44,5 |
| 103 | 0,1713 | 0,2069 | -0,0356 | 0,0356 | 39 | 0 | 39 |
| 104 | 0,1687 | 0,1958 | -0,0271 | 0,0271 | 16 | 0 | 16 |
| | | | | | $R_n^{+/-}$ | 192 | 5266 |

**Tabelle 100** (continued)

$R_n =$ min($R_n^+$; $R_n^-$) $=$ min(192;5266) $=$ 192
$E(R_n) =$ $1/4 \cdot n(n+1) =$ $1/4 \cdot 104 \cdot 105 =$ 2730
$Var(R_n) =$ $1/24 \cdot (n^2+n)(2n+1) =$ $1/24 \cdot (104^2+104) \cdot (2 \cdot 104+1) =$ 95095
$k_u =$ $\mu_{Rn}+z_{1-\alpha/2}*\sigma_{Rn} =$ $2730 - 1,96 \cdot 95095 =$ -183656,2
$Z =$ $(R_n-\mu_{Rn})/\sigma_{Rn} =$ $(192-2730)/(95095)^{1/2} =$ -8,230245242
p-Wert $=$ 1,87E-16

## 7.2 Mittelwerte der Volatilität

Tabelle 101 zeigt die Ausgangsdaten und stellt die Arbeitstabelle zur Berechnung der Teststatistik dar. Anhand der Teststatistik kann die Aussage getroffen werden, dass der Mittelwert der impliziten Volatilität der Puts signifikant höher ist als der Mittelwert der impliziten Volatilität der Calls.

| i | Calls Mittelwerte | Puts Mittelwerte | $d_i = x_{i1} - x_{i2}$ | Betrag $d_i$ | $r_i$ | $r_i^+$ | $r_i^-$ |
|---|---|---|---|---|---|---|---|
| 1 | 0,207 | 0,3352 | -0,1282 | 0,1282 | 92 | 0 | 92 |
| 2 | 0,2182 | 0,3807 | -0,1625 | 0,1625 | 98 | 0 | 98 |
| 3 | 0,2152 | 0,3325 | -0,1173 | 0,1173 | 91 | 0 | 91 |
| 4 | 0,2059 | 0,3612 | -0,1553 | 0,1553 | 95 | 0 | 95 |
| 5 | 0,1964 | 0,3487 | -0,1523 | 0,1523 | 94 | 0 | 94 |
| 6 | 0,2049 | 0,3661 | -0,1612 | 0,1612 | 97 | 0 | 97 |
| 7 | 0,2277 | 0,4332 | -0,2055 | 0,2055 | 100 | 0 | 100 |
| 8 | 0,2347 | 0,5044 | -0,2697 | 0,2697 | 102 | 0 | 102 |
| 9 | 0,225 | 0,3933 | -0,1683 | 0,1683 | 99 | 0 | 99 |
| 10 | 0,243 | 0,5748 | -0,3318 | 0,3318 | 104 | 0 | 104 |
| 11 | 0,1865 | 0,2926 | -0,1061 | 0,1061 | 88 | 0 | 88 |
| 12 | 0,1876 | 0,2877 | -0,1001 | 0,1001 | 84 | 0 | 84 |
| 13 | 0,1836 | 0,2846 | -0,101 | 0,101 | 85 | 0 | 85 |
| 14 | 0,1812 | 0,2979 | -0,1167 | 0,1167 | 90 | 0 | 90 |
| 15 | 0,1787 | 0,2709 | -0,0922 | 0,0922 | 83 | 0 | 83 |
| 16 | 0,1838 | 0,2884 | -0,1046 | 0,1046 | 86 | 0 | 86 |
| 17 | 0,1818 | 0,2873 | -0,1055 | 0,1055 | 87 | 0 | 87 |
| 18 | 0,1899 | 0,3049 | -0,115 | 0,115 | 89 | 0 | 89 |
| 19 | 0,1993 | 0,2688 | -0,0695 | 0,0695 | 82 | 0 | 82 |
| 20 | 0,1975 | 0,3566 | -0,1591 | 0,1591 | 96 | 0 | 96 |
| 21 | 0,1999 | 0,2457 | -0,0458 | 0,0458 | 45 | 0 | 45 |
| 22 | 0,205 | 0,2503 | -0,0453 | 0,0453 | 43 | 0 | 43 |
| 23 | 0,2032 | 0,2526 | -0,0494 | 0,0494 | 56 | 0 | 56 |
| 24 | 0,195 | 0,2398 | -0,0448 | 0,0448 | 40 | 0 | 40 |
| 25 | 0,1915 | 0,2237 | -0,0322 | 0,0322 | 13 | 0 | 13 |
| 26 | 0,188 | 0,2229 | -0,0349 | 0,0349 | 20 | 0 | 20 |
| 27 | 0,1827 | 0,2195 | -0,0368 | 0,0368 | 25 | 0 | 25 |
| 28 | 0,1832 | 0,2206 | -0,0374 | 0,0374 | 26 | 0 | 26 |
| 29 | 0,1841 | 0,2207 | -0,0366 | 0,0366 | 24 | 0 | 24 |
| 30 | 0,1727 | 0,2059 | -0,0332 | 0,0332 | 16 | 0 | 16 |
| 31 | 0,1917 | 0,2244 | -0,0327 | 0,0327 | 15 | 0 | 15 |
| 32 | 0,1955 | 0,2213 | -0,0258 | 0,0258 | 8 | 0 | 8 |
| 33 | 0,2231 | 0,2252 | -0,0021 | 0,0021 | 1 | 0 | 1 |
| 34 | 0,2149 | 0,2231 | -0,0082 | 0,0082 | 2 | 0 | 2 |
| 35 | 0,1798 | 0,2121 | -0,0323 | 0,0323 | 14 | 0 | 14 |

**Tabelle 101**: Berechnung der Teststatistik für den Wilcoxon-Rangtest – Mittelwerte Volatilität
Quelle: Eigene Berechnungen.

| i | Calls Mittelwerte | Puts Mittelwerte | $d_i = x_{i1} - x_{i2}$ | Betrag $d_i$ | $r_i$ | $r_i^+$ | $r_i^-$ |
|---|---|---|---|---|---|---|---|
| 36 | 0,1919 | 0,2302 | -0,0383 | 0,0383 | 28 | 0 | 28 |
| 37 | 0,1959 | 0,2255 | -0,0296 | 0,0296 | 11 | 0 | 11 |
| 38 | 0,1939 | 0,2303 | -0,0364 | 0,0364 | 22,5 | 0 | 22,5 |
| 39 | 0,1865 | 0,2258 | -0,0393 | 0,0393 | 28 | 0 | 28 |
| 40 | 0,3377 | 0,2089 | 0,1288 | 0,1288 | 93 | 93 | 0 |
| 41 | 0,4712 | 0,2104 | 0,2608 | 0,2608 | 101 | 101 | 0 |
| 42 | 0,6073 | 0,2927 | 0,3146 | 0,3146 | 103 | 103 | 0 |
| 43 | 0,325 | 0,3045 | 0,0205 | 0,0205 | 7 | 7 | 0 |
| 44 | 0,3243 | 0,3048 | 0,0195 | 0,0195 | 5 | 5 | 0 |
| 45 | 0,198 | 0,2534 | -0,0554 | 0,0554 | 74 | 0 | 74 |
| 46 | 0,1865 | 0,2452 | -0,0587 | 0,0587 | 77 | 0 | 77 |
| 47 | 0,181 | 0,2349 | -0,0539 | 0,0539 | 69 | 0 | 69 |
| 48 | 0,187 | 0,2338 | -0,0468 | 0,0468 | 47,5 | 0 | 47,5 |
| 49 | 0,1793 | 0,2244 | -0,0451 | 0,0451 | 41,5 | 0 | 41,5 |
| 50 | 0,1777 | 0,2221 | -0,0444 | 0,0444 | 38,5 | 0 | 38,5 |
| 51 | 0,223 | 0,2517 | -0,0287 | 0,0287 | 10 | 0 | 10 |
| 52 | 0,2503 | 0,2824 | -0,0321 | 0,0321 | 12 | 0 | 12 |
| 53 | 0,3006 | 0,2831 | 0,0175 | 0,0175 | 3 | 3 | 0 |
| 54 | 0,1856 | 0,2534 | -0,0678 | 0,0678 | 81 | 0 | 81 |
| 55 | 0,1824 | 0,2419 | -0,0595 | 0,0595 | 78 | 0 | 78 |
| 56 | 0,1903 | 0,2377 | -0,0474 | 0,0474 | 50 | 0 | 50 |
| 57 | 0,1883 | 0,2402 | -0,0519 | 0,0519 | 67 | 0 | 67 |
| 58 | 0,1754 | 0,223 | -0,0476 | 0,0476 | 51 | 0 | 51 |
| 59 | 0,1782 | 0,2237 | -0,0455 | 0,0455 | 44 | 0 | 44 |
| 60 | 0,1769 | 0,2213 | -0,0444 | 0,0444 | 38,5 | 0 | 38,5 |
| 61 | 0,1912 | 0,232 | -0,0408 | 0,0408 | 32 | 0 | 32 |
| 62 | 0,201 | 0,2555 | -0,0545 | 0,0545 | 73 | 0 | 73 |
| 63 | 0,203 | 0,2552 | -0,0522 | 0,0522 | 68 | 0 | 68 |
| 64 | 0,2114 | 0,2718 | -0,0604 | 0,0604 | 79 | 0 | 79 |
| 65 | 0,2086 | 0,2575 | -0,0489 | 0,0489 | 53,5 | 0 | 53,5 |
| 66 | 0,1989 | 0,2662 | -0,0673 | 0,0673 | 80 | 0 | 80 |
| 67 | 0,2059 | 0,2563 | -0,0504 | 0,0504 | 60 | 0 | 60 |
| 68 | 0,2147 | 0,2663 | -0,0516 | 0,0516 | 65 | 0 | 65 |
| 69 | 0,2463 | 0,3007 | -0,0544 | 0,0544 | 72 | 0 | 72 |
| 70 | 0,2256 | 0,2755 | -0,0499 | 0,0499 | 58 | 0 | 58 |
| 71 | 0,2215 | 0,2683 | -0,0468 | 0,0468 | 47,5 | 0 | 47,5 |
| 72 | 0,2232 | 0,2774 | -0,0542 | 0,0542 | 70,5 | 0 | 70,5 |
| 73 | 0,2345 | 0,277 | -0,0425 | 0,0425 | 35 | 0 | 35 |
| 74 | 0,2624 | 0,2981 | -0,0357 | 0,0357 | 21 | 0 | 21 |
| 75 | 0,2454 | 0,2857 | -0,0403 | 0,0403 | 31 | 0 | 31 |
| 76 | 0,233 | 0,2913 | -0,0583 | 0,0583 | 76 | 0 | 76 |
| 77 | 0,2552 | 0,3125 | -0,0573 | 0,0573 | 75 | 0 | 75 |
| 78 | 0,2033 | 0,2575 | -0,0542 | 0,0542 | 70,5 | 0 | 70,5 |
| 79 | 0,2105 | 0,2612 | -0,0507 | 0,0507 | 62,5 | 0 | 62,5 |
| 80 | 0,2069 | 0,2555 | -0,0486 | 0,0486 | 52 | 0 | 52 |

**Tabelle 101** (continued)

| i | Calls Mittelwerte | Puts Mittelwerte | $d_i = x_{i1}-x_{i2}$ | Betrag $d_i$ | $r_i$ | $r_i^+$ | $r_i^-$ |
|---|---|---|---|---|---|---|---|
| 81 | 0,1966 | 0,2473 | -0,0507 | 0,0507 | 62,5 | 0 | 62,5 |
| 82 | 0,1934 | 0,2402 | -0,0468 | 0,0468 | 47,5 | 0 | 47,5 |
| 83 | 0,215 | 0,2543 | -0,0393 | 0,0393 | 28 | 0 | 28 |
| 84 | 0,2122 | 0,2615 | -0,0493 | 0,0493 | 55 | 0 | 55 |
| 85 | 0,2113 | 0,2602 | -0,0489 | 0,0489 | 53,5 | 0 | 53,5 |
| 86 | 0,2065 | 0,2583 | -0,0518 | 0,0518 | 66 | 0 | 66 |
| 87 | 0,1886 | 0,2385 | -0,0499 | 0,0499 | 58 | 0 | 58 |
| 88 | 0,1865 | 0,2375 | -0,051 | 0,051 | 64 | 0 | 64 |
| 89 | 0,1902 | 0,2316 | -0,0414 | 0,0414 | 33 | 0 | 33 |
| 90 | 0,1785 | 0,229 | -0,0505 | 0,0505 | 61 | 0 | 61 |
| 91 | 0,1682 | 0,2181 | -0,0499 | 0,0499 | 58 | 0 | 58 |
| 92 | 0,1738 | 0,2082 | -0,0344 | 0,0344 | 17 | 0 | 17 |
| 93 | 0,2179 | 0,2446 | -0,0267 | 0,0267 | 9 | 0 | 9 |
| 94 | 0,2118 | 0,2463 | -0,0345 | 0,0345 | 18 | 0 | 18 |
| 95 | 0,2201 | 0,2382 | -0,0181 | 0,0181 | 4 | 0 | 4 |
| 96 | 0,2591 | 0,2791 | -0,02 | 0,02 | 6 | 0 | 6 |
| 97 | 0,1676 | 0,2112 | -0,0436 | 0,0436 | 36 | 0 | 36 |
| 98 | 0,1738 | 0,2102 | -0,0364 | 0,0364 | 22,5 | 0 | 22,5 |
| 99 | 0,1763 | 0,2181 | -0,0418 | 0,0418 | 34 | 0 | 34 |
| 100 | 0,1671 | 0,2122 | -0,0451 | 0,0451 | 41,5 | 0 | 41,5 |
| 101 | 0,1742 | 0,209 | -0,0348 | 0,0348 | 19 | 0 | 19 |
| 102 | 0,1716 | 0,2153 | -0,0437 | 0,0437 | 37 | 0 | 37 |
| 103 | 0,1806 | 0,2274 | -0,0468 | 0,0468 | 47,5 | 0 | 47,5 |
| 104 | 0,1741 | 0,2137 | -0,0396 | 0,0396 | 30 | 0 | 30 |
|  |  |  |  |  | $R_n^{+/-}$ | 312 | 5148 |

**Tabelle 101** (continued)

| | | | |
|---|---|---|---|
| $R_n =$ | $\min(R_n^+; R_n^-) =$ | $\min(312;5148) =$ | 312 |
| $E(R_n) =$ | $1/4 \cdot n(n+1) =$ | $1/4 \cdot 104 \cdot 105 =$ | 2730 |
| $Var(R_n) =$ | $1/24 \cdot (n^2+n)(2n+1) =$ | $1/24 \cdot (104^2+104) \cdot (2 \cdot 104+1) =$ | 95095 |
| $k_u =$ | $\mu_{Rn}+z_{1-\alpha/2} \cdot \sigma_{Rn} =$ | $2730 - 1,96 \cdot 95095 =$ | -183656,2 |
| $Z =$ | $(R_n-\mu_{Rn})/\sigma_{Rn} =$ | $(312-2730)/(95095)^{1/2} =$ | -7,841108351 |
| p-Wert = | | | 4,46E-15 |

# Anhang

## 8. Zusätzliche Auswertungen

### 8.1 Arbitragegewinne in den einzelnen Monaten

Die Tabellen 102 bis 107 fassen die Anzahl von Arbitragemöglichkeiten sowie die Höhe der Arbitragegewinne je Option und Transaktion unter schrittweisem Einbezug direkter und indirekter Transaktionskosten dar. Es wird unterschieden zwischen normalen Handelsteilnehmern und Market Makern. Die Ergebnisse werden jeweils für die einzelnen Monate ausgewiesen. Die Bedeutung der Abkürzungen ist wie folgt:

A1: Arbitragegewinn in € vor Transaktionskosten je Option.

A2: Arbitragegewinn in € vor Transaktionskosten je Transaktion.

A3: Arbitragegewinn in € nach Börsengebühren für normale Handelsteilnehmer je Transaktion (ohne Margin).

A4: Arbitragegewinn in € nach Börsengebühren für Market Maker je Transaktion (ohne Margin).

A5: Arbitragegewinn in € nach Transaktionskosten für normale Handelsteilnehmer je Transaktion vor Timing Kosten.

A6: Arbitragegewinn in € nach Transaktionskosten für Market Maker je Transaktion nach Timing Kosten.

A7: Arbitragegewinn in € nach Transaktionskosten für normale Handelsteilnehmer je Transaktion nach Timing Kosten.

### 8.1.1 Arbitragegewinne im Januar 2004

| Hedge | Größe | A1 | A2 | A3 | A4 | A5 | A6 | A7 |
|---|---|---|---|---|---|---|---|---|
| Long (1.922) | Anzahl | 1.922 | 1.922 | 1.396 | 1.808 | 101 | 1.436 | 69 |
| | Min | 0,0327 | 0,0655 | 0,0022 | 0,0191 | 0,0317 | 0,0078 | 0,2973 |
| | μ | 8,8736 | 226,5055 | 265,4981 | 232,4294 | 2.239,2 | 253,6704 | 3.087,9 |
| | Median | 6,3428 | 22,2410 | 18,1947 | 21,4741 | 17,5493 | 13,9143 | 41,8010 |
| | Max | 789,2871 | 164.040 | 159.820 | 163.130 | 137.210 | 158.260 | 132.330 |
| | σ | 20,0242 | 3.967,3 | 4.512,7 | 4.063,4 | 13.989 | 4.406,6 | 16.216 |
| Short (1.667) | Anzahl | 1.667 | 1.667 | 1.098 | 1.556 | 91 | 1.152 | 76 |
| | Min | 0,0101 | 0,0202 | 0,0391 | 0,0409 | 0,4227 | 0,0018 | 0,1640 |
| | μ | 8,0142 | 906,4621 | 1.250,0 | 951,7905 | 9.350,5 | 1.202,1 | 10.625 |
| | Median | 5,7344 | 24,50 | 23,5434 | 23,0949 | 135,5155 | 16,7280 | 194,8173 |
| | Max | 103,3121 | 221.740 | 210.540 | 219.340 | 150.530 | 210.740 | 141.930 |
| | σ | 9,4941 | 8.428,5 | 9.802 | 8.619,8 | 22.630 | 9.733,3 | 23.699 |

Tabelle 102: Anzahl und Höhe von Arbitragegewinnen im Januar 2004
Quelle: Eigene Berechnungen.

## 8.1.2 Arbitragegewinne im Februar 2004

| Hedge | Größe | A1 | A2 | A3 | A4 | A5 | A6 | A7 |
|---|---|---|---|---|---|---|---|---|
| Long (2.141) | Anzahl | 2.141 | 2.141 | 1.518 | 1.998 | 93 | 1.618 | 59 |
| | Min | 0,0085 | 0,0597 | 0,0551 | 0,0185 | 0,3037 | 0,0109 | 1,5222 |
| | μ | 8,1188 | 408,5240 | 510,9097 | 426,4987 | 5.090,4 | 488,4477 | 7.803,0 |
| | Median | 6,1491 | 25,5931 | 20,6917 | 24,7755 | 58,4645 | 15,2531 | 194,9529 |
| | Max | 114,6114 | 130.530 | 124.880 | 129.320 | 94.617 | 129.320 | 94.617 |
| | σ | 9,7831 | 4.606,1 | 5.213,8 | 4.720,0 | 15.230 | 5.198,2 | 18.446 |
| Short (1.332) | Anzahl | 1.332 | 1.332 | 871 | 1.218 | 52 | 874 | 36 |
| | Min | 0,0035 | 0,0104 | 0 | 0 | 0,5057 | 0,0069 | 0,7691 |
| | μ | 6,8862 | 400,3348 | 524,6530 | 423,6103 | 4.326,7 | 530,6916 | 6.099,0 |
| | Median | 5,0048 | 20,1413 | 17,3660 | 19,7091 | 68,0902 | 13,8964 | 102,1420 |
| | Max | 122,6294 | 61.315 | 59.909 | 61.014 | 52.380 | 61.014 | 52.380 |
| | σ | 8,1643 | 3.342,4 | 3.892,7 | 3.450,8 | 11.342 | 4.021,3 | 13.180 |

Tabelle 103: Anzahl und Höhe von Arbitragegewinnen im Februar 2004
Quelle: Eigene Berechnungen.

## 8.1.3 Arbitragegewinne im März 2004

| Hedge | Größe | A1 | A2 | A3 | A4 | A5 | A6 | A7 |
|---|---|---|---|---|---|---|---|---|
| Long (3.853) | Anzahl | 3.853 | 3.853 | 2.802 | 3.650 | 321 | 2.667 | 182 |
| | Min | 0000,448 | 0,0022 | 0,0018 | 0 | 0,1020 | 0 | 0,0411 |
| | μ | 9,9957 | 422,6234 | 539,2330 | 438,2078 | 3.776,9 | 552,6020 | 6.528,2 |
| | Median | 6,9185 | 26,1166 | 21,3697 | 25,0867 | 26,1268 | 15,7642 | 22,8902 |
| | Max | 2.402,40 | 600.610 | 599.900 | 600.450 | 596.120 | 600.450 | 596.120 |
| | σ | 39,8294 | 11.559 | 13.450 | 11.856 | 38.091 | 13.852 | 50.425 |
| Short (3.196) | Anzahl | 3.196 | 3.196 | 2.156 | 2.998 | 231 | 2.019 | 115 |
| | Min | 0,0062 | 0,0123 | 0,0245 | 0,0282 | 0,0521 | 0 | 0,20 |
| | μ | 9,9496 | 437,1439 | 596,7981 | 457,6880 | 4.408,8 | 613,1395 | 8.666,6 |
| | Median | 6,1374 | 23,4822 | 21,0781 | 22,0440 | 22,7244 | 13,6309 | 60,5984 |
| | Max | 398,3077 | 503.860 | 500.320 | 503.100 | 481.340 | 502.780 | 481.020 |
| | σ | 23,1213 | 9.934 | 11.982 | 10.236 | 34.716 | 12.420 | 48.762 |

Tabelle 104: Anzahl und Höhe von Arbitragegewinnen im März 2004
Quelle: Eigene Berechnungen.

## 8.1.4 Arbitragegewinne im April 2004

| Hedge | Größe | A1 | A2 | A3 | A4 | A5 | A6 | A7 |
|---|---|---|---|---|---|---|---|---|
| Long (3.412) | Anzahl | 3.412 | 3.412 | 2.678 | 3.279 | 236 | 2.703 | 152 |
| | Min | 0,0026 | 0,0026 | 0,0511 | 0 | 0,1543 | 0,0075 | 0,1543 |
| | μ | 10,2971 | 407,6693 | 470,0898 | 415,4529 | 3.643,9 | 460,2594 | 5.538,8 |
| | Median | 7,6785 | 34,7377 | 27,4503 | 33,0129 | 49,9204 | 21,8796 | 50,4583 |
| | Max | 323,8743 | 323.870 | 320.990 | 323.260 | 305.550 | 323.260 | 305.550 |
| | σ | 12,5030 | 6.617 | 7.346,5 | 6.726,0 | 22.526 | 7.395,8 | 27.896 |
| Short (1.639) | Anzahl | 1.639 | 1.639 | 1.073 | 1.482 | 120 | 1.073 | 94 |
| | Min | 0,0010 | 0,0256 | 0,0074 | 0,0061 | 0 | 0,0060 | 0,5000 |
| | μ | 8,4123 | 323,5125 | 429,0714 | 346,3579 | 2.283,9 | 428,2877 | 2.720,2 |
| | Median | 5,9445 | 25,2630 | 23,4402 | 24,3644 | 60,9276 | 20,8825 | 42,5861 |
| | Max | 124,65 | 112.180 | 109.660 | 111.640 | 96.165 | 109.210 | 93.735 |
| | σ | 10,5825 | 4.191,9 | 4.985,3 | 4.371,9 | 12.072 | 4.968,6 | 13.122 |

Tabelle 105: Anzahl und Höhe von Arbitragegewinnen im April 2004
Quelle: Eigene Berechnungen.

Anhang

## 8.1.5 Arbitragegewinne im Mai 2004

| Hedge | Größe | A1 | A2 | A3 | A4 | A5 | A6 | A7 |
|---|---|---|---|---|---|---|---|---|
| Long (2.179) | Anzahl | 2.179 | 2.179 | 1.391 | 1.972 | 137 | 1.407 | 75 |
| | Min | 0 | 0 | 0,0043 | 0,0199 | 0,0508 | 0,0162 | 0,7960 |
| | µ | 8,6081 | 475,1502 | 669,7039 | 513,1000 | 4.717,4 | 666,7135 | 8.334,0 |
| | Median | 5,5585 | 19,1823 | 17,1037 | 18,6329 | 39,9994 | 12,6688 | 110,3494 |
| | Max | 362,967 | 133.910 | 130.360 | 133.150 | 111.380 | 131.840 | 110.070 |
| | σ | 17,5494 | 5.332,7 | 6.445,8 | 5.563,7 | 16.745 | 6.496,9 | 21.675 |
| Short (2.352) | Anzahl | 2.352 | 2.352 | 1.614 | 2.203 | 106 | 1.583 | 55 |
| | Min | 0,0150 | 0,0161 | 0,0110 | 0,0056 | 0,2429 | 0,0111 | 0,2429 |
| | µ | 7,8317 | 388,2645 | 494,4341 | 402,2864 | 4.730,6 | 490,8025 | 8.707,9 |
| | Median | 5,7962 | 22,7792 | 18,7184 | 21,0161 | 28,9211 | 15,1359 | 279,6541 |
| | Max | 130,3005 | 131.900 | 128.390 | 131.150 | 109.610 | 130.900 | 109.360 |
| | σ | 9,3896 | 4.473,2 | 5.140,8 | 4.573,3 | 15.355 | 5.226,8 | 20.295 |

Tabelle 106: Anzahl und Höhe von Arbitragegewinnen im Mai 2004
Quelle: Eigene Berechnungen.

## 8.1.6 Arbitragegewinne im Juni 2004

| Hedge | Größe | A1 | A2 | A3 | A4 | A5 | A6 | A7 |
|---|---|---|---|---|---|---|---|---|
| Long (2.674) | Anzahl | 2.674 | 2.674 | 1.824 | 2.499 | 62 | 2.032 | 49 |
| | Min | 0 | 0 | 0,0031 | 0,0131 | 0,0735 | 0,0077 | 0,0953 |
| | µ | 7,1042 | 122,0814 | 133,8628 | 123,1734 | 1.521,1 | 124,4274 | 1.881,4 |
| | Median | 5,5974 | 21,1432 | 18,4048 | 20,7993 | 74,2862 | 14,7289 | 79,2862 |
| | Max | 106,9464 | 41.732 | 38.915 | 41.128 | 23.825 | 4.112,8 | 23.825 |
| | σ | 7,9539 | 1.241,6 | 1.404,6 | 1.266,0 | 4.996,4 | 1.400,9 | 5.566,7 |
| Short (1.581) | Anzahl | 1.581 | 1.581 | 900 | 1.415 | 34 | 1.012 | 24 |
| | Min | 0,0179 | 0,1090 | 0,0054 | 0 | 1,7857 | 0,0060 | 1,9548 |
| | µ | 6,0844 | 277,9338 | 420,1946 | 300,1032 | 6.774,7 | 376,6908 | 9.282,2 |
| | Median | 4,0978 | 16,0249 | 15,6193 | 15,4552 | 31,5012 | 10,5691 | 82,7013 |
| | Max | 253,7794 | 100.370 | 97.556 | 99.769 | 82.466 | 99.769 | 82.466 |
| | σ | 10,0029 | 3.657,7 | 4.686,0 | 3.838,4 | 19.510 | 4.434,8 | 22.188 |

Tabelle 107: Anzahl und Höhe von Arbitragegewinnen im Juni 2004
Quelle: Eigene Berechnungen.

## 8.2 Bereinigte Arbitragehöhe für normale Handelsteilnehmer

Abbildung 71 zeigt für einen normalen Handelsteilnehmer, um wie viel der um die Abnahme der Anzahl von Arbitragemöglichkeiten bereinigte Arbitragegewinn sinkt. Der stärkste Rückgang des Arbitragegewinns wird durch Brokeragegebühren verursacht, während Timing Kosten nur einen begrenzten Einfluss auf den mittleren Arbitragegewinn haben.

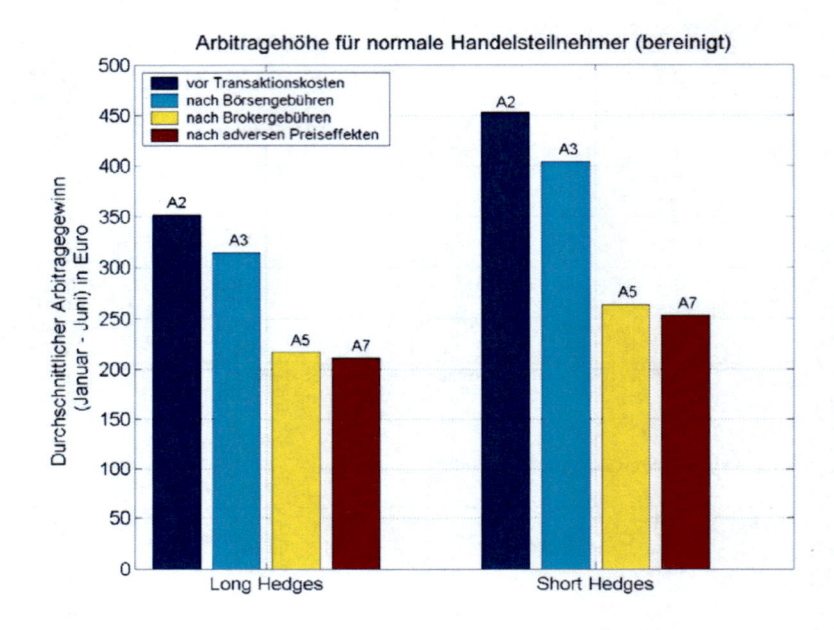

**Abbildung 71: Bereinigte Arbitragehöhe für normale Handelsteilnehmer**
Quelle: Eigene Berechnungen.

## 8.3 Bereinigte Arbitragehöhe für Market Maker

Abbildung 72 zeigt für Market Maker die Arbitragehöhe bereinigt um die Abnahme der Anzahl von Arbitragemöglichkeiten. Zur Bereinigung wurde der durchschnittliche Arbitragegewinn nach Transaktionskosten durch die Anzahl der Arbitragemöglichkeiten vor Transaktionskosten (27.948) dividiert und mit der Anzahl der Arbitragemöglichkeiten nach der jeweiligen Komponente von Transaktionskosten multipliziert. Anders als beim normalen Handelsteilnehmer scheinen Timing Kosten für den Market Maker eine gewichtigere Rolle auf den durchschnittlichen Arbitragegewinn zu haben als Börsengebühren. Dies liegt offensichtlich daran, dass Market Maker für jede DAX-Option maximal 0,20 € zahlen müssen, während es bei normalen Handelsteilnehmern 0,75 € sind. Da jeder Kontrakt ge- und verkauft werden muss und zum Aufbau der Arbitrageposition sowohl ein Put als auch ein Call notwendig sind, vervierfachen sich diese Transaktionskosten. Nach Berücksichtigung von Transaktionskosten sinkt der durchschnittliche Arbitragegewinn für den Market Maker.

Anhang 403

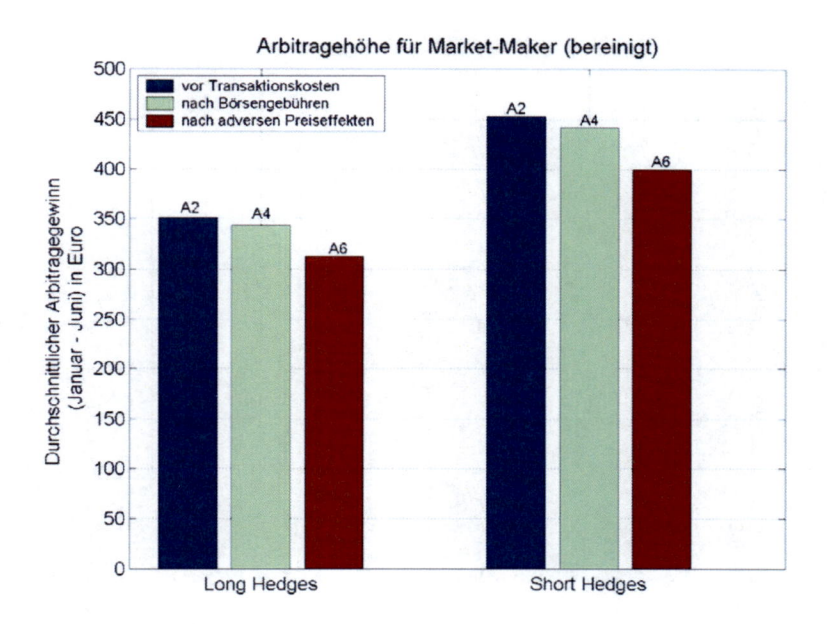

**Abbildung 72: Bereinigte Arbitragehöhe für Market Maker**
Quelle: Eigene Berechnungen.

## 8.4 Überprüfung des Niveaus der impliziten Volatilität

Die Abbildungen 73 bis 78 stellen die Volatilitätsstruktur von Calls denen von Puts in den einzelnen Monaten gegenüber. Um die Volatilitätsstrukturen vergleichbar zu machen und die Struktur in Abhängigkeit von der Restlaufzeit identifizieren zu können, wurden Optionen ausgewählt mit Restlaufzeiten von 7, 30, 90, 160 und 365 Kalendertagen.

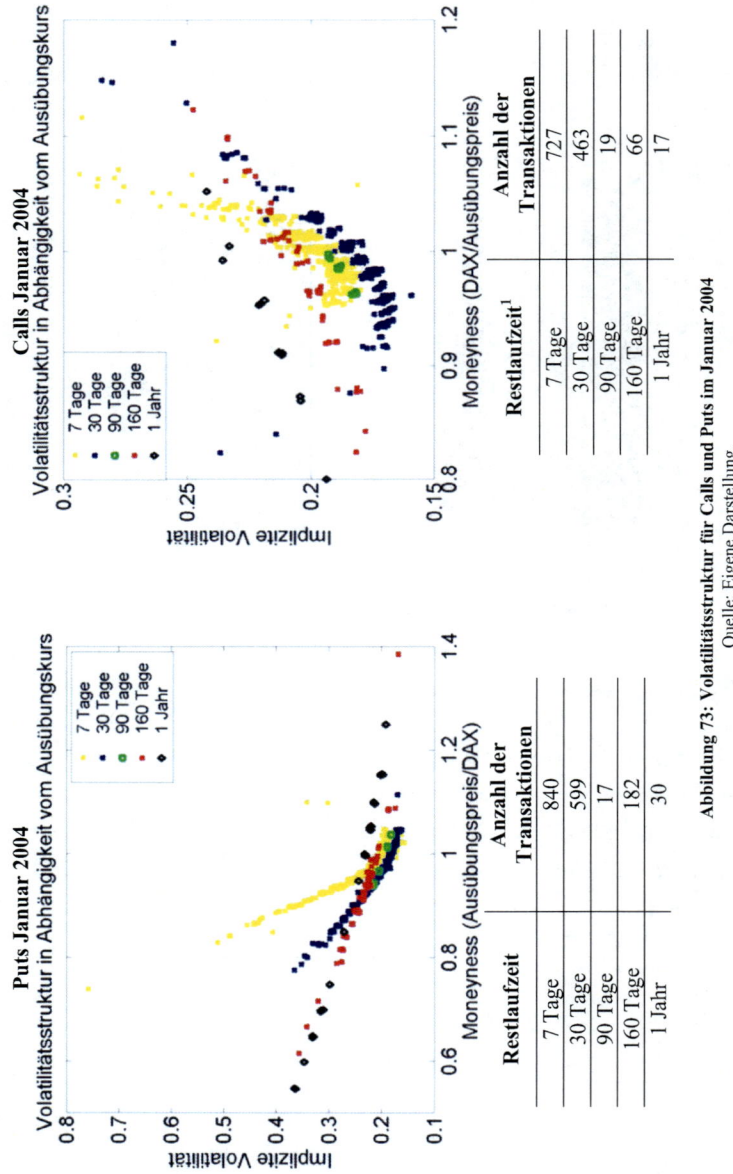

## Puts Januar 2004
### Volatilitätsstruktur in Abhängigkeit vom Ausübungskurs

| Restlaufzeit | Anzahl der Transaktionen |
|---|---|
| 7 Tage | 840 |
| 30 Tage | 599 |
| 90 Tage | 17 |
| 160 Tage | 182 |
| 1 Jahr | 30 |

## Calls Januar 2004
### Volatilitätsstruktur in Abhängigkeit vom Ausübungskurs

| Restlaufzeit[1] | Anzahl der Transaktionen |
|---|---|
| 7 Tage | 727 |
| 30 Tage | 463 |
| 90 Tage | 19 |
| 160 Tage | 66 |
| 1 Jahr | 17 |

**Abbildung 73: Volatilitätsstruktur für Calls und Puts im Januar 2004**
Quelle: Eigene Darstellung.

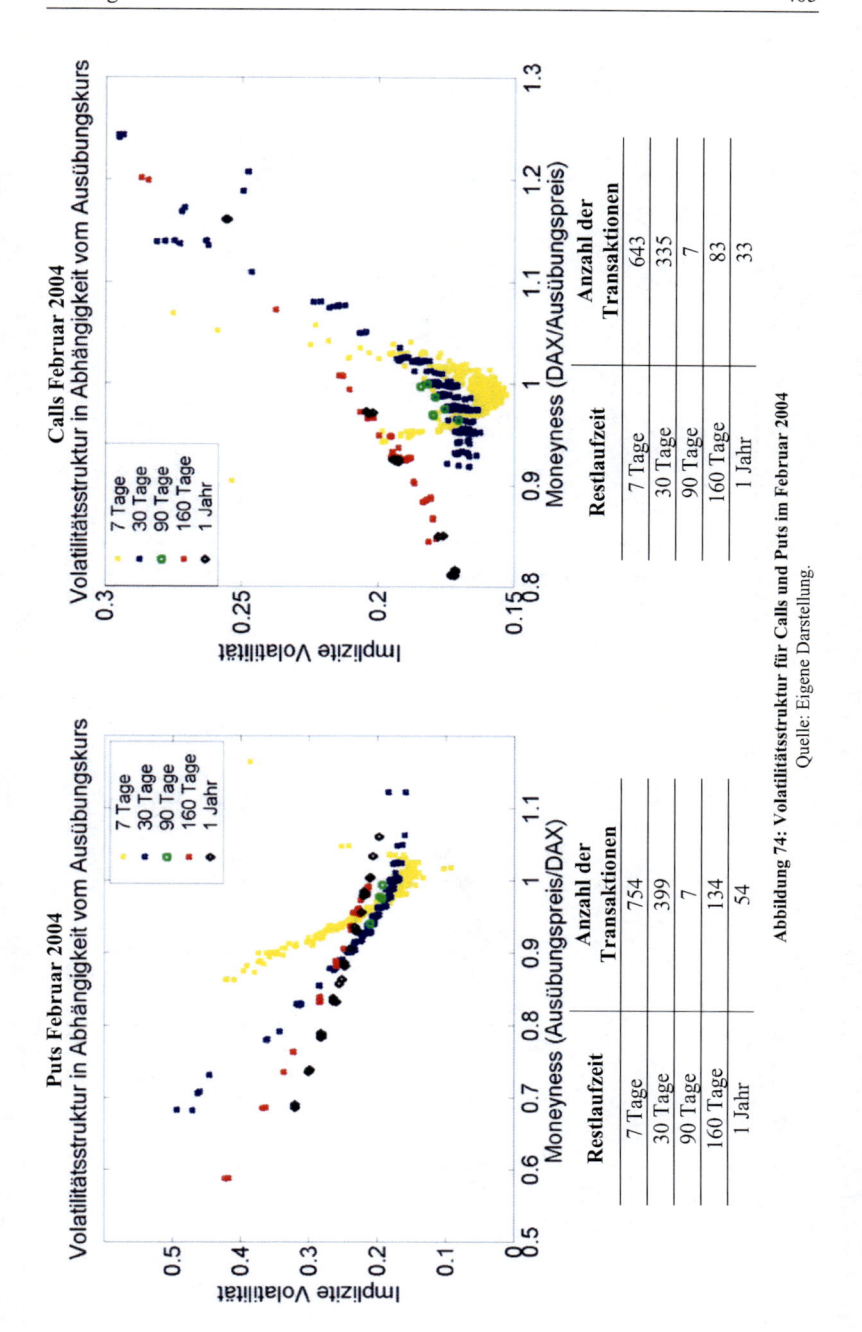

Abbildung 74: Volatilitätsstruktur für Calls und Puts im Februar 2004
Quelle: Eigene Darstellung.

## Puts März 2004
### Volatilitätsstruktur in Abhängigkeit vom Ausübungskurs

## Calls März 2004
### Volatilitätsstruktur in Abhängigkeit vom Ausübungskurs

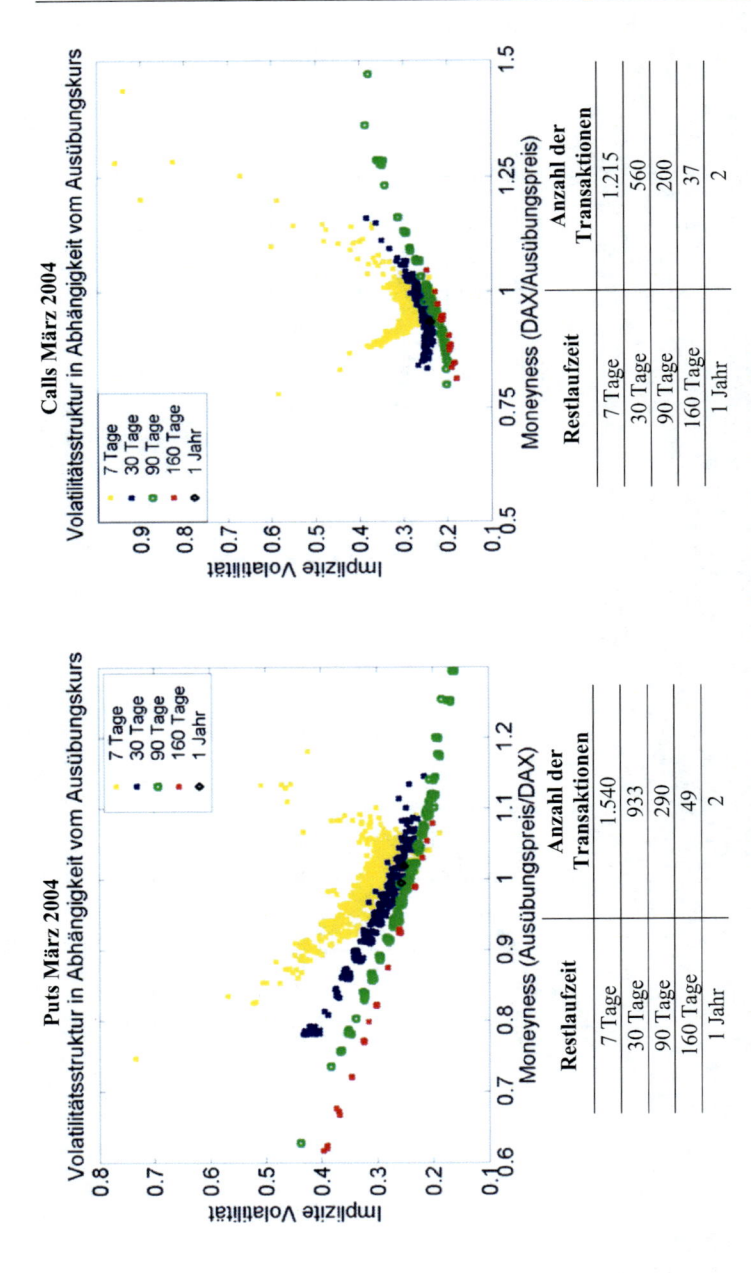

| Restlaufzeit | Anzahl der Transaktionen (Puts) | Anzahl der Transaktionen (Calls) |
|---|---|---|
| 7 Tage | 1.540 | 1.215 |
| 30 Tage | 933 | 560 |
| 90 Tage | 290 | 200 |
| 160 Tage | 49 | 37 |
| 1 Jahr | 2 | 2 |

Abbildung 75: Volatilitätsstruktur für Calls und Puts im März 2004
Quelle: Eigene Darstellung.

## Puts April 2004
### Volatilitätsstruktur in Abhängigkeit vom Ausübungskurs

| Restlaufzeit | Anzahl der Transaktionen |
|---|---|
| 7 Tage | 1.164 |
| 30 Tage | 626 |
| 90 Tage | 10 |
| 160 Tage | 72 |
| 1 Jahr | 3 |

## Calls April 2004
### Volatilitätsstruktur in Abhängigkeit vom Ausübungskurs

| Restlaufzeit | Anzahl der Transaktionen |
|---|---|
| 7 Tage | 751 |
| 30 Tage | 680 |
| 90 Tage | 9 |
| 160 Tage | 44 |
| 1 Jahr | 6 |

**Abbildung 76:** Volatilitätsstruktur für Calls und Puts im April 2004
Quelle: Eigene Darstellung.

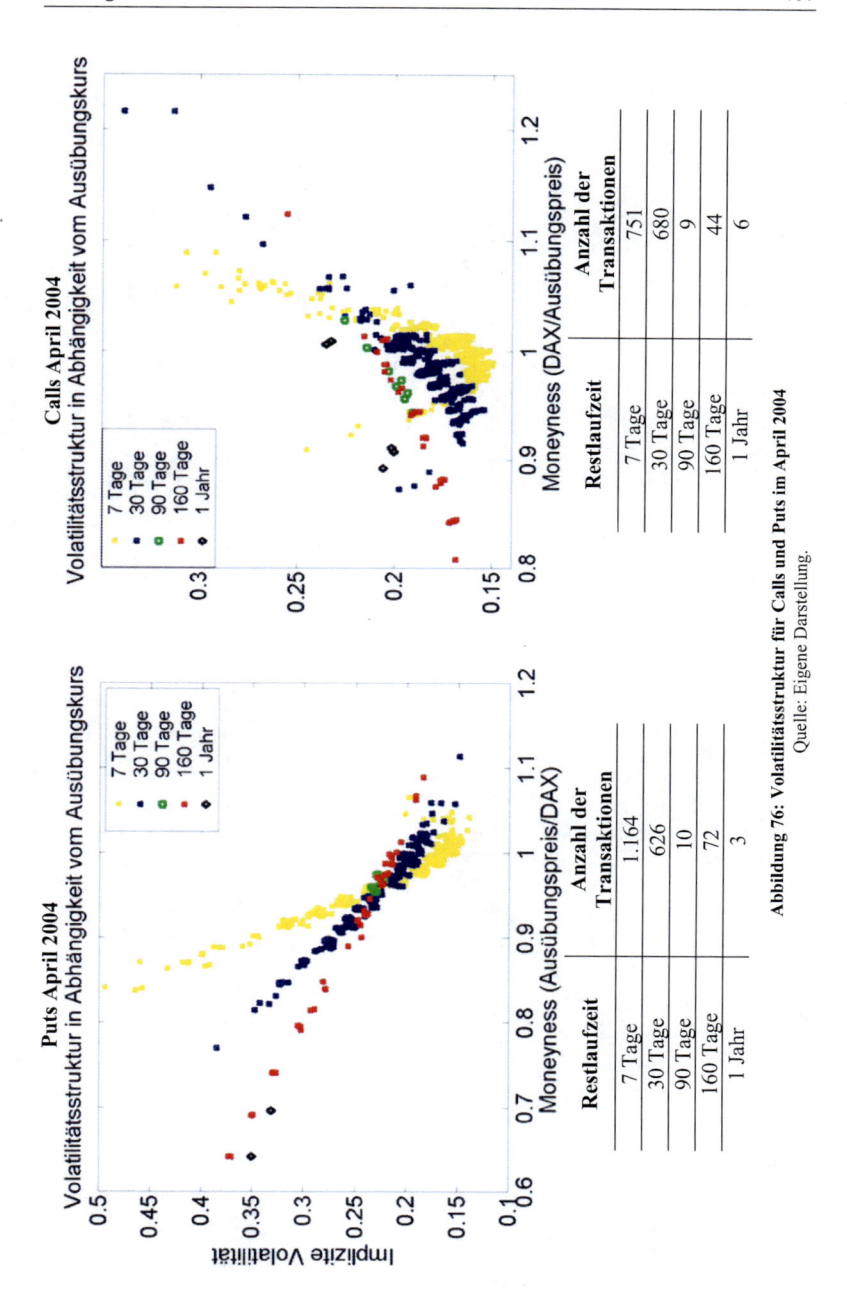

## Puts Mai 2004
### Volatilitätsstruktur in Abhängigkeit vom Ausübungskurs

| Restlaufzeit | Anzahl der Transaktionen |
|---|---|
| 7 Tage | 1.011 |
| 30 Tage | 608 |
| 90 Tage | 24 |
| 160 Tage | 52 |
| 1 Jahr | 2 |

## Calls Mai 2004
### Volatilitätsstruktur in Abhängigkeit vom Ausübungskurs

| Restlaufzeit | Anzahl der Transaktionen |
|---|---|
| 7 Tage | 884 |
| 30 Tage | 665 |
| 90 Tage | 9 |
| 160 Tage | 53 |
| 1 Jahr | 1 |

Abbildung 77: Volatilitätsstruktur für Calls und Puts im Mai 2004
Quelle: Eigene Darstellung.

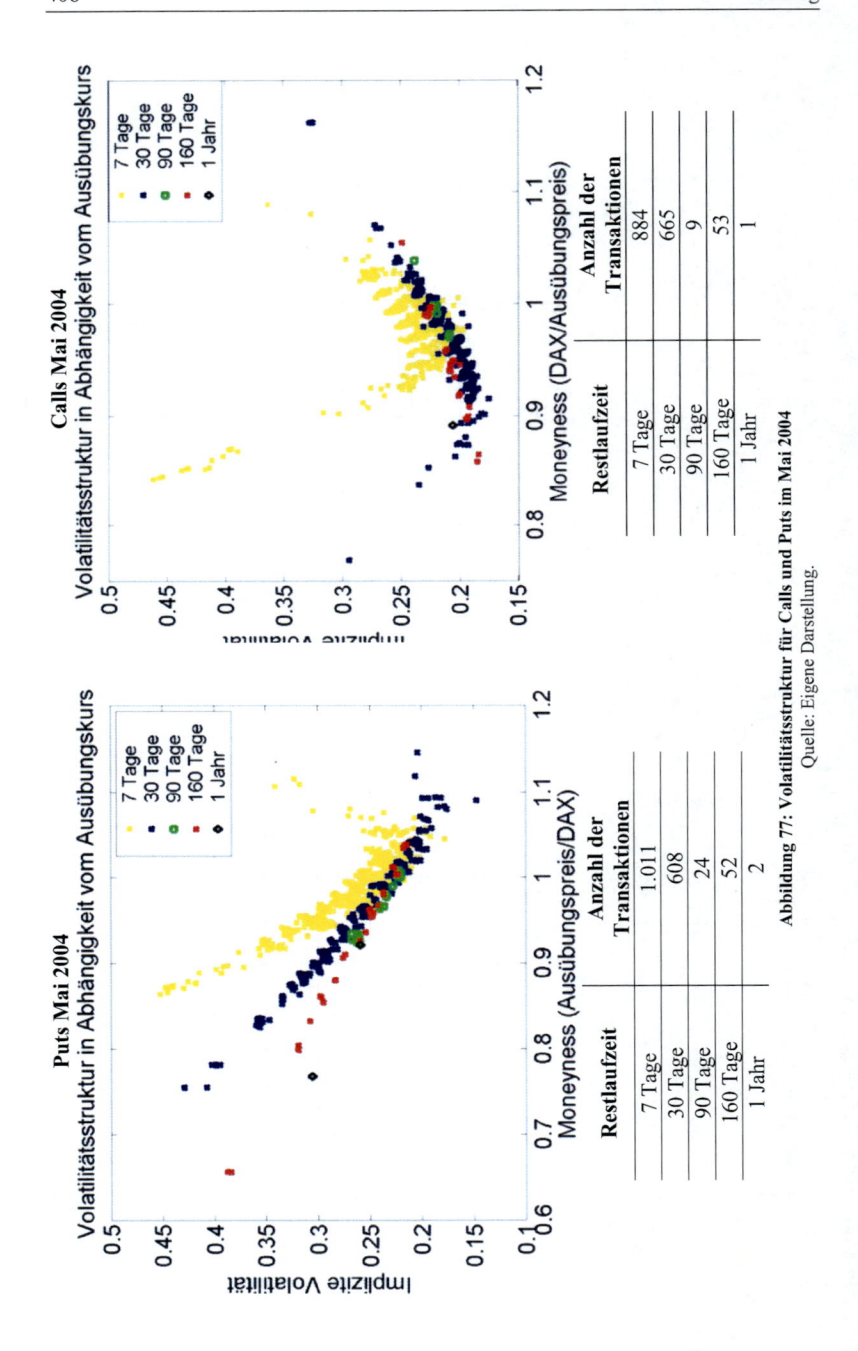

Anhang 409

**Puts Juni 2004**
Volatilitätsstruktur in Abhängigkeit vom Ausübungskurs

**Calls Juni 2004**
Volatilitätsstruktur in Abhängigkeit vom Ausübungskurs

| Restlaufzeit | Anzahl der Transaktionen |
|---|---|
| 7 Tage | 451 |
| 30 Tage | 382 |
| 90 Tage | 183 |
| 160 Tage | 107 |
| 1 Jahr | 27 |

| Restlaufzeit | Anzahl der Transaktionen |
|---|---|
| 7 Tage | 394 |
| 30 Tage | 347 |
| 90 Tage | 138 |
| 160 Tage | 53 |
| 1 Jahr | 17 |

**Abbildung 78: Volatilitätsstruktur für Calls und Puts im Juni 2004**
Quelle: Eigene Darstellung.

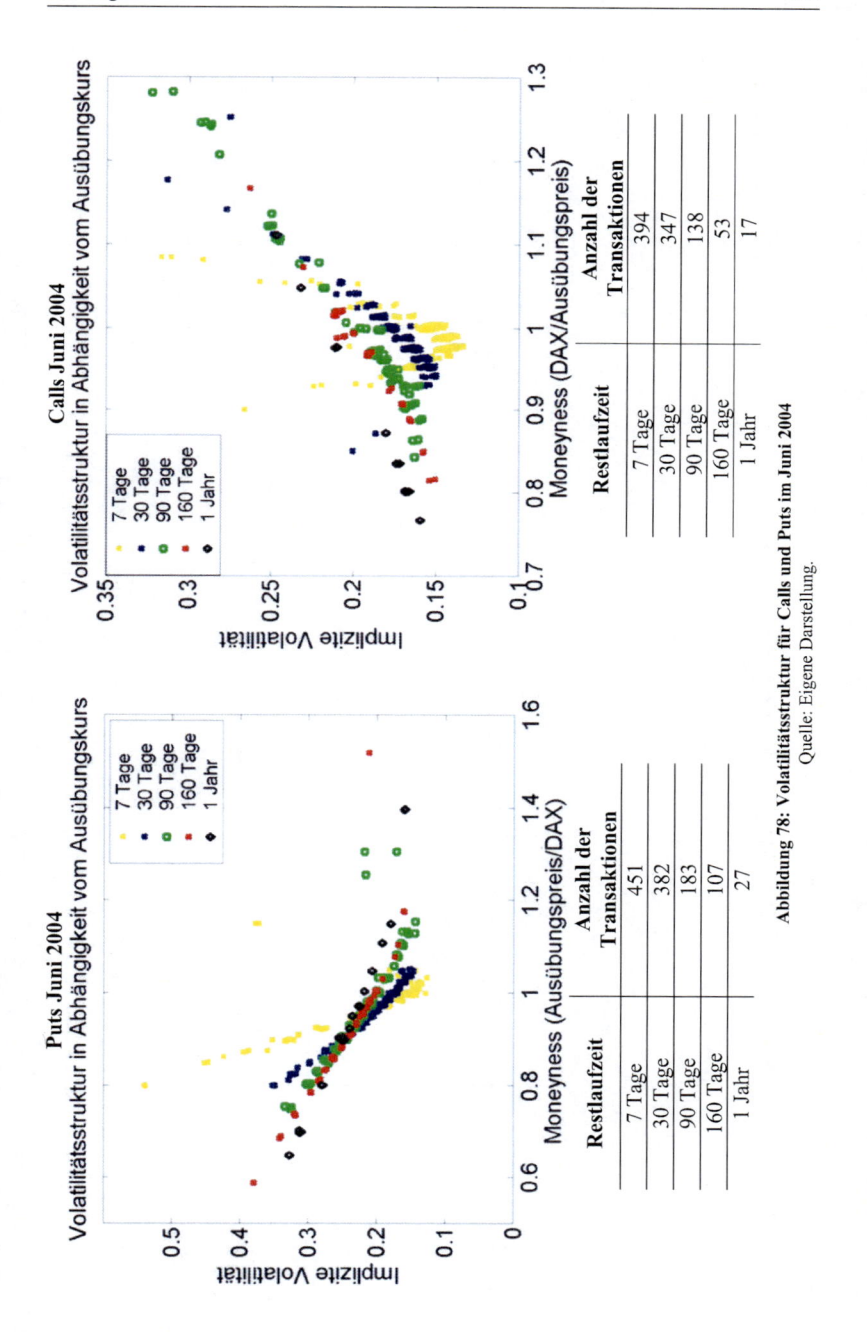

# Literaturverzeichnis

Aït-Sahalia, Yacine (1998), Nonparametric Estimation of State-Price Densities Implicit in Financial Asset Prices, *The Journal of Finance*, Vol. 53, S. 499-547.

Alexander, Carol (1996), The Handbook of Risk Management and Analysis, John Wiley & Sons, Chichester.

Amin, Kaushik I./Lee, Charles, M.C. (1997), Option trading, price discovery, and earnings news dissemination, *Contemporary Accounting Research*, Vol. 14, S. 153-192.

Andersen, Torben G./Bollerslev, Tim (1998), Answering the Skeptics: Yes, Standard Volatility Models do provide accurate Forecasts, *International Economic Review*, Vol. 39, S. 885-905.

Andres, Peter (1998), Von der Black/Scholes-Optionspreisformel zum GARCH-Optionsbewertungsmodell, Josef Eul Verlag, Lohmar.

Atkinson, Colin/Tsibiridi, Christina (2004), A possible way of estimating options with stable distributed underlying asset prices, *Applied Mathematical Finance*, Vol. 11, S. 51-69.

Avellaneda, Marco/Zhu, Yingzi (1997), An E-ARCH Model for the Term Structure of Implied Volatility of FX Options, *Applied Mathematical Finance*, Vol. 4, S. 81-100.

Bachelier, Louis J. (1900), Théorie de la Spéculation, *Annales de l'Ecole Normale Supérieure*, Vol. 17, S. 21-86.

BaFin (2008a), Allgemeinverfügung der BaFin vom 19. September 2008, 19.09.2008.

BaFin (2008b), Allgemeinverfügung der BaFin vom 21. September 2008, 21.09.2008.

BaFin (2008c), Allgemeinverfügung der BaFin vom 17. Dezember 2008 zur Verlängerung der Regelungen der Allgemeinverfügungen vom 19. und 21. September 2008, 17.12.2008

BaFin (2009a), Allgemeinverfügung vom 30. März 2009 zur Verlängerung der Regelungen der Allgemeinverfügungen der Bundesanstalt für Finanzdienstleistungsaufsicht (BaFin) vom 19. und 21. September 2008, 30.03.2009.

BaFin (2009b), Allgemeinverfügung vom 29. Mai 2009 zur Verlängerung der Regelungen der Allgemeinverfügungen der Bundesanstalt für Finanzdienstleistungsaufsicht (BaFin) vom 19. und 21. September 2008, 29.05.2009.

BaFin (2010a), Allgemeinverfügung der Bundesanstalt für Finanzdienstleistungsaufsicht (BaFin) zum Verbot ungedeckter Leerverkäufe in Schuldtiteln von Mitgliedsstaaten der EU, deren gesetzliche Währung der Euro ist, 18.05.2010.

BaFin (2010b), Allgemeinverfügung der Bundesanstalt für Finanzdienstleistungsaufsicht (BaFin zum Verbot der Begründung oder des rechtsgeschäftlichen Eintritts in ein Kreditderivat, soweit keine nicht nur unwesentliche Risikoreduktion beim Sicherungsnehmer gegeben ist, 18.05.2010.

BaFin (2010c), Allgemeinverfügung der Bundesanstalt für Finanzdienstleistungsaufsicht (BaFin) zum Verbot ungedeckter Leerverkäufe in bestimmten Aktien, 18.05.2010.

Bagehot, Walter (1971), The only game in town, *Financial Analysts Journal*, Vol. 22, S. 12-14.

Bakanova, Asyl (2010), The information content of implied volatility in the crude oil market, *Working Paper*, University of Lugano and Swiss Finance Institute, S. 1-19.

Ball, Clifford A./Torous Walter N. (1985), On Jumps in Common Stock Prices and Their Impact on Call Option Pricing, *The Journal of Finance*, Vol. 40, S. 155-173.

Barone-Adesi, Giovanni/Engle, Robert F./Mancini, Loriano (2008), A GARCH Option Pricing Model with Filtered Historical Simulation, *The Review of Financial Studies*, Vol. 21, S. 1224-1258.

Bauer, Heinz (1992), Maß- und Integrationstheorie, Walter de Gruyter, Berlin.

Baumol, William J./Malkiel, Burton G./Quandt, Richard E. (1966), The Valuation of Convertible Securities, *Quarterly Journal of Economics*, Vol. 80, S. 48-59.

Baumunk, Sylke/Roß, Norbert (2003), ED 2 Share-based Payment im Vergleich zu US-GAAP und E-DRS 11, *Kapitalmarktorientierte Rechnungslegung*, Vol. 1, S. 29-38.

Beckers, Stan (1980), The Constant Elasticity of Variance Model and Its Implications for Option Pricing, *The Journal of Finance*, Vol. 35, S. 661-673 sowie das dazu gehörende Erratum (1980), *The Journal of Finance*, Vol. 35, S. 1281-1283.

Beckers, Stan (1981), Standard Deviations Implied in Option Prices as Predictors of Future Stock Price Variability, *Journal of Banking and Finance*, Vol. 5, S. 363-381.

Beinert, Michaela/Trautmann, Siegfried (1995), Verlaufsmuster der impliziten Aktienvolatilität – Beobachtungen am Frankfurter Optionsmarkt und der deutschen Terminbörse, *Working Paper*, Universität Mainz.

Benker, Hans (2000), Mathematik mit MATLAB, Springer, Berlin.

Bera, Anil K./Jaque, Carlos M. (1981), Efficient tests for normality, homoscedasticity and serial independence of regression residuals, *Economics Letters*, Vol. 6, S. 255-259.

Berger, Eric/Klein, David (1998), Valuing Options on Dividend-Paying Stocks, *Bloomberg Magazine Convertible Bonds*, Ausgabe Juli, S. 116-120.

Berkowitz, Jeremy (2004), On Justifications for the ad hoc Black-Scholes Method of Option Pricing, *Working Paper*, Department of Finance, University of Houston.

Bhattacharya, M. (1983), Transaction Data Tests of Efficiency of the Chicago Board Options Exchange, *Journal of Financial Economics*, Vol. 12, S. 161-185.

Black, Fischer (1975), Fact and Fantasy in the Use of Options, *Financial Analysts Journal*, Vol. 31, S. 36-41.

Black, Fischer (1976), Studies of stock price volatility changes, *Proceedings of the 1976 Meetings of the American Statistical Association, Business and Economic Statistic Section*, American Statistical Association, S. 177-181.

Black, Fischer (1989), How to Use the Holes in the Black/Scholes, Optionen und Futures – Auftrieb für den Finanzplatz Deutschland durch die DTB?, Frankfurt am Main, S. 78-85.

Black, Fischer/Scholes, Myron Samuel (1972), The Valuation of Option Contracts and a Test of Market Efficiency, *The Journal of Finance*, Vol. 27, S. 339-417.

Black, Fischer/Scholes, Myron Samuel (1973), The Pricing of Options and Corporate Liabilities, *Journal of Political Economy*, Vol. 81, S. 637-659.

Black, Fischer et al. (1992), From Black/Scholes to Black Holes, Risk Books, London.

Blaskowitz, Oliver/Merk, Andreas (2004), Schätzung künftiger Aktienkursverteilung aus Optionspreisen, *Börsen-Zeitung*, Nr. 76, S. 19.

Bloomberg (2004a), *Telefonkonferenz* „Options and Warrants on Equities and Indices" mit Derivatives Specialist Mirko Filippi (23.06.2004).

Bloomberg (2004b), *Bloomberg Professional Terminal System*, New York.

Bloomberg (2010), Schriftliche Auskunft von Charlie Morrow, London (16.09.2010).

Blume, Marshall E./Stambaugh, Robert F. (1983), Biases in computed returns: An application to the size effect, *Journal of Financial Economics*, Vol. 12, S. 387-404.

Boissonnade, Jacques (1997), Les Options Exotiques, Eska, Paris.

Bollerslev, Tim/Russell Jeffrey R./Watson, Mark W. (2010), Volatility and Time Series Econometrics, Oxford University Press, Oxford.

Boyle, Phelim P. (1977), Options: a Monte Carlo approach, *Journal of Financial Economics*, Vol. 4, S. 323-338.

Boyle, Phelim P./Vorst, Ton (1992), Option Replication in Discrete Time with Transaction Costs, *The Journal of Finance*, Vol. 47, S. 271-294.

Branch, Ben/Freed, Walter (1977), Bid-Asked Spreads on the AMEX and the Big Board, *The Journal of Finance*, Vol. 32, S. 159-163.

Branger, Nicole/Mahayni, Antje (2004), Tractable Hedging – An Implementation of Robust Hedging Strategies, *Working Paper*, Universität Münster und Universität Bonn.

Breeden, Douglas/Litzenberger, Robert (1978), Prices of State Contingent Claims Implicit in Option Prices, *Journal of Business*, Vol. 51, S. 621-651.

Brennan, Michael J./Schwartz, Eduardo S. (1977), Valuation of American Puts, *The Journal of Finance*, Vol. 32, S. 445-462.

Brenner, Menachem/Subrahmanyam, Marti G. (1988), A Simple Solution to Compute the Implied Standard Deviation, *Financial Analysts Journal*, Vol. 44, S. 80-83.

Bronstein, Iljy N./Semendjajew, Konstantin A./Musiol, Gerhard/Mühlig, Heiner (2001), Taschenbuch der Mathematik, 5. Auflage, Harri Deutsch, Frankfurt am Main.

Brown, Gregory/Toft, Klaus Bjerre (1999), Constructing Binomial Trees from Mutiple Implied Probability, *Journal of Derivatives*, Vol. 7, S. 1-20.

Brunetti, Marianna/Torricelli, Constanza (2003), The Put-Call Parity in the Index Options Markets – Further results for the Italian Mib30 Options Market, *Working Paper*, University of Modena and Reggio Emilia.

Büning, Herbert/Trenkler, Götz (1994), Nichtparametrische statistische Methoden, Walter de Gruyter, Berlin.

Canina, Linda/Figlewski, Stephen (1993), The Informational Content of Implied Volatility, *The Review of Financial Studies*, Vol. 6, S. 659-681.

Çetin, Umut/Jarrow, Robert/Protter, Philip/Warachka, Mitch (2006), *Pricing Options in an Extended Economy with Illiquidity: Theory and Empirical Evidence*, The Review of Financial Studies, Vol. 19, S. 493-529.

Chambers, John/Bates, Douglas M. et al. (1999), S-Plus 6.0 Guide to Statistics, Vol. 1-2, Insightful Verlag, Washington.

Chance, Don M. (1999), Research Trends in Derivatives and Risk Management, *Journal of Portfolio Management*; Vol. 25, S. 35-47.

Chance, Don M. (2004), Rethinking Implied Volatility, URL: http://www.fenews.com/fen29/one_time_articles/chance_implied_vol.html (23.11.2004).

Chen, Ren-Raw/Palmon, Ode/Wald, John (2003), What is behind the Smile Transaction Costs or Fat Tails, *Working Paper*, University Piscataway.

Chesney, Marc/Scott, Louis (1989), Pricing European Currency Options: A Comparison of the Modified Black-Scholes Model and a Random Variance Model, *Journal of Financial and Quantitative Analysis*, Vol. 24, S. 267-284.

Chiras, Donald/Manaster, Steven (1978), The Information Content of Option Prices and a Test of Market Efficiency, *Journal of Financial Economics*, Vol. 6, S. 213-234.

Chriss, Neil A. (1997), Black/Scholes and Beyond – Option Pricing Models, McGraw-Hill, New York.

Cifarelli, Giulio (2004), Yes, Implied Volatilities are not informationally efficient. An empirical estimate using options on interest rate Future Contracts, *Working Paper*, Universität Florenz.

Clasing, Henry K. Junior/Lombard, Odile/Marteau, Didier (1992), Currency Options, Eska, Paris.

Claessen, Holger/Mittnik, Stefan (2002), Forecasting stock market volatility and the informational efficiency of the DAX-index options markets, *The European Journal of Finance*, Vol. 8, S. 302-321.

Cochrane, John/Saa-Requejo, Jesus (2000), Beyond Arbitrage: Good-Deal Asset Price Bounds in Incomplete Markets, *Journal of Political Economy*, Vol. 108, S. 79-119.

Comaniciu, Dorin/Meer, Peter (2004), Mean Shift Analysis and Applications, Rutgers University, Piscataway, New Jersey.

Constantinides, George M. (1996), Transactions Costs and the Implied Volatility Smile, *Working Paper*, University of Chicago.

Constantinides, George M./Zariphopoulou, Thaleia (2001), Bounds on Option Prices in an Intertemporal Setting with Proportional Transaction Costs and Multiple Securities, *Mathematical Finance*, Vol. 11, S. 331-346.

Constantinides, George M./Jackwerth, Jens Carsten/Perrakis, Styliano (2004), Mispricing of S&P 500 Index Options, *Working Paper*, University of Chicago.

Cont, Rama (1998), Beyond Implied Volatility – Extracting information from options prices, *Working Paper*, Ecole Polytechnique Fédérale de Lausanne.

Cont, Rama/Avellaneda, Marco (2002), Introduction to the special issue on volatility modelling, URL: http://stacks.iop.org/1469-7688/2/6 (05.02.2005).

Cont, Rama/Fonseca, da José/Durrleman, Valdo (2002), Stochastic Models of Implied Volatility Surfaces, *Economic Notes by Banca Monte dei Paschi di Siena SpA*, Vol. 31, S. 361-377.

Cont, Rama/Tankov, Peter (2004), Financial Modelling With Jump Processes, 2. Auflage, Chapman&Hall/CRC, Paris.

Courtadon, Georges (1982), A more accurate finite difference approximation for the valuation of options, *Journal of Financial and Quantitative Analysis*, Vol. 17, S. 697-703.

Cox, John C./Huang, Chi-fu (1989), Optimal consumption and portfolio policies when asset prices follow a diffusion process, *Journal of Economic Theory*, Vol. 49, S. 33-83.

Cox, John C./Ross, Stephen (1976), The Pricing of Options for the Jump Processes, *Journal of Financial Economics*, Vol. 3, S. 145-167.

Cox, John C./Ross, Stephen A./Rubinstein, Marc (1979), Option pricing: a simplified approach, *Journal of Financial Economics*, Vol. 7, S. 229-263.

Cünnen, Andrea/Schönauer, Felix/Rettberg, Udo (2005), Skandal um Citigroup weitet sich aus, Handelsblatt, Nr. 18, S. 25.

Daniel, Wayne W. (2000), Applied Nonparametric Statistics, Thomson Information/Publishing Group, Boston.

Das, Sanjiv Ranjan/Sundaram, Rangarajan K. (1999), Of Smiles and Smirks: A Term Structure Perspective, *Journal of Financial and Quantitative Analysis*, Vol. 34, S. 211-239.

Day, Theodore E./Lewis, Craig M. (1988), The Behavior of the Volatility Implicit in the Prices of Stock Index Options, *Journal of Financial Economics*, Vol. 22, S. 103-122.

Demsetz, Harold (1968), The Cost of Transacting, *The Quarterly Journal of Economics*, Vol. 82, S. 33-53.

Derman, Emanuel/Kani, Iraj (1994), Riding on the Smile, *Risk Magazine*, Vol. 7, S. 32-39.

Deutsche Börse AG (1997), Factbook, Frankfurt.

Deutsche Börse AG (1998), Factbook, Frankfurt.

Deutsche Börse AG (1999), Factbook, Frankfurt.

Deutsche Börse AG (2000), Factbook, Frankfurt.

Deutsche Börse AG (2001), Factbook, Frankfurt.

Deutsche Börse AG (2002a), Leitfaden zu den Volatilitätsindizes der Deutschen Börse, Frankfurt.

Deutsche Börse AG (2002b), Der Reiseweg einer Order, URL: http://deutsche-boerse.com/dbag/dispatch/de/listcontent/gdb_navigation/private_investors/20_Equities780_know_how/20_Topical_A_Z/Content_Files/articles_equities/pi_art_order_on_tour.htm (02.04.2004).

Deutsche Börse AG (2002c), Factbook, Frankfurt.

Deutsche Börse AG (2003), Factbook, Frankfurt.

Deutsche Börse AG (2004a), Volatilitätsindex VDAX, Frankfurt.

Deutsche Börse AG (2004b), Leitfaden zu den Volatilitätsindizes der Deutschen Börse, Frankfurt.

Deutsche Börse AG (2004c), Historical Index Compositions of the Equity Indices of Deutsche Börse, Dezember 2004.

Deutsche Börse AG (2004d), Factbook.

Deutsche Börse AG (2004e), Schriftliche Auskunft der Deutschen Börse AG (09.12.2004).

Deutsche Börse AG (2004f), Schriftliche Auskunft der Deutschen Börse AG (13.12.2004).

Deutsche Börse AG (2004g), Schriftliche Auskunft von Markus Vilser, Info Operations StatistiX der Deutschen Börse AG (30.12.2004).

Deutsche Börse AG (2004h), URL: http://deutscheboerse.com > Privatanleger > Statistiken > Terminmarkt (13.12.2004).

Deutsche Börse AG (2008), Spreadloser Handel für Privatanleger, URL: https://deutsche-boerse.com/dbag/dispatch/de/listcontent/private_investors/wissen/handelsqualitaeten/spreadloser_handel.htm (10.12.2008).

Deutsche Börse AG (2009a), Desginated Sponsor Erfordernis, URL: http://deutsche-boerse.com/dbag/dispatch/de/listcontent/gdb_navigation/listing/50_Reports_and_Stat istics/30_Designated_Sponsors/Content_Files/tm_sp_mm_ds_erfordernis.htm (07.07.2009).

Deutsche Börse AG (2009b), DAX, URL: http://deutsche-boerse.com/dbag/dispatch/de/kir/gdb_navigation/listing/10_Market_Structure/31_aus wahlindizes/10_DAX?horizontal=page0_lc_sp_dax (02.08.2009).

Deutsche Börse AG (2010), Leitfaden zu den Aktienindizes der Deutschen Börse, Januar 2010.

Deutsche Bundesbank (2007), Deutsche Börsen im europäischen Kontext, Präsentation zum Museumsabend der Deutschen Bundesbank am 18.4.2007, S. 1-56.

Diebold, Francis X./Mariano Roberto S. (1995), Comparing Predictive Accuracy, *Journal of Business & Economic Statistics*, Vol. 13, S. 253-263.

Duffie, Darrell J./Harrison, Michael J. (1993), Arbitrage Pricing of Russian Options and Perpetual Lookback Options, *The Annals of Applied Probability*, Vol. 3, S. 641-651.

Duffie, Darrell (1998), Black, Merton and Scholes – Their Central Contributions to Economics, *Scandinavian Journal of Economics*, Vol. 100, S. 411-424.

Dumas, Bernard/Fleming, Jeff/Whaley, Robert E. (1998), Implied Volatility Functions: Empirical Tests, *The Journal of Finance*, Vol. 53, S. 2059-2106.

Dupire, Bruno (1994), Pricing with a Smile, *Risk Magazine*, Vol. 7, S. 18-20.

Easley, David/O'Hara, Maureen/Srinivas P.S. (1998), Option Volume and Stock Prices: Evidence on Where Informed Traders Trade, *The Journal of Finance*, Vol. 53, S. 431-465.

Eberlein, Ernst/Keller, Ulrich/Prause, Karsten (1998), New insights into Smile, Mispricing and Value at Risk: The Hyperbolic Model, *Journal of Business*, Vol. 71, S. 371-405.

Ederington, Louis H./Guan, Wei (2010), The bias in time series volatility forecasts, *Journal of Futures Markets*, Vol. 30, S. 305-323.

Elliott, Robert J./Kopp, Ekkehard P. (2001), Mathematics of Financial Markets, Springer, New York.

Eurex (1998), Pressemitteilung – Eurex weltweit erster Zusammenschluß von Terminmärkten, 29.09.1998.

Eurex (2002a), Anpassung von Kontraktgrößen bei ausgewählten Aktienoptionen, Rundschreiben 075/02, Frankfurt.

Eurex (2002b), Price List, Frankfurt.

Eurex (2003a), Shortened Trading Hours for Equity and Equity Index Options, 20.10.2003, URL: http://www.eurexchange.com/products/ODAX.html?mode=productnews&filename=productNews_2003_10_20_163 (28.12.2003).

Eurex (2003b), Eurex Monthly Statistics, Frankfurt.

Eurex (2004a), Kontraktspezifikationen für Future-Kontrakte und Optionskontrakte an der Eurex Deutschland und der Eurex Zürich, Frankfurt.

Eurex (2004b), Price List, Frankfurt.

Eurex (2004c), Gebührenordnung für die Eurex Deutschland, Frankfurt.

Eurex (2004d), Training, Frankfurt.

Eurex (2004e), Trade Type Functionalities, Frankfurt.

Eurex (2004f), Transaction Fees, URL: http://www.eurexchange.com/products (10.12.2004).

Eurex (2004g), Maximum Spreads, URL: http://www.eurexchange.com/products/ODAX.html?modemaximum_spreads (10.12.2004).

Eurex (2004h), Contract Specifications, Frankfurt.

Eurex (2004j), Eurex Monthly Statistics and Implementation Regulations for the Handling of Erroneous Entries at Eurex Deutschland and Eurex Zürich, Frankfurt.

Eurex (2004k), Contract Specifications for all products unter Equity Index Derivatives, URL: http://www.eurexchange.com/productgs/DB1.html?mode=specifications&products=all (13.12.2004).

Eurex (2004l), Interview mit der Eurex (10.12.2004).

Eurex (2004m), Schriftliche Auskunft der Eurex (14.12.2004).

Eurex (2004n), Schriftliche Auskunft der Eurex (27.12.2004).

Eurex (2004o), Eurex Trading Calendar, Frankfurt.

Eurex (2004p), Eurex Statistiken, URL: http://www.eurexchange.com/market/statistics/monthly/2004_de.html (27.12.2004).

Eurex (2005a), Price List, Frankfurt.

Eurex (2005b), Ausführungsbestimmungen zur Behandlung von Fehleingaben an der Eurex Deutschland und der Eurex Zürich, Frankfurt.

Eurex (2005c), Clearing Conditions for Eurex Clearing AG, Frankfurt.

Eurex (2008a), Rundschreiben 194/08, Frankfurt.

Eurex (2008b), Handelszeiten, URL: http://www.eurexchange.com/trading/hours/ IDX_de.html (10.12.2008).

Eurex (2009a), Das Unternehmen, URL: http://www.eurexchange.com/about/ corporate_structure_de.html (02.08.2009).

Eurex (2009b), Eurex Statistiken, URL: http://www.eurexchange.com/market/ statistics/monthly/2009_de.html (02.08.2009).

Eurex (2009c), Eurex Teilnehmerlisten Börsenmitglieder, URL: http://www.eurexchange.com/documents/lists/members_de.html (07.09.2009).

Eurex (2009d), Eurex Teilnehmerlisten Broker, URL: http://www.eurexchange.com/ documents/lists/brokers_de.html (07.09.2009).

Eurex (2009e), Eurex Handelsvolumen (in Kontrakten), URL: http://www.eurexchange.com/download/documents/tradingvolumes0309b_de.pdf (26.09.2009).

Eurex (2010), Eurex Statistiken, URL: http://www.eurexchange.com/market/ statistics/monthly/2010_de.html (06.06.2010).

Euribor FBE (2009), Panel Banks, URL: http://www.euribor.org/html/content/ panelbanks.html (02.08.2009).

Europäische Union (2010), Verordnung (EU) Nr. 243/2010 der Kommission vom 23. März 2010, S. 1-9.

Europäische Zentralbank (2004), URL: http://www.ecb.int/stats/monetary/rates/html/ index.en.html, Frankfurt.

Fama, Eugen Francis (1965), The Behaviour of Stock Market Prices, *Journal of Business*, Vol. 38, S. 34-105.

Fama, Eugen Francis (1970), Efficient Capital Markets: A Review of theory and empirical work, *The Journal of Finance*, Vol. 25, S. 383-417.

Fama, Eugen Francis (1976), Foundation of Finance, Basic Books, New York.

Figlewski, Stephen (1997), Forecasting Volatility, *Financial Markets, Institutions and Instruments*, Vol. 6, S. 1-88.

Figlewski, Stephen (2004), Forecasting Volatility, *Monographie*, New York University Stern School of Business, S. 1-132.

Fimatex S.A. (2004), Kontoeröffnungsunterlagen, Frankfurt.

Fimatex S.A. (2005), Schriftliche Auskunft der Fimatex S.A. (24.11.2005).

Finucane, Thomas J. (1989), Black-Scholes Approximations of Call Option Prices with Stochastic Volatilities: A Note, *Journal of Financial and Quantitative Analysis*, Vol. 24, S. 527-532.

Finucane, Thomas J. (1991), Put-Call Parity and Expected Returns, *Journal of Financial and Quantitative Analysis*, Vol. 26.

Föllmer, Hans/Leukert, Peter (1999), Quantile hedging, *Finance and Stochastics*, Vol. 3, S. 251-273.

Föllmer, Hans/Schied, Alexander (2002), Stochastic Finance, Walter de Gruyter, Berlin.

Fouque, Jean-Pierre/Papanicolaou, George/Sircar, K. Ronnie (2000), Derivatives in Financial Markets with Stochastic Volatility, Cambridge University Press, Cambridge.

Franke, Jürgen/Härdle, Wolfgang/Hafner, Christian (2003), Einführung in die Statistik der Finanzmärkte, Springer, Berlin.

Frankfurter Allgemeine Zeitung (2005), Der Skandal um die Citigroup weitet sich aus, Nr. 24, S. 19.

French, Kenneth R. (1980), Stock Returns and the Weekend Effect, *Journal of Financial Economics*, Vol. 8, S. 55-69.

French, Dan W. (1984), The Weekend Effect on the Distribution of Stock Prices – Implications for Option Pricing, *Journal of Financial Economics*, Vol. 13, S. 547-559.

French, Kenneth R./Roll, Richard (1986), Stock Return Variances – The Arrival of Information and the Reaction of Trader, *Journal of Financial Economics*, Vol. 17, S. 5-26.

Friedman, Milton (1953), Essays in Positive Economics, University of Chicago Press, Chicago.

Frino, Alex/Gallagher, David R. (2001), Tracking S&P 500 Index Funds, *Journal of Portfolio Management*, Vol. 28, S. 44-55.

Galai, Dan (1977), Tests of Market Efficiency of the Chicago Board Options Exchange, *The Journal of Business*, Vol. 50, S. 167-197.

George, Thomas J./Longstaff, Francis A. (1993), Bid-Ask-Spreads and Trading Activity in the S&P 100-Index Options Market, *Journal of Financial and Quantitative Analysis*, Vol. 28, S. 381-397.

Georgii, Hans-Otto (2002), Stochastik, Walter de Gruyter Berlin.

Gericke, Ulli (2004), Berliner Börse will ihre Nischen mit neuen Aktivitäten verbreitern, *Börsen-Zeitung*, Nr. 180, S. 4.

Geske, Robert/Roll, Richard (1984), On Valuing American Calls with the Black/Scholes European Formula, *The Journal of Finance*, Vol. 39, S. 443-455.

Geske, Robert (1977), The Valuation of Corporate Liabilities as Compound Options, *Journal of Financial and Quantitative Analysis*, Vol. 12, S. 541-552.

Geske, Robert/Johnson Herbert E. (1984), The Valuation of Corporate Liabilities as Compound Options: A Correction, *Journal of Financial and Quantitative Analysis*, Vol. 19, S. 231-232.

Glosten, Lawrence R. (1987), Components of the Bid-Ask-Spread and the Statistical Properties of Transaction Prices, *The Journal of Finance*, Vol. 42, S. 1293-1307.

Gomber, Peter/ Schweickert, Uwe (2002), Der Market Impact: Liquiditätsmaß im elektronischen Wertpapierhandel, *Die Bank*, Juni 2002, S. 485-491.

Gultekin, N. Bulent/Rogalski, Richard J./Tinic, Seha M. (1982), Option Pricing Model Estimates: Some Empirical Results, *Financial Management*, Vol. 11, S. 58-69.

Günzel, A./Ripper, K. (1997), Volatilitäts-Smile von DAX-Optionen, *Finanzmarkt und Portfolio Management*, Nr. 11, S. 470-477.

Hafner, Reinhold/Wallmeier, Martin (2000), The Dynamics of DAX Implied Volatilities, *Working Paper*, Universität Freiburg.

Hafner, Reinhold/Wallmeier, Martin (2001), The Dynamics of DAX Implied Volatilities, *Quarterly International Journal of Finance*, Vol. 1, S. 1-27.

Handl, Andreas (2002), Multivariate Analysemethoden, Springer, Berlin.

Harrison, Michael J./Kreps, David M. (1979), Martingales and arbitrage in multiperiod securities markets, *Journal of Economic Theory*, Vol. 20, S. 381-408.

Harrison, Michael J./Pliska, Stanley R. (1981), Martingales and Stochastic Integrals in the Theory of Continuous Trading, *Stochastic Processes and Their Applications*, Vol. 11, S. 261-271.

Hart, Jeffrey D. (1997), Nonparametric Smoothing and Lack-of-Fit Tests, Springer, New York.

Hosbrouck, Joel (2007), Empirical Market Microstructure, Oxford University Press, Oxford.

Heinrich, Bernd (1987), Finite Difference Methods on Irregular Networks, *Mathematical Research*, Vol. 33, Akademie Verlag Berlin.

Hentschel, Ludger (2003), Errors in Implied Volatility Estimation, *Journal of Financial and Quantitative Analysis*, Vol. 38, S. 779-810.

Herrmann, Ralf (1999), Nichtparametrische Optionsbewertung, Peter Lang, Frankfurt/Main.

Heston, Steven L. (1993), A Closed-Form Solution for Options with Stochastic Volatility with Applications to Bond and Currency Options, *Review of Financial Studies*, Vol. 6, S. 327-343.

Heynen, Ronald/Kemna, Angelien/Vorst, Ton (1994), Analysis of the Term Structure of Implied Volatilities, *Journal of Financial and Quantitative Analysis*, Vol. 29, S. 31-56.

Hollander, Myles/Wolfe, Douglas A. (1999), Nonparametric Statistical Methods, John Wiley & Sons, New York.

Hull, John C. (2009), Options, Futures, & Other Derivatives, 7. Auflage, Pearson Prentice-Hall, New Jersey.

Hull, John/White, Alan (1987), The Pricing of Options on Assets with Stochastic Volatilities, *The Journal of Finance*, Vol. 42, S. 281-300.

Insightful (2001), S-Plus 6.0 Guide to Statistics, Vol. 1. Seattle, WA.

Jackwerth, Jens Carsten (1997), Generalized Binomial Trees, *Journal of Derivatives*, Vol. 5, S. 7-17.

Jackwerth, Jens Carsten/Rubinstein, Marc (1996), Recovering Probability Distributions from Option Prices, *The Journal of Finance*, Vol. 51, S. 1611-1631.

Jackwerth, Jens Carsten (2000), Recovering Risk Aversion from Option Prices and Realized Returns, *Review of Financial Studies*, Vol. 13, S. 433-451.

Jarnecic, Elvis (1999), Trading Volume Lead/Lag Relations Between the ASX and ASX Option Market: Implications of Market Microstructure, *Australian Journal of Management*, Vol. 24, S. 77-94.

Johnson, Richard S./Bhattacharyya, Gouri, K. (1992), Statistics – Principles and Methods, John Wiley & Sons, New York.

Kalinkovskij, Sergej Sergievia (2007), Obosnovanie ispolzovanija opcionov dlja umenshenija finansovogo riska ugolnyx kompanii, *Dissertation*, Staatliche Universität Moskau.

Kallianpur, Gopinath/Karandikar, Rajeeva L. (2000), Introduction to Option Pricing Theory, Birkhäuser, Berlin.

Kalodera, Iskra/Schlag, Christian (2003), An Empirical Analysis of the Relation Between Stock and Option Trading Activity, *Working Paper*, Goethe Universität Frankfurt/Main.

Kamara/Miller (1995), Daily and intradaily tests of put-call parity, *Journal of Financial and Quantitative Analysis*, Vol. 30, S. 519-539.

Karatzas, Ioannis/Shreve, Steven E. (2000), Brownian Motion and Stochastic Calculus, Springer, New York.

Kaserer, Christoph (1993), Optionsmärkte und Risikoallokation, Physica, Heidelberg.

Kienzle, Daniel (2009), Bilanzierung aktienbasierter Entgeltformen nach IFRS 2, 2. Auflage, Salzwasser, Bremen.

Kleidon, Allan W./Whaley, Robert E. (1992), One Market? Stocks, Futures, and Options During October 1987, *The Journal of Finance*, Vol. 47, S. 851-877.

Klemkosky, Robert C./Resnick, Bruce G. (1979), *Put-Call Parity and Market Efficiency, The Journal of Finance*, Vol. 34, S. 1141-1155.

Kmenta, Jan (1997), Elements of Econometrics, Macmillan Michigan.

Kolb, Robert W./Overdahl, James A. (2007), Futures, Options, and Swaps, 5. Auflage, Blackwell, Malden.

Korn, Ralf/Korn, Elke (2004), Option Pricing and Portfolio Optimization, *Graduate Studies in Mathematics*, Vol. 31, American Mathematical Society, Providence Rhode Island.

Kraus, Alan/Stoll, Hans R. (1972), Price Impacts of Block Trading on the New York Stock Exchange, *The Journal of Finance*, Vol. 27, S. 569-588.

Kuncicky, David C. (2004), MATLAB Programming, Prentice Hall, New Jersey.

Larsen, Richard J./Marx, Morris L. (1990), Statistics, Prentice Hall, New Jersey.

Latané, Henry A./Rendleman, Richard J., Standard Deviations of Stock Price Ratios Implied in Option Prices (1976), *The Journal of Finance*, Vol. 31, S. 369-381.

Lawford, Steve (2004), Finite-sample quantiles of the Jarque/Bera-Test, *Applied Economics Letters*, Vol. 12, S. 351-354.

Leland, Hayne E. (1985), Option Pricing and Replication with Transactions Costs, *The Journal of Finance*, Vol. 40, S. 1283-1301.

Levy, Haim (1985), Upper and Lower Bounds of Put and Call Value: Stochastic Dominance Approach, *The Journal of Finance*, Vol. 40, S. 1197-1217 sowie das dazu gehörende Erratum (1985), *The Journal of Finance*, Vol. 41, S. 1181.

Lilliefors, Hubert W. (1967), On the Kolmogorov-Smirnov test for normality with mean and variance unknown, *Journal of the American Statistical Association*, Vol. 62, S. 399-402.

Lilliefors; Hubert W. (1969), On the Kolmogorov-Smirnov test for the exponential distribution with mean unknown, *Journal of the American Statistical Association*, Vol. 64, S. 387-389.

Lo, Andrew W./MacKinlay, Craig A., (1988), Stock Market Prices do not Follow Random Walks: Evidence from a Simple Specification Test, *The Review of Financial Studies*, Vol. 1, S. 41-66.

Lo, Andrew W. (2000), Finance: A Selective Survey, *Journal of the American Statistical Association*, Vol. 95, S. 629-635.

Longstaff, Francis A. (1995), Option Pricing and the Martingale Restriction, *The Review of Financial Studies*, Vol. 8, S. 1091-1124.

Macbeth, James D./Merville, Larry J. (1979), An Empirical Examination of The Black/Scholes Call Pricing Model, *The Journal of Finance*, Vol. 34, S. 1172-1186.

Manaster, Steven/Koehler, Gary (1982), The Calculation of Implied Variances from the Black/Scholes Model: A Note, *The Journal of Finance*, Vol. 37, S. 227-230.

Manaster, Steven/Rendleman, Richard J. Jr. (1982), Option Prices as Predictors of Equilibrium Stock Prices, *The Journal of Finance*, Vol. 37, S. 1043-1057.

Markowitz, Henry (1952), Portfolio selection, *The Journal of Finance*, Vol. 7, S. 77-91.

Marteau, Didier (1997), Gestion des Risques sur Opérations de Marché, Eska, Paris.

Marteau, Didier/Carle, Jean/Fourneaux, Stéphane/Holz, Ralph/Moreno, Michael (2005), La Gestion du Risque Climatique, Economica, Paris.

Martinez, Wendy L./Martinez, Angel R. (2002), Computational Statistics Handbook with Matlab, Chapman&Hall/CRC, New York.

Massey, Frank J. Jr. (1951), The Kolmogorov-Smirnov test for goodness of fit, *Journal of the American Statistical Association*, Vol. 46, S. 68-78.

Mathis, Klaus (2004), Das offene Orderbuch – offen nur für Profis?, *Börsen-Zeitung* Nr. 147, S. 19.

MATLAB (2002), Statistics Toolbox User's Guide, Natick.

Matveev, Vadim Ioganovich (2008), Modely ocenki stoimosti opcionov na programmnye sistemy i formirovanija optimalnyx portfelej zakazov, *Dissertation*, Universität Sankt-Petersburg.

Mayhew, Stewart (1995), Implied Volatility, *Financial Analysts Journal*, Vol. 51, S. 8-20.

Mayhew, Stewart/Sarin, Atulya/Shastri, Kuldeep (1999), What drives Option Liquidity?, *Working Paper*, University of Pittsburgh.

Mayhew, Stewart/Stivers, Chris (2003), Stock return dynamics, option volume, and the information content of implied volatility, *The Journal of Futures Markets*, Vol. 23, S. 615-646.

McMillan, Lawrence G. (2004), McMillan on Options, John Wiley & Sons, Hoboken New Jersey.

Merk, Andreas (2003), Black/Scholes für Stock-Options: Phantom der Transparenz, *Börsen-Zeitung*, Nr. 97, S. 8.

Merk, Andreas/Pape, Ulrich (2003), Zur Angemessenheit von Optionspreisen, *Working Paper*, ESCP-EAP European School of Management.

Merton, Robert Cox (1971), Optimum Consumption and Portfolio Rules in a Continuous-Time Model, *Journal of Economic Theory*, Vol. 3, S. 373-413.

Merton, Robert Cox (1973a), The theory of rational option pricing, *Bell Journal of Economics and Management Science*, Vol. 4, S. 141-183.

Merton, Robert Cox (1973b), The Relationship between Put and Call Prices: Comment, *The Journal of Finance*, Vol. 28, S. 183-184.

Merton, Robert Cox (1976), Option Pricing when underlying stock returns are discontinuous, *Journal of Financial Economics*, Vol. 3, S. 125-144.

Merton, Robert Cox (1998), Applications of Option-Pricing Theory: Twenty-Five Years Later, *The American Economic Review*, Vol. 88, S. 323-349.

Mittnik, Stefan/Rieken, Sascha (2000), Put-call parity and the informational efficiency of the German DAX-index options market, *International Review of Financial Analysis*, Vol. 9, S. 259 – 279.

Modigliani, Franco/Miller, M. (1958), The cost of capital, corporation finance, and the theory of investment, *American Economic Review*, Vol. 48, S. 261-297.

Müller, Marlene/Sperlich, Stefan/Werwatz, Axel/Härdle, Wolfgang (2004), Nonparametric and Semiparametric Models, Springer Berlin.

Müller-Möhl, Ernst (1999), Optionen und Futures, 4. Auflage, Schäffer Poeschel, Stuttgart.

Nagel, Hartmut (2001), Optionsbewertung bei stochastischer Volatilität, 1. Auflage, Gabler, Wiesbaden.

Natenberg, Sheldon (1994), Option Volatility & Pricing, McGraw-Hill, New York.

Neubacher, Bernd (2002), Auf allzu eifrige Quotierer in Xetra kommen Extrakosten zu, *Börsen-Zeitung*, Nr. 159, S. 3.

Neumann, Marco/Schlag, Christian (1996), Martingale Restrictions and Implied Distributions for German Stock Index Prices, *Diskussionspapier* Nr. 196, Universität Karlsruhe.

Neumann, Marco (1998), Option Pricing under the Mixture of Distributions Hypothesis, *Diskussionspapier* Nr. 208, Universität Karlsruhe.

OnVista Bank (2009), Kundenmitteilung zur Geschäftsübernahme von Boursorama S.A. Frankfurt/Main durch die OnVista Bank GmbH, 22.06.2009, S. 1.

Pan, Jun/Poteshman, Allen M. (2003), The Information in Option Volume for Stock Prices, *Working Paper*, MIT Sloan School of Management/University of Illinois.

Pape, Ulrich/Schlecker, Matthias (2008), Berechnung des Credit Spreads, *Finanz Betrieb*, 10/2008, S. 658-665.

Pape, Ulrich/Schlecker, Matthias (2009), Reaktion von Credit Spreads auf Finanzmarktkrisen am Beispiel der Subprime-Krise und der LTCM-Krise, *Finanz Betrieb*, 1/2009, S. 38-45.

Peña, Ignacio/Rubio, Gonzalo/Serna, Gregorio (1999), Why do we smile? On the Determinants of the Implied Volatility Function, *Journal of Banking & Finance*, Vol. 23, S. 1151-1179.

Perrakis, Stylianos/Ryan, Peter J. (1984), Option Pricing Bounds in Discrete Time, *The Journal of Finance*, Vol. 39, S. 519-525.

Perrakis, Stylianos (1986), Option Bounds in Discrete Time: Extensions and the Pricing of the American Put, *Journal of Business*, Vol. 59, S. 119-141.

Philips, Susan/Smith Jr., Clifford W. (1980), Trading Costs for Listed Options: The Implications for Market Efficiency, *Journal of Financial Economics*, Vol. 8, S. 179-201.

Pitman, Jim (1993), Probability, Springer Verlag, New York.

Polasek, Wolfgang (1994), Explorative Datenanalyse (EDA), Springer Verlag, Berlin.

Poon, Ser-Huang/Granger, Clive W. J. (2003), Forecasting Volatility in Financial Markets: A Review, *Journal of Economic Literature*, Vol. 41, S. 478-539.

PricewaterhouseCoopers (2004), IAS/IFRS – Kapitalmarktorientierte Unternehmen in Deutschland, Studie, S. 1-36.

Rebonato, Riccardo (o. J.), Theory and Practice of Model Risk Management, *Working Paper*, Quantitative Research Center of the Royal Bank of Scotland, Oxford University.

Rendleman Jr., Richard J./Bartter, Brit J. (1979), Two-State Option Pricing, *The Journal of Finance*, Vol. 34, S. 1093-1110.

Rendleman Jr., Richard J. (2003), Applied Derivatives: options, futures, and swaps, Blackwell, Malden.

Ritchken, Peter H. (1985), On Option Pricing Bounds, *The Journal of Finance*, Vol. 40, S. 1219-1233.

Ritchken, Peter H./Kuo, Shyanjaw (1988), Option Bounds with Finite Revision Opportunities, *The Journal of Finance*, Vol. 43, S. 301-308.

Roll, Richard (1984), A Simple Implicit Measure of the Effective Bid-Ask-Spread in an Efficient Market, *The Journal of Finance*, Vol. 39, S. 1127-1139.

Rönz, Bernd (2001a), Computergestützte Statistik I, *Vorlesungsskript*, Humboldt-Universität zu Berlin.

Rönz, Bernd (2001b), Computergestützte Statistik I, *Vorlesungsskript*, Humboldt-Universität zu Berlin.

Rönz, Bernd (2001c), Generalisierte Lineare Modelle, *Vorlesungsskript*, Humboldt-Universität zu Berlin.

Ross, Richard (1984), A Simple Implicit Measure of the Effective Bid-Ask-Spread in an Efficient Market, *The Journal of Finance*, Vol. 39, S. 1127-1139.

Ross, Stephen A./Westerfield, Randolph W./Jordan, Bradford D. (1999), Essentials of Corporate Finance, Irwin McGraw-Hill, Boston.

Rubinstein, Mark (1983), Displaced Diffusion Option Pricing, *The Journal of Finance*, Vol. 38, S. 213-217.

Rubinstein, Mark (1985), Nonparametric Tests of Alternative Options Pricing Models Using All Reported Trades and Quotes on the 30 Most Active CBOE Option Classes from August 23, 1976 through August 31, 1978, *The Journal of Finance*, Vol. 40, S. 455-480.

Rubinstein, Mark (1994), Implied Binomial Trees, *The Journal of Finance*, Vol. 49, No.3, S. 771-818.

Ruhkamp, Christoph (2004), Scholes: "Aufsicht ist überflüssig", Börsen-Zeitung, Nr. 46, S. 1.

Sachs, Lothar (2004), Angewandte Statistik, 11. Auflage, Springer, Berlin.

Samuelson, Paul (1965), Rational theory of warrant pricing, *Industrial Management Review*, Vol. 6, S. 13-31.

Samuelson, Paul/Merton, Robert C. (1969), A Complete Model of Warrant Pricing that Maximizes Utility, *Industrial Management Review*, Vol. 10, S. 17-46.

Samuelson, Paul/Merton, Robert C. (1974), Generalized Mean-Variance Tradeoffs for best Perturbation Corrections to Approximate Portfolio Decisions, *The Journal of Finance*, Vol. 29, S. 27-40.

Sandmann, Klaus (2001), Einführung in die Stochastik der Finanzmärkte, Springer, Berlin.

Schnell, Christian (2004), DAX-Einfluss der Hypo-Vereinsbank steigt, *Handelsblatt*, Nr. 115, S. 33.

Schmalensee, Richard/Trippi, Robert R. (1978), Common Stock Volatility Expectations Implied by Options Premia, *The Journal of Finance*, Vol. 33, S. 129-147.

Schönbucher, Philipp J. (1999), A Market Model for Stochastic Implied Volatility, *Philosophical Transactions: Mathematical, Physical and Engineering Science*, Vol. 357, S. 2071-2092.

Schtukin, Dmitrij Fjodorovitsch (1999), Metody ocenki riska i modely upravlenija im s pomoščju opcionov, *Dissertation*, Universität Moskau.

Schwartz, Eduardo (1977), The valuation of warrants: implementing a new approach, *Journal of Financial Economics*, Vol. 4, S. 79-93.

Schweitzer, Walter (1999a), Statistik I Formelsammlung, *Vorlesungsskript*, Universität Passau.

Schweitzer, Walter (1999b), Statistik II Formelsammlung, *Vorlesungsskript*, Universität Passau.

Schwert, G. William (1989), Why does stock market volatility change over time?, *The Journal of Finance,* Vol. 44, S. 1115-1154.

Schwert, G. William (1990), Stock volatility and the crash of '87, *Review of Financial Studies*, Vol. 3, S. 77-102.

Shafer, Glenn/Vovk, Vladimir (2001), Probability and Finance, John Wiley & Sons, New York.

Shepp, Larry/Shiryaev, Albert Nikolaevich (1993), The Russian Option: Reduced Regret, *The Annals of Applied Probability*, Vol. 3, S. 631-640.

Sheskin, David J. (2004), Parametric and Nonparametric Statistical Procedures, Chapman&Hall/CRC, New York.

Shimko, David (1993), Bounds of Probability, *Risk*, Vol. 6, S. 33-37.

Shreve, Steven E. (2008), Stochastic Calculus for Finance II: Continuous Time Models, Springer, New York.

Simon, Herbert A. (1979), Rational Decision Making in Business Organizations, *American Economic Review*, Vol. 69, S. 493-513.

Simonoff, Jeffrey S. (1996), Smoothing Methods in Statistics, Springer, New York.

Skiadopoulos, George/Hodgew, Steward D./Clelow, Les (2000), Dynamics of the S&P 500 Implied Volatility Surface, *Review of Derivatives Research*, Vol. 3, S. 263-282.

Sprenkle, Case M. (1961), Warrant prices as indicators of expectations and preferences, *Yale Economics Essays*, Vol. 1, p. 139-232.

Steele, Michael J. (2001), Stochastic Calculus and Financial Applications, Springer, New York.

Stein, Elias M./Stein, Jeremy C. (1991), Stock Price Distributions with Stochastic Volatility: An analytical approach, *Review of Financial Studies*, Vol. 4, S. 727-752.

Stephan, Jens A./Whaley, Robert E. (1990), Intraday Price Change and Trading Volume Relations in the Stock and Stock Option Markets, *The Journal of Finance*, Vol. 45, S. 191-220.

Stewart, Jon/Gill, Len (1998), Econometrics, Prentice Hall, Harlow.

Stoer, Josef (1993), Numerische Mathematik 1, Springer, Berlin.

Stoll, Hans R. (1969), The Relationship between Put and Call Prices, *The Journal of Finance*, Vol. 24, S. 801-824.

Stoll, Hans R. (1973), The Relationship between Put and Call Prices: Reply, *The Journal of Finance*, Vol. 28, S. 185-187.

Stuart, Alan und Ord, J. Keith, *Kendall's Advanced Theory of Statistics*, Vol. 1, John Wiley & Sons Verlag, New York, 1994.

Sullivan Edward J./Weithers Timothy M. (1991), Louis Bachelier: The Father of Modern Option Pricing Theory, *Journal of Economic Education*, Frühjahr 1991, S. 165-171.

Szakmary, Andrew/Ors, Evren/Kim, Jin Kyoung/Davidson, Wallace N. (2003), The predictive power of implied volatility: Evidence from 35 futures markets, *Journal of Banking & Finance*, Vol. 27, S. 2151-2175.

Taleb, Nassim (1997), Dynamic Hedging, John Wiley & Sons, New York.

Taylor, Stephen L. (1990), Put-Call Parity: Evidence from the Australian Options Market, *Australian Journal of Management*, Vol. 15, No. 1, S. 203-216.

Teulié, Jacques/Topsacalian, Patrick (2000), Finance, Vuibert, Paris.

Thiel, Dirk (2001), Die Bewertung von Call-Optionsscheinen auf den Deutschen Aktienindex (DAX), Josef Eul Verlag, Lohmar.

Thuy, Michael G./Zeimes, Markus (2003), Aktienoptionen sind als Aufwand zu erfassen, *Kapitalmarktorientierte Rechnungslegung*, Vol. 1, S. 39-44.

Tisserand, Marc (2004), Processus de Lévy – Application à l'évaluation des options, *Mémoire de Recherche*, Université 1 Paris Panthéon Sorbonne.

Tompkins, Robert G. (1999), Implied Volatility Surfaces: Uncovering Regularities for Options on Financial Futures, *Working Paper*, Universität Wien.

Tompkins, Robert G. (2001), Implied volatility surfaces: uncovering regularities for options on financial futures, *The European Journal of Finance*, Vol. 7, S. 198-230.

Turner, Andrew L./Weigel, Eric J.K. (1990), An Analysis of Stock Market Volatility, Technical Report, Frank Russell, Tacoma.

Uszczapowski, Igor (1999), Optionen und Futures verstehen, 4. Auflage, Deutscher Taschenbuch Verlag, München.

Vijh, Anand M. (1990), Liquidity of the CBOE Equity Options, *The Journal of Finance*, Vol. 45, S. 1157-1179.

Voß, Werner u.a. (2004), Taschenbuch der Statistik, Fachbuchverlag, Leipzig.

Wadewitz, Sabine (2002), 7000 gegen die SEC, *Börsen-Zeitung*, Nr. 89, S. 8.

Wallmeier, Martin (2003), Der Informationsgehalt von Optionspreisen, Physica, Heidelberg.

Weber, Bernd (2004), Citigroup bedauert Bondgeschäfte auf MTS, *Börsen-Zeitung*, Nr. 178, S. 18.

Weber, Bernd (2005), Börsenrat diskutiert mögliche Fusion mit LSE, *Börsen-Zeitung*, Nr. 14, S. 4.

Wilkens, Sascha (2003), Optionsbewertung und Risikomanagement unter gemischten Verteilungen, Gabler Edition Wissenschaft und Deutscher Universitäts Verlag, Wiesbaden.

Wilmott, Paul (1998), Derivatives: The Theory and Practice of Financial Engineering, Wiley, New York.

WM Datenservice (2003), ISIN-Pressegespräch, Frankfurt.

Zhu, Jianwei (2000), Modular Pricing of Options – An Application of Fourier Analysis, *Lecture Notes in Economics and Mathematical Systems*, Vol. 493, Springer, Berlin.

# Stichwortverzeichnis

## A

adverse Preisbewegung 105, 207
Adverse Selection 197
amerikanische Option 11
Arbitrage 32, 107
ARCH (Autoregressive Conditional Heteroscedasticity) 128
Asymmetrie 231
at-the-money (ATM) 12
Ausübungspreis 11

## B

Backwardation 14
Bandweite 234
Basis Risk 101
Bid-Ask
   Spread 205
Bid-Ask-Spread 197
Bin 223
Binwidth 223
Black Holes 196
Black-Scholes (B-S) Modell 2
Block Trade 191, 197
Box Plot 92
Break-even 212
Brownsche Bewegung
   geometrisch 219
   n-dimensional 217
   Standard 217

## C

Call 11
CEV-Modell 23, 212
Closing Transaction 193
Contingent Claim 81
Conversion 86, 104
Cost of Carry 57, 211
Counterparty Risiko 266

## D

DAX 5
Delta 58
deskriptive Statistik 279
Deutsche Terminbörse (DTB) 2
Deutscher Aktienindex (DAX) 2
Diversifikation 33
Drift 217

## E

Early Exercise Premium 19
Efficient Market Hypothesis 104
Entropie 24
Erroneous Entry 297, *Siehe* Mistrade
Erwartungswert 377

Euribor 266
europäische Option 11
EWMA (Exponentially Weighted Moving Average) 128
Exchange Traded Funds 102
Exercise Date 11
Exercise Price 12

## F

Fat Tail 241, 256
Forward 13

## G

GARCH (Generalized Autoregressive Conditional Heteroscedasticity) 128
Gauß-Newton-Verfahren 131
Gleichgewichtsmodell 21
   diskret 21
   partiell 21
   stetig 21
   vollständig 21
Greeks 58

## H

Handlinggebühr 298
Histogramm 223
Historical Return Histogram 262

## I

Immediacy Risk 104, 105
innerer Wert 12
Interbank Offer Rate 266
International Financial Futures Exchange (LIFFE) 2
International Monetary Market (IMM) 2
Interquartilsbereich (IQR) 93, 279, 292
intrinsischer Wert 12

## J

Jarque/Bera-Test 167, 223
JB-Teststatistik 223

## K

Kernschätzer 24
Kolmogorov/Smirnov-Homogenitätstest 169
Kurtosis 232

## L

Leptokurtosis 214
Lilliefors-Test 167
Linksschiefe 232
Liquidity Holes 196

locked (Market) 196
Log-Normalverteilung 227
Long 59
Long Hedge 86, 104
  Gewinn aus 104

## M

Managing Fee 102
Marchés à Terme d'Instruments Financiers (MATIF) 2
Martingal 20, 34, 35
  Submartingal 18, 35
  Supermartingal 19, 35
Martingalmaß 20
Mistrade 8, 156, 299
Mittelwert 231
Modellkalibrierung 23
Modigliani/Miller-Theorie 32

## N

Neuronale Netze 24
Numéraire 255

## O

Offsetting Transaction 193
Open Interest 192
OTC Block Trade 211, 298
Overfitting 24

## P

Permanent Market Making Scheme 374
Perzentil 279
positive Basis 259
Post-Trading-Full 211
Pre-Trading 211
Put 11
Put-Call-Parität 81
p-value 224

## Q

Quote Machine 196
Quoting on Request 374

## R

Rechtsschiefe 232
Reversal 86, 104
risikoneutrale Dichte 152
risikoneutrale Verteilung 182
risikoneutrale Wahrscheinlichkeitsdichte 182
risikoneutrales Maß *Siehe* Martingalmaß
risk neutral density (RND) Siehe risikoneutrale Wahrscheinlichkeitsdichte

## S

Satz von Merton 18
Scaling Property 221

Schiefe *Siehe* Skewness
Settlement 11
Short 59
Short Hedge 86, 104, 107
  Gewinn aus 104
Skew 129
Skewness 231
Smile 129, 152
Smirk 129
Sprung-Modell 23
Standardabweichung 231
state price density 46
Stop-Loss 196
Strike Price 12
Strukturmodell 22

## T

Technische Analyse 33
Theorie effizienter Märkte 189
Theta 58
Tickdaten 8, 262
Ticksize 313
Time Stamp 388
Timestamp 386
Timing Kosten 105
Trading 211
Truncated Lévy Verteilung (TLD) 242

## U

Underlying 12

## V

Value at Risk (VaR) 5, 53
Varianz 377
Vega 58
Verteilungsfunktion 146
Volatilität
  implizite 130
Volatilitätsfunktion
  deterministische 252
vollkommener Kapitalmarkt 38
vollständiger Kapitalmarkt 38

## W

Wahrscheinlichkeitsdichte 145
Wahrscheinlichkeitsdichtefunktion 144
Wahrscheinlichkeitsraum 81
Wertpapierinformationssystem (WPI) 378
Whisker 93
Wilcoxon-Rangtest 169
Wölbung *Siehe* Kurtosis

## Z

Zeitwert 12
zentrale Momente 231
Zentraler Grenzwertsatz 21, 217
  multiplikative Version 31, 49